国家出版基金项目
NATIONAL PUBLICATION FOUNDATION

"十四五"国家重点出版物出版规划项目

胡適年譜長編

宋广波 著

第二卷

1918——1923

长江出版传媒
湖北人民出版社

目　录
第二卷　1918—1923年

1918年　戊午　民国七年　27岁 …………………………………… 1
　　1月 …………………………………………………………………… 1
　　2月 …………………………………………………………………… 4
　　3月 …………………………………………………………………… 7
　　4月 …………………………………………………………………… 15
　　5月 …………………………………………………………………… 24
　　6月 …………………………………………………………………… 29
　　7月 …………………………………………………………………… 34
　　8月 …………………………………………………………………… 43
　　9月 …………………………………………………………………… 50
　　10月 ………………………………………………………………… 53
　　11月 ………………………………………………………………… 61
　　12月 ………………………………………………………………… 63

1919年　己未　民国八年　28岁 …………………………………… 68
　　1月 …………………………………………………………………… 68
　　2月 …………………………………………………………………… 70
　　3月 …………………………………………………………………… 80
　　4月 …………………………………………………………………… 91
　　5月 …………………………………………………………………… 104
　　6月 …………………………………………………………………… 110
　　7月 …………………………………………………………………… 117
　　8月 …………………………………………………………………… 122

9月	130
10月	134
11月	141
12月	151
1920年　庚申　民国九年　29岁	**165**
1月	165
2月	173
3月	177
4月	185
5月	190
6月	197
7月	201
8月	207
9月	217
10月	230
11月	234
12月	242
1921年　辛酉　民国十年　30岁	**252**
1月	252
2月	262
3月	266
4月	273
5月	281
6月	298
7月	308
8月	320
9月	330
10月	339
11月	349

12月	357
1922年 壬戌 民国十一年 31岁	361
1月	361
2月	368
3月	383
4月	403
5月	417
6月	437
7月	451
8月	462
9月	477
10月	490
11月	505
12月	512
1923年 癸亥 民国十二年 32岁	520
1月	520
2月	537
3月	547
4月	560
5月	571
6月	584
7月	591
8月	600
9月	604
10月	610
11月	625
12月	638

1918年　戊午　民国七年　27岁

是年，胡适仍执教于北京大学。

是年，胡适发表有《论短篇小说》《建设的文学革命论》《易卜生主义》《贞操问题》《美国的妇人》《文学进化观念与戏剧改良》等重要文章。

2月，胡适与郑阳和发起成立成美学会。

11月23日，胡母冯顺弟病逝于绩溪上庄本宅，胡适回里奔丧。

11月11日，第一次世界大战结束。

1月

1月2日　钱玄同日记有记："叔雅亦为红老之学者，实与尹默有同情，其实即适之亦似微有老学气象，然我终不以此种主张为然。"(《钱玄同日记》上册，326页)

1月6日　胡适偕新妇归省，住两日。祭扫岳母之墓，有诗。此诗前半段见本谱1904年"初春"条之按语，后半段曰：

只恨我十年作客，归来迟暮；
到如今，待双双登堂拜母，
只剩得荒草新坟，斜阳凄楚！
最伤心，不堪重听，灯前人诉，阿母临终语！(胡适：《归娶记》)

回绩溪时过杨桃岭上，望江村、庙首诸村，及其他诸山，作一诗云：

　　　　重山叠嶂

　　　　都似一重重奔涛东向！

　　　　山脚下几个村乡，

　　　　百年来多少兴亡，

　　　　不堪回想。

　　　　更何须回想！

　　　　想十万万年前，这多少山头，都不过是大海里一些儿微浪暗浪！

（胡适：《归娶记》）

1月11日 胡适与友人游"采薇子"之墓，有诗：

　　　　野竹遮荒冢，残碑认故臣。

　　　　前年亡虏日，几个采薇人？（次日胡适复钱玄同函）

1月12日 胡适复函钱玄同，寄示新婚诗、游"采薇子"墓之诗。又告：拟20日左右返京，不必邮寄《尝试集》的序言。(《鲁迅博物馆藏近现代名家手札》〔二〕，93～97页)

1月15日 胡适在《新青年》第4卷第1号发表《归国杂感》，慨叹回国4个月后"七年没见面的中国还是七年前的老相识！"又慨叹中国出版界这7年来简直没有两三部以上可看的书，"不但高等学问的书一部都没有，就是要找一部轮船上火车上消遣的书，也找不出！"又说："现在中国学堂所用的英文书籍，大概都是教会先生的太老师或太太老师们用过的课本！怪不得和现在的思想潮流绝无关系了。"回国所见的怪现状，最普通的是"时间不值钱"。中国的教育，不但不能救亡，简直可以亡国，因为学堂所造成的是不会做事又不肯做事的人才。胡适也承认这20年来中国并不是完全没有进步，"不过惰性太大，向前三步又退回两步，所以到如今还是这个样子"。

　　按，《新青年》自此卷开始由陈独秀主编改组为同人刊物，由陈独秀、胡适、钱玄同、刘半农、高一涵、李大钊、陶孟和、沈尹默等轮流编辑。《北京大学纪事（1898—1997）》（王学珍等主编，北京大学出版社，2008年，84页）说《新青年》是自1919年始改为同人刊物的，不确。

1月19日 蔡元培在北京大学发起组织进德会。

1月24日 胡适离乡返京，江冬秀未同行。25日宿旌德南湾。26日过泾县琅桥河。27日宿三溪，访景春、鼎和、同兴、同顺等同乡店家。28日宿晏公塘，写长信予胡节甫，感谢其历年来代垫各款，又托其为胡母代买琼玉膏二斤。又禀母告行程，嘱母："望千万调养调养，勿太劳。"（1918年2月19日胡适致函韦莲司夫人、韦莲司小姐信；1月26日胡适致胡近仁明信片；1月28日胡适禀母亲）

1月27日 胡适在三溪作《新婚诗》另一首：

十几年的相思，刚才完结；

没满月的夫妻，又匆匆分别。

昨夜灯前细语，全不管天上月圆月缺。

今宵别后，便觉得这窗前明月，格外清圆，格外亲切！

你该笑我，饱尝了作客情怀、别离滋味，还逃不了这个时节！（胡适：《归娶记》）

同日 任鸿隽致函胡适，对北京大学以英语授课不以为然。（《胡适遗稿及秘藏书信》第26册，267～270页）

同日 任鸿隽复函胡适，谈论胡适的白话诗《鸽子》《车夫》与《一念》。又云："承问电浪行速度，按电浪之速与光浪同，约每秒钟行十八万六千五百英里，约合五十五万九千五百中里，尊诗言五十万里，大致不差也。"又抄示胡适《如梦令》。又谈及自己近况。（《胡适遗稿及秘藏书信》第26册，264～266页）

1月29日 胡适在夜行船上作《生查子》：

前度月来时，你我初相遇；

相对说相思，私祝长相聚。

今夜月重来，照我荒洲渡。

中夜梦回时，独觅船家语。（胡适：《归娶记》；又据中国社科院近代史所藏"胡适档案"，卷号631，分号9）

2月

2月1日 罗家伦将明人朱之瑜撰《改定释奠仪注》一卷（1913年铅印本，1函1册）题赠胡适："《舜水遗书》一函，谨以祝适之先生大喜，家伦谨呈。民国七年二月一日。"（《胡适藏书目录》第2册，1214页）

2月2日 胡适返抵北京，禀母报平安。（胡适：《归娶记》；《胡适遗稿及秘藏书信》第21册，204～206页）

2月4日 胡适到北大接洽有关事宜。禀母：陈独秀辞职事已取消，仍任学长，胡适仍任教授。北大定2月6日上课。北大中人望胡适之来甚切，故见自己回京皆甚喜。时局更纷乱不可收拾。希望江冬秀写信来。又希望母亲诸事宽心，总须以养病安神为要。"儿此次婚事，一切心愿都了，但以吾母病体为虑耳。"（《胡适遗稿及秘藏书信》第21册，216～218页）

2月7日 胡适写讲义到次日晨1点半。又禀母：望母勿太劳，宜多静养。又云：到京后，每日写一封家书，"写惯了觉得很有趣味，可以作一种消遣事做"。（《胡适遗稿及秘藏书信》第21册，218～219页）

同日 胡适致函江冬秀，谈到梦见母亲有病，希望江时时写信，老老实实告知母亲的身体如何，又问江之病。再三叮嘱江千万要写信。（《胡适遗稿及秘藏书信》第21册，305～307页）

2月9日 胡母谕胡适：沿途各函均已收悉。自己旧疾服药后有好转。江冬秀甚明白，虽新婚而无别离之愁。胡思永足疾有好转等。（《胡适遗稿及秘藏书信》第22册，212～213页）

2月10日 丁巳年除夕。上午，胡适读书，与高一涵同出访友。中午，为高一涵饯行，胡思聪在座。下午会客，到北大法科访友，到文科办事。在陶孟和家吃年夜饭，同席为严修两子。(《胡适遗稿及秘藏书信》第21册，195～198页)

2月16日　江冬秀复函胡适云，《新婚诗》勿示之于人。又云，胡适身体毛病在于辛苦，请胡适多多保重；胡太夫人病渐好。(《胡适遗稿及秘藏书信》第22册，269页)

2月17日　上午，胡适编讲义。中午有朋友宴请。下午到琉璃厂逛书摊，晚间预备明日功课。(《胡适遗稿及秘藏书信》第21册，215～216页)

2月18日　寒假后第一天上课。上午、下午各上课2小时。到绩溪会馆小坐。(《胡适遗稿及秘藏书信》第21册，223页)

按，胡适本学期所授课程，均排在每周一、三、五三日，故每周二、四、六皆无课。(《胡适遗稿及秘藏书信》第21册，224页)

2月19日　上午，胡适编讲义。下午致函韦莲司夫人、韦莲司小姐，谈及婚后胡适夫妇都相当愉快，而且相信往后能相处得很好；又谈及婚礼改革及匆匆返京等事。又致函在美国"六七个中国留学生的公信，共写了十九张七行信纸"。(《胡适遗稿及秘藏书信》第21册，224页；《不思量自难忘：胡适给韦莲司的信》，136～137页)

2月21日　补作《新婚杂诗》又一首：

记得那年，
你家办了嫁妆，
我家备了新房，
只不曾捉到我这个新郎！

这十年来，
换了几朝帝王，
看了多少世态炎凉；
锈了你嫁奁中的刀剪，

改了你多少嫁衣新样；

更老了你和我人儿一双！

只有那十年陈的爆竹呵，

越陈偏越响！(《胡适遗稿及秘藏书信》第 21 册，15 页；《胡适留学日记手稿本》之《胡适札记》〔十七〕)

2 月 23 日　胡适出席北京大学哲学部教授会第一次会议，另外出席的还有韩述祖、陈大齐、马叙伦、陈汉章、陶孟和五人。陶孟和以 2 票当选为哲学部教授会主任。(《北京大学日刊》第 76 号，1918 年 2 月 25 日)

同日　胡适编讲义。禀母，劝母亲喝"豆精乳"，又抄示《新婚诗》又一首。(《胡适遗稿及秘藏书信》第 21 册，13～16 页)

2 月 24 日　胡适在东安市场购得宋人周密辑《武林旧事》十卷（民国上海进步书局石印，1 函 2 册）。(《胡适藏书目录》第 3 册，1607 页)

同日　胡适失盗，被偷去狐皮马褂、衬衫、罩袍、单衣、帽子、茶壶、剃刀、镜子、洋袜、千里镜头等。(《胡适遗稿及秘藏书信》第 21 册，231～234 页)

2 月 25 日　《北京大学日刊》第 76 号报道：胡适与北大职员郑阳和发起成立成美学会，赞助人为蔡元培、章士钊、王景春，以协助德智优秀、身躯健壮、自费无力之国立大学学生，增进国家人才，并减少社会阶级为目的。

《成美学会缘起》：

夫以高等教育之重要，实为一国命脉所关，乃唯富者得以席丰履豫，独占机会。其有敏而好学，家境贫窭者，辄抱向隅之叹。而其结果，则足以减少人才之数，并促生阶级之感。某等怵于斯弊，思所以袪除之。爰有斯会之创，唯冀合群策群力，以共成之。社会前途幸甚，国家前途幸甚。(《北京大学日刊》第 76 号)

郑阳和谈此会成立经过：

> 成美学会发生于民国二年之初夏。其时某居京寓，兴思及此，觉其当办也，遂草简章。稿成寄与友人一阅。会蔡子民先生自德归国，即以此事函达，请其提倡。蒙复以俟来京后，再行面商。讵不数月而蔡先生又因事去国矣。厥后于三年夏间，更以此事商之于汤济武先生，及学友凌植支先生。……去夏并商及于华林先生，均经深表同情。只以募款不易，未克实行。最近与胡适之先生识，某特以存稿携往视之，请其发起，共促进行，当蒙其惠然首肯，并于会章有所修正。而蔡子民、章行严、王景春、费起鹤四君，均一致赞成。是为该会告成之基。（《东方杂志》第15卷第5号，1918年5月15日）

同日 胡适致函江冬秀，询其"何以至今无信来？"又嘱其"千万写信寄来"。又询其是否仍痛经，等等。（《胡适遗稿及秘藏书信》第21册，308页）

2月26日 晚，北京大学英文教师威尔逊先生（Earl Orlando Wilson，美国人）请胡适吃西餐。（《胡适遗稿及秘藏书信》第21册，234～235页）

2月28日 编讲义。（《胡适遗稿及秘藏书信》第21册，236页）

3月

3月1日 胡适禀母亲，谈及胡思永的信写得极好，江冬秀的信也比从前进步，此后尽可叫他们两人写家信。（《胡适遗稿及秘藏书信》第21册，236～237页）

同日 胡适译完《老洛伯》。（载《新青年》第4卷第4号，1918年4月15日）

3月2日 上午，胡适撰《图书馆书目编纂法》。下午出席北京大学评议会，开了3点钟的会。（《胡适遗稿及秘藏书信》第21册，238页）

3月3日 写信，会客。禀母云："我自到京以后，几乎天天有一封信

来家。这些信可令冬秀与我侄［胡思永］按照时日的先后编排在一处。……虽没有要紧的话，终是一时的纪念，将来回想，也总有点趣味。"晚，编讲义。(《胡适遗稿及秘藏书信》第 21 册，237～239 页)

3月4日　上课。小伤风。胡燕谋来访并在此晚饭，同去绩溪会馆。(《胡适遗稿及秘藏书信》第 21 册，239 页)

同日　《北京大学日刊》第 82 号发表理科学长夏元瑮致沈尹默、胡适等 7 人函，云："入学试验与教授情形关系至巨，今理科入学试验科目及程序应否仍旧，乞提出于各教授会。又各科目应有何种程度，弟意须详细将内容说明，以便投考者知所预备，未知尊意如何？"

同日　江冬秀致函胡适，谈家中琐事及读胡适信的喜悦心情。嘱胡适保重身体。胡适收到此函后，对函中错别字一一加以改正。(《胡适遗稿及秘藏书信》第 22 册，270～271 页)

同日　胡思永致函胡适，谈自己足疾治疗情况并家务琐事等。(中国社科院近代史所藏"胡适档案"，卷号 694，分号 2)

3月5日　《北京大学日刊》第 83 号发出胡适签名的《英文部教授会紧要启事》：本会定于 3 月 8 日（星期五）晚 7 时半在校长室开紧要会议，共商大学入学所需英文程度及明年本预科英文课程诸项问题，届时务乞莅会，无任盼切。

3月6日　胡适禀母亲，谈及昨日已由银行汇寄现洋 60 元，又谈及"此间太寂寞冷静了，不久就要搬家。现尚不曾租到合意的房子"。又谈到一位日本朋友寄来两部书，来贺胡适新婚。(《胡适遗稿及秘藏书信》第 21 册，240～241 页)

同日　胡适致函江冬秀，嘱常写信来，名片尽可不用。又告自己将江冬秀照片和母亲照片一起摆在桌上。(《胡适遗稿及秘藏书信》第 21 册，309～310 页)

同日　胡母谕胡适，谈家人近状：胡思永足疾未有进步，胡适表弟冯汝骐入燃藜学校等。(《胡适遗稿及秘藏书信》第 22 册，217～218 页)

3月7日　下午 2 时半到大学研究所上课，编讲义直到次日晨 2 时。(《胡

适遗稿及秘藏书信》第 21 册，241 页）

3月9日 任鸿隽复函胡适，抄示陈衡哲、杨杏佛、朱经农等人对胡适《新婚诗》等的批注。又论及"白话诗"的用字与体例。又批评陆军部派来之人讲演"没一句中肯的话"。（《胡适遗稿及秘藏书信》第 26 册，271～275 页）

3月10日 午间，有友人请吃"北京菜"。下午编讲义。（《胡适遗稿及秘藏书信》第 21 册，242 页）

3月11日 上课。课后寻房屋：

> 今天下课后，出去寻房屋。寻了两处，一处有房十七间，价钱太贵了，房子又太旧了，故不曾和他还价。一处有房十八间，都还新，似乎还合用。我问他价钱，他开口要二十五元一月，大约廿一二元可以租下。明天再去问问看。若可让至二十元，我便租了。现在的房子太坏了，太不紧密了，所以要搬家。（《胡适遗稿及秘藏书信》第 21 册，243 页）

同日 蔡元培复函胡适，云："月刊事，遵命用繁式，拟于十五日午后四时会商……稚晖先生之《上下古今谈》，重在传布科学，似有笨处。其所作《拙盦客窗闲话》，较为自由。最自由之作，多在《新世纪》中，玄同先生当有一部分。如先生有意补入，似可向玄同先生索材料也。"（《胡适遗稿及秘藏书信》第 39 册，261 页）

3月13日 胡适复函江冬秀云，若江冬秀的哥哥5月来北京，可托其带江冬秀一并来京。（《胡适遗稿及秘藏书信》第 21 册，311～313 页）

同日 胡母谕胡适：失窃事，请胡适不必可惜，但惩前毖后可也。胡适 28 日函中说及汇款一节，甚好，因目下家用已趋困难等。（《胡适遗稿及秘藏书信》第 22 册，219 页）

同日 胡觉致函胡适，谈及妻子之死在于程洪安不及时告知，又谈及瑞生和店业事、胡节甫身后凄凉以及自己欠其款项事等。（《胡适遗稿及秘藏书信》第 22 册，644～646 页）

3月15日　胡适在北京大学文科研究所讲演"论短篇小说",共分三部分,首先讲"什么叫做短篇小说",其次讲"中国短篇小说的略史",最后是"结论":

一、什么叫做短篇小说

…………

二、中国短篇小说的略史

…………

中国最早的短篇小说,自然要数先秦诸子的寓言了。《庄子》《列子》《韩非子》《吕览》诸书所载的"寓言",往往有用心结构可当"短篇小说"之称的。……

自汉到唐这几百年中,出了许多"杂记"体的书,却都不配称做"短篇小说"。最下流的如《神仙传》和《搜神记》之类,不用说了。最高的如《世说新语》,其中所记,有许多狠有"短篇小说"的意味,却没有"短篇小说"的体裁。……

比较说来,这个时代的散文短篇小说还该数到陶潜的《桃花源记》。这篇文字,命意也好,布局也好,可以算得一篇用心结构的"短篇小说"。此外,便须到韵文中去找短篇小说了。韵文中《孔雀东南飞》一篇是狠好的短篇小说,记事言情,事事都到。但是比较起来,还不如《木兰辞》更为"经济"。

《木兰辞》记木兰的战功,只用"将军百战死,壮士十年归"十个字;记木兰归家的那一天,却用了一百多字。十个字记十年的事,不为少。一百多字记一天的事,不为多。这便是文学的"经济"。但是比较起来,《木兰辞》还不如古诗《上山采蘼芜》更为神妙。……

到了唐朝,韵文散文中都有狠妙的短篇小说。韵文中,杜甫的《石壕吏》是绝妙的例。……

…………

唐朝的散文短篇小说很多，好的却实在不多。……只有张说的《虬髯客传》可算得上品的"短篇小说"。……宋朝是"章回小说"发生的时代。如《宣和遗事》和《五代史平话》等书，都是后世"章回小说"的始祖。……

明清两朝的"短篇小说"，可分白话与文言两种。白话的"短篇小说"可用《今古奇观》作代表。……

只可惜白话的短篇小说，发达不久，便中止了。中止的原因，约有两层。第一，因为白话的"章回小说"发达了，做小说的人往往把许多短篇略加组织，合成长篇。如《儒林外史》和《品花宝鉴》名为长篇的"章回小说"，其实都是许多短篇凑拢来的。这种杂凑的长篇小说的结果，反阻碍了白话短篇小说的发达了。第二，是因为明末清初的文人，很做了一些中上的文言短篇小说。……

三、结论

最近世界文学的趋势，都是由长趋短，由繁多趋简要。"简"与"略"不同，故这句话与上文说"由略而详"的进步，并无冲突。……"写情短诗""独幕戏""短篇小说"三项，代表世界文学最近的趋向。这种趋向的原因，不止一种。（一）世界的生活竞争一天忙似一天，时间越宝贵了，文学也不能不讲究"经济"……（二）文学自身的进步，与文学的"经济"有密切关系。斯宾塞说，论文章的方法，千言万语，只是"经济"一件事。文学越进步，自然越讲求"经济"的方法。有此两种原因，所以世界的文学都趋向这三种"最经济的"体裁。今日中国的文学，最不讲"经济"。……若要救这两种大错，不可不提倡那最经济的体裁，不可不提倡真正的"短篇小说"。(《胡适文存》卷1，175～193页)

同日 《新青年》第4卷第3号发表胡适的白话诗《除夕》，杂记《记张九成的白话诗》《记石鹤舫的白话词》《记刘申叔的〈休思赋〉》《论"奴性的逻辑"》。

3月16日　胡适禀母亲，谈家务琐事。为《新青年》写文章到次日晨3点半。(《胡适遗稿及秘藏书信》第21册，244～245页)

3月17日　北京大学请一个美国人演说欧洲文学，胡适口译。蔡元培请诸人吃中饭。(《胡适遗稿及秘藏书信》第21册，245页)

同日　胡适致函许怡荪，云：

现教完《中国哲学大纲》的古代一部。现方编"中古哲学史"。今年添讲"西洋哲学史大纲"也是用白话编的。

大学中事很不易为。今日纸币价太低了，实在不容易找到第一流的教授；我们固不能存求去之心，但是未来的便不易收罗了。

国事不堪说起，亦不值得说。目下张作霖的兵驻扎北京城外的廊房［坊］，声势极张；时局解决，正不知在于何日。

行严又往上海去了；仆仆奔走，也无是处，徒使学生失望耳。

我现今已入世务，但当向教育一方面用力。讲坛论坛，同是此理。二十年不与闻政治之说至今益坚。国事乃是大事，岂能抄近路？以此之故，我在北京，非万不得已，不与政治中人接谈，尤不与外交中人接谈，也不做一篇谈政的文字。

吾兄近状如何？前有恙近已脱体否？还想出来走一趟否？我前此颇想你出来候选省议会，及今想来，似乎还不如闭门读书著作的好。你近来作何主意？望时常有信与我谈谈。

…………

我自一涵去后，很觉寂寞。二十日前又被贼从后墙进来偷去六七十元的东西。近拟迁居，已择定一屋，在南池子附近，约半月内搬去。……(胡适致许怡荪函，编号58)

同日　胡适致函江冬秀，述相思之意。又云，若来京，该把胡思永带来，"可使母亲与秊嫂在家格外要好些。若不带他来，秊嫂定然心中怪我与你，定使母亲在家不好过"。胡适写好此函后，估计又收到江冬秀来函，又复之一函。(《胡适遗稿及秘藏书信》第21册，314～316页)

3月20日　胡母谕胡适，关于请江耘圃携江冬秀进京事，自己不拦阻。但假如冬季胡适返里时亲自带江冬秀赴京，岂不是更好？若有决定，尽快函复。胡思永足疾有好转等。(《胡适遗稿及秘藏书信》第22册，220～222页)

3月22日　胡适复函许怡荪，云：

来信所说近状，使我不快活。其实现在有什么事可使我们快活！

来信言"相勉一事，将看局面如何预备图之"。……我以为"看局面如何"是不错的。前信有败兴之言，也是时势的反动。今日皖省局势最不定，最不易揣测。如时势变迁，可以出来任事，自然极当出来。我回来与否，尚难预定；即不能回来，亦当作书相助也。

…………

此间《新青年》编辑部中人都不愿我用札记来抵文债，故第四期不得不做一篇长文章。其实我自己以为我的札记中颇有些可读的材料，比近人向着旧丛书里东抄西摘的"丛谈""杂俎"总好几分。……(胡适致许怡荪函，编号59)

3月23日　胡适禀母亲，告曹胜之(继高)自汉口到京，曹来是为学英文。又说明日将到教育部会场演说"墨家哲学"。(《胡适遗稿及秘藏书信》第21册，245～246页)

3月24日　胡适在西城区教育部会场演讲"墨家哲学"。

3月25日　曹诚英致函胡适，感谢胡适为其改诗，又云：

路途相隔太远，未能时常通信，而妹此后又日烹调、缝纫之事，恐无暇多作诗矣，奈何！奈何！兄如不以妹为不可教，望凡关于文学上信中多谈论几句，以增进妹之识见也。……(中国社科院近代史所藏"胡适档案"，卷号1761，分号1)

3月27日　胡适复函张厚载，谈诗：

来书云："中国旧诗虽有窒碍性灵之处，然亦可以自由变化于一定范围之中，何必定欲作此西洋式的诗，始得为进化耶？"又云："汪精卫先生译西诗且用中国固有之诗体。先生等作中国诗，乃弃中国固有之诗体，而一味效法西洋式的诗，是否矫枉过正，仆于此事实在怀疑之至。"今试问何者为西洋式之诗？来书谓沈、刘两君及我之《宰羊》《人力车夫》《鸽子》《老鸦》《车毯》等作皆为"西洋式的长短句"。岂长短句即为"西洋式"耶？实则西洋诗固亦有长短句，然终以句法有一定长短者为多，亦有格律极严者。然则长短句不必即为西洋式也。中国旧诗中长短句多矣。《三百篇》中，往往有之。乐府中尤多此体。《孤儿行》《蜀道难》皆人所共晓。至于词，旧皆名"长短句"。词中除《生查子》《玉楼春》等调之外，皆长短句也。长短句乃诗中最近语言自然之体，无论中西皆有之。作长短句未必即为"西洋式的诗"也。平心论之，沈君之《人力车夫》最近《孤儿行》，我之《鸽子》最近词。此外则皆创体也。沈君生平未读西洋诗，吾稍读西洋诗而自信无摹仿西洋诗体之处。来书所云，非确论也。

以上所说，但辩明吾辈未尝采用西洋诗体，并非谓采用西诗体之为不是也。吾意以为，如西洋诗体文体果有采用之价值，正宜尽量采用。采用而得当，即成中国体。……

来书两言诗文须"自由变化于一定范围之中"。试问自由变化于一定范围之"外"，又有何不可？又何尝不是自然的进化耶？来书首段言中国文学变迁，自三代之文以至于梁任公之"新文体"，此岂皆"一定范围之中"之变化耶？吾辈正以为文学之为物，但有"自由变化"而无"一定范围"，故倡为文学改革之论，正欲打破此"一定范围"耳。

来书谓吾之《尝试集》为"轻于尝试"，此误会吾尝试之旨也。《尝试集》之作，但欲实地试验白话是否可以作诗，及白话入诗有如何效果，此外别无他种奢望。试之而验，不妨多作；试之而不验，吾亦将自戒不复作。吾意甚望国中文学家都来尝试尝试，庶几可见白话韵文是否有成立之价值。……（《新青年》第4卷第6号，1918年6月15日）

同日　胡适禀母亲，谈家务琐事。又复江冬秀一函。(《胡适遗稿及秘藏书信》第 21 册，246～247、317～319 页)

3 月 30 日　胡适搬入新租南池子缎库胡同 8 号寓所。(《胡适遗稿及秘藏书信》第 21 册，248 页)

3 月 31 日　上午，胡适在西城区教育部会场续讲"墨子哲学"。"来听的约有五六百人，内中有二百人是女学生。可见近来北京风气开了，比起十年前来，大不相同了。"(《胡适遗稿及秘藏书信》第 21 册，321 页)

同日　胡适到女子高等师范学校去看一位沈女士(同学顾君的聘妻，在师范学校教音乐)，谈了 1 点钟。(《胡适遗稿及秘藏书信》第 21 册，321 页)

同日　胡适得电报悉二嫂病死，在同日致江冬秀函中慨叹家门不幸。(《胡适遗稿及秘藏书信》第 21 册，320 页)

同日　天津《大公报》报道：教育部拟组织学术审定委员会，并经拟定条例其审定范围有三：关于哲学及文学上之著述及发明；关于科学上之著述及发明；关于艺术上之著述及发明。审定会以聘定及派充两种会员组织之，设会长一人，由会员中指定。现闻拟议之会员有蔡元培、王宠惠、江瀚、马其昶、屠寄、夏元瑮、秦汾、胡适、陶孟和等 50 余人，会长拟定为蔡元培，即将发表云。

4 月

4 月 1 日　自是日起，北京大学放春假 7 日。(《胡适遗稿及秘藏书信》第 21 册，249 页)

4 月 3 日　胡适禀母亲：既然母亲不愿江冬秀与其兄同来，只好作罢，这事且听凭母亲作主就是了。(《胡适遗稿及秘藏书信》第 21 册，263～264 页)

同日　胡适致函胡近仁，询胡母不允江冬秀来京之真原因，因他怀疑"此中似有一层苦衷不知究竟何故"。(《胡适全集》第 23 卷，192 页)

按，4月14日胡近仁复函胡适云：窃谓令堂贤明知体，在吾乡女界中固推杰出。然世故既深，有时自亦不免有一二流弊。盖彼之待人既重以周，则其期望人之待己也亦必如是。于是，遇足下与予等豁达脱略之徒或不免稍蓄微疑矣。但在平时，令堂方寸中纵有疑团，自能本其慈谅之心，排除净尽。予自过从府上以来，所见令堂屈己从人之处，不一而足，皆历历可证，况其挚爱之儿耶？此次实因彼时病体日惫，大有日就沉笃之状，思儿念切，百般旧事涌上心头，故根本改变方针。事过境迁，平时慈谅之心，复油然而生，是以不旋踵间，仍旧赞成。凡此经过之原因，由予窥测而得者：当时令堂虽宣言，彼因足下去年告以暑假甚长，可以回里多住。今则又诿为事忙，有类哄诱；且恐足下挈眷后，杳如黄鹤；故不赞成挈眷云云。但据予眼光观之，悉非主因。其真正主因，则前所谓豁达疏略是也。足下对于家庭是否近于疏略，予固无得晓。然即以足下近顷所发家书观之，似亦可见一斑。……（《胡适遗稿及秘藏书信》第30册，371～373页）

4月4日　胡适在明代释广益纂释《大乘百法明门论》（1916年上海有正书局影印本，1函1册）题记："民国七年四月四日买的。适。"（邹新明：《〈胡适藏书目录〉补遗》，《胡适研究通讯》2016年第2期，1页）

4月5日　胡适禀母亲，详谈所以要江耘圃带江冬秀来京之理由等事：江耘圃本要来，故托他顺便带其妹来；希望江冬秀能早些出来受点教育；自己夏间不能返家（预备在暑假中做一部书，作为英文部主任，还要负责招考之事）；其在北京认识的女性朋友只有章士钊的夫人吴弱男；胡思聪以优异成绩考入美术学校等。（《胡适遗稿及秘藏书信》第21册，225～231页）

同日　曾留学英国，后回国从事师范教育的丁先生夫妇请胡适吃晚饭，同席有陶孟和等。（《胡适遗稿及秘藏书信》第21册，228页）

4月6日　胡适禀母亲，谈自己设想的关于江冬秀来京的几种办法。（《胡适遗稿及秘藏书信》第21册，225～231页）

4月7日　胡适在西城区教育部会场续讲"墨家哲学"。（《胡适遗稿及

秘藏书信》第21册，250页）

同日　胡适禀母亲，谈到胡节甫之死、二嫂丧事，陈独秀劝其暑假勿归等。（《胡适遗稿及秘藏书信》第21册，249～250页）

4月10日　胡适复函盛兆熊，谈文学改革实行的次序，在于极力提倡白话文学：

> 先生以为实行的次序应该从最高级的学校里开始改革。……这话虽然有理，却也有许多困难。第一，我们现在没有那么大的权力可以把大学入学的国文试验都定为白话。第二，就是我们有这种权力，依我个人想来，也不该用这种专制的手段来实行文学改良。第三，学生学了国文，并不是单为预备大学的入学试验的。他的国文，须用来写家信、上条陈、看报、做报馆里的"征文"……等等。他出学校之后，若去谋事，无论入那一途，都用不着白话。现今大总统和国务总理的通电都是用骈体文做的；就是豆腐店里写一封拜年信，也必须用"桃符献瑞，梅萼呈祥，遥知福履绥和，定卜筹祺迪吉"等等刻板文字。我们若教学生"一律做白话文字"，他们毕业之后，不但不配当"府院"的秘书，还不配当豆腐店的掌柜呢！
>
> ……改革大学这件事，不是立刻就可做到的，也决不是几个人用强硬手段所能规定的。我的意思，以为进行的次序，在于极力提倡白话文学。要先造成一些有价值的国语文学，养成一种信仰新文学的国民心理，然后可望改革的普及。……
>
> 若必须从学校教育一方面着想，似乎还该从低级学校做起。进行的方法，在于一律用国语编纂中小学校的教科书。现在所谓"国文"定为"古文"，须在高等小学第三年以上始开始教授。"古文"的位置，与"第一种外国语"同等。教授"古文"，也用国语讲解；一切"模范文"及"典文"的教授法，全用国语编纂。
>
> 编纂国语教科书，并不是把现有的教科书翻成国语就可完事的。第一件要事，在于选用教科的材料。……我的意思，以为小学教材，

应该多取小说中的材料。读一千篇古文，不如看一部《三国志演义》：这是我们自己身受的经验。只可惜现在好小说太少了，不够教材的选择。可见我上文所说先提倡白话文学，究竟是根本的进行方法。没有新文学，连教科书都不容易编纂！

现在新文学既不曾发达，国语教科书又不曾成立，救急的方法只有鼓励中小学校的学生看小说。小说之中，白话的固好，文言的也可勉强充数，总比读《古文辞类纂》更有功效了。(《新青年》第4卷第5号，1918年5月15日)

同日 《北京大学日刊》第107号发表胡适拟的《英文教授会启事》：

本会有许多亟待商决之事件。今拟分三次开会。第一次为预科英文教员会，定于四月十日（星期三）下午七时半开会；第二次为文本科中国文学门哲学门史学门英文教员会，定于四月十一日（星期四）下午七时半开会；第三次为文本科英文学门教员会，定于四月十五日（星期一）下午七时半开会。以上三次会议皆在校长室，届时务乞贲临，无任盼祷。

同日 卢逮曾致函胡适，谈抵英后留学近况，希望胡适介绍英国方面的二三好友"指导一切"等。(《胡适遗稿及秘藏书信》第40册，225页)

4月12日 胡母谕胡适：对二媳（胡觉妻）之丧深表哀伤，又谈胡嗣稼之柩回里、安葬诸事，希望胡适筹措家用寄来，以处置这些突发事情。(《胡适遗稿及秘藏书信》第22册，225～227页)

4月13日 胡适禀母亲："吾母肯令冬秀与耘圃同来，极好。我岂不知吾母此时病体不应令冬秀远离？但我在此，亦狠寂寞，极想冬秀能来。此亦人情之常，想吾母定不怪我不孝也。至于他人说长说短，我是不管的。"又询问胡思永能前来否。准备次日演讲的稿子。(《胡适遗稿及秘藏书信》第21册，252页)

4月14日 胡适到教育部会场第四次讲演"墨家哲学"，全部讲毕。写

1918年　戊午　民国七年　27岁

讲义。(《胡适遗稿及秘藏书信》第21册,251页)

4月15日　胡适在《新青年》第4卷第4号发表《建设的文学革命论》一文,该文有一副题,为"国语的文学——文学的国语",大要是:

一

……我望我们提倡文学革命的人,对于那些腐败文学,个个都该存一个"彼可取而代也"的心理;个个都该从建设一方面用力,要在三五十年内替中国创造出一派新中国的活文学。

我现在做这篇文章的宗旨,在于贡献我对于建设新文学的意见。……("八不主义")是单从消极的、破坏的一方面着想的。

自从去年归国以后,我在各处演说文学革命,便把这"八不主义"都改作了肯定的口气,又总括作四条,如下:

(一)要有话说,方才说话。这是"不做言之无物的文字"一条的变相。

(二)有什么话,说什么话;话怎么说,就怎么说。这是(二)(三)(四)(五)(六)诸条的变相。

(三)要说我自己的话,别说别人的话。这是"不摹仿古人"一条的变相。

(四)是什么时代的人,说什么时代的话。这是"不避俗话俗字"的变相。

这是一半消极、一半积极的主张。……

二

我的"建设新文学论"的唯一宗旨只有十个大字:"国语的文学,文学的国语。"我们所提倡的文学革命,只是要替中国创造一种国语的文学。有了国语的文学,方才可有文学的国语。有了文学的国语,我们的国语才可算得真正国语。国语没有文学,便没有生命,便没有价值,便不能成立,便不能发达。这是我这一篇文字的大旨。

……中国这二千年何以没有真有价值真有生命的"文言的文

19

学"？……这都因为这二千年的文人所做的文学都是死的，都是用已经死了的语言文字做的。死文字决不能产出活文学。……

……自从《三百篇》到于今，中国的文学凡是有一些价值、有一些儿生命的，都是白话的，或是近于白话的。其余的都是没有生气的古董，都是博物院中的陈列品！

再看近世的文学：何以《水浒传》《西游记》《儒林外史》《红楼梦》，可以称为"活文学"呢？因为他们都是用一种活文字做的。若是施耐庵、邱长春、吴敬梓、曹雪芹，都用了文言做书，他们的小说一定不会有这样生命，一定不会有这样价值。

……用死了的文言决不能做出有生命有价值的文学来。……凡是有真正文学价值的，没有一种不带有白话的性质，没有一种不靠这个"白话性质"的帮助。……白话能产出有价值的文学，也能产出没有价值的文学……但是，那已死的文言，只能产出没有价值没有生命的文学，决不能产出有价值有生命的文学……

为什么死文字不能产生活文学呢？这都由于文学的性质。一切语言文字的作用在于达意表情；达意达得妙，表情表得好，便是文学。那些用死文言的人，有了意思，却须把这意思翻成几千年前的典故；有了感情，却须把这感情译为几千年前的文言。……

……"死文言决不能产出活文学"。中国若想有活文学，必须用白话，必须用国语，必须做国语的文学。

三

……如今且说从国语一方面着想，国语的文学有何等重要。

……国语不是单靠几位言语学的专门家就能造得成的；也不是单靠几本国语教科书和几部国语字典就能造成的。若要造国语，先须造国语的文学。有了国语的文学，自然有国语。……天下的人谁肯从国语教科书和国语字典里面学习国语？所以国语教科书和国语字典，虽是狠要紧，决不是造国语的利器。真正有功效有势力的国语教科书，便是国语的文学：便是国语的小说、诗文、戏本。国语的小说、诗文、戏本通行之日，便是中国国语成立之时。……

所以我以为我们提倡新文学的人，尽可不必问今日中国有无标准国语。我们尽可努力去做白话的文学。……中国将来的新文学用的白话，就是将来中国的标准国语。造中国将来白话文学的人，就是制定标准国语的人。

……我这几年来研究欧洲各国国语的历史，没有一种国语不是这样造成的。没有一种国语是教育部的老爷们造成的。没有一种是言语学专门家造成的。没有一种不是文学家造成的。……

…………

……这一千年来，中国固然有了一些有价值的白话文学，但是没有一个人出来明目张胆的主张用白话为中国的"文学的国语"。有时陆放翁高兴了，便做一首白话诗；有时柳耆卿高兴了，便做一首白话词；有时朱晦庵高兴了，便写几封白话信，做几条白话札记；有时施耐庵、吴敬梓高兴了，便做一两部白话的小说。这都是不知不觉的自然出产品，并非是有意的主张。因为没有"有意的主张"，所以做白话的只管做白话，做古文的只管做古文，做八股的只管做八股。因为没有"有意的主张"，所以白话文学从不曾和那些"死文学"争那"文学正宗"的位置。白话文学不成为文学正宗，故白话不曾成为标准国语。

我们今日提倡国语的文学，是有意的主张。要使国语成为"文学的国语"。有了文学的国语，方有标准的国语。

四

……"国语的文学，文学的国语"，乃是我们的根本主张。……

我以为创造新文学的进行次序，约有三步：（一）工具，（二）方法，（三）创造。前两步是预备，第三步才是实行创造新文学。

（一）工具……我们的工具就是白话……预备的方法，约有两种：

（甲）多读模范的白话文学。……

（乙）用白话作各种文学。……

....

（二）方法。……

大凡文学的方法可分三类：

（1）集收材料的方法。中国的"文学"，大病在于缺少材料。……我以为将来的文学家收集材料的方法，约如下：

（甲）推广材料的区域。……

（乙）注重实地的观察和个人的经验。……

（丙）要用周密的理想作观察经验的补助。……

（2）结构的方法。有了材料，第二步须要讲究结构。结构是个总名词，内中所包甚广，简单说来，可分剪裁和布局两步……

....

（3）描写的方法。局已布定了，方才可讲描写的方法。描写的方法，千头万绪，大要不出四条：（一）写人。（二）写境。（三）写事。（四）写情。

....

……怎样预备方才可得着一些高明的文学方法？……只有一条法子：就是赶紧多多的翻译西洋的文学名著做我们的模范。我这个主张，有两层理由：

第一，中国文学的方法实在不完备，不够做我们的模范……

第二，西洋的文学方法，比我们的文学，实在完备得多，高明得多，不可不取例。……

现在中国所译的西洋文学书，大概都不得其法，所以收效甚少。我且拟几条翻译西洋文学名著的办法如下：

（1）只译名家著作，不译第二流以下的著作……

（2）全用白话韵文之戏曲，也都译为白话散文……

（三）创造……

同期《新青年》还发表《中国今后之文字问题》一文。胡适为此文加一"附识"云：

> 我以为中国将来应该有拼音的文字。但是文言中单音太多，决不能变成拼音文字。所以必须先用白话文字来代文言的文字；然后把白话的文字变成拼音的文字。至于将来中国的拼音字母是否即用罗马字母，这另是一个问题，我是言语学的门外汉，不配说话了。

4月16日　胡适禀母亲，谈些琐事。(《胡适遗稿及秘藏书信》第21册，257～258页)

4月18日　胡母谕胡适：江冬秀赴京一节，请胡适勿瞻顾；胡思永随同来京事，其母亦极赞成。胡思齐待胡耕云灵柩返里，料理毕安葬事宜后再出外学生意。(《胡适遗稿及秘藏书信》第22册，228页)

同日　《北京大学日刊》第114号发表理科学长夏元瑮致秦景阳、沈尹默、胡适等6人言：下学年理科教科书本校既决定不为学生代购，教授会议决各书似应从速公布并通告各书店。又，购书事教员与学生如何接洽亦应及早筹商，望乞垂意为幸。

4月19日　胡适邀宴黄炎培于中央公园。(中国社科院近代史所整理：《黄炎培日记》第2卷，华文出版社，2008年，12页)

4月23日　胡思永复函胡适，谈及算学重要且不简单，又请胡适帮忙取两个学名。(中国社科院近代史所藏"胡适档案"，卷号694，分号5)

4月24日　上午上课，下午到女子师范学校演说"美国的妇女"，晚在南味斋请7位中国公学旧同学吃饭。又禀母亲：连得江村信及胡近仁信，始知母亲病体果甚沉重，闻之极为挂念。望下次来信详细告知。鉴于此，"若令冬秀远来，我心实不安，望吾母仔细斟酌，然后决定。如冬秀一时实不能离开，尽不必来京"。(《胡适遗稿及秘藏书信》第21册，253～254页)

4月25日　胡适作有白话诗《四月二十五夜》。(载《新青年》第5卷第1号，1918年7月15日)

4月26日　应朋友之邀，观梅兰芳所演《玉堂春》。禀母：江冬秀来京

一节，"须俟吾母病好，实在可离开之时，始可来京"。（《胡适遗稿及秘藏书信》第21册，255页）

4月 钱玄同为胡适购得康有为著《新学伪经考》十四卷（光绪十七年武林望云楼石印本，1函8册）。胡适题记："民国七年四月玄同替我买的。适。我寻这部书，寻了几年，今年才买到手，故狠欢喜。"（《胡适藏书目录》第3册，1641页）

5月

5月2日 胡适复函胡近仁，解说询问母亲病情之缘由，谈到得悉母亲病重后，又忧心江冬秀来京，家中无人照料。又说及肯就此婚姻，完全为迁就母亲。说到对家乡的革新事业，又劝胡近仁来京一行：

> 前得第五号书，言母病状，吾实不料病是真情。吾初疑此必系家庭中如家秭嫂一方面有为难之处，而家母不愿明言之，故以病为言。……盖家信从未言吾母病发，又时冬秀方在江村未即召回，故不疑吾母真发病甚"沉重"也。吾之作书询足下，正以此故。……
>
> 今吾母既决令冬秀来，固是好事，惟自得足下书后，极忧冬秀出外后家中无人照应。吾母又极耐苦痛，平常不肯言病。此亦不是细事，真令我左右做人难矣。吾之就此婚事，全为吾母起见，故从不曾挑剔为难（若不为此，吾决不就此婚。此意但可为足下道，不足为外人言也）。今既婚矣，吾力求迁就，以博吾母欢心。吾之所以极力表示闺房之爱者，亦正欲令吾母欢喜耳。岂意反以此令堂上介意乎？
>
> …………
>
> 来书言革新事业，已有头绪，闻之甚喜。革新后，里中万不可居。能来京一行，最佳。此间虽不易图事，然适处尽可下榻。即不能谋生计，亦可助适著书，亦不致糊不出一人之生活也。无论如何，总比在里中好些。……（《胡适家书手迹》，78～82页）

5月3日　忙碌一天。晚上约同乡到新世界游玩。(《胡适遗稿及秘藏书信》第21册，256～257页）

同日　北大评议会开会议决，将成美学会收归学校主办，以扩大其效用，并推定胡适、朱锡龄、俞同奎、陶孟和四教授将原章程作适当修改。成美学会自胡适、郑阳和发起创立以来，已经收到票洋700余元，现洋200余元。只因北大贫苦无力之学生为数不少，全赖私人之捐助能力终属有限。故评议会议决收回归学校自办。(《北京大学日刊》第134号，1918年5月11日）

5月4日　胡适复函许怡荪，云：

……来书所言"Wait and See"的政策，至今为日无几，应如何进行？如兄决意肯干，适当即为作书与绩南北绅士，与商此事。望即复我为盼！

近日京中为中央选举会之学术一部将次组织，故有多人到处运动。适决不送文凭与著述去，决意不与闻此次国会选举。大概大学文科中人多持如此主见耳。

来书极赞成我的《归国杂感》，令我惭愧。这一篇的好处，在于骂人痛快而能有诙谐风味。吾常以为中国文学缺少滑稽味道……故颇思于庄言之中夹以谐趣。吾之《新婚杂诗》三四五章颇有此意；其他白话诗中亦间有此种风趣。但庄言易为，谐趣实不易有也。

橘仙先生之死，适颇思为作一篇白话的传或赞。但里中所寄之征文启实在不通，既无事实，又无道理，如何可用作根据？故此次竟未寄有稿件去。足下欲为橘丈立碑，令适为执笔，此事有三难处：（一）适不知橘丈事实；（二）适不愿作文言文字，白话文恐怕不中人意；（三）此事须里中友人切实发起，适不便赞同于此时也。

内人约一月后可来。惟"长安居大不易"，适近负担甚重，一人须养四个家，真有点可怕！

足下近治英文，有何进境？近读何书？望便中告我。（胡适致许怡

苏函，编号60）

同日　胡母谕胡适：上月自己病势日趋沉重，不得不告。现在病已痊愈，况胡适一人在京亦须照料，故令江冬秀赴京。目下胡思永足疾离杖难行，若江冬秀起身时，思永能离杖则同江冬秀一同进京。又谈及胡思聪近状。（《胡适遗稿及秘藏书信》第22册，230～232页）

5月5日　张崧年致函胡适，告已奉还张君著作。又云，陈独秀与钱玄同在《新青年》第4号上，都把本西学讲中学的奚落了几句，自己不以此为然。（《胡适遗稿及秘藏书信》第34册，318页）

5月8日　胡适致函陶孟和，谈读 Tess 的感想：

> 此书写 Clare 名为"开通"而实未能免俗，与 Jude 之写 Sue 虽久经"释放"而实不能脱去旧日陋想同一用意。……
>
> 前日老兄说 Tess 的事迹有点像《老洛伯》中之锦妮，果然果然。……Tess 是十九世纪下半的人，受了新思潮的间接感化，故敢杀了他所嫁而不爱的男子，以图那空屋几日夜的团圆快乐。这个区别，可以观世变。十八世纪的人决不能作 Tess，正如十九世纪自 Ibsen 至 Hardy 一般人也决不肯用锦妮的解决方法。这两种人生观的是非得失，最难决定。……
>
> 中国的我，可怜锦妮，原谅锦妮；西洋廿世纪的我，可怜 Tess，原谅 Tess。这是过渡时代的现象，也可以观世变了。（《胡适遗稿及秘藏书信》第20册，103页）

5月11日　胡适禀母亲："知吾母决意令冬秀出来，此皆由吾母爱儿子、媳妇的好意，故肯如此安排。但望吾母病体春后天气温和可以逐渐全愈，则我更放心了。"又谈家务琐事。（《胡适遗稿及秘藏书信》第21册，259页）

同日　胡适又致函江冬秀，谈道：出门时吩咐仆人来发，教他小心服侍母亲；因不能带胡思永出来，也不便将江泽涵带出来。（《胡适遗稿及秘藏书信》第21册，323～324页）

1918年　戊午　民国七年　27岁

5月13日　胡母谕胡适：家中窘况已达极点，希望胡适与江冬秀汇寄盘缠时顺便寄款家用。所欠胡节甫之款，应汇寄其遗孀，希望胡适致函胡节甫夫人致唁慰之意，并告还款办法等。(《胡适遗稿及秘藏书信》第22册，233～235页)

按，胡适曾送胡节甫挽联：
君是一个失败英雄，而今已矣！
我洒几滴感恩涕泪，何日忘之。（王光静：《联赠乡人情谊浓——胡适为故乡撰写的对联拾零》，《胡适研究通讯》2012年第2期，2012年5月25日）

5月14日　写讲义。(《胡适遗稿及秘藏书信》第21册，264页)

5月15日　上课。晚约绩溪宅坦村虎臣先生的孙子觊侯吃夜饭。(《胡适遗稿及秘藏书信》第21册，265页)

同日　《东方杂志》第15卷第5号开始连载胡适的《惠施、公孙龙之哲学》(6月刊出的第6号刊登完毕)。

5月16日　写讲义。下午访吴弱男女士。(《胡适遗稿及秘藏书信》第21册，260页)

5月17日　上午上课，下午写讲义。晚赴英国使馆的邀宴。(《胡适遗稿及秘藏书信》第21册，260页)

同日　胡思永致函胡适，详述不能与江冬秀一起进京的理由，又云："前回接来信，知道吾叔想不起好名字。叫我以'永'为名，'思永'为字。"又请胡适寄示曹诚英的新年竹枝词等等。（中国社科院近代史所藏"胡适档案"，卷号694，分号6）

5月18日　胡适在晋人郭象注、唐人陆德明音义《南华真经》十卷（1914年中夏右文社影印本）题记："世德堂《庄子》六本。七年五月十八日买的。胡适。"(《胡适藏书目录》第2册，1411页)

5月19日　胡觉致函胡适，谈及吊祭胡节甫送挽联等事，江冬秀将于旧历四月底或五月初动身赴京，又谈及县知事李懋延祸害绩溪等事。(《胡

适遗稿及秘藏书信》第22册，681页）

同日 王独清致函胡适，谈自己的《白话文白话诗之管见》一文对于新倡的诗体，极力表不赞成：

> ……因为诗的体裁，是一种韵文，若没有韵，断不能叫作诗。所以然者，为引起人歌咏的趣味，凡人对于歌咏，都是天性中自来喜欢有韵的。古代人民，不谙音律，所作的歌谣，都押着自己任意的韵……这个不特中国，就是世界各国，大都一样；虽用韵方法不同，其有韵则一。
>
> 再，节奏也是最要紧的，没有节奏，虽有韵，也不成音调。中国旧日讲节奏的方法，就是分别平仄，在西洋便是论声。其实中国的诗，想讲节奏，除分别平仄外，再没有第二个法子。故愚意诗无论如何白话，韵是不可不讲，平仄是不可不论。近来所倡的诗体，韵大半是不押的，平仄更不用说是没分别。这样作诗，未免失了诗的本义，所以鄙人是极不赞成的。（《胡适遗稿及秘藏书信》第24册，517～518页）

5月21日 胡适作文到次日凌晨4点。（《胡适遗稿及秘藏书信》第21册，265页）

5月22日 胡适乘火车到清华学校演说，是夜演说毕，即宿于清华。次日回城。（《胡适遗稿及秘藏书信》第21册，265页）

5月23日 北京大学布告：胡适所授之高等修辞学改在5月30日下午。（《北京大学日刊》第80号，1918年5月24日）

5月24日 胡适禀母，谈近日作文、讲演等事，又述及归还胡节甫家人欠款办法等，又谈到因学生为中日签约事向总统请愿，蔡元培有辞职之请，现在事已平复，蔡亦打消辞意等。（《胡适遗稿及秘藏书信》第21册，265～266页）

5月27日 胡适出席由蔡元培主持的研究所主任会议，讨论了法科、文科改定科目等问题。（《北京大学日刊》第149号，1918年5月29日）

5月28日 进德会举行成立大会，进德会会员分为甲、乙、丙三种。（《北

京大学日刊》第 150 号，1918 年 5 月 30 日）

5 月 29 日　胡适致函钱玄同，懊悔在征文告白之事上措辞太过火，所幸钱不见怪。又云：

> 但我仔细想来，我们若不肯说老实话，更有何人说老实话？更对何人说老实话？我们自己正该不相假借才是，更望老兄永永如此相待才是。千万别以为胡适之爱摆架子就不屑教训他了。
>
> 中国文字问题……不是简单的事，须有十二分的耐性，十二分的细心，方才可望稍稍找得出一个头绪出来。若此时想"抄近路"，无论那条"近路"是世界语，还是英文，不但断断办不到，还恐怕挑起许多无谓之纷争，反把这问题的真相弄糊涂了。……
>
> 老兄千万不可疑心我又来"首鼠两端"了。我不怕人家攻击我们，只怕人家说我们不值得攻击。
>
> 老兄前天信里提日本人有用外国语作书报的。这事不够作论证。……试问中国今日能有万分之一的人能懂得一种外国语么？（《鲁迅博物馆藏近现代名家手札》〔二〕，98～102 页）

同日　胡母谕胡适：绩溪县李知事并未调换，江冬秀已起程赴京，胡适汇来美金 30 元已经收到。（《胡适遗稿及秘藏书信》第 22 册，236～237 页）

5 月　胡适作有白话诗《看花》。

同月　胡适购得陆九渊著《象山先生全集》三十六卷（宣统二年江左书林铅印本，1 函 8 册），购得唐人杨倞注《荀子》二十卷（1914 年右文社影印本，1 函 6 册）。（《胡适藏书目录》第 3 册，1624、1662 页）

6 月

6 月 1 日　江冬秀抵京。（《胡适遗稿及秘藏书信》第 21 册，262～263 页；中国社科院近代史所藏"胡适档案"，卷号 694，分号 7）

同日　北京大学进德会之评议员、纠察员票选结果揭晓，胡适以 66 票

最高票当选为纠察员之一。(《北京大学日刊》第 153 号，1918 年 6 月 3 日)

6 月 5 日　胡适请向其送贺礼的北大同事吃喜酒，大醉。(《胡适遗稿及秘藏书信》第 21 册，261 页)

6 月 12 日　《北京大学日刊》第 161 号报道，北京大学入学试验委员会已经组织就绪，该会由蔡元培任会长，胡适为会员之一，并担任文本科及文理法预科英文科命题、阅卷之主任教员。

6 月 14 日　胡适本学期所授课程结束。(《胡适遗稿及秘藏书信》第 21 册，263 页)

6 月 15 日　《新青年》第 4 卷第 6 号印行，该号为"易卜生号"，由胡适编辑。胡适在该号上发表《易卜生主义》一文，大要是：

(一)

……易卜生的文学，易卜生的人生观，只是一个写实主义。……

人生的大病根在于不肯睁开眼睛来看世间的真实现状。明明是男盗女娼的社会，我们偏说是圣贤礼义之邦；明明是赃官污吏的政治，我们偏要歌功颂德；明明是不可救药的大病，我们偏说一点病都没有！却不知道：若要病好，须先认有病；若要政治好，须先认现今的政治实在不好；若要改良社会，须先知道现今的社会实在是男盗女娼的社会！易卜生的长处，只在他肯说老实话，只在他能把社会种种腐败龌龊的实在情形写出来叫大家仔细看。……

(二)

我们且看易卜生写近世的社会，说的是一些什么样的老实话。第一，先说家庭。

易卜生所写的家庭，是极不堪的。……

…………

(三)

…………

第二，宗教　易卜生眼里的宗教久已失了那种可以感化人的能力；久已变成毫无生气的仪节信条，只配口头念得烂熟，却不配使人奋发鼓舞了。……
　　　　…………
　　第三，道德　法律宗教既没有裁制社会的本领，我们且看"道德"可有这种本事。据易卜生看来，社会上所谓"道德"不过是许多陈腐的旧习惯。合于社会习惯的，便是道德；不合于社会习惯的，便是不道德。……
　　这种不道德的道德，在社会上，造出一种诈伪不自然的伪君子。面子上都是仁义道德，骨子里都是男盗女娼。易卜生最恨这种人。……
　　　　…………

（四）

　　……且看易卜生写个人与社会的关系。
　　易卜生的戏剧中，有一条极显而易见的学说，是说社会与个人互相损害；社会最爱专制，往往用强力摧折个人的个性，压制个人自由独立的精神；等到个人的个性都消灭了，等到自由独立的精神都完了，社会自身也没有生气了，也不会进步了。社会里有许多陈腐的习惯，老朽的思想，极不堪的迷信，个人生在社会中，不能不受这些势力的影响。有时有一两个独立的少年，不甘心受这种陈腐规矩的束缚，于是东冲西突想与社会作对。……
　　社会对于那班服从社会命令，维持陈旧迷信，传播腐败思想的人，一个一个的都有重赏。……
　　那些不懂事又不安本分的理想家，处处和社会的风俗习惯反对，是该受重罚的。执行这种重罚的机关，便是"舆论"，便是大多数的"公论"。世间有一种最通行的迷信，叫做"服从多数的迷信"。人都以为多数人的公论总是不错的。易卜生绝对的不承认这种迷信。他说"多数党总在错的一边，少数党总在不错的一边"……

……

（五）

……且说易卜生的政治主义。……

易卜生起初完全是一个主张无政府主义的人。……

易卜生的纯粹无政府主义，后来渐渐的改变了。……但是他自己到底不曾加入政党。他以为加入政党是狠下流的事……他最恨那班政客，他以为"那班政客所力争的，全是表面上的权利，全是胡闹。最要紧的是人心的大革命"……

易卜生从来不主张狭义的国家主义，从来不是狭义的爱国者。……我想易卜生晚年临死的时候（一九〇六），一定已进到世界主义的地步了。

（六）

我开篇便说过易卜生的人生观只是一个写实主义。易卜生把家庭社会的实在情形都写了出来，叫人看了动心，叫人看了觉得我们的家庭社会原来是如此黑暗腐败，叫人看了觉得家庭社会真正不得不维新革命——这就是"易卜生主义"。表面上看去，像是破坏的，其实完全是建设的。……

……易卜生生平却也有一种完全积极的主张。他主张个人须要充分发达自己的天才性；须要充分发展自己的个性。……社会是个人组成的，多救出一个人便是多备下一个再造新社会的分子。所以孟轲说"穷则独善其身"，这便是易卜生所说"救出自己"的意思。这种"为我主义"，其实是最有价值的利人主义。所以易卜生说，"你要想有益于社会，最妙的法子莫如把你自己这块材料铸造成器"。……

社会最大的罪恶莫过于摧折个人的个性，不使他自由发展。……

发展个人的个性，须要有两个条件。第一，须使个人有自由意志。第二，须使个人担干系，负责任。……

……

1918年　戊午　民国七年　27岁

> 家庭是如此，社会国家也是如此。……社会国家没有自由独立的人格，如同酒里少了酒曲，面包里少了酵，人身上少了脑筋：那种社会国家决没有改良进步的希望。
>
> 所以易卜生的一生目的只是要社会极力容忍，极力鼓励斯铎曼医生一流的人物……要想社会上生出无数永不知足，永不满意，敢说老实话攻击社会腐败情形的"国民公敌"；要想社会上有许多人都能像斯铎曼医生那样宣言道："世上最强有力的人就是那个最孤立的人！"
>
> 社会国家是时刻变迁的，所以不能指定那一种方法是救世的良药：十年前用补药，十年后或者须用泄药了；十年前用凉药，十年后或者须用热药了。况且各地的社会国家都不相同，适用于日本的药，未必完全适用于中国；适用于德国的药，未必适用于美国。……易卜生是聪明人，他知道世上没有"包医百病"的仙方，也没有"施诸四海而皆准，推之百世而不悖"的真理。因此他对于社会的种种罪恶污秽，只开脉案，只说病状，却不肯下药。但他虽不肯下药，却到处告诉我们一个保卫社会健康的卫生良法。他仿佛说道："……社会国家的健康也全靠社会中有许多永不知足，永不满意，时刻与罪恶分子龌龊分子宣战的白血轮，方才有改良进步的希望。……"（《胡适文存》卷4，14～38页）
>
> 按，此文写成后，又有修改，于1921年4月26日定稿，此处所引，即收入文存的改定本。

6月19日　胡适请蒋梦麟、黄炎培等在中央公园吃晚饭，知黄父与胡传曾同在吴大澂幕府共事：

> 他问先人名字，我说是单名一个传字。他忽然大惊道："原来令先生就是铁花老伯！"后来问起，始知他的父亲是黄烽林先生，从前也在吴清帅幕府里，与先人熟。他常听见他父亲说起先人的学问才气，故还记得。此时谈起，方知我们原来是世交。他说"铁花老伯应该有适之兄这样的后人"。我听了这话，心里狠欢喜。我在外边，人家只知

道我是胡适，没有人知道我是某人的儿子。今次忽闻此语，觉得我还不致玷辱先人的名誉，故心里颇欢喜。(《胡适遗稿及秘藏书信》第21册，267～268页)

6月24日　任鸿隽复函胡适，告归国后当观望一年慎选工作。又预计一年调查，三四年预备，"五年之内或□教育或□实业，办出一件新事业"。又谈论胡适近来作的几篇诗文。(《胡适遗稿及秘藏书信》第26册，281～284页)

6月26日　胡适禀母亲：此时大学已停课，自己每日但在家补作讲义。每日往大学去一次。后天有一个考试，此后便更闲暇了。夏间招考在7月15日，我须看英文卷子。此外便都是看书的时间了。(《胡适遗稿及秘藏书信》第21册，268页)

6月27日　胡母谕胡适，谈及胡适又汇来之30元尚未收到，家中甚盼此款等。(《胡适遗稿及秘藏书信》第22册，238～240页)

6月28日　胡适作有白话诗《你莫忘记》。

6月29日　北京大学进德会之评议员纠察员举行第一次会议，蔡元培、傅斯年等6名评议员，胡适、李大钊等23名纠察员出席，会议议决多项，如议推书记2人，掌进德会通讯记录事。当即推定江智、傅斯年二君。(《北京大学日刊》第177号，1918年7月4日)

7月

7月1日　胡适致函钱玄同，认为《字的研究》一书乃是通俗讲演的"字义学"，又评述其内容(共五部分：1.字里的诗趣；2.字里的道德观念小史；3.字里的历史；4.新字之兴起；5.字义的区别)：

1，2，3，三部趣味极浓，读去如同看小说。我们中国人讲字学似乎太没有兴趣了。拉长了面孔说古板话，使打瞌睡。此书虽系"通俗的"，狠可供我们借鉴。……(《鲁迅博物馆藏近现代名家手札》〔二〕，

104～106页）

7月3日 胡适禀母亲：这几天看卷子，3日看了97本卷子。近正修改哲学史讲义，预备付印。（《胡适遗稿及秘藏书信》第21册，269页）

7月6日 成美学会在《北京大学日刊》第178号发布启事：因郑阳和将请假回南，"所有本会事务，暂由胡适君经理"。

7月9日 午后2时45分，胡适等陪同蔡元培会见来访的张元济，商谈世界图书馆事、编辑教育书事以及改订本版教科书事。

张元济是日日记：

> 二点三刻赴北京大学晤鹤卿、陈独秀、马幼渔、胡适之、陈仲骞、沈尹默、朱逖先、李石曾、钱念劬之弟（号秣陵），又管图书馆某君，谈三事：一、世界图书馆事，二、编辑教育书事，三、改订本版教科书事。……
>
> ……………
>
> 鹤卿约谈三事：
>
> 一、世界图书馆事。余谓目前他家出版书无多，由本馆价送亦可。至陈列，如在公众机关，本馆不便派人前往照料。胡适之谓，外国出版书店，含有广告之意，愿得大书店与之往来。惟众意谓陈设在京馆有不便，可设在北京大学。但每书内封面可贴一广告，声明购书由商务经手。余谓此可办。至上海，众谓南洋公学及松坡两馆地均太偏，可暂设本馆。余谓，此事我以为可行，但须将办法报告总馆。候通过再决定。
>
> 二、编通俗教育书事。余言，最好京中有能编此书之人，先成一二十种。本馆甚愿出版。因问版权一层。鹤谓，或购入或租入均可。胡谓，此等书销路无把握可定。余谓，可拟定门类字数及欲得报酬之数，由本馆估计。如能购入，亦可办。此等事本馆不以营利为目的也。……

（张元济：《张元济日记》上册，河北教育出版社，2001年，556～558页）

《世界图书馆之发起》：

> 是日蔡校长及本校讲师李石曾君提出创办一"世界图书馆"议案，因请张先生于午后二时到校。并约本校图书馆主任李守常君及京师图书馆迁移午门筹备员陈仲骞君到校会议。本校胡适之、沈尹默、朱遐先、钱玄同、马幼渔诸教授皆在座。提议后，全体赞成。张先生遂函告上海商务印书馆，顷已得来函，赞同。拟由华法教育会报告于巴黎会所，积极进行。大约半年以内，此事当有成议矣。（《北京大学日刊》第195号，1918年8月17日）

同日　午后4时，北京大学编译会举行茶话会，欢迎张元济，胡适出席。张元济是日日记有记：

> ……到者为夏浮筼、陈独秀、王长信、胡适之、章行严。……问排印能否迅速。余言，如无图表可速成。蔡云，惟石曾所编生物学有图若干，余均甚少。……胡适之言，拟用四号字横行，书照"科学"式，用五号。问校对样张如何办法。余谓，制成纸版，打样后送校，少则挖改，多则附勘误表。众谓可办。……余又谓，最好通用纸面。胡君言，德法之书，本多用纸面。……陈君又问，每书另订契约一节，不甚明白。……又问每种若干。余言，约五百部。胡谓似太少。余谓，有纸版随时可以补印。（《张元济日记》上册，557页）

7月10日　胡母谕胡适：收到胡适托人带来的60元，归还旧债，仍希胡适汇款来补贴家用等。（《胡适遗稿及秘藏书信》第22册，241～242页）

7月13日　胡适禀母亲，谈家务琐事。（《胡适遗稿及秘藏书信》第21册，271～272页）

7月14日　胡适复函朱经农，讨论文字革命问题。同朱一样，胡适亦反对将文言、白话都废除而采用罗马字母的文字作为国语的主张。胡适认为，保存白话，用拼音代汉字的办法，"是将来总该办到的，此时决不能做到，但此种主张，根本上尽可成立……"胡适指出，朱经农关于改良文言与改

用白话的宗旨和他根本相同,但略有几个误解的论点:

第一,来书说,"古人所作的文言,也有长生不死的",你所说的"死",和我所说的"死",不是一件事。我也承认《左传》《史记》,在文学史上,有"长生不死"的位置。但这种文学是少数懂得文言的人的私有物,对于一般通俗社会便同"死"的一样。我说《左传》《史记》是"死"的,与人说希腊文、拉丁文是"死"的是同一个意思。你说《左传》《史记》是"长生不死"的,与希腊学者和拉丁学者说 Euripides 和 Virgil 的文学是"长生不死"的是同一个意思。《左传》《史记》,在"文言的文学"里,是活的;在"国语的文学"里,便是死的了。……

第二,来书所主张的"文学的国语","并非白话,亦非文言,须吸收文言(原文作"文字",疑是笔误)之精华,弃却白话的糟粕,另成一种雅俗共赏的活文学"。这是狠含糊的话。什么叫做"文言之精华"?什么叫做"白话的糟粕"?这两个名词含混得狠,恐怕老兄自己也难下一个确当的界说。我自己的主张可用简单的话说明如下:

我所主张的"文学的国语",即是中国今日比较的最普通的白话。这种国语的语法文法,全用白话的语法文法。但随时随地不妨采用文言里两音以上的字。

这种规定——白话的文法,白话的文字,加入文言中可变为白话的文字——可不比"精华""糟粕"等等字样明白得多了吗?至于来书说的"雅俗共赏"四个字,也是含糊的字。什么叫做"雅"?什么叫做"俗"?《水浒》说,"你这与奴才做奴才的奴才!"请问这是雅是俗?《列子》说,"设令发于余窍,子亦将承之"。这一句字字皆古,请问是雅是俗?若把雅俗两字作人类的阶级解,说"我们"是雅,"他们"小百姓是俗,那么说来,只有白话的文学是"雅俗共赏"的,文言的文学只可供"雅人"的赏玩,决不配给"他们"领会的。

…………

来书又说,"白话诗应该立几条规则"。这是我们极不赞成的。即

> 以中国文言诗而论，除了"近体"诗之外，何尝有什么规则？即以"近体"诗而论，王维、孟浩然、李白、杜甫的律诗，又何尝处处依着规则去做？我们做白话诗的大宗旨，在于提倡"诗体的解放"。有什么材料，做什么诗；有什么话，说什么话；把从前一切束缚诗神的自由的枷锁镣铐，拢统推翻：这便是"诗体的解放"。因为如此，故我们极不赞成诗的规则。还有一层，凡文的规则和诗的规则，都是那些做《古文笔法》《文章轨范》《诗学入门》《学诗初步》的人所定的。从没有一个文学家自己定下做诗做文的规则。我们做的白话诗，现在不过在尝试的时代，我们自己也还不知什么叫做白话诗的规则。且让后来做《白话诗入门》《白话诗轨范》的人去规定白话诗的规则罢！（《胡适文存》卷1，115～120页）

同日 胡适禀母亲，谈及同村的蕙生叔在京患重病，已由胡适及京中族人送至首善医院治疗，"我是会馆中董事，又是同族，定当尽力为他照料"。又谈及："冬秀到京后，我叫他做阔头鞋放脚。现脚指已渐放开，甚可喜也。"（《胡适遗稿及秘藏书信》第21册，270～271页）

7月15日 胡适复函汪懋祖，主要谈对不同意见的态度问题：

> 我主张欢迎反对的言论，并非我不信文学革命是"天经地义"。我若不信这是"天经地义"，我也不来提倡了。但是人类的见解有个先后迟早的区别。我们深信这是"天经地义"了，旁人还不信这是"天经地义"。我们有我们的"天经地义"，他们有他们的"天经地义"。舆论家的手段，全在用明白的文学，充足的理由，诚恳的精神，要使那些反对我们的人不能不取消他们的"天经地义"，来信仰我们的"天经地义"。所以本报将来的政策，主张尽管趋于极端，议论定须平心静气。一切有理由的反对，本报一定欢迎，决不致"不容人以讨论"。（《胡适文存》卷1，107～108页）

同日 胡适在《新青年》第5卷第1号发表《贞操问题》，大意谓：

一

....

贞操问题之中,第一无道理的,便是这个替未婚夫守节和殉烈的风俗。在文明国里,男女用自由意志,由高尚的恋爱,订了婚约,有时男的或女的不幸死了,剩下的那一个因为生时爱情太深,故情愿不再婚嫁。这是合情理的事。……我们今日若要作具体的贞操论,第一步就该反对这种忍心害理的烈女论,要渐渐养成一种舆论,不但永不把这种行为看作"猗欤盛矣"可旌表褒扬的事,还要公认这是不合人情,不合天理的罪恶;还要公认劝人做烈女,罪等于故意杀人。

....

……男子嫖妓,与妇人偷汉,犯的是同等的罪恶;老爷纳妾,与太太偷人,犯的也是同等的罪恶。

……因为贞操不是个人的事,乃是人对人的事;不是一方面的事,乃是双方面的事。女子尊重男子的爱情,心思专一,不肯再爱别人,这就是贞操。贞操是一个"人"对别一个"人"的一种态度。因为如此,男子对于女子,也该有同等的态度。若男子不能照样还敬,他就是不配受这种贞操的待遇。……

....

二

....

第一,寡妇再嫁问题　这全是一个个人问题。妇人若是对他已死的丈夫真有割不断的情义,他自己不忍再嫁;或是已有了孩子,不肯再嫁;或是年纪已大,不能再嫁;或是家道殷实,不愁衣食,不必再嫁——妇人处于这种境地,自然守节不嫁。还有一些妇人,对他丈夫,或有怨心,或无恩意,年纪又轻,不肯抛弃人生正当的家庭快乐;或是没有儿女,家又贫苦,不能度日——妇人处于这种境遇没有守节的理由,为个人计,为社会计,为人道计,都该劝他改嫁。贞操乃是夫

妇相待的一种态度。夫妇之间爱情深了，恩谊厚了，无论谁生谁死，无论生时死后，都不忍把这爱情移于别人，这便是贞操。夫妻之间若没有爱情恩意，即没有贞操可说。……

第二，烈妇殉夫问题　寡妇守节最正当的理由是夫妇间的爱情。妇人殉夫最正当的理由也是夫妇间的爱情。爱情深了，生离尚且不能堪，何况死别？再加以宗教的迷信，以为死后可以夫妇团圆。因此有许多妇人，夫死之后，情愿杀身从夫于地下。这个不属于贞操问题。但我以为无论如何，这也是个人恩爱问题，应由个人自由意志去决定。无论如何，法律总不该正式褒扬妇人自杀殉夫的举动。……

第三，贞女烈女问题……

……我对于中国人的贞操问题，有三层意见。

第一，这个问题，从前的人都看作"天经地义"，一味盲从，全不研究"贞操"两字究竟有何意义。我们生在今日，无论提倡何种道德，总该想想那种道德的真意义是什么。……

第二，我以为贞操是男女相待的一种态度，乃是双方交互的道德，不是偏于女子一方面的。由这个前提，便生出几条引申的意见：（一）男子对于女子，丈夫对于妻子，也应有贞操的态度；（二）男子做不贞操的行为，如嫖妓娶妾之类，社会上应该用对待不贞妇女的态度来对待他；（三）妇女对于无贞操的丈夫，没有守贞操的责任；（四）社会法律既不认嫖妓纳妾为不道德，便不该褒扬女子的"节烈贞操"。

第三，我绝对的反对褒扬贞操的法律。……（《胡适文存》卷4，65～76页）

同期《新青年》又发表胡适的白话诗《戏孟和》。

7月21日　胡适禀母亲，谈家务琐事。（《胡适遗稿及秘藏书信》第21册，272～273页）

7月24日　梅光迪复函胡适，云："嘱来北京教书，恨不能从命。一则今夏决不归国，二则向来绝无入京之想。至于明夏归去，亦不能即担教授之职，须在里中徜徉数月或半年，再出外游览数月，始可言就事。然亦决不作入京之想矣。"又谈及西洋文学及新文学等。(《胡适遗稿及秘藏书信》第33册，471～472页)

7月26日　胡适复函任鸿隽云，所以极力主张用白话作诗，是因为深信文言不是适用的工具，深信白话是很合用的工具。"因为要'用工具而不为工具所用'，故敢决然弃去那不适用的文话工具，专用那合用的白话工具。"(《胡适文存》卷1，127～129页)

  按，任鸿隽后来见到《新青年》上发表的此信后，即于11月3日复函胡适：

  兄等议论，往往好以略相近而尤下流之两事作形容以为诋諆，此易犯名学上比拟(Analogy)之病。如老兄论我说的古诗体，竟扯上缠足、八股、专制政体等事，其实缠足、八股、专制政体等如何能与诗体比例？缠足为一时社会心理的病象；八股出于政府的公令；专制政体更是独夫民贼制造成的；诗体却是自然演进，没有加许多好恶与威权之裁制（试帖诗乃真与八股同类），所以我说，就古来留下来的竟可说是自然的代表。但是我已说过，此问题我既无正当的解决法，所以也不敢有绝对的主张，不过就我所见中国诗的观念，兄等的白话诗（无体无韵）绝不能称之为诗。至于我们现在应取外国"自由诗"的观念否，这是另外一个问题……

  再钱玄同先生骂张某的戏评也挪出保存辫发、小脚等事，似乎有点过甚其辞。戏本之能否除旧布新，不过视一般人之美术思想（文学更说不到）如何，何必挪出那死心塌地为恶的保存辫发、小脚为比。至用到"尊屁"美号，更觉有伤风雅……欲为文学界挽此颓风，办法不当如是。第一，要洗涤此种黑脑经［筋］，须先灌输外国的文学思想，徒事谩骂是无益的；第二，谩骂是文人一种最坏的习贯［惯］，应当阻遏，不应当提倡。兄等方以改良文学为职志，而先作法于凉，则其结

果可知。吾爱北京大学，尤爱兄等，故敢进其逆耳之言，愿兄等勿专骛眼前攻击之勤，而忘永久建设之计，则幸甚。……（《胡适遗稿及秘藏书信》第 26 册，294～298 页）

同日 盛兆熊复函胡适，认为胡适的《建设的文学革命论》，"觉得句句说话，都和我心中所想着的一样；并且条列清楚，言辞透辟，思想周密。我读了又读，心中满贮着钦佩的意思，竟不能另外说一句话了"。又云：

什么叫文学？……请先生切切实实把文学两个字，下一个极精细的解释，好么？半农先生虽有过一篇，但是我以为太略。先生说："若要造国语，先须造国语的文学。"这一说是很对的。但是我想，既然叫做国语，必定可以通行全国的。现今试问我们所做的文字，能够说可以通行全国么？倘然说可以的，那才是可以叫做国语的文学，不然岂不是受之有愧么？所以我说这个名词，总要斟酌斟酌。

先生说："多读模范文字……如《水浒传》《西游记》《红楼梦》……"这个说素是很对的。但是我想想拿这种书来当读本，很有些不妥当，因为在内容方面，颇有不合于一般青年之用。这个说素，并不是我一人的私虑，先生试细细考察社会中许多青年之行动，还能够叫他看这种书么？这种书我既然不赞成了，所以我极希望第一部西洋文学丛书早早出版。

易卜生的思想好极了，我知此书一出，吾国思想界必有许多变动。（《胡适论学往来书信选》下册，1220～1221 页）

7月28日 胡适禀母亲：近几日大学招考新生，自己要出题目，看卷子。每天 9 时到大学，下午 5 时始回来（饭也在大学里吃），故忙得很。（《胡适遗稿及秘藏书信》第 21 册，273～274 页）

同日 胡母谕胡适，谈家务琐事，又谈及入夏以来病魔仍来侵，咳嗽、气逆，甚觉苦痛，惟饮食未减，请江耘圃回里顺带 4 斤上等阿胶回来。（《胡适遗稿及秘藏书信》第 22 册，243～245 页）

1918年　戊午　民国七年　27岁

7月30日　《北京大学日刊》第187号报道"进德会启事第七号"：蔡元培所愿遵守者为"本会基本三条戒约外加不作官吏、不作议员、不食肉"。朱希祖、沈兼士、胡适等54人为"谨守本会基本三条戒约者"。

8月

8月3日　胡适禀母亲，悉母亲患病，甚为牵念，家中可长雇一人代母亲及秄嫂之劳。江冬秀病还未全好，她不准胡适晚睡。第一场的卷子已经阅完等等。(《胡适遗稿及秘藏书信》第21册，274～276页)

同日　蔡元培为胡适《中国古代哲学史大纲》(卷上)所撰序文写成，指出该书的四大特长：

> 第一是证明的方法。我们对于一个哲学家，若不能考实他生存的时代，便不能知道他思想的来原；若不能辨别他遗著的真伪，便不能揭出他实在的主义；若不能知道他所用辩证的方法，便不能发见他有无矛盾的议论。适之先生这大纲中，此三部分的研究，差不多占了全书三分之一……为后来的学者开无数法门。
>
> 第二是扼要的手段。中国民族的哲学思想远在老子、孔子之前……但要从此等一半神话、一半政史的记载中，抽出纯粹的哲学思想，编成系统，不是穷年累月，不能成功的。适之先生认定所讲的是中国古代哲学家的思想发达史，不是中国民族的哲学思想发达史，所以截断众流，从老子、孔子讲起。这是何等手段！
>
> 第三是平等的眼光。古代评判哲学的，不是墨非儒，就是儒非墨。且同是儒家，荀子非孟子，崇拜孟子的人，又非荀子。……这都是闹意气罢了！适之先生此编，对于老子以后的诸子，各有各的长处，各有各的短处，都还他一个本来面目，是狠平等的。
>
> 第四是系统的研究。古人记学术的，都用平行法……适之先生此编，不但孔、墨两家有师承可考的，一一显出变迁的痕迹；便是从老

子到韩非，古人画分做道家和儒、墨、名、法等家的，一经排比时代，比较论旨，都有递次演进的脉络可以表示。此真是古人所见不到的。（胡适：《中国哲学史大纲》卷上，商务印书馆，1928年11月）

8月5日 胡适将删掉的前几年的札记残页函寄钱玄同，并云，看过之后，不用寄还，丢掉即可。（《鲁迅博物馆藏近现代名家手札》〔二〕，104～112页）

8月7日 胡适为孙国璋《论Esperanto》加一按语：

我对于"世界语"和Esperanto两个问题，始终守中立的态度。但是现在孟和先生已说是"最末次之答辩"，孙先生也说是"最后之答言"了。我这个中立国可以出来说一句中立话：我劝还有那几位交战团体中的人，也可以宣告这两个问题的"讨论终止"了。（《新青年》第5卷第2号，1918年8月15日）

8月8日 胡适在学术讲演会演说"新文学"。（《胡适遗稿及秘藏书信》第21册，278页）

同日 《北京大学日刊》第191号报道，胡适向北大图书馆捐赠《中国美术分期史》《日本美术分期史》。

8月9日 开会一天，定北大入学考试去取事。（《胡适遗稿及秘藏书信》第21册，278页）

同日 胡适禀母亲，谈请即将回南之江耘圃携带阿胶、花子等物呈母，又谈及胡觉父子病困上海等事。（《胡适遗稿及秘藏书信》第21册，276～278页）

8月13日 胡适禀母亲：悉母病状，甚念，"望吾母病体格外保重"。又谈到，阅完第一场考卷后，稍有工夫在家休息；自己这一个暑假不但不曾有休息的机会，并且比平常还要忙些。但夜间睡得稍早些（江冬秀督促之故）。现在有3个来投考北京大学的徽州同乡住在家里。同村蕙生叔之病已好等等。（《胡适遗稿及秘藏书信》第21册，280页）

8月14日　胡适作有《论句读符号——答"慕楼"书》，指出："文字的第一个作用便是达意。种种符号都是帮助文字达意的。意越达得出越好，文字越明白越好，符号越完备越好。这是本社全用各种符号的主意。"（《胡适文存》卷1，146页）

同日　胡适作有《答黄觉僧君〈折衷的文学革新论〉》，指出：

> 我们主张用白话最重要的理由，只是"国语的文学，文学的国语"十个大字。……我们的目的不仅是"在能通俗，使妇女童子都能了解"。我们以为若要使中国有新文学，若要使中国文学能达今日的意思，能表今人的情感，能代表这个时代的文明程度和社会状态，非用白话不可。我们以为若要使中国有一种说得出、听得懂的国语，非把现在最通行的白话文用来作文学不可。我们以为先须有"国语的文学"，然后可有"文学的国语"；有了"文学的国语"，我们方才可以算是有一种国语了。
>
> …………
>
> 外面有许多人误会我们的意思，以为我们既提倡白话文学，定然反对学者研究旧文学。于是有许多人便以为我们竟要把中国数千年的旧文学都抛弃了。……我们对于这几个问题的主张是：
>
> （一）现在的中国人应该用现在的中国话做文学，不该用已死了的文言做文学。
>
> （二）现在的一切教科书，自国民学校到大学，都该用国语编成。
>
> （三）国民学校全习国语，不用"古文"……
>
> （四）高等小学除国语读本之外，另加一两点钟的"古文"。
>
> （五）中学堂"古文"与"国语"平等。但除"古文"一科外，别的教科书都用国语的。
>
> （六）大学中，"古文的文学"成为专科，与欧、美大学的"拉丁文学""希腊文学"占同等的地位。
>
> （七）古文文学的研究，是专门学者的事业。但须认定"古文文学"

不过是中国文学的一个小部分,不是文学正宗,也不该阻碍国语文学的发展。(《胡适文存》卷1,152～156页)

按,1918年8月8日,《时事新报·学灯》刊登黄觉僧《折衷的文学革新论》一文。文章赞成胡适文学革新的主张,并力陈旧文学的弊端,但又认为胡适等所倡之说,亦不无偏激之处。故"请以折衷之说进":文以通俗为主,不避俗字俗语,但不主张纯用白话。符号之取用不可盲从西洋而当取其适用者。不用典故不讲对偶之说,愚亦赞成。但旧文体之著作不在此限。

8月15日 是日出版的《新青年》第5卷第2号刊登胡适致朱我农函:

(一)来书说"欲建设新文学,文法是不可少的"。这话我极赞成。我的《改良文学刍议》中主张的八事,其中有一条就是"不做不合文法的文字"。最可怪的是今日中国部定的学校课程,从国民学校到大学毕业,从七岁到二十四岁,整整的十八年中,只有中学校第三四年有一点钟的"文法要略"!这种骇人听闻的怪事,要不是我亲自看过教育法令,我决不信!现在大学里有几位教授正在预备编一部国语文法。先生所编的稿子,若能借给我们做参考的材料,我们是感激得狠的。……

(二)来书论罗马字拼音的可行,读了使我们增添许多乐观。我对于这个的意见,已在答令弟经农书中说了。我四五年前也是狠反对这种议论的。近二三年来,觉得中国古文虽不能拼音,但是中国的白话一定是可用字母拼出的。现在北京的注音字母传习所已能用注音字母出报。各处教会所发行的"罗马字的中国话"更不用说了。我对于这个问题略有一点意见,现在正在收集材料,仔细研究,将来狠想做一篇文字讨论拼音文字的进行细则。先生所寄拼音文字的报,现在还没有寄到,狠望早日寄下,使我见识见识。

(三)《新青年》用横行,从前钱玄同先生也提议过。现所以不曾实行者，因为这个究竟还是一个小节的问题。……先生所见《新青年》里的符号错误，乃是排印的人没有句读知识之故。《科学》杂志是用横行的，也有无数符号的错误。我个人的意思，以为我们似乎应该练习直行文字的符读句号，以便句读直行的旧书。除了科学书与西洋历史地理等书不能不用横行，其余的中文书报尽可用直行。先生以为何如？

8月16日　胡适禀母亲，谈家务琐事。(《胡适遗稿及秘藏书信》第21册，278～279页)

同日　下午3时，胡适出席新教育研究会的集会。1918年8月25日《申报》报道：

国立北京大学校长蔡孑民君等，以西洋教育之革新多赖试验学校，故组织一新教育研究会，研究试验学校之办法。第一次开会后，公推沈君［尹］默、胡适之、朱遏先、马幼渔四君拟订草案，于八月十六日午后三时在北京大学校长室开会讨论。到会者，为蔡孑民、钱玄同、刘半农、胡适之、沈君［尹］默、朱遏先、马幼渔、钱秣陵、姚书城、丁庶为、吕一成、陈百年、王继根、张中甫［申府］、顾石君、陈独秀、蒋庆［梦］麟诸君，其基本改革诸要点列下：①国民学校国文科改文言为国语，纯用白话体教授。②第三、四年兼习语法。③减少授课点钟［钟点］，加增唱歌、体操、游戏钟点。④手工图画以发达儿童之本体为目的，不使模仿成人之工作。⑤高等小学改为二年。⑥修身、地理、历史三科并为一科，概称之曰国文，除概用白话体外，加文言两小时。⑦高小设自然科。

同日　胡母谕胡适，自己宿疾较前已好，但偶尔发时甚觉不安。又详谈家人、近亲状况。(《胡适遗稿及秘藏书信》第22册，248～252页)

8月18日　周作人复函胡适云：

……翻译别人著作，总有"嚼饭"之嫌，文言尤甚。《域外小说集》系"复古时代"所作，故今日视之，甚不惬意；唯原作颇有佳者，如

以白话写之，当有可观。

　　来函所云《杨珂》等，弟亦曾有改译之意……今夏在家闲住，多用白话改写，草稿已具。……当送上，请编入《新青年》五卷之四也……《安乐王子》如以白话译之，自更佳妙，不知何时可成，甚望早日为之。表现思想，自以白话为"正宗"！有时觉得古文别有佳处，然此恐系习惯之故。吾辈所懂，只有俗语；如见文言，必先将原文一一改译俗语，方才了解。正同看别国语一样，至习惯时，也一样的一见可解了。

　　俗语与文言的短长，就在直接与间接这一件事。文有"不宜说理"的时候，至于俗语，当然没这样事，也决不至"宣告大失败"。但有一种哲学思想的诗，中国语似做不好耳。《易卜生主义》读过，实近来少见之大文字。……（《胡适遗稿及秘藏书信》第29册，542～545页）

8月19日　胡适致函张厚载，回应张之反对"废唱用白"：

　　前天写信请足下作一篇文章，详详细细的说明中国旧戏的好处，和废唱用白所以绝对的不可能之故，我的意思，正为这个问题太大了，决不是开口乱骂的论调所能讨论的，故心想寻一个旧戏的"辩护士"正正经经的替中国旧戏做一篇辩护文，不料足下已在《晨钟报》的剧评里，和我辩论了。……足下既指名回答我的"废唱用白"，我可不能不勉强回答几句。

　　第一，我且先贺我们提倡白话的人，足下虽不赞成我们的剧论，却肯宣言以后要用白话作剧评，这是我们所极欢迎的。

　　第二，足下的"废唱用白的绝对的不可能"论，此次所出只有两层理由：

　　（一）拿现在戏界情形论，却是绝对的不可能，那么将来到底可能不可能，是一个狠可疑的问题了。依此看来，足下已取消"绝对的"三字，但可说"现在不可能"，或是"暂时不可能"，可不是"绝对的不可能"了……我的意思也以为现在的戏界情形很不配发生纯粹新戏，但是戏剧改良的运动，可不能就因此中止，戏剧改良运动的目的，正在改良现在戏界情形，凡是（改良），都是要改良（现在某界情形）的，所以足下这个理由，似乎不能成立。……

（二）足下的第二个理由，是"戏剧与音乐，虽不可并为一谈，然戏剧却非借音乐的力量，不能叫人感动……要叫社会容易感动，也有不能废唱而用说白之势"。这个理由，依我看来，也不能成立。我在外国看了许多很动人的戏，如 Hauptmann 的《织工》，当场竟有许多人大哭，但是这都是说白的戏……我在家乡看徽班戏时，每日的（正本）四出，都是唱工戏，妇女们最不爱看，十二三岁以上小孩子，也不爱看。他们最爱看的是（正本）以后的（杂戏）……因为杂戏，大都是做工和说白的戏……后来我在上海北京看的戏，也有这个道理，最感动人的戏，都是说白和做工的戏，如《四进士》之类，淫戏如《遣翠花》亦是此类，那些完全唱工的戏，如《二进宫》即使听了一千遍，也不能感动人……

所以我的意思，以为诸位评戏的人，若真要替（唱工戏）作辩护士，应该老实说唱工戏唱得好的，颇有音乐的价值，不该说唱工戏是最能感人的。其实唱工戏懂得的很少，既不能懂得，又如何能有感化的效力呢？

足下把说白戏比演说，这又错了。戏不单靠说白，还须有做工，说白与做工两项还不够，还须有情节，即如《四进士》一出戏，情节是好的，若全改为说白，加上一个有做工的宋士杰，自然更会感人的。演说的力量，所以不如戏剧，正为演说的人，不能加入戏台上的做工，他的题目，又未必有戏的情节，故不如戏之动人。……（《晨钟报》，1918年8月22、23、24日）

8月23日　张元济来北京大学，留名片与陈独秀、胡适、夏浮筠、秦景阳、沈尹默、朱希祖、马幼渔等人辞行。(《张元济日记》上册，576页)

8月24日　胡适禀母亲，谈家务琐事。(《胡适遗稿及秘藏书信》第21册，279～280页)

9月

9月1日　胡适禀母亲，谈家务琐事。(《胡适遗稿及秘藏书信》第21册，280～281页)

9月4日　胡适禀母亲，谈家务琐事。(《胡适遗稿及秘藏书信》第21册，281～282页)

9月5日　任鸿隽致函胡适，说前函"大赞成"胡之"建设的文学革命论"者，"乃系赞成作文之法及翻译外国文学名著等事，并非合白话诗文等而一并赞成之"。又说，《新青年》之白话诗，似有退而无进。(《胡适遗稿及秘藏书信》第26册，289～291页)

同日　朱我农致函胡适，希望《新青年》要如时出版等等。(《胡适遗稿及秘藏书信》第25册，332～333页)

9月10日　胡适禀母亲，谈家务琐事。(《胡适遗稿及秘藏书信》第21册，282～283页)

9月11日　胡母谕胡适，告前汇寄30元尚未收到。江耘圃已将所带回之阿胶等物托人带来。又详谈家人近况。(《胡适遗稿及秘藏书信》第22册，253～255页)

9月14日　高一涵、张慰慈搬来胡适寓所同住。胡适禀母亲，谈家务琐事。(《胡适遗稿及秘藏书信》第21册，283～284页)

同日　胡思永复函胡适，谈到胡适来信中教导其"做人第一要把度量放得阔大，千万不可学小气"等。次日又遵祖母意写道，太夫人阴历六月上旬是很有点病，现在又好了，请胡适不必挂念着。(中国社科院近代史所藏"胡适档案"，卷号694，分号10)

同日　威斯康辛大学校长E. A. Birge致函胡适，云：

This letter is with reference to the application of Oaborne E. Hooley of the Lat Company, Provisional Depot Brigade, Camp Sevier, South Carolina, for admission to an officers' training camp.

Mr. Hooley graduated from the University of Wisconsin with the degree of Bachelor of Arts in 1910. Since that time he has pursued graduate work in the University of Pennsylvania and the University of Wisconsin for three years, and his work is well advanced toward that of a doctorate of philosophy in history.

After receiving his bachelor's degree Mr. Hooley taught for two years in the Orient and one year in this state. He also worked for one year in the Wisconsin National Bank of Milwaukee.

Mr. Hooley has a good knowledge of German and has some knowledge of French. He was with us a satisfactory student in every respect and I am glad to give my cordial endorsement to his application.（中国社科院近代史所藏"胡适档案"，卷号 E-405，分号 1）

9月15日　胡适到香山，住静宜园，游碧云寺等名胜。次日游"八大处"。（《胡适遗稿及秘藏书信》第 21 册，283～286 页）

同日　胡适在《新青年》第 5 卷第 3 号发表《美国的妇人》，大意谓：

……一个女子单身走几万里的路，不怕辛苦，不怕危险……这种精神，便是那"超于良妻贤母"的人生观的一种表示，便是美国妇女精神的一种代表。

这种"超于良妻贤母的人生观"，换言之，便是"自立"的观念。……美国的妇女，无论在何等境遇，无论做何等事业，无论已嫁未嫁，大概都存一个"自立"的心。……男女同有在社会上谋自由独立的生活的天职。这便是美国妇女的一种特别精神。

这种精神的养成，全靠教育。……

…………

……如今所讲美国妇女特别精神，只在他们的自立心，只在他们那种"超于良妻贤母人生观"。这种观念是我们中国妇女所最缺乏的观

念。我们中国的姊妹们若能把这种"自立"的精神，来补助我们的"倚赖"性质，若能把那种"超于良妻贤母人生观"，来补助我们的"良妻贤母"观念，定可使中国女界有一点"新鲜空气"，定可使中国产出一些真能"自立"的女子。……

9月17日　朱我农致函胡适，讨论其"文法材料"问题。（《胡适遗稿及秘藏书信》第25册，338～340页）

9月20日　胡适回到城里。禀母亲，谈家务琐事。（《胡适遗稿及秘藏书信》第21册，286～287页）

9月24日　绩溪县知事李懋延签署公函，聘胡适担任绩溪续修县志咨议。（中国社科院近代史所藏"胡适档案"，卷号1178，分号8）

9月26日　胡适分别致函安徽督军倪嗣冲和凤阳关监督倪道烺：

绩溪县知事李懋延，不识字，纵役虐民，枉法营私，罪状昭著。自恃与令侄炳文有交，引为护符，招摇无忌。伏乞撤办，以塞民怨。

绩溪知事李懋延，枉法虐民，民怨沸腾。自恃与公为把兄弟，招摇无忌，实足损公名誉。除电禀督军外，不敢不告。（胡适致许怡荪函，编号61）

9月27日　胡适禀母亲，谈家务琐事。又谈道："我今年每礼拜只有十点钟工课，课虽不多，但仍旧是狠忙的。因为我喜欢干预这样那样，故事体狠多。"（《胡适遗稿及秘藏书信》第21册，287～288页）

同日　胡适复函许怡荪，谈及为扳倒绩溪县知事李懋延打电报致倪嗣冲、倪道烺事。谈及高一涵已来京任大学编辑会编辑员，现与胡适同住。胡绍之尚未来京。又云：

我在此力行"不应酬"主义，但为大学事颇忙，苦不得暇为读书著述之事。夏间改定《中国哲学大纲》上卷，已付印，一二月后可出版。春间（五月）印行《墨家哲学》小册，在北方颇风行，有两家日报（天津《大公报》，北京《晨钟报》）日日转载之。梁任公托人致意，言本欲著《墨子哲学》一书，见此书遂为搁笔。此殆因今日著述界太萧索，故易受欢迎耳。……

时局浑乱已达极点，我们幸有书可读，有学生可教，有些小事可做，故能勉强过日子；否则不堕落，亦必趋于极端厌世派了。

吾兄新经过一番浊世经验，望以旁观研究的态度处之，否则心头定有一番烦恼。因来信有"身亲受之，亦难大度排遣"的话，故敢进此意。

此次选举事，望作一详细记载，留作史料。若能将"拿办"事写一信寄与《神州日报》余裴山君，请其登出，亦不无小补。……（胡适致许怡荪函，编号61）

9月30日　北大校长蔡元培召集各学长及各研究所主任会议，提议照《研究所规章》第八条，组织研究所联合会，互选会长。又提议编辑月刊，每年编辑10册，每册约10万字。分门编辑，由各研究所主任任之。胡适负责第4册之编辑工作。(《北京大学日刊》第218号，1918年10月3日)

9月　胡适购得明人臧懋循辑《元曲选》二十集一百种（民国七年上海涵芬楼影印本，4函48册），并题记："《元曲选》四十八本，民国七年九月买的。胡适。"又在序后题道："此两序必有一序是假的。"(《胡适藏书目录》第3册，1712页)

10月

10月2日　胡母谕胡适：收到英洋30元；江冬秀怀妊事大致可靠，希格外留心身体。胡嗣稼之枢明日可抵里。(《胡适遗稿及秘藏书信》第22册，256～258页)

10月4日　下午5时，国际研究社欧战演讲会第一次延请英国和德勋爵在北河沿北京大学法科演讲国际大同盟问题，由胡适担任翻译，听者千

余人。(天津《大公报》,1918年10月6日;《申报》,1918年10月8日)

同日 胡适复函朱我农,云:自己对于世界语和Esperanto两个问题,虽未加入《新青年》的讨论,但赞成陶孟和先生的议论。今摘出自己非常赞成的朱我农论文字、语言的两次来函的五点,刊登在《新青年》。又云:"老兄讨论这个问题的根本论点只是一个历史进化观念。语言文字的问题是不能脱离历史进化的观念可以讨论的。"(《新青年》第5卷第4号,1918年10月5日)

同日 朱我农复函胡适,询胡适对自己关于世界语和Esperanto两个问题的看法。云此间除傅彦长以外,无可以讨论学术者。自己因不愿入政界等原因,暂时不愿回国。(《胡适遗稿及秘藏书信》第25册,334页)

10月5日 汪孟邹复函胡适,云:廿九号复书已悉,"吾兄所译短篇小说五种,前蒙许炼付印,因循尚未絜行。炼近于自行出版各图书专登告白于小时报栏,每隔二日一登,颇为有效。秋桐所选小说十种,更见风行。故拟将尊译小说五种付印,决定名为《短篇名家小说》第一辑否?炼意叙文诚不可少,望请友人多做几篇寄申。五种共只一万三千余字,如有近译佳著可汇刊之,则更妙也。"(《胡适遗稿及秘藏书信》第27册,276~277页)

10月7日 Grover Clark致函胡适,云:

Something over a week ago I wrote you in connection with your suggestion in your letter of June 30 that there might be a place for me at your University next year. There has been time for a reply, if there were no delay, but none has come. Hence l am writing again — not so much because I am very anxious for a reply as because I am afraid that in the confusion of mails at present, especially in the Japanese post office, that first letter may not have reached you. If it has, there will be nothing new in this letter. If not, there will.

When you wrote me last spring offering a place for this year you mentioned certain points as to the conditions of a contract. Unfortunately I haven't that letter at hand, but l will take up the points as I remember them.

Ⅰ. Subjects to teach. The subjects you mentioned—in the English Department, they were—are quite satisfactory. Or any other subjects that you might think it profitable for me to take. As I have suggested, my principal work has been done in Philosophy, with work also in Political Science and Psychology. But I should not hesitate to undertake work in English Literature. However, of that we can talk later.

Ⅱ. Term of contract. You suggested a contract for one year, with option of renewal three months before expiration. This is quite satisfactory. I should hope—and, I confess, expect—that it would be renewed. But, as I have suggested, I want to get back to Chicago to finish up work for my Ph. D. sometime. And if it seemed best to go back after a year with you, I should be glad if the contract could be renewed, to take effect after a leave of absence of a year or two. Of that, too, more later.

Ⅲ. Salary. You suggest that I name my own figure. On the basis of my experience here in Japan, and of what I have been able to learn from those who have lived in China, I should judge that I should want in the neighborhood of $325 (Mexican) per month. What I should want is enough to live on comfortable, not extravagantly, and to put aside some for paying my expenses while studying in America. I mention $325 not as a final figure, but simply as a tentative suggestion. If it seems too high—or too low—to you, please don't hesitate to say so.

Ⅳ. Housing. You say the University makes no provision. Hence that would remain to be taken care of when—or if—I am to be in Peking. Of that, too, we can speak later.

This, l think covers the ground. Except, perhaps, that I have not suggested that I should like to have the contract begin with August, 1919, if possible. My contract with this school expires with the end of July.

As I have said, if you have received my earlier letter, this will be simply going of old ground. I am writing it to make sure that some word reaches you. There have been so many reports of lost mail in the Japanese post offices recently that one feels much safer to send important information in duplicate, at different times.

I shall appreciate very much your letting me know as soon as you conveniently can about how things stand. If I am not to be in Peking, I shall see what can be done in the way of a position in Tokyo. And if that is where I am going, it will be well to start things moving soon.

I must say that I would much prefer to be in Peking, in your University, than in Tokyo, for the year. This for a great many reasons, not the least of which is that I hope that the connection if it is made will be a permanent one.

（中国社科院近代史所藏"胡适档案"，卷号 E-158，分号 2）

10月9日　朱我农致函胡适，告看见胡适发表的译诗《老洛伯》后，也检出自己曾经翻译过的版本，"觉得我的旧稿实在太坏。适之译得极好；不过我译起来，就有点不同的地方，所以我把旧稿的上海土话改去了，又把句法变动了许多，写出来，寄给适之……"（《胡适遗稿及秘藏书信》第25册，341页）

10月13日　胡母谕胡适，详谈归还胡节甫债务问题。（《胡适遗稿及秘藏书信》第22册，259～262页）

10月15日　《新青年》第5卷第4号印行，该期由胡适负责编辑。此期发表胡适、陈独秀联名致易宗夔书：

> 仆等主张以国语为文，意不独在普及教育；盖文字之用有二方面：一为应用之文，国语体自较古文体易解；一为文学之文，用今人语法自较古人语法表情亲切也。
>
> 今世之人，用古代文体语法为文以应用、以表情者，恐只有我中国人耳。尊意吾辈重在一意创造新文学，不必破坏旧文学，以免唇舌

鄙意却以为不塞不流，不止不行，犹之欲兴学校，必废科举，否则才力聪明之士不肯出此途也。方之虫鸟，新文学乃欲叫于春啼于秋者，旧文学不［过］啼叫于严冬之虫鸟耳，安得不取而代之耶？

旧文学，旧政治，旧伦理，本是一家眷属，固不得去此而取彼。欲谋改革，乃畏阻力而牵就之，此东方人之思想。此改革数十年而毫无进步之最大原因也。……

同期《新青年》又发表胡适的《什么话》，又发表《追答李濂镗君》，讨论对仗与用典问题。又发表胡适的《文学进化观念与戏剧改良》，指出文学进化观念有四层意义：

第一层总论文学的进化：文学乃是人类生活状态的一种记载，人类生活随时代变迁，故文学也随时代变迁，故一代有一代的文学。……

……第二层意义是：每一类文学不是三年两载就可以发达完备的，须是从极低微的起原，慢慢的，渐渐的，进化到完全发达的地位。……

……第三层意义是：一种文学的进化，每经过一个时代，往往带着前一个时代留下的许多无用的纪念品；这种纪念品在早先的幼稚时代本来是很有用的，后来渐渐的可以用不着他们了，但是因为人类守旧的惰性，故仍旧保存这些过去时代的纪念品。在社会学上，这种纪念品叫做"遗形物"……

……第四层意义是：一种文学有时进化到一个地位，便停住不进步了；直到他与别种文学相接触。有了比较，无形之中受了影响，或是有意的吸收人的长处，方才再继续有进步。

又指出："采用西洋最近百年来继续发达的新观念、新方法、新形式，如此方才可使中国戏剧有改良进步的希望。"并举出两种极浅近的益处：

（一）悲剧的观念——中国文学最缺乏的是悲剧的观念。……悲剧的观念，第一，即是承认人类最浓挚最深沉的感情不在眉开眼笑之时，乃在悲哀不得意无可奈何的时节；第二，即是承认人类亲见别人遭遇

悲惨可怜的境地时，都能发生一种至诚的同情，都能暂时把个人小我的悲欢哀乐一齐消纳在这种种至诚高尚的同情之中；第三，即是承认世上的人事无时无地没有极悲极惨的伤心境地，不是天地不仁，"造化弄人"（此希腊悲剧中最普通的观念），便是社会不良使个人销磨志气，堕落人格，陷入罪恶不能自脱（此近世悲剧最普通的观念）。有这种悲剧的观念，故能发生各种思力深沉，意味深长，感人最烈，发人猛省的文学。这种观念乃是医治我们中国那种说谎作伪思想浅薄的文学的绝妙圣药。这便是比较的文学研究的一种大益处。

（二）文学的经济方法……

以上所说两条——悲剧的观念，文学的经济——都不过是最浅近的例，用来证明研究西洋戏剧文学可以得到的益处。……

同日 朱我农复函胡适，谈及：《新青年》内部略有意见不同，此系常事，不足虞。钱玄同、刘复虽与我辈眼光不同，然皆系今日中国人中难得者，沈尹默的文字尚未看见过，周家兄弟的大作屡拜读，然不敢赞美，陈君是聪明人，胡适与陶孟和是《新青年》同人中最明白博达者，故以后《新青年》发达，仰仗陶、胡两人者多多。又谈及医学名词审查会中的种种不尽如人意之处。谈及拟写用罗马拼音法改良中国字的通信等。（《胡适遗稿及秘藏书信》第25册，335～337页）

同日 陈家瑞致胡适一明信片，告知《新青年》卖缺部分，请胡适补寄齐全。（中国社科院近代史所藏"胡适档案"，卷号1305，分号3）

10月23日 北京大学公布本届评议会选举结果，胡适当选（文科教授中得票最多者）。（《北京大学日刊》第234号，1918年10月23日）

10月25日 胡适为曾琦著《国体与青年》作序言。序文说：今年的省议会选举和国会选举乃是中华民国的大耻辱，"我们中华民国的青年应该知道这种政治的腐败黑暗，别无他种救济的方法，只有一条方法，须要全国青年出来竭力干涉各地的选举，须要全国青年出来做各地选举的监督"。又说道："政治的肃清不是大总统一张上任告示就可以办到的，须要全国的青年公民大家都有爱护共和国体的觉悟，大家都有保护公权的观念，大家都有痛恨贪官污吏、无耻政客的心理，大家都有不惜因纠察选举而起大革命的胆子……"（曾琦：《国体与青年》，少年中国学会，1919年）

10月28日　胡适致函安徽督军倪嗣冲，详述绩溪县知事李懋延"纵侄杀人草菅人命"事实，又述自己去冬亲见亲闻李之劣迹，要求对李"先行撤委"，"依法惩办"：

> 去年冬月，适回籍省亲，正值李知事下乡催粮。一日至六都，因急切供张，午餐止有四大碗菜，以为地方有意侮慢，遂传地保洪某，责以供应不周，杖责八百板。又李知事听讼，任意用刑，下乡时带有掌责之刑凳。每掌责时，用绳捆手指，脚踏绳头，使手指向下折断，然后重打手心。冬日手冷，惨痛之状令人不忍目睹。有原告受责不服，请问知事何以不问情理先打原告。李知事拍案大怒曰："我姓李的偏不讲理！"遂命再打。
>
> 当时适在乡里，不忍坐视，曾作长书劝谏之。李知事不识字，不解词意，以为有意讥讽，益怒。遂令人转告适，谓胡某人不知古有灭门知县，今有灭族知事耶？
>
> ……李知事自言与令侄凤阳关监督倪道烺君为把兄弟，昌言招摇，肆无忌惮。此等害民之官，若不早日撤办，必致酿成民变。去年绩溪县临溪之变，亦由于李知事卫队滋事。当日若非地方绅民明白事理，必已酿成大祸矣。前车可鉴，伏乞我公以民命民瘼为重，先行撤委；一面派员密查，依法惩办。……（《胡适遗稿及秘藏书信》第19册，356～358页）

同日　蒋梦麟致函胡适，谈编译西书计划，拟请胡适帮忙。（《胡适遗稿及秘藏书信》第39册，402～405页）

10月29日　胡母谕胡适：为胡适汇来60元感到欣慰，胡嗣稼之柩尚未到家，为江冬秀不再病胎感到欣喜。又云："予之宿恙亦不甚剧，惟些小嗽疾时不离身耳。……然既有此宿病，数年以来遂竟有江河日下之概。近

则耳目聪明，亦较前见逊。又往年嗽疾发时为届隆冬，今则秋末亦已时发。"（《胡适遗稿及秘藏书信》第 22 册，263～266 页）

10 月 30 日　田汉致函陈独秀并转胡适，请陈斧正其文章，又云自己"有创造新文学之志"，只是"不能有何具体的方案"，"见胡适先生之新式诗，辄心焉向往"。（《胡适遗稿及秘藏书信》第 24 册，683 页）

同日　胡近仁复函胡适，云：

……关于选举一事，若谓邑人全不要脸，予殊为不服。……

料理十八子一事，予未接到来书以前，已有所闻，此等事宜计万全，庶免画虎之诮。以予所闻，阁下所发三电，措词均近浮廓，恐难动听。彼人劣迹近被邑人登载于上海《新闻报》者甚详……何不寻觅一览？盖言之有物，则效力固与肤廓之词有间矣。未知阁下以为然否？顷与令堂谈及此事，令堂深不谓然。嘱转致阁下：不必多管闲事。……

县志局中夹入宝贝，予亦深不谓然。……

闻京中有著名药店出售狗皮膏药，专治风气甚佳，能为故人代办一张否？……（《胡适遗稿及秘藏书信》第 30 册，381～383 页）

按，胡适收到此函后复函云：

……前论选举事不过是有激而发。其实此等现状到处皆有之，诚如来示所云。但他处尚有少数之反对。吾绩则除胡懒僧等之外，更无人与之为正当之反对。此不可谓非一邑之耻也。

来函所说三电措词浮廓，此亦系不得不然。故乡父老兄弟不肯出头，我们在数千里外那能有工夫来搜集证据。上半年绩人所发传单列举各款亦不举证据，不足引用也。《新闻报》此间无人看，故不曾见。我近有详函去蚌埠，颇有极可靠之证据。近复托他人帮忙，不久当可发生效力。但此事可不必告人。此时有一事最足为阻力。盖政局方在变动，大家各有私图，谁来管一县小事。故事小反更不易办也。

狗皮膏药舍间有之，望先询家母，如已用完，当于下月亲带些回来。县志事，适前所言亦似太过，盖百忙中写信实无好话说也。（季羡

林总主编:《胡适全集》第24卷，165～166页）

10月　北京大学开始实行选科制。

11月

11月4日　胡适复函许怡荪，云：舒炳耀被打死一事，已详函倪嗣冲，又详函来京之警务厅长刘道章，又托关芸农代为转托，想不致完全无效。又写信与程干诚，请里中人士搜集证据，预备控告。若不推倒李懋延，"真可谓暗无天日了！"昨日河海工程学校校长许肇南（先甲）来访，甚愿许怡荪往彼处教授国文，胡适亦力劝许怡荪接受此教职。（胡适致许怡荪函，编号62）

11月8日　胡适致函许怡荪，告许肇南现决意请许怡荪去河海工程学校暂代国文一席，先以第一学期为期，如过期旧教员不回校，则请许继续下去。每周授课8时，月薪80元，请许早决定，早回话。（胡适致许怡荪函，编号63）

11月11日　第一次世界大战结束。

11月12日　蒋梦麟致函胡适，谈编译西书诸事。（《胡适遗稿及秘藏书信》第39册，406页）

11月13日　《北京大学日刊》第251号发布《英文教授会紧要通告》：

（一）预科英文事

本会于九月二十日开全体预科英文教授会，决议废止逐句用华文解释之旧法，改用指定篇章由学生自行预备，上课时由教员质问书中内容及字句之意义，与文法之结构，即以课堂中问答之成绩为平时分数之根据。此法已经列席各教授全体通过，惟各科学生尚时有请教员恢复逐句解释之旧法者，不知旧法流弊极多，不但枉费时日，且足养成苟且偷惰之恶习，今为增进学生自动能力起见，故采用新法。恐尚有误会者，特为说明于此。

（二）

  本校各位英文教授鉴：现有清华学校之Smith君、汇文大学之Forter君、通县之Been君发起一"英文教员协会"，以为讨论改良英文教授法之机关。现定于本星期六（十一月十六日）下午三时在青年会开第一次组织会，本校各教员如有赞成此举者，请届时莅会为盼。

11月15日　胡适向欧战协济团捐款14元。（《胡适遗稿及秘藏书信》第39册，334页）

同日　《东方杂志》第15卷第11号开始连载胡适的《庄子哲学浅释》。

11月15—16日　北京大学为庆祝协约国胜利，连续两日下午在天安门举行对广大群众的讲演大会，由蔡元培、陈独秀、王健祖、胡适、陶孟和、马寅初、陈启修、丁文江等演说。（《北京大学日刊》第260号，1918年11月27日）

11月16日　胡适在天安门讲演大会上演讲，题目是"武力解决与解决武力"，认为协约国所以能大胜，不是"武力解决"的功效，而是"解决武力"的功效。"解决武力"是说武力是极危险的东西，是一切战争兵祸的根苗，不可不想出一个怎样对付武力的办法。"解决武力"要注意三条办法：认识到用武力有许多害处；解决武力问题，须把各国私有的武力变成世界公有的武力；把世界各国联合起来，组织一个和平大同盟。（《新青年》第5卷第6号，1918年12月15日）

11月20日　胡适第一次致函梁启超，希望到天津时能拜谒请教：

  秋初晤徐振飞先生，知拙著《墨家哲学》颇蒙先生嘉许，徐先生并言先生有墨学材料甚多，愿出以见示。适近作《墨辩新诂》，尚未脱稿，极思一见先生所集材料……适后日……将来天津南开学校演说，拟留津一日，甚思假此机会趋谒先生，一以慰生平渴思之怀，一以便面承先生关于墨学之教诲，倘蒙赐观所集墨学材料，尤所感谢。适亦知先生近为欧战和议问题操心，或未必有余暇接见生客，故乞振飞先生为之绍介，拟于二十三日（星期六）上午十一时趋访先生，作二十分钟之谈话,不知先生能许之否?适到津后,当再以电话达尊宅,取进止。(丁文江、赵丰田编:《梁启超年谱长编》,上海人民出版社,1983年,872~873页)

11月22日 胡适赴天津南开学校讲演。

11月23日 晨1时,胡适母亲冯顺弟长逝。

11月24日 胡适得母亡电报,即电侄胡思永、胡思齐先行闭殓。(胡适:《先母行述》;《北京大学日刊》第258号,1918年11月25日)

1927年2月5日胡适致函江冬秀,谈得母亡电报后情景:

我母亲死后,我接到电报,手直抖,但没有眼泪。后来走到路上,在饭店里,忽然哭了。到中屯,进外婆家的门,方才大哭。(《胡适遗稿及秘藏书信》第21册,343页)

11月25日 胡适向北京大学请假一个月,偕江冬秀星夜返里奔丧。(《北京大学日刊》第258号;胡适:《我对于丧礼的改革》)

同日 《北京大学日刊》刊登《哲学门研究所启事》:墨子考订学已拟有入手办法稿存本所中,胡适之先生每日均在英文教授会……如有疑问,可于规定时间内质问。

12月

12月1日 胡适有《十二月一日奔丧到家》诗:

往日归来,才望见竹竿尖,才见吾村,便心头乱跳,遥知前面,老亲望我,含泪相迎。

"来了?好呀!"——别无他话,说不尽欢喜悲酸无限情。

偷回首,揩干泪眼,招呼茶饭,款待归人。

今朝——依旧竹竿尖,依旧溪桥——只少了我的心头狂跳!

何消说一世恩深未报，何消说十年来的家庭梦想，都一一云散烟销！

只今日到家时，更何处能寻那一声"好呀，来了！"（胡适致许怡荪函，编号65）

同日　天津《大公报》介绍《新青年》杂志：陈独秀、胡适之、钱玄同、周作人、刘半农、沈尹默诸先生撰述，自本年起所载诗文俱用语体，意义精辟，言辞畅达，语体文字中空前之杰作也。又介绍胡适著《北京大学哲学讲义》：宋儒语录纯用白话，是为中国用白话著述哲学之始。此讲义系国立北京大学教授胡适之先生所撰，先生主张改革中国文学以为革新国民思想之基础，其议论已见《新青年》杂志。此讲义共有2种，一论《中国哲学》，一论《西洋哲学》，读之不特可知世界哲学大要，且于国语学亦殊有裨益。先生近时对于国语问题有最精要之论，曰造成"国语的文学"及"文学的国语"，此实言文一致论及统一国语论二问题之根本解决方法也。

12月5日　胡适草成《先母行述》。（胡适致许怡荪函，编号65）

12月7日　胡适致函许怡荪，谈因母丧悲痛至极：

适遽遭母丧，心坎中遂留一大空洞，终身将不能再补好，伤哉伤哉！吾母之于我，非比寻常母子之恩。吾母乃是一个不读书的圣贤，生平走遍天下，不曾见第二妇人如此。前日草吾母行述，为乡间印刷之困难所限，不能畅所欲言，他日当为作家传。然吾母辛苦一生，竟仅能以文字报之，念之心痛！（胡适致许怡荪函，编号64）

12月9日　《北京大学日刊》第267号报道，胡适向北大图书馆捐赠《墨家哲学》。

同日　傅斯年函慰胡适。又说，《新潮》杂志同人已将胡适母亲的照片放大，作为一种纪念品送给胡适，又谈到《新潮》第一期将出版等。（《胡适遗稿及秘藏书信》第37册，344～347页）

12月11日　杨杏佛致函胡适，请胡节哀。并谈及自己已就任汉阳铁厂

1918年　戊午　民国七年　27岁

会计处成本科长，并于明春返沪与人约同办工厂。又谈及任鸿隽、胡刚复近况。《科学》"有民穷财尽之象"等。（《胡适遗稿及秘藏书信》第38册，41～42页）

12月12日　为胡母过世，康白情致函胡适慰问。（《胡适遗稿及秘藏书信》第33册，284～286页）

12月17日　胡母下葬。胡适办理母丧，对丧礼有所改革，主要是：不用僧道；不收纸箔、冥器、盘缎等件；不点主；不受人家送祭；家祭仅删存三献礼，读祭文；祭时不举哀，受吊时亦不举哀，哀至则哭；出殡时铭旌前行……灵柩次之，送殡者次之，无爆竹火把及其他项排场；不择日；不择风水，坟地由胡适自定。（12月26日胡适复许怡荪函，编号65；又可参考胡适：《我对于丧礼的改革》）

12月18日　Grover Clark复函胡适，云：

Your letter of October 5 reached me some time ago. I have not acknowledged it before because there has been nothing special to say. Moreover, I have been busy, getting out a little book to be used in my English teaching here, describing in simple English something of the history of the development of democratic government, and also describing briefly the present forms of government in the chief democratic countries on the world. I find the students here most intensely interested in politics, but also most abysmally ignorant. Their ideas of their own history, even, are most vague. Everything for them seems to be classed into certain eras, but the order of those eras, or the time that elapsed during any era is quite beyond them. That is, they seem to have absolutely no historical perspective.

Just recently I have had the opportunity to get somewhat acquainted with five Chinese students in this school. They are a very fine set of fellows. I asked them about your school; and they were most unanimous in their praise of it as very emphatically the best in China. Which simply confirmed what had been my own opinion.

And that leads to another remark. A couple of days ago I was informally asked by the school here if I would consider staying here another year. My contract is for one year; and when I came I said emphatically that I would not renew. But they want to know, now, if I have changed my mind, or would consider changing it. I do not think I shall. But I told them I could not let them know definitely until I knew a little more definitely as to what my own plans were for next year. The reason for their special desire to know now is that, if I am not to stay, they want to start negotiations for a man from America.

Hence I told them that I would write you again—tho I did not mention you specifically. I simply said I would write about a position in China which had been under consideration. I am a little afraid that this may seem to you like pestering. I hope not; because there is practically nothing else for me to do.

Mrs. Clark, while in Harbin with the American Red Cross, heard indirectly that two of the American teachers in your school were planning more or less definitely to go back to America next year. These I presume, are the two of whom you spoke earlier. I am wondering if something definite, more or less, may not have been said on the subject.

Now that the war is over, I am wondering, too, if you will not try to get Edgerton to come out. Just how he fared in the draft I do not know. My only information came from a letter from his wife to Mrs. Clark, saying that he had been ordered to report early in August but that, being a conscientious objector, he was going to refuse to do anything in any way connected with military service. She hoped that he would accept the offer that had been made to some C. O.'s, of doing reconstruction work in France instead of active military work, but she was rather afraid not. If he is free to come, he probably would be glad to, and you would be glad to have him. In which case, of course, his claim certainly would come prior to any suggestion of a claim which I might have.

I am sorry to trouble you again, but it really would be a very great favor if you would let me know as soon as you conveniently can about the situation in connection with my taking a place in your school next year.

I would offer to send you one of the little books when it is published. But it is absolutely nothing but the most elementary sort of thing, and I doubt if you would be interested. I may be bitten by the bug that is supposed to go with authorship however, and do as others have done and inflict a copy on you.（中国社科院近代史所藏"胡适档案"，卷号 E-150，分号 6）

12月19日　高一涵复函胡适，谈及：有10个学生送摹本缎的帐子来；《中国哲学史大纲》的稿本已经寄来，等候胡适亲自校阅；《每周评论》定于21日出版，第一期没精彩的文章是因警察厅很注意和立案刚下来；等等。（《胡适遗稿及秘藏书信》第31册，171～173页）

同日　任鸿隽致胡适明信片，谈及自己由沪经厦门至香港，中途见胡汉民等，马君武正续译《物种由来》。又询胡适何时返京等。（《胡适遗稿及秘藏书信》第26册，301～302页）

1919年　己未　民国八年　28岁

是年，胡适仍执教于北京大学。

2月，《中国哲学史大纲》（卷上）出版。

3月16日，长子胡祖望出生于绩溪上庄祖宅。

春，胡适参与筹划邀请哥伦比亚大学教授约翰·杜威来华讲学事；4月30日，迎杜威于沪上；下半年，陪杜威在各地讲演，并任口译。

5月4日，五四爱国运动爆发。

7月，胡适发表《多研究些问题，少谈些"主义"！》；12月，发表《新思潮的意义》。

12月，胡适与蔡元培、陈独秀、李大钊等发起组织工读互助团。

1月

1月1日　一位素不相识的江苏中学生刘善乡致函胡适，希望拜谒胡适，并托胡适想办法使其能读大学。（中国社科院近代史所藏"胡适档案"，卷号944，分号1）

1月7日　《北京大学日刊》第280号刊出《文科布告》：胡适之先生尚未到校，所授哲学门各班功课暂缓讲授。

1月10日　胡适离家返北京，江冬秀因将分娩未同行。12日过旌德，次日过三溪，会见江子隽、江泽涵父子。过南京时与许怡荪晤叙。（胡适致许怡荪函，编号66；1919年3月3日胡适致韦莲司小姐函；《胡适遗稿及秘藏书信》第21册，325～326页）

1919年　己未　民国八年　28岁

1月18日　巴黎和会开幕。

1月20日　胡适抵北京。(《北京大学日刊》第292号，1919年1月21日)

同日　胡适致函许怡荪，云："在南京欢叙两日，使我心胸舒畅，不可不谢。"《每周评论》已出5期，已嘱李辛白函寄一份与许。蔡元培不愿胡适到欧洲去。"《新青年》事我决意收回归我一人担任。"北方赞成白话运动者更多，《国民公报》之蓝公武竟做了好几篇白话文章，"又征服了一块地盘了！"请代向许肇南致意。(胡适致许怡荪函，编号66)

1月21日　《北京大学日刊》第292号刊出《文科布告》：本科哲学教员胡适之先生昨日到京，定于22日起来校授课。

1月24日　胡适致函《国民公报》社长蓝公武，表示非常喜欢蓝氏的白话文章，"新文学的运动从此又添了一个有力的机关报了"。又请蓝氏时时指出文学革命事业中"壁垒不森严，武器不精良之处"。(《胡适文存》卷1，137～138页)

1月25日　《北京大学日刊》第296号发表蔡元培、胡适等33人发起成立学余俱乐部的启事，并发表简章。

同日　杨昌济、马叙伦、陶孟和、胡适、梁漱溟、陈公博等发起成立北京大学哲学研究会。(《北京大学纪事(1898—1997)》，84～85页)

1月26日　《每周评论》第6期开始刊登胡适所译莫泊桑《弑父之儿》(2月2日出版的第7期续登)。

1月27日　下午，学余俱乐部召开发起人会议，蔡元培、叶浩吾、胡适等30人出席。会议讨论了简章，胡适等人关于条文之修正，各有申说。会议选举蔡元培为部长，又选举出副部长及其他职员。(《北京大学日刊》第298号，1919年1月29日)

同日　陶孟和、陈钟凡、胡适、狄服鼎4人联名在《北京大学日刊》第297号发表启事："履恭等四人经本校哲学研究会推举为会务细则起草员，同会诸君对于讲演、编译、调查等项如有意见，请于一星期内函交胡适之先生，以供参考，此启。"

1月29日　马寅初在《北京大学日刊》第299号发表启事云：胡适的

太夫人逝世后，自己经手收集赙仪共计现洋45元，中票140元，交票46元，并附赠奠仪人员名单及数目。

1月　北大学生傅斯年、罗家伦、康白情、徐彦之、汪敬熙等创办《新潮》杂志。

2月

2月2日　《每周评论》第7期刊登胡适的《文学的考据》。

2月4日　下午2时，胡适接受记者几伊的访问。17日之《时事新报》报道如下：

> 我回国的时候，就决定二十年不谈政治。现在才得两年，关于政治的问题，还须俟诸十八年以后再谈。……
>
> 说起文学革新，这事最初我在留学的时代，同一位安徽梅先生、一位四川任先生在一起，任先生偶然做了首诗，狠为典雅，用了几个不甚常见的古字，我也做了一首诗，却是近于白话的，因此朋友间就成了个讨论的问题，也有人对吾狠加非难。那时讨论这个问题往来的信非常之多，其后几经研究，吾愈觉得这事是可行的，朋友间也狠有表同情的，但是那时还都是议论，后来吾做了篇改良文学刍议，才有具体的方法，渐渐入于实行的时代，以后的《新青年》上就有了白话文了。做白话文也有人说狠难。不过吾总觉得比从前旧的文章意思容易明了一点。……
>
> ［关于白话文的方法］我现在想做本白话的文法，可是这事不狠容易，现在正在搜集材料，还不敢轻易下笔，因为中国文字有许多困难之点，譬如冠词，于人则称一个人，于桌子则称一张桌子，这"个"字"张"字乃至"块"字"件"字等等，一时也举不胜举，照中国的说话，这冠词一差，就几乎不成话。又如"走出来""走进去"，这去来等字，是动词的一部，在德国文法中是叫做可分的动词。中国这种话狠多，

关于这种字也是不能用差的，从习惯上说，是人人知道的，但是要编为文法，就觉得狠为困难了。

[记者问：关于革新文学的事，诸公所致力的，就只著书立说吗？]吾以为这事还是种教育事业，吾们的目的是想造成一种国语的文学，方法是想从小学入手，国民小学的四年，都用国语。高等小学一半国语、一半旧时的文章。现在北京有个孔德学校，就实行这种方法，已经编了国语的教科书，这教科书不像从前的教科书单排列着天地日月的单字，是用与儿童日常生活有关的短语。这学校用了这种方法，也还有些成效。

同日　朱我农复函胡适，云：读毕胡适的《先母行述》，不得安眠，既为胡适悲痛，又思母自虑。又谈道：《新青年》从第6卷起改为横行，好极；主张罗马字拼音法的论说，至今没有做好。又谈道：

我兄批评我所译老洛伯诗为太文，我不服，这诗原文既不能算极俗，我之译文亦不能算文。要晓得锦妮和吉梅虽是乡下人，然而决不能与我们中国的乡下人比较的。锦妮和吉梅至少也读过一本Bible，所以略为用一二个文词也不甚要紧的。但是我自己晓得这首诗实在好，我的译文，实在不能做他的代表的，即我兄的译文亦不能做他的代表的。(《胡适遗稿及秘藏书信》第25册，346～349页)

2月8日　陶孟和宴请严修于六味斋，蔡元培、胡适在座。(严修：《严修日记》，南开大学出版社，2001年，2240页)

2月9日　胡适购得清人何文焕辑《历代诗话》二十七种附考索（民国影印本，2函16册。)(《胡适藏书目录》第2册，1353页)

同日　以胡适为发起人之一的国际联盟同志会在石驸马大街京畿水灾筹赈事宜督办处开第二次筹备会（第一次会议在2月5日召开），讨论会章通过后，补举熊希龄、张謇、严修为理事，举梁启超为理事长，汪大燮为代理理事长，林宗孟为总务干事，胡适为编辑主任。12日，该会在北京大

学召开成立大会。胡适在成立大会上被推为干事。(天津《大公报》,1919年2月12日;《申报》,1919年2月13日;北京《晨报》,1919年2月14日)

2月13日　周作人日记有记:收胡适归还所借日文书一本。(《周作人日记》中册,10页)

2月15日　胡适在《新青年》第6卷第2号发表《不朽》一文,后于1921年5月将此文重新改定。

2月17日　林纾在《新申报》发表小说《荆生》,影射攻击陈独秀、胡适、钱玄同。

2月20日　《北京大学日刊》第313号发表胡适的《致各科英文教员公函》,云:

> 去年冬间,北京的英文教员发起了一个华北英文教员协会。当时本校的英文部只有卜思先生和我两人到会,后来我匆匆回南,所以不曾通知各位,请各位赞成入会。
>
> 现在这会定于三月一日(星期六)上午九时至下午五时开第一次大会,讨论英文教授的各种问题。大要分为三部:上午九时十五分讨论发音学,十时四十五分讨论会话之利害与方法,下午二时讨论文典(文法)之位置。会场在手帕胡同教育部会场。
>
> 我们大学里的英文教员人数最多,不可不多有几个代表到会。况且,会中有许多有经验的英国人和美国人,他们对于英文教授法的讨论也许狠可供我们的参考,所以我狠盼望本校英文教员多数肯来入会,并望各位一齐到大会加入讨论。若要知详细情形,请与我接洽。

同日　胡适致函钱玄同,云:

> 昨日公等丑诋宋春舫君之戏谈,别后即取《公言报》读之,觉此君末段所言(十九日)全与吾辈无异,且明言歌剧之影响远不如白话剧。吾因疑第一段(十七日)"歌剧之势力且驾文剧而上之"一语,必有误会处,因就宋君问之,宋君言此所谓"势力"并非 Influence(影响),

1919年　己未　民国八年　28岁

本意作号召听者之能力，随笔写去，不图有此误会也。适既亲得此于宋君，故不敢不告，并望与仲甫兄观之。

适意吾辈不当乱骂人，乱骂人实在无益于事。宋君无论如何，他总算得是一个新派人物。其人作文太粗心则有之……然不当把他骂出我们的大门去也。……

至于老兄以为若我看得起张镠子，老兄便要脱离《新青年》，也未免太生气了。我以为这个人也受了多做日报文字和少年得意的流毒，故我颇想挽救他，使他转为吾辈所用。若他真不可救，我也只好听他，也决不痛骂他的。我请他做文章，也不过是替我自己找做文的材料。我以为这种材料，无论如何，总比凭空闭户造出一个王敬轩的材料要值得辩论些。老兄肯选王敬轩，却不许我找张镠子做文章，未免太不公了。……我的意思只要大家说个明明白白，不要使我们内部有意见就是了。（《鲁迅博物馆藏近现代名家手札》〔二〕，119～122页）

2月25日　《北京大学日刊》第317号报道：教育部公布国语统一筹备会规程，北大校长蔡元培推举胡适、朱希祖、马裕藻、钱玄同、周作人、刘复六教授为该会会员。

2月　胡适的《中国哲学史大纲》（卷上）由商务印书馆出版。该书《导言》大要：

哲学的定义　哲学的定义，从来没有一定的。我如今也暂下一个定义："凡研究人生切要的问题，从根本上着想，要寻一个根本的解决：这种学问，叫做哲学。"……

因为人生切要的问题不止一个，所以哲学的门类也有许多种。例如：

一、天地万物怎样来的。（宇宙论）

二、知识思想的范围、作用及方法。（名学及知识论）

三、人生在世应该如何行为。（人生哲学，旧称"伦理学"）

四、怎样才可使人有知识，能思想，行善去恶呢。（教育哲学）

五、社会国家应该如何组织,如何管理。(政治哲学)

六、人生究竟有何归宿。(宗教哲学)

哲学史　这种种人生切要问题,自古以来,经过了许多哲学家的研究。往往有一个问题发生以后,各人有各人的见解,各人有各人的解决方法,遂致互相辩论。有时一种问题过了几千百年,还没有一定的解决法。……若有人把种种哲学问题的种种研究法和种种解决方法,都依着年代的先后和学派的系统,一一记叙下来,便成了哲学史。

哲学史的种类也有许多:

一、通史。例如,《中国哲学史》《西洋哲学史》之类。

二、专史。

(一)专治一个时代的。例如《希腊哲学史》《明儒学案》。

(二)专治一个学派的。例如《禅学史》《斯多亚派哲学史》。

(三)专讲一人的学说的。例如《王阳明的哲学》《康德的哲学》。

(四)专讲哲学的一部份的历史。例如《名学史》《人生哲学史》《心理学史》。

哲学史有三个目的:

(一)明变。哲学史第一要务,在于使学者知道古今思想沿革变迁的线索。……

(二)求因。哲学史目的,不但要指出哲学思想沿革变迁的线索,还须要寻出这些沿革变迁的原因。……这些原因,约有三种:

(甲)个人才性不同。

(乙)所处的时势不同。

(丙)所受的思想学术不同。

(三)评判。既知思想的变迁和所以变迁的原因了,哲学史的责任还没有完,还须要使学者知道各家学说的价值:这便叫做评判。但是我说的评判,并不是把做哲学史的人自己的眼光,来批评古人的是非得失。那种"主观的"评判,没有什么大用处。如今所说,乃是"客观的"评判。这种评判法,要把每一家学说所发生的效果表示出来。

这些效果的价值,便是那种学说的价值。这些效果,大概可分为三种:

(甲)要看一家学说在同时的思想,和后来的思想上发生何种影响。

(乙)要看一家学说在风俗政治上,发生何种影响。

(丙)要看一家学说的结果,可造出什么样的人格来。

…………

中国哲学在世界哲学史上的位置 世界上的哲学大概可分为东西两支。东支又分印度、中国两系。西支也分希腊、犹太两系。初起的时候,这四系都可算作独立发生的。到了汉以后,犹太系加入希腊系,成了欧洲中古的哲学。印度系加入中国系,成了中国中古的哲学。到了近代,印度系的势力渐衰,儒家复起,遂产生了中国近世的哲学,历宋、元、明、清直到于今。欧洲的思想,渐渐脱离了犹太系的势力,遂产生欧洲的近世哲学。到了今日,这两大支的哲学互相接触,互相影响。五十年后,一百年后,或竟能发生一种世界的哲学,也未可知。

…………

中国哲学史的区分 中国哲学史可分三个时代:

(一)**古代哲学**。自老子至韩非,为古代哲学。这个时代,又名"诸子哲学"。

(二)**中世哲学**。自汉至北宋,为中世哲学。这个时代,大略又可分作两个时期:

(甲)中世第一时期。自汉至晋,为中世第一时期。这一时期的学派,无论如何不同,都还是以古代诸子的哲学作起点的。……

(乙)中世第二时期。自东晋以后,直到北宋,这几百年中间,是印度哲学在中国最盛的时代。……

(三)**近世哲学**。唐以后,印度哲学已渐渐成为中国思想文明的一部份。……印度哲学在中国,到了消化的时代,与中国固有的思想结合,所发生的新质料,便是中国近世的哲学。……

明代以后,中国近世哲学完全成立。佛家已衰,儒家成为一尊。于是又生反动力,遂有汉学、宋学之分。清初的汉学家,嫌宋儒用主

观的见解，来解古代经典，有"望文生义""增字解经"种种流弊。故汉学的方法，只是用古训、古音、古本等等客观的根据，来求经典的原意。故嘉庆以前的汉学、宋学之争，还只是儒家的内讧。但是汉学家既重古训古义，不得不研究与古代儒家同时的子书，用来作参考互证的材料。故清初的诸子学，不过是经学的一种附属品，一种参考书。不料后来的学者，越研究子书，越觉得子书有价值。故孙星衍、王念孙、王引之、顾广圻、俞樾诸人，对于经书与子书，检[简]直没有上下轻重和正道异端的分别了。到了最近世，如孙诒让、章炳麟诸君，竟都用全副精力，发明诸子学。于是从前作经学附属品的诸子学，到此时代，竟成专门学。一般普通学者，崇拜子书，也往往过于儒书。岂但是"附庸蔚为大国"，检[简]直是"婢作夫人"了。

综观清代学术变迁的大势，可称为古学昌明的时代。自从有了那些汉学家考据、校勘、训诂的工夫，那些经书子书，方才勉强可以读得。这个时代，有点像欧洲的"再生时代"。……我们中国到了这个古学昌明的时代，不但有古书可读，又恰当西洋学术思想输入的时代，有西洋的新旧学说可供我们的参考研究。我们今日的学术思想，有这两个大源头：一方面是汉学家传给我们的古书；一方面是西洋的新旧学说。这两大潮流汇合以后，中国若不能产生一种中国的新哲学，那就真是孤[辜]负了这个好机会了。

哲学史的史料　……述学是用正确的手段，科学的方法，精密的心思，从所有的史料里面，求出各位哲学家的一生行事、思想渊源沿革和学说的真面目。……

……述学的所以难，正为史料或不完备，或不可靠。哲学史的史料，大概可分为两种：一为原料，一为副料。今分说于下：

（一）原料。哲学史的原料，即是各哲学家的著作。……

（二）副料。原料之外，还有一些副料，也极重要。凡古人所作关于哲学家的传记、轶事、评论、学案、书目，都是哲学史的副料。……

以上论哲学史料是什么。

史料的审定　中国人作史，最不讲究史料。神话官书，都可作史料，全不问这些材料是否可靠。却不知道史料若不可靠，所作的历史便无信史的价值。……

审定史料之法　审定史料乃是史学家第一步根本工夫。西洋近百年来史学大进步，大半都由于审定史料的方法更严密了。凡审定史料的真伪，须要有证据，方能使人心服。这种证据，大概可分五种（此专指哲学史料）：

（一）史事。书中的史事，是否与作书的人的年代相符。如不相符，即可证那一书或那一篇是假的。……

（二）文字。一时代有一时代的文字，不致乱用。作伪书的人，多不懂这个道理，故往往露出作伪的形迹来。……

（三）文体。不但文字可作证，文体也可作证。……

（四）思想。凡能著书立说成一家言的人，他的思想学说，总有一个系统可寻，决不致有大相矛盾冲突之处。……

（五）旁证。以上所说四种证据，史事、文字、文体、思想，皆可叫做内证。因这四种都是从本书里寻出来的。还有一些证据，是从别书里寻出的，故名为旁证。旁证的重要，有时竟与内证等。……

参验即是我所说的证据。以现在中国考古学的程度看来，我们对于东周以前的中国古史，只可存一个怀疑的态度。至于"邃古"的哲学，更难凭信了。……故我以为我们现在作哲学史，只可从老子、孔子说起。用《诗经》作当日时势的参考资料。其余一切"无征则不信"的材料，一概阙疑。这个办法，虽比不上别的史家的渊博，或可免"非愚即诬"的讥评了。

整理史料之法　哲学史料既经审定，还须整理。无论古今哲学史料，都有须整理之处。但古代哲学书籍，更不能不加整理的工夫。今说整理史料的方法，约有三端：

（一）校勘。古书经了多少次传写，遭了多少兵火虫鱼之劫，往往有脱误、损坏种种缺点。校勘之学，便是补救这些缺点的方法。……

大抵校书有三种根据：一是旧刊精校的古本。……

（二）训诂。古书年代久远，书中的字义，古今不同。宋儒解书，往往妄用己意，故常失古义。清代的训诂学，所以超过前代，正因为戴震以下的汉学家，注释古书，都有法度，都用客观的佐证，不用主观的猜测。三百年来，周、秦、两汉的古书所以可读，不单靠校勘的精细，还靠训诂的谨严。……

（三）贯通。……贯通便是把每一部书的内容要旨融会贯串，寻出一个脉络条理，演成一家有头绪有条理的学说。宋儒注重贯通，汉学家注重校勘训诂。但是宋儒不明校勘训诂之学……故流于空疏，流于臆说。清代的汉学家，最精校勘训诂，但多不肯做贯通的工夫，故流于支离碎琐。……整理哲学史料的第三步，必须于校勘训诂之外，还要有比较参考的哲学资料。为什么呢？因为古代哲学去今太远，久成了绝学。当时发生那些学说的特别时势，特别原因，现在都没有了。当时讨论最激烈的问题，现在都不成问题了。当时通行的学术名词，现在也都失了原意了。但是别国的哲学史上，有时也曾发生那些问题，也曾用过那些名词，也曾产出大同小异或小同大异的学说。我们有了这种比较参考的材料，往往能互相印证，互相发明。……我做这部哲学史的最大奢望，在于把各家的哲学融会贯通，要使他们各成有头绪条理的学说。我所用的比较参证的材料，便是西洋的哲学。但是我虽用西洋哲学作参考资料，并不以为中国古代也有某种学说，便可以自夸自喜。做历史的人，千万不可存一毫主观的成见。须知东西的学术思想的互相印证，互相发明，至多不过可以见得人类的官能心理大概相同，故遇着大同小异的境地时势，便会产出大同小异的思想学派。东家所有，西家所无，只因为时势境地不同，西家未必不如东家，东家也不配夸炫于西家。何况东西所同有，谁也不配夸张自豪。故本书的主张，但以为我们若想贯通整理中国哲学史的史料，不可不借用别系的哲学,作一种解释演述的工具。此外别无他种穿凿附会、发扬国光、自己夸耀的心。

史料结论　以上论哲学史料：先论史料为何,次论史料所以必须审定,次论审定的方法,次论整理史料的方法。……我的理想中,以为要做一部可靠的中国哲学史,必须要用这几条方法。第一步须搜集史料。第二步须审定史料的真假。第三步须把一切不可信的史料全行除去不用。第四步须把可靠的史料仔细整理一番：先把本子校勘完好,次把字句解释明白,最后又把各家的书贯串领会,使一家一家的学说,都成有条理有统系的哲学。做到这个地位,方才做到"述学"两个字。然后还须把各家的学说,笼统研究一番,依时代的先后,看他们传授的渊源,交互的影响,变迁的次序：这便叫做"明变"。然后研究各家学派兴废沿革变迁的原故：这便叫做"求因"。然后用完全中立的眼光,历史的观念,一一寻求各家学说的效果影响,再用这种种影响效果来批评各家学说的价值：这便叫做"评判"。

这是我理想中的《中国哲学史》,我自己深知道当此初次尝试的时代,我这部书定有许多未能做到这个目的,和未能谨守这些方法之处。所以我特地把这些做哲学史的方法详细写出。一来呢,我希望国中学者用这些方法来评判我的书；二来呢,我更希望将来的学者用这些方法来做一部更完备更精确的《中国哲学史》。(此据1920年10月第6版)

按,到1922年,该书已印8版。1929年收入《万有文库》时,更名为《中国古代哲学史》。

又按,此书出版后,好评甚多,即胡适二兄胡觉亦在家书中说："这部书实是中国数千年来一部狠有价值的书。周秦诸子的学术从前也有许多人去研究过的,但是总不过在那字面上用工夫,且跳不出古人的窠臼。像老弟这样说得源源本本,各家均替他寻出一个统系,编出许多条理,真是没有第二个的了。内中对于孔、墨二家的说教,尤为

独具只眼。我读了之后,我的思想大为变迁,觉得我从前所有的见解,均是偏驳而不完全的。……导言一篇替学者开出许多求学的法门。将来中国的学风必然为之一变,老弟这个功劳实在不在禹下。"胡觉并认为,"老弟所以能够做得出这一部好书,全得力于方法"。(中国社科院近代史所藏"胡适档案",卷号689,分号4)

3月

3月1日　北京大学评议会公推朱锡龄、马寅初、郑寿仁、黄振声、胡适、秦汾、张大椿7人为审计委员会委员。(《北京大学纪事(1898—1997)》,86页)

3月3日　胡适致函韦莲司小姐,谈到母亲过世对自己打击太大了,"简直无法承受"。由衷感佩母亲的勇敢而不自私。又谈及白话文学已是个既成的事实,该运动进展之速超过自己的预期。自己用白话文写的《中国哲学史》,将在这个月发售。胡函云:

> ……她死时才46岁,过去二十几年为了我受尽千辛万苦,我现在刚开始能使她略感愉悦(而她竟离开了人世!)。婚礼以后,我把妻子留在她身边。但是她知道我工作很辛苦,又把(冬秀)送到北京和我生活在一起。她所[听]到我们马上要生孩子了,非常高兴,然而她却没能见到她的孙子。刚得流行性感冒的时候,她不让任何人写信通知我,她知道我原订12月要回家,她不要我为了她而提早行程。这就是她的个性——一个勇敢而不自私的女人!……
>
> …………
>
> 我唯一的安慰是在我离家11年以后,从美国回家看到了母亲。临终前,她告诉病榻边的人说,她很高兴能活着见到我从海外回来,见到我和她所择定的人结婚,又听到我们即将得子的消息。
>
> 我又回来工作了。……我必须加倍工作以弥补这两个月所积累下

1919年　己未　民国八年　28岁

来的事情,这两个月是我一生之中最混乱不安的一段时间!

....

我第一次发表这项主张[指白话文学]是在1916年1月。但是一直要到我从美国回来以后,我们才认真的用白话文来创作。1918年1月1日,我们的月刊,第一次用白话来发表诗和散文。这份月刊出到第10期的时候,至少已有12种刊物,跟着我们,用白话来发表。目前,几乎所有北京重要的报刊都已这么做了。最令人觉得振奋的是许多新起的白话作家,他们的文学天才,在使用白话文时,得到了自发的解放。(周质平编译:《不思量自难忘:胡适给韦莲司的信》,138～139页)

同日　《北京大学日刊》第322号刊出《文科布告》:本科教授陶孟和所授英文门第三学年戏曲由胡适之先生讲授,时间改在星期四上午9至11时上课。

3月4日　《北京大学日刊》第323号刊登胡适来函:"三月三日日刊所登丁绪宝君来信,中言博士顾任光先生一节,顾字乃颜字之误。颜先生现已由校长于月前具预聘书延聘为本科教授矣。"

同日　《北京大学日刊》刊布《校长启事》:朱继庵、马寅初、郑寿仁、黄伯希、胡适之、秦景阳、张菊人先生公鉴:诸先生均被推为本校审计委员,请于本月5日……午后4时莅文科校长室互推委员长,并商定进行事宜。

3月5日　《北京大学日刊》第324号刊布《校长启事》:陈百年、周启孟、胡适之、马寅初、黄伯希、朱继庵诸先生公鉴:请于本月7日午后4时莅文科校长室商议校服、徽章等问题。

3月6日　《申报》以《北京大学新旧之暗潮》为题报道了北大的新文化运动:国立北京大学自蔡孑民氏任校长后,气象为之一新,尤以文科为最有声色。文科学长陈独秀氏以新派首领自居,平昔主张新文学甚力。教员中与陈氏沆瀣一气者,有胡适、钱玄同、刘半农、沈尹默等。学生闻风兴起服膺师说、夸大其辞者亦不乏人……自胡适氏主讲文科哲学门后,旗鼓大张新文学之思潮益澎湃而不可遏。既前后抒其议论于《新青年》杂志,

81

而于其所教授之哲学讲义亦且改用白话文体裁。近又由其同派之学生，组织一种杂志曰《新潮》者，以张皇其学说。《新潮》之外更有《每周评论》之印刷物发行……

3月7日　胡适复函袁同礼，云：来信说清华学生要办一个"白话文学研究会"，我听了非常高兴。那时我若有工夫，一定来加入讨论。定期何时，请早日告我。（雷强：《〈胡适中文书信集〉的七封佚信及其他》，《上海书评》，2019年）

3月8日　《晨报》刊登胡适的来函，主要谈"人道主义"，又痛批中国文学中的团圆观念：

中国人有一种牢不可破的劣根性，就是文学上的团圆观念。他明知世间"不如意事常八九"，他明知世间有无数无可奈何的悲剧，但是他总没有胆子去承认他们，总不肯硬起心肠来说老实话。偶然有一个曹雪芹居然敢打破团圆谱，使林黛玉和贾宝玉生离死别了，便有许多团圆派的文人一定要做许多《红楼圆梦》《续红楼梦》等书，硬要把林黛玉从棺材里拖出来配给宝玉做夫人！这便是我所说的团圆劣根性。如今这位华士先生把老洛伯演为小说，也还罢了，他偏要叫加晋和杜文同锦心"鸠雀同巢"的做那三角形的夫妻。他以为这是解决这件无可奈何的故事的妙法了。他不知道这件故事所以可传者，正因为他是一件"无可奈何"的悲剧，现在把那"无可奈何"变成美满的团圆，悲剧固然解决了，但是这故事的文学趣味也没有了。

3月10日　《北京大学日刊》第328号刊登胡适致该刊编辑主任函、胡适致张厚载函、张厚载复胡适函。

胡适致《北京大学日刊》：

这两个星期以来，外面发生一种谣言，说文科陈学长及胡适等四人被政府干涉，驱逐出校，并有逮捕的话，并说陈学长已逃至天津。这个谣言愈传愈远，竟由北京电传到上海各报，惹起了许多人的注意。

这事乃是全无根据的谣言。今将我写给《神州日报》通信员、本校学生张厚载君的信和张君的回信送登《日刊》,以释群疑。

胡适致张厚载:

你这两次给《神州日报》通信所说大学文科学长教员更动的事,说的狠像一件真事。不知这种消息你从何处得来,我们竟不知有这么一回事。此种全无根据的谣言,在外人或尚可说,你是大学的学生,何以竟不仔细调查一番?

张厚载复胡适:

《神州》通信所说的话,是同学方面一般的传说,同班的陈达才[材]君他也告诉我这话,而且法政专门学校里头,也有许多人这么说。我们无聊的通信,自然又要借口于"有闻必录"把他写到报上去了。但是我所最抱歉的,是当时我为什么不向先生处访问真相,然后再作通信。这实在是我的过失,要切实求先生原谅的。这些传说,决非是我杜撰,也决不是《神州》报一家的通信有这话。前天上海老《申报》的电报里头,而且说"陈独秀、胡适已逐出大学"。这种荒谬绝伦的新闻,那真不知道从何说起了,而《时事新报》的匿僧君,看了《申报》这个电报,又作了一篇不平鸣,不晓得先生可曾看见没有。

3月11日 《北京大学日刊》第329号刊登胡适致该刊编辑主任函:

昨日送登之张厚载君来信中曾说,此次大学风潮之谣言乃由法科学生陈达才[材]君告彼者。顷陈君来言并无此事,且有张君声明书为证。可否请将此书亦登日刊,以释群疑?

张厚载声明书如下:

本校教员胡适、陈独秀被政府干涉之谣传,本属无稽之谈。当时同学纷纷言谈此事,同班陈达才[材]君亦以此见询。盖陈君亦不知

此事是否确事，想举以质疑。决非陈君将此事报告于弟。深恐外间误会，特将真相宣布，以释群疑。

同日 朱经农复函胡适，谈到美国政情及自己在美近况及未来之打算，又谈道：

又在《新青年》中看见适之的改良戏剧的大文章，所说很有道理。中国人有守旧的根性，并有一种恶习惯，就是无论何种极不合时宜的东西，都要借几句西学门面语来搪塞欺人，如指脸谱为图案之类。以张厚载之聪明，亦不能免俗，殊觉可叹。(《胡适来往书信选》上册，27～28页)

3月12日 陶行知致函胡适，谈及希望南北教育界合请到东京讲学的杜威来中国讲演。又谈道：

《新中国杂志》发现很是件好事，看来信的笔气似乎是由老兄主持的，若是果然如此，那我就勉力去做一篇《杜威的教育学说》以副厚意。……

前几天报上有个谣言，说你什么要出北京大学，我们正在预备写信欢迎你到南方来，那晓得报上又有更正的新闻了，可喜可惜。(《胡适遗稿及秘藏书信》第36册，351～354页)

3月13日 张奚若复函胡适，谈及国内有二大敌，一是一位守旧的活古人，一是一知半解的维新家。又询任鸿隽等人的近况。又评论《新青年》上的文章：

《新青年》中除足下外，陶履恭似乎还属学有根底，其余强半皆蒋梦麟所谓"无源之水"。李大钊好像是个新上台的，所作《Bolshevism 的胜利》及《联治主义与世界组织》，虽前者空空洞洞，并未言及 Bolsheviki 的实在政策，后者结论四条思律，不无 mechanical，而通体观之，尚不大谬，可称新潮。Bolsheviki，中国报纸向称为过激党，不

通已极。"联治"二字比"联邦"较佳万倍，可免许多无谓争执。(《胡适遗稿及秘藏书信》第34册，278～280页)

3月15日　《新青年》第6卷第3号发表胡适的《答T. F. C.》，谈不必顾虑对于译剧的怀疑：第一，我们译戏剧的宗旨本在于排演；第二，我们的宗旨在于借戏剧输入这些戏剧里的思想；第三，在文学的方面，我们译剧的宗旨在于输入"范本"；第四，我们一般同志都是百忙中人，不能译长篇小说。戏剧的长短介于短篇小说与长篇小说之间，所以我们也还可以勉强腾出工夫来译它。又盛赞南开学校有一个很好的新剧团。

同期《新青年》又发表胡适的《终身大事》《欢迎〈新声〉》《〈白话诗的三大条件〉跋》，胡适翻译萨拉·梯斯代尔诗《关不住了》。

> 按，《终身大事》作为一篇"游戏的喜剧"，是胡适应约为北京的美国大学同学会而写的，他们拟在一个宴会上演出。但胡适写出后，却因找不到女角而无法排演。胡适的美国朋友卜思请《北京导报》的主笔刁德仁看，刁德仁一定要发表此戏。后来，北京的一个女学堂要演此戏，胡适乃将其翻译成中文。《终身大事》的英文原文收入周质平主编《胡适英文文存》第1册，台北远流出版事业股份有限公司，1995年，89～100页。

3月16日　胡适长子在绩溪上庄祖宅出生，取名祖望。

同日　午后，学余俱乐部在北大理科第一教室召开成立大会，到者300余人，选举蔡元培为部长，叶浩吾为副部长，胡适被选为交际干事。(《北京大学日刊》第335号，1919年3月18日)

同日　陶孟和致函胡适，谈及陈光甫、王勇公、石醉六皆盛赞《新青年》杂志等。(《胡适遗稿及秘藏书信》第36册，297页)

3月18日　周作人是日日记有记："适之赠《中国哲学史》一本。"(《周作人日记》中册，17页)

同日　胡觉致函胡适，详谈向河海工程学校辞职，而校长许肇南恳留

事，详述辞职理由。(《胡适遗稿及秘藏书信》第22册，675～680页)

3月19—23日　林纾在《新申报》连载其文言小说《妖梦》，继续攻击北京大学和蔡元培、陈独秀、胡适。

3月19日　周作人赠《欧洲文学史》一本与胡适。(《周作人日记》中册，17页)

3月20日　胡适作有白话诗《应该》。

同日　胡适复函张东荪，云：

> 先生所论辩论的两个要件，我是狠赞成的。我尝说你们"立异"的目的在于"求同"，若惹起许多尽不必有的反对，那就是自己打消自己的效率了。即如先生近著《破坏与建设是一不是二》一篇，文中未免带有一点"意气"，故惹起了许多反对。现在先生把态度表明，自然可以除去许多不相干的争论了。先生说"新文明所以未能深入中国，由于我们新派的不努力，不是因为他们旧派的作梗"，这话固是我们新派的人所该应常常勉励自己的，但是先生也未免太轻视旧派了，旧派的大害不在他能积极的"作梗"，乃在他能消极的"打消"。这种消极的打消就是"惰性"！先生说"清水加入的量多到极处，自然会将浊水排出，所余者只有清水"，但是先生仔细一看，定可看出那碗水的底下有一层泥土，积在碗底安然不动，随我们倒怎么多的清水进出，终不过是一面倒进去，一面就从碗口上流出来了，我们枉费了清水，那碗里泥土所占的空间终不容清水侵入。最好的法子是把碗里的泥土和水倒在滤筛上，清水滤在筛下，污泥留在筛上，方才可得一碗清水——我是不喜欢用"比喻"的论理的，因为来信有这个比喻，故借来一用……先生又说"现在的思想非根本改造不可，历史上的思想虽不必使他再生，但是不可一概抹煞"。我对于旧思想的态度，可用"整理"两个字说完，虽不可一概抹煞，却不可不仔细整理一番，寻出一个条理系统来，使将来的人可以无须枉费"穷年累世"的工夫去钻那破纸。我的《中国哲学史》就是抱定这个目的做的。至于那班迷信国故，崇

拜国故，而其实不知国故究竟是什么的人，不但不配谈新潮，也还不配谈国故咧。(《时事新报·学灯》，1919年3月24日）

同日 陶行知致函胡适，为《新教育》第6期向胡适邀稿。(《胡适遗稿及秘藏书信》第36册，350～351页）

3月22日 胡适作有《少年中国的精神》，大意谓：

（一）少年中国的逻辑 逻辑即是思想、辩论、办事的方法。一般中国人现在最缺乏的就是一种正当的方法。因为方法缺乏，所以有下列的几种现象：（一）灵异鬼怪的迷信……（二）谩骂无理的议论；（三）用"诗云子曰"作根据的议论；（四）把西洋古人当作无上真理的议论。还有一种平常人不狠注意的怪状，我且称他为"目的热"。"目的热"就是迷信一些空虚的大话，认为高尚的目的，全不问这种观念的意义究竟如何。……我们既然自认为"少年中国"，不可不有一种新方法。这种新方法，应该是科学的方法。……科学方法的要点：

第一，注重事实。科学方法是用事实作起点的。……我们须要先从研究事实下手。……

第二，注重假设。单研究事实，算不得科学方法。……科学家最重"假设"（Hypothesis）。观察事物之后，自然有几个假定的意思。我们应该把每一个假设所涵的意义彻底想出，看那些意义是否可以解释所观察的事实，是否可以解决所遇的疑难。所以要博学，正是因为博学方才可以有许多假设。学问只是供给我们种种假设的来源。

第三，注重证实。许多假设之中，我们挑出一个，认为最合用的假设。但是这个假设是否真正合用，必须实地证明。……证实了的假设，方可说是"真"的，方才可用。一切古人今人的主张、东哲西哲的学说，若不曾经过这一层证实的工夫，只可作为待证的假设，不配认作真理。

少年的中国，中国的少年，不可不时时刻刻保存这种科学的方法，实验的态度。

（二）少年中国的人生观 ……少年中国的人生观……该有下列的

几种要素：

第一，须有批评的精神。一切习惯、风俗、制度的改良都起于一点批评的眼光。……

第二，须有冒险进取的精神。……

第三，须要有社会协进的观念。……

少年的中国，中国的少年，不可不时时刻刻保存这种批评的、冒险进取的、社会的人生观。

（三）少年中国的精神　少年中国的精神并不是别的，就是上文所说的逻辑和人生观。……

少年的中国，中国的少年，我们也该时时刻刻记着这句话："如今我们回来了，你们请看，便不同了！"

这便是少年中国的精神。(《胡适遗稿及秘藏书信》第 12 册，3～9 页)

同日　沈尹默、胡适、蔡元培、张慰慈、徐宝璜、朱希祖、郑寿仁在《北京大学日刊》第 339 号发表启事：马寅初先生现遭母丧，本校同人有拟赠赙仪者，请送交学生储蓄银行代收。

同日　李大钊、胡适、程演生、高一涵、陈独秀、徐宝璜在《北京大学日刊》第 339 号发表启事：李辛白先生现丁父丧，本校同人有拟赠赙仪者，望送本校会计科代收。

3 月 24 日　胡适在《北京大学日刊附张》发表《月刊收稿预告》：第 4 期月刊轮到我编辑，现定 4 月 5 日齐稿，务请各位先生早点把稿子送交月刊编辑所，以便早日寄出。

3 月 26 日　夜，胡适出席蔡元培主持的会议。

1935 年 12 月 23 日胡适致汤尔和：

此夜之会，先生记之甚略，然独秀因此离去北大，以后中国共产党的创立及后来国中思想的左倾，《新青年》的分化，北大自由主义者的变弱,皆起于此夜之会。独秀在北大,颇受我与孟和(英美派!)的影响,故不致十分左倾。独秀离开北大之后,渐渐脱离自由主义者的立场,就更左倾了。此夜之会,虽有尹默、夷初在后面捣鬼,然子民先生最敬重先生,是夜先生之议论风生,不但决定北大的命运,实开后来十余年的政治与思想的分野。此会之重要,也许不是这十六年的短历史所能论定。可惜先生不曾详记,但有月日可考,亦是史料了。(《胡适遗稿及秘藏书信》第20册,105~106页)

1935年12月28日胡适复函汤尔和：

三月廿六夜之会上,蔡先生颇不愿于那时去独秀,先生力言其私德太坏,彼时蔡先生还是进德会的提倡者,故颇为尊议所动。我当时所诧怪者,当时小报所记,道路所传,都是无稽之谈,而学界领袖乃视为事实,视为铁证,岂不可怪?嫖妓是独秀与浮筠都干的事,而"挖伤某妓之下体"是谁见来?及今思之,岂值一噱?当时外人借私行为攻击独秀,明明是攻击北大的新思潮的几个领袖的一种手段,而先生们亦不能把私行为与公行为分开,适堕奸人术中了。

当时我颇疑心尹默等几个反覆小人造成一个攻击独秀的局面,而先生不察,就做了他们的"发言人"了。(《胡适遗稿及秘藏书信》第20册,108~109页)

3月27日　任鸿隽致胡适一明信片,斟酌诗文用字。提到科学的精神是前几年的看法,自己也知道不妥的地方。又告知秉志的地址。(《胡适遗稿及秘藏书信》第26册,303~304页)

同日　《北京大学日刊》第343号刊登陶孟和致胡适函,云：在东京拜会杜威教授,杜威曾询及胡适近况,陶告以胡适除教授外,另从事新文学与译剧等事,杜威极赞胡适的博士论文。又告杜威夫妇拟于5月来华,先到广东,后到南京、北京,可在三处演讲。惟今年恐不能久留,9月尚需回哥大上课。刚与郭秉文商量好,胡适可致函蒋梦麟、陶行知(蒋、陶已由

郭专函告知），为一共同之举动，函请杜威来华，至于办法、经费，可由胡、蒋、陶三人商定。

3月28日 《北京大学日刊附张》刊登杜威复胡适函云：他们夫妇去中国的行程还未完全确定。又云：

> 你问我能否在中国讲演，这是狠荣誉的事，又可借此遇着一些有趣的人物，我想我可以讲演几次，也许不致于我的游历行程有大妨碍。我想由上海到汉口再到北京，一路有可以担搁的地方就下来看看。
>
> 郭秉文博士同陶履恭教授前天来看我，他们问我能否在中国住一年，作讲演的事。这个意思狠动听，只要能够两边大学的方面商量妥贴了，我也愿意做。我觉得几个月的旅行实在看不出什么道理。要是能加上一年的工夫，也许我能有点观察了。

按，杜威教授来函作于3月16日，原系英文，现存中国社科院近代史所"胡适档案"中，卷号E-176，分号1。

3月31日 陶行知致函胡适，商谈邀请杜威来华讲学事，又告许怡荪22日病亡消息。关于杜威访华，陶函云，在日本的郭秉文已见过杜威，郭邀请杜威到中国来，杜威已答应，说4月中就可到中国，打算游历上海、南京、扬子江流域，一直到北京。杜威又表示，除今年之外，还愿留中国一年。如何接待杜威，陶函云：

> 怎么办法，要等郭先生和哥仑比亚大学商量后才可定当。杜威先生到华接洽事宜应由北京大学、江苏省教育会、南京高师三个机关各举代表一人担任。敝校昨日已推定兄弟担任此事，请老兄和蔡子民先生商量推举一人，以便接洽。附上敝校所拟办法数条，请与蔡子民、蒋梦麟、沈信卿三先生磋商……杜威先生来期已迫，请从速进行为要。（《胡适遗稿及秘藏书信》第36册，355～357页）

3月 胡适曾为陈奂之的寿册题辞。（《胡适遗稿及秘藏书信》第5册，

671页）

同月　胡适写定《〈墨子·小取篇〉新诂》。胡适在文末说：

此稿初次写定于民国六年二月十七夜。自是以来，凡重写三次。此次写定之稿，有几处重要之点与旧作大不相同。最要者如"名实"二字，如"或""假""效"三项，皆与吾在《墨家哲学》及《中国哲学史大纲》中所言大异。甚望读者比较其得失而是正之。（《胡适文存》卷2，74页）

3月底或4月初　胡适函赠袁同礼《中国哲学史大纲》卷上一部，又答应到中学白话文学会演讲，但时间若能改在4月26日，"便更好了"。（雷强：《胡适中文书信集〉的七封佚信及其他》，《上海书评》，2019年）

4月

4月1日　余家菊致函胡适，谢赠《中国哲学史大纲》卷上，并深表钦佩，尤其是研究方法。又钦佩胡适等介绍新思潮、鼓吹新理想、提倡研究精神等。（《胡适遗稿及秘藏书信》第29册，180～181页）

4月5日　《申报》报道："自大学校教员陈独秀、胡适之等提倡新文学，旧派大为反对，于是引起新旧思潮之冲突。近日此种风潮愈见扩大，林琴南运动议员张元奇等因此问题弹劾教育总长，并先使人示意于傅总长：若不立将蔡校长撤换，弹劾案即当实行提出。"

4月7日　汪孟邹致函胡适，谈许怡荪之逝出人意料，章洛声帮同办理后事。许怡荪之弟已到沪，不日赴宁带榇回里等。（《胡适遗稿及秘藏书信》第27册，281～282页）

4月8日　胡适出席由蔡元培召集的文、理两科各教授会主任及政治经济门主任会议，议决将已发表的文理科教务处组织法提前实行，并由各主任投票公推教务长一人，投票结果，马寅初当选。（《北京大学日刊》第348号，1919年4月10日）

4月12日　胡适在 The Peking Leader 发表"A Literary Revolution in China"一文，大要是：

The so-called "Chinese literary revolution" which has aroused so much opposition in conservative quarters but which certainly has all promises of success, means simply a conscious demand for a living literature — a literature which shall be written in the spoken tongue and shall truly represent the life and needs of the people.

...

How the First Shot Was Fired

...the advocacy of the vulgate tongue as the only legitimate literary medium is a movement of quite recent origin. The immediate stimulus to this movement was an article by the present writer entitled "Suggestions for the Reform of Chinese Literature", first published in *La Jeunesse*（新青年 Vol. II , No.5）in January, 1917...

Following this article, Mr. Chen Tu-hsiu（陈独秀）, dean of the College of Letters in the Government University, published another article entitled "For a Revolution in Literature"（*La Jeunesse*, Vol. II , No. 6）, in which he vigorously supported the present writer's suggestions, especially the one on the adoption of vulgate Chinese in literature.

These two articles aroused much valuable discussion...

...

New "Experimental Poetry"

...When two years ago the present writer resolved to write no poetry save in the spoken language, he called his new verses "experimental poetry". This experimental attitude is shared by most of the vulgate poets... At any rate, we are sure that this is an experiment well worth all the trouble and ridicule to which we may be subjected.

How the Movement Is Spreading

In spite of all opposition by defenders of the classical imitative literature, the movement for a vulgate literature is steadily spreading...

Historical Justification

So much for a brief account of this movement thus far. In conclusion, let me say a few words as to the historical justification of this movement. It has been truly said that the history of China best illustrates what is called the phenomenon of arrested development. Nowhere is this truth so clearly demonstrated as in the history of modern Chinese literature...

...

Conclusion

...In order to express an enriched content, it is necessary first to secure the emancipation of the literary form. The old bottles can no longer hold the new wine. If we truly wish to give China a literature which shall not only be expressive of the real life and thoughts of our own time, but also be an effective force in the intellectual and social reforms, we must first emancipate ourselves from the fetters of a dead language which may have once been the fitting literary instrument for our forefathers, but which certainly is not adequate for the creation of a living literature of our own times. (《胡适英文文存》第 1 册，远流版，103～105 页）

按，此文又收入胡适著、周质平编《胡适英文文存》第 1 册（外研社版）。该书收入时，有出版方为该文所加的中文提要如下：

胡适指出：近代中国的文学无法反映现实生活，仅仅是濒死的古文学的模仿。胡适提倡"白话文"，认为只有"活语言"才能为"活文

学"的产生做好准备。

胡适叙述了打响文学革命的第一枪,即他和陈独秀先后发表在《新青年》上的两篇文章——《文学改良刍议》和《文学革命论》,提出了关于文学革命的系列主张。胡适还从中国文学史的角度,回溯了宋元以来中国白话文学的成绩,以证明中国的白话文学其来有自。

胡适在文章的结尾总结:死的语言无法承担表达新时期观念和民族情绪的重任,"旧瓶无法再装新酒"。白话文学不但可以表达时代的真实生活和观念,还可以促进思想和社会变革。我们必须从死的语言的束缚中解放出来。

同日 《北京大学日刊》第350号刊出《文科布告》:预科二、三年级英文班论理学概论一课现由陈百年、胡适之两先生担任,定于下星期五(18日)起在理科大讲堂合班授课。

同日 黄觉僧致函胡适,云:

先生等所倡新说,如文学革命、平民政治、社会主义、男女平等诸问题,宗旨弟均赞成,惟方法上间有异议。废汉文一说,弟绝对反对。以白话为文学正宗,亦弟心中所期期以为不可者。至于贞操问题,弟意与其纯从消极方面破坏女子贞操,不如从积极方面提倡男子贞操之为有利而易行……此事体大,容再静心研究……若不从事理上研究,而徒肆口谩骂,如刘半农之言论,则弟实不敢领教也。

……愿先生鼓励勇气与群魔战,以期打破此黑暗地狱,取中国各种现状而新之,此百世之功也。……(《胡适遗稿及秘藏书信》第37册,25~27页)

胡适答此函云:

承先生许我"邀集同志,为我们后盾"。我看了非常感激。但是先生所痛骂的"取言论自由之原则而残之"的"黑暗手段",其实并不在北京,乃在休宁安徽第二师范学校。北京还没有人敢禁止《新青年》,

也还没有人禁止学生看《新青年》。我梦里也想不到子承先生和先生等竟做出这种手段来，甚至于有因此开除学生的事。我这里收到许多信说第二师范"取言论自由之原则而残之"的事实，我至今不曾发表，因为我总希望子承先生和先生等不至如此。现在先生来信也自认贵处不读《新青年》了。先生等既不读《新青年》，又怎么能够作我们的后盾？这种后盾又有什么价值？先生等既不曾看见我的《贞操问题》原文……又如何能知道我的论点是"从消极方面破坏女子贞操"？

……如果先生们认《新青年》为"洪水猛兽"，也该实地研究一番，看看究竟《新青年》何以是"洪水猛兽"。如果不看《新青年》，又不准学生看《新青年》，一意把"洪水猛兽"四个字抹煞我们一片至诚救世的苦心，那就是"取言论自由之原则而残之"的"黑暗手段"了。

…………

请把这信请子承先生一看。(《胡适遗稿及秘藏书信》第20册，126页)

4月13日　胡适致函教务课吴先生：英文学门陈炳镳这一次学期试验的成绩还好，可以许他毕业。(邹新明编著：《胡适与北京大学》，北京大学出版社，2018年，22页)

同日　江冬秀复函胡适，列出本年汇款明细。又谈到为胡嗣稼迁移灵柩事，又谈到胡适外婆生病月余，希望胡适致函问候等。又谈到胡适前答允为曹子才的族谱作序，请胡适尽早写好寄来等。(《胡适遗稿及秘藏书信》第22册，274～277页)

同日　汪孟邹致函胡适，谈芜湖教育会会长谢景平，拟邀胡适与梅、陶二人夏天来芜湖演讲。谢之意，胡与梅暑期到南高师演讲之前，请先到芜湖演讲。并谈及川资、膳宿等安排。(《胡适遗稿及秘藏书信》第27册，283～284页)

4月14日　国立北京女子高等师范学校聘胡适担任本学期"教育国文专修课哲学教授"。(中国社科院近代史所藏"胡适档案"，卷号2386，分号3)

4月15日　胡适向袁同礼函借清华学校的《留美学生季报》(自1917年起)。(雷强:《〈胡适中文书信集〉的七封佚信及其他》,《上海书评》,2019年)

同日　《新青年》第6卷第4号发表梁漱溟致陈独秀函,谈到他父亲梁济之自杀。胡适为此文作一跋,跋文说道:

> 我们应该早点预备下一些"精神不老丹"方才可望做一个白头的新人物。这个"精神不老丹"是什么呢？我说是永远可求得新知识新思想的门径。这种门径不外两条:(一)养成一种欢迎新思想的习惯,使新知识新思潮可以源源进来;(二)极力提倡思想自由和言论自由,养成一种自由的空气,布下新思潮的种子,预备我们到了七八十岁时,也还有许多簇新的知识思想可以收获来做我们的精神培养品。

本期《新青年》还发表胡适的白话诗《一涵》,胡适翻译 Omar Khayyam 诗《希望》。

同日　蒋梦麟复函胡适云,杜威的讲演译稿用白话以及刊印英文原稿事都不成问题。杜威在南京讲教育也不成问题。(《胡适遗稿及秘藏书信》第39册,416页)

春间　胡适讲演"实验主义",后于7月1日改定。大要是:

一、引论

> 现今欧美很有势力的一派哲学,英文叫做 Pragmatism,日本人译为"实际主义"。这个名称本来也还可用。但这一派哲学里面,还有许多大同小异的区别,"实际主义"一个名目不能包括一切支派。英文原名 Pragmatism 本来是皮耳士(C. S. Peirce)提出的。后来詹姆士(William James)把这个主义应用到宗教经验上去,皮耳士觉得这种用法不很妥当,所以他想把他原来的主义改称为 Pragmaticism 以别于詹姆士的 Pragmatism。英国失勒(F. C. S. Schiller)一派把这个主义的范围更扩充了,本来不过是一种辩论的方法,竟变成一种真理论和实在论了……

所以失勒提议改用"人本主义"（Humanism）的名称。美国杜威（John Dewey）一派，仍旧回到皮耳士所用的原意，注重方法论一方面；他又嫌詹姆士和失勒一般人太偏重个体事物和"意志"（Will）的方面，所以他也不愿用 Pragmatism 的名称，他这一派自称为"工具主义"（Instrumentalism），又可译为"应用主义"或"器用主义"。

因为这一派里面有这许多区别，所以不能不用一个涵义最广的总名称。"实际主义"四个字可让给詹姆士独占。我们另用"实验主义"的名目来做这一派哲学的总名。就这两个名词的本义看来，"实际主义"（Pragmatism）注重实际的效果；"实验主义"（Experimentalism）虽然也注重实际的效果，但他更能点出这种哲学所最注意的是实验的方法。实验的方法就是科学家在试验室里用的方法。这一派哲学的始祖皮耳士常说他的新哲学不是别的，就是"科学试验室的态度"（The Laboratory Attitude of Mind）。这种态度是这种哲学的各派所公认的，所以我们可用来做一个"类名"。

以上论实验主义的名目，也可表现实验主义和科学的关系。这种新哲学完全是近代科学发达的结果。十九世纪乃是科学史上最光荣的时代，不但科学的范围更扩大了，器械更完备了，方法更精密了；最重要的是科学的基本观念都经过了一番自觉的评判，受了一番根本的大变迁。这些科学基本观念之中，有两个重要的变迁，都同实验主义有绝大的关系。第一，是科学家对于科学律例的态度的变迁。从前崇拜科学的人，大概有一种迷信，以为科学的律例都是一定不变的天经地义。他们以为天地万物都有永久不变的"天理"，这些天理发见之后，便成了科学的律例。但是这种"天经地义"的态度，近几十年来渐渐的更变了。科学家渐渐的觉得这种天经地义的迷信态度很可以阻碍科学的进步；况且他们研究科学的历史，知道科学上许多发明都是运用"假设"的效果；因此他们渐渐的觉悟，知道现在所有的科学律例不过是一些最适用的假设，不过是现在公认为解释自然现象最方便的假设。……

这一段说从前认作天经地义的科学律例如今都变成了人造的最方便最适用的假设。这种态度的变迁涵有三种意义：(一)科学律例是人造的，(二)是假定的——是全靠他解释事实能不能满意，方才可定他是不是适用的，(三)并不是永永不变的天理——天地间也许有这种永永不变的天理，但我们不能说我们所拟的律例就是天理；我们所假设的律例不过是记载我们所知道的一切自然变化的"速记法"。这种对于科学律例的新态度，是实验主义的一个最重要的根本学理。实验主义绝不承认我们所谓"真理"就是永永不变的天理；他只承认一切"真理"都是应用的假设；假设的真不真，全靠他能不能发生他所应该发生的效果。这就是"科学试验室的态度"。

此外，十九世纪还有第二种大变迁，也是和实验主义有极重要的关系的。这就是达尔文的进化论。……

这种进化的观念，自从达尔文以来，各种学问都受了他的影响。……到了实验主义一派的哲学家，方才把达尔文一派的进化观念拿到哲学上来应用；拿来批评哲学上的问题，拿来讨论真理，拿来研究道德。进化观念在哲学上应用的结果，便发生了一种"历史的态度"(The Genetic Method)。怎么叫做"历史的态度"呢？这就是要研究事务如何发生，怎样来的，怎样变到现在的样子：这就是"历史的态度"。……

以上泛论实验主义的两个根本观念：第一是科学试验室的态度，第二是历史的态度。这两个基本观念都是十九世纪科学的影响。所以我们可以说：实验主义不过是科学方法在哲学上的应用。

二、皮耳士——实验主义的发起人

…………

三、詹姆士的心理学

…………

四、詹姆士论实验主义

…………

詹姆士讲实验主义有三种意义。第一，实验主义是一种方法论；第二，是一种真理论（Theory of Truth）；第三，是一种实在论（Theory of Reality）。

（1）方法论。詹姆士总论实验主义的方法是"要把注意之点从最先的物事移到最后的物事；从通则移到事实，从范畴（Categories）移到效果。"……

……这个方法有三种应用。（甲）用来规定事物（Objects）的意义，（乙）用来规定观念（Ideas）的意义，（丙）用来规定一切信仰（定理圣教量之类）的意义。

…………

（2）真理论。……

…………

这种真理论叫做"历史的真理论"（Genetic Theory of Truth）。为什么叫做"历史的"呢？因为这种真理论注重的点在于真理如何发生，如何得来，如何成为公认的真理。真理并不是天上掉下来的，也不是人胎里带来的。真理原来是人造的，是为了人造的，是人造出来供人用的，是因为他们大有用处所以才给他们"真理"的美名的。我们所谓真理，原不过是人的一种工具……

…………

（3）实在论。……詹姆士一派人说实在是常常变换的，是常常加添的，常常由我们自己改造的。……

…………

……实在是我们自己改造过的实在。这个实在里面含有无数人造的分子。实在是一个狠服从的女孩子，他百依百顺的由我们替他涂抹起来，装扮起来。……

…………

……这种创造的实在论发生一种创造的人生观。这种人生观詹姆士称为"改良主义"（Meliorism）。这种人生观也不是悲观的厌世主义，也不是乐观的乐天主义，乃是一种创造的"淑世主义"。世界的拯拔不是不可能的，也不是我们笼着手，抬起头来就可以望得到的。世界的拯救是可以做得到的，但是须要我们各人尽力做去。我们尽一分的力，世界的拯拔就赶早一分。世界是一点一滴一分一毫的长成的，但是这一点一滴一分一毫全靠着你和我和他的努力贡献。

…………

五、杜威哲学的根本观念

…………

杜威在哲学史上是一个大革命家。为什么呢？因为他把欧洲近世哲学从休谟（Hume）和康德（Kant）以来的哲学根本问题一齐抹煞，一齐认为没有讨论的价值。一切理性派与经验派的争论，一切唯心论和唯物论的争论，一切从康德以来的知识论，在杜威的眼里，都是不成问题的争论，都可"以不了了之"。……

杜威说近代哲学的根本大错误就是不曾懂得"经验"（Experience）究竟是个什么东西。一切理性派和经验派的争论，唯心唯实的争论，都只是由于不曾懂得什么叫做经验。他说旧派哲学对于"经验"的见解有五种错误……

…………

……杜威的哲学的根本观念……总括起来是（1）经验就是生活，生活就是对付人类周围的环境；（2）在这种应付环境的行为之中，思想的作用最为重要；一切有意识的行为都含有思想的作用；思想乃是应付环境的工具；（3）真正的哲学必须抛弃从前种种玩意儿的"哲学家的问题"，必须变成解决"人的问题"的方法。

…………

六、杜威论思想

……杜威的哲学基本观念是:"知识思想是人生应付环境的工具。"知识思想是一种人生日用必不可少的工具,并不是哲学家的玩意儿和奢侈品。

……杜威哲学的最大目的,只是怎样能使人类养成那种"创造的智慧"(Creative Intelligence),使人应付种种环境充分满意。换句话说,杜威的哲学的最大目的是怎样能使人有创造的思想力。

……杜威说的思想是用已知的事物作根据,由此推测出别种事物或真理的作用。这种作用,在论理学书上叫做"推论的作用"(Inference)。推论的作用只是从已知的物事推到未知的物事,有前者作根据,使人对于后者发生信用。这种作用,是有根据有条理的思想作用。这才是杜威所指的"思想"。这种思想有两大特性。(一)须先有一种疑惑困难的情境做起点。(二)须有寻思搜索的作用,要寻出新事物或新知识来解决这种疑惑困难。……

杜威论思想,分作五步说:(一)疑难的境地;(二)指定疑难之点究竟在什么地方;(三)假定种种解决疑难的方法;(四)把每种假定所涵的结果,一一想出来,看那一个假定能够解决这个困难;(五)证实这种解决使人信用;或证明这种解决的谬误,使人不信用。

…………

七、杜威的教育哲学

杜威先生常说,"哲学就是广义的教育学说"。这就是说哲学便是教育哲学。

…………

以上所记,可说是杜威教育学说的要旨。再总括起来,便只有两句话:

(1)"教育即是生活。"

(2)"教育即是继续不断的重新组织经验,要使经验的意义格外增

加，要使个人主持指挥后来经验的能力格外增加。"……

....

这种教育学说的哲学根据，就是杜威的实验主义。……

....

结　论

……他的教育学说是平民主义的教育。……

……平民主义的教育的根本观念是：

教育即是生活；

教育即是继续不断的重新组织经验，要使经验的意义格外增加，要使个人主宰后来经验的能力格外增加。(《胡适文存》卷2，75～145页)

4月18日　胡适作有白话诗《送任叔永回四川》。

4月20日　《每周评论》自该刊第18期开始（至5月4日第20期）连载胡适翻译的瑞典作家史特林堡（A. Strindberg）的《爱情与面包》。

4月23日　汪孟邹致函胡适说，亚东图书馆甚愿担任即将出版的《新中国杂志》的上海总经理之事，不识可否？条件如何？请胡适速函达……又说：近来《新潮》《新青年》《新教育》《每周评论》销路均渐兴旺，可见社会心理已转移向上，亦可喜之事也，各种混账杂乱小说销路已不如往年多矣。(《胡适遗稿及秘藏书信》第27册，289～290页)

4月24日　陶孟和致函胡适，就北大授予博士学位问题，请胡适与蔡元培商量。又提及东方问题在巴黎颇受重视。(《胡适遗稿及秘藏书信》第36册，298页)

同日　James G. McDonald致函胡适，云：

Miss Margaret Alexander, executive secretary of the American Association for International Conciliation, this city, has just written me that a Professor Tao suggested you would welcome literature from this country dealing

1919年　己未　民国八年　28岁

with the league of nations idea. I am glad, therefore, to enclose copies of our various publications and shall see that you receive them regularly in the future.

　　I would very much welcome a letter from you telling us how you view the general international situation and more particularly the relations between China and Japan. You will perhaps remember that you and I had an excellent opportunity to talk things over at one of the International Polity Club summer conferences at Ithaca four or five years ago.（中国社科院近代史所藏"胡适档案"，卷号E-294，分号4）

4月25日　胡适作有白话诗《一颗星儿》。

4月26日　胡适在清华学校礼堂做"白话文学何以必须研究"的演讲。同日晚8时，清华学校举行国语演说比赛，参赛者有罗隆基等，胡适、金邦正、赵国材为裁判员。(《清华周刊》第168期《校闻》一栏）。

4月27日　余裴山致函胡适，谈及不信任当今之卑鄙官僚事，又说：

　　我们以后的责任格外重！格外再要极力进行！就是这一趟独秀先生辞了学长的职，我觉得是好的。先生何不劝他南下，把《新青年》大大的扩充成为一种输进新文化、改良社会的唯一无二的杂志，岂不是更有裨于社会吗？(《胡适遗稿及秘藏书信》第29册，210～212页）

4月28日　《北京大学日刊》第363号刊出《教务处布告》：文本科教授胡适之先生因代表大学欢迎美国杜威博士，于28日南下，请假一星期。

　　同日　胡适外祖母去世。(《胡适遗稿及秘藏书信》第22册，284页）

4月29日　蔡元培复函胡适，云："留示各函，均已分别办理，致贝君函亦已签名送去矣。哥伦比亚大学如有复电，即转上，勿念。第五号月刊，当知会冯汉叔君，请任编辑。接刘景山君函，以国语教授部事属开会议，恐不及候先生回京，但先生有何等意见，请函示；又所征格言，亦请选出见示，以便汇报。暑假北大招考，拟借江苏省教育会会所，已电商，并求与蒋梦麟兄商定，本校应派若干人赴沪？"(《胡适遗稿及秘藏书信》第39册，

247 页）

  按，胡适原函未见。

4月30日 杜威抵沪。胡适、陶行知、蒋梦麟等均到码头迎接。（次日之《申报》；《北京大学日刊》第372号，1919年5月8日）

4月 胡适作有《论贞操问题——答蓝志先》，大意谓：

  我所讲的爱情，并不是先生所说盲目的又极易变化的感情的爱。人格的爱虽不是人人都懂得的……平常人所谓爱情，也未必全是肉欲的爱；这里面大概总含有一些"超于情欲的分子"，如共同生活的感情，名分的观念，儿女的牵系，等等。但是这种种分子，总还要把异性的恋爱做一个中心点。夫妇的关系所以和别的关系（如兄弟姊妹朋友）不同，正为有这一点异性的恋爱在内。若没有一种真挚专一的异性恋爱，那么共同生活便成了不可终日的痛苦，名分观念便成了虚伪的招牌，儿女的牵系便也和猪狗的母子关系没有大分别了。……夫妇之间的正当关系应该以异性的恋爱为主要元素；异性的恋爱专注在一个目的，情愿自己制裁性欲的自由，情愿永久和他所专注的目的共同生活，这便是正当的夫妇关系。人格的爱，不是别的，就是这种正当的异性恋爱加上一种自觉心。

  ……没有爱情的夫妇关系，都不是正当的夫妇关系，只可说是异性的强迫同居！既不是正当的夫妇，更有什么贞操可说？

  ……夫妇之间的"人格问题"依我看来只不过是真一的异性恋爱加上一种自觉心。……（《胡适文存》卷4，80～82页）

5月

5月1日 胡适、陶行知、蒋梦麟等陪同杜威访问《申报》馆，并与史量才等合影。

按，管继平著《纸上性情——民国文人书法》下册（上海辞书出版社，2011年，244页）收有胡适复钱芥尘短笺，内容如下：
芥尘先生：

得信，狠感谢厚意。但是我没有带得照相。我想这个尽可不必有。昨天《申报》替杜威博士及我们照了一个相，是合照的。

余事今晚见时再谈罢。

弟适

5月2日　晚7时，江苏省教育会请胡适演讲，题为"谈谈实验主义"（演讲前由沈信卿致欢迎及介绍辞），大要是：实验主义的发达，是最近20年的事。其英国派是"人本主义"，以人为本；其美国派分为"实际主义"与"工具主义"两派，实验主义派以杜威为代表。各派均注重实验。实验的态度，就是科学家在实验室里的态度，先定好了一种假设，然后用实验的结果来证明这假设是否正当。实验主义是科学发达的结果。为了阐释实验主义与科学的关系，胡适解说了科学观念的两大变迁：科学律令，生存进化。并进而总结道：一切真理都是人定的。人定真理不可徒说空话，该当考察实际的效果。生活是活动的，是变化的，是对付外界的，是适应环境的。由此出发，胡适论述了杜威实际主义的三方面：方法论、真理论、实在论。（《新教育》第1卷第3期，1919年5月）

5月3日　胡适为《中国哲学史大纲》（卷上）的再版作自序。

同日　胡适致函蔡元培，谈在上海接待杜威事：

杜威博士夫妇于三十日午到上海。蒋[梦麟]、陶[行知]与我三人在码头接他们，送入沧洲别墅居住。这几天请他们略略看看上海。昨晚上我在教育会讲演实验主义大旨，以为他明日讲演的导言。……五日他去杭州游玩，蒋梦麟陪去。……在杭州约住四五日，只有一次讲演，回上海后，住一二日，即往南京。……大约三星期后，即来北京。哥仑比亚大学似尚无回电来，昨晚与梦麟商量，可否请先生商请教育部发一正式电去，电稿另纸录呈，请先生斟酌施行。……我送杜威先

生行后，即回京……（《北京大学日刊》第 372 号，1919 年 5 月 8 日）

5 月 4 日前某一日　胡适偕同蒋梦麟拜会了孙文，是为孙、胡唯一的一次会面。孙在会面中谈话的重点是其"行易知难"的哲学。胡适看到孙氏书房中的大量新书，判定孙是一位真读书，到老不废修养的领袖。（胡适：《刘熙关于〈爱国运动与求学〉来信后的附言》，《现代评论》第 2 卷第 42 期，1925 年 9 月 26 日）

5 月 4 日　五四爱国学生运动在北京爆发。

同日　胡适在《每周评论》第 20 期发表《求雨》。

5 月 7 日　陈独秀致函胡适说，国民外交协会发起的国民大会恐怕开不成，又谈五四爱国事件及京中舆论，又谈道：

> 大学解散的话，现在还没有这种事实；但是少数阔人，确已觉得社会上有一班不安分的人，时常和他们为难；而且渐渐从言论到了实行时代；彼等为自卫计，恐怕要想出一个相当的办法。
>
> 惩办被捕的学生三十多人（大学为江绍原等二十二人），整顿大学，对付两个日报、一个周报，恐怕是意中的事。（《胡适遗稿及秘藏书信》第 35 册，566～568 页）

5 月 8 日　《时事新报·学灯》刊登胡适答专栏主编俞颂华的提问：

> （问）大著《不朽论》，我非常佩服。请恕唐突，敢问此作之主义，是否与孔德之 Religion of humanity 相符合？
>
> （答）然。惟亦有一不同之点。即孔德以其信仰为一种 worship，而余则视为吾人在社会中共通之责任（Responsibility），抑我又有欲声明者，我那篇论，重在阐明不朽，所以拿有机体来比喻社会。比喻本来不能十分确切，我的本意，在说社会像有机体，非谓社会是有机体，关于此点，本想通信说明，今可不必了。
>
> （问）白话文渐渐通行了，然旧文学也仍有存在的价值，想君亦是承认的。

1919年　己未　民国八年　28岁

（答）旧文学固然有存在的价值，吾人也□□去研究他，但是我当他与欧西的希腊拉丁一样看待，因为古人作古文，今人当作今文，今人去研究古文，未尝不可，去仿古文来做今文，我是大反对的，所以我以为今日之教科书，也是用白话文来得好。吾友以为然否？

（问）白话文的好处，我是狠承认的，但是方言绝难统一，言文断难一致。用白话文而无一定之标准，无文法可依据，将来恐于表情达意，不免生出阻碍来。足下对此有何高见？

（答）言文本来不能一致的，试看世界上那里有一国家，是能言文一致的么？用白话文必须要文法，所以大学国文科正在着手去做呢。我始终未曾提言文一致四个字来同人讨论。我的主张，简单的说来，就是希望有国语的文学和那文学的国语，有国语做标准，不必去强求那不可能的言文一致了。

（问）孔德学校近来发达否？成绩如何？其他有何感想可以见告？

（答）孔德学校，现设两班，成绩颇佳……

同日　黄炎培招宴胡适于其宅，同席还有"藕初、无量、丘心荣、肃文、梦麟、信卿、张东生"。（《黄炎培日记》第2卷，62页）

5月11日　江冬秀致函胡适，谈及胡嗣稼已安葬，由曹云卿垫"贰十八仟有零"等家务琐事。（《胡适遗稿及秘藏书信》第22册，278～280页）

同日　胡祥贵致函胡适，索取杜威演讲的入场券七八张，又谈论家乡诸事。又希望见江冬秀等。（中国社科院近代史所藏"胡适档案"，卷号1539，分号1）

5月12日　胡适返抵北京。

5月13日　北京大学评议会与教授主任会召开联席会议，商量维持大学办法。胡适出席。会议议决，以挽回蔡元培校长为本校共同目的，而以维持大学为挽回蔡元培校长之唯一方法。校中行政及教务庶务各方面，由评议会举出王烈学长及张大椿、胡适两教授与教授会举出之黄右昌、俞同奎、沈尹默三教授组成委员会，襄同温宗禹学长代行校务，其较重大之事务，

仍由两会开临时会议议决施行。(《北京大学纪事（1898—1997）》，93 页）

5 月 15 日　《新中国》第 1 卷第 1 号发表胡适所译契诃夫的小说《一件美术品》。

同日　江冬秀复函胡适，谈及请胡适为婚事劝告胡思永，家中与外婆家来往款项两方差距 82 元等。(《胡适遗稿及秘藏书信》第 22 册，287～289 页）

同日　田汉致函胡适，谈及看到《新青年》上之通讯投稿，言及日本文学与戏曲，对其内容颇不以为然，故投书讨论日本文学与戏曲。(《胡适遗稿及秘藏书信》第 24 册，679～682 页）

5 月 21 日　朱经农致函胡适，说自己对于白话文字现在甚为欢迎。但文字这样东西是 mean，不是 end。又谈到中国人的弱点：无组织能力；没有判断是非的能力；没有责任心；对于"廉""耻"两个字太含糊；没有一点坚忍持久的性质。(《胡适遗稿及秘藏书信》第 25 册，564～569 页）

5 月 22 日　胡适在《北京大学日刊》第 384 号发表启事：各位同事同学曾在我这里借去的书籍，请于月内送还我，或由文科号房转交。

同日　黄炎培、蒋梦麟复函胡适，谈胡致蔡元培的第二信已转交蔡。蔡元培已允回校任职，"大学可望回复原状"。哥伦比亚大学已允给杜威假期，"大学如散，上海同人当集万金聘之"。大概大学不至于解散。南方预备如下：

（一）同人所最希望者，为大学不散，孑公自仍复职。同人当竭全力办南京大学，有孑公在京帮助，事较易。办成后渐将北京新派移南，将北京大学让与旧派，任他们去讲老话（亦是好的），十年二十年后大家比比优劣。况巴黎来电赔款有望，南洋富商亦可捐数百万金，办大学藏书楼、中央试验室及译书院。此事如孑公在京，必多助力，故望诸君设法维持大学，以为孑公返职地步。

（二）如北京大学不幸散了，同人当在南组织机关，办编译局及大学一二年级，卷土重来，其经费当以捐募集之……杜威如在沪演讲，则可兼授新大学。

总而言之，南方大学必须组织，以为后来之大本营，因将来北京还有风潮，人人知之。大学情形请时时告我，当转达孑丈。诸君万勿抱消极主义，全国人心正在此时复活，后来希望正大也。诸乞密告同志。(《胡适遗稿及秘藏书信》第37册，29～33页)

同日　江冬秀复函胡适云，家用日紧；乡里间常有人来讨京城之药，可寄一些回来备讨等。(《胡适遗稿及秘藏书信》第22册，281～283页)

5月23日　留日学生张黄致函胡适，其中谈道：

《新青年》《新潮》听说在内地各省奏效很大。此地留学生都格外敬爱先生，因为先生所持的纯粹是学者的态度，不像钱先生他们常常怒骂。我以为钱先生们也是少不得的：他并不是喜欢骂，实在是不得不骂。(《胡适遗稿及秘藏书信》第34册，17～18页)

5月25日　蔡元培日记有记：得沈尹默、胡适来电："学潮惟公来可收拾，群望公来。"(中国蔡元培研究会编：《蔡元培全集》第16卷，浙江教育出版社，1998年，72页)

5月26日　蒋梦麟致函胡适，谈到杜威留中国的俸给已由江苏省教育会担保。又谈到黄炎培将与其"募化万余金"，"将来预备在沪开演讲大会"，并请杜威到天津、北京、广东、汉口等地去讲演。(《胡适遗稿及秘藏书信》第39册，420～421页)

5月27日　朱经农致函胡适，感谢胡资助其母，又谈到在美国学业等情形。(中国社科院近代史所藏"胡适档案"，卷号1012，分号3)

5月28日　任鸿隽致函胡适，谈到"迩来北京风潮甚大，不知把你们这些人卷到那里去了？抑或你们还在那里作中流砥柱的？"又谈到自己回川后种种情事。(《胡适遗稿及秘藏书信》第26册，314～316页)

5月30日　韦莲司小姐的母亲Harriet Williams致函胡适，对胡母的过世表示深沉的慰唁，谈及自己的大女儿病得很厉害，韦莲司小姐一年来精

心照顾她的姐姐。希望胡适多写信来。为胡适所说的中国语言的书面语和口语合流感到高兴。（中国社科院近代史所藏"胡适档案"，卷号 E-384，分号 1）

5月31日　罗家伦致函胡适，谈整理杜威讲稿等事。（《胡适遗稿及秘藏书信》第41册，228～231页）

6月

6月4日　胡适到北大法科探视被拘押的学生。胡适将看到的情形致函《时事新报》主编张东荪：

> ……昨天捉进去的学生，实数只有一百七十六人，都被拘在法科大礼堂。昨晚段芝贵有令，不许外面送东西进去。后来好容易办了许多交涉，方才送了一些被褥进去，共有三十几个铺盖。一百七十多人分用，自然不够用。今天有两个学生病倒了……
>
> 今天各校继续进行，自上午九时到我进去的时候，共捉去了八百多人。这八百多人分监各讲堂，不许同昨日来的学生相见。……
>
> 昨天来的人听说曾吃了两顿饭。今天捉进来的学生，从上午十时到下午五时，还不曾有东西吃。……出来的时候，请大学里一班教职员派人去办一些面包送进去。但是人太多了，不知道能办得到吗？
>
> …………
>
> 昨天，北大法科有一位讲师吴宗焘，因警察用枪杆赶学生退礼堂（即是监狱），故和他们辩论起来。有一位兵官姓王，一个巴掌打去，鼻子牙齿都打出血来，经人拖住方才解开。
>
> 昨天传说，北大文科英文专门学生潘家洵、陈兆畴（都是顶好的学生），因为挺撞了王怀庆，被王怀庆送到步军统领衙门，打了十板屁股。……今天我到法科访问，方才知道这事不确。……
>
> …………

1919年　己未　民国八年　28岁

今天被捕的人太多了，法科竟装不下。北京各校的学生听说大学成了监狱，大家都要来尝尝这种监狱的滋味。今天各中学都出来讲演了。五点钟时，第四中学的学生三四十人被捕送来，法科已收留不下（法科连预科平日有一千学生）。那时北大理科已被军警占领，作为"学生第二监狱"。第四中学的学生就都被送到理科，监禁在第一教堂。后来陆续捉来的，也拘在此，到六点钟时，已有两百人了。理科门外也是刀枪林立，北大寄宿舍东斋的门口，也扎起营帐了。文科门口也有武装警察把守，文科门口共扎了五个黄营帐。到了明天，大概文科一定要做"学生第三监狱"了。（《时事新报》，1919年6月8日）

同日　《北京大学日刊》第394号发表林损、陈怀、胡适等21位教授公启：6月3日下午1时，本校法科被军警围占，教职员及学生多人被拘在内。公议于4日下午2时在理科大讲堂特开教职员全体紧急大会，磋商办法。（又载次日之天津《大公报》）

6月6日　北洋政府任命胡仁源接任北京大学校长。

6月8日　上午9时，杜威在手帕胡同教育部会场开学术讲演会，讲题为"美国民治的发展"，胡适口译。（《申报》，1919年6月12日）

6月10日　胡适致函沈尹默，谈对其旧诗词的看法：

我常说那些转湾子的感事诗与我们平常做的"打油诗"，有同样的性质。为什么呢？因为我们做"打油诗"往往使用个人的"事实典故"，如"黄加披肩鸟从比"之类，正如做寄托诗的人往往用许多历史的，或文学的，或神话的，或艳情的典故套语。这两种诗同有一种弱点：只有个中人能懂得，局外人便不能懂得。……

所以我以为寄托诗须要真能"言近而旨远"。……从文字表面上看来，写的是一件人人可懂的平常实事；若再进一步，却还可寻出一个寄托的深意。……"言近"则越"近"（浅近）越好。"旨远"则不妨深远。言近，须要不倚赖寄托的远旨也能独立存在，有文学的价值。

…………

……大概由于我受"写实主义"的影响太深了，所以每读这种诗词，但觉其不实在，但觉其套语的形式（如"锦枕""翠袖""香销""卷帘""泪痕"之类），而不觉其所代表的情味。往往须力逼此心，始看得下去，否则读了与不曾读一样。既不喜这种诗，自然不曾做了。若要去了套语，又不能有真知灼见的闺情知识可写，所以一生不曾做一首闺情的诗。

……我近来颇想到中国文学套语的心理学。有许多套语（竟可说一切套语）的缘起，都是极正当的。凡文学最忌用抽象的字（虚的字），最宜用具体的字（实的字）。例如说"少年"，不如说"衫青鬓绿"；说"老年"，不如说"白发""霜鬓"；说"女子"，不如说"红巾翠袖"；说"春"，不如说"姹紫嫣红""垂杨芳草"；说"秋"，不如说"西风红叶""落叶疏林"。……初用时，这种具体的字最能引起一种浓厚实在的意象。如说"垂杨芳草"，便真有一个具体的春景；说"枫叶芦花"，便真有一个具体的秋景。这是古文用这些字眼的理由，是极正当的，极合心理作用的。但是后来的人把这些字眼用得太烂熟了，便成了陈陈相因的套语。成了套语，便不能发生引起具体意象的作用了。

……我单说"不用套语"，是不行的。须要从积极一方面着手，说明现在所谓"套语"，本来不过是具体的字，有引起具体的影象的目的。须要使学者从根本上下手，学那用具体的字的手段。学者能用新的具体字，自然不要用那陈陈相因的套语了。……（《胡适文存》卷1，219～223页）

同日 张申府致函胡适，谈道："比大学以内，三四宵小任意猖獗，诡谋弃旧迎新，心至为不甘。闻先生态度消极，是必不可。"又希望胡适挺身而出，大声疾呼。（《胡适遗稿及秘藏书信》第34册，319～321页）

同日 马骏致函胡适，请教什么是解放，什么是改造，为什么要解放，为什么要改造，解放到什么程度算到了真解放，改造到什么程度算到了真改造，有了解放是不是必须要有改造，改造之后是不是还要有解放。（中国

社科院近代史所藏"胡适档案",卷号729,分号3)

6月11日　胡适作有白话诗《威权》。(《每周评论》第28期,1919年6月29日)

同日　陈独秀被捕。

同日　王徵致函胡适,谈及蔡元培应在上海另行组织一健全大学,理由为:

(一)无论和局结果如何,北京大学之事功终不可靠。(二)私立大学较官立者易于措置,于吾党新学新业定易为力。(三)趁此民气方盛之机,捐资或不甚难。(四)上海(能设在西湖更佳)建学,于国民之思潮较在北京为良。(五)以大学为青岛记念,使国民脑中常存der tag(此日)之思。(《胡适来往书信选》上册,55～56页)

6月14日　余裴山致函胡适,对陈独秀的被捕"甚为骇异",询现释放否,"大学一时可恢复原状否?"希望胡适如看局势不佳,仍以南来筹备"东南大学"为是。(《胡适遗稿及秘藏书信》第29册,213页)

6月15日　《新中国》第1卷第2号发表胡适所撰之《杜威博士小传》:

杜威先生(John Dewey)生于美国的弗尔曼州(Vermont),时在西历一八五九年。他今年整六十岁了。他从一八七九年毕业于本州大学以后,在一个乡村学堂里教了两年书,又进约翰霍铿大学(Johns Hopkins University)研究高深学问,到一八八四年,得哲学博士学位。一八八四年,他在密歇根大学做讲师。一八八九年,他才满三十岁,被米尼沙达大学请去作哲学门的主任教授。过了一年,密歇根大学又把他抢回来作哲学门主任教授。一八九四年,他被芝加哥大学请去作哲学门和教育门的主任。他在芝加哥创办一个"实验的学校",他的教育学说都在这学校里实地试验过。一九〇二年,芝加哥大学把各级附属学校和师范科归并作教育学院,就请杜威先生作院长。一九〇四年,他辞去此职,到哥仑比亚大学去作哲学正教授。他现在还是哥仑比亚

大学的教授。杜威先生所著的书极多，常有人问我那几部最重要，我总说下面的四部：

我们如何思想（How We Think）

实验的逻辑（Essays in Experimental Logic）

人生哲学（Ethics），旧译伦理学

平民政治与教育（Democracy and Education）

6月19日 张孝若致函胡适，谈及："先生主张改革中国文字，不持极端，态度和缓"，尤钦佩。希望胡适暑中能来南通。(《胡适遗稿及秘藏书信》第34册，157页）

同日 鲁迅日记有记："晚与二弟同至第一舞台观学生演剧，计《终身大事》一幕，胡适之作……"(《鲁迅全集》第15卷，人民文学出版社，2005年，371页）

6月22日 胡适致函蔡元培，谈几件关于北京大学的事：美国人Clark因北京大学动摇，来电求毁约，已允之；赵元任、秉志均因他处聘请，均不能来北大；颜任光因欲去剑桥大学再学一年，也不能来北大；陈衡哲因北大将来的事不能预定，已暂行取消请其来北大的预约。最重要的是杜威事：

> 杜威博士（John Dewey）的事，最为使我难为情。我五月十二日到京，十三日收到Columbia大学校长Butler先生复先生的去电，说"杜威给假一年"。十五日又得一电，说"前电所给假是无薪俸的假，速复"。两电来后，一个月内，竟无人负责任可以回电，也无人负责任计画杜威的事。袁次长去职后，更无人替我分负责任了。我觉得实在对不起杜威夫妇，更对不起Columbia大学。后来那边又来一电，问何以一个月不复电。（我已用私人名义回电了。……）那时范静生先生到京，我同他商量，他极力主张用社会上私人的组织担任杜威的费用。后来他同尚志学会商定，担任六千元。林宗孟一系的人，也发起了一个"新学会"，筹款加入。我又和清华学校商量，由他们担任三千元。……(《蔡元培全集》第10卷，418～419页）

1919年　己未　民国八年　28岁

按，7月5日，蔡复胡，云：

弟出京的时候有许多事，没有机会与先生接洽一番，累先生种种为难，实在抱歉得很。手书中十件事，有六件已经解决；其中虽然有可惜的事，只好慢慢的补救，此刻暂且不提。后面没有解决的四件事，请先生照原约办事，弟负完全责任。（即使弟不能回校，亦愿对于继任的校长，要他履行。）中间最急的就是贝得明的半年津贴，弟备一条，致会计课黄君，请转去，属即筹发。卫迩逊的津贴，如第一期已须发给，亦可由会计课寄去。卜思的契约，不久即有人可以签字，只好临时再送；但先生可先安慰卜思君，请其放心。林玉堂君如到京，请与订定，照约帮助。

先生说："因任杜威君演讲的译述，将离去大学。"弟觉得很可惜！望先生一面同杜威作"教育运动"，一面仍在大学实施教育，这是弟最所盼望的！……（《蔡元培全集》第10卷，417页）

6月24日　陶行知、蒋梦麟复函胡适云：杜威留华一年甚好；南京、上海合筹4000元；赞成胡适来函所谈计划。（《胡适遗稿及秘藏书信》第36册，359页）

6月26日　《时事新报》刊登胡适致张东荪函（节录），云：

东荪先生：

近来有人造谣言，说新潮社的傅斯年、罗家伦被安福部收买去了。造谣的人，自然别有用意，我们不能怪他，可怪的是上海有几家大报的驻京访员，竟把这种无据的谣言用专电传出去，这真是现今报界一种大怪现状了。

独秀先生被捕事，警厅始终严守秘密，不把真相发表，也不宣布真态度，到前日始许一人往见独秀。他现染时症发寒热，他的朋友听见了狠着急，现在有许多人想联名保他出来养病，还不知能办得到否。……

胡适

6月27日　徐骥致函胡适，谈及拜访未遇。又谈到想要在南洋群岛学堂谋职，请胡适帮忙写推荐信。（中国社科院近代史所藏"胡适档案"，卷号1710，分号3）

6月28日　胡适作有《小诗》（又题《爱情与痛苦》）。

同日　蒋梦麟复函胡适，谈胡致蔡元培的第二信已转交蔡。蔡元培已允回校任职，"大学可望回复原状"：

> 你的"决计不干"办法，请你迟一些儿再实行，别要性急。……你的为难的地方我知道——我们大家都知道——终望你忍着痛，持冷静的态度。蔡先生来了快信……他对于你维持的苦心是十分感激的，他要我告诉你"不要着急才好"。至于两个责他的事，他说"你错怪了！"他说：
>
> 他怪我的是两件事：（一）是他替我打算的五年、十年的计画，不应忽然一抛；（二）是他手里订了五年、七年的契约同杜威的事，忽然一抛，是对他不住。但弟想这是他错怪了！第一事：那一个人办事，没有几年的计划？但是外界关系变更后，或不能不全部抛弃，或不能不作一波折，这是常有的事。这一回算是我先走，万一政府果然发布免职的令，我能为五年、十年计划的缘故，硬着不走么？且我也安保后来接手的人必肯按照这计划做去么？第二事：他手里订的五年、七年的契约与杜威的契约，并不是他替我个人私订的，是替北京大学校长订的；弟辞了职，有北大一日，就有履行这个契约的责任。况且中国对着外国教习，是特别优待；就是北大消灭了，政府也不能不有相当的对付，因为这个学校是国立的（辛亥成例狠多），请兄便中告他"不要着急"才好。
>
> 照我看来，子师和你的话都有道理，两面都有苦衷。现在子师可望回校，你且别要多说，不必再打无用的笔墨官司了，谁赢谁输，都没有什么意思。你万万"不要着急"……（《胡适遗稿及秘藏书信》第39册，422～429页）

1919年　己未　民国八年　28岁

6月29日　胡适在《每周评论》第28期发表《数目作怪》《北京大学与青岛》《研究室与监狱》《他也配》。又发表《欢迎我们的兄弟——〈星期评论〉》，指出：要使思想革新的运动能收实地的功效，非有一贯的团体主张不可；现在舆论界的大毛病，就是没有人肯做研究的工夫；研究并不是单指书本上的研究，乃是学问上的研究和实地的考察。

6月　胡适作成《许怡荪传》。胡适指出：许之一生，处处都可以使人恭敬，都可以给我们做一个模范。又说，许怡荪待人的诚恳，存心的忠厚，做事的认真，朋友中真不容易寻出第二个。胡适作此传，材料主要取之于许怡荪给他的信。(《胡适文存》卷4，191～206页）

7月

7月2日　《申报》刊登胡适、周作人、陈大齐、李大钊、刘半农、高一涵、钱玄同等8人联名辟谣函，云，有人散布谣言说傅斯年、罗家伦被安福俱乐部收买，这种谣言不值得一笑，特替他们两位辩个清白。

同日　戴季陶、孙棣三、沈定一复函胡适，为陈独秀被捕伤感；上海出版界拟联合抗议工部局取缔出版的提议；寄上10份《星期评论》，请随时指教；如果在北京找到代派所，请告知等等。(《胡适遗稿及秘藏书信》第41册，107～109页）

同日　戴季陶复函胡适，感谢《每周评论》第28期上表扬《星期评论》的文章，又谈到办《建设》杂志事，"盼望先生和大学的各位同志，给我们寄些有价值的著作"。(《胡适遗稿及秘藏书信》第41册，97～98页）

7月3日　方还致函胡适云，北京女子高等师范学校国文专科由陈钟凡任主任，陈侧重经学与骈文，学生毕业后不适用，拟改组，希望胡适来担任主任，每周上课8小时。(《胡适遗稿及秘藏书信》第23册，442页）

7月5日　胡明复致胡适一明信片，告大学补助科学社4、5月之款已收到。又云：言论自由者必须尊重他人之自由。又云蒋梦麟高喊教育要自动主义，要平民主义，但不讲何为自动，何为平民主义，引起诸多误解，或

者蒋氏亦不懂。(《胡适遗稿及秘藏书信》第 30 册，286～287 页)

7 月 6 日　胡适在《每周评论》第 29 期发表《怪不得他》《七千个电报》《方还与杜威夫人》，其后，又在第 30 号续刊发表翻译意大利作家卡得奴勿（Eurico Castelnuovo）所著《一封未寄的信》。

7 月 6—9 日　《时事新报·觉悟》开始连载胡适的《杜威之道德教育》，大意谓：杜威以他的伦理学为本，讲道德教育。他说学校对于社会的责任，好像工厂对于社会的责任。学校教学生，要先考察社会的需要。文字为社会思想交通的利器，算术为比较社会各种事业好歹的利器。道德的程序就是人生的程序，道德的观念就是人生的观念。人生以外无道德，社会以外无道德。道德教育包括三方面：社会知识，社会能力，社会兴趣。心理学研究第一件要知道凡儿童的行为基本上是从他们固有的天性和感动上发出来的。伦理学要从心理方面看，因为儿童自身，是教育唯一的器具。

7 月 7 日　蔡元培日记有记："得梦麟函，并附来适之函。适之言北大英文教科书尚未定。消费公社因无人垫款，不肯往定。又英文教员亦不足。"(《蔡元培全集》第 16 卷，83 页)

7 月 9 日　《民国日报·觉悟》发表胡适的《论大学学制》，驳斥安福派议员恢复民初大学学制的谬说，为蔡元培关于预科、法科改革以及文科理科合并等举措辩护。

　　按，7 月 11—12 日，《新民报》连载傅炅的《驳胡适论大学学制》。

同日　江冬秀复函胡适，希望回京居住，又谈到胡思祖长大了很好玩等等。(《胡适遗稿及秘藏书信》第 22 册，290～292 页)

7 月 10 日　胡适有记："……札记实在能记录一个人的思想变迁，并且是打草稿的绝好地方。因此，我又想作札记了。"(《胡适遗稿及秘藏书信》第 14 册，79 页)

7 月 11 日　廖仲恺致函胡适，谈：前遵孙中山之命送上 5 本著作，不知收到否？孙中山拟在《新青年》《每周评论》上对此书内容加以批评。又希望胡适为《建设》撰文，希望胡适与孙科会面等等。(《胡适遗稿及秘藏

书信》第38册，399页）

7月12日 《北京大学日刊》第419号公布北京大学本年度入学试验委员会出题、阅卷委员名录，胡适任英文预科出题委员、英文阅卷委员会委员。

7月13日 潘大道（立三）与曾琦（慕韩）来谈。谈话内容主要是"诗与文的区别"。胡适在札记中记道：

> 人家都说是音韵的有无，其实不然。……
>
> 我以为散文与诗的区别，在于抽象与具体的两种趋向。文不妨多带抽象性，诗不可有抽象的性质。诗是偏于具体的。越趋向具体的，越有诗味。"学而时习之，不亦说乎？"决不是诗。"鸡声茅店月，人迹板桥霜"，决不是文。李义山诗，"历览前贤国与家，成由勤俭败由奢"（《咏史》），虽合平仄，决不是诗。……
>
> ……………
>
> 又凡全称名词都是抽象的，凡个体事物都是具体的。……（《胡适遗稿及秘藏书信》第14册，80～84页）

7月19日 上午，由胡适介绍，贵州教育实业参观团与杜威在北京大学哲学研究室作长谈，胡适口译。（《申报》，1919年7月27日）

同日 廖仲恺复函胡适，云：

> 尊函得读，即以呈之孙先生。所论中国"文字有进化，而语言转见退化"，孙先生谓此层不过随便拾来作衬，非潜深研究之结果，且于文学之途本未考求，拟请先生将关于此层意见详细开示。其他书中有欠斟酌之处，亦希一并指正，俾于再版时将尊见采入。《每周评论》31号出版，当敬读尊论。鄙见以为，孙先生所谓中国"文字有进化"，自非实在，但语言退化，却系事实。唯其如此，所以我辈对于先生鼓吹白话文学，于文章界兴一革命，使思想能借文字之媒介，传于各级社会，以为所造福德，较孔孟大且十倍。唯其如此，而后语言有进化而无退化。即以白话文论，近时之白话小说、白话文字，较之前代之小说、

语录，已大不如。以此为退化之征，未悉有当否？外此未审有语言不退化之征象否？有便可否一论此事？又我国无成文的语法（Grammar）。孙先生以为，先生宜急编此书，以竟文学革命之大业，且以裨益教育云。《建设》第二期八月十日前后截稿，企候鸿文。（《胡适遗稿及秘藏书信》第38册，400～401页）

7月20日　胡适在《每周评论》第31期发表《多研究些问题，少谈些"主义"！》。同期《每周评论》还发表胡适的《合肥是谁》《孔教精义》，以及胡适为《孙文学说》发表的书评《〈孙文学说〉之内容及评论》，此文高度评价孙中山是一位有计划的实行家，也指出自己与孙观点不一致的地方。

7月21日　晚，10时半，胡适、马夷初、沈士远访初抵北京的蒋梦麟，谈北京大学事。（高平叔撰著：《蔡元培年谱长编》中册，人民教育出版社，1996年，229页）

7月23日　《北京大学日刊》第421号刊登胡适"为1919年北大预科招生所出英文试题"：

Ⅰ. Analyse the following：

"We entered the war because violations of right had occurred which touched us vitally and made the life of our own people impossible unless they were corrected and the world secured once for all against their recurrence."

Ⅱ. Translate the following into English：

做文章的第一要件是要明白。

为什么呢？因为做文章是要使人懂得我所要说的话，做文章不要人懂得，又何必做文章呢？

做文章的第二要件是要有力。这就是说，不但要使人懂得还要使他读了不能不受我的文章的影响。

做文章的第三要件是美。我所说的"美"，不是一种独立的东西，文章又明白、又有力，那就是美。花言巧语算不得美。

1919年　己未　民国八年　28岁

7月24日　北京大学评议会与教授主任会召开联席会议，因蔡元培不在校，由评议会书记胡适主席。胡适报告开会后，即请蔡元培之代表蒋梦麟出席。蒋报告蔡元培对下学年应办事项的意见，又讨论毕业考试、年考等多项问题。（王学珍、郭建荣主编：《北京大学史料　第二卷　1912—1937》第1册，北京大学出版社，2000年，154～155页）

同日　沈定一致函胡适，认为胡之《女子解放从那里做起？》一文，章太炎、王国维等老一辈不会有所回应，但蔡元培、李大钊与蒋梦麟应该有所回应。《星期评论》欲持续探讨此一问题。请胡适征求杜威夫人的意见，能为《星期评论》撰文。又介绍厦门的一位中学校长黄琬给胡适，希望胡适能会见他。（《胡适遗稿及秘藏书信》第27册，34页）

7月26日　曾琦致函胡适，希望胡适能评介《少年中国》。又云："《每周评论》卅一号所登的大作，对于现在空发议论而不切实的言论家，痛下砭鞭，我是万分佩服。"（《胡适遗稿及秘藏书信》第36册，545～546页）

7月27日　胡适在《每周评论》第32期发表小说《一个问题》。

同日　胡适在《星期评论》第8号发表《女子解放从那里做起？》，指出：女子解放当从女子解放做起，解放是消除解放的唯一法子。

7月28日　吴虞日记有记：作信复君毅……又外寄《星期日》4张，嘱交胡适之。《新青年》现由适之经理也。（吴虞：《吴虞日记》上册，四川人民出版社，1984年，476页）

7月30日　胡适作有《自题〈藏晖室札记〉十五册汇编》。

7月31日　胡适作成《〈曹氏显承堂族谱〉序》，大意谓：

> 中国的族谱有一个大毛病，就是"源远流长"的迷信。没有一个姓陈的不是胡公满之后，没有一个姓张的不是黄帝第五子之后，没有一个姓李的不是伯阳之后。家家都是古代帝王和古代名人之后，不知古代那些小百姓的后代都到那里去了？
>
> …………
>
> ……各姓各族都中了这种"源远流长"的迷信的毒，不肯承认自

己的祖宗，都去认黄帝、尧、舜等等不相干的人作远祖。因此中国的族谱虽然极多极繁，其实没有什么民族史料的价值。这是我对于中国旧谱的一大恨事。

……我希望以后各族修谱，把那些"无参验"不可深信的远祖一概从略。每族各从始迁祖数起。始迁祖以前但说某年自某处迁来，以存民族迁徙的踪迹就够了。各族修谱的人应该把全副精神贯注在本支本派的系统事迹上，务必信本支本派的家谱有"信史"的价值。要知道修谱的本意是要存真传信；若不能存真，不能传信，又何必要谱呢？

……将来中国有了无数存真传信的小谱，加上无数存真传信的志书，那便是民族史的绝好史料了。(《胡适文存》卷 4, 251~253 页)

7月　国立北京女子高等师范学校聘胡适下学期继续担任哲学教授，每周授课2时，月薪27元。(中国社科院近代史所藏"胡适档案"，卷号2386，分号3)

8月

8月1日　胡适作成《〈尝试集〉自序》，详述自己为什么要用白话来作诗。又云在1915年至1916年影响自己最大的就是"历史的文学进化观念"。又说：

……现在且说我为什么赶紧印行这本白话诗集。我的第一个理由是因为这一年以来白话散文虽然传播得狠快狠远，但是大多数的人对于白话诗仍旧狠怀疑；还有许多人不但怀疑，简直持反对的态度。因此，我觉得这个时候有一两种白话韵文的集子出来，也许可以引起一般人的注意，也许可以供赞成和反对的人作一种参考的材料。第二，我实地试验白话诗已经三年了，我狠想把这三年试验的结果供献给国内的文人，作为我的试验报告。我狠盼望有人把我试验的结果，仔细研究一番，加上平心静气的批评，使我也可以知道这种试验究竟有没有成绩，用的试验方法，究竟有没有错误。第三，无论试验的成绩如何，我觉得我的《尝试集》至少有一件事可以供献给大家的。这一件可供献的事就是这本诗所代表的"实验的精神"。我们这一班人的文学革命论所以同别人不同，全在这一点试验的态度。……

……我们认定文字是文学的基础，故文学革命的第一步就是文字问题的解决。我们认定"死文字决不能产生活文学"，故我们主张若要造一种活的文学，必须用白话来做文学的工具。我们也知道单有白话未必就能造出新文学；我们也知道新文学必须要有新思想做里子。但是我们认定文学革命须有先后的程序：先要做到文字体裁的大解放，方才可以用来做新思想新精神的运输品。我们认定白话实在有文学的可能，实在是新文学的唯一利器。但是国内大多数人都不肯承认这话——他们最不肯承认的，就是白话可作韵文的唯一利器。我们对于这种怀疑，这种反对，没有别的法子可以对付，只有一个法子，就是科学家的试验方法……

…………

我且引我的《尝试篇》作这篇长序的结论：

"尝试成功自古无！"放翁这话未必是。我今为下一转语：自古成功在尝试！请看药圣尝百草，尝了一味又一味。又如名医试丹药，何嫌六百零六次？莫想小试便成功，那有这样容易事！有时试到千百回，始知前功尽抛弃。即使如此已无愧，即此失败便足记。告人此路不通行，可使脚力莫枉费。

我生求师二十年，今得"尝试"两个字。作诗做事要如此，虽未能到颇有志。作"尝试歌"颂吾师，愿大家都来尝试！（胡适：《尝试集》第2版，亚东图书馆，1920年9月）

8月2日　廖仲恺致函胡适，云：

中山先生在《每周评论》上读尊著对他学说的批评，以为在北京地方得这种精神上的响应，将来这书在中国若有影响，就是先生的力

量。还望先生于书里不很完全的地方，指示指示，第二版付印的时候可以修正，请先生不要客气。《建设》已出版，另外封寄先生一本。……狠希望赏光寄篇大文。（能介绍一家书铺或是别的地方代理这《建设》杂志，最妙。）……

....

另有一份计画书，中山先生寄先生的。(《胡适遗稿及秘藏书信》第 38 册，402 页）

8月3日　胡适在《每周评论》第 33 期发表《微妙之言》《辟谬与息邪》《辜鸿铭》，发表白话诗《我的儿子》：

> 我实在不要儿子，
> 儿子自己来了。
> "无后主义"的招牌，
> 于今挂不起来了！
> 譬如树上开花，
> 花落天然结果。
> 那果便是你，
> 那树便是我。
> 树本无心结子，
> 我也无恩于你。
> 但是你既来了，
> 我不能不养你教你，
> 那是我对人道的义务，
> 并不是待你的恩谊。
> 将来你长大时，
> 这是我所期望于你：
> 我要你做一个堂堂的人，
> 不要你做我的孝顺儿子。

1919年　己未　民国八年　28岁

按，汪长禄曾就此诗与胡适展开讨论。8月7日，胡适答汪长禄，云:《我的儿子》的意思是要我这个儿子晓得我对他只有抱歉，决不居功，决不市恩。至于我的儿子将来怎样对我，那是他的事，决不期望他报答我的恩。希望天下父母不要把自己看做一个"放高利贷"的债主。我希望我的儿子做一个堂堂正正的人，不要他做我的孝顺儿子。(《每周评论》第34期，1919年8月10日)汪氏复函后，胡适又回函:自己不相信佛书的"脱胎"之说。至于汪氏认父母为"助缘"，和自己的主张没有冲突。(《每周评论》第35期，1919年8月17日)

8月5日　汪友箕同太虚和尚来访。胡适认为太虚是近来治佛学的人中"顶开通的"，并在札记中记下了太虚关于"中国佛学系统"以及"法相宗不发达原因"的观点。(《胡适遗稿及秘藏书信》第14册，89～91页)

8月6—13日　思孟在《公言报》连载《息邪》一文，对蔡元培和北大新派教授造谣污蔑，进行人身攻击。此分《引言》《蔡元培传》《沈尹默传》《陈独秀传》《胡适传》《钱玄同传》《徐宝璜、刘复合传》等部分，斥胡适英文识字不多。

8月10日　杜威应新学会之请，在化石桥尚志学校讲演(先由范源濂致开会辞、介绍辞)，由胡适口译。(《申报》，1919年8月13、14日)

8月11日　许肇南致函胡适，告胡觉的事学校暂无办法，任鸿隽来信说三四日后自四川动身来此。关于"你在梦麟家告我的故事你要我忘记"一节，请胡适放心，决不会告知第二人。(《胡适遗稿及秘藏书信》第33册，124页)

8月12日　下午4时，北京大学评议会开会，胡适主席。会议讨论讲师暑假加薪等问题，又议决:公推委员5人，修正职员任用及薪俸规程。胡适为五委员之一。(《北京大学史料 第二卷 1912—1937》第1册，155～156页)

8月14日　胡适作有《汉学家的科学方法》一文。

8月15日　陈瑑复函胡适，再就胡适阐释的实验主义问题发表看法，

请胡适指教。(中国社科院近代史所藏"胡适档案",卷号1269,分号7)

8月16日　胡适复函毛子水,"论国故学":

……"国故学"的性质不外乎要懂得国故,这是人类求知的天性所要求的。……

…………

……我们做学问不当先存这个狭义的功利观念。做学问的人当看自己性之所近,拣选所要做的学问,拣定之后,当存一个"为真理而求真理"的态度。研究学术史的人更当用"为真理而求真理"的标准去批评各家的学术。学问是平等的。发明一个字的古义,与发现一颗恒星,都是一大功绩。

……我们应该尽力指导"国故家"用科学的研究法去做国故的研究,不当先存一个"有用无用"的成见,致生出许多无谓的意见。……

……清朝的"汉学家"所以能有国故学的大发明者,正因为他们用的方法无形之中都暗合科学的方法。……我们若能用自觉的科学方法加上许多防弊的法子,用来研究国故,将来的成绩一定更大了。……

我前夜把《汉学家的科学方法》一文做完寄出。这文的本意,是要把"汉学家"所用的"不自觉的"方法变为"自觉的"。方法"不自觉",最容易有弊。如科学方法最浅最要的一部分就是"求否定的例"(Negative instances or exceptions)。顾亭林讲易音,把《革》传"炳,蔚,君"三字轻轻放过不题,《未济》传"极,正"二字,亦然。这便不是好汉。钱大昕把这两个例外也寻出"韵"来,方才使顾氏的通例无有否定的例。若我们有自觉的方法,处处存心防弊,岂不更圆满吗?(《胡适文存》卷2,285～288页)

8月18日　《申报》报道:北京大学自蒋梦麟博士到京后,学生方面备极欢迎,教育部亦早已承认其代理校务,故蒋连日已与各科专任教员接洽一切进行事宜。在文科一部分,多与胡适之共同计划;理科一部分,多与秦汾共同计划;法科则仍依旧,学长王建祖主持,蒋不过略总其成而已。

8月19日 任鸿隽复函胡适，抄示来川途中所作诗。谈及自己在筹划钢铁厂事。又云：川中颇有人提倡白话文，《新青年》及《每周评论》在川中颇受欢迎，但是重庆少有人看。询问蒋梦麟代理蔡元培之事等。（《胡适遗稿及秘藏书信》第26册，324～329页）

同日 胡承之复函胡适，告已收到胡适所汇50元，又请胡适为其谋职。（中国社科院近代史所藏"胡适档案"，卷号1525，分号2）

8月22日 胡适在札记中说，程廷祚《晚书订疑》关于"道德"二字的解释"甚是"，但有小误，"如老子不在《春秋》之后"。（《胡适遗稿及秘藏书信》第14册，92～95页）

8月24日 胡适在《新生活》第1期发表《新生活》一文，大意谓：

……新生活就是有意思的生活。

…………

……凡是自己说不出"为什么这样做"的事，都是没有意思的生活。

反过来说，凡是自己说得出"为什么这样做"的事，都可以说是有意思的生活。

生活的"为什么"，就是生活的意思。

人同畜生的分别，就在这个"为什么"上。……

我为什么要干这个？为什么不干那个？回答得出，方才可算是一个人的生活。

我们希望中国人都能做这种有意思的新生活。……

诸位，千万不要说"为什么"这三个字是很容易的小事。……

诸位，我们恭恭敬敬的请你们来试试这种新生活。（《胡适文存》卷4，147～150页）

同日 胡适在《每周评论》第36期发表《三论问题与主义》一文。同期的《每周评论》还发表胡适的《两偕同业》《又一偕同业》。又发表《介绍新出版物——〈建设〉〈湘江评论〉〈星期日〉》，文章说道：

……《建设》的前途一定狠能满足我们的期望。本期有孙中山先生的《发展中国实业计画》,廖仲恺先生译的《全民政治论》,民意先生译的《创制权、复决权、罢官权之作用》,都可以表示建设社同人所主张的趋向。当这个"盲人瞎马"的时代而有这种远大的计画和主张,可算是国内一件最可使人满意的事。

…………

……《湘江评论》的第二、三、四期的《民众的大联合》,一篇大文章,眼光狠远大,议论也狠痛快,确是现今的重要文字。……武人统治之下,能产出我们这样的一个好兄弟,真是我们意外的欢喜。

8月25日 《北京大学日刊》第430号刊登胡适"为1919年北大续招预科新生所出英文试题":

1. Analyse the following:

"This simple faith of Mr. Wilson in his Tourteen Paints was due, I believe, to the invincible abstractness(抽象性)of his mind. To him railroad cars are not railroad cars, but an abstract(抽象的)thing called Transportation(交通);People are not men and women but Humanity(人道)."

…………

同日 梁绍文致函胡适,述钦仰之意。告自己正从事翻译工作。寄上邮资,请胡适寄送《墨子哲学》与《每周评论》。期待《中国哲学史大纲》下卷的完成。(《胡适遗稿及秘藏书信》第33册,68～71页)

8月底前 李大钊致函胡适,讨论"问题与主义":

(一)"主义"与"问题"

我觉得"问题"与"主义"有不能十分分离的关系。因为一个社会的解决,必须靠着社会上多数人共同的运动。那么我们要想解决一个问题,应该设法,使他成了社会上多数人共同的问题。要想使一个社会问题,成了社会上多数人共同的问题,应该使这社会上可以共同解决这个那个社会问题的多数人，先有一个共同趋向的理想主义，作他们实验自己生活上满意不满意的尺度。……

　　…………

大凡一个主义，都有理想与实用两方面。……我们只要把这个那个的主义，拿来作工具，用以为实际的运动，他会因时、因所、因事的性质情形，生一种适用环境的变化。……

（二）假冒牌号的危险

……假冒招牌的现象，讨厌诚然讨厌，危险诚然危险，淆乱真实也诚然淆乱真实。可是这种现象，正如中山先生所云：新开荒的时候，有些杂草毒草，夹杂在善良的谷物花草里长出，也是当然应有的现象。……我们又何能因为安福派也来讲社会主义，就停止了我们正义的宣传。……

（三）所谓过激主义

……布尔札维克主义的流行，实在是世界文化上一大变动。我们应该研究他，介绍他……不可一味听信人家为他们造的谣言，就拿凶暴残忍的话抹煞他们的一切。……

（四）根本解决

……依马克思的唯物史观，社会上法律政治伦理等精神的构造，都是表面的构造。他的下面，有经济的构造，作他们一切的基础。经济组织一有变动，他们都跟着变动。换一句话说，就是经济问题的解决，是根本解决。(《胡适文存》卷2，168～176页)

8月31日　胡适在《每周评论》第37期发表《四论问题与主义》，谈输入学理的方法。大意谓：

我虽不赞成现在的人空谈抽象的主义，但是我对于输入学说和思潮的事业，是极赞成的。……我对于输入学理的方法，颇有一点意见，写出来请大家研究是否可用。

（1）输入学说时应该注意那发生这种学说的时势情形。……

（2）输入学说时应该注意"论主"的生平事实和他所受的学术影响。……

（3）输入学说时应该注意每种学说所已经发生的效果……

以上所说的三种方法，总括起来，可叫做"历史的态度"。凡对于每一种事物制度，总想寻出他的前因与后果，不把他当作一种来无踪去无影的孤立东西，这种态度就是历史的态度。我希望中国的学者，对于一切学理，一切主义，都能用这种历史的态度去研究他们。（《胡适文存》卷2，190～197页）

按，《每周评论》第37期为该刊最后一期，从此停刊。胡适1935年12月20日抄录汤尔和1919年9月4日日记后批注道：此事是这样解决的：我与虞春汀同去见吴炳湘，谈了一会，他劝我不要办《每周评论》了，要办报，可以另起报名。我答应了。这事就完了。（《胡适遗稿及秘藏书信》第13册，301页）

9月

9月1日 易白沙致函胡适：

……南开请我讲文学史，我想用个新法子，从现代讲起。由现代中华民国，倒数至清、明、元、宋，以及三代。第一章就是陈独秀、胡适、钱玄同、蓝公武、吴稚晖、梁启超、戴季陶。那章太炎、刘师培诸人，也不遗漏。老先生如王闿运、王先谦、马通伯等，也列在一处。林晴岚、樊云门、易实甫那一类不成东西，另分一类。这个办法，反对的人太多，请你指教指教，并补助我的材料，改正我的错误。我的性情太笨拙，去年到京，反对白话文，把大学的饭碗牺牲，毅然不顾。今年受了陈独秀被囚的感触，明白这平民文学的价值。到了天津桐城派势力圈内，也毅然不顾，树起新文学旗帜。……（《胡适遗稿及秘藏书信》第29册，

388～389页）

同日　汤尔和日记有记:《每周评论》已封,且有传适之至警厅之说。余嘱虞生靖往问春翁（虞春汀），得复,警厅绝无恶意,虞春翁敢负责。余要求,如需赴厅,请春翁同往,亦慨允。即至梦兄宅面商。（《胡适遗稿及秘藏书信》第13册,300页）

9月2日　汤尔和日记有记:为胡适之事与虞春汀通话两次,随时电告蒋梦麟。（《胡适遗稿及秘藏书信》第13册,300页）

9月4日　汤尔和日记有记:胡适之事完全告竣。（《胡适遗稿及秘藏书信》第13册,301页）

9月6日　下午9时,北京国际研究社、国民外交协会、欧美同学会等六团体为美国芮恩施公使饯别,王宠惠致送别辞。芮恩施答辞甚长,次日乃将演辞写出,嘱胡适译成中文发表。(《申报》,1919年9月16日）

9月7日　朱经农函告胡适:近有留美学生听了一位胡适的昔日好友（按,即梅光迪）的胡说,说胡适是冒充博士,建议胡赶紧把论文印出等。（中国社科院近代史所藏"胡适档案",卷号1010,分号2）

同日　饶毓泰致函胡适,认为胡之《中国哲学史大纲》"能用思而兼有胆量",又云:

……中国无科学之原因,在于狭义的功用主义深入于中国人脑髓,绝无一种"为学而治学"之精神,舍身求真之人几于无有。视西方往哲之鞠躬尽瘁,以求伸其所自信者,吾国人当愧死矣。今读足下书中论吾国哲学中绝故,亦以狭义的功用主义为一大原,实吾年来所欲言而未之出者,其愉快何如也?（《胡适遗稿及秘藏书信》第42册,503页）

9月8日　孙振致函胡适,谈及日本女记者百濑女士将要到中国调查高官人家主妇小姐们的生活,希望胡适能将中国新家庭的情形介绍于她;又希望胡适能介绍南方的朋友提供材料给这位女记者等。（中国社科院近代史所藏"胡适档案",卷号970,分号8）

同日 梁绍文致函胡适，对《每周评论》被禁表示惋惜、同情。请胡适指点其译书计划。同学胡自新希望入北大的补习班，询胡适是否可以。（《胡适遗稿及秘藏书信》第33册，72～73页）

9月10日 康白情致函胡适，认为胡没有必要畏缩离京。又云："先生前不赞成孑民先生离京。蒋先生的去，也和前事同一态度。想先生必能力阻的。"（《胡适遗稿及秘藏书信》第33册，287～290页）

同日 熊克武致函胡适，介绍尹亮易前往拜访，又云：

> 《新青年》杂志及大著《中国上古哲学史》来川，购者争先，瞬息即罄。谈者谓《哲学史》一书，为中国哲学辟一新纪元，文学改革论为中国文学阐一新途径。以学立名，千古不朽。前报载蔡先生允返北京继任校长，暑后开学。先生想仍主讲文科，以迪后进，不至因此番学潮之故，决然舍去不顾也。（《胡适来往书信选》上册，71页）

9月14日 林语堂致函胡适，谈及美国舆论对山东问题非常关注，都是帮着中国的，等等。（《胡适遗稿及秘藏书信》第29册，296～300页）

9月16日 吴虞日记有记：……君毅来信，言陈启修结婚，胡适之作证婚人，潘立三作来宾总代表。（《吴虞日记》上册，485页）

9月20日 北京大学举行欢迎蔡元培校长回校大会，继而举行新学年开学典礼，胡适出席，并为杜威教授致辞做翻译。（《北京大学日刊》第443号，1919年9月22日）

9月21日 杜威应邀在教育部会场讲演，讲题为"教育哲学"，胡适口译。（《申报》，1919年9月27日）

9月22日 戴季陶、沈定一致函胡适，请胡为《星期评论》的"双十节"纪念专号撰文。（《胡适遗稿及秘藏书信》第41册，104～106页）

同日 钱玄同将《学术文录》之目录函寄胡适，请胡就"应增应删者"尽快指示意见。（《胡适遗稿及秘藏书信》第40册，395页）

9月24日 缪金源致函胡适，云：

我对于白话文和白话诗，都心悦诚服的赞成，并且都已尝试过。不过，对于"白话词"却有个疑问。因为我们做白话诗的目的，原是要拿日用的语言，表自然的情景；所以不限定每首有多少句，每句有多少字，每字分什么平仄。我们却为什么要废去"平平仄仄平"和"平平仄仄仄平平"的诗，而反去做那比诗限制更严的《一枝春》和《大江东去》的词呢？何况词是"诗余"，内中已经包含了许多白话；和我们的白话诗，字面既差不多，而反添了许多词调的麻烦。又在外国文中，也没见过"诗"外更有什么"词"的。所以在我的意思，描写情景的文字，有白话诗尽够了；不必再用那词、曲……，把个"文学革命"，弄得半身不遂的。……知道先生是主张做白话词的，所以提出这个疑问来，求先生指教。……（《胡适遗稿及秘藏书信》第41册，47～48页）

9月25日　胡适作有《大学开女禁的问题》，提出自己支持大学开女禁以及开女禁的办法等。（《少年中国》第1卷第4期，1919年10月15日）

9月26日　胡适出席北京大学教务会议，讨论通过新学年各系课程及教员等案。（北京大学档案，全宗号七，目录号1，案卷号123）本年度胡适担任的课程有本科一年级哲学史大纲、中国哲学史大纲、西洋哲学史大纲、论理学，本科二年级哲学史大纲、英美近代诗选、西洋哲学史大纲。（北京大学档案，全宗号七，目录号1，案卷号77）

9月27日　北京中国大学校长姚憾聘胡适担任哲学本科西洋哲学史大纲学科教授，每周教授该门课3小时，每小时银币3元。（中国社科院近代史所藏"胡适档案"，卷号2171，分号1）

9月28日　杜威继续在教育部会场讲演"教育哲学"，胡适口译。（《申报》，1919年10月1日）

同日　胡适作有白话诗《上山》。

同日　《星期评论》第17号发表胡适的白话诗《乐观》。

同日　马元材致函胡适，询问胡适关于新文学之问题7项；请胡适排学习预算表，以便学习。（中国社科院近代史所藏"胡适档案"，卷号731，

分号2）

10月

10月2日　北京高等师范学校致函胡适，敦请胡适兼任教员，担任国文部三年级国语法教学，每周2小时，每小时送薪4元，每月以4周半计算。（中国社科院近代史所藏"胡适档案"，卷号2171，分号2）

10月4日　《申报》刊出《中华劝工银行招股简章》，胡适是该银行的发起人之一。

10月5日　下午，陈独秀、周作人、钱玄同等《新青年》同人来胡适寓所开会，商量第7卷之后编辑办法，决定仍归陈独秀一人编辑，6时散。胡适赠周作人《实验主义》1册。（《周作人日记》中册，52页；《钱玄同日记》上册，351页）

10月7日　孙振致函胡适，把日本批评杜威的报道翻译寄给胡适。（中国社科院近代史所藏"胡适档案"，卷号970，分号9）

10月8日　胡适致函高一涵、张慰慈、章洛声，谈凭吊吴禄贞墓以及陪杜威夫妇初到山西的情形等：

> 七日早到石家庄，在吴禄贞墓侧的一间屋子内休息……吴禄贞的死总算是一件狠可纪念的事。十年来的人物，只有死者——宋教仁、蔡锷、吴禄贞——能保盛名。生者不久就被人看出真相来了。这是因为时势变得太快，生者偶一不上劲，就要落后赶不上了，不久就成了"背时"的人了。只有早死的人既能免了落后的危险，又能留下一段去思碑。这两天威尔逊病重，也许会死。倘他死在去年十一月，他便真成了有史以来第一个伟人了！威尔逊真倒霉！
>
> 七时后，我们上了正太铁路。这条路走过的都是山地，风景极好。路上终日没有饭吃。我们带的有面包、黄油、水果等，吃得狠畅快。……
>
> 山西大患在一贫字。……山西现在的发展计画决不能全靠本地人

才，本地人才决不够用。……

到太原后，本地官署招呼极周到。……今天去见阎督军，他是一个狠脱略的人，杜威先生颇满意。……

今天没有讲演……今天我出去走了几处，观察狠浅，不敢就下评判。下午见着李泰棻君，谈了半点钟，得益不少。

街上今天（中秋）到处是穿蓝布衣的学生，气象狠好。……

街上路灯柱上都贴着黑地白字的格言，如"公道为社会精神，国家元气"，"公道森严驾富强而上之"……这种"圣谕广训"式的道德教育是不会有良好的效果的。人人嘴上能说许多好听的抽象名词——如"公道""秩序"之类——是道德教育的一大障碍。……（《胡适遗稿及秘藏书信》第19册，314～321页）

10月9日　下午，杜威在山西督军署对军政警各界及省议员讲演，讲题为"世界大战与教育的教训"，胡适口译。(《申报》，1919年10月17日）

10月10日　上午9时，胡适陪同杜威夫妇参观阎锡山主持之国庆庆祝典礼和阅兵礼。下午1时，胡适陪同杜威夫妇到全国教育联合会第五次大会会场观礼。下午4时，杜威在山西大学大礼堂为省城教职员暨省立师范学生讲演，题为"品格之养成为教育之无上目的"，胡适口译。(《申报》，1919年10月17日）

同日　《星期评论》的"双十节"纪念专号发表胡适《谈新诗》一文，文中说：

一

…………

二

……文学革命的运动，不论古今中外，大概都是从"文的形式"一方面下手，大概都是先要求语言文字文体等方面的大解放。欧洲三百年前各国国语的文学起来代替拉丁文学时，是语言文字的大解放；

十八十九世纪法国嚣俄、英国华次活（Wordsworth）等人所提倡的文学改革，是诗的语言文字的解放；近几十年来西洋诗界的革命，是语言文字和文体的解放。这一次中国文学的革命运动，也是先要求语言文字和文体的解放。新文学的语言是白话的，新文学的文体是自由的，是不拘格律的。初看起来，这都是"文的形式"一方面的问题，算不得重要，却不知道形式和内容有密切的关系。形式上的束缚，使精神不能自由发展，使良好的内容不能充分表现。若想有一种新内容和新精神，不能不先打破那些束缚精神的枷锁镣铐。因此，中国近年的新诗运动可算得是一种"诗体的大解放"。因为有了这一层诗体的解放，所以丰富的材料，精密的观察，高深的理想，复杂的感情，方才能跑到诗里去。五七言八句的律诗决不能容丰富的材料，二十八字的绝句决不能写精密的观察，长短一定的七言五言决不能委婉达出高深的理想与复杂的感情。

……………

  以上举的几个例，都可以表示诗体解放后诗的内容之进步。我们若用历史进化的眼光来看中国诗的变迁，便可看出自《三百篇》到现在，诗的进化没有一回不是跟着诗体的进化来的。《三百篇》中虽然也有几篇组织很好的诗如"氓之蚩蚩""七月流火"之类；又有几篇很妙的长短句，如"坎坎发［伐］檀兮""园有桃"之类；但是《三百篇》究竟还不曾完全脱去"风谣体"（Ballad）的简单组织。直到南方的骚赋文学发生，方才有伟大的长篇韵文。这是一次解放。但是骚赋体用兮、些等字煞尾，停顿太多又太长，太不自然了。故汉以后的五七言古诗删除没有意思的煞尾字，变成贯串篇章，便更自然了。若不经过这一变，决不能产生《焦仲卿妻》《木兰辞》一类的诗。这是二次解放。五七言成为正宗诗体以后，最大的解放莫如从诗变为词。五七言诗是不合语言之自然的，因为我们说话决不能句句是五字或七字。诗变为词，只是从整齐句法变为比较自然的参差句法。唐五代的小词虽然格调狠严格，已比五七言诗自然的多了。……这是三次解放。宋以后，词变为曲，曲又经过几多变化，根本上看来，只是逐渐删除词体里所剩下的许多束缚自由的限制，又加上词体所缺少的一些东西如衬字套数之类。但是词曲无论如何解放，终究有一个根本的大拘束；词曲的发生是和音乐合并的，后来虽有可歌的词，不必歌的曲，但是始终不能脱离"调子"而独立，始终不能完全打破词调曲谱的限制。直到近来的新诗发生，不但打破五言七言的诗体，并且推翻词调曲谱的种种束缚；不拘格律，不拘平仄，不拘长短；有什么题目，做什么诗；诗该怎样做，就怎样做。这是第四次的诗体大解放。这种解放，初看去似乎狠激烈，其实只是《三百篇》以来的自然趋势。自然趋势逐渐实现，不用有意的鼓吹去促进他，那便是自然进化。自然趋势有时被人类的习惯性、守旧性所阻碍，到了该实现的时候均不实现，必须用有意的鼓吹去促进他的实现，那便是革命了。一切文物制度的变化，都是如此的。

三

上文我说新体诗是中国诗自然趋势所必至的，不过加上了一种有意的鼓吹，使他于短时期内猝然实现，故表面上有诗界革命的神气。这种议论狠可以从现有的新体诗里寻出许多证据。我所知道的"新诗人"，除了会稽周氏弟兄之外，大都是从旧式诗、词、曲里脱胎出来的。……
　　…………

四

我现在且谈新体诗的音节。

现在攻击新诗的人，多说新诗没有音节。不幸有一些做新诗的人也以为新诗可以不注意音节。这都是错的。攻击新诗的人，他们自己不懂得"音节"是什么，以为句脚有韵，句里有"平平仄仄""仄仄平平"的调子，就是有音节了。中国字的收声不是韵母（所谓阴声），便是鼻音（所谓阳声），除了广州入声之外，从没有用他种声母收声的。因此，中国的韵最宽。句尾用韵真是极容易的事，所以古人有"押韵

便是"的挖苦话。押韵乃是音节上最不重要的一件事。至于句中的平仄，也不重要。……

……

诗的音节全靠两个重要分子：一是语气的自然节奏，二是每句内部所用字的自然和谐。至于句末的韵脚，句中的平仄，都是不重要的事。语气自然，用字和谐，就是句末无韵也不要紧。……

……

五

……

……诗须要用具体的做法，不可用抽象的说法。凡是好诗，都是具体的，越偏向具体的，越有诗意诗味。凡是好诗，都能使我们脑子里发生一种——或许多种——明显逼人的影像。这便是诗的具体性。

……

……凡是抽象的材料，格外应该用具体的写法。……

……

……那些不满人意的诗犯的都是一个大毛病——抽象的题目用抽象的写法。(《胡适文存》卷1，227～252页)

10月11日　上午9时，杜威在山西体育会大讲堂为国民师范学生讲演，讲题为"教育上之自动"，胡适口译。(《申报》，1919年10月17日)

10月12日　上午9时，杜威在步十团自省堂为师范传习所学生讲演，讲题为"学校与乡里"，胡适口译。(《申报》，1919年10月19日)

10月13日　上午9时，杜威在山西大学大礼堂为各专门学校学生讲演，讲题为"高等教育之职务"，胡适口译。(《申报》，1919年10月19日)

同日　下午4时，国民师范学校邀请胡适、邓萃英、陈小庄、万元甫在体育会大讲堂讲演，学生到者1000余人，先由胡适讲演"国语的文学"。大意谓：文字的作用，一为表情，一为达意。要使其传得久远，便不应使文字涉于艰深。古时语言文字本相通。后来，因声音的变迁，单音字与复音字的变迁，文法上的变迁，遂演成一种语言与文字不相通的结果。教人者所教的字只能在课本上用，实在有用的字反不教，其弊一。白话所指的事物名称与文字所指的事物名称迥不相同，教人初次读书与习外国文一样，处处如同翻译，其弊二。文学必须备有三条件：明白，有力，美。今日改用白话有四个条件：第一，有什么话说什么话；第二，话怎么样说就怎么样说；第三，我要说我的话，不要说别人的话；第四，现在要说现在的话，不要说几千年、几百年前的话，做到此步就是国语的文学。(《申报》，1919年10月19日)

10月18日　晚，胡适在东兴楼宴请群益书局老板陈子寿，兼为陶孟和接风。钱玄同在座。(《钱玄同日记》上册，354页)

10月19日　为祝贺杜威博士60整寿，教育部、北京大学、尚志学会、新学会等同人特于中央公园来今雨轩设筵为博士预祝。来宾到者，为杜威夫妇及其女儿，主人方面到者男女共70余人，8时开宴，9时许宴将终，由主席王宠惠述祝辞，次由蔡元培代表北京大学致祝辞，胡适英译。次由林长民代表尚志学会致祝辞，次为梁善济代表新学会致祝辞。最后由杜威博士致答辞表示感谢。(《申报》，1919年10月22日)

同日　苏甲荣致函胡适，催促胡适为李超作传，以便印好在李超追悼会上散发。又希望胡适担任李超追悼会的发起人。又云：程伯璘想入女子高师补习科，请胡适帮忙向毛校长询问。(《胡适遗稿及秘藏书信》第41册，511页)

10月20日　胡适为美国学者Dr. W. Reginald Wheeler著《世界战争与中国》(钱江春译：《世界战争与中国》，上海太平洋学社，1920年)作一序言，说道：

> 这部书的原稿本来是很平常的材料、很平常的见解，用不着我们讨论他。只可怜我们中国人连这种很平常的搜集的参考书都还没有，不能不借用别人替我们搜集的材料，这是应急的办法，固是无可如何的，但是我很希望读这书的人能发生一种觉悟：要觉得搜集这种材料

的需要，要学西方学者搜集编纂的方法，要能用这种方法来自己搜集"研究东亚问题"和研究一切问题的材料。（转引自吴元康：《胡适史料拾遗续编〔上〕》，《历史档案》2007年第2期）

同日　廖仲恺致函胡适，请胡为《建设》撰稿，又云：

> 我所最希望的，是先生赶紧把中国白话的语法和修辞法，以规则的系统的方法弄了出来，以应时代的要求。这大事业，非先生是未有别人能干的。若先生能把这大著作分期在《建设》上发表，就最好未有，否则先就这题目论论，也好。（《胡适遗稿及秘藏书信》第38册，403～404页）

10月21日　北京大学评议会举行常会，胡适主席。会议讨论了评议会选举法、教务处改组办法等议题。（《北京大学史料　第二卷　1912—1937》第1册，156～157页）

10月23日　蔡元培于桃李园宴请严修，同坐有蒯若木、傅佩青、胡适、马夷初等。（《严修日记》，2291页）

10月25日　北京大学召开本届评议会选举会，胡适以全校最高得票（60票）当选。当选者除胡适外，还有15位教授：蒋梦麟、马寅初、俞同奎、陶孟和、马叙伦、陈大齐、张大椿、沈尹默、温宗禹、何育杰、朱希祖、贺之才、马裕藻、黄振声、朱锡龄。（《北京大学日刊》第470号，1919年10月27日）

10月27日　林语堂致函胡适，告知自己在哈佛大学的课业情形。又谈及美国的物价高、税金重等。（《胡适遗稿及秘藏书信》第29册，301～302页）

10月28日　《北京大学日刊》第471号发表《胡适启事》：马教务长因病请假，暂委适代理两星期，特布告胡适在教务长办公室办公时间，以利接洽。

10月30日　任鸿隽复函胡适，云将赴美考察实业等，又云：读过胡之

《尝试集》的《自序》,"差不多要愧汗夹〔浃〕背了。我所愧的,并不是我和你那些议论,正是我那几首旧诗,因为我的诗原来是不敢拜客的"。(《胡适遗稿及秘藏书信》第26册,338~342页)

10月　胡适将历年来翻译的短篇小说结集(即《短篇小说》第1集),由亚东图书馆出版。是书收录胡适所译西方短篇小说10篇,共计法国的5篇,俄国的2篇,英国、瑞典、意大利的各1篇。这些译作,都曾发表过。该书1920年4月再版时,又增加高尔基的《他的情人》。

同月　胡适在清人傅山撰《霜红龛集》四十卷(1918年晋省晋新书社铅印本,1函8册)题记:"八年十月我到太原,住在傅先生祠内。我做小孩的时候已经读过关于傅先生的'神话'和'逸事',故到街上去寻了这部书来,价二元一角二分。胡适。"(《胡适藏书目录》第2册,1515页)

同月　胡适在清人吴其濬著《植物名实图考》三十八卷(民国八年山西官书局刻本,3函38册)题记:"《植物名实图考》,共六十本,我在山西省城买的,依预约的价格,连邮费共计十六元零。八年十月,胡适。"(《胡适藏书目录》第3册,1742页)

11月

11月1日　胡适在《新青年》第6卷第6号发表《复陈懋治》,大意谓:

第一件,同音异义的复音字,究竟不狠多,只要说话的人随时留意,就不致误会。先生改"工厂"为"制造厂","公娼"为"公设的娼妓",狠好。我常说,"语言文字全是上下文的"……如"公娼"与"工厂"一类的名词,太短了,能拉长一点,更为稳当。至于地名如察院胡同之类,只须加上"上下文",如"西单牌楼……"等字,便不致错了。北京的地名,不但有音同的,竟有许多字同的。但是加上了"东四""西单""哈达门外""西城"等附加词,便不怕了。

先生说:"四个字头的名词和成语,乃是从旧文学上遗传下来的。"

这话很是。中国文字太整齐了，实在是一个缺点。西文的书名，不妨长到二十个字。中文书名，至多不过五六个字。……

第二件，白话不经济的问题，我也听见人说过。这话可以有两种答辩：

（1）他们所说的经济，不是真经济，乃是偷懒，并且不过是暂时的偷懒，不是根本的偷懒。譬如我编讲义，用文言写了，岂不偷懒？但上讲堂时，我不能不替自己作翻译，这番工夫躲得过吗？又如学生记我的讲义，他们听的是白话，又翻成文言，字虽少写了几个，究竟经济何在？若是翻译错了，失了原意，那更不经济了。所以要是做文言的文，一定要忍受心里翻译的不经济，忍受意义不正确的不经济，忍受文法不精密不完全的不经济，忍受者［有］读者误解误听的不经济，这真是大不经济了。

（2）白话文字有一种根本上的大经济，就是先生说的"教育上的经济"。一句文言，懂得的有十人；一句白话，懂得有千人万人：可不是大经济吗？将来白话文的习惯养成了，拉起笔来，有什么话，说什么话，像我写这信的样子，不用造句子，不用翻典故，不用掉书包。那时候，白话的真经济就更显著了。

同期《新青年》还发表胡适所译奥斯汀·多布森（Austin Dobson）的《奏乐的小孩》。

11月5日　北京大学评议会召开本届第一次常会，为协助校长调查策划大学内部组织事务，议决设立一组织委员会，并通过该会简章；蒋梦麟、马寅初、胡适等9人当选为委员。该次会议还通过修正教授会组织法等议案；又议决，本届评议会书记，仍公推胡适继任。（《北京大学日刊》第480号，1919年11月7日）

11月6日　任鸿隽致函胡适，谈道：

你托我的几件事，都可代达尊意。……颜任光已往英国剑桥去了，赵元任一两年内未必肯回国，张奚若也还要两年才能毕业，只有朱经农有明年回来的话。等我见了他们，替你游说游说。

还有一件使我疑惑的事，你们尽管收罗文学、哲学的人才，那科学方面（物理、化学、生物等学）却不见有扩充的影响，难道大学的宗旨，还是有了精致的玄谈和火荼的文学，就算了事么？我这个话并不是因为你代理教务长才说的。我知道你不做教务长，于大学的前途也有密切的关系，故愿你注意注意。

你说"一车鬼"的诗不妨事，"泛湖"诗可以删去，不错不错。请你就照此办去罢。（《胡适来往书信选》上册，76页）

11月7日　苏甲荣致函胡适云：李超追悼会拟于11月23日在女高师举行。请胡适帮忙向女高师毛校长说项，希望毛同意追悼会在女高师举行，请毛署名发起与担任主席，派事务员帮忙布置会场。追悼会当天要请蔡元培和胡适演讲。希望胡适在这几天将李超的传记写好，以便送登各报。（《胡适遗稿及秘藏书信》第41册，512页）

11月8日　胡适致函廖仲恺，讨论"井田制"。胡适表示自己很佩服胡汉民的《中国哲学史之唯物的研究》，但胡汉民承认中国古代有井田制度，自己认为这是很可疑的事。胡适申说如下：

（一）古代的封建制度决不是像《孟子》《周官》《王制》所说的那样简单。古代从部落进为无数小国，境内境上还有无数半开化的民族。王室不过是各国中一个最强的国家，故能做一个名义上、宗教上、政治上的领袖。无论如何，那几千年中，决不能有"豆腐干块"一般的封建制度。我们如欲研究中国的封建时代，应该参考欧洲中古的Feudalism及日本近世的封建制度，打破"切豆腐干"的封建观念，另外用科学的态度，加上历史的想像力，重新发现古代的所谓封建制度究竟是什么。（日本学者如朝河贯一，对于日本的封建制度，极有科学的研究。）

（二）不但"豆腐干块"的封建制度是不可能的，"豆腐干块"的井田制度也是不可能的。井田的均产制乃是战国时代的乌托邦。战国

以前从来没有人提及古代的井田制，孟子也只能说"诸侯恶其害己也，而皆去其籍"。这是"托古改制"的惯技。韩非所谓"无参验而必之"就是这一种。此外如《诗经》的"雨我公田""南东其亩""十亩之间"，似乎都不是明白无疑的证据。……我们既没有证据证明井田制的存在，不如从事理上推想当日的政治形势，推想在那种半部落半国家的时代是否能实行这种"豆腐干块"的井田制度。

（三）我疑心古代秦始皇以前并不曾有实际上的统一国家。……兵力盛时，征服的小国也许派自己的子弟去做"诸侯"，其余的国至多不过承认名义上的"宗主权"。要想做到《王制》等书所说的整方块头的封建制度，是事势上不可的。故"封建制度"一个名词是最容易惹起误解的，是最能阻碍新历史的见解的，不如直用"割据制度"的名词。

（四）"封建制度"一个名词的大弊在于偏重"横剖"的一方面……其实所谓"封建制度"的重要方面全在"纵剖"的方面，在社会各阶级上下互相臣属的一方面。不在"豆腐干"式方面，乃是"宝塔"式的方面。这种制度极盛时，下级的臣属服服帖帖的承认上级的特殊权利。……后来"封建制度"破坏，只是这个默认的上下相臣属的阶级捣乱了。古代并没有均产的井田制，故有"无衣无褐"的贫民，有"载玄载黄"的公子裳，有"狐狸"的公子裘（《七月》），有"千斯仓，万斯箱"的曾孙，有拾"遗秉滞穗"的寡妇。因为古代本没有均产的时代，故后来的"封建制度"的破坏并不是井田制的破坏。

以上所说，并不是反对胡先生的唯物的研究。因为所谓"封建制度"，不但是政治上的上下相臣属，也是经济上的上下相统属。……古代不但诸侯以国为私产，卿大夫也各有采地，各有"属大夫"，各有"家臣"。……这都与欧洲中古时代的 Fuedal System 根本相同。后来商人阶级起来，平添了许多无爵的小诸侯，许多无采邑的地主——这是破坏封建系统的重要原因。加之兵祸不休，土地的兼并，国家的破灭，财产的更换，主奴的翻覆——这也是个重要原因。如此说法，似乎已能使唯物的研究成立了，似乎不必从井田破坏一方面着想。

…………

胡先生这篇文章的全体是我狠佩服的。论汉代哲学一段更多独到的议论。……(《胡适文存》卷2，247～252页)

11月9日　周作人是日日记有记：得"适之《星期评论》一枚"。(《周作人日记》中册，60页)

同日　潘公展致函胡适，主要谈自己希望到北京大学读书，希望胡适帮忙筹划等。(《胡适遗稿及秘藏书信》第39册，34～37页)

11月10日　胡适在北京大学同乐会演说，对音乐提出两种希望：不但为个人的，而且为抗议代表共同生活的精神的；以音乐的道理助文学的发展。(《北京大学日刊》第486、487号，1919年11月14、15日)

同日　江苏省童子军协会的荣誉秘书Fitzroy Lloyd致函胡适，云：

On my return from England, I have the honour to inform you that I duly carried out the request of your Association conveyed to me by Mr. Fawn Yau, viz. to ascertain if possible whether the British Government would be willing to allocate funds from the Boxer Indemnity to the Educational Authorities of China for the purpose of placing Boy Scout Movement on a firm basis in China under their auspices.

I append hereto copy of the reply made by His Majesty's Minister to the question asked, from which it will be seen that the whole question has yet to be studied and that the enquiry made was very premature.

Sir Robert Baden-Powell informed me that he will not lose sight of the question and will keep me informed of the prospects of success in your particular request, as well as on the subject generally.

I regret that the situation is still in its infancy and, in the meantime, advise carrying on the Movement as before, not letting possibilities be considered.(中国社科院近代史所藏"胡适档案"，卷号E-276，分号2)

11 月 12 日 上午，胡适讲授《中国哲学史》之孔子及孔门弟子。办公。下午，编文法讲义。晚作《李超传》。(《胡适遗稿及秘藏书信》第 14 册，174 页)

同日 《晨报》刊登胡适来函，讨论"的"字的用法，并发表《"的"字的用法》一文。胡函云：

……["止水"君]说的"把的字专让给术语去用、把底字来做助语用"虽然比《晨报》现在一律用"底"字的办法好一点，但是他这种说法实在还不精细。他说的"术语"和"助词"都是狠含糊的名词，不能使人了解。……

又"止水"君说"术语用'底'的字大概从'鹄的'引申来底"。这话不然。"的"字即是文言的"之"字和"者"字。古无舌上的音，之字读如台，者字读如都，都是舌头的音，和"的"字同一个声母。后来文言的"之""者"两字变成舌上音，而白话没有变，仍是舌头音，故成"的""地""底"三个字。后来又并一个"的"字。……其实一个"的"字尽够了。不得已的时候，可加一个"之"字。……

《"的"字的用法》一文大要：

"的"字宋人读作上声，故用"底"字。……"的"字之文法，甚足资研究。盖此字之用，可代文言之"者"字、"之"字、"所"字。细析之，凡得九种用法。

（一）"的"字用如"之"字，置于二名之间，以示后名属于前名。……

（二）"的"字用如"之"字，凡名词前有二以上之形容词，则用"之"字、"的"字，以示其用，又以稍舒文气也。……

（三）"的"字用如"者"字，置于形容词之后，以代被形容之名词。此类用法，其所形容之事物必为泛举全类而言。其事物为何，又皆为言者听者所共晓。故以"者"字、"的"字代之足矣。……

（四）"的"字用如"者"字，置于一句或一读之末，为本读中动词之起词。……

（五）"的"字用如"者"字，与第四用法略同。惟所在之读，非用如名词，而惟用如形容词或表词耳。……

（六）"的"字用如"之"字，凡名词前之形容词若为一读，则以"之"字、"的"字间之。其用略如第二用法，惟在彼则名词前之形容词皆不成为读耳……

（七）"的"字用如"所"字，"所"字与"者"字同是承转代名词，惟"者"字常为主次（即起词）而"所"字常为宾次（即止词）。……
…………

（八）"的"字尚有一种用法，大可补文言之缺点，则用为"表词的形容词"是也。形容词有两种用法，一为名词的，以加于名词之前，如"好人""疯狗"是也。一为表词的，以加于语词之后，如"这书是我的朋友的""此用法为表词的"是也。文言中有时用"者也"二字，有时竟单用形容词，而不用动词。……

（九）"的"字亦可用于状词之末，此亦文言之所不及也。……

按，胡适此文发表后，曾引起广泛讨论。不久，胡适又写二文回应。胡适曾将有关讨论文章做成剪报。收入胡适剪报贴的文章有：建侯《关于"的"字用法之私见》；沈兼士《我对于"的"字问题的意见》；建侯《对于"的"字问题再表私见》；君博《"的"字的用法》；劲西《"的"字的用法"解纷"》；陈独秀《论"的"字底用法》；抱影《的字用法底问题》；孟真《讨论"的"字的用法》；建侯《关于的字用法专答抱影》；迟明《我对于"的"字分职底意见》。（中国社科院近代史所藏"胡适档案"，卷号291，分号1）

11月13日　上午，胡适在女高师讲演"方法论"。到北大办公。到绩溪会馆看胡绍之。晚作《李超传》。预备明晚的讲演。（《胡适遗稿及秘藏书信》第14册，175页）

11月14日　上午，胡适讲授《西洋哲学史》，从 Zeno 至 Democritus。陪杜威到高师演说。出席教务会议。张元济约胡适在北大会谈。陪杜威在北大演讲。(《胡适遗稿及秘藏书信》第 14 册，176 页)

11月15日　理书。作《李超传》。到北大办公。陪杜威演讲。(《胡适遗稿及秘藏书信》第 14 册，177 页)

同日　《太平洋》第 2 卷第 1 期发表胡适翻译高尔基的小说《他的情人》。

同日　黄醒致函胡适，向胡适索取相片。(中国社科院近代史所藏"胡适档案"，卷号 1779，分号 11)

11月16日　胡适陪杜威演讲。为周刊事开会。作《李超传》。(《胡适遗稿及秘藏书信》第 14 册，178 页)

11月17日　到北大办公。讲哲学史大纲。与胡绍之谈。作讨论"的"字问题的答书。(《胡适遗稿及秘藏书信》第 14 册，179 页)

11月18日　讲哲学史大纲。到北大办公。(《胡适遗稿及秘藏书信》第 14 册，180 页)

同日　上海《晶报》刊登胡适的《与丹翁说话》，云：

你的《为什么新诗都做得不好》实在是一篇骂人狠利害的文章。但是你的成见太深，故不免有冤枉新诗的地方，和过誉旧诗的地方。……

总之你既承认"那几首新诗却也不能说不好"，何必又说"新诗都做得不好"呢？这样一笔抹煞，便是你的成见作梗。

我们做新诗的人，最共同的态度是"尝试"两个字。你是一个绝顶聪明人，我狠盼望你能破除成见，用你对我的新诗的态度来细心研究别人的新诗，承认我们有大胆"尝试"的权利，以后你自然也会变换现在的见解了。

忙得狠，不能打笔墨官司，恕罪恕罪。适。

同日　陶行知致函胡适，请胡转告《安徽旬刊》的主事者，对于各方来信应做一番明辨是非的功夫。并以安徽省立三中校长方振民事说明之。

（王文岭撰：《陶行知年谱长编》，四川教育出版社，2012年，43页）

11月19日　上午，胡适讲"孔门弟子"完。晚作英文演讲。（《胡适遗稿及秘藏书信》第14册，181页）

同日　胡适致函蔡元培：

校长先生：

　　吕平登请求准入预科事，上次教务会议议决："请校长酌定减等的惩戒，准他复入预科。"

适。十九日

（吴元康先生提供）

11月20日　作英文演讲。（《胡适遗稿及秘藏书信》第14册，182页）

同日　蔡元培、毛邦伟、胡适、李大钊、李济深、梁漱溟、周家彦、吴弱男、陶玄、王兰、梁惠珍等54人联名为"李超女士追悼大会"在北京《晨报》刊登启事，云：

　　北京女子高等师范学生苍梧李超女士，幼失怙恃，长受教育，深痛神州女界之沉沦，亟欲有所建树，矢志求学，不幸受家庭之虐待，横被摧残。……其家固谓女子无才便是德者……直欲置之死地而后已。姊丈筹济，备受责言；嫂抱不平，几以身殉。女士只身万里，忧愤莫诉，积悲成疾，遽于本年八月十六日赍志以殁。遐迩咨嗟，同深惋惜！同人等谨拟于十一月三十日（星期）在石驸马大街国立北京女子高等师范开会追悼，俾慰女士之灵。……

11月21日　上午，胡适讲西洋哲学史之Megara、Cynic、Cyrene、Plato。到北大办公。偕江冬秀、胡祖望拜访杜威。出席教授会议。晚陪杜威演讲。（《胡适遗稿及秘藏书信》第14册，183页）

11月22日　上午，胡适出席康心孚追悼会。晚，出席组织委员会会议。（《胡适遗稿及秘藏书信》第14册，184页）

11月23日　胡适访梁伯强。与林宰平谈。在马寅初家午饭。作《李超

传》。作关于"的"字的信。预备英文诗。(《胡适遗稿及秘藏书信》第 14 册，185 页)

11 月 24 日　讲英美诗。讲授哲学史大纲。出席行健会的集会，决定下星期日开成立会。作《李超传》。答陈独秀论"的"字。(《胡适遗稿及秘藏书信》第 14 册，186 页)

11 月 25 日　讲授哲学史大纲。到北大办公。在林宗孟家晚饭。作《李超传》，次日晨 3 时作完。(《胡适遗稿及秘藏书信》第 14 册，187 页)

《李超传》云：

> 这一个无名的短命女子之一生事迹很有作详传的价值，不但他个人的志气可使人发生怜惜敬仰的心，并且他所遭遇的种种困难都可以引起全国有心人之注意讨论。所以我觉得替这一个女子做传比替什么督军作墓志铭重要得多咧。
>
> ……
>
> ……因为他的一生遭遇可以用做无量数中国女子的写照，可以用做中国家庭制度的研究资料，可以用做研究中国女子问题的起点，可以算做中国女权史上的一个重要牺牲者。我们研究他的一生，至少可以引起这些问题：
>
> （1）家长族长的专制……
> （2）女子教育问题……
> （3）女子承袭财产的权利……
> （4）有女不为有后的问题……(《胡适文存》卷 4，209～224 页)

同日　《晨报副刊》发表胡适《再论"的"字》。

11 月 26 日　讲授中国哲学史之"墨子"。到北大办公。到女高师上课。看胡绍之。访尹亮易。与 Bevan（毕善功）同晚饭。(《胡适遗稿及秘藏书信》第 14 册，188 页)

同日　《晨报副刊》发表胡适《三论"的"字》。

1919年　己未　民国八年　28岁

11月27日　作诗《周岁》。到女高师上课。到万元甫家午饭。到中国大学讲授中国哲学史。(《胡适遗稿及秘藏书信》第14册,189页)

11月28日　讲授西洋哲学史之"柏拉图"。到北大办公。出席教务会议。晚,讲演。(《胡适遗稿及秘藏书信》第14册,190页)

11月29日　胡适将《请颁行新式标点符号议案》修正定稿(稿见《胡适文存》卷1,提议人为马裕藻、周作人、朱希祖、刘半农、钱玄同、胡适)。访王徵。到北大办公。预备讲演。(《胡适遗稿及秘藏书信》第14册,191页)

11月30日　上午,讲演。(《胡适遗稿及秘藏书信》第14册,192页)

同日　下午1至2时,胡适前往女高师参加李超追悼会。会场置李超遗像,上有蔡元培所题"不可夺志"横额。当场散发胡适所撰《李超传》。农商部次长周家彦主席,致开会辞。奏乐、读祭文、唱追悼歌之后,其同乡李某报告李超事略,蔡元培、胡适、陈独秀、蒋梦麟、李大钊、梁漱溟、黄日葵、罗家伦、张国焘及女高师同学孙继绪、陶玄先后演说,均极沉痛。(北京《晨报》,1919年12月1日;《胡适遗稿及秘藏书信》第14册,192页)

同日　晚,胡适到叕甫家吃寿酒。预备论理学。(《胡适遗稿及秘藏书信》第14册,192页)

12月

12月1日　讲英诗。在北大办公。张效敏等来谈。讲授哲学史。出席史学教授会。出席组织委员会会议。潘力山请吃饭,《晨报》社请吃饭。预备论理学。(《胡适遗稿及秘藏书信》第14册,193页)

按,次日,组织委员会委员长蒋梦麟与胡适、马叙伦等8位委员联名致函蔡元培校长云:"本委员会自前月初组织成就后,即从事修改大学内部组织章程,并推定梦麟为起草员。先后开会讨论四次,于十二月一日通过试行章程;但其大纲,不备细目。盖同人等以为与其先定细目,于推行时有所□□,不如但订大纲,俟推行时体察情形,

151

再行规定细目为善。如□长以为可行，乞提交评议会征求同意。俟试行就绪后，再订细目。……"（《北京大学日刊》第505号，1919年12月6日）

同日　胡适在《新青年》第7卷第1号发表《新思潮的意义》，大意谓：

　　研究问题　输入学理
　　整理国故　再造文明

一

　　……新思潮的根本意义只是一种新态度。这种新态度可叫做"评判的态度"。

　　评判的态度，简单说来，只是凡事要重新分别一个好与不好。……评判的态度含有几种特别的要求：

　　（1）对于习俗相传下来的制度风俗，要问："这种制度现在还有存在的价值吗？"

　　（2）对于古代遗传下来的圣贤教训，要问："这句话在今日还是不错吗？"

　　（3）对于社会上糊涂公认的行为与信仰，都要问："大家公认的，就不会错了吗？人家这样做，我也该这样做吗？难道没有别样做法比这个更好，更有理，更有益的吗？"

　　…………

　　……现在所谓"新思潮"，无论怎样不一致，根本上同有这公共的一点——评判的态度。……

二

　　这种评判的态度，在实际上表现时，有两种趋势。一方面是讨论社会上、政治上、宗教上、文学上种种问题；一方面是介绍西洋的新思想、新学术、新文学、新信仰。前者是"研究问题"，后者是"输入学理"。这两项是新思潮的手段。

....

为什么要研究问题呢？因为我们的社会现在正当根本动摇的时候，有许多风俗制度，向来不发生问题的，现在因为不能适应时势的需要，不能使人满意，都渐渐的变成困难的问题，不能不彻底研究，不能不考问旧日的解决法是否错误；如果错了，错在什么地方；错误寻出了，可有什么更好的解决方法；有什么方法可以适应现时的要求。……

为什么要输入学理呢？这个大概有几层解释。一来呢，有些人深信中国不但缺乏炮弹、兵船、电报、铁路，还缺乏新思想与新学术，故他们尽量的输入西洋近世的学说。二来呢，有些人自己深信某种学说，要想他传播发展，故尽力提倡。三来呢，有些人自己不能做具体的研究工夫，觉得翻译现成的学说比较容易些，故乐得做这种稗贩事业。四来呢，研究具体的社会问题或政治问题，一方面做那破坏事业，一方面做对症下药的工夫，不但不容易，并且狠遭犯忌讳，狠容易惹祸，故不如做介绍学说的事业，借"学理研究"的美名，既可以避"过激派"的罪名，又还可以种下一点革命的种子。五来呢，研究问题的人，势不能专就问题本身讨论，不能不从那问题的意义上着想；但是问题引申到意义上去，便不能不靠许多学理做参考比较的材料；故学理的输入往往可以帮助问题的研究。

这五种动机虽然不同，但是多少总含有一种"评判的态度"，总表示对于旧有学术思想的一种不满意，和对于西方的精神文明的一种新觉悟。

但是这两三年新思潮运动的历史应该给我们一种狠有益的教训。……就是：这两三年来新思潮运动的最大成绩差不多全是研究问题的结果。……

....

总起来说：研究问题所以能于短时期中发生狠大的效力，正因为研究问题有这几种好处：（1）研究社会人生切要的问题最容易引起大

家的注意;(2)因为问题关切人生,故最容易引起反对,但反对是该欢迎的,因为反对便是兴趣的表示,况且反对的讨论不但给我们许多不要钱的广告,还可使我们得讨论的益处,使真理格外分明;(3)因为问题是逼人的活问题,故容易使人觉悟,容易得人信从;(4)因为从研究问题里面输入的学理,最容易消除平常人对于学理的抗拒力,最容易使人于不知不觉之中受学理的影响;(5)因为研究问题可以不知不觉的养成一班研究的、评判的、独立思想的革新人才。

……

三

以上说新思潮的"评判的精神"在实际上的两种表现。现在要问:"新思潮的运动对于中国旧有的学术思想,持什么态度呢?"

我的答案是:"也是评判的态度。"

分开来说,我们对于旧有的学术思想有三种态度:第一,反对盲从;第二,反对调和;第三,主张整理国故。

盲从是评判的反面,我们既主张"重新估定一切价值",自然要反对盲从。这是不消说的了。

为什么要反对调和呢?因为评判的态度只认得一个是与不是,一个好与不好,一个适与不适,不认得什么古今中外的调和。调和是社会的一种天然趋势。……

我们对于旧有的学术思想,积极的只有一个主张,就是"整理国故"。整理就是从乱七八糟里面寻出一个条理脉络来;从无头无脑里面寻出一个前因后果来;从胡说谬解里面寻出一个真意义来;从武断迷信里面寻出一个真价值来。……

四

新思潮的精神是一种评判的态度。

新思潮的手段是研究问题与输入学理。

新思潮的将来趋势……应该是注重研究人生社会的切要问题,应该于研究问题之中做绍介学理的事业。

新思潮对于旧文化的态度,在消极一方面是反对盲从,是反对调和;在积极一方面,是用科学的方法来做整理的工夫。

新思潮的唯一目的是什么呢?是再造文明!

文明不是笼统造成的,是一点一滴的造成的。进化不是一晚上笼统进化的,是一点一滴的进化的。现今的人爱谈"解放与改造",须知解放不是笼统解放,改造也不是笼统改造。解放是这个那个制度的解放,这种那种思想的解放,这个那个人的解放,是一点一滴的解放。改造是这个那个制度的改造,这种那种思想的改造,这个那个人的改造,是一点一滴的改造。

再造文明的下手工夫,是这个那个问题的研究。再造文明的进行,是这个那个问题的解决。

同日 胡思永致函胡适,述拮据情状,向胡适要钱。(中国社科院近代史所藏"胡适档案",卷号695,分号1)

12月2日 胡适讲授哲学史。在北大办公。讲授论理学。看杜威的讲演稿。请陈廷锡吃饭。作《文法与讲义》。(《胡适遗稿及秘藏书信》第14册,194页)

12月3日 胡适讲授中国哲学史。在北大办公。到女高师讲文法之代词。(《胡适遗稿及秘藏书信》第14册,195页)

同日 下午4至5时,北京大学评议会举行常会,胡适主席。会议讨论并通过《北京大学内部组织试行章程》。(《北京大学史料 第二卷 1912—1937》第1册,158～159页;《胡适遗稿及秘藏书信》第14册,195页;《申报》,1919年12月10日)

同日 晚,杜威请胡适吃饭。看女高师演剧。(《胡适遗稿及秘藏书信》第14册,195页)

同日 李平复函胡适,赞佩胡适《我对于丧礼的改革》一文,希胡适多写这类移风易俗的文章。(《胡适遗稿及秘藏书信》第28册,27～28页)

12月4日　胡适到女高师上课。到中国大学上课。请曾望生等吃饭。预备讲柏拉图。(《胡适遗稿及秘藏书信》第14册,196页)

同日　胡觉致函胡适,告:自己电厂职位已不保,关于河海工程学校庶务一席,薪水虽较前职高出10元,但学生甚嚣张,庶务甚难办,请胡适代为一决。又请胡适速寄20元。(《胡适遗稿及秘藏书信》第22册,655～657页)

12月5日　胡适讲西洋哲学史之"柏拉图"。在北大办公。出席教授会会议。晚,讲演笛卡尔。(《胡适遗稿及秘藏书信》第14册,197页)

同日　郑誉孚致函胡适,谈对胡适《我对于丧礼的改革》一文的态度,认为胡适应更坚定与强势,并建议在《新青年》开一论坛,专为讨论礼教风俗。(《胡适遗稿及秘藏书信》第39册,201～203页)

12月6日　陈钟英来访。访谢叔野。在北大办公。下午4至5时,陪杜威讲演。晚,编文法讲义。访蔡元培。看杜威的讲演稿。(《胡适遗稿及秘藏书信》第14册,198页)

12月7日　胡适会见邓芝园。作教育讲演。到梁伯强家吃午饭。为科学事赴欧美同学会。(《胡适遗稿及秘藏书信》第14册,199页)

12月8日　在北大办公。讲英诗。讲中国哲学史,从墨家到庄子。预备论理学课程。(《胡适遗稿及秘藏书信》第14册,200页)

12月9日　胡适讲哲学史大纲之"论证法"。在北大办公。讲论理学。(《胡适遗稿及秘藏书信》第14册,201页)

同日　下午4至5时,北京大学评议会举行临时会议,胡适主席。校长提出委员会名单,略加修正后通过,胡适为预算委员会委员、聘任委员会委员、出版委员会委员长。(《北京大学史料 第二卷 1912—1937》第1册,159～160页;《胡适遗稿及秘藏书信》第14册,201页)

同日　晚,胡适在王长信家吃饭。(《胡适遗稿及秘藏书信》第14册,201页)

12月10日　《申报》以"北京大学之新组织"为题报道:北京大学前曾拟定内部组织大纲,经教育部全国教育调查会议决认为可以试办。今年学年开始,特由校内设立"组织委员会"一种临时机关。修改前次所拟之内部组织章程所推定之会员为蒋梦麟、俞同奎、顾孟馀、陶履恭、胡适、马叙伦、黄右昌、陈世璋、沈士远9人（当时本系10人，有教务长马寅初在内，嗣马因病辞退，故只有9人）。会议由各委员推定蒋梦麟为委员长，先后开会讨论4次，遂将章程各条完全修竣，即由委员长担任起草成章程5章共14项，于12月1日完全通过。章程中仅具大纲，未备细目。

12月12日　吴虞日记有记：……写君毅信，请觅蔡子民、胡适之、陈独秀、高一涵、李公度、朱希祖、沈尹默与《威克烈报》作白话文。（《吴虞日记》上册，502页）

12月13日　北大教职员在第三院礼堂开会，讨论因欠薪罢教问题，胡适反对但无效，决定自12月15日开始罢教。

1935年12月23日胡适《手抄汤尔和日记跋》：

十二月十三日（星六）之夜，北大教职员在第三院礼堂开会，马夷初、沈士远报告为发现事与教育次长交涉经过，并报告联合会已决议自星期一起各校一律罢课。我那时代理教务长，起立反对罢课，尤反对下星期一起罢课，因为"五四""六三"之事使上学年无考试，现已决定下星期一补考，一切都已预备好了。若此次不举行补考，以后永无法补考，亦无法整理学校纪律了。

我并且声言，代表的职权，限于交涉发现，并不能代表我们决定罢课。罢课与否，应由各校教职员决定。

于是马夷初起立，说，代表的职权既然发生问题了，代表只好辞职。于是大众一致表决代表有代大众决定罢课之权。我只好承认失败了。我从此辞去代理教务长之职。

从此教员罢课下去，八年夏的补考固然全免了，以后教育界就不堪问了。

当时人只知北京教育界"跟着马叙伦走上死路"（此独秀之语），不知全是汤尔和先生之奇计也！（《胡适遗稿及秘藏书信》第13册，298～299页）

1919年12月20日《申报》报道：

> 北京大学教员中如马寅初、马叙伦、陈大齐尤为愤激……有数次集会。最近重要之三大会一次在"北大"，两次在"法专"。在北大开会时即有多人主张罢课，以表示决心，马叙伦演说尤痛切。惟胡适对于停课一层不甚赞成。其理由谓：教员罢课，学生损失甚巨，且恐未足以警动此等政府云云。同人与之反复辩论，蒋梦麟且有一段诙谐之演说谓："马、胡两先生之言我皆赞成，盖一位是就肚子说话，一位是就脑子说话，各有道理。但肚子与脑子商量许久，仍是脑子说不过肚子，因为肚子没有饭吃不能做工，脑子也只好服从他了。"全场鼓掌，于是罢课之议遂定。

12月14日　陈独秀来谈。晚，讲英文论文。访马寅初。访梁伯强。（《胡适遗稿及秘藏书信》第14册，202页）

12月15日　到北大开会。虞春汀来谈。（《胡适遗稿及秘藏书信》第14册，203页）

12月16日　会客。吴品金来谈。下午到安徽学生会演说。（《胡适遗稿及秘藏书信》第14册，204页）

同日　沈定一致函胡适，云：

> 许世英代表徐、段到上海见孙先生。……孙先生一见着许世英，就说起你和独秀被拘的话。当时正《每周》被封，上海方面大传你也被捕的话，所以孙先生对许说："独秀我没有见过，适之身体薄弱点，你们做的好事，很足以使国民相信我反对你们是不错的证据。但是你们也不敢把来杀死；身体不好的，或许弄出点病来，只是他们这些人，死了一个，就会增加五十、一百。你们尽做着吧！"许听了这番话，口口声声的"不该，不该，我就打电报去"。没有几天，我们就听到独秀出狱的消息。当时很赞同孙先生的话说的好。事前也有人再四要求孙先生打电营救你两位，孙先生不答应，说："你们要我发电给谁？"

1919年　己未　民国八年　28岁

来信所传孙先生发电的事，是没有的。

　　…………

　　昨天接到你□所发起的工读互助团章程，我高兴得很，因为这几天，浙江方面，要求我实地答复非孝以后怎么样独立生活的信有好多起，我正一时筹不出妥善的方法；有了这个办法，不但我可以写几封切切实实的回信，并且我常时要打算的都市生活，也有了榜样。昨天我已经替你们筹到几块捐钱，我想凑足一百就先汇来，由你们发收条就是。我很盼望你们快快成立，要用你们的成绩来推广，比较一纸章程好得多！（《胡适遗稿及秘藏书信》第27册，35～39页）

12月17日　胡适出席北大纪念日会议。到女高师演说。出席行政会议茶话会。梁和钧来谈。到Greene家吃晚饭。当日《日程与日记》有记：晚8点到10点："会议American College Club Committee事。"不知何事，待考。（《胡适遗稿及秘藏书信》第14册，205页）

　　同日　胡适作有白话诗《一颗遭劫的星》。

12月18日　会客。作文。（《胡适遗稿及秘藏书信》第14册，206页）

　　同日　苏甲荣致函胡适，向胡适借100元付印刷费。（《胡适遗稿及秘藏书信》第41册，513页）

12月19日　会客。作文。邹秉文来访。（《胡适遗稿及秘藏书信》第14册，207页）

12月20日　出席北大组织委员会会议。会客。作文。写诗。在浣花春为高一涵、王徵饯行。（《胡适遗稿及秘藏书信》第14册，208页）

12月21日　会客。作文。《大正日日新闻》铃木来访。出席国语统一筹备委员会会议。王星拱请吃晚饭。（《胡适遗稿及秘藏书信》第14册，209页）

　　同日　蔡元培、陈独秀、胡适、周作人、顾孟馀、李大钊、陶孟和、王星拱、张申府、徐彦之、罗家伦、王光祈等，联名发起"组织工读互助团，来帮助北京的青年，实行半工半读主义……倘然试办有效，可以推行

全国……照眼前试办的预算，需费不过千元。凡赞成此举者，请量力捐助"。（此《启事》刊登于10月出版之《新生活》第18期，《新潮》第2卷第2号等杂志）

12月22日　傅斯年与山东代表来访。聂慎余来访。下午2时，访杜威。作文。邹秉文来访。（《胡适遗稿及秘藏书信》第14册，210页）

12月23日　胡适作《国语的进化》。中午在杜威寓所吃午饭。（《胡适遗稿及秘藏书信》第14册，211页；《新青年》第7卷第3号，1920年2月1日）

12月24日　应山东省议会教育会等团体邀请，杜威、胡适一行来济南演讲。（《胡适遗稿及秘藏书信》第14册，212页；《申报》，1919年12月27、29日）

12月25日　邓家彦复函胡适，云：

> 杜威博士讲演广告，弟本欲代登义务之广告，但恨弟尚未独立办报，无随便许人之权，不得已乃登入新闻栏……尊函乃深责于弟，至引研究系云云，以为弟有党见。弟与研究系异党，岂得谓无党见？若因杜威一广告，遂牵及研究系，彦虽无似，尚不至武断如此。兄竟以此入人于罪，愤愤然若不可解者，岂哲学家固应如是耶？不然，何所据而说我党见太深，又何所据而牵及同盟会？兄之推理，得毋逸出轨道耶？抑岂兄受研究系所托，故向弟致其攻击耶？不然，何以平地起风波若是也。哲学家头脑不应简单如此。兄纵图报研究系之德，我亦未尝不为兄原谅，奈何平白地迁怒及我耶？可笑可笑。……恐怕兄的党见更利害咧。（《胡适遗稿及秘藏书信》第40册，194～196页）

12月26日　胡适在山东省议会演讲"国语文学"，次年1月11日之长沙《大公报》对胡适的演讲内容报道如下：

> 这国语的文学，就是白话文学。就说白话，怎么算文学呢？因为古文不足用，不能不用白话。欧洲各国语言文字是统一的。他的统一

文字，也不过数百年，从前也是用拉丁文字，后经多少学家彻底研究，才把文字合语言统一起来。按，语言文字的用途有四样：（一）达意表情。譬如有一人来找人，传话的人说某人来找你。这一句话，就明白了。这就是达意。我喜欢呢就笑，我怨哀呢就哭，这是不用语言表情的。如果是情深很远，非表出不可的，就非语言文字不行了。这种语言文字，要是用他写一篇《离骚》，常人怎么能懂呢？必得用白话，就可以人人能懂了。（二）记载过去历史。请看司马龙门《史记》，再看汉唐宋元明的史书，好像二千年来没变动的样子，请问二千年能够一点不变动吗？这就是文字语言不能统一的毛病。要是用白话呢，决没有这个毛病。（三）教育。当教育的在讲台上要是之乎者也的讲国文，叫学生怎么能懂呢？必须要用白话，才能没有隔阂。（四）社会共同生活媒介。无论在社会上做什么事，没有语言文字是决不行的。因为白话的用途很宽，譬如看书报不能看的很多。要是看小说呢，但能认识几个字的，就能看。就是因为语言文字统一好处。他从字上找话就看下去了。有人必说，文字是中国的国粹，怎么可以能改呢？请问古人说那样的话，可以就用那样的文字，如今说话，就合古人不同，偏要用那样的文字，叫认字的不能说话，说话的不能写字，这不是害人吗？在专制时代，不许人民懂法律，才用这种手段。难道说民国也必得欺负老百姓吗？况且是自唐宋以后，已经渐渐的用白话了。这六百年来是愚民政策。现今用白话，是继续的，不是改革的，是用人力助成天然的趋势，合世界趋于大同的时机。不看白话文体渐渐发达，那些作白话的人，全是深于古文的人呀。

同日　陈嘉蔼致函胡适，请胡适为其开列美学相关书单。（中国社科院近代史所藏"胡适档案"，卷号1318，分号4）

12月29日　高语罕致函胡适，云：新文化运动总算很快，饮水思源，不能不归功于胡适和陈独秀。胡、陈之一举一动皆与青年前途、文化运动密不可分。前从一个从北大回来的学生处得知：陈独秀出狱后愈加长进，而

胡适却"大嫖起来",对此,深感忧虑。(《胡适遗稿及秘藏书信》第 31 册,345～348 页)

12 月　胡适在 The Chinese Social and Political Science Review 第 4 卷第 4 号发表"Intellectual China in 1919"一文,大要是:

I

In the whole modern history of China the year 1919 certainly deserves the name annus mirabilis. The long series of memorable events beginning with the Fourth of May and ending in the teachers' strike during the last weeks of the year, are too well known to require mentioning here. But the real miracle of the year seems to be the marked change in the thoughts and ideas of the nation...

When the year 1919 was ushered in, there was only a small group of men working in the new intellectual movement...

...

The journalistic world soon underwent a remarkable change... shortly after June, 1919, there have sprung up in all parts of China numerous periodicals edited in most cases by young students who have caught the new spirit... Practically all of these new publications are written in the spoken language. It has been estimated that the number of such periodicals has now exceeded 400...

... Even the conservative and partisan papers have found it profitable to reproduce in their columns a few articles by liberal writers.

II

The most conspicuous achievement of the year 1919 has been the triumph of vulgate Chinese (*pei hua*) as the recognized instrument for journalistic and literary composition as well as for popular education... And in January, 1920, the Ministry of Education officially proclaimed that beginning with this autumn, the spoken language shall be used in teaching Chinese in the first two years of the primary schools.

...

... but the *pei hua* as the literary medium par excellence both for press and poetry is now a recognized fact, and no amount of opposition or suppression can ever hope to destroy it again.

III

...What we can do at best is to give in bold outlined the main tendencies which are clear and unmistakable to any careful observer of the newer movements. As I see it, there are three such tendencies: first, a movement towards democracy; second, a movement for educational reform; and lastly, a change in the general intellectual attitude.

In the first place, there has been a better understanding of the meaning of democracy...

...

Then the events of 1919 gave us a new lesson. It was the non-political forces,—the students, the merchants, the demonstrations and street orations and the boycott,—that did the work and triumphed...

In the second place, the new movement has brought about a new beginning in educational reform...

...

In the third place, there has been a great change in the general mental attitude...

...

This new mental attitude, this willingness to look facts in the face and this boldness to raise unpleasant and unwelcome questions, — this I consider the greatest contribution of the new movements the spread of which constitutes one of the most significant events of the last year...（《胡适英文文存》第 1 册，远流版，107～118 页）

按，此文又收入胡适著、周质平编《胡适英文文存》第 2 册（外语教学与研究出版社，2012 年，1～10 页）。该书收入时，出版方为该文所加的中文提要如下：1919 年，中国爆发了五四运动。但胡适认为这一年真正的奇迹在于整个民族思想观念的剧变。他在《1919 年的中国知识界》中回顾了《新青年》等新思潮刊物的蓬勃发展、北京大学在蔡元培"思想自由、兼容并包"治校原则下成为新思潮传播的大本营、美国学者杜威访华讲学等等重大事件。胡适概括新思潮影响下的三大趋势：追求民主的运动、追求教育改革的运动和思想意识的转变。胡适最后归纳：具体问题的解决，具体制度和观念的转变，永远是从一点一滴做起。

1920年　庚申　民国九年　29岁

是年，胡适仍任北京大学教授。

3月，《尝试集》出版。

8月，胡适应陶行知之邀，在南高师举办的暑期学校演讲。

8月16日，女儿素斐出生。

下半年，胡适因病未授课。

11月，胡适拟议编纂《国故丛书》。

1月

1月1日　胡适在觉悟社谈话。（胡适：《工读主义试行的观察》）

1月2日　杜威在天津基督教青年会演讲"真假个人主义"，胡适口译。张伯苓出席讲演会。（梁吉生撰著：《张伯苓年谱长编》上卷，人民教育出版社，2009年，263页）

1月5日　胡适自天津回北京。（《胡适遗稿及秘藏书信》第14册，212页）

1月6日　林语堂致函胡适，告：因妻子生病而不得不向胡适开口要求帮助。留美学生对白话文运动持反对态度的不少。又谈其对白话文的认知。（《胡适遗稿及秘藏书信》第29册，303～304页）

同日　Murphy & Dana 致函胡适，云：

Dr. Hu was introduced to Mr. Murphy by Prof. J. Dewey of Columbia University, N. Y. City, who is spending a year at Peking, and was on his way to deliver a lecture in Tsinanfu, accompanied by Dr. Hu. Mr. Murphy explained to Prof. Dewey what Murphy & Dana are doing in the Orient, and showed him photographs of a number of our educational groups. Later Dr. Hu, who had looked at the photographs with Prof. Dewey, told Mr. Murphy that the Government University of Peking, in which he is a Professor of Philosophy, would soon have to do some building; and that he would recommend the engagement of Murphy & Dana for the work.

At present there are about 3000 students; and all the work is done in three buildings located in the northern part of Peking, inside the Walls of the Tartar City. The work is greatly handicapped by the cramped quarters; and it is planned to start construction on one, and perhaps two, more large buildings within a year, adjacent to the present buildings.

The number of students is increasing at the rate of 100 to 200 a year; and it is the wish of many of the faculty that the University should remove as soon as possible to a new site (already secured) in the Western Hills, about ten miles out of the City. Financial complications will probably make it impossible to do this until 1925 or 1930, and it is agreed by all that the University should go on, meanwhile at the old site, with the construction of the new buildings most urgently needed.

At Dr. Hu's request, Mr. Murphy agreed to send him photographs of some of Murphy & Dana's Educational Buildings in the Orient; foreign style, and in an adaptation of Chinese Architecture. (Mr Murphy handed Dr. Hu a copy of our pamphlet of blueprints of small-scale, General Plans of some of Murphy & Dana's educational groups) . Dr. Hu will show these to Chancellor Tsai, the Head of the University, and make a report to him of his interview with Mr. Murphy; and will arrange for a general conference at the time of Mr. Murphy's next visit to Peking, which is expected to be within a few weeks.

1920年　庚申　民国九年　29岁

It is possible that Murphy & Dana may be asked to take up, this year, the preliminary study of the large future group for the Western Hills site; which will probably be in an adaptation of Chinese architecture, similar to Murphy & Dana's group of Peking (Mission) University. The immediate work, on the additions to the present group inside the City, will however be in a foreign style, (probably modified Collegiate Gothic) to go with the buildings already built. (中国社科院近代史所藏 "胡适档案"，卷号 E-170，分号 6)

1月8日　上午，胡适会客，作《井田考》。午，在东方饭店请钦明叔吃饭。晚，作文。(《胡适遗稿及秘藏书信》第 14 册，212 页)

1月9日　上午，胡适会客，作文。访梁伯强。晚，Rose & Johnston 请胡适吃晚饭。(《胡适遗稿及秘藏书信》第 14 册，213 页)

同日　胡适复长函与胡汉民、廖仲恺，讨论古代井田制度的有无。胡适认为，大概井田论是到汉代才完备的。(《胡适遗稿及秘藏书信》第 19 册，263～302 页)

同日　钱玄同日记有记：拟油印《文学改良刍议》，以教中学生。(《钱玄同日记》上册，360 页)

1月10日　上午，胡适作文。访杜威教授。到 Zucker 家吃午饭。蒋梦麟邀胡适陪穆藕初、任少山等。读《晋书》。(《胡适遗稿及秘藏书信》第 14 册，214 页)

同日　胡汉民复函胡适，对胡适答应替《建设》写稿，表示 "望眼欲穿"。《国语的文法》是一篇重要著作，希望早日寄来。关于 "井田" 的研究，是一个很有趣味的问题，"我们也未有决定的见解"，胡适若更肯赐教，必定会增许多益处。(《胡适遗稿及秘藏书信》第 30 册，552～553 页)

同日　高语罕复函胡适，道及：做事前应该想起对社会及青年的影响。又请胡适指正其白话诗。又向胡适介绍姚道洪，希望给他一个请教的机会。(《胡适遗稿及秘藏书信》第 31 册，349～352 页)

1月11日　上午，胡适作文。秦景阳来谈高等学会事。作文。(《胡适

遗稿及秘藏书信》第14册，215页）

1月12日　上午10时，胡适出席北京大学教务会议。与朱希祖谈。在北大办公。作文。蔡元培邀胡适等吃晚饭。与蔡元培、蒋梦麟等谈自修学院事。（《胡适遗稿及秘藏书信》第14册，216页）

同日　苏甲荣致函胡适，谈自己绘制的地图亚新地理学社无力承印，而商务印书馆又不愿意印，希望胡适能帮忙介绍给中华书局。（《胡适遗稿及秘藏书信》第41册，514～515页）

1月13日　上午10时，胡适在北大办公。下午，观《国民公报》开审。陈淮钟请胡适吃晚饭。作文。（《胡适遗稿及秘藏书信》第14册，217页）

1月14日　作文。"子余来谈，可作短文"。下午4时，胡适访杜威、陈独秀。晚在蒋梦麟寓所吃饭，谈学界事。（《胡适遗稿及秘藏书信》第14册，218页）

1月15日　作文。下午5时，毛泽东来谈湖南事。预备哲学史之"亚里士多德"。（《胡适遗稿及秘藏书信》第14册，219页）

1月16日　上午，胡适讲授哲学史之"亚里士多德"。作文。晚，出席杜威讲演会。（《胡适遗稿及秘藏书信》第14册，220页）

同日　长沙《大公报》发表胡适与编辑真心的谈话，略谓：

[关于新诗的不顺口和难以记忆]这个问题，是习惯上的问题。理由很弱，因为我的夫人和我那侄儿，都未曾读过旧诗。现在他俩，都能背诵新诗，即我自己所做的新诗，我也能背。不过旧诗句调整齐，易于背诵，所以读旧诗的习惯越深，就觉得新诗难念。其实是一种惰性，只要你勤于念，就可知道新诗并没有什么不顺口的了。但是讲到做新诗一层，也不可太随便。无论文与诗，总须念着顺口。现在有许多做新诗的人，他们的胆子，比我还大，完全不顾声调，这也错了。死板的声调，固然应该丢开，天籁的声调，也不可忽视。……

[关于文学与国民精神]……有许多人以为我们完全蔑视历史、蔑视国民精神，是一大误会……我对于文学的观念，本来是一种历史的

1920年　庚申　民国九年　29岁

文学观，因为就文学的变迁史讲，一时代有一时代的文学……这种文学变迁的趋势，就是要适于时代的要求。懂得此理，就可以懂得白话文学有建设的必要了。为什么呢？因为现在的时代，事务益繁，思想益密。从前的文言，实在不够用。即如由桐城派的古文，变为梁任公派的报馆文，也是我国文学变迁史上一大关键。因为到了梁任公的时代，很觉得古文不适用，所以梁任公之创《新民丛报》的体裁，也无非是应时势的要求。然近几年来，事务更繁，思想更密，梁任公派的报馆文，也穷于应付，于是又有章行严派的文章发生。章行严做"文言的文章"的本领，实在不小，因为他的文章，能达极繁密的思想，能把思想一层一层的剥进。我的朋友高一涵、李大钊和你们湖南的李剑农，他们所做的"文言的文章"，都是属于章派，所以章行严所创的文体，也无非是应时势的要求，也是我国文学变迁史上一大关键。……因为有了章派的文体，很能达极繁密的思想，为什么又要建设白话文学呢？因为章派的文章，不是人人能做的。就是能做的人，做一篇文章，也要费很大的气力。再就看的人方面讲，要看得很明白，也不容易，有了这两种困难，所以章派的文章，还是不适用。章派的文章，既不适用，所以我们不能不提倡白话文学了。照表面上看，现在流行的白话文，和浅近的报馆文，没有多大的分别，然就事实上讲，用白话达极繁密的思想，比文言实在要容易得多。就效果上讲，这两年提倡白话文的结果，中学一二年级学生，也能提笔发表他的思想……总之我们提倡白话文学，也无非是应时势的要求。我们主张文学革命的宗旨，就是主张文体的解放和诗体的解放。

1月17日　张慰慈邀吃午饭。下午陪杜威讲演。晚，在文友会讲演并聚餐。(《胡适遗稿及秘藏书信》第14册，221页)

1月18日　上午10时，讲演。与林宰平谈话。下午与姚恨吾同访杜威。访Zucker。读刘半农的《文法通论》。(《胡适遗稿及秘藏书信》第14册，222页)

1月19日　上午11时，讲授英诗之Synge。在北大办公。下午，讲授辩证法。会客。宋春舫请胡适吃晚饭。预备论理学。（《胡适遗稿及秘藏书信》第14册，223页）

1月20日　上午9至10时，讲授辩证法。下午，讲授论理学。陪杜威到中国大学讲演，并在此吃午饭。（《胡适遗稿及秘藏书信》第14册，224页）

同日　马叙伦、胡适等50多位北京大学教职员联名发表启事，倡议成立北京大学教职员会："我们大家在一个学校里作事，很应该有一个联络情谊的组织：依互助的精神，筹谋本校全体的发展，增益团体生活的趣味。……都认为有组织一个北京大学教职员会的必要。"并决定在21日晚召开教职员全体会，商量此事。（《北京大学日刊》第519号，1920年1月20日）

同日　蔡元培、马寅初、胡适、陶孟和联名刊登启事，为杨昌济征集赙金：

> 本校哲学系教授杨昌济先生，于本月十七日病殁于德国医院，身后极萧条，同人等拟为征集赙金。本校教职员及同学有愿致赙赠者，请送交会计课，以便汇交。（《北京大学日刊》第519号，1920年1月20日）

1月21日　上午9至10时，胡适讲授中国哲学史之"庄子"。11时，预备"文法"。下午2至3时，讲授"文法"。（《胡适遗稿及秘藏书信》第14册，225页）

同日　北京大学举行教职员大会，推定蒋梦麟、胡适、李大钊等11人组织大纲起草委员会，草拟大纲。（《北京大学日刊》第537号，1920年2月10日）

1月22日　上午，胡适作《非个人主义的新生活》。会客。袁同礼来访。访陈独秀。罗英、郑华来访。预备西洋哲学史之"亚里士多德"。（《胡适遗稿及秘藏书信》第14册，226页）

同日　蔡元培、马寅初、胡适、陶孟和、毛泽东等29人联名刊登启事，

为杨昌济征集赙金。(《北京大学日刊》第521号,1920年1月22日)

　　同日　林语堂致函胡适,告收到北京汇来300元。谈及廖翠凤的病情。询问蒋梦麟是否是北大教授等。(《胡适遗稿及秘藏书信》第29册,305～306页)

　　1月23日　上午9至11时,胡适讲授西洋哲学史之"亚里士多德"。作文。下午,张一志来。程演生来。预备讲演。(《胡适遗稿及秘藏书信》第14册,227页)

　　1月25日　中午,"黄、郭、张邀吃饭,东方饭店"。下午2时,会客。晚,"请沈、瞿、罗、郑吃饭(东兴楼)"。(《胡适遗稿及秘藏书信》第14册,229页)

　　1月26日　上午9至11时,胡适到高师演说。下午2至3时,讲亚里士多德。作文,拟《世界丛书》条例。(《胡适遗稿及秘藏书信》第14册,230页)

　　同日　胡适改定《非个人主义的新生活》,指出:

　　　　……我不赞成现在一般有志青年所提倡,我所认为"个人主义的"新生活。……我所主张的"非个人主义的"新生活,就是"社会的"新生活。

胡适认为,个人主义除了杜威提出的假的个人主义(为我主义)、真的个人主义(个性主义)两种外,还有第三派:独善的个人主义。这种个人主义共有四种表现:宗教家的极乐国如佛家的净土;神仙生活;山林隐逸的生活;近代的新村生活。胡适提倡的"非个人主义的"新生活的根本观念,有三条:

　　(1)社会是种种势力造成的,改造社会须要改造社会的种种势力。这种改造一定是零碎的改造——一点一滴的改造,一尺一步的改造。……

　　(2)因为要做一点一滴的改造,故有志做改造事业的人必须要时时刻刻存研究的态度,做切实的调查,下精细的考虑,提出大胆的假

设，寻出实验的证明。……

（3）这种生活是要奋斗的。……（《胡适文存》卷4，173～186页）

同日　胡适复胡汉民、廖仲恺，再论井田制，中心意思是："井田论是孟子凭空虚造出来的，孟子自己并未曾说得明白，后人一步一步的越说越周密，其实都是演述孟子的，不可反用来证孟子。"（《胡适遗稿及秘藏书信》第19册，303～307页）

1月27日　上午9至10时，胡适上课，讲哲学史。下午1至2时，上课，讲论理学。高梦旦来访。高师英文系二年级学生冯君来谈。晚，与华南圭同饭。（《胡适遗稿及秘藏书信》第14册，231页）

1月28日　上午9至10时，胡适上课，讲中国哲学史之"荀子"。作文法讲义，与蒋梦麟谈图书馆事。下午2至3时，上课，讲文法。访Norris。晚，与梁伯强等同饭。（《胡适遗稿及秘藏书信》第14册，232页）

同日　胡适致函钱玄同，云：国语文法竟还没有讲义，真对不住钱讨"救兵"的希望。自己很想于这一二十天内发愤把前面已教的文法写成，未教的也写成。简单一点，就叫作"语法大纲"。所选文，包括章太炎、吴敬梓等人的著作，还有《红楼梦》《金瓶梅》《水浒传》等内容，其余为近人的文章。总之，"议论文非选我们的文章不可"。（《鲁迅博物馆藏近现代名家手札》〔二〕，123～125页）

同日　高一涵致函胡适，告：吉野作造将介绍自己在三师大辩论会的讲演，因为没有别的可说，只得将胡适《新思潮的意义》重新讲演一番，以后并加上新思潮的具体主张。又谈及陈独秀办《新青年》的劳动节专号等。（《胡适遗稿及秘藏书信》第31册，181～182页）

1月29日　整理丛书。读印度哲学。张潜若来谈3小时。到宋春舫家吃茶。晚，出席总务处会议。（《胡适遗稿及秘藏书信》第14册，233页）

1月30日　上午9至11时，胡适上课，讲西方哲学史。下午2至4时，见Phillimore。与吴季白谈。会客。预备演讲。晚8至9时，讲演。（《胡适遗稿及秘藏书信》第14册，234页）

1月31日　去银行。买书。看讲演稿。读印度哲学。(《胡适遗稿及秘藏书信》第14册，235页)

同日　北京大学教职员大会议决，由21日推出之大纲起草委员会11人组织临时委员会。(《北京大学日刊》第537号，1920年2月10日)

1月　胡适作有白话诗《示威》。

2月

2月1日　讲演。到王云阁家吃午饭。去欧美同学会。读印度哲学。(《胡适遗稿及秘藏书信》第14册，236页)

2月2日　读印度哲学。下午1至3时上课，讲西方哲学史。请高梦旦谈《世界丛书》事。(《胡适遗稿及秘藏书信》第14册，237页)

同日　胡觉复函胡适，告自己在河海工程学校担任庶务甚有成绩而得好评，但对该校种种弊政甚为不满，拟于次年阴历二月辞职。又对人生悲观，常有自杀之心。(《胡适遗稿及秘藏书信》第22册，670～674页)

2月3日　上课，讲西方哲学史。下午1至2时，讲论理学。张慰慈邀吃晚饭。作文法讲义至凌晨2时。(《胡适遗稿及秘藏书信》第14册，238页)

2月4日　上课，讲中国哲学史之"荀子"。作文法讲义。下午4时，出席北京大学评议会常会，会议讨论了杨昌济、刘师培恤金等案。晚，李大钊、陈博生请吃晚饭，会见东京帝大学生早坂二郎、平贞藏。(《胡适遗稿及秘藏书信》第14册，239页；《北京大学史料　第二卷　1912—1937》第1册，160页)

2月5日　访客有叶石荪、吴辟疆、朱谦之、叶德争、杨树达、孙少侯父子、谌志笃。赴国语统一筹备会，讨论《国语讲习所案》。(《胡适遗稿及秘藏书信》第14册，240页)

2月6日　读印度哲学。(《胡适遗稿及秘藏书信》第14册，241页)

同日　高语罕致函胡适，向胡适借鲁迅兄弟编的《域外小说集》。又赞成胡适的不以"新村"为然，"但我们至少也要认他为改造社会的一种运

动"。(《胡适遗稿及秘藏书信》第31册，353页）

2月7日　北京大学教职员会临时委员会集会，推胡适担任主席，推沈士远、胡春林、李大钊3人担任交际，其余诸人每日由上午8时至晚10时轮流值班，并于每日下午6时至7时开全体委员会。即于8日起按时在总务处行使职务，至正式会成立为止。同日，临时委员会将大纲草案油印分发，"有何意见，乞于一星期内交胡适之先生，以备汇齐酌加修改再行奉览"。读梁漱溟的《唯识述义》。(《北京大学日刊》第537号，1920年2月10日；《胡适遗稿及秘藏书信》第14册，242页）

同日　任鸿隽致函胡适，以长时间不得胡适来信而为胡担心。又谈及在美之张奚若、朱经农等友人近况。(《胡适遗稿及秘藏书信》第26册，358～361页）

2月8日　习梵文、访莘农。晚，出席北京大学教职员会临时委员会会议。(《胡适遗稿及秘藏书信》第14册，243页）

2月9日　访客有王若愚、刘仁静、余家菊、傅佩青。访李辛白。上课，讲诗。读梵文。讲哲学史之方法论、人生哲学。译《不朽》。(《胡适遗稿及秘藏书信》第14册，244页）

2月10日　访陈宗良等。译《不朽》。出席北京大学教职员会临时委员会会议。(《胡适遗稿及秘藏书信》第14册，245页）

2月11日　上课，讲中国哲学史之"荀子"完。余家菊来访。与马幼渔谈。傅佩青夫妇来访。译《不朽》。(《胡适遗稿及秘藏书信》第14册，246页）

同日　朱经农致函胡适，主要谈到北大教授"教育学"的两种办法：等朱在美再学一年，但须北大能每月以现洋70元接济朱家用；今年暑假朱就回去教书，但两年之后，北大必须派遣朱重来美国留学。(《胡适遗稿及秘藏书信》第25册，536～537页）

2月12日　译《不朽》毕。在东兴楼请陈宗良、卢季欣吃午饭。会客。在Rose家吃晚饭。在International Christian Fellowship演说"Immortality as a Guiding Principle in life"。(《胡适遗稿及秘藏书信》第14册，247页；台北胡适纪念馆藏档，档号：HS-NK05-198-001）

1920年　庚申　民国九年　29岁

按，Immortality as a guiding Principle in life 系胡适《不朽》一文修改、浓缩本，发表于1920年2月14日的 The Peking Leader。2月19日，胡适将此文函寄韦莲司小姐。

同日　湛志笃致函胡适，对京、津时局表示不满，赞佩胡适的《谈新诗》一文，请胡适指点其《觉悟》杂志，请胡适指点其诗作。(《胡适遗稿及秘藏书信》第40册，220～223页)

2月13日　上课，讲西方哲学史。与蒋梦麟、沈尹默谈。出席北大教授会会议。读印度哲学。(《胡适遗稿及秘藏书信》第14册，248页)

同日　高一涵致函陈独秀、胡适，告："《新青年》代派事，我已同青年会的干事说到，且于昨晚在'统一纪念会'会场报告了。大家仿佛得到宝贝一样的欢喜。我想这事万不能辜负他们的好意，并望商同梦麟和新潮社、国民杂志社按期寄《新教育》《新潮》《国民》和其余有价值的杂志前来。"又告：日本有许多人，对于北京大学和新青年社同人作"天使"一般看待，他在"纪念会"讲演得到意外的欢迎。许多被视作"离经叛道"或家庭中称为"忤逆不孝"的学生，都来同他握手。"这是你们鼓吹的功劳，也就是你们无穷的不可推托的责任。还望你们快快努力，尽你们'天使'的责任才好！"(《胡适遗稿及秘藏书信》第31册，178～179页)

2月14日　访客有陶孟和、唐恺良、王鸿一、李子善。陪杜威讲演。铃木请吃饭，会见野满四郎等。(《胡适遗稿及秘藏书信》第14册，249页)

同日　任鸿隽致函胡适，谈到"我替你们物色的人才，没有一处成功"。又谈及不赞成吴稚晖在海外办大学之议。(《胡适遗稿及秘藏书信》第26册，362～363页)

2月15日　上午演说。傅佩青请吃午饭。翻译蔡元培之《洪水与猛兽》。(《胡适遗稿及秘藏书信》第14册，250页)

2月16日　上课，讲诗。曾被胡适的父亲胡传所欣赏提拔的金蔚文来访。上课，讲哲学史大纲。在东方饭店请金蔚文吃饭。(《胡适遗稿及秘藏书信》第14册，251页)

2月17日　上课，讲哲学史。讲论理学。与蒋梦麟、陶孟和等谈甚久。金蔚文请吃饭，同席有其弟太虚（殿选）、孙子涵等。（《胡适遗稿及秘藏书信》第14册，252页）

2月18日　上课，讲中国哲学史。讲国语文法。为吴辟疆女士作介绍信。与马幼渔、钱玄同谈。（《胡适遗稿及秘藏书信》第14册，253页）

2月19日　Porter来谈:（1）哲学史;（2）《新青年》中人与基督徒集会，各开诚自述其对于宗教及社会问题的看法。胡适甚赞成。贵州人马悦川来谈。张贲卿来谈。与张慰慈、张贲卿至"大陆"吃饭。看戏 Upin Mabel's Room。（《胡适遗稿及秘藏书信》第14册，254页）

同日　林语堂复函胡适，为不久后能跟胡适共事高兴。询问赵元任的动向。欲参加《留美学生月报》的论文比赛。（《胡适遗稿及秘藏书信》第29册，307～309页）

2月20日　读《清朝全史》（中华本），"颇有可用的材料。系统不好"。访蒋梦麟，同餐，同去厂甸。访程演生。（《胡适遗稿及秘藏书信》第14册，255页）

2月21日　胡适到车站接梅光迪。沈诵之来，梅光迪来久谈。（《胡适遗稿及秘藏书信》第14册，256页）

2月22日　讲演。王星拱请吃午饭。请梅光迪吃晚饭。预备梵文。（《胡适遗稿及秘藏书信》第14册，257页）

2月23日　上课，讲哲学史"如何知善恶？"致函工读互助团。（《胡适遗稿及秘藏书信》第14册，258页）

2月24日　上课，讲哲学史"什么是善？"在杜威家吃午饭，同席有Miss Evelyn Dewey、Miss Friends。下午病。工读互助团团员章钱民、施有统等来谈甚久。（《胡适遗稿及秘藏书信》第14册，259页）

2月25日　因病未上课。翻看《佛教大辞典》。与Murphy同见蒋梦麟。沈诵之、沈韵清来谈。沈诵之请梅光迪吃饭，胡适作陪。（《胡适遗稿及秘藏书信》第14册，260页）

2月26日　上午，校杜威讲演录。下午，为杜威夫人译述演说（公理

会）。沈韵清请梅光迪吃饭，胡适作陪。易群先姐妹与赵世炎君同来，谈甚久。（《胡适遗稿及秘藏书信》第14册，261页）

2月27日　上午上课，讲西方哲学史。下午出席教授会会议，与Murphy、Morlin会商大学计划。晚，杜威在山西直隶基督教会讲演，胡适口译。校杜威讲演录。（《胡适遗稿及秘藏书信》第14册，262页）

2月28日　看杜威讲演稿。梅光迪来访。晚，在"第一春"吃饭。访马鸣鸾谈山西事。读佛学。（《胡适遗稿及秘藏书信》第14册，263页）

2月29日　本拟去西山，因中途车坏作罢。叶叔衡邀吃午饭，遇Hunt & Timmons。到六国饭店访Timmons，遇Hunter & Chaffe。（《胡适遗稿及秘藏书信》第14册，264页）

2月　王徵、高一涵在东京为胡适购得织田得能著《佛教大辞典》（东京大仓书店，1919年）一部。（《胡适藏书目录》第3册，2092页）

3月

3月1日　上午讲梵文。讲诗。"为易女士事，访其父。其父母皆出见，谈甚久。结果狠满意。她可归。"下午讲梵文。杜威邀吃晚饭，与Hunt夫妇、杜威一家、Porter & C.谈甚久。（《胡适遗稿及秘藏书信》第14册，265页）

同日　李季将其所译《社会主义史》第一章函寄胡适阅看，并请胡适对"不对的地方""代为修改"，又讨论译文中"底""的""地"三个字的用法。（《胡适遗稿及秘藏书信》第28册，47～49页）

3月2日　上午上课，讲哲学史。下午上课，讲论理学。访Hunter，谈甚久。为易女士事访赵世炎君。作"文法"至次晨2时半。（《胡适遗稿及秘藏书信》第14册，266页）

同日　梅光迪致函胡适云：言学须有容纳精神……承认反对者有存立之价值，而后可破坏学术专制。主张新潮之人，多不知此。又询："来北大授课事究竟为足下所欢迎否？"若胡适能容纳"异端"，英文科真需人，则自己愿来。倘若来京，则须授课五六时，否则往返时间费用得不偿失。（《胡

适遗稿及秘藏书信》第33册，473～474页）

3月3日　上午上课，讲中国哲学史。预备"文法"。下午上课，讲"文法"。出席北京大学预算委员会会议。晚在六国饭店与张一志晤叙。（《胡适遗稿及秘藏书信》第14册，267页）

同日　蔡元培、蒋梦麟、胡适、马叙伦、沈士远、朱希祖等19人联名为已故教授龚文凯募集赙仪。（《北京大学日刊》第552号，1920年3月4日）

3月4日　到六国饭店访Hunter & Chaffe。是日访客有马鹤天、易蔚儒。林宗孟邀吃晚饭。预备西方哲学史至次晨3时。（《胡适遗稿及秘藏书信》第14册，268页）

同日　任鸿隽致函胡适，谈受胡之托邀唐钺到北大执教事。又谈到《新青年》第7卷第1号的宣言"很明白而有精神"；胡适的《新思潮的意义》，"也说的很简单明了"。又谈及不恭维张崧年的翻译等。（《胡适遗稿及秘藏书信》第26册，364～367页）

3月5日　上午上课，讲西方哲学史。读《论衡》，用《太平御览》试校一点。看杜威演讲稿。晚，杜威讲演James，胡适口译。（《胡适遗稿及秘藏书信》第14册，269页）

3月6日　胡适在东兴楼请林宗孟吃午饭。偕梁伯强访杜威。晚，赴东兴楼"文友会"。（《胡适遗稿及秘藏书信》第14册，270页）

3月7日　出席工读互助团谈话会。黄君浩请吃午饭。程演生请吃午饭。出席北大教职员大会，通过"大纲"。张仲仁请吃饭（西站），商量"国语讲习所"《国语学丛刊》事。（《胡适遗稿及秘藏书信》第14册，271页）

3月8日　预备"诗"。讲"诗"。吴人杰来。余家菊来。讲哲学史。讲梵文。"东方"晚餐，请杜威。（《胡适遗稿及秘藏书信》第14册，272页）

3月9日　胡适与范源濂同访杜威，谈"家庭"与"宗教"两问题。今日请假，不上课。蔡元培邀吃午饭，"范、蒋、陶及汤尔和、王维白两校长皆在，讨论学潮事"。杜威讲演James，胡适口译。夜，预备"文法"。（《胡适遗稿及秘藏书信》第14册，273页）

3月10日　上午上课，讲中国哲学史之"淮南子"。预备"文法"。下

午上课,讲"文法"。琉璃厂看书。(《胡适遗稿及秘藏书信》第14册,274页)

3月11日　李欣淑致函胡适,云:黎傲非言胡适将设法救自己出来做个人,也想帮自己诊治眼睛,感谢之至。述自己因受《新青年》影响出走之大致经过。目下在协济医院李雅成处医治眼睛。因专心医治眼睛,故胡适帮忙谋划的计划现在不能实行。(《胡适遗稿及秘藏书信》第28册,213～216页)

3月12日　上午上课,讲西方哲学史之"文艺复兴"。出席出版委员会会议。(《胡适遗稿及秘藏书信》第14册,276页)

同日　《北京大学日刊》第560号刊登北大教职员会筹备选举委员陈大齐、李辛白、李大钊、胡适、蒋梦麟、胡春林、俞同奎、朱锡龄、徐宝璜、陈启修、沈士远致周俊甫、丁庶为、吴善之、柴东生、黄黻馨、杨栋林、许葆初、段子均、马幼渔、杜国庠、刘仲漠、黄幼轩、马夷初、胡壮猷、李伟民、孟寿椿等人公函,推以上人士为筹备选举委员。

同日　吴虞日记抄录其女来信云:"桓船已托刘泗英订好……康乃尔大学郑华博士,他也请了他的朋友在岸上接桓,适之也写信给陈衡哲女士,并他母校的先生等,请他们善待我。……适之昨日与桓写信,叫桓去会杜威的夫人和女儿,只是后天初五便要起身到日本,不暇去会。……"(《吴虞日记》上册,528～529页)

3月13日　作"工读主义"文。预备讲演。下午讲演"中学国文教授法"。晚,北京大学会餐。(《胡适遗稿及秘藏书信》第14册,277页)

同日　胡晋接致函胡适,认为胡适的《中国哲学史大纲》(卷上)于我国学术思想进化的途径均有确实的证明,是我国第一部哲学史。又云,胡适的《新思潮的意义》所说"新思潮的根本意义只是一种新态度(即'评判的态度'),要重新估定一切价值",是我国社会的对症良药。又说,胡适提出的"研究问题,输入学理,整理国故,再造文明"足为青年修养的指针。自己对于此时训育学生的方法,"颇思准酌国情、判别个性为新思潮的指导,使一般青年有真正的觉悟、向上的精神",但"智识短浅,尚冀本所心得,赐以箴铭……"(《胡适遗稿及秘藏书信》第30册,437～439页)

3月14日 《日程与日记》有记："青年会会齐，赴西山开讨论会。"(《胡适遗稿及秘藏书信》第14册，278页）

1920年3月17日《北京大学日刊》第564号报道：

十四日，燕京大学教授Porter等及清华学校各教员公宴本校校长及胡适之、蒋梦麟、李守常诸先生。座中谈及文化运动与基督教双方之意见，蔡、胡、蒋诸先生对于宗教哲学颇多深沉之发挥，而协和大学教员Zuger先生尤能揭破一切宗教内幕云。

胡适《从私立学校谈到燕京大学》对这次谈话会有较详的记述：

燕京大学成立于民国七年，正当北京大学的蔡元培时代，所以燕大受北大的震荡最厉害。当时一班顽固的基督教传教士都认北大所提倡的思想解放运动为于宗教大不利的。有几个教士竟在英文报纸上发表文字，攻击北大的新领袖；有一篇文字题为"三无主义"（A-three-ism），说北大提倡的是"无政府，无家庭，无上帝"，其危险等于洪水猛兽。但是一班比较开明的基督教徒，如燕京大学之司徒雷登先生与博晨光先生，如协和医学校的一班教员，都承认北大提倡的运动是不能轻易抹煞的；他们愿意了解我们，并且愿意同我们合作。几个公共朋友奔走的结果，就在民国八［九］年的春天，约了一日在西山卧佛寺开一个整天的谈话会。北大方面到的有蔡元培先生、李大钊先生、陶孟和先生、顾孟馀先生和我；基督教徒到了二三十人。上午的会上，双方各说明他们在思想上和宗教信仰上的立场；下午的会上讨论的是"立场虽然不同，我们还能合作吗？"结论是我们还可以在许多社会事业上充分合作。……（《独立评论》第108号，1934年7月8日）

同日 林语堂致函胡适，告接到北大汇款480元。廖翠凤目前身体健康。希望回国后用新法子研究中国文学史等。(《胡适遗稿及秘藏书信》第29册，310～312页）

3月15日　胡适讲诗之Gibson。去协和女子大学Reception，讲性与命。出席北大组织委员会会议。预备功课：论理学。(《胡适遗稿及秘藏书信》第14册，279页）

3月16日　上课，讲哲学史之"怎样知善恶？"上课，讲论理学。出席预科委员会会议。演讲Bergson。(《胡适遗稿及秘藏书信》第14册，280页）

同日　古直致函胡适，同意胡适的井田论。(《胡适遗稿及秘藏书信》第24册，661页）

3月17日　上午上课，讲中国哲学史之"淮南子"完。预备"文法"讲义。讲授"国语文法"。(《胡适遗稿及秘藏书信》第14册，281页）

3月18日　上午到燕京大学演说"不朽"。丁文江请吃午饭。出席工读发起人会。孙伯衡请吃晚饭。张继煦、钱家治请吃晚饭。(《胡适遗稿及秘藏书信》第14册，282页）

3月19日　上午上课，讲西方哲学史。高梦旦来访。出席教务会议。杜威请吃晚饭。晚，作文至次晨1时。(《胡适遗稿及秘藏书信》第14册，283页）

3月20日　作文。会客。梁伯强邀谈。出席工读互助团第一组的活动。与蒋梦麟谈，同饭。晚，作文。(《胡适遗稿及秘藏书信》第14册，284页）

同日　北京大学教职员会委员选举投票结束，结果胡适以248票最高得票当选，教员当选者还有陶孟和、蒋梦麟等25人。(《胡适遗稿及秘藏书信》第14册，284页；《北京大学日刊》第569号，1920年3月23日）

3月21日　胡适与高梦旦谈。林宗孟请吃晚饭，初见梁启超。(《胡适遗稿及秘藏书信》第14册，285页）

同日　吴虞致函胡适，感谢胡适为其女做担保。又谈及四川近一两年崇拜胡适、陈独秀学说者尤多。又询《哲学史》的中、下卷何时能出版；又列举四川反对新文化运动之学校；又希望胡适为《星期日》撰稿等。(《胡适遗稿及秘藏书信》第28册，330～333页）

3月22日　叶叔衡在欧美同学会请吃午饭，梁启超谈谋保释被捕学生，未成。会许季上。邀叶德争吃晚饭。预备论理学至次晨2时半。(《胡适遗

稿及秘藏书信》第 14 册，286 页）

3 月 23 日　上午上课，讲西方哲学史，至 Hutcheson。与陶行知谈。去绩溪会馆。（《胡适遗稿及秘藏书信》第 14 册，287 页）

3 月 24 日　上午上课，讲中国哲学史之"董仲舒"。讲"文法"，完。晚在大陆饭店与高梦旦同饭。（《胡适遗稿及秘藏书信》第 14 册，288 页）

同日　胡适作成《中学国文的教授》，共分 7 部分：中学国文的目的是什么？假定的中学国文课程；国语文的教材与教授法；演说与辩论；古文的教材与教授法；文法与作文；结论。（《胡适文存》卷 1，303～324 页）

同日　汤尔和写定《现行学制根本改革意见》，在送胡适的版本上批道：

适之先生！

我在这儿放野火！！

你是放火的急先锋！

请你再来浇点儿油！！（中国社科院近代史所藏"胡适档案"，卷号 377，分号 1）

3 月 25 日　会客。陶行知来访。听 Lévy-Bruhl 演说。蔡元培邀陪 Lévy-Bruhl，未去。在易蔚儒家吃晚饭。（《胡适遗稿及秘藏书信》第 14 册，289 页）

3 月 26 日　因学生大会，上午的"西方哲学史"停课。黎锦熙、黎锦晖邀晚餐，谈国语。访陈受昌。（《胡适遗稿及秘藏书信》第 14 册，290 页）

同日　《北京大学日刊》第 572 号刊布胡适拟定的编印《世界丛书》条例，要点如下：

（一）本丛书的目的在于输入世界文明史上有重要关系的学术思想，先从译书下手；若某项学术无适当的书可译，则延聘专门学者另编专书。

（二）无论是译是编，皆以白话为主……一律用新式标点符号，以求明白精确。

（三）……设审查委员会，会员五人或七人……由发行人聘定。

（四）审查委员会之职务：（甲）商定要编译的书目及先后次序。（乙）……委托胜任的编译人分任各项书籍。（丙）每书成五千字以上时……初读一次，以定编译人能否胜任此项书籍。（丁）书成……审查之后，由审查人署名负责，始付印。（戊）……除委托编译的书籍之外，随时亦可收受已成之稿。审查合格后，亦可作为丛书之一部。……

（五）审查人……应得相当的酬报。

（六）每书的编费或译费：……（甲）依售稿办法，约以每十万字稿费三百元为率。……（乙）依版税办法，以定价百分之十至百分之二十为版税。……

（七）本丛书由商务印书馆……发行，现已委托……蔡孑民、蒋梦麟、陶孟和、胡适之诸先生组织……审查委员会。

（八）国内外学者有愿担任编译者，望将所愿编译之书名或已成稿件寄交北京大学第一院胡适之先生……

同日　朱谦之致函胡适，表示：从此之后拒绝被动式的考试（并附反抗考试的宣言一张）。(《胡适遗稿及秘藏书信》第26册，50～52页)

3月27日　送林宗孟。请陈受昌吃饭。法国使馆邀晚餐，会Lévy-Bruhl。(《胡适遗稿及秘藏书信》第14册，291页)

同日　朱经农致函胡适，告自己想去哥伦比亚大学读教育学；前商之事，无论成否，请胡适回复。(《胡适遗稿及秘藏书信》第25册，550页)

3月28日　访客有刘仁航、傅佩青。读《论衡》。与杜威共进晚餐。(《胡适遗稿及秘藏书信》第14册，292页)

3月29日　胡适作《迷信与科学》。讲哲学史之"性命"。作文。蔡元培邀晚餐。看书至次晨3时。(《胡适遗稿及秘藏书信》第14册，293页)

同日　潘淑致长函给胡适，谈自己对《庄子》的见解，又谈自己对胡著《中国哲学史大纲》有关庄子哲学的不同见解：不同意胡适说的庄子的哲学是出世主义，庄子主张的是"不想在社会上做一个特出的人"；不同意胡适说的庄子的人生哲学是达观主义，其人生哲学并不是完全消极的；庄子

的"不谴是非",并不是知识上消极的达观,也不是因为有是才有非是,有非是才有是。又云:

> 《人间世》和《德充符》引许多骀兀支离的人,并不是把他来说明"超出形骸之外"的出世主义,乃是说明无论什么人都有存在的价值的,并且是没有贵贱的区别的。……
>
> "天下莫大于秋毫之末,而太山为小;莫寿乎殇子,而彭祖为夭。天地与我并生,而万物与我为一。"这一段,据我的意思看起来,并不是庄子自己的话说。庄子既然不□承认大的比小的大,却也不能承认小的比大的大;因为假如承认小的比大的大,是同样承[认]有绝对的大小差别,这是和庄子的思想不一致的。承认小的比大的大,是和平常经验走到那一极端去了,这明明是当时"诡辩派"的话说。(《胡适遗稿及秘藏书信》第39册,5～15页)

3月30日 上课,讲哲学史之"何以知善?"讲论理学。出席陈钟英婚礼。会客。晚,到东兴楼访杜威、陶行知。Edwards在北京饭店邀晚餐。(《胡适遗稿及秘藏书信》第14册,294页)

3月31日 上课,讲中国哲学史。陈清文邀晚餐。(《胡适遗稿及秘藏书信》第14册,295页)

同日 潘淑复函胡适,谈自己的研究计划和研究方法,请教胡适自己的研究方法有没有错误,并希胡适在方法方面对自己提出意见等。(《胡适遗稿及秘藏书信》第39册,1～4页)

> 按,是年向胡适请教学问或指正诗文的还有:顾明道、徐培厚、袁泽浚、胡培湝、施淑仪、周振武、吴载盛、吴兴、陈继日、陈兆畴、陈士铎、陆琴珂、张效敏、张鸿藻、张浣英、李南苏、李文、汪德耀、刘孟晋、胡思永、冰然、树荣等。(据中国社科院近代史所藏"胡适档案"不完全统计)

3月 胡适的《尝试集》(附《去国集》)由亚东图书馆出版。

1920年　庚申　民国九年　29岁

4月

4月1日　会客。读书。下午，胡适出席北京大学评议会常会，讨论了"里昂设北京大学国外部"等议案，多数不赞成北大设国外部。另由胡适拟一议案为"本校赞成在里昂设立中国大学的计画，并请蔡校长及李石曾先生代表本校襄助筹款及一切进行事宜"。此案得全体一致通过。会议由书记胡适担任记录。晚，杜威邀陪餐。(《胡适遗稿及秘藏书信》第14册，296页；《北京大学日刊》第580号，1920年4月13日)

同日　胡适在《新青年》第7卷第5号发表《工读主义试行的观察》，指出北京的工读互助团有两大缺点：工作时间太多，所从事的工作大都是粗笨的、简单的、机械的，不能引起做工的人精神上的反应。北京工读互助团计划的大错，在不忠于"工读"两个字，偏重自办的工作，不注意团外的雇工。胡适指出：

> 我以为提倡工读主义的人，与其先替团员规定共产互助的章程，不如早点替他们计画怎样才可以做自修的学问的方法。自修的条件很不容易；(1)参考的书籍杂志，(2)肯尽义务的学者导师，(3)私家或公家图书馆的优待介绍，(4)便于自修的居住……(5)要求良好学校的旁听权。此外还有一个绝对不可少的条件：谋生的工作每日决不可过四小时。

4月2日　周作人得胡适赠英文书一本。(《周作人日记》中册，114页)

同日　高梦旦致函胡适，询胡适是否已接洽审查委员报酬事。提出审查委员接洽，非由专员办理不可。(《胡适遗稿及秘藏书信》第31册，265～266页)

4月3日　贵阳青年凌倜庵致函胡适，请胡适为达德学校捐款。(《胡适遗稿及秘藏书信》第31册，456～463页)

4月8日　胡适写成《安徽的一个文豪——吴敬梓》，后又更名为《吴

敬梓传》。此传云："我们安徽的第一个大文豪，不是方苞，不是刘大櫆，也不是姚鼐，是全椒县的吴敬梓。"文章高度评价吴敬梓的不入仕，高度评价了《儒林外史》的批评八股取士，揭示了该书的深层命意：

> 不给你官做，便是专制君主困死人才的唯一妙法。要想抵制这种恶毒的牢笼，只有一个法子：就是提倡一种新社会心理，叫人知道举业的丑态，知道官的丑态；叫人觉得"人"比"官"格外可贵，学问比八股文格外可贵，人格比富贵格外可贵。社会上养成了这种心理，就不怕皇帝"不给你官做"的毒手段了。(《胡适文存》卷4，225～227页)

同日　周作人日记有记："适之赠《尝试集》一册。"(《周作人日记》中册，115页)

同日　傅斯稜致函胡适，评论韩愈、柳宗元、白居易、元结、孟郊以及清人诗，又谈及对新诗的看法等。(《胡适遗稿及秘藏书信》第37册，582～596页)

4月9日　《北京大学日刊》第577号发表胡适、李大钊、徐彦之等启事，为学生介绍工作：

> 现在有一些学生想实行半工半读的主义，用他们的劳力来帮助他们求学的费用。各机关的各位先生，若有学生能做的事，无论短工长工，都请通知下面签名的三个人，并请说明工作的种类和工钱的数目，我们可以介绍相当的人来接洽。

4月12日　蒋梦麟致函胡适，谈杭州一师学潮的真相以及调停的方式。处置学潮办法有信给蔡元培，请胡适取读。又云："北大有兄及夷初在，我可放心。"又云：陈独秀说工读互助团的毛病，是办理不好，并非本身不好。(《胡适遗稿及秘藏书信》第39册，414～415页)

4月13日　林语堂致函胡适，谈及上海的《平心》反对新思潮，是由留学生组织的，尤其是哈佛的留学生。哈佛大学是有点儿像阻止新思想的发源。梅光迪受白璧德的影响甚大，等等。(《胡适遗稿及秘藏书信》第29册，

313～317 页）

4 月 16 日　胡觉致函胡适，谈及上海各学校已一致罢课索薪等。（《胡适遗稿及秘藏书信》第 22 册，684～686 页）

4 月 20 日　The Federated Press 的商务经理 Louis P. Lochner 致函胡适，云：

It is certainly a long time since I have heard from you, and even now my information comes in a roundabout way through friend Mez, who was good enough to show me your letter of January 16. It was kind of you in that letter to remember me.

I am exceedingly sorry to hear that your mother passed away. I can appreciate your loss and your grief, in that I, too, have had a big blow dealt to me, in that my wife passed away on February 9, leaving my two kiddies and myself behind. My children are staying with their grandparents in Milwaukee, and every Friday evening I leave for Milwaukee to spend Saturday and Sunday with the kiddies at my father-in-law's home. It is something I look forward to all week.

Meanwhile, Mez and his wife are staying at our home in Elmhurst, N. Y. It is a long court procedure to dispose of the property, since my wife died intestate, and I prefer to have some one living there rather than to see it abandoned. The Mez's moved into there last December, when all of us started out for Milwaukee to celebrate Christmas with the rest of the family. I returned in January, and my wife intended to come on early in February with the children, but fell ill with pneumonia.

As you see from our letterhead, I have become identified with a new movement, The Federated Press. We have gotten so sick in this country of the perversions of truth in the press, especially as far as labor is concerned, that a number of forward-looking editors have decided that the time has come for the establishment of a new press association. The Federated Press is made up of editors of labor, non-partisan league (farmers), socialist and other working class editors. Already we are serving eleven daily and over thirty weekly papers, and every week brings us, on an average, three new applications.

I am deeply interested in what you tell me about the fight that you have put up in China. I see that you, too, are wielding the pen. Can't we get news from you about China? I am enclosing herewith a copy of our daily report, which shows you the kind of stuff that we are putting out. Under another cover I am sending you three additional sets of other dates, so that you may saturate yourself with Federated Press matter. I am hoping sincerely that we may get at least a weekly letter from you, containing news items both regarding the revolutionary movement and regarding the working class, and I feel confident that, after the first few reports have been received, I can persuade our executive board to have you made a regular staff correspondent, and I wonder in this connection if we could get word from you as to how the Russian revolution is affecting the thought and the labor movement of China.（中国社科院近代史所藏"胡适档案"，卷号 E-276，分号 7）

4月21日　朱剑帆、杨遇夫致函胡适，希望胡适介绍程度较好的北大学生帮忙补习英文。(《胡适遗稿及秘藏书信》第26册，47～48页）

4月23日　罗家伦致函胡适，告：渠等与蔡元培商定，公请《晨报》于五四发一个纪念专号，请国内外各方面的人发表意见。请胡适从速筹备一篇大文，请胡适不要推辞，并多找几位担任，最好须要能代表各方面之意见者。(《胡适遗稿及秘藏书信》第41册，224～227页）

4月24日　胡适致函胡汉民、朱执信、廖仲恺，推荐季融五的《井田制有无之研究》。又以自己的一封信引发出胡、朱、廖及季融五的文章感到欣慰。(《建设》第2卷第5号，1920年5月）

4月25日　杨宝三致函胡适，请教白话诗和白话词的分别问题，又附

寄新诗《柳条儿青》。(中国社科院近代史所藏"胡适档案",卷号437,分号9)

4月26日　陈独秀致函李大钊、胡适等12人,谈《新青年》将来的出版、编辑办法:

(一)是否接续出版?

(二)倘续出,对发行部初次所定合同已满期,有无应与交涉的事?

(三)编辑人问题:

(1)由在京诸位轮流担任;

(2)由在京一人担任;

(3)由弟在沪担任。(《胡适遗稿及秘藏书信》第35册,569～570页)

4月29日　胡适在委托白棣所抄之《晚村集》中的材料上作一题记:"近读《晚村集》,见有许多材料可供思想史、文学史的参考,故请白棣钞出几篇。"(中国社科院近代史所藏"胡适档案",卷号276,分号1)

同日　柯楚致函胡适,报告家乡的教育、行政、粮价、卫生、医药等问题,又请胡适指正其两首诗。(《胡适遗稿及秘藏书信》第30册,587～589页)

同日　高廷梓致函胡适,向胡适报告《英文季报》的预算。(中国社科院近代史所藏"胡适档案",卷号1602,分号5)

4月30日　胡适出席北京大学评议会例会,议事多项。其中,派定陶孟和、胡适、马寅初等7人组织委员会,以陶孟和为委员长,修改北京大学教职员待遇章程。6月22日,加派蒋梦麟、李大钊等5人加入委员会。(《北京大学日刊》第653号,1920年7月7日;朱元曙、朱乐川:《朱希祖先生年谱长编》,中华书局,2013年,124～125页)

4月　胡适为江绍原《乔答摩底死》作一序,赞佩作者不用信仰态度、圆融的态度研究佛书,而是用批评考据的方法来研究佛法,证明了《遗教经》是佛书中最早最可靠的一部经书。又指出印度人没有历史的观念,文字障太大。又呼吁赶紧做整理佛书的功夫,寻出其精粹及头绪,做成一

部《佛家哲学史》或《印度哲学史》。(江绍原:《乔答摩底死》,中华书局,1920 年 7 月)

5月

5月2日 韦莲司小姐复函胡适,劝慰胡适不要因为母亲的过世而活在悔恨之中。又对胡适取得的成就惊叹不已,她认为胡适的白话文学运动是给了普罗大众一个发声的工具,她赞同胡适不谈政治而集中心力从事学术和文化的工作。又告诉胡适,自己的父亲两年前过世,又谈到自己所有的优点均系韦父所给。自己常想到胡适的妻儿,希望他们一切都好。(中国社科院近代史所藏"胡适档案",卷号 E-380,分号 1)

5月3日 胡觉复函胡适,对胡适说他的诗有"小说气"感到高兴,又讨论胡适拟送胡思聪到日本学美术之事。(《胡适遗稿及秘藏书信》第 22 册,687~690 页)

5月4日 北京女界联合会在美以美会举行演说会,胡适应邀演讲。略谓女子当具有眼光,不可盲从,此次罢课,本无意义,女学校居然毅然决然不罢课,其目光诚不可及。(次日之天津《大公报》、《申报》)

同日 《晨报五四纪念增刊》发表(同时发表于《新教育》第 2 卷第 5 期)胡适起草,与蒋梦麟共同署名的《我们对于学生的希望》,大意谓:

……………

这一年的学生运动,从远大的观点看起来,自然是几十年来的一件大事。从这里面发生出来的好效果,自然也不少:引起学生的自动精神,是一件;引起学生对于社会国家的兴趣,是二件;引出学生的作文演说的能力、组织的能力、办事的能力,是三件;使学生增加团体生活的经验,是四件;引起许多学生求知识的欲望,是五件……

……………

……在变态的社会国家里面,政府太卑劣腐败了,国民又没有正式的纠正机关……那时候，干预政治的运动一定是从青年的学生界发生的。……

……这种运动是非常的事，是变态的社会里不得已的事，但是他又是很不经济的不幸事，因为是不得已，故他的发生是可以原谅的。因为是很不经济的不幸事，故这种运动是暂时不得已的救急办法，却不可长期存在的。

…………

……用罢课作武器，还有精神上的狠大损失：

（一）养成倚赖群众的恶心理。……

（二）养成逃学的恶习惯。……

（三）养成无意识的行为的恶习惯。……

…………

我们对于学生的希望，简单说来，只有一句话："我们希望学生从今以后要注重课堂里、自修室里、操场上、课余时间里的学生活动：只有这种学生活动是能持久又最功效的学生运动。"

这种学生活动有三个重要部分：

（1）学问的生活，

（2）团体的生活，

（3）社会服务的生活。（《新教育》第2卷第5期，1920年）

5月6日 胡适致函张东荪，慨叹中国报界没有"书评"栏，"这种缺点，实在是应该救正的，因为著作家若没有批评家的监督，一定要堕落的"。重点是谈胡怀琛评论《尝试集》为胡适改诗事：

我的意思以为改诗是很不容易的事。我自己的经验，诗是只有诗人自己能改的，替人改诗至多能贡献一两个字，很不容易。为什么呢？因为诗人的"烟士披里纯"是独一的，是个人的，是别人狠难参预的。我想做过诗的人大概都能承认我这话。即如胡先生替我改的"小诗"，原文是：

> 也想不相思，可免相思苦，
> 几次细思量，情愿相思苦。

他改的是：

> 也要不相思，可免相思恼，
> 几度细思量，还是相思好。

他改的都错了，我的原题是《爱情与痛苦》，故有"情愿相思苦"的话，况且"想相思"三个字是双声，"几次细思"四个字是叠韵，胡先生偏要说"想"与"相"、"次"与"思"读不上口，所以要改。这是他不细心的错处，他又嫌我二、四两句都用苦字煞尾，故替我改押"恼""好"两字。他又错了，我这首诗是有韵的，押的是第二句的第二字和第四句的第二字，"免"和"愿"两字。这种押韵法是我的一种尝试，好不好另是一个问题，但他的改本便把我要尝试的本意失掉了。

我举这一条例来说明改诗的难处。

我很希望大家切实批评我的诗，但我不希望别人替我改诗。……
（《时事新报·学灯》，1920年5月12日）

5月7日　陈独秀致函胡适，云：

> 日前因《新青年》事有一公信寄京，现在还没有接到回信，不知大家意见如何？
>
> 现在因为《新青年》六号定价及登告白的事，一日之间我和群益两次冲突。这种商人既想发横财、又怕风波，实在难与共事，《新青年》或停刊，或独立改归京办，或在沪由我设法接办（我打算招股自办一书局），兄等意见如何，请速速赐知。
>
> 罗素全集事，望告申甫［府］、志希二兄仍接续进行，西南大学编译处即不成，我也必须设法自行出版。
>
> 守常兄前和陈博生君所拟的社会问题丛书，不知道曾在进行中否？
>
> 我因为以上种种原因，非自己发起一个书局不可，章程我已拟好

付印，印好即寄上，请兄等切力助其成，免得我们读书人日后受资本家的压制。此书局成立时，拟请洛声兄南来任发行部经理，不知他的意见如何，请适之兄问他一声。（黄兴涛、张丁：《中国人民大学博物馆藏"陈独秀等致胡适信札"原文整理注释》，《中国人民大学学报》2012年第1期，25～26页）

5月8日　访客有林宰平、毛子水、罗家伦。（《胡适遗稿及秘藏书信》第14册，325页）

同日　毛子水致函胡适，自己出洋事已无希望，下半年仍希望留北京，因北京有杜威的演讲和完备的参考书。希望胡适帮忙谋一个英文文法和修辞学的教职。（《胡适遗稿及秘藏书信》第24册，584～587页）

5月9日　徐彦之致函胡适，详谈抵达日本后情形。（《胡适遗稿及秘藏书信》第32册，205～208页）

5月11日　陈独秀致函胡适，续谈与群益书社的冲突，又云：

附上《正报》骂你的文章，看了只有发笑；上海学生会受这种人的唆使，干毫无意识的事，牺牲了数百万学生宝贵时间，实在可惜之至。倘数处教会学校果然因此停办，那更是可惜了。你可邀同教职员请蔡先生主持北大单独开课，不上课的学生大可请他走路，因为这种无意识的学生，留校也没有好结果。政府的强权我们固然应当反抗，社会群众的无意识举动我们也应当反抗。（《中国人民大学学报》2012年第1期，26页）

5月12日　胡适出席北京大学评议会例会，议事多项。（《朱希祖先生年谱长编》，125页）

同日　汤尔和致函胡适，告：王君的病是神经衰弱，一时不能完全望好，"你与其替他出医药费，还不如送他盘川，让他回去"。（《胡适遗稿及秘藏书信》第36册，486页）

5月14日　陶行知致函胡适，商议胡适来暑期学校演讲事，告南方

学界都希望胡适能来。很赞成胡适暑期休息,但在南方演讲,如同休息一样,如精力不足,可照前议演讲"中国古代哲学史"和"白话文法","西洋近代哲学史"可以取消。将为胡适找一个适宜的地方居住,可以读书休息,可以免除一切无谓的应酬等。(《胡适遗稿及秘藏书信》第36册,360~362页)

5月15日　胡适在北京社会实进会演讲"研究社会问题底方法",指出研究社会问题,有四个目的:要知道病在什么地方,病怎样起的,怎样用药,用药底功效。在"用药底功效"方面,胡适强调了"公开"的作用:"有许多问题,一到公开的时候,那问题已是解决一大半了。公开的意思,就是把那问题底真相公布出来,教大家都能了解。"研究社会问题,须避掉偏僻的成见,要从事实下手;须除掉抽象的方法。(《胡适作品集》第25册,177~191页)

同日　《新中国》第2卷第5号发表胡适的《〈淮南子〉的哲学》,介绍了《淮南子》的"道""自然""无为""天与人""进化观念与是非""知识"等思想。认为《淮南子》的哲学不但是道家最好的代表,竟是中国古代哲学的一个大结束。

5月17日　胡适作成《〈国语讲习所同学录〉序》,大意谓:

民国九年,教育部命令:从本年秋季始业起,国民学校的一二年级都改用国语。……

这个命令是几十年来第一件大事。他的影响和结果,我们现在狠难预先计算。但我们可以说:这一道命令把中国教育的革新至少提早了二十年。

…………

……国语的标准决不是教育部定得出来的,也决不是少数研究国语的团体定得出来的,更不是在一个短时内定得出来的。我们如果考察欧洲近世各国国语的历史,我们应该知道没有一种国语是先定了标准才发生的;没有一国不是先有了国语然后有所谓"标准"的。凡是国语的发生，必是先有了一种方言比较的通行最远，比较的产生了最多的活文学，可以采用作国语的中坚分子；这个中坚分子的方言，逐渐推行出去，随时吸收各地方言的特别贡献，同时便逐渐变换各地的土话：这便是国语的成立。有了国语，有了国语的文学，然后有些学者起来研究这种国语的文法，发音法，等等；然后有字典、词典、文典、言语学等等出来：这才是国语标准的成立……

我们现在提倡的国语，也有一个中坚分子。这个中坚分子就是从东三省到四川、云南、贵州，从长城到长江流域，最通行的一种大同小异的普通话。这种普通话在这七八百年中已产生了一些有价值的文学，已成了通俗文学——从《水浒传》《西游记》，直到《老残游记》——的利器。他的势力，借着小说和戏曲的力量，加上官场和商人的需要，早已侵入那些在国语区域以外的许多地方了……现在把这种已狠通行又已产生文学的普通话认为国语，推行出去，使他成为全国学校教科书的用语，使他成为全国报纸杂志的文字，使他成为现代和将来的文学用语：这是建立国语的唯一方法。

…………

……总括一句话："推行国语便是定国语标准的唯一方法；等到定了标准再推行国语，是不可能的事。"（《胡适文存》卷1，325～329页）

同日 傅斯棱致函胡适，认为胡适与胡寄尘在《时事新报》上讨论新诗问题"甚不值得"，劝胡适不要理他。（《胡适遗稿及秘藏书信》第37册，580～581页）

5月18日 胡适致函王子直，谈家族亲谊与朋友的关系：

中国是用家族伦理作中心的社会，故中国人最爱把家族的亲谊硬加到朋友的关系上去。朋友相称为弟兄——"吾兄""仁兄""弟""小弟"——又称朋友的父母为"老伯""老伯母"，都是这个道理。朋友结拜为弟兄，更是这个道理的极端。

其实朋友是人造的关系，是自（由）选择的"人伦"，弟兄是天然

的关系,是不能自由选择的"天伦"。把朋友认作弟兄,并不能加上什么亲谊。自己弟兄尽有不和睦的,还有争财产相谋害的。朋友也有比弟兄更亲热,更可靠的。所以我主张朋友不应该结拜为弟兄。不但新时代不应有,其实古人并无此礼。汉人始有"结交为弟昆"的话,但古人通信,仍不称弟兄。(《胡适来往书信选》上册,93页)

5月19日　陈独秀复函胡适,云:"新青年社"简直是一个报社的名字,不便招股。《新青年》越短期,越没有办法。单是8卷1号也非有发行所不可,垫付印刷纸张费,也非有800元不可。著作者只能出稿子,不招股集资本,印刷费无从出。著作者协济办法,只好将稿费算入股本。又谈及自己对群益书社久已不满。最近又因定价、广告发生冲突等情。(《中国人民大学学报》2012年第1期,26~27页)

5月20日　高一涵复函胡适,谈及:"你确定来东京最好,我同文伯已预备租房子,如果房子租不到,可定一个旅馆,比租房子还要省事些。"又谈到康白情等中国学生访日,在日本演讲并批评帝国主义与军国民教育等情。(《胡适遗稿及秘藏书信》第31册,190~191页)

5月22日　唐亚民致函胡适、陈独秀,请教婚姻问题。(《胡适遗稿及秘藏书信》第31册,450~454页)

5月23日　胡适作有白话诗《五月二十三夜自西城回新屋》。

5月25日　陈独秀致函胡适,云:群益不许我们将《新青年》给别人出版,势非独立不可。请胡适催促《新青年》第8卷第1号的稿件。胡适、陶孟和都有演说稿在此,可否再专做一篇?又请胡适催促:沈性仁续译的《新闻记者》,李大钊作的《李卜克奈西特与"五一"节》,张申府译的罗素心理学,鲁迅、周作人兄弟的小说。(《中国人民大学学报》2012年第1期,27页)

5月27日　高一涵复函胡适,谈自己已向北大辞职等情。(《胡适遗稿及秘藏书信》第31册,192~193页)

5月28日　陶行知复函胡适,希望胡适能够在暑期学校多待一点时间,

并希望胡适不要间断著书,"应用的书籍尽可搬来"。关于论题:

> ……我想你的《古文文法与白话文法之比较》比纯粹讲白话文法,还更加有用,就遵命变更。但是《中国哲学方法的变迁》一题,似乎太过于专门。此地大家觉得还是你从前所拟的《中国古代哲学史》好些。这个题目一来普通些,二来你已有成书,可以参考。这不过是我们的意见,供你采择……(《胡适遗稿及秘藏书信》第36册,363～366页)

同日 胡觉致函胡适,告自己已经辞去河海工程学校职位及理由,认为自己身世凶险,心已死,请胡适指引一条道路。(《胡适遗稿及秘藏书信》第22册,691～693页)

5月30日 张奚若复函胡适,告自己欲转学法国,已经写信给陕西省教育厅。但陕省文件到部后能否批准,不得而知。因王徵说胡适认识教育部专门司长秦汾,故请胡适帮忙。(《胡适遗稿及秘藏书信》第34册,282～283页)

5月31日 朱希祖复函胡适,向胡适解释林攻渎与孔嘉彰的冲突波及胡适事,自责不应将孔致胡适函转交林,请胡适谅解。现在只有公事公办。(《胡适遗稿及秘藏书信》第25册,307～310页)

同日 陶行知致函胡适,进一步商量来此间暑期学校讲学之时间安排。(《胡适遗稿及秘藏书信》第36册,368～369页)

5月 陕西《秦声》第5期转载胡适《我对于丧礼的改革》一文,该刊《编辑余谈》谈及转载此文的理由:因为胡先生是我们新文化运动的导师,白话文做得顶好;此篇文字对于风俗礼制改良的前途,很有关系……

6月

6月1日 高一涵致函胡适,谈自己回国行程等。(《胡适遗稿及秘藏书信》第31册,194页)

6月3日 《北京大学日刊》第624号发表陶孟和启事:俞星枢、贺培之、

胡适之、朱继庵、陈百年、马寅初诸位先生鉴：兹定于本星期四午后 4 时半在接待室讨论修正教员待遇章程，务请届时出席，盼。

6 月 4 日　袁振英致函胡适，请胡适帮忙在大学里为其谋教课钟点，希望可以担任《世界丛书》中的翻译工作。（中国社科院近代史所藏"胡适档案"，卷号 1640，分号 5）

同日　梅光迪复函胡适、张慰慈，告借款汇票已经收到。又询北大英文藏书多否，自己欲多阅 19 世纪文学书籍，以资参考。"若尊处能助力，当于大考后来京小住。"（《胡适遗稿及秘藏书信》第 33 册，476 页）

6 月 5 日　江西省教育会致函胡适，拟请杜威来演讲，并邀胡适来该省举办的暑期演讲会演讲。（中国社科院近代史所藏"胡适档案"，卷号 2118，分号 2）

6 月 7 日　高梦旦复函胡适云，"取款办法承接洽，甚慰"；书目稍缓发表甚是；中国史事即依胡适意；西洋史草案敬悉，此间同人另有意见书一纸请阅；大学月刊收到。（《胡适遗稿及秘藏书信》第 31 册，267～269 页）

6 月 8 日　胡思永致函胡适，觉得三年一无所成愧对胡适。想去天津南开中学补习。明日自上海赴北京。（中国社科院近代史所藏"胡适档案"，卷号 695，分号 2）

6 月 9 日　陶行知致函胡适，云：

> 昨天程君保和来信，说你因为北大补课事要到八月三号才能到南京上课。这话确否？我因此非常担忧。这次报名的人几乎无人没有你的功课，还有许多小学教员，特为要学你的白话文法，不远千里来到这里，如果开学的时候你不能来，他们必定大大失望，我们暑期学校的信用必定一落千丈。所以我希望这事不确。如果确实，还要请你想个法子，使他不成事实。

> 万一北大补课要到八月才了，恐怕孟和先生的功课也要受影响，务必请你和他商量，求个万全的方法，使他能够如期南下，拜托。（《胡适遗稿及秘藏书信》第 36 册，370～371 页）

6月10日　胡适作有白话诗《纪梦》。

6月12日　陶孟和致函胡适，谈北大近况：

> 近日沈、马诸公屡有秘谋，对于预科移至第三院一事犹运动反对，排列课程，延请教员，皆独断独行，长此以往，恐非大学之福。弟意非有除恶务尽之办法，则前途不堪设想。暑校完事，务必早日归来为妙。（《胡适遗稿及秘藏书信》第36册，301页）

同日　《北京大学日刊》第632号刊登江西省立第二中学校长熊育锡致北大学生苏芬函，嘱其吁请蔡元培、胡适到赣演讲。

6月13日　邬朝宪致函胡适云，闻商务印书馆请胡适审查《世界丛书》，故呈上自己与一位日本人合编之《华文日语新辞典》，请胡适帮忙接洽出版并审读书稿。（《胡适遗稿及秘藏书信》第38册，386～387页）

6月15日　袁同礼致函胡适，介绍孟宪承，希望胡适帮忙能使其得到西南大学或北大的补助，以入哥伦比亚大学的教育科。（《胡适遗稿及秘藏书信》第31册，617页）

6月16日　芜湖县教育会致函胡适，邀请胡适"临芜指示一切"。（中国社科院近代史所藏"胡适档案"，卷号2118，分号4）

6月17日　高一涵复函胡适，感谢胡适的好意，"西南大学有派出学习的教授，如果能办到这一层，好让我到美国去学习两年，那更好了"。（《胡适遗稿及秘藏书信》第31册，195页）

6月22日　胡适在中央公园给为即将返美的卜思举行欢送宴会。（*China Monthly Review*, Vol.13, Millard Publishing Co., inc., 1920, p.328.）

同日　胡适致函萧宜森，论"女子为强暴所污"：

> （1）女子为强暴所污，不必自杀。
>
> 我们男子夜行，遇着强盗，他用手枪指着你，叫你把银钱戒指拿下来送给他。你手无寸铁，只好依着他吩咐。这算不得懦怯。女子被污，平心想来，与此无异。都只是一种"害之中取小"。不过世人不肯平心

着想，故妄信"饿死事极小，失节事极大"的谬说。

（2）这个失身的女子的贞操并没有损失。

平心而论，他损失了什么？不过是生理上、肢体上，一点变态罢了。正如我们无意中砍伤了一只手指，或是被毒蛇咬了一口，或是被汽车碰伤了一根骨头。社会上的人应该怜惜他，不应该轻视他。

（3）娶一个被污了的女子，与娶一个"处女"，究竟有什么分别？

若有人敢打破这种"处女迷信"，我们应该敬重他。（《胡适文存》卷4，92～93页）

同日　林语堂致函胡适，谈向胡适还款的办法。下半年将到法国。希望在法国作中国文学史的研究，并认为白话文尚缺文学观念。林函云："白话文学运动惟一的正义，只是白话能生一等文学来。文学革命而不能生一等文学出来，那就白话不白话，革命不革命，都不相干。"又云：以普及教育为白话文学唯一的目的，我想是一句亵渎白话文的话。又请代候蔡元培，又谈及吴宓、赵元任、梅光迪等。（《胡适遗稿及秘藏书信》第29册，320～325页）

6月23日　胡适作有白话诗《戏代慰慈作》《蔚蓝的天上》。

同日　胡汉民致函胡适，谈及：难得胡适对《建设》杂志"一番的同情"，很是感谢；"先生有心指导我们种种底话，也切不可因此就不和我们说，这是我们最盼望的事"。（《胡适遗稿及秘藏书信》第30册，571～572页）

6月24日　《北京大学日刊》第642号刊登"北京大学教职员会总务会议委员姓名表"，共5人：姚憾、马叙伦、黄世晖、胡适、沈士远。又刊登"北京大学教职员会各组委员姓名表"，胡适为游艺组主席。

6月26日　秦汾致函胡适，请胡适向陈独秀说项：给予郑振埙一个西南大学出国留学的资格。（《胡适遗稿及秘藏书信》第31册，613～616页）

6月27日　李季致函胡适，告自己留学事已成泡影，请胡适帮忙介绍职业。（《胡适遗稿及秘藏书信》第28册，50～51页）

6月29日　Lucius C. Porter致函胡适，云：I send herewith the second

section of your thesis and a copy of the same. I find that the first section with a copy was handed to you when you gave your lecture on immortality to our students in March. I will have the final section finished soon and will send to you.（中国社科院近代史所藏"胡适档案",卷号 E-319,分号 3）

6月30日 《申报》报道,实业家穆藕初捐资送优秀学生留学。其办法是将捐款纯粹托付蔡元培个人,并请胡适、蒋梦麟、陶孟和三教授助蔡,观察并审查北大毕业生中之能对学术社会确有贡献而负有希望者,不经考试,斟酌选派,以实行选派留学生之一种新试验。经蔡、蒋诸氏严重考核,并调查各方面之成绩,经数次会议后,遂选定罗家伦、段锡朋、汪敬熙、周炳琳、康白情 5 人赴美留学,留美二三年后,再行分赴欧洲各处,计每君年支美金 1200 元,治装在外,按年付给,年限无定,由学者研究之志愿为转移,回国后并无他项拘束,仅望能为学术之发展,谋社会之改良。

7月

7月2日 陈独秀致函高一涵,谈及:《新青年》第 8 卷第 1 号,到下月 1 号非出版不可,请告胡适、章洛声速将存款及文稿寄来。胡适曾极力反对招外股,但至今《新青年》编辑同人无一文寄来,可见招股的办法未曾想错。（《中国人民大学学报》2012 年第 1 期,28 页）

7月3日 胡适在清人张伯行编《正谊堂全书》六十三种四百七十六卷卷首一卷（同治五年正谊堂刻本,24 函 193 册）作一题记:"《正谊堂丛书》为'宋学'极重要的史料渊薮。我家旧有一部,在上海被火烧了。今年重买一部,计书二百十七本,价只三十五元,还比不上一部《经韵楼丛书》! 近时旧书狠贵了,但宋学书终卖不起价钱。道光间张海珊说:'宋人著作极廉,而时贤解经之书往往兼金不能得。自某年迄某年,约所收数百卷,皆贾人之以为陈年故纸而无人过问者也。'此风至今还在,亦是学术思想史上的一件重要事实。九,七,三。适。"（《胡适藏书目录》第 3 册,1738 页）

7月5日 胡适作有白话诗《追悼许怡荪》。

7月7日　《北京大学日刊》第653号报道，4月30日校评议会派定朱锡龄、陶孟和、陈大齐、俞同奎、胡适、贺培之、马寅初组织委员会，修改本校教职员待遇章程。

同日　岭南大学校长钟荣光致函胡适，请胡适来岭南大学主持文科一年；若不肯俯就，请来此一两个月以策划大学文科一切事宜以及改良中小学国文教授法则。（《胡适遗稿及秘藏书信》第40册，579页）

7月8日　胡适出席评议会特别会，讨论《研究所简章》等案。（《朱希祖先生年谱长编》，127页）

7月9日　毛泽东致胡适一明信片，云："在沪上一信，达到了么？我前天返湘。湘自张去，气象一新，教育界颇有蓬勃之象。将来湖南有多点须借重先生，俟时机到，当详细奉商……"（《胡适遗稿及秘藏书信》第24册，626～627页）

同日　刘果航致函胡适，谈朱谦之自杀事。（《胡适来往书信选》上册，100～101页）

7月10日　胡适在清人胡肇昕撰《斋中读书》一卷（光绪二十五年世泽楼刻本，1函1册）题记："绩溪胡肇昕的《斋中读书》诗。胡子承先生送我的。适。九，七，一〇。"（《胡适藏书目录》第3册，1728～1729页）

同日　林语堂致函胡适，谈近况。（《胡适遗稿及秘藏书信》第29册，326～327页）

7月19日　杨振声致函胡适，谈自己入哥伦比亚大学学习心理学以及留美学生现状等情。（《胡适遗稿及秘藏书信》第38册，111页）

7月26日　胡适在明人陈忱撰《水浒后传》十卷四十回卷首一卷（清刻本，1函10册）题记："九，七，二六，胡适买的。价一元。"（《胡适研究通讯》2016年第2期，4页）

7月27日　胡适写成《〈水浒传〉考证》。大要是：

一

我的朋友汪原放用新式标点符号把《水浒传》重新点读一遍，由上海亚东图书馆排印出版。这是用新标点来翻印旧书的第一次。我可预料汪君这部书将来一定要成为新式标点符号的实用教本，他在教育上的效能一定比教育部颁行的新式标点符号原案还要大得多。汪君对于这书校读的细心，费的工夫之多，这都是我深知道并且深佩服的……

这部书有一层大长处，就是把金圣叹的评和序都删去了。

金圣叹是十七世纪的一个大怪杰，他能在那个时代大胆宣言，说《水浒》与《史记》《国策》有同等的文学价值，说施耐庵、董解元与庄周、屈原、司马迁、杜甫在文学史上占同等的位置，说："天下之文章无有出《水浒》右者，天下之格物君子无有出施耐庵先生右者！"这是何等眼光！何等胆气！……

但是金圣叹究竟是明末的人。那时代是"选家"最风行的时代……金圣叹用了当时"选家"评文的眼光来逐句批评《水浒》，遂把一部《水浒》凌迟碎砍，成了一部"十七世纪眉批夹注的白话文范"！……

这部新本《水浒》的好处就在把文法的结构与章法的分段来代替那八股选家的机械的批评。……

…………

金圣叹的《水浒》评，不但有八股选家气，还有理学先生气。

…………

但是金圣叹《水浒》评的大毛病也正在这个"史"字上。中国人心里的"史"总脱不了《春秋》笔法"寓褒贬，别善恶"的流毒。……

…………

二

…………

我最恨中国史家说的什么"作史笔法"，但我却有点"历史癖"；我又最恨人家咬文嚼字的评文，但我却又有点"考据癖"！因为我不幸有点历史癖，故我无论研究什么东西，总喜欢研究他的历史。……

我想《水浒传》是一部奇书，在中国文学史占的地位比《左传》《史

记》还要重大的多；这部书狠当得起一个阎若璩来替他做一番考证的工夫，狠当得起一个王念孙来替他做一番训诂的工夫。我虽然够不上做这种大事业——只好让将来的学者去做——但我也想努一努力，替将来的"《水浒》专门家"开辟一个新方向，打开一条新道路。

简单一句话，我想替《水浒传》做一点历史的考据。

《水浒传》不是青天白日里从半空中掉下来的，《水浒传》乃是从南宋初年（西历十二世纪初年）到明朝中叶（十五世纪末年）这四百年的"梁山泊故事"的结晶——我先说这句武断的话丢在这里，以下的两万字便是这一句话的说明和引证。

………

三

元朝水浒故事非常发达，这是万无可疑的事。元曲里的许多水浒戏便是铁证。但我们细细研究元曲里的水浒戏，又可以断定元朝的水浒故事决不是现在的《水浒传》；又可以断定那时代决不能产生现在的《水浒传》。

………

我们研究这五本戏，可得两个大结论：

第一，元朝的梁山泊好汉戏都有一种很通行的"梁山泊故事"作共同的底本。我们可看这五本戏共同的梁山泊背景……

………

第二，元曲演梁山泊故事，虽有一个共同的背景，但这个共同之点只限于那粗枝大叶的梁山泊略史。……

………

以上我们研究元曲里的水浒戏，可得四条结论：

（1）元朝是"水浒故事"发达的时代。这八九十年中，产生了无数"水浒故事"。

（2）元朝的"水浒故事"的中心部分——宋江上山的历史，山寨的组织和性质——大致都相同。

（3）除了那一部分之外，元朝的水浒故事还正在自由创造的时代：各位好汉的历史可以自由捏造，他们的性情品格的描写也极自由。

（4）元朝文人对于梁山泊好汉的见解很浅薄平庸，他们描写人物的本领很薄弱。

从这四条上，我们又可得两条总结论：

（甲）元朝只有一个雏形的水浒故事和一些草创的水浒人物，但没有《水浒传》。

（乙）元朝文学家的文学技术，程度很幼稚，决不能产生我们现有的《水浒传》。

…………

四

以上是研究从南宋到元末的水浒故事。我们既然断定元朝还没有《水浒传》，也做不出《水浒传》，那么，《水浒传》究竟是什么时代的什么人做的呢？

…………

……（一）施耐庵决不是宋元两朝人。（二）他决不是明朝初年的人：因为这三个时代不会产出这七十回本的《水浒传》。（三）从文学进化的观点看起来，这部《水浒传》，这个施耐庵，应该产生在周宪王的杂剧与《金瓶梅》之间……

…………

五

…………

这种种不同的时代发生种种不同的文学见解，也发生种种不同的文学作物——这便是我要贡献给大家的一个根本的文学观念。《水浒传》上下七八百年的历史便是这个观念的具体的例证。不懂得南宋的时代，便不懂得宋江等三十六人的故事何以发生。不懂得宋元之际的

时代，便不懂得水浒故事何以发达变化。不懂得元朝一代发生的那么多的水浒故事，便不懂得明初何以产生《水浒传》。不懂得元明之际的文学史，便不懂得明初的《水浒传》何以那样幼稚。不读《明史》的《功臣传》，便不懂得明初的《水浒传》何以于固有的招安的事之外又加上宋江等有功被谗遭害和李俊、燕青见机远遁等事。不读《明史》的《文苑传》，不懂得明朝中叶的文学进化的程度，便不懂得七十回本《水浒传》的价值。不懂得明末流贼的大乱，便不懂得金圣叹的《水浒》见解何以那样迂腐。不懂得明末清初的历史，便不懂得雁宕山樵的《水浒后传》。不懂得嘉庆、道光间的遍地匪乱，便不懂得俞仲华的《荡寇志》。这叫做历史进化的文学观念。(《胡适文存》卷3，81～145页)

按，《胡适口述自传》有记：

今天早晨我想来谈谈中国（传统）小说。那是中国文学史的一部门。在以前诸章里我曾举出那几部小说名著。它们都已经畅销了好几百年。由于它们用活文字（白话）来替代文言，对近代中国文学革命运动的贡献至大。我也指出，这些小说名著便是过去几百年，教授我们国语的老师和标准。我并强调那些对这种小说有热爱的中国男女和在学青年，于潜移默化之中，便学会了一种有效率的表达工具。这工具便是这一活的文字——白话。它不只是口语，而且是文字；因为这些小说名著已经把这种活的文字底形式统一了，并且标准化了。

所以我们这一文学革命运动，事实上是负责把这一大众所酷好的小说，升高到它们在中国活文学上应有的地位。

我在中国文艺复兴运动的初期，便不厌其详的指出这些小说的文学价值。但是只称赞它们的优点，不但不是给予这些名著（应得）的光荣底唯一的方式，同时也是个没有效率的方式。(要给予它们在中国文学上应有的地位，)我们还应该采取更有实效的方式才对。我建议我们推崇这些名著的方式，就是对它们做一种合乎科学方法的批判与研究，(也就是寓推崇于研究之中。)我们要对这些名著作严格的版本校勘，和批判性的历史探讨——也就是搜寻它们不同的版本，以便于校订出最好的本子来。如果可能的话，我们更要找出这些名著作者的历史背景和传记资料来。这种工作是给予这些小说名著现代学术荣誉的方式；认定它们也是一项学术研究的主题，与传统的经学、史学平起平坐。(胡适口述、唐德刚撰稿：《从旧小说到新红学——"胡适的自传"第十一章》，《传记文学》第35卷第1期)

顾颉刚《从我自己看胡适》：

一九一八年，我因病休学回家。有一天看见亚东图书馆新出版的《水浒传》，上面登载了一篇胡适所著的《水浒传考证》，他系统地考出《水浒》人物故事和版本的变迁源流，原原本本，如理乱麻，使我闻所未闻，好像在眼前出现了一个新境界。我当时认为他写得好极了，以为我从来没有读过这么好的考证文章。先前我读了些清代乾嘉学者的考据作品，认为他们的工作已做到了尽头，后人无从争胜，及至读了这篇考证，才知道百尺竿头可以更进一步。从此以后，我就用他的方法到中国古史上，而拆穿它的神话和故事的背景，于是写出若干篇信札和论文，又加入别人的讨论文字，汇集为《古史辨》一书。(顾颉刚此文剪报被胡适粘贴于1952年1月3日日记中)

7月31日 太田外世雄将一部《道德の帝国の原理》(杉森孝次郎著，熊崎武良温译，东京冬夏社，1919年) 题赠胡适："京津路上，太田敬送胡适先生，为初次领教的纪念。九年七月卅一日。明治大皇帝薨去之祭日。"(《胡适藏书目录》第3册，2085页)

8月

8月1日 胡适抵南京。此行为南高师开办的暑期学校讲课而来。(《申报》，1920年9月25日)

同日 胡适、蒋梦麟、陶孟和、王徵、张慰慈、李大钊、高一涵在《民

国日报·觉悟》发表《争自由的宣言》。宣言称:

> 我们本不愿意谈实际的政治,但是实际的政治却没有一时一刻不来妨害我们。自辛亥革命直到现在,已经有九个年头,这九年在假共和政治之下,经验了种种不自由的痛苦。便是政局变迁,这党把那党赶掉,然全国不自由的痛苦仍同从前一样。政治逼迫我们到这样无路可走的时候,我们便不得不起一种彻底觉悟,认定政治如果不由人民发动,断不会有真共和实现。但是如果想使政治由人民发动,不得不先有养成国人自由思想自由评判的真精神的空气。我们相信人类自由的历史,没有一国不是人民费去一滴一滴的血汗换得来的,没有肯为自由而战的人民,绝不会有真正的自由出现。这几年来军阀政党胆敢这样横行,便是国民缺乏自由思想自由评判的真精神的表现。我们现在认定,有几种基本的最小限度的自由,是人民和社会生存的命脉,故把他郑重提出,请我全国同胞起来力争。

宣言指出,争自由,在消极方面:应即废止民国治安警察条例、出版法、报纸条例、管理印刷业条例、预戒条例;戒严令第十四条规定的事件,如果不遇外患或战争已经开始的时候,不得国会省议会议决或市民请求,不得滥行宣布戒严。积极方面:对言论自由、出版自由、集会结社自由、书信秘密自由不得在宪法外更设立限制的法律;实行《人身保护法》,保障人民身体的自由。

同日　傅斯年写长信与胡适,谈俞平伯的意外回国,谈他自己留学半年的基本情况及未来打算,以及对胡适的期望:

> 先生现在在中国知识界的地位已高,因此事件必多,分神的地方不免。这又何尝不是一种不可免而又可凭以施行所期的现象,但从将来的大成上看,不免反为魔障。人的幸福,我以为全在学问与事业之进行中,而不在成就之后。但凡觉到了成就,顿觉意趣索然。以先生之识与力,自必精勤继续未竟之业。总之,为个人言,古来成学业的,都是期于白首,而不隐于才华;为社会上计,此时北大正应有讲学之

> 风气，而不宜止于批评之风气。社会上的名望，我常倒转说，"不可怀也，亦可畏也"。先生自提倡白话文以来，事业之成就，自别人看之实在可惊，然若自己觉得可惊，则人之天性，本是以成就而自喜，以自喜而忽于未来之大业。所以兴致高与思想深每每为敌。人性最宜于因迫而进，而惯怠于实至名归之时。
>
> …………
>
> 我在北大期中，以受先生之影响最多，因此极感所念甚多。愿先生终成老师，造一种学术上之大风气，不盼望先生现在就于中国偶像界中备一席。（《胡适遗稿及秘藏书信》第37册，348～353页）

8月2日 陈独秀致函胡适，请胡适为《新青年》第8卷第2号"做一篇有精采的文章"，又谈道：

> 我近来觉得中国人的思想，是万国虚无主义——原有的老子说，印度空观，欧洲形而上学及无政府主义——底总汇，世界无比，《新青年》以后应该对此病根下总攻击；这攻击老子学说及形而上学的司令，非请吾兄担任不可。
>
> 吾兄在南京的讲义，务请恳切商之南高师，特别通融，给新青年社出版。（《胡适遗稿及秘藏书信》第35册，572～573页）

同日 高梦旦致函胡适：前拜托帮忙接洽苏甲荣编辑中学本国地理事不知是否接洽，如能将编辑条例草示，尤幸。（《胡适遗稿及秘藏书信》第31册，270页）

同日 陈公博致函胡适，谈及广东与新文化不相容之恶劣情形。又向胡适邀稿。又谈道："听说十月杜威先生已经决定来，并说先生也会来，真是喜欢到了不得……如果一般青年，能够得点知识，受杜威先生及先生的影响，能够觉悟，我们也是狠满意的了。"（《胡适遗稿及秘藏书信》第35册，260～263页）

> 按，是年向胡适邀稿的还有沈振等。（据中国社科院近代史所藏

"胡适档案"不完全统计）

8月3日　周瘦鹃复函胡适，感谢胡刊用 Miss Harrief，今遵嘱选出 15 篇待译的莫泊桑小说篇目，若同意此篇目，请告知翻译期限，以便进行。感谢胡指出《公敌》一篇的翻译错误。(《胡适遗稿及秘藏书信》第 30 册，80～81 页）

按，周瘦鹃将自己翻译的 Miss Harrief 与《世界丛书》译稿寄出后，曾多次向胡适函询下落。(《胡适遗稿及秘藏书信》第 30 册，79、85 页）胡适乃函复周云，此译稿"大致可用"，但是一篇是不可成丛书，希望周举出未翻译过的莫泊桑的 10～15 篇小说篇目，以便采择。(《胡适遗稿及秘藏书信》第 30 册，86～87 页）周即于 8 月 3 日复此函。但周似乎未收到胡适进一步复函，故又两次致函胡询问。(《胡适遗稿及秘藏书信》第 30 册，82～84 页）

同日　江绍原致函胡适，谈近况，并请求胡适设法帮助一个立志求学的女孩。(《胡适遗稿及秘藏书信》第 25 册，25～34 页）

按，此后江绍原又多次为帮助这位女子入学事函请胡适帮忙，参考《胡适遗稿及秘藏书信》第 25 册，40～45 页。

8月4日　胡适在南京高等师范学校演讲"白话文法"，大要是：白话文法，可以说是国语文法。把注音当成国语，是一种误解，注音只是促进国语的一种工具。方言都有尽先补用国语的希望，却要有两种资格：要在各种方言中通行最广，现在各种方言中文学的著作最多最通行。想促进一种大同小异的国语，最要的方法，就在统一文法合乎自然的条理。又指出中国研究文法远在欧洲之后的三个原因：

一、中国文法是独立的，大与各国不同，不易与别种文法比较；不像欧洲各国的文字，大同小异，很易发生比较研究的动机。

二、中国文法关于时候、数目、属性、字类和位置，比欧洲各国的文字变化最少，不易引起研究的需要。

三、因我国常说"文成法立"，"文无定法"，所以对于文法的教授，只重"意会"，不知"言传"。

胡适详细阐述了研究白话文法的三个方法：归纳法，历史的方法，比较的方法。(《时事新报·学灯》，1920年8月11、12、14日)

同日　胡适作成《〈尝试集〉再版自序》，提出再版的两个理由：该书含有点历史的兴趣；"这几十首诗代表二三十种音节上的试验，也许可以供新诗人的参考"。又云：

……我自己只承认《老鸦》《老洛伯》《你莫忘记》《关不住了》《希望》《应该》《一颗星儿》《威权》《乐观》《上山》《周岁》《一颗遭劫的星》《许怡荪》《一笑》——这十四篇是"白话新诗"。其余的，也还有几首可读的诗，两三首可读的词，但不是真正白话的新诗。(《尝试集》第2版)

同日　江冬秀致函胡适，关心胡适赴沪旅途安适等情，希望胡适讲演完毕即回京，因自己将生产，等等。(《胡适遗稿及秘藏书信》第22册，293～295页)

8月5日　江绍原致函胡适，希望胡适帮忙，能将自己翻译的一本佛教书纳入《世界丛书》(附列该书目录)。(《胡适遗稿及秘藏书信》第25册，35～39页)

8月7日　胡适作有白话诗《外交》。

8月9日　朱经农复函胡适，感谢胡借垫家用，又谈到唐钺还想在美国留学一年，当极力劝他回国执教北大。又认为北京大学应该文理并重，使理科与文科一样放光彩。又谈道：

你说"美国一班朋友狠有责备我的话"，这个责备的由来可分数种：第一种是因为期望太切，所以转生许多不满意的地方来。第二种是因为生性褊窄，好作不合时宜的言论，以自标高异，他们对于新事业都

下极严酷的批评，自己却没有贡献，这种空论家也只好由他去罢。第三种是顽固成性，除他的几句"敝帚自珍"的旧式文字以外，天下事物都是看不上眼的。此外还有许多"一犬吠形，百犬吠声"的，更不用说了。这个中间，只有第一种的批评应当静心听听。

适之！"天下唯庸人无咎无誉"，想做事体是不能怕受责备。你不可因有人批评就消磨了勇气；也不可因有人批评就赌气横行。好的批评应当采纳；无理的攻击不必挂怀。你这两年的成绩总算不错，倘我们的朋友回国之后，人人能像你这样办事，中国前途就很有希望了。（《胡适遗稿及秘藏书信》第 25 册，578～580 页）

8 月 11 日　高一涵复函胡适，谈看见《民国日报》，知道胡适和陈独秀还邀许多人讨论争自由的问题，很好。略论直奉情势。又谈及：大学内部趁胡适不在这里，又在兴风作波，调集一班"护饭军"开什么会议了！结果怎样还不知道。又谈到江冬秀起居如常，三四日内应该不会分娩等。（《胡适遗稿及秘藏书信》第 31 册，199～200 页）

同日　朱希祖复函胡适，云已明白陈衡哲对于教西洋史的志愿，拟请其教授"西洋近百年史"，每周 3 小时，如人数多，可分为 2 班，须教 6 小时。再请她在研究所教"欧亚交通史"2 小时。前一门功课须编中文讲义，后一种则可缓编。"西洋中古史""西洋近世史"已经有人担任，中途不可更改，若陈教授愿意教，明年可商量。请将此意告知陈并赐复。（《胡适遗稿及秘藏书信》第 25 册，311～312 页）

同日　顾颉刚致函胡适，感谢胡适为其谋职。胡适若要送钱则不接受。又询胡适下半年是否要去美国。（《胡适遗稿及秘藏书信》第 42 册，3～4 页）

同日　刘子亚致函胡适，希望能在北京大学兼英文课。（中国社科院近代史所藏"胡适档案"，卷号 917，分号 2）

8 月 12 日　胡适作有白话诗《一笑》。

同日　缪金源致胡适一明信片，请胡适开列有关哲学概论、哲学史、心理学等方面的英文书籍。（中国社科院近代史所藏"胡适档案"，卷号

1912，分号6）

8月14日　高语罕致函胡适，请胡适为其谋职。（《胡适遗稿及秘藏书信》第31册，358～359页）

> 按，是年拜托胡适代为谋职或提出加入工读互助团的还有赵廷炳、李昭观、张克琨、张清夫、陈庶安、余家修、胡思荫、曹奇山、唐性天、彭家煌、熊源清、徐东省、章寿椿、杨文冕、严良才、华超、陈家驹等。（据中国社科院近代史所藏"胡适档案"不完全统计）

8月15日　江冬秀复函胡适，要胡尽快返回北京，因自己将临产。又谈与亲戚经济往来等家务琐事。（《胡适遗稿及秘藏书信》第22册，296～301页）

8月16日　江冬秀产一女婴，母女平安。（《胡适遗稿及秘藏书信》第25册，84～85页）当日高一涵致胡适函：

> 你的夫人于十六日午前十一时前五分产生一女。于十五日夜便觉腹痛，到天亮打电话给长老医院，即派女医生三名来寓……
>
> 胡夫人很平安的，说话同平常一样。你希望女儿，女儿便来了，望你再做一首《我的女儿》的诗罢。（《胡适遗稿及秘藏书信》第31册，203页）

8月17日　高梦旦致函胡适，谈《经济史观》出版问题。又告以"蠢才"为笔名者为胡愈之。（《胡适遗稿及秘藏书信》第31册，271～272页）

8月18日　陈钟凡致函胡适，感谢胡适为西洋史课程与陈衡哲协商。（《胡适遗稿及秘藏书信》第36册，235～236页）

8月19日　易群先致函胡适，自述当前处境。欲转学上海女子体操学校。向胡适借钱。（《胡适遗稿及秘藏书信》第29册，399～400页）

8月22日　下午4时，任鸿隽、陈衡哲在南高师的梅庵举行订婚茶会，中国科学社30余人出席。茶会由胡适主席，胡适在主人、来宾演讲后演说：

……我细想我确是最配替今天两位主人做历史的人。叔永是我十几年的顶好朋友,我们三次同学,是人生最不容易得的事。我们这十几年的交情,从来不曾间断。陈女士呢,我在美国虽只见过一次,此次在南京相见为第二次,但我们至少总通过一百回的信,讨论文学,交换思想,已有四年之久。我不替他们做历史,今天座上更没有第二人了。

叔永初次遇陈女士在民国五年的夏天。那年的秋天,我以《留美学生季报》主笔的资格向陈女士征文,后来因讨论文学,遂成文字的朋友。那时叔永与梅觐庄、杨杏佛在哈佛大学,我在哥仑比亚大学,陈女士在藩萨大学。这个三角形的邮路上几乎没有一天没有我们辩论文学的信。那时我敬爱陈女士的思想见解,又知道他也很敬重叔永的学问道德,故我很希望做一个第三者,把今天他们宣布的事提早三年。我有一次写信给陈女士讨论叔永的一首诗,我信里暗暗地表示我撮合的意思。不料陈女士回信,给我一篇很严厉的教训!我碰了这个钉子,以后再也不敢开口了。后来民国六年叔永转学到哥仑比亚,我们又同学了,三角形的邮路差不多变成直线了。叔永知道我不曾见过陈女士,因为我要回国了,故他和我同去藩萨大学访陈女士,谈了两个钟头。我送叔永诗里"记得那回同访友,日暗风横,林里陪他听松啸",即是记此事。后来他们也曾见过好几次,但是他们的交情完全是极高尚的朋友交情。民国七年,叔永回国,陈女士送他的诗只有"敬君如严师,倚君如长兄"的话,我们知道他们的友谊的,自然很失望,但我们没有一个人不敬重他们的郑重的。去年冬天,叔永为了四川办实业的事,第二次到美国。叔永替四川省办的事的成绩,诸位都知道了。他这一次替自己也办了很有成效的事——就是今天我们同听他们宣布的婚约。

诸位,今天的盛会乃是四年极纯洁,极高尚的友谊的结晶。他的代价是整整四个足年的恒心和两次渡太平洋的辛苦!

我做历史的考据,是很讲究史料的来源的。现在我的史料来源都在这里,可以证实我的史谈。(《时事新报·学灯》,1920年8月26日)

同日　胡适作有白话诗《我们三个朋友》。

8月23日　世界丛书社的戴岳致函胡适,告：现在社中接到自认译书的信很少。又谈李四杰等人译作的水平等。(《胡适遗稿及秘藏书信》第41册,93～95页)

同日　朱经农致函胡适,告知本学期修习课程。又云北京教育界因欠薪,胡适可能无法接济其家用,自己可请王云五帮忙。唐钺乃不可多得之人才,希望北京大学罗致。听到任鸿隽与陈衡哲结婚非常高兴。又询赵元任近况。(《胡适遗稿及秘藏书信》第25册,572～577页)

8月24日　胡适作有白话诗《湖上》。

8月26日　胡适自南京返抵北京。(《胡适遗稿及秘藏书信》第14册,358页)

同日　陈衡哲致函胡适,询问胡适后天上午可否去见蔡元培；书房已整理好,后天可以请胡适来坐坐。(《胡适遗稿及秘藏书信》第36册,1～2页)

8月27日　胡适访蔡元培,遇张星烺,胡认为其所译马可·波罗之游记的详注甚可观。补作"文法"。石一参来谈。到梁伯强家吃晚饭,"梁伯强家饭,有梁任公、蓝志先、蒋百里、蔡、蒋、陶等。任公谈主张宪法三大纲：(1)认各省各地有权自定自治宪章。(2)采用'创制''免官'等制。(3)财政问题。他狠想我们加入发表,我婉辞谢之"。(《胡适遗稿及秘藏书信》第14册,359页)

8月28日　北大评议会开会,胡适未出席,由蒋梦麟代。定功课表。晤王徵,谈"民国大学"新组织。晤朱我农。晤Clark。(《胡适遗稿及秘藏书信》第14册,360页)

8月29日　作"文法"。文华大学图书管理员沈祖荣来谈。访朱希祖,"他完全否认反对S. H. C.的话,此盖管夷吾之反间计,而又嫁祸于遏先者也"。与陶孟和久谈。蔡元培约胡适等于六味斋晚饭,议办日报事,胡适不很赞成日报。邵振青来谈,欲恢复《京报》,胡适认为"更没有意思"。(《胡适遗稿及秘藏书信》第14册,361页)

8月30日　胡适与一位陈女士同访蔡元培。作"文法"。梁启超兄弟约在公园吃饭，议罗素事。饭后与蒋梦麟、梁伯强在公园吃茶，谈甚久。做功课表。(《胡适遗稿及秘藏书信》第14册，362页)

同日　胡适作有《译张籍的〈节妇吟〉》。(载《新青年》第8卷第3号，1920年11月1日)

8月31日　北京大学授学位予Painlevé & Jonbin，胡适作招待员，"脚上风气很利害，站了三点多钟，竟不能走路了"。朱我农来访。"丁夫人来谈无锡一件冤狱，甚可恨。"(《胡适遗稿及秘藏书信》第14册，363页)

同日　胡适致函范源濂，云：

> 第一，我在南京三星期观察得一件事，本年教育部部令自秋季始业起国民学校一二年一律用语体文代文言，但部令虽限于最低之二年而此令之影响实牵动全部的学制，因为小学改了，小学教师不得不改，小学教师多自高小及中学及初级师范中出来，故此三级学堂亦不得不改。中学及中学师范既不得不改，高等师范亦不得不增加国语一项以应此需要。我在南京设国语文法一科，听讲者至八百人之多，代表十七省有中学教师，有中小学及师范校长，有中学及师范学生。这些人未必人人真主张国语，但以时势所趋饭碗所在不能不学耳。况一年以来，中小学生大都觉得古文无趣味，大都要求学校教授白话文，故一年来国中中学及高小学校用白话文者已不可胜数，此该在部令未实行以前。今秋部令实行以后此风将更不可遏，而同时有许多守旧的学校偏不准学生用白话文应升学试验。此虽与部令的文字不相抵触而实与部令的精神大相违背，故我敢把这种情形报告先生，拟请先生交普通司会同国语统一筹备会(部立的)商定一种命令早日颁布，略含下列诸项意思：(1)旧制之国民学校国文教科书供第三、四学年用者，虽准用至民国十年为止(此部令)，但各国民学校及高等小学皆得自由提前采用国语文以代国文；(2)中学校及中学师范皆得自由斟酌分出古文钟点之一部分为教授国语文之用；(3)自本年为始，凡高小、中学、

中学师范、专门学校、高等师范、大学之升学试验学生有作语体文者，学校不得以此故摈斥之。（吴元康先生提供）

同日　陈衡哲致函胡适，谈及自己在北大的教课，希望周一或周六不排课；希望每天的课程能连在一起；希望预支一两个月的薪水。（《胡适遗稿及秘藏书信》第36册，3～5页）

9月

9月1日　作功课表，完。看谢恩增大夫，谢君说胡适的"风气"是由于积劳致心脏有病，须静卧几天。在Monestiére家吃午饭，Monestiére问胡适一个大问题：中国没有科学，是否由于国民性与西洋人不同？胡适痛驳他，并准备写成文章。访陈衡哲。（《胡适遗稿及秘藏书信》第14册，364页）

同日　陈衡哲致函胡适，感谢胡适为其写扇子，约胡适下午3时晤谈。（《胡适遗稿及秘藏书信》第36册，6～7页）

同日　李季致函胡适，告自己已到山东中兴公司任英文翻译。蔡元培曾亲看自己译稿一过并作长序，此书已交陈独秀出版。又谈自己近期的翻译设想。（《胡适遗稿及秘藏书信》第28册，52～55页）

同日　钱玄同致函胡适，谈论何谓文学，又解释胡适与马裕藻之间的小误会，又询胡适"英语，现在是以甚么地方的话为标准？"关于第一个问题，钱函云：

> 我所说要请教你的事，就是你对于"文学"这个名词的解说。我记得你说：寻常笔札，不能称文学；但是作得工致，有"美"的价值，那就是文学。这个分法，我是很佩服的。但是还要请你详细说明。还有你对于"美"的条件两种，我现在不记得了，也要请你详说。你所定的文学的界说，还是你自己发明的呢，还是"古（"古"，当作"外"；因为用典，所以不便去改他原文）已有之"呢？（《胡适遗稿及秘藏书信》第40册，264～270页）

9月2—3日 胡适在家养病。购得方玉润《诗经原始》，胡适认为此书文学见解甚好，胆子极大。(《胡适遗稿及秘藏书信》第14册，365～366页)

9月2日 刘大钧致函胡适，感谢胡适推荐其在高师教英文，并分给大学课程7小时。因下学期高师的教职改为专任，故不能再在北大教课，并推荐宋子猷。(《胡适遗稿及秘藏书信》第39册，621～625页)

9月3日 胡适复函吴虞，云：

……春间辟疆因留学的事来见我，我觉得他少年有志，冒险远来，胆识都不愧为名父之女，故很敬重他。他临行时，我给他几封介绍信，都很带有期望他的意思。后来忽然听见他和潘力山君结婚之事，我心里着实失望。我所以失望，倒并不是因为他们的恋爱关系——那另是一个问题——我最失望的是辟疆一腔志气不曾做到分毫，便自己甘心做一个人的妻子；将来家庭的担负，儿女的牵挂，都可以葬送他的前途。后来任叔永回国，告诉我他过卜克利见辟疆时的情形，果然辟疆躬自操作持家，努力作主妇了。此事使我心里不能不怨潘君。潘君爱辟疆，亦是人情之常，本不可怪。但他果真爱辟疆，当设法使他先达到求学的志愿，使他充分发展他的天才，不当中道拦截他的进程。我曾与叔永言，我终不愿意不管此事，我若有机会，我总要设法使辟疆继续求学。此虽是一时私愿，确是很诚恳的，但此时尚无法下手耳。

先生对于此事，不知感想如何。我怕外间纷纷的议论，定已使先生心里不快。先生廿年来日与恶社会宣战，恶社会现在借刀报复，自是意中之事。但此乃我们必不可免的牺牲——我们若怕社会的报复，决不来干这种与社会宣战的事了。乡间有人出来提倡毁寺观庙宇，改为学堂；过了几年，那人得暴病死了，乡下人都拍手称快，大家造出谣言，说那人是被菩萨提去地狱里受罪去了！这是很平常的事。我们不能预料我们的儿女的将来，正如我们不能预料我们的房子不被"天火"烧，我们的"灵魂"不被菩萨"提去地狱里受罪"。

况且我们既主张使儿女自由自动，我们便不能妄想一生过老太爷的太平日子。自由不是容易得来的。自由有时可以发生流弊，但我们决不因为自由有流弊便不主张自由。"因噎废食"一句套语，此时真用得着了。自由的流弊有时或发现于我们自己的家里，但我们不可因此便失望，不可因此便对于自由起怀疑的心。我们还要因此更希望人类能从这种流弊里学得自由的真意义，从此得着更纯粹的自由。

从前英国的高德温（Godwin）主张无政府主义，主张自由恋爱，后来他的女儿爱了诗人薛莱（Shelley），跟他跑了。社会的守旧党遂借此攻击他老人家。但高德温的价值并不因此减损。当时那班借刀报复的人，现在谁也不提起了。（《胡适来往书信选》上册，111～112页）

同日　胡适复函汪原放，谈及自己也有过"翻印古书"的念头，"但此事不容易办，当缓缓计划"。（汪原放：《回忆亚东图书馆》，学林出版社，1983年，66页）

同日　蔡元培复函胡适，谢赠新印本《水浒传》，又盛赞胡适的《〈水浒传〉考证》大胆心细，开辟研究门径。又知胡适因积劳患脚气，请胡静养几日。甚赞同胡适推荐朱我农任英文系教员。（《胡适遗稿及秘藏书信》第39册，256～257页）

同日　陈衡哲致函胡适：向胡适借皮包照做；西洋参已经送来，先给胡适2磅。（《胡适遗稿及秘藏书信》第36册，8～9页）

9月4日　Greene来信，托胡适为哥伦比亚大学觅一个中国文教授，因想不出合适的人选，乃决计自荐。中午到Greene家吃饭，谈及此意，"他原函本问我能去否，故极赞成我的去意。我去有几种益处：（1）可以整顿一番，（2）可以自己著书，（3）可以作英译哲学史，（4）可以替我的文学史打一个稿子，（5）可以替中国及北大做点鼓吹"。颜任光到京。（《胡适遗稿及秘藏书信》第14册，367页）

同日　陈衡哲致函胡适：因饭局而不能去接任鸿隽；明天胡适与任鸿隽可以过来。（《胡适遗稿及秘藏书信》第36册，10页）

同日　陈衡哲又致函胡适，云：送上西洋参2磅；感谢胡适给的诗评。

(《胡适遗稿及秘藏书信》第 36 册，11～12 页）

  同日　谭鸣谦致函胡适，告《群报》已筹办妥当，待胡适大著寄来即出版。又云此报只谈新文化，不谈政治。又谈广州高师教职员的思想状况。又希望胡适介绍他给蔡元培校长，以到缅甸从事华侨教育。(《胡适遗稿及秘藏书信》第 41 册，181～184 页）

  9 月 5 日　胡适与陈衡哲同去接任鸿隽、赵元任。任即寓胡家。陪任鸿隽访蔡元培。(《胡适遗稿及秘藏书信》第 14 册，368 页）

  同日　陈独秀致函胡适，告已将 100 本《新青年》寄给李大钊，请李代为分赠编辑诸君，除开单赠送的 70 本外，余 30 本请胡适、李大钊商量处置。又谈及安徽教育厅长人选，"非你和叔永不会得全体赞成，即陶知行也有许多人反对，何况王伯秋！"(《中国人民大学学报》2012 年第 1 期，28 页）

  9 月 6 日　胡适陪任鸿隽去见陈衡哲的父母。是日访客有邵飘萍、早稻田大学教授清水泰次、日本社会主义家贺川丰彦。访萧友梅，不遇。东兴楼请颜、任、陈与北大教授数人餐谈。(《胡适遗稿及秘藏书信》第 14 册，369 页）

  同日　胡适答胡怀琛函：

  我是不愿意加入这种讨论的。为什么呢？因为先生既然说是"正谬"，先生"正"我的"谬"，并不是和我讨论，我又何必加入呢？况且先生并不许我自己辩白。我说"免""愿"是韵，先生偏要说我"全是违心之言"，"想骗骗人家罢了"。我又何必再来挨骂呢？

  …………

  ……先生既不是主张新诗，既是主张"另一种诗"，怪不得先生完全不懂得我的"新诗"了。以后我们尽可以各人实行自己的"主张"。我做我的"新诗"，先生做先生那种"合修词物理佛理的精华共组织成"的"另一种诗"：这是最妙的"最后的解决"！

  …………

附白：我对于刘大白、朱执信、王崇植、吴天放、胡涣……诸位先生替我辩护的话，要借此机会表示我的谢意。(《时事新报·学灯》，1920年9月12日)

按，9月14日胡怀琛又有长函复胡适。(《胡适遗稿及秘藏书信》第30册，581～586页)

9月7日　访客有毛彦文、叶金发、谭仲逵、邓初民。出席北大教职员会。出席北大组织委员会会议。王德滋在东兴楼邀晚饭。贺川丰彦来谈，"此人在贫民窟住十年，是一个实行家。他是基督徒。他虽信社会主义，但不信阶级战争说。曾有《主观的经济学》之作。我们谈得狠畅快。"(《胡适遗稿及秘藏书信》第14册，370页)

同日　罗家伦赠送毕沅校注《墨子》十五卷目录一卷（光绪二年浙江书局刻本，1函4册）与胡适，并题记："这原是适之先生研究最精的书，不必再看的。可遇这付板子校勘稍精，去国时留作纪念，学生家伦谨志。九，九，七。"胡适在另一册有题记："这一本内有刘叔雅先生用《道藏》本校的《墨辨》六篇，适。"(《胡适藏书目录》第2册，1406页)

同日　罗家伦又赠送清人黄叔琳注、纪昀评《文心雕龙》十卷（道光十三年两广节署刻本，1函4册）与胡适，并题记："谨赠适之先生，以为去国纪念；因为他是三年来影响我思想最大的先生。学生家伦谨志。九，九，七。"(《胡适藏书目录》第3册，1597～1598页)

9月8日　上午，胡适出席北大教务会议。检书送Clark。朱带煌请胡适、任鸿隽吃饭。晚，"公园，与文伯、梦麟谈□□□事，使我生气得狠。社会不许有过的人改过，真是极可恶！我为此问题已与孟和争了两次了"。(《胡适遗稿及秘藏书信》第14册，371页)

同日　陈淑致函胡适，为胡适前几天答允为无锡的一件冤案帮忙致谢，请胡适尽快在上海的报上发表意见，又恳请胡适帮忙在《晨报》上发表文字。(中国社科院近代史所藏"胡适档案"，卷号1263，分号5)

同日　张纯明致函胡适，请教英文学习及《红楼梦》中的问题。张函

云:"我读《红楼梦》,见里边描写园中姊妹的面目衣服都是很清楚,而对于脚就没有甚么形容,这是甚么缘故?"质疑科学书的翻译之可靠性。又请教美议员来华的影响等。(中国社科院近代史所藏"胡适档案",卷号1226,分号6)

9月9日　胡适又病,请谢医士诊察。谢怪胡适这几天不该出门劳心。约颜任光来谈。北大聘任委员会会议、评议会均因病未出席,请蒋梦麟代。读《乐府诗集》。(《胡适遗稿及秘藏书信》第14册,372页;《朱希祖先生年谱长编》,130页)

同日　陈衡哲致函胡适,奉还皮夹一个;谈后日开学上课事,并云有事要找胡适商量等。(《胡适遗稿及秘藏书信》第36册,13页)

9月10日　胡适在家养病。读《乐府诗集》若干卷,读《耆献类征》"儒行""经学"两类。谭仲逵来谈"人生"。陶孟和来谈甚久。日记有记:"民国六年(1917年)九月十日我到北京。今三年了。感念三年来所经历,颇有伤感,想作一诗记之。匆匆中心绪又不佳,遂不果。"(《胡适遗稿及秘藏书信》第14册,373页)

同日　朱我农致函胡适,述谢恩增的话:"你患的是心脏病——僧帽瓣闭锁不全(日本名),三扇门漏隙(中国译名)——我晓得这个病是不能治的。虽不是急性病,二三十年之内或无意外事;但必须专门静养,切不可劳力过度,烟酒和其他激刺物,绝不相宜。我望你以后务必早眠和多睡,不要太用功……你是一个明白人,用不着我多说,但是我实在替你担忧,不得不写封信给你。"(《胡适遗稿及秘藏书信》第25册,354页)

同日　林语堂致函胡适,请胡适指正其著作。又告知近况。(《胡适遗稿及秘藏书信》第29册,328页)

9月11日　陈衡哲来访。北京大学于第三院大礼堂行开学礼,胡适有讲演。下午,胡适邀赵元任、黎锦晖、黎锦熙、钱玄同、颂平、怡厂来茶会,谈国音事。(《胡适遗稿及秘藏书信》第14册,374页)

同日　朱我农复函胡适,感谢胡适为自己的事费心,又因自己与别人结怨使胡适困难和忧虑感到不安。胡适托付的科目都能教授。拟下午来造访。

(《胡适遗稿及秘藏书信》第 25 册,355～358 页)

9月12日　胡适养病,未出门。访客有朱我农夫妇、陈衡哲、赵元任。(《胡适遗稿及秘藏书信》第 14 册,375 页)

同日　胡适出席私立民国大学的董事会议。(《晨报》,1920年9月15日)

同日　胡适在《维摩诘所说经》三卷(后秦之释鸠摩罗什译,清同治九年南京金陵刻经处刻本)题记:"这是一部很荒诞的小说,居然有人奉作经典,岂非怪事!适,九,九,十二。"1925年1月29日,胡适又题记:"朱芾皇[煌]赠。四年前的跋大谬。此书有文学意味,故能行远;说理简而不繁,故能传久而效大。《法华》与《维摩》真二大魔力,最不可忽视。适。十四,一,廿九。"(《胡适藏书目录》第 3 册,1591 页)

同日　沈昌、沈骏英致函胡适,为提倡国故研究,想办《华学》杂志,请胡适和胡适的朋友担任一小半的稿件,请章太炎、叶楚伧等人担任一小半的稿件。(中国社科院近代史所藏"胡适档案",卷号1091,分号1)

9月13日　胡适再访谢医士诊察,谢云胡适服 digitalis 已有功效,再服 4 日药,可以停药,以后须专事静养。"下午想做点事,只得忍耐不做。"蒋梦麟来,他和蔡元培很替胡适着急,劝胡休息半年,但胡适认为,"半年可不须,只须一个月的静养尽够了"。(《胡适遗稿及秘藏书信》第 14 册,376 页)

同日　胡适代教育总长范源濂致安徽同乡函:

……前天范静生先生接到本会的公函后,即打电话给我,要我把他的意思转达给诸位同乡。他的意思大略如下:

(1)两次同乡去见他,他所以都请秘书接见者,实因他近日太劳,已得下血之症,不能多见客,并非有意谢绝本会的代表。

(2)赵宪曾君的履历,已由部开给我们了。据范先生说,赵君为人最"干净",狠可靠,办事也老练,是一个能做事的人,先生说大概现在要寻这样一个人,并不容易。

(3)安徽政局不久大概将有大变动。赵君此去,大概能在变动之

前做点事体,就在变动之后大概也还站得住。若此时请一个锋芒太露的人去,决拿不到教育经费,决办不成什么事。

(4)范先生说他为了这件事,已然费苦心了,不料安徽同乡还不满意,使他有点"灰心"。

(5)我对范先生说,我们同乡曾有信给赵先生,请他发表对于安徽教育的政见。范先生说赵先生到部里也提及这话,但此时发表一点空议论,也没有用处,倒不如请安徽的同乡把他们期望赵君要做的事一一写给赵君,责成他去办,那是更切实有用的。

范先生的大意如此,我本想亲自到会把这些话转达。因为我病了,不能出门,故请高一涵先生转达此信。(《安徽旬刊》第2期,1920年9月20日)

9月14日 "上午来了许多客,讨厌得狠。"今日是女儿素斐阴历满月之期,江、吕诸家亲眷都送礼来,故下午请他们来做一"汤饼会"。晚,胡适邀高一涵、任鸿隽、陈衡哲在公园吃饭。(《胡适遗稿及秘藏书信》第14册,377页)

同日 朱我农致函胡适,请胡为其留意教英文的机会。(《胡适遗稿及秘藏书信》第25册,359页)

同日 《申报》刊登北京皖事改进会致旅沪皖省学界公函,不满意于新教育厅长,希望简放第一流人物为安徽教育厅长,"并推崇陶知行、胡适之一流莅皖,以期造福乡邦"。

9月15日 北京大学举行转学考试,胡适"请子馀代去"。读明代曲本数种。(《胡适遗稿及秘藏书信》第14册,378页)

同日 陈钟凡致函胡适,感谢胡适从中说项,陈衡哲已答应来女高师授课,周作人也冰释误会来此上课。又向胡适商借有关文法的讲义。(《胡适遗稿及秘藏书信》第36册,237~238页)

同日 唐钺致函胡适,感谢聘其为北大心理学教授。因自己已申请外交部的津贴,拟再留美研究一年,故不能应聘。(《胡适遗稿及秘藏书信》

第 31 册，387 页）

9月16日　下午，任鸿隽、陈衡哲结婚，蔡元培证婚，胡适赞礼。胡适送贺联：无后为大，著书最佳。晚，慈幼院执事人请胡适等吃饭（胡为慈幼院评议员之一）。(《胡适遗稿及秘藏书信》第 14 册，379 页）

同日　蔡元培、蒋梦麟、顾孟馀、沈士远、李辛白、李大钊、马叙伦、俞同奎、马裕藻、朱希祖、黄右昌、罗文干、冯祖荀、胡适等联名发起北大赈灾会，刊登启事：

> 今年北方旱灾，异常重大，灾区有五六省之广，灾民有数千万之众，无衣无食，道殣相望，瞬届寒冬，苦痛尤甚。窃思此等难民同属国民份子，坐视不救，夫岂人情。同人等念责任之所在，用特组织斯会。仰祈本校全体赞助，慷慨认捐，以尽互助之谊，无任祷荷。……
>
> 认捐办法：假定教职员、学生每人认捐以一元为单位（多多益善）。教职员认捐者，交由会计课代收。学生认捐者，交由斋务课代收。俟集有成数，届时如何赈放，再行公决。(《北京大学日刊》第 703 号，1920 年 9 月 27 日）

同日　顾颉刚致函胡适，告自己已来北京，向胡适借 60 元。又询胡适：重编中文书目事，可否由出版委员会拨书记一二人来抄写序目？(《胡适遗稿及秘藏书信》第 42 册，5～6 页）

9月17日　访客有章志、成平、张申府、陶孟和、余节高。(《胡适遗稿及秘藏书信》第 14 册，380 页）

同日　北京大学举行开学典礼，胡适应邀作演讲。胡适说，自己对被称作"新文化运动的领袖"感到惭愧无地。又以《北京大学日刊》和《世界丛书》为例说明学术界的破产，故不能说北京大学是新文化运动的中心，只可说是一种新动机、新要求。现在所谓新文化运动，就是新名词运动。我们没有文化，要创造文化；没有学术，要创造学术；没有思想，要创造思想。又说："我们若想替中国造新文化，非从求高等学问入手不可。我们若想求高等学问，非先求得一些求学必需的工具不可。"又说：

若有人骂北大不活动，不要管他；若有人骂北大不热心，不要管他。但是若有人说北大的程度不高，学生的学问不好，学风不好，那才是真正的耻辱！我希望诸位要洗刷了他。

我不希望北大来做那浅薄的"普及"运动，我希望北大的同人一齐用全力向"提高"一方面去做工夫；要创造文化、学术及思想：惟有真提高，才能真普及。（《北京大学日刊》第 696 号，1920 年 9 月 18 日）

9 月 20 日　周作人赠胡适《点滴》一册。（《周作人日记》中册，147 页）

同日　章希吕致函胡适，谈目下中学课程过于繁杂，学生无自修时间。请教胡适：将"国文"改为"白话文"，而不用注音字母，这样对不对？请胡适推荐英文学书目。有人推荐章到北京高师的教育研究科工作 2 年，请胡适帮忙询问：自己的中学卒业资格，可否进入？（《胡适遗稿及秘藏书信》第 33 册，182～188 页）

同日　北京大学文科预科学生陈元柱致函胡适，希望胡适写一本《高小白话论说指南》，使一般学生知道白话文的做法。（中国社科院近代史所藏"胡适档案"，卷号 1275，分号 2）

9 月 21 日　胡适致函《晨报》，云：

前几天有一位"豪"先生对于我的北大开学演说词有点不满意，曾在《晨报》发表一篇文章。我觉得他有许多误解的地方。我现在病中，不能作文章，可否请先生们把我的演说原文章登载出来，使人知道我这番话是专为北大学生说的，使人知道我反对的"普及运动"并不是平民教育一类的事业，乃是"拿著几个半生不熟的名词，你递给我，我递给他"的"互钞运动"。我希望全国的有志青年细细的想想我说的"只有提高是真正普及"一句话。（《晨报》，1920 年 9 月 23 日）

9 月 22 日　胡适作有白话诗《艺术》。

同日　邝富灼致函胡适，云：

I was sorry to learn from Dr. Chiang Monlin the other day that your health is not good. Perhaps you have been working too hard. I trust you will improve and that you will be yourself again before long.

I remember my visit with you in Peking during the spring with pleasure. At that time you spoke of compiling a set of advance readers for the preparatory course in university and secondary schools, dealing with science, sociology, philosophy, etc. I wonder if you have been able to undertake this piece of work. The idea seems good to me, and I should like you to compile such a set of books for us. Will you kindly let me know what you have been able to do in compiling the series? In case you have been too busy to undertake the work, I shall be glad to try to get some one to carry out your idea. If you wish me to do so, kindly let me have some details of the idea you have in mind.（中国社科院近代史所藏"胡适档案"，卷号E-355，分号2）

9月25日 胡适函谢青木正儿寄赠"支那学"第1卷第1号。（中国社科院近代史所藏"胡适档案"，卷号1961，分号18）

按，该刊从第1号开始连载青木正儿的《以胡适为中心汹涌浪滚的中国的文学革命》一文。后，韩国梁建植又将此文翻译成朝鲜文在《开辟》第5～8号（1920年11月至1921年2月）发表。

同日 北京大学预科二年级英文第六班学生致函胡适云，代替黄国聪教授的英文教员王彦祖先生颇不负责，曾与顾先生接洽请郭汝熙先生担任，否则仍请黄国聪先生续任。顾先生许同先生商换。恳请早日更调。（中国社科院近代史所藏"胡适档案"，卷号2147，分号1）

9月27日 周其庠致函胡适，谈及1917年暑假胡适在绩溪明伦堂演说，胡晋接主席等旧事。又谈及同学舒祥照希望赴法国勤工俭学，希胡适帮忙弄官费。又谈及安徽第二师范反对新文化、禁止白话文。又请胡适改造绩溪的腐败。（中国社科院近代史所藏"胡适档案"，卷号1464，分号8）

9月28日 胡近仁致函胡适，感谢胡适寄来西洋参。自己的文字研

究稿已在《时事新报》发表，等等。（《胡适遗稿及秘藏书信》第 30 册，378～380 页）

9 月 29 日　白坚武日记有记："胡适之电李守常约余过谈。胡神采清爽奋发，一灵活青年也；今虽寄身学界，未必以教授终其身。凡有政治欲望之人，终不能常以清净生活为满足。"（中国社科院近代史所编，杜春和、耿来金整理：《白坚武日记》第一册，江苏古籍出版社，1992 年，275 页）

同日　《北京大学日刊》第 705 号刊登《英文教授会主任致预科英文教员公函》：

敬启者，近年预科学生之英文成绩殊不能满人意。上学年本系教授会及本校修正预科课程委员会对于此事皆有所讨论。兹将讨论之结果，拟定本年预科英文教授办法如下：

（1）采用 Assignment and Recitation（指定自修及答问）之法，每课先由教员指定页数，令学生自己预备，上课时教员令学生诵读讲解之。

（2）指定适用之字典，令学生购买。Webster's Collegiate Dictionary（布装）似最适宜。

（3）平常诵读及讲解，应有分数存记，即作为平日分数。

（4）作文一项，大学特别注重，故于计算薪俸时，每二时作三时计算。而近年来，多有仅事讲解，整月不作一篇文者。作文成绩之劣实无可讳言。上学年本系教授会委托胡适之、杨子馀两教授拟定预科作文办法，今已印成，附上，请察收。

以上四条，为本年整顿预科英文之入手办法。望于开课之始，将此意通告学生，使明晓此科所以不能不整顿之理由。

附告：本年预科第一外国语英文用书：

（1）第一年读书

Pittenger: A Collection of Short Stories.（消费公社）

Epoch-making Papers（尚未到）

Huxley: Selected Essays and Addresses.（尚未到）

（2）第二年读书

Franklin: Autobiography.（消费公社）

Three English Plays（待印）

Selected Reading（待印）

（3）文法及作文

本年第一年暂不用文法书，请各位担任教员斟酌本班学生之需要，补授其所缺乏之文法知识。

第二年仍用 Woolley's Handbook of Composition，但只作为作文参考之用，并不用作讲本。（原稿载《胡适遗稿及秘藏书信》第20册，392～397页）

同日　陆侃如致函胡适，请教两个问题：

一、读古代儒家哲学书——《论语》《大学》《中庸》《孟子》和《荀子》——的时候，应注意的是什么？

二、"近三十年来的文和短篇小说"的选本，那一种是最好？（《胡适遗稿及秘藏书信》第34册，563页）

同日　张锦城致函胡适，请胡适将其推荐给安徽教育厅厅长赵宪曾，任命其为县视学兼劝学所所长。（《胡适遗稿及秘藏书信》第34册，481～484页）

按，10月，安徽教育厅厅长改任张继煦，10月22日张锦城再致函胡适，请胡适为此事给张继煦写荐函。同日，张锦城还致函张慰慈催促胡适。（《胡适遗稿及秘藏书信》第34册，485～488页）

9月30日　周作人日记有记："得人道社函、适之函，并《尝试集》一册。"（《周作人日记》中册，149页）

同日　黄宗培致函胡适，谈及家乡的事非常糟糕，请胡适设法帮忙。

（中国社科院近代史所藏"胡适档案"，卷号1784，分号1）

9月　陈独秀致函胡适云：

"新青年社"股款，你能否筹百元寄来？

八卷二号报准于十月一日出版，你在南京的演讲，倘十月一日以前不能出版，讲稿要寄来，先在《新青年》上登出。（《胡适遗稿及秘藏书信》第35册，574页）

10月

10月1日　汪原放复函胡适，希望胡适养病时不要用神，什么事都放开，将来再说。又向胡适请教5个问题。（《胡适遗稿及秘藏书信》第27册，461～467页）

同日　青木正儿复函胡适，谈及："对于你们勇往直前的革命运动"，感到一种按捺不住的喜悦。"支那学"能将你们关于新文学方面的勇敢的尝试展现在守旧的日本人面前，感到无比痛快。自己在12年前就已将"支那学"认定为应走的道路。《金冬心艺术》正装订中，出版后当奉上。（耿云志主编：《胡适研究丛刊》第一辑，北京大学出版社，1995年，304～305页）

10月2日　朱我农致函胡适，告收到50元支票；译《演化论》一事过一二日再回复。（《胡适遗稿及秘藏书信》第25册，360页）

同日　康白情致函胡适，告《新诗年选》已选好，大概明年2月底可出版。又询问北大玉成学会的近况，介绍旧同学郑君，希望胡适帮忙给他贷款。（《胡适遗稿及秘藏书信》第33册，291页）

10月3日　李季致函胡适，问候胡适病情，介绍静坐疗法。自己正与沈雁冰等人共译罗素的《到自由之路》。（《胡适遗稿及秘藏书信》第28册，56～61页）

10月6日　胡适作有白话诗《例外》。

10月7日　汪原放复函胡适，云：嘉庆本《儒林外史》已收到，最近在与其他版本对勘；钱玄同肯作长序，再好没有；胡适做一短考证，"十分好了"。又谈道："《胡适文存》已经在各报、各杂志里发表过了。兄病中自不能办这件事，据洛兄说，他可把稿子集齐——要是统要看过，修改，就迟一步，也不要紧，因未说过何时出版。这件事，望兄不必着急。"(《胡适遗稿及秘藏书信》第 27 册，468～474 页)

同日　胡思永致函胡适，告自己所在的南开学校支持白话文，并且选《中国哲学史大纲》内容以及《新青年》的文章作教材。又请胡适再寄钱来。(中国社科院近代史所藏"胡适档案"，卷号 695，分号 4)

10 月 9 日　周作人来访，胡适赠其《水浒》一部，借胡适"支那学"杂志一册。(《周作人日记》中册，150 页)

同日　陈衡哲复函胡适，称赞胡适的诗，为胡之病已免除危险感到欢喜，又谈及在北大所教功课已有头绪，又询问胡适教材等问题。(《胡适遗稿及秘藏书信》第 36 册，14～17 页)

10 月 10 日　胡适作有白话诗《梦与诗》。

10 月 11 日　朱我农致函胡适，谈及译书的事再等一二天可答复，又请胡适帮忙寻一份哈佛大学的章程等。(《胡适遗稿及秘藏书信》第 25 册，361 页)

10 月 12 日　顾颉刚致函胡适，送上年表样子，请胡适指正。又谈及图书馆编目冗忙等情。(《胡适遗稿及秘藏书信》第 42 册，7～10 页)

同日　汪原放致函胡适，请胡适帮忙改校读后记。又向胡借木板《红楼梦》，以便校对。(《胡适遗稿及秘藏书信》第 27 册，475～476 页)

10 月 14 日　胡适复函钱玄同，感谢钱肯为《儒林外史》作序。又谈"文学"问题：

我尝说："语言文字都是人类达意表情的工具；达意达的好，表情表的妙，便是文学。"

但是怎样才是"好"与"妙"呢？这就狠难说了。我曾用最浅近的话说明如下："文学有三个要件：第一要明白清楚，第二要有力能动

人，第三要美。"

　　因为文学不过是最能尽职的语言文字，因为文学的基本作用（职务）还是"达意表情"，故第一个条件是要把情或意明白清楚的表出达出，使人懂得，使人容易懂得，使人决不会误解。……

　　"懂得"还不够。还要人不能不懂得；懂得了，还要人不能不相信，不能不感动。我要他高兴，他不能不高兴；我要他哭，他不能不哭；我要他崇拜我，他不能不崇拜我；我要他爱我，他不能不爱我。这是"有力"。这个，我可以叫他做"逼人性"。……

　　第三是"美"。我说，孤立的美是没有的。美就是"懂得性"（明白）与"逼人性"（有力）二者加起来自然发生的结果。例如"五月榴花照眼明"一句，何以"美"呢？美在用的是"明"字。我们读这个"明"字不能不发生一树鲜明逼人的榴花的印象。这里面含有两个分子：（1）明白清楚，（2）明白之至，逼人而来的"力"。……

　　你看我这个界说怎样？我不承认什么"纯文"与"杂文"。无论什么文（纯文与杂文）（韵文与非韵文）都可分作"文学的"与"非文学的"两项。（《鲁迅博物馆藏近现代名家手札》〔二〕，126～134页）

同日　北大校长蔡元培在《北京大学日刊》第716号刊登启事，公布本届评议会选举结果：陶孟和、胡适等16人当选。

10月15日　张宗翰复函胡适，谈英文班学生罢课原因并非自己教学问题。（中国社科院近代史所藏"胡适档案"，卷号1232，分号4）

10月17日　顾颉刚致函胡适，谈及梁启超文符号、句读错误颇多，又谈及年表、书类表的体例与制作等。（《胡适遗稿及秘藏书信》第42册，11～16页）

同日　杨荫庆致函胡适，请胡适推荐其供职北京大学教育系。（中国社科院近代史所藏"胡适档案"，卷号1191，分号3）

10月19日　汪原放致函胡适，告：《吴敬梓传》已付排；《短篇小说》里的《柏林之围》《二渔夫》《杀父母的儿子》已代胡适校过；请胡适催促钱

玄同的序文；又询胡适是否已经改好汪之《校读后记》等。(《胡适遗稿及秘藏书信》第 27 册，477～479 页)

10 月 20 日　廖仲恺致函胡适，为《建设》邀稿。又希望胡适赶紧把中国白话的语法和修辞法的规则的系统的方法弄了出来，以应时代的要求。认为"这大事业非先生未有别人能干的"。(《胡适遗稿及秘藏书信》第 38 册，403～404 页)

同日　吴稚晖致函胡适，请胡适保重身体。(《胡适遗稿及秘藏书信》第 28 册，525 页)

10 月 22 日　胡适作有白话诗《寿诗》。

10 月 23 日　胡适函催钱玄同为《儒林外史》作序。又说：阎、胡、惠、戴四传以钱大昕做的为第一，王引之无佳传，龚自珍做的勉强可用。(《鲁迅博物馆藏近现代名家手札》〔二〕，135 页)

同日　吴康致函胡适，代陈公博询问胡适是否可在赴美前译一书纳入《世界丛书》。(《胡适遗稿及秘藏书信》第 28 册，310～311 页)

10 月 24 日　汪原放致函胡适，询胡适是否已经改好汪之《校读后记》；又告《吴敬梓传》已校过两次，错字还不少；盼望钱玄同早日寄出序文；又提出关于《儒林外史》次序的意见，请胡适指教。(《胡适遗稿及秘藏书信》第 27 册，480～483 页)

10 月 25 日　胡适在清人胡培翚撰《研六室文钞》十卷（道光十七年泾川书院刻本，1 函 2 册）题记："《研六室文钞》十卷，分两册，无补遗之文，有'吴县潘氏郑庵藏'之印，是潘祖荫家旧物。"同年 11 月 28 日，胡适又补记道："此书第二册是配成的，亦无潘氏印记。顷始知之。"(《胡适藏书目录》第 3 册，1665～1666 页)

10 月 26 日　胡觉致函胡适，谈兄弟南京分别后自己患病情形。又谈及得悉胡适患心脏之疾，力劝胡适遵医嘱杜门谢客，安心静养，或者出北京觅地休养。又谈及友人为其谋得山东博山玻璃厂职位，因自己不懂实业，不敢贸然应承。又请胡适寄来 30 元，以先往考察等等。(《胡适遗稿及秘藏书信》第 22 册，696～698 页)

同日　陈衡哲致函胡适，约请胡适夫妇来其新家吃饭。(《胡适遗稿及秘藏书信》第36册，18～19页)

10月27日　周作人日记有记："适之送来'支那学'一册。"(《周作人日记》中册，153页)

10月28日　顾颉刚致函胡适，谈及："先生说清学极盛时期，为汉学家专断，思想锢蔽，无甚可记。这在经学上固然如此，在史学上则极盛期实在有进步。……"刘知几在史学上的贡献远不及章学诚。自欧化以来，受科学的影响，发生了要"整理国故"的心思，章太炎大倡其学。章太炎与学风的关系有几项：

(1) 明白标出"整理国故"的旗帜；
(2) 集音韵学之大成，促注音字母的进行；
(3) 对于今文学派的狂妄加以攻击。(《胡适遗稿及秘藏书信》第42册，17～22页)

同日　杨廉致函胡适，告川南道尹杨森拟办一个教育专修学校，拜托胡适帮忙物色两位教授，一位教教育学，一位教心理哲学。(中国社科院近代史所藏"胡适档案"，卷号1179，分号3)

10月29日　《晨报副刊》刊登谢楚桢、胡适、康白情合撰之《〈白话诗研究集〉纲要》(易家钺、周作人、黎锦熙、蔡元培鉴阅)。

10月　胡适与高一涵联名致电陈独秀并转同乡：教厅改任普通司长张继煦，此人很好，本年国语实施令，他的力最大，当能任皖事。二人又联名致电安徽省教育会：教育厅改任张继煦本教部普通教育司长，品学皆好，思想亦新，似能胜皖事。(《胡适遗稿及秘藏书信》第20册，372～373页)

11月

11月2日　汪原放复函胡适，感谢胡适帮忙修改《校读后记》。欲在《儒林外史》中登文征求《吴敬梓文集》。请胡适再次催促钱玄同将序言尽快写

好。(《胡适遗稿及秘藏书信》第 27 册，484～486 页)

同日　M. N. Zankl 复函胡适，云：

> We are in receipt of your letter of October 28th inquiring if we have in stock copies of the Modern Library. We are very sorry to say that up to the present time we haven't carried the Modern Library in our establishment for the reason that these publications have more than doubled in price and in addition it is very difficult to order certain titles.
>
> If you wish we shall be glad to get a catalog for you from America and shall be glad to order any books that you want in quantities from the publishers.
>
> Sorry that we do not have these books…（中国社科院近代史所藏"胡适档案"，卷号 E-394，分号 1）

11 月 3 日　胡适复函钱玄同，认为钱序很好。又云，前人论小说文学的文章，好像没有。金圣叹《水浒传序》要算是"凤毛麟角"了，梁启超好像有过这类文章。《袁中郎全集》中有许多"尺牍"，很有文学革新的精神。所询"值得买的诗集"的书目，那是不容易的事。郑珍《巢经巢诗钞》，确有好诗。(《鲁迅博物馆藏近现代名家手札》〔二〕，136～138 页)

同日　陈衡哲致函胡适云，因北大一院没有教员休息处，加之学生怠惰，不想再授课，请胡适找替人或者减少上课钟点。(《胡适遗稿及秘藏书信》第 36 册，20～27 页)

11 月 4 日　《北京大学日刊》第 734 号刊登《注册部启事》：胡适因病不能来校，英文系主任一职由杨子馀代理。（次日续登）

同日　朱我农给胡适出具收到 11 月款项 50 元的收条。（中国社科院近代史所藏"胡适档案"，卷号 1004，分号 8）

11 月 5 日　顾颉刚致函胡适，函寄《巢经巢诗钞》《说文通俗》等书。又谈及向胡适借钱及未来去留诸事。顾颉刚在赠书《说文通俗》六卷（民国油印本，1 函 2 册）上题道："先祖《说文通俗》十四卷，奉赠适之先生，

九，十一，五。颉刚记。此书卷数为钞印人所改，今成六卷。刚又记。"(《胡适遗稿及秘藏书信》第42册，23～27页；《胡适藏书目录》第2册，1530页）

11月6日 胡适作有白话诗《失望》。

同日 胡适复函胡近仁，云：

龟甲文字的研究，要算罗振玉先生为第一，故我把他的一本《殷商贞卜文字考》另挂号寄给你……

文字学须从字音一方面入手，此乃清儒的一大贡献；从前那些从"形"下手的人（如王荆公），大半都是荒谬。自从清代学者注重音声假借、声类通转以后，始有"科学的文字学"可言。章太炎的《国故论衡》上卷最宜先看；然后看他的《文始》。若有顾炎武、江永、戴震、段玉裁、孔广森、钱大昕诸人之书，亦可参看（沈兼士之说没有什么意思）。

石鹤舫的诗词我都有了，请不必钞寄。新近又向曹尚友先生处借得一部刻本。你的传何时可成？渴望渴望。做传时，请处处注明材料的来源，但求确实，不务繁多。绩溪做传的人，只有胡培系所作诸传是真有价值的。胡培翚作的次之。程秉钊先生的著作，不知邑中尚可搜求否？乞为留意之。此事比修志更重大。

你的诗——《尝试》——犯了一个大病，就是抽象的议论太多。(《胡适家书手迹》，85～89页）

按，胡近仁原函作于10月27日，载《胡适遗稿及秘藏书信》第30册，384～386页。

11月7日 李完致函陈独秀、胡适，告看了陈独秀与胡适的文章到法国工读，认为工读环境过差，以"画饼"来形容国内的提倡。（中国社科院近代史所藏"胡适档案"，卷号1146，分号6）

11月8日 陶行知致函胡适，云：黑幕要打开，好人也需顾全。《安徽旬刊》颇有价值，但近来遭人利用中伤善类。请胡适转达主持的人："以后对于各处来信，须做一番明辨功夫。"胡适收到此函后即将该函转《安徽旬刊》。(《胡适遗稿及秘藏书信》第36册，385～386页)

11月9日　张正致函胡适，请胡适指正其《中国哲学史大纲订误》，又云，将来决定研究国故，请胡适指点。(中国社科院近代史所藏"胡适档案"，卷号1208，分号1)

11月11日　胡适复函青木正儿，谢其寄赠"支那学"2号、《金冬心之艺术》、《品梅记》等书刊，又云：

> 先生的《金冬心之艺术》是很有价值的研究。日本的批评家向来很看轻明、清两代的艺术，以为是"文人画"，远不如宋、元。此种议论影响欧、美收藏家甚不小。我不料先生的"巨眼"竟能赏识到金冬心一流的艺术。我看《古拙论》及先生画的《品梅记》封面，知道先生确是有心得的。但不知先生此种论调在今日日本艺术评论界能得多少同调？
>
> 我对于音乐，完全是"外行"。雕刻图画，我能领会一点，但自己全无所能。……
>
> 先生希望我们"把中国的长处越越发达，短的地方把西洋文艺的优所拿来，渐渐冀补，可以做一大新新的真文艺"，这真是我们一班同志的志愿。但我们的能力太薄弱，恐怕破坏有余，而建设不足！
>
> …………
>
> 先生叙述中国的文学革命运动，取材很确当，见解也很平允——只是有许多过奖我个人之处……(《胡适研究丛刊》第一辑，306～307页)

按，青木正儿的赠书是10月26日函寄的。青木函中又谈及中国的戏剧与音乐改良问题：我很爱中国旧世纪的艺术。而且遗憾的事情不鲜少。我很希望先生们鼓吹建设新文艺的人，把中国的长所越越发达，短的地方，把西洋文艺的优所拿来渐渐冀补，可以做一大新新的真文艺。(《胡适遗稿及秘藏书信》第42册，636～640页)

同日　胡适在清人汪渊撰《味菜堂诗集》四卷（光绪二十三年刻本，1函1册）上题记："此序真不可卒读。谭献负一世盛名，而实不通。卷一，页二十三'予祖居绩北郎家溪。自乾隆中迁此（此当指休宁商山），与洲（此指竹洲）为邻'。是此人原籍绩溪而居休宁商山，已历百余年。适。九，十一，十一。"（《胡适藏书目录》第3册，1592页）

11月14日　周作人复函胡适，谈对《品梅记》的看法，又希望借阅《金冬心之艺术》一书。（《胡适遗稿及秘藏书信》第29册，548～549页）

> 按，11月13日周作人日记有记："得适之函，《品梅记》一册。"15日又记："还适之《品梅记》一册。"（《周作人日记》中册，156～157页）

11月16日　张难先致函胡适，高度赞佩胡之《中国哲学史大纲》卷上，并希望拜见胡适。（《胡适遗稿及秘藏书信》第34册，519～521页）

11月18日　胡适过琉璃厂，以12.6元购得清人颜元、李塨撰《颜李遗书》二十种九十二卷（光绪五年定州王氏谦德堂刻本，3函23册）。（《胡适研究通讯》2016年第2期，5页）

同日　胡适在清人毛奇龄撰《四书改错》二十二卷（嘉庆十六年刻本，1函8册）题记："毛奇龄的《四书改错》二十一卷，附录一卷。嘉庆辛未瓯山金氏刻的。九，十一，十八，胡适。"（《胡适藏书目录》第2册，1537页）

> 按，胡适藏书中，还有一部《四书集注正蒙附四书集字音义辨》（光绪十四年八旗官学刻本，1函4册），亦有胡适题记："这是钱念劬先生送给单不厂的，不厂知我没有此书，转送给我。"（《胡适藏书目录》第2册，1537页）

同日　胡适致函青木正儿，云：

……我曾有《谈新诗》一篇……中间主张"具体的写法"，大旨说"做诗须要使读者脑中呈现浓厚明了逼人而来的影象"。……此意与先生的议论有相同处。近代西洋诗人提倡的"Imagism"（影象主义），其

1920年　庚申　民国九年　29岁

实只是这个道理。

《金冬心》页49有《双禽曲》一诗，刻本的句读大误，望先生于再版时改正。……又页51末行"草堂尘扫，树团团围抱，蔬饭好，此间无热恼"，句读也被排错了。……（《胡适研究丛刊》第一辑，307～308页）

按，11月28日青木正儿复函胡适云，对胡适读其《金冬心之艺术》感到光荣，又感谢胡适指正其《双禽曲》的句读错误。又谈及日本人读中国韵文的局限，并谈自己希望改革之意等。（中国社科院近代史所藏"胡适档案"，卷号1961，分号4）

11月20日　青木正儿致函胡适，谢赠《尝试集》。赞佩胡适的《〈水浒传〉考证》，并将此文转给同样研究《水浒传》的业师狩野君山，狩野很推称胡适的头脑明晰。又寄赠"支那学"1～3号各3册，并请胡适分赠周树人、周作人。（《胡适遗稿及秘藏书信》第42册，641～643页）

同日　胡适在宋人王应麟撰《困学纪闻翁注编目》二十六卷（日本明治十八年乐善堂铜版印本，1函1册）题记："我先买得翁注《困学纪闻》的日本铜版本，后在南京又买得光绪壬午，树根斋刊本的《翁注编目》四本，今天无意中又得此本，与原书同为日本乐善堂本，真可谓巧合的奇遇了。适。九，一一，二〇。"（《胡适藏书目录》第2册，1341页）

同日　彭基相致函胡适，述家庭与求学及经济窘迫等情，希望得到胡适的协助。（中国社科院近代史所藏"胡适档案"，卷号1821，分号5）

按，12月1日，彭又致函胡适（请同学陈德荣转胡适），再度请胡援助。（《胡适遗稿及秘藏书信》第35册，526～527页）

11月24日　胡适复函顾颉刚，云：

你为姚际恒费了那么多的精力，使我不安。……
…………

你在《浙江通志》钞出的一条确是非常重要，因为我们因此可以知道《九经通论》是多大一部书。我已叫北京的隆福寺和琉璃厂两处的书店"大索"此书了。……

我对于此二书（《九经通论》与《庸言录》）并不绝望。……

《知不足斋丛书》，我新买了一部。我想先把《古今伪书考》抽出，点读一遍，做一个序，先行付印。将来我想做一部《古今伪书续考》，单独付印。这也是扫除旧污的一个办法。

若你能任点读的事，就更妙了。不必急急，每天点两三页便够了。

你若点读《伪书考》，再加上一点补缀——如《尚书》及《周礼》等——我定可担任寻出版者。此书版权即归你，我可以保他必销售，也是你工读的一个好法子，并且于后学有益。……

或者我们可以计画一个小小的《国故丛书》，用新式标点翻刻旧书，如《经传释词》《古书疑义举例》《国故论衡》等等。你很可以做这件事。我可以略帮忙。（顾颉刚编著：《古史辨》第1册，朴社，1926年，5～6页）

按，顾颉刚原函作于11月23日（载《胡适遗稿及秘藏书信》第42册，28～35页）。24日，顾颉刚又复函胡适云："计画《国故丛书》，我也久有此想。我觉得凡是古书，都没有一部好好的白文，很是欠缺。现在做起来，有了清代学者的许多札记、校勘记，也并不难做。所以我想，我们出一部《国故丛书》，白文也可归一类；像先生说的《经传释词》等归一类；我要做的许多书目及表格又归一类。"又谈及句读《伪书考》及搜觅《九经通论》等事。（《胡适遗稿及秘藏书信》第42册，37～41页）

同日 章士钊复函胡适，谈为别人写结婚贺联事，又赞胡适的《墨经》研究，又希望胡适批评其《名学地辨》等。（《胡适遗稿及秘藏书信》第33册，153～155页）

同日 胡懒僧致函胡适，请胡适为其次子规划升学及代觅学校等事。

（中国社科院近代史所藏"胡适档案"，卷号1553，分号3）

11月25日　胡适作有白话诗《究竟死的是谁的老子》（又题《礼》）、《十一月二十四夜》。

11月26日　胡适在清人江永撰《江慎修音学辨微自写本》（宣统元年上海国学保存会影印本）题记："九，十一，二六，神州国光社大廉价时，买的，价二角。胡适。"（《胡适藏书目录》第2册，1301页）

同日　胡适在清人江永撰《音学辨微》一卷（宣统元年上海国学保存会石印本，1函1册）题记："九，十一，二六，神州国光社大廉价时，买的，价二角。"（《胡适藏书目录》第3册，1691页）

同日　胡适将当日所购张惠言述《墨子经说解》二卷（宣统元年上海国学保存会影印本，1函1册）题赠北京大学图书馆："今天我出城就医，正值神州国光社大减价之期，此书每部只售一角二分大洋，故我买了几部回来，把一部送给北京大学图书馆。胡适。九，十一，廿六。"（《胡适藏书目录》第4册，3007页）

同日　康白情函询胡适拜托胡为其诗集《草儿》作序的进展如何。（《胡适遗稿及秘藏书信》第33册，292页）

11月29日　《北京大学日刊》第755号刊登《注册部通告》：胡适因病续假一个月。

同日　胡适在清人董兆熊辑《南宋文录录》二十四卷（光绪十七年苏州书局刻本，1函6册）题记："董兆熊的《南宋文录录》廿四卷，六册。胡适。九，十一，二九。"另函套有胡适题记："董兆熊的《南宋文录录》廿四卷，六册。"（《胡适藏书目录》第2册，1412页）

同日　周作人日记有记：得胡适函，转来"支那学"三册。（《周作人日记》中册，159页）

11月30日　胡适在清人王仁俊撰《格致古微》五卷表一卷（光绪二十二年吴县王氏刻本；1函4册）题记："王人俊《格致古微》六卷，四册。一八九六年刻。此是过渡时代的一部有用的书。一九二〇，十一，三〇，我在琉璃厂买的。"（《胡适藏书目录》第2册，1218～1219页）

同日 胡适在清人李光廷撰《汉西域图考》七卷（同治九年番禺李氏刻本，1函4册）题记：李光廷《汉西域图考》七卷，四册。陈澧序在一八七〇年，此书刻于广州，颇不多见。病中过琉璃厂得此，甚喜。一九二〇，十一月三〇，胡适。图后跋语在同治八年，为一八六九年。适。"（《胡适藏书目录》第2册，1257页）

同日 胡适在清人厉鹗辑《南宋院画录》八卷（光绪十年钱唐丁氏竹书堂刻本，1函4册）题记："厉鹗《南宋画院录》八卷，四册。此书作于一七二一，至一八八四始有刻本，传世不多，虽为新刻，亦甚可贵。今日我就医过琉璃厂，偶见此书，以一元得之。一九二〇，一一，三〇，胡适。"（《胡适藏书目录》第2册，1412页）

同日 章恒丰复函胡适，收到胡适寄来祭吊章父的20元奠仪，又谈及近年家中屡遭变故等情。（中国社科院近代史所藏"胡适档案"，卷号1745，分号6）

秋末 梁启超来探视胡适病，胡适乃向其索阅《人境庐诗草》，梁启超不存此书，乃赠以清人金和撰《秋蟪吟馆诗钞》七卷（1916年影刻本，1函5册）。并题记："庚申秋末，走视适之病，适之索《人境庐诗》，余昔携三十帙馈友，皆尽，无以应矣。与语金亚匏《秋蟪吟馆诗》，适之乃未见，遂检赠之。亚匏诗云：'更从古人前，混沌辟新意。甘使心血枯，百战不退避。彼抱窃疾者，出声令人睡！何不指六经，而曰公家器？'又云：'所贵为其难，天力鲜疑怦。'此殆彼一种宣言也。其诗亦实能践其言。倘生三十年后，所造又宁止此？当彼时而有此，抑岂可不谓豪杰之士耶？诗旧有排印本，余为汰其侧艳之作数十章，校定重椠，则此本也。倘再汰其半，亦选《人境庐诗》之半，最而刊之，盖新文学先驱之两驷矣。适之有意耶？启超。"（《胡适藏书目录》第2册，1448页）

12月

12月2日 顾颉刚致函胡适，函寄毛子水《今古学考》及《周秦诸子

叙录》。又谈整理国故的一些具体想法。(《胡适遗稿及秘藏书信》第42册，42～45页)

12月3日　胡适在清人杨守敬撰《邻苏老人年谱》(民国石印本，1函1册)题记："杨守敬的《年谱》一册，价十枚铜元。读此册知杨氏生于僻陋之乡，长于贩卖之业，居然能自己造成了一个大学者，这也是狠可佩服的了。适。九，十二，三。"(《胡适藏书目录》第2册，1361页)

12月5日　蔡元培致函胡适，云："有留美学生张蕴蔼君寄来波兰人Korzybski所著Manhood of Humanity一册，征评语，大约为广告起见。如先生有暇，请读一过，并以北大教授名义评几句，仍由弟寄与张君。"又向胡适借读金和的诗集。(《胡适遗稿及秘藏书信》第39册，262页)

同日　晚6时，全国教育界为孟禄博士即将离京返美，在中央公园来今雨轩设宴饯别，由范源濂主席，蔡元培在病中，特草演说节略，请胡适代为译述：他对5个月前孟禄在纽约教育界欢宴蔡先生席上，评论中国学生运动的见解，甚为钦佩，并以此次因病未能躬与调查讨论为憾。席间发言者，尚有张伯苓、陶行知、王卓然、陈宝泉、金曾澄、汪懋祖、刘廷芳等20余人。末由孟禄发表演说。(北京《晨报》，1921年12月24日)

12月6日　汪原放致函胡适，谈论胡觉的病况，并请胡适将信转给胡思聪。又谈及《红楼梦》已经校到七十多回，黛玉焚稿等精彩文字都在八十回后，所以认为用一百二十回本不错。(《胡适遗稿及秘藏书信》第27册，487～491页)

12月8日　林语堂致函胡适，谈及在德、法二国读书对于生活的影响。又与胡适讨论还款之事。请胡适帮忙提高津贴。近来对文字较感兴趣，若去德国，想写近代中文文法。(《胡适遗稿及秘藏书信》第29册，332～336页)

12月9日　顾颉刚致函胡适，谈自己寻到宋濂的《诸子辨》，又云皮锡瑞的《经学通论》可列入《国故丛书》，又询胡适是否酝酿《伪书考》的序言等。(《胡适遗稿及秘藏书信》第42册，46～47页)

12月10日　胡适为挽留马叙伦致北大教职员会总务会议主席姚憾：

昨天看见你的启事。我想做事的人决难免疑谤，要免疑谤只有不做事。夷初先生是明白的人，岂不能见及此？若因为一纸匿名传单便辞职，则昔日之我与今日之梦麟先生收到的匿名传单何止几十？我因此写信给你，望你劝夷初不要辞职。(《北京大学日刊》第776号，1920年12月24日）

同日　胡近仁复函胡适，挂怀胡适的病。又谢寄《贞卜文字考》，使自己开了眼界。《石鹤舫传略》已经写好，因系用语体文写成，请胡适痛加批判。胡认为自己的题《尝试集》的诗太抽象，自是不错，但一时难以改过来。近来想读"社会学"方面的书，请胡适介绍书目。(《胡适遗稿及秘藏书信》第30册，387～388页）

12月11日　汪原放复函胡适，感谢钱玄同和胡适指出《儒林外史》校样中的错误，希望钱、胡继续指教。又寄上已经打纸版的《红楼梦》七十回5册校样，请胡适指出错误，以便改正。如胡适不能看，请胡代请一位校看，能校过一册，随寄一册回最好。(《胡适遗稿及秘藏书信》第27册，492～496页）

12月12日　陶行知致函胡适，告安徽三中又起风潮，仍主张方振民校长留任，请胡适致电学生挽留方校长，再用快信指示改革方针。(《胡适遗稿及秘藏书信》第36册，387～389页）

12月13日　周作人日记有记："得适之转来'支那学'第四号一册。"(《周作人日记》中册，162页）

12月14日　胡适复函青木正儿，云：

……先生不但不怪我狂妄，反因此提出日本"支那学者"应改用中国音读法的论文，这种态度是我所深佩服的。

先生论金冬心的诗，使我起一种新兴趣。我近来重读他的《三体诗》与《自度曲》，觉得先生所说尚有未尽。我此时尚不能作用脑力之文，等到我病全好时，我定要做一篇"一百七十年前的新体诗"，专论金冬心的诗。……

1920年　庚申　民国九年　29岁

....

我有几件关于"支那学"的事要请先生和先生的同志帮忙。不知可以吗？

第一，清康熙时，有一位怪特的学者，名姚际恒，是一位极大胆的疑古家。他的遗书只有一种《古今伪书考》和一部书画录是容易寻得的。此外，他尚有《九经通论》一百七十卷和《庸言录》一种，我遍求不得，诸家书目亦不著录。……不知日本有此二书否？日本之"支那学者"有论及此人的著作的吗？先生若能替我访问，或竟能替我寻到此人的书（我愿出资购买），我就非常的感激了。

第二，"支那学"第三号上有内藤先生作的《章实斋年谱》一篇。我也是爱读章氏的书的人，但《章氏遗书》此时很不易得。《文史通义》之外的遗文，我仅搜得四五十篇。内藤先生说他去年得钞本章氏遗书十八册。这一句话引起我的"读书馋涎"不少！内藤先生是否有意刊布此项遗书？若一时不刊布，他能许我借观此书的目录吗？章实斋一生最讲究史法，不料他死后竟没有人好好的为他作一篇传！内藤先生的《年谱》确是极有用的材料。他若能把他所得的遗书刊布出来，岂非"支那学"上一件大快事！请先生替我问一问内藤先生，好吗？

第三，先生前函曾提及令师狩野先生的《水浒考》，又蒙先生许我搜求登载此文的《艺文》杂志。此文我极想拜读一遍，若蒙先生代觅得那一号《艺文》，千万寄我一看！君山先生的住址，也请先生告我，我想寄一部《水浒》给他。（中国社科院近代史所藏"胡适档案"，卷号1961，分号21）

按，12月21日青木正儿复函胡适，告知君山之地址。又谈及《章氏遗书》的事，自己要问了内藤湖南后再函告胡适。12月25日，青木正儿复胡适一长函，谈为胡适搜求各书之详情。（中国社科院近代史所藏"胡适档案"，卷号1961，分号6;《胡适遗稿及秘藏书信》第42册，652～657页）

同日　胡晋接致函胡适，盛赞因风潮而辞职之安徽三中校长白振民为旧学界之新人物，有公德心，有责任心，对乡邦教育之改进尤具热诚。又简述三中风潮之大要，认为应该设法挽留白振民。(《胡适遗稿及秘藏书信》第30册，442～444页)

12月16日　缪金源致函胡适，谈道：

我今年下半年刚入本科哲学系一年级，偏遇着先生因病告假由一月以至三月，近又闻先生将赴哥仑比亚大学任中国哲学讲座，真是不幸得很！

我对于先生"现在"赴美，有些意见。先生在彼，既可教人，兼可自修学业，计固为得。但在北大方面，以教员论，第一流的要算哲学系，然实际上或学问疏浅，或教法不良，先生一走，无异拆台了！我并不是劝先生不去，是劝先生再等些时；等陈大齐、傅斯年诸位回来了，再去不迟！

退一步讲，如果先生一定要去，务请注意两件事：

（一）速将《中国哲学史大纲》编完，并编一部《西洋哲学史大纲》。前者在先生为试编，我们自不能说就怎样尽善尽美。但是方法总很不错，故请赶快完成。后者在中国尚无一部出版。我们虽可读外国书，然眼光究稍差，不若仍由先生编出一部来。那发的讲义，编得和小说一样，固然很好，但稍嫌简略些。

（二）阳历年假后速来校上课。在先生因病告假，固非得已。但此病一时难好，然一时亦无危险，何妨先来少教数课。先生所担任课程，我以为"英文诗"最为重要。因其余二门，尚有讲义。而"英文诗"非人领路，难入门径。我相信先生的程度，中国文学过于哲学，哲学过于英诗。但我们现在初学，自用不到辜鸿铭一流人。在国中找一个领路方法最好的，我想无过于先生！(《胡适遗稿及秘藏书信》第41册，49～51页)

12月17日　胡适作有白话诗《我们的双生日——赠冬秀》。

同日　任鸿隽、陈衡哲将 The Chief European Dramatists: Twenty-One Plays from the Drama of Greece, Rome, Spain, France, Italy, Germany, Denmark, and Norway, from 500 B. C. to 1879 A. D.（by Brander Matthews, Boston, New York, Chicago: Houghton Mifflin Company）一书题赠胡适："十二月十七日是适之的生日，我们送他这本书，做个纪念。鸿隽、衡哲，九，十二，十七。"（《胡适藏书目录》第3册，2193页）

同日　青木正儿致函胡适，谈及：从北京归来的友人武内义雄说，他拜访过胡适。又从他那里得知胡适的病是心脏症，很为胡适忧虑。又云，"支那学"同人希望将该杂志办成一个打破国境的学术杂志，请胡适赐稿。（《胡适遗稿及秘藏书信》第42册，647～649页）

12月18日　胡适复函顾颉刚，云：

> 《伪书考》不妨慢慢地点读。你那样校注法是极好的。
>
> 你主张把《诸子辨》《四部正讹》《古今伪书考》合刊一册，叫做《辨伪三种》。这是极好的。……
>
> 你的跋一定很有价值。……
>
> 第五项尤其重要——"根据了伪书而造成的历史事实"。……
>
> 我想做一篇长序：(1)略驳章实斋《言公篇》的流弊。旁人如此说，尚可恕。实斋是讲"史学"的人，故不可不辨。(2)申说我自己"宁可疑而过，不可信而过"之旨。(3)略述"订疑学"之历史——起王充，以至于今。(4)论"订疑学"不可不施行于《道藏》及《释藏》。……

（《古史辨》第1册，15页）

按，12月15日，顾颉刚致函胡适，提出希望将《诸子辨》《四部正讹》《古今伪书考》合刊一册，叫做《辨伪三种》，又拟作一跋，并详述此跋之主要内容。（《胡适遗稿及秘藏书信》第42册，48～50页）12月21日，顾颉刚复函胡适，谈及查《周氏涉笔》作者之情形，自己对于辑书，觉得有许多事可做。《国故丛书》计划，得马、沈、钱等教授赞同，极快。胡适长序，专在"订疑学"上说，自己则专就伪书的

出处流衍上说。《国故丛书》的形式，最好由胡适拟定。等等。(《胡适遗稿及秘藏书信》第42册，51～54页)

同日　缪金源复函胡适，赞成胡适希望避居海外，做一点"闭户的学者生活"。又抄寄诗词作品，请胡适病中消遣。(《胡适遗稿及秘藏书信》第41册，56～59页)

同日　安徽省立第三中学学生会致函胡适，谈他们推翻校长方振民的风潮事。(中国社科院近代史所藏"胡适档案"，卷号2192，分号5)

12月19日　胡适应邀为朝鲜《开辟》杂志新年号题辞。胡适的祝辞和复函一并影印刊登于《开辟》1921年新年号上。胡适在复函中赞《开辟》为东方文学界之明星，并祝其日益发展。

按，据中国社科院近代史所藏"胡适档案"不完全统计，是年请求胡适题字的还有孙壹衣。

12月21日　陈独秀致函高一涵、胡适，云：广东倘能办事，需人才极多，请高、胡二人早为留意。自己颇希望陶孟和能来办师范，顾孟馀能来办工科大学，请胡适向顾、陶二君一商。师范要附属小学及幼稚园，十分盼望杜威先生能派一人来实验他的新教育法，此事也请胡适商之杜威先生。(《中国人民大学学报》2012年第1期，29页)

12月23日　胡适致函顾颉刚，云：

《国故丛书》事，昨日马夷初先生来看我……他也很赞成。他允任《老子》与《庄子》二书。

…………

昨晚翻开《四库提要》，见《庸言录》一条下说姚际恒字善夫，徽州人。"善夫"的字，与别书所记姚氏之字皆不同。大概作《提要》的诸臣已不晓得此人的底细了。(《古史辨》第1册，16～17页)

12月24日　胡适致函青木正儿，告自己的病确是心脏的僧帽瓣有点

关闭不严，现已近痊愈。(中国社科院近代史所藏"胡适档案"，卷号1961，分号1)

12月26日　胡适复函顾颉刚，云:《竹柏山房丛书》使人失望是自然的;《庄子内篇》每篇的前一大段是真的，每篇的后面数小段大概是后人加上去的。(《古史辨》第1册，18页)

同日　顾颉刚复函胡适，悉胡适能照旧工作，"极慰"。谈自己整理佚书的想法。又谈这一年来自己的研究和生活。又拟出《国故丛书》的4种格式，请胡适审定。等等。(《胡适遗稿及秘藏书信》第42册，55～72页)

同日　陶行知致函胡适，告安徽省演讲会由刘载黎等发起，自己与刘伯明、张士一、王伯秋等6人将前往演讲。又请胡适在北京为这里的演讲会预约讲员。又请胡适在北大、北高师及其他方面聘请教员（因皖省教育最缺教员也）。(《胡适遗稿及秘藏书信》第36册，390～392页)

12月27日　胡适收到陈独秀写于16日的信，稍后有复信:

《新青年》"色彩过于鲜明"，兄言"近亦不以为然"，但此是已成之事实，今虽有意抹淡，似亦非易事。北京同人抹淡的工夫决赶不上上海同人染浓的手段之神速。现在想来，只有三个办法:

1. 听《新青年》流为一种有特别色彩之杂志，而另创一个哲学文学的杂志，篇幅不求多，而材料必求精。我秋间久有此意，因病不能作计划，故不曾对朋友说。

2. 若要《新青年》"改变内容"，非恢复我们"不谈政治"的戒约，不能做到。但此时上海同人似不便做此一着，兄似更不便，因为不愿示人以弱。但北京同人正不妨如此宣言。故我主张趁兄离沪的机会，将《新青年》编辑部的事，自九卷一号移到北京来。由北京同人于九卷一号内发表一个新宣言，略根据七卷一号的宣言，而注重学术思想艺文的改造，声明不谈政治。

孟和说，《新青年》既被邮局停寄，何不暂时停办，此是第三办法。但此法与"新青年社"的营业似有妨碍，故不如前两法。

总之，此问题现在确有解决之必要。望兄质直答我，并望原谅我的质直说话。

此信一涵、慰慈见过。守常、孟和、玄同三人知道此信的内容。他们对于前两条办法，都赞成，以为都可行。余人我明天通知。

抚五看过，说"深表赞同"。……（任建树主编：《陈独秀著作选编》第二卷，上海人民出版社，2014年，318～319页）

按，12月16日，陈独秀致函高一涵与胡适。信中称：《新青年》色彩过于鲜明，弟近亦不以为然，陈望道君亦主张稍改内容，以后仍以趋重哲学文学为是；但如此办法，非北京同人多做文章不可。近几册内容稍稍与前不同，京中同人来文太少，也是一个重大的原因，请二兄切实向京中同人催寄文章。……南方颇传适之兄与孟和兄与研究系接近，且有恶评，此次高师事，南方对孟和颇冷淡，也就是这个原因，我盼望诸君宜注意此事。余言候到粤再谈。（《陈独秀著作选编》第二卷，318页）

同日　顾颉刚复函胡适，感谢胡适介绍其担任讲师的厚意，但自己不拟就并详列原因。又谈到自己最好的职业是编书，"由我的意志而去编的书"。"（《国故丛书》）格子当先画（1）（2）两种"。（《胡适遗稿及秘藏书信》第42册，73～79页）

12月29日　胡适致函顾颉刚，云：

我们选辨伪的文字，似不能不有一个截止的时期。不然朱熹集里也有许多辨伪文字，苏轼也有、欧阳修也有，究竟录不录呢？

我想断自宋濂，下迄姚际恒。宋濂以前，如柳宗元、朱熹之流，可在序或跋里论"订疑学小史"时带叙到他们，似乎很够了。你以为何如？王世贞似可收入……（《古史辨》第1册，19页）

12月31日　陶行知致函胡适，拜托胡适招呼前往北大旁听的金陵大学学生陈源湘、朱文伟。（《胡适遗稿及秘藏书信》第36册，393～394页）

同日　胡适在北京杨梅竹斜街会文堂购得清人吕留良撰、陈钹编《吕晚村先生四书讲义》四十三卷（康熙二十五年刻本，1函8册）。是为本年度最后买得的一部书。(《胡适藏书目录》第2册，1383页)

12月　陈独秀致函李大钊、胡适、钱玄同、陶孟和、高一涵、鲁迅、张慰慈、王星拱、周作人等，告：因自己将远赴广州，故请陈望道代理编辑。沈雁冰、李达、李汉俊加入编辑部。胡适在信上以朱笔题记：请众人在阅后于名字上打圈，并转寄给没看过的人。另一题记为：昨日知《新青年》已不准邮寄。(《胡适遗稿及秘藏书信》第35册，571页)

1921年　辛酉　民国十年　30岁

是年，胡适仍执教北京大学。上半年，北大等北京高校因教职员索薪罢课，胡适从事国故研究。11月，被选为北大教务长。

春，商务印书馆欲罗致胡适担任编译所所长，辞之；夏，胡适应邀到该馆"做客"，后就编译所改革写出报告。所长一职，胡适荐王云五自代。

是年，胡适先后发表《〈红楼梦〉考证》的"初稿""改定稿"，开创"新红学"。

是年，教育部举办第三届国语讲习所，胡适应邀讲"国语文学史"。在8周内完成讲义15篇。

12月，《胡适文存》由亚东图书馆出版。

1月

1月2日　胡适在清人章学诚撰《文史通义》内篇一卷外篇三卷（民国浙江图书馆铅印，1函2册）题记："这几个月以来，我到处搜求章实斋的遗著，甚至写信到日本去访问，却不知道浙江图书馆已将此书刻出了！十年一月二日，俞平伯君为我买到此书，为十年度第一部新得的书，我的欢喜自不必说了！胡适。十，一，二。"（《胡适藏书目录》第3册，1596页）

1月3日　顾颉刚来访，"看书二小时"，又看到胡适《日程与日记》分"预计""实行"两项，"这便是我不及胡先生的地方。我的勤劳可以比得上胡先生，而我的聪明实在比不上胡先生"。（顾颉刚:《顾颉刚日记》第一卷，

台北联经出版公司，2007年，87～88页）

同日　胡适在《绣像汉宋奇书》二种六十卷（《忠义水浒传》一百一十五回，《四大奇书》第一种一百二十回）（清人熊飞辑，清代刻本，2函20册）题记："十，一，三，我在琉璃厂肄雅堂看书，忽见此书，惊喜过望；店家不知宝贵，几不取值，或者他还笑我傻哩！胡适。百十五回本《水浒传》廿册。"另《荡寇志》跋后有胡适题记："此《后水浒》另是一本，乃《续水浒传》之续也。"（《胡适藏书目录》第3册，1649页）

同日　高廷梓、李光灼致函胡适，告与教务长接洽毕业时间的经过，请胡适帮忙，希望能够依照旧制3年毕业。（中国社科院近代史所藏"胡适档案"，卷号1602，分号6）

1月4日　陶斯咏致函胡适，请求胡适将成美学会的简章寄上以便参考。（中国社科院近代史所藏"胡适档案"，卷号1682，分号6）

1月6日　陈源湘、朱文伟复函胡适，告已取得转学证书，希望胡适协助其来北京大学旁听。（中国社科院近代史所藏"胡适档案"，卷号1317，分号2）

1月7日　张锦城（蜀川）致函胡适，问候胡适病情，请胡适为其谋职。（《胡适遗稿及秘藏书信》第34册，489～493页）

> 按，是年请求胡适帮忙谋职的还有杨真江、宋玺昌、黄康屯、钟生瑞等。（据中国社科院近代史所藏"胡适档案"不完全统计）

1月8日　下午，钱玄同来访，钱氏日记有记：

> 四时访适之，他给我看一部《汉宋奇书》，下刻《三国》，上刻《水浒》，此《水浒》与金本大不相同——似可证其为最古之本。无卢俊义一梦，其下即征四寇，惟王进、王国并见，盖已存金本而窜乱矣！若能再得一部《忠义水浒传》（李），则将三种对勘，不难做一部《水浒探源》矣！不过金本实有文学价值耳。又在适之处见一部《实斋遗书》，浙江图书馆排印，印得甚劣，然拟购之。有一日本人，寄一本旧书来，

名曰《□□□□□》［按，原文缺］，□□□□时作的书，适之叫我审查何处之书，我约略看了一看，有些像南京音，然不敢断定。(《钱玄同日记》上册，369 页)

1月9日　陈独秀致函胡适、高一涵、张慰慈、李大钊、陶孟和、鲁迅、周作人、王星拱、钱玄同，云：

适之先生来信所说关于《新青年》办法，兹答复如左：

第三条办法　孟和先生言之甚易，此次《新青年》续出弟为之甚难；且官厅禁寄，吾辈仍有他法寄出与之奋斗（销数并不减少），自己停刊，不知孟和先生主张如此办法的理由何在？阅适之先生的信，北京同人主张停刊的并没有多少人，此层可不成问题。

第二条办法　弟虽离沪，却不是死了，弟在世一日，绝对不赞成第二条办法，因为我们不是无政府党人，便没有理由可以宣言不谈政治。

第一条办法　诸君尽可为之，此事于《新青年》无关，更不必商之于弟。若以为别办一杂志便无力再为《新青年》做文章，此层亦请诸君自决。弟甚希望诸君中仍有几位能继续为《新青年》做点文章，因为反对弟个人，便牵连到《新青年》杂志，似乎不大好。

…………

再启者，前拟用同人名义发起新青年社，此时官厅对新青年社颇忌恶，诸君都在北京，似不便出名，此层如何办法，乞示知。又白。(《中国人民大学学报》2012 年第 1 期，30 页)

1月10日　于连孝复函胡适，问候胡之病情，又告自己已考取山东留学考试，拟赴美，研究科目尚未定，"将来中国需要那种学问最紧迫，我也判断不清。请师替我选择一种将来最需要的学问，我就拿定主意，一直的向前研究，也不用怀疑了"。(中国社科院近代史所藏"胡适档案"，卷号 727，分号 4)

1921年　辛酉　民国十年　30岁

1月11日　《北京大学日刊》第783号刊登《注册部通告》：胡适之病已渐愈，其所授之"西洋哲学史大纲""中国哲学史大纲"于本学期开始授课，所授"英文诗"仍暂停讲。

同日　胡适致函《北京大学日刊》，请假两星期："昨晚归后，即觉脚痛较甚，今早亦不减轻。今日下午，取小便化验，忽又发现蛋白质甚多，心颇着急。现决计取消明日上课之议，请为续假两星期再看。"（《北京大学日刊》第784号，1921年1月12日）

同日　中华民国民团联合会给胡适函寄该会草案一份，"即乞逐条答注"，并在一星期内从速赐复。（《胡适来往书信选》上册，121页）

1月12日　顾颉刚来访。（《顾颉刚日记》第一卷，90页）

同日　潘淑致函胡适，为赴美留学选择学校和专业事请教胡适。（中国社科院近代史所藏"胡适档案"，卷号1916，分号3）

1月13日　顾颉刚致函胡适，为寿椿到厦门执教事请胡适帮忙写介绍信，又为北大图书馆添人事，请胡适向蒋梦麟说项。（《胡适遗稿及秘藏书信》第42册，88～91页）

同日　北大预科学生高佩琅就英文教材事致函胡适，有所请教。（中国社科院近代史所藏"胡适档案"，卷号1606，分号2）

1月15日　陈望道致胡适一明信片，云:《新青年》内容问题，自己不想多说话，因8卷4号以前他本人绝对是一个读者，5号以后也只依照多数意思进行。（《胡适遗稿及秘藏书信》第35册，418～419页）

同日　钱玄同复函胡适，对《诗经新注》注释谈几点想法。又谈及：古今学者关于"辟伪书"的著作，大可搜集起来，刻一部丛书。（《胡适遗稿及秘藏书信》第40册，289～291页）

1月17日　胡适致函汪原放，谈金仍珠发现的《儒林外史》之排印错误以及钱玄同指出的钱序中的错误，慨叹"错误之容易"。（《回忆亚东图书馆》，66～67页）

同日　朝鲜梁建植（白华）致函胡适，谈及西文撰写介绍胡适文学革命伟绩的文章发表在《开辟》杂志上，但惟恐疏漏，故不敢下笔。请胡适

撰写警醒朝鲜青年的文章并赐赠照片发表在《开辟》杂志上。(《胡适遗稿及秘藏书信》第42册，601～605页）

1月18日 胡适复函胡近仁，云已收到《石鹤舫传》，认为此传甚好，"深合作传体裁"，但末一段"唉，文人多穷……"以下"略嫌浅俗"，故代删去。请从省志上代查姚际恒的著作与事迹。《国语文法》并未成书，《哲学史》中、下卷大概夏间可成。又谈到《绩溪小丛书》：

……我搜得不少种了，但须等到我余钱时始能陆续付印。此决非短时期中事，但收罗遗著仍不可不努力进行。现在我随时作一《绩溪著作存佚考》，于城中诸胡，略有眉目了。(《胡适家书手迹》，93～97页）

按，3月18日，胡近仁复函云：感谢代为修正《石鹤舫传》；村内办小学的人屡嘱代请你代拟《国民学校教育简章》，请破工夫代拟寄回。又谈绩溪国民学校近况。又谈已查省志，但未查得姚际恒的材料等。(《胡适遗稿及秘藏书信》第30册，389～392页）

同日 钱玄同日记有记："接守常信，知仲、适两人意见冲突。盖一则主张介绍劳农，又主张谈政；一则反对劳农，又主张不谈政治。其实是猪头问题罢了。"次日，钱氏日记又记："为《新青年》适、仲意见冲突事，往与守常商量。"(《钱玄同日记》上册，371页）

1月19日 江绍原致函蒋梦麟、胡适，报告在芝加哥大学上课情形与自己的研究计划，希望蒋、胡帮忙，向教育部的一个委员会申请一笔基金，以购买一部《大藏经》供研究用。又谈到芝加哥大学的一位比较宗教学教师对胡适的《中国哲学史大纲》(上)非常感兴趣，希望早日译成英文印行等。(《胡适遗稿及秘藏书信》第25册，46～49页）

同日 汪原放复函胡适，谈《红楼梦》的补排、分段诸事。又谈道："《西游记》和《镜花缘》一定点读起来。"(《胡适遗稿及秘藏书信》第27册，497～499页）

1月20日　顾颉刚来访。(《顾颉刚日记》第一卷，92页)

1月21日　胡适在清人严长明著《严东友诗集四种》(《归求草堂诗集》六卷、《秋山纪行集》二卷、《金阙攀松集》一卷、《玉井搴莲集》一卷)(民国刻本，1函2册)题记："《严冬友诗集四种》，共两册。我因为他与吴敬梓有关系，故买了他回来。十，一，二一，胡适。"(《胡适藏书目录》第3册，1669页)

同日　周瘦鹃致函胡适，再次询问是否同意周所开具之待译莫泊桑小说篇目(寄上胡适去年来信的一部分，以提醒其记忆)；又向胡要刘复在英国的地址，又抄示新体诗2首请胡适指正。(《胡适遗稿及秘藏书信》第30册，83～84页)

1月22日　胡适致函李大钊等《新青年》编委，抄示27日收到的陈独秀来函及自己的复函(此二函均见本谱1920年12月27日条)，又告自己复函提出的两条办法皆无足以引起陈独秀误会之处，不料陈答书颇多误解。又云：

……守常兄已将此书传观，我至今日始见之，未及加以解释，恐误会更深，故附加一函，并附独秀与孟和书一份，再请你们各位一看。

第一：原函的第三条"停办"办法，我本已声明不用，可不必谈。

第二：第二条办法，豫才兄与启明兄皆主张不必声明不谈政治，孟和兄亦有此意。我于第二次与独秀信中曾补叙入。此条含两层：1.移回北京，2.移回北京而宣言不谈政治。独秀对于后者似太生气，我很愿意取消"宣言不谈政治"之说，单提出"移回北京编辑"一法。理由是：《新青年》在北京编辑或可以多逼迫北京同人做点文章。否则独秀在上海时尚不易催稿，何况此时在素不相识的人的手里呢？岂非与独秀临行时的希望——"非北京同人多做文章不可"——相背吗？

第三：独秀对于第一办法——另办一杂志——也有一层大误解。他以为这个提议是反对他个人。我并不反对他个人，亦不反对《新青年》。不过我认为今日有一个文学哲学的杂志的必要，今《新青年》差

不多成了 Soviet Russia 的汉译本，故我想另创一个专辟学术艺文的杂志。今独秀既如此生气，并且认为反对他个人的表示，我很愿意取消此议，专提出"移回北京编辑"一个办法。

总之，我并不反对独秀——你们看他给孟和的信，便知他动了一点感情，故轻信一种极可笑的谣言。我也不反对《新青年》，我盼望《新青年》"稍改变内容，以后仍以趋重哲学文学为是"（独秀函中语）。我为了这个希望，现在提出一条办法：就是和独秀商量，把《新青年》移到北京编辑。

这个提议，我认为有解决的必要。……若不先解决此问题，我们决不便另起炉灶，另创一杂志。若此问题不先解决，我们便办起新杂志来了，表面上与事实上确是都很像与独秀反对。表面上外人定如此揣测。事实上，老实说，我们这一班人决不够办两个杂志；独秀虽说"此事与《新青年》无关"，然岂真无关吗？故我希望我们先解决这个问题。若京、沪、粤三处的编辑部同人的多数主张把编辑的事移归北京，则"改变内容"，"仍趋重哲学文学"（皆独秀函中语），一个公共目的，似比较的更有把握，我们又何必另起炉灶，自取分裂的讥评呢？

诸位的意见如何？千万请老实批评我的意见，并请对于此议下一个表决。……

慰慈赞成此议。适。

一涵赞成此议。适。

赞成移回北京。如实不能则停刊，万不可分为两种杂志，致破坏《新青年》精神之团结。陶孟和。

赞成孟和兄的意见。王抚之［五］。

我还是主张从前的第一条办法。但如果不致"破坏《新青年》精神之团结"，我对于改归北京编辑之议亦不反对，而绝对的不赞成停办，因停办比分裂还不好。守常。

后来守常也取消此议，改主移京编辑之说。适注。

赞成北京编辑。但我看现在《新青年》的趋势是倾于分裂的，不容易勉强调和统一。无论用第一、第二条办法，结果还是一样，所以索性任他分裂，照第一条做或者倒还好一点。作人代。

与上条一样，但不必争《新青年》这一个名目。树。

玄同的意见，和周氏兄弟差不多，觉得还是分裂为两个杂志的好。一定要这边拉过来，那边拉过去，拉到结果，两败俱伤，不但无谓，且使外人误会，以为《新青年》同人主张"统一思想"，这是最丢脸的事。孟和兄主张停办，我却和守常兄一样，也是绝对的不赞成。我以为我们对于仲甫兄的友谊，今昔一样，本未丝毫受伤。但《新青年》这个团体，本是自由组合的，即此其中有人彼此意见相左，也只有照"临时退席"的办法，断不可提出解散的话。极而言之，即使大家对于仲甫兄感情真坏极了，友谊也断绝了，只有他一个人还是要办下去，我们也不能要他停办。至于《新青年》精神之能团结与否，这是要看各个人的实际思想如何来断定，断不在乎《新青年》三个字的金字招牌！玄同附注。（张静庐辑注:《中国现代出版史料（甲编）》，中华书局，1954年，9～11页）

同日　李大钊致函胡适，云:

我对于《新青年》事，总不赞成分裂……若是分裂而抢一个名称，若是与《新青年》有关的人都争起来，岂不同时出十几个《新青年》，岂不是一场大笑话！

我觉得你和仲甫都不是一定要抢《新青年》这一个名称，还是主义及主张有点不同的缘故。如果主张相同，在那里办，那一个人办，成不了什么问题。但是我觉得你们两人都有点固执……如果你们还是各立于两极端，我想我们只有两个办法:一个办法就是大家公决劝你们二位（恐怕劝也无效）都牺牲了《新青年》三个字吧！停办了吧！一个办法就是听你们两位一南一北分立《新青年》，我们都不好加入那一方，这种结果都是宣告了《新青年》破产。我个人的主张虽与仲甫的主张相近，但我决不赞成你们这样争《新青年》，因为《新青年》如果

是你的或是他的，我们都可以不管，如果大家都与他有点关系，我们也不应该坐视你们伤了感情，我想先把你给我的信交给玄同、豫才、启明、一涵、慰慈、孟和、抚五诸兄看过，看我们还有调停的方法没有。（欧阳哲生：《新发现的一组关于〈新青年〉的同人来往书信》，载《北京大学学报》2009年第4期）

同日　高梦旦复函胡适，问候胡适病，又谈及"哲学史版税"事，又谈及《四部丛刊》书款将从版税中扣除，感谢提供田喜一郎对《四部丛刊》的评语，拟与之通信以及大学编译处售书等事。（《胡适遗稿及秘藏书信》第31册，273～276页）

1月23日　胡适复函汪原放，谈《红楼梦》和《西游记》的排印问题。说道：《西游记》亦须早日访求好木板本。最好是无有"悟一子"批注的。切勿匆匆动手！我若早知你们动手点读《红楼梦》，我早把我的乾隆无批本借给你了。等到我知道时，你们已排了七十回了！（《回忆亚东图书馆》，67～68页）

同日　王钟麒致函胡适，感谢胡适介绍其至厦门济美中学教书。希望继续与胡适通信。（中国社科院近代史所藏"胡适档案"，卷号796，分号2）

1月24日　胡适致函顾颉刚，谈近日得崔述的《东壁遗书》，觉得其《考信录》有全部翻刻的价值，故决计将此书单行，作为《国故丛书》的一种。（《古史辨》第1册，19页）

同日　胡适复函青木正儿：能否求得冈鸣著作中的"《忠义水浒传》（二卷，自第一回至第十回，附训点刊布）"？能否在日本购得明代之《忠义水浒传》（百回本）？愿将一部刻印的《章氏遗书》寄赠内藤先生；很欢迎青木作一部以扬州作背景的小说；《吴敬梓传》乃是旧稿，甚不满意，将来拟写一篇《吴敬梓新传》。（中国社科院近代史所藏"胡适档案"，卷号1961，分号22）

同日　胡适致函季通（融五），对其在母丧的悲痛中还能为社会设想，不肯苟且做从俗违心的事表示敬意。认为，遇亲丧时，应"不顾社会旧习

惯的权威，而力行我们良心上所认为'是'的……"(《胡适遗稿及秘藏书信》第 13 册，161～162 页）

1 月 25 日 顾颉刚致函胡适，认为《辨伪丛刊》宜分甲、乙两部，甲部辨伪事，乙部辨伪书。(《胡适遗稿及秘藏书信》第 42 册，92～95 页）

1 月 27 日 胡适作白话诗《醉与爱》。

同日 《北京大学日刊》第 797 号刊登胡适致该刊编辑函：

大学日刊编辑先生：

近来从河南《新中州报》读新闻一则，使我病人开口大笑，请你登入大学日刊，使大家看看。

胡适

该函附有《北大哲学研究会特请傅铜演讲》（觉梦），刊河南《新中州报》。

同日 青木正儿致函胡适，告：内藤先生说北京有一位陈曾桐先生藏有章氏遗书，若看到，请告知目录。(《胡适遗稿及秘藏书信》第 42 册，658 页）

1 月 28 日 胡适复函顾颉刚：很高兴顾氏能标点《考信录》；《考信录》甚多使人失望处，但古今来没有第二个人能比他大胆和棘手的了；又自述古史观：

现在先把古史缩短二三千年，从《诗三百篇》做起。将来等到金石学、考古学发达上了科学轨道以后，然后用地底下掘出的史料，慢慢地拉长东周以前的古史。

至于东周以下的史料，亦须严密评判，"宁疑古而失之，不可信古而失之"。(《古史辨》第 1 册，22～23 页）

按，1 月 27 日，顾颉刚致函胡适，告读《考信录提要》之愉快，很想标点此书，希望弄完《辨伪三种》后，即接做此书。(《胡适遗稿及秘藏书信》第 42 册，1～2 页）

1 月 29 日 钱玄同致函胡适，谈对《新青年》下一步走向的态度：与

其彼此隐忍迁就地合并，大家感情都不伤，自然可移；还是分裂的好。要是移到北京来，要是比分裂更伤，还是不移而另办为宜。绝对不赞成陶孟和的停办之说，而且以为是同仁不应该说的。因为《新青年》的结合，完全是彼此思想投契的结合，不是办公司的结合。所以思想不投契了，尽可宣告退席，不可要求别人不办。换言之，即《新青年》若全体变为《苏维埃俄罗斯》的汉译本，甚至于说这是陈独秀、陈望道、李汉俊、袁振英等几个人的私产，我们也只可说陈独秀等办了一个"劳农化"的杂志，叫作《新青年》，我们和他全不相干而已，断断不能要求他们停办。(《胡适遗稿及秘藏书信》第40册，292～296页)

同日　青木正儿致函胡适：从友人处访得姚际恒《诗经通论》(18卷6册，道光刊本)，若要见此书，可以借得的。(《胡适遗稿及秘藏书信》第42册，659页)

同日　高梦旦复函胡适，悉胡请名西医诊病，甚慰。收到《石壕吏》的译文等。(《胡适遗稿及秘藏书信》第31册，277～278页)

1月30日　胡适将钱玄同论崔述的信5页函寄顾颉刚。(《古史辨》第1册，27～28页)

> 按，次日顾颉刚有复函与胡适。(《胡适遗稿及秘藏书信》第42册，96～99页)

1月31日　汪原放致函胡适，谈及请胡适代买《水浒》《儒林外史》《红楼梦》《西游记》《镜花缘》等书。又谈及"七十八回，高鹗的序，高、程合作的'例言'，都已收到"，等等。(《胡适遗稿及秘藏书信》第27册，500～509页)

2月

2月1日　《北京大学日刊》第801号发布《注册部通告》：胡适之先生来函云续假一星期，冬假后当可上课。其"中国哲学史"一科，冬假后自"汉之哲学"讲起;其"西洋哲学史"一科,则自"近世哲学"讲起;"西洋古代哲学"俟后再补授……

同日　汪原放致函胡适,告购得一部百回木版《西游原旨》,有许多序跋,不知是否都靠得住。今函寄头本和末2册,请胡适研究,不知比商务本如何?(《胡适遗稿及秘藏书信》第27册,510页)

同日　张浣英复函胡适,关心胡适病情,并感谢胡适承诺接济。(中国社科院近代史所藏"胡适档案",卷号1238,分号2)

2月2日　朱我农致函胡适,请胡适不要再送钱给其母。(《胡适遗稿及秘藏书信》第25册,362页)

2月3日　胡适复函青木正儿:已经收到手抄本内藤藏本《章氏遗书》的目录,寄赠一部浙江印本的《章氏遗书》,以表谢意。在印本目录上,已注出内藤本所无的各篇。现写出内藤本比我所藏多出的各篇目。若能使我看到以上各篇中的《礼教》《所见》两篇,将感激不尽。内藤的《章实斋年谱》,已叫人去翻译。此谱搜集极完备,非常佩服;但也有小错误。因要叫学生们整理崔述的《东壁遗书》,能否求得日本史学会出版的《东壁遗书》的"点读加引号"的本子?等等。(中国社科院近代史所藏"胡适档案",卷号1961,分号24)

同日　胡适在明人胡应麟著《少室山房笔丛》四十卷(光绪二十二年广雅书局刻本,2函12册)题记:"明胡应麟的《少室山房笔丛》十二种,四十八卷,十二册。顾颉刚托朋友替我买的。胡适,十,二,三。"(《胡适藏书目录》第2册,1479页)

2月5日　吴辟罢致函胡适,谈与其父吴虞之纠葛。(《胡适遗稿及秘藏书信》第28册,553～555页)

同日　张价庥致函胡适,感谢胡适推荐其代刘平江至徐州中学教书。又谈及编中学历史教科书等事。(中国社科院近代史所藏"胡适档案",卷号1225,分号9)

2月8日　胡适复函青木正儿,感谢其寄赠《忠义水浒传》2册。又谈拿此本与现行金圣叹本及新得的百十五回本对照的观察:(1)此本的底本,

是明李卓吾评百回本。（2）此本的文字言语与金本相差甚微，所不同者只在金本减少许多骈偶的累赘句。（3）此本与百十五回本大不同。又望能代访一部百回本的《忠义水浒传》。感谢允为抄录京都府立图书馆的百二十回本《水浒全书》的目录、凡例等。又询到日本现在所用历法问题。（中国社科院近代史所藏"胡适档案"，卷号1961，分号16）

按，2月17日，青木正儿致函胡适，总复4日、8日胡函。青木函云：已经收到《章氏遗书》。内藤本《章氏遗书》所收《礼教》《所见》两篇，已借出，抄录后当寄上。对内藤著《章实斋年谱》的正误，均不错，内藤先生深表感谢。《崔东壁遗书》在京都尚未搜到。请再邮寄两套《章氏遗书》。百回本的《忠义水浒传》不易搜，但"假我若干的时期，我誓替你访出来！"对胡适关于百回本的看法，略有不同意见："……我的意见，小说之起原在演史，演史使人听的，所以往往插入骈句和韵语，以娱俗耳。今观察百回及百二十回本，繁用这个手段，可见却存小说的旧观。……金本删除这个骈句和韵语，从文学手段上而说，就是做一进步，从小说形式上而论，却是损伤旧观了。自从这个见地，我也敢说'圣叹改撰了水浒了！'他的改撰癖不但《水浒》，并且《西厢》《三国》比比皆是。他是很大胆，很不羁的一个评家，一经他手里，悉做自家药笼中的东西而改出来。他的《西厢》比明周宪王本竟不同，《三国》也比明李卓吾本异同多了。"关于日本的历法："山间僻地也用旧历的很稀少，但是历书上尚未废……从古典的情趣而说，旧历也不可弃掷。……"（《胡适遗稿及秘藏书信》第42册，660～668页）

同日 顾颉刚致函胡适，感谢胡适来信并借款。又谈及："我记起先生要买各朝代的诗文选集，这种东西以江苏书局出版为多，如《唐文粹》《宋文鉴》等很多。先生如要，我可代买带京。"（《胡适遗稿及秘藏书信》第42册，101～102页）

2月14日 胡适致函周作人，谈燕京大学校长司徒雷登和教务长博晨光拟整顿该校的"中国文"一门，希望请一位懂得外国文学的中国学者去

做国文门主任,赋予其全权改革的权利。他们就此事拜托朱我农同胡适商量。朱、胡都认为,周作人是最适当的人。胡适认为:

> ……此事确是很重要。这个学校的国文门若改良好了,一定可以影响全国的教会学校及非教会的学校。最要紧的自由全权,不受干涉;这一层他们已答应我了。我想你若肯任此事,独当一面的去办一个"新的国文学门",岂不远胜于现在在大学的教课?

胡适又将燕京大学的薪俸等条件告周,又谈及周树人、周作人兄弟对胡适的诗的选择去取,都极赞成,只有《礼》一首,仍觉尚有可存的价值,等等。(《胡适来往书信选》上册,123~124页)

> 按,2月16日,朱我农复函胡适,答复周作人托胡问朱之事:周之职务是中文系主任,有支配该系一切事件的权;周之办事时间,可由周自己定;给周发聘书将在新学期开学之前,以便周有改组该系的时间;兼的教课,也在周自定。(《胡适来往书信选》上册,125~126页)

2月16日 张奚若致函胡适,谈不久前在北京胡家欢聚等事,又云将于3月10日左右赴欧等情。(《胡适遗稿及秘藏书信》第34册,286页)

2月18日 毛子水复函胡适,报告胡适要其查找的英文书的情形,又谈及自己讲授的语法情况等。(《胡适遗稿及秘藏书信》第24册,591~592页)

2月19日 北大旁听生潘渊(潘梓年)致函胡适,说胡适是他最仰慕的一个人,抄录诗作请胡适指正。(《胡适遗稿及秘藏书信》第39册,17页)

同日 林语堂致函胡适,谈到德国后景况,并推崇德国的态度以及对中国人的友善。(《胡适遗稿及秘藏书信》第29册,337~341页)

2月22日 胡适作有《发起〈读书杂志〉的缘起》一文,希望爱读书的朋友们把读书研究的结果发表出来。一来可以因此得着大家的批评,二来可以引起国人读书的兴趣,"大家少说点空话,多读点好书"。(《胡适遗稿及秘藏书信》第13册,378~379页)

2月24日　汪原放复函胡适，感谢胡借阅《西游记》，赠送《水浒传》。又就《西游记》分段等问题请教胡适。又云："《儒林外史》加一勘误表，一定遵行，谢谢兄指点。"（《胡适遗稿及秘藏书信》第27册，511～520页）

2月25日　张元养致函胡适，认为胡之《中国哲学史大纲》卷上博大宏深，令人五体投地，又讨论书中孔子与儒家的相关问题。（中国社科院近代史所藏"胡适档案"，卷号1213，分号4）

按，2月27日，张氏又就相关问题再函胡适。（中国社科院近代史所藏"胡适档案"，卷号1213，分号5）

2月26日　胡适作有《墨经校释序》。（《胡适遗稿及秘藏书信》第7册，161～171页）

2月28日　陶行知致函胡适，告：安徽省屡屡邀请自己回乡服务，因职务关系不能离开，故推荐王伯秋回乡主持皖省教育。（《胡适遗稿及秘藏书信》第36册，400～401页）

同日　潘元耿致函胡适，告将胡适的介绍信寄给七师校长后，该校长已通知自己到校，但聘书等文件已寄给胡适，请胡适寄给自己。（中国社科院近代史所藏"胡适档案"，卷号1917，分号2）

2月　康白情致函胡适，云：去年曾在北京向胡适借走100元，忘记了是否归还，请胡适查一查。（《胡适遗稿及秘藏书信》第33册，293页）

按，此函落款是1921年2月29日，但是年是没有29日的，故系于"2月"。

3月

3月1日　胡适在清人李慈铭撰《越缦堂日记》十二集（《孟学斋日记》、《受礼庐日记》、《祥琴室日记》、《息荼庵日记》、《桃花圣解盦日记》、《桃花圣解盦日记》第二集、《荀学斋日记》）（民国九年会稽李氏影印本，8函51

册）题记："此书与曾国藩的日记是近世两种重要史料。民国十年三月一日，胡适。"传后有胡适题记："此传太略，当参考日记中材料，为作一传。第七册之末卷，记母丧一篇，是狠好的传料。"(《胡适藏书目录》第3册，1719页)

3月2日　胡适出席北京大学评议会常会，讨论设立音乐系等案。(《北京大学史料　第二卷　1912—1937》第1册，163～164页)

同日　胡适将《发起〈读书杂志〉的缘起》函寄周作人，请周帮助，"豫才兄处，请你致意，请他加入"。(《胡适来往书信选》上册，128页)

同日　顾颉刚致函胡适，告自己已经回到北京，《全上古三代秦汉六朝文》未在苏州买到，已托书肆别处觅购。已代买《宋文鉴》《元文类》《明文在》3部。(《胡适遗稿及秘藏书信》第42册，103～104页)

3月3日　顾颉刚来访，"与胡先生论及归家，先生亦以我意为是，予归志决矣！"(《顾颉刚日记》第一卷，102页)

3月5日　胡适复函钱玄同，遵嘱为其子开列书目单：《东周列国志》《三国志》《两汉演义》《隋唐演义》《侠隐记》《续侠隐记》《清宫秘史》《点滴》《新文学评论》《白话书信》《西游记》《镜花缘》《恨海》《九命奇冤》《上下古今谈》《小说月说》《实话报》，"白话注解的《古文观止》"。(《鲁迅博物馆藏近现代名家手札》〔二〕，140页)

3月7日　林语堂致函胡适，述在德国的学习生活，又寄上《为罗马字可以独立使用一辨》，请胡适指正。(《胡适遗稿及秘藏书信》第29册，342～343页)

3月8日　顾颉刚复函胡适，抄示自己拟的《辨伪丛刊》的条例、目录等。(《胡适遗稿及秘藏书信》第42册，105～110页)

3月9日　江世义致函胡适，报告自己在巴黎生活近况，向胡适借钱。(中国社科院近代史所藏"胡适档案"，卷号894，分号2)

　　按，后来江世义为经济求助事又致函胡适、江冬秀。(中国社科院近代史所藏"胡适档案"，卷号894，分号3)

3月12日　下午4时，北京大学教员在第二院开会，商讨政府欠薪问

题，由姚憾主席。首由陈世璋发言，次宣读李石曾来函，次郑寿仁、陈启修、黄右昌、陈廷璋等相继发言。继胡适发言：

> 罢工为重大事件，所要求之目的，须足以与之相应而后可。现在根本问题，在政府各部各以本部之收入为私产，彼此不能相通，如农商部、交通部皆以本部之收入为其私产。此次国立各校，其经费之支绌为向来所未有，政府于固有之学校不与以维持，而交通部反自新设交通大学，同属国家机关，而畸轻畸重若是，此际宜请求政府：①以后各部收入，不得作为各部私产；②指定交通部直辖各铁路收入项下，每月拨付国立六校经费。盖政府对于教育经费一文不付，而对于不急之务，如翻印《四库全书》则耗至四百万元，设立航空年耗至数十万元，毫无吝惜之意，政府膜〔漠〕视教育如此，非指定的款，经费问题决无解决之望云云。

后由陈廷均提出决议，由胡适略为改正，谓自3月14日起，暂行停止职务，要求政府于直辖各铁路收入项下，拨付教职员积欠薪俸，及国立6校常年经费。主席付表决，全体赞成，随选出委员郑寿仁、陈世璋、马叙伦、王绍瀛、王星拱、陶履恭、何基鸿、周象贤、顾兆熊、谭仲逵、李大钊11人，以执行上述决议案，并宣告北大教职员在其他国立学校兼职，亦一律罢工。（《申报》，1921年3月15日）

同日　汪原放致函胡适，谈《儒林外史》再版诸问题。又拟将《胡适文存》先于《西游记》出版。(《胡适遗稿及秘藏书信》第27册，521～531页）

3月13日　胡适致函范源濂，表示不愿见范因教职员索薪罢课而辞职。此次教职员罢工之举，并非对范有所不满意，实因政府太无办法。又说：现在中国政府有一个怪现状，就是各部的收入都成了各部的私产。并以交通部大兴教育事业为例说明。并希望范在两个问题上以去就力争：要求政府于国有各铁路收入项下拨付各校欠薪及以后国立各大校的经费；关于蒙古现状处理问题，承认远东共和国，以助剿蒙乱为承认之条件。（《胡适遗稿及秘藏书信》第19册，248～251页）

1921年　辛酉　民国十年　30岁

3月15日　青木正儿致函胡适，对北洋政府不支付教员薪水表示愤慨，寄上日金100元用于购买《章氏遗书》费用等。(《胡适遗稿及秘藏书信》第42册，669～671页)

3月19日　顾颉刚来，抄《黄氏日钞》。(《顾颉刚日记》第一卷，107页)

3月20日　朱经农致函胡适，告女高师校长熊知白请朱经农回国后襄理校务，知系胡适推荐，不胜感谢。开列四条件，请胡适与女高师洽商。又感激胡适近年来垫款帮忙朱家家事等。(《胡适遗稿及秘藏书信》第25册，584～588页)

同日　青木正儿复函胡适：《英雄谱》二帙收到，多谢。将利用有关材料写进《水浒三国全传》。(《胡适遗稿及秘藏书信》第42册，672页)

同日　黎锦晖致函胡适，感谢胡适给其在北大旁听的机会。又详谈易群先事，希望胡适能拨冗见她一次给以开导。又希望胡适能给2位湖南青年范君、周君在北大英文学系选听2门课的机会。自长沙来京的李欣淑，《晨报》已载其景况，不知胡适可否替她想个法子。(《胡适遗稿及秘藏书信》第39册，546～554页)

3月24日　汪原放复函胡适，感谢胡适改正其《再版后记》。希望胡适为再版的《儒林外史》做一篇《吴敬梓新传》。又详谈出版《红楼梦》《水浒传》《儒林外史》等书事。(《胡适遗稿及秘藏书信》第27册，532～542页)

3月26日　美国图书馆协会秘书Carl H. Milam致函胡适云：On account of your interest in library progress and development I am writing to invite you to become a member of the American Library Association. I enclose an application blank herein which I hope you may care to fill in and return to us.(中国社科院近代史所藏"胡适档案"，卷号E-299，分号5)

3月27日　胡适写成《〈红楼梦〉考证》，因后来不断搜集材料加以修正，并于本年11月写出"改定稿"，故此稿被称为"初稿"。大要是：

> 《红楼梦》的考证是不容易做的，一来因为材料太少，二来因为向来研究这部书的人都走错了道路。他们怎样走错了道路呢？他们不去

搜求那些可以考定《红楼梦》的著者、时代、版本等等的材料，却去收罗许多不相干的零碎史事来附会《红楼梦》里的情节。他们并不曾做《红楼梦》的考证，其实只做了许多《红楼梦》的附会！……
....

我现在要忠告诸位爱读《红楼梦》的人：我们若想真正了解《红楼梦》，必须先打破这种种牵强附会的《红楼梦》谜学！

其实做《红楼梦》的考证，尽可以不用那种附会的法子。我们只须根据可靠的版本与可靠的材料，考定这书的著者究竟是谁，著者的事迹家世，著书的时代，这书曾有何种不同的本子，这些本子的来历如何。这些问题乃是《红楼梦》考证的正当范围。
....

我们现在把关于曹雪芹的父亲的材料，总结起来，可得这几条结论：

（1）曹寅是满洲的世家，几代都在江南做官。

（2）曹寅任江宁织造甚久。织造在当时是一个极肥的差，曹寅又于康熙四十三年至四十九年之间，与同旗李煦轮做了四次的两淮巡盐御史，又是一个极肥的缺。

（3）因此，他家在当时是一个极大的富家，故康熙帝南巡时，他家做得起皇帝的东道主。（参看《红楼梦》第十六回赵嬷嬷与王凤姐论南巡接驾一大段。）

（4）曹寅会写字，又会做诗，有诗集行世；他又刻有十几种精刻的书，可见他家虽是巨富，却还"依附风雅"，是一种文学美术的家庭。

（5）曹寅不但提倡文艺，并且还是一个正人君子，故当时的文人学者都还看得起他。

（6）曹寅的晚年事迹无可考，但他前能得纳兰成德的题词，后至康熙四十九年还任两淮盐院，大概死在康熙五十年与六十年之间。

（7）宋和的《陈鹏年传》里提及曹寅的幼子无意中救了陈鹏年一事。《红楼梦索隐》说康熙帝二次南巡，雪芹以童年召对，大概即指此事，但误记为二次南巡的事。这个孩子是否即曹雪芹，我们无从考证。但依《红楼梦》全书的口气看来，似乎这孩子便是雪芹自己。若果如此，雪芹当此时大约在十岁左右，他的生年约当康熙三十五六年（一六九六或九七）。

这几条结论之中除了末一条未能十分确定之外，其余都是很可靠的。我们虽不能发现曹雪芹的一生事迹，但我们很可因此考知他的家世、家庭环境与大略的时代：这也是我们不幸中的大幸了！

…………

总结上文关于"著者"的考证，凡得六条结论：

（1）《红楼梦》的著者是曹雪芹。

（2）曹雪芹是满洲人曹寅的儿子，生于极富贵之家，身经极繁华绮丽的生活，又带有文学与美术的遗传与环境。

（3）曹寅大概死于康熙末叶。曹雪芹大概生于康熙三十五六年。

（4）曹寅家极盛时，曾做过康熙帝的东道主人；但后来家渐衰败，或得了罪被抄没。

（5）《红楼梦》一书是曹雪芹破产倾家之后，在贫困之中做的。做书的年代大概当雍正末年或乾隆初年。

（6）《红楼梦》是一部隐去真事的自叙：里面的甄、贾两宝玉，即是曹雪芹自己的化身；甄、贾两府即是当日曹家的影子。（故贾府在"长安"都中，而甄府始终在江南。）

…………

……现今市上通行的《红楼梦》虽有无数版本，然细细考较去，除了有正书局一本外，都是从一种底本出来的。这种底本是乾隆末年间程伟元的百二十回全本，我们叫他做"程本"。这个程本有两种本子：一种是乾隆五十七年壬子（一七九二）的活字排本，可叫做"程排本"；一种是程家刻的本，刻成在壬子排本之后，这个本子可叫做"程刻本"。这两种程本就是现在一切百二十回本《红楼梦》的老祖宗，也是《红楼梦》最早的印本。

……………

……《红楼梦》后四十回是高鹗补的。……我们细究程高两序，可以作下列的推测：

（1）程伟元是一个有钱的阔人，高鹗是一个"闲且惫矣"的文人。

（2）高鹗大概狠爱研究《红楼梦》，故能依据原有的后四十回目录（假定这四十回目录是真的）补作后四十卷的《红楼梦》。补作的时日大概即是乾隆五十六年（一七九一）。

（3）高鹗补作成书后，由程伟元出资排印制版。程序说的先得二十余卷，后又在鼓担上得十余卷，那些话大概都是假托的话。因为世间很少这样奇巧的事！

（4）高鹗自己的序说得很含糊，字里行间都很可疑。……

……………

……我觉得我们做《红楼梦》的考证，只能在这两个问题上着手；只能运用我们力所能搜集的材料，参考互证，然后抽出一些比较的最近情理的结论。这是考证学的方法。我在这篇文章里，处处想撇开一切先入的成见；处处存一个搜求证据的目的；处处尊重证据，让证据做向导，引我到相当的结论上去。我的许多结论也许有错误的，也许有将来发现新证据后即须改正的。……我希望我这一点小贡献，能引起大家研究《红楼梦》的兴趣，能把将来的《红楼梦》研究引上正当的轨道去：打破从前种种穿凿附会的"红学"，创造科学方法的《红楼梦》研究！（《胡适遗稿及秘藏书信》第10册，1～56页）

3月 安徽省立第三中学敦聘胡适为该校名誉参议，请对学校行政及教学重要事宜随时通讯。敬请胡适俯允。（中国社科院近代史所藏"胡适档案"，卷号1859，分号4）

1921年　辛酉　民国十年　30岁

4月

4月1日　汪原放复函胡适，告收到胡适的《〈红楼梦〉考证》，并论胡适的辛苦，寄上稿酬300元。报告《红楼梦》《西游记》《水浒传》等各书的排版状况与进度。拜托胡适帮忙修改自己所做《红楼梦》的《校读后记》等。(《胡适遗稿及秘藏书信》第27册，543～553页)

4月2日　胡适致函顾颉刚，请顾帮忙校读《〈红楼梦〉考证》，又托顾借《南巡盛典》和《船山诗草》。(《学术界》第1卷第1期，1943年8月15日)

同日　顾颉刚复函胡适，认为《〈红楼梦〉考证》"把从前附会之说一扫而清，拨云雾而见青天"(《顾颉刚日记》第一卷，110页)，并将查书结果函复胡适，并提出：从江苏省志里或可找到曹楝亭的材料等。(《胡适遗稿及秘藏书信》第42册，134～135页)

顾颉刚《琼东杂记》：

适之先生做《红楼梦考证》，嘱我寻觅材料，我为好奇心所驱使，愈聚愈多，到京师图书馆的回数当有十次，写与先生及平伯的信有二十余通，这也费掉一个多月的功夫。……十、六、九。(《中华文史论丛》卷12，1981年第4期，45页)

胡适《俞平伯的〈红楼梦辨〉》：

我的《〈红楼梦〉考证》初稿的年月是民国十年（一九二一）三月廿七。我的《考证》"改定稿"是同年十一月十二写定的。平伯、颉刚的讨论——实在是他们和我三个人的讨论——曾使我得到很多好处。(《胡适手稿》第9集卷2，310页)

唐德刚译注《胡适口述自传》：

在寻找作者身世这项第一步工作里，我得到了我许多学生的帮助。

这些学生后来在"红学"研究上都颇有名气。其中之一便是后来成名的史学家顾颉刚；另一位便是俞平伯。……这些学生——尤其是顾颉刚——他们帮助我找出曹雪芹的身世。（台北《传记文学》第35卷第1期，1980年）

顾颉刚《古史辨·自序》：

《红楼梦》问题是适之先生引起的。十年三月中，北京国立学校为了索薪罢课，他即在此时草成《〈红楼梦〉考证》……适之先生第一个从曹家的事实上断定这书是作者的自述，使人把秘奇的观念变成了平凡；又从版本上考定这书是未完之作而经后人补缀的，使人把向来看作一贯的东西忽地打成了两橛。……他感到搜集的史实的不足，嘱我补充一点。……我便天天上京师图书馆，从各种志书及清初人诗文集里寻觅曹家的故实。果然，从我的设计之下检得了许多材料。把这许多材料联贯起来，曹家的情形更清楚了。我的同学俞平伯先生正在京闲着，他也感染了这个风气，精心研读《红楼梦》。……这件事弄了半年多，成就了适之先生的《红楼梦考证改定稿》和平伯的《红楼梦辨》。（《古史辨》第1册）

俞平伯《红楼梦辨·引论》：

……［1921年］胡适之先生正发布他底《〈红楼梦〉考证》，我友顾颉刚先生亦努力于《红楼梦》研究；于是研究底意兴方才感染到我。（俞平伯：《红楼梦辨》，亚东图书馆，1923年4月）

4月3日 胡适致函顾颉刚，托顾帮助查找有关高鹗的资料。并猜度高鹗"中进士当在乾隆（五五）庚戌与嘉庆辛酉之间"，又请顾帮忙抄录《船山诗草》中"赠高兰墅鹗同年"一诗。（《学术界》第1卷第1期，1943年8月15日）

按，次日，顾颉刚向胡适函告查书所得：在国子监见到了高鹗的名字和履历，抄到了张船山赠高鹗的诗，并在《诗人征略》上发现曹寅记载。又在《四库全书提要》的《别集类存目》查到曹寅有《楝亭诗钞》五卷（附《词钞》一卷）、《居常饮馔录》。又告从《居常饮馔录》《楝亭书目》的小引里查到的曹寅的材料。顾函又云：高鹗既是汉军人，谅住在北京。猜想《红楼梦》的自"作"而"钞"，自"钞"而"续"，自"续"而"刻"，竟都在北京了。(《胡适遗稿及秘藏书信》第10册，67～68页)

4月4日 张西曼致函胡适，述钦仰之意，希望胡适能推荐其进入俄文系。(《胡适遗稿及秘藏书信》第34册，142～146页)

4月5日 胡适致函顾颉刚，谈到《〈红楼梦〉考证》已付印，希望将昨日顾氏来函抄出作一个附录，印在考证之后。(《学术界》第1卷第1期，1943年8月15日)

4月6日 朱我农复函胡适，云"你所说的事，我已经照办"，又谈及家人生病。又告决计不就任中国学院董事。(《胡适遗稿及秘藏书信》第25册，363～366页)

4月8日 青木正儿复函胡适，谈及：《艺文》一、五收到了。《东壁遗书》至今尚未访得，请等一等。"我钞的《水浒》百廿回本的凡例有效于你的考证"，很高兴。你若将来到内府看百回本，我一定托人相助。冈岛璞的《水浒》译本，木版的原本很稀少，寄上铅印洋装一部。"我此时要做《日本文学史上的〈水浒〉》一篇小论……神田君的《〈四部丛刊〉底本论》意外有反响，他非常欢喜了……"(《胡适遗稿及秘藏书信》第42册，673～675页)

  按，胡适原函未见。

同日 胡近仁复函胡适，感谢胡答应代拟《国民学校简章》，但希望能尽早从事，又谈及胡绍之拟在某贸易公司谋职交巨额保证金事等。(《胡适遗稿及秘藏书信》第30册，393页)

  按，胡适原函今不见。

4月11日　张奚若致胡适一明信片，询问胡适病情。（《胡适遗稿及秘藏书信》第34册，287页）

4月12日　胡适作有《平民学校校歌》：

靠着两只手，

拼得一身血汗，

大家努力做个人，——

不做工的不配吃饭！

做工即是学，

求学即是做工：

大家努力做先锋，

同做有意识的劳动！（《新青年》第9卷第6号，1922年7月1日）

同日　顾颉刚致函胡适，报告又发现许多曹雪芹的家世材料。主要有同治十三年修《上元江宁两县志》有关曹玺、曹寅的传记材料，光绪六年编纂嘉庆本《江宁府志·拾补》里曹寅的传记材料，《观古堂书目》、雍正本《扬州府志·撰述门》关于曹寅受命刊刻《全唐诗》的记载等。顾函又谈及胡适在康熙皇帝南巡问题上错误之处，又提出自己拟编一考证《红楼梦》的年表等。（《胡适遗稿及秘藏书信》第42册，112～132页）

4月13日　胡适复函顾颉刚，提出："作曹寅传，我极赞成。满汉的文化关系史上，纳兰成德与曹寅父子都该占一个重要的地位，都消受得起一篇好传。况且你这篇传一定可表示搜集材料的步骤与方法，可以给后来学者开一点新法门。"又根据《曝书亭集》《仪征县儒学碑》等文献推知："曹寅死在康熙四十九年与五十三年之间"等。又对顾来函，提出四点：（1）诗局即是全唐诗局，设在扬州。（2）《江宁府志·拾补》里的"尚衣监"，疑即"织造"的"雅"称。（3）顾氏考查康熙南巡次数，甚是。（4）《有怀堂集》里曹使君寿序称及"董织造"，你以为是曹寅的后任，但《楝亭记》中称曹玺为"其先人董三"，我至今不解。今见"董"字，颇引起前疑，似可注意，

将来或可得确解。(《学术界》第 1 卷第 2 期，1943 年 9 月 15 日)

同日 胡适在袁枚撰《随园诗话》十五卷(乾隆五十七年刻本，1 函 8 册)题记："乾隆壬子排版《随园诗话》。此本无第十六卷及补遗，当是当时后数卷尚未有成书。壬子随园七十五岁。十，四，三。胡适。"(《胡适藏书目录》第 3 册，1555 页)

同日 朱经农致函胡适，拟于今年 9 月归国，请胡适代为接洽女子高师。归国后计划多译书。希望胡适保重身体。(《胡适遗稿及秘藏书信》第 25 册，589 页)

4 月 16 日 胡适复函顾颉刚，托顾购买述古堂本《楝亭诗抄》，并推测曹寅"必生于顺治时"。又说："曹寅年谱更好。'年谱'比中国式的'传'好得多！"(《学术界》第 1 卷第 2 期，1943 年 9 月 15 日)

同日 顾颉刚致函胡适，告以在天津图书馆查到《楝亭集》2 种；推测曹寅的死期，为康熙五十一年至五十二年；又根据《江南通志》，列出江宁织造和苏州织造的职官。(《胡适遗稿及秘藏书信》第 10 册，69～74 页)

4 月 17 日 青木正儿致胡适明信片，告已经收到《章氏遗书》，感谢。又言现正是赏樱花的季节，昨日去岚山赏樱。(《胡适遗稿及秘藏书信》第 42 册，677～678 页)

4 月 18 日 顾颉刚来访。(《顾颉刚日记》第一卷，115 页)

4 月 19 日 胡适致函顾颉刚，请顾修改《〈红楼梦〉考证》清样。(《学术界》第 1 卷第 2 期，1943 年 9 月 15 日)

同日 顾颉刚复函胡适，告以在京馆看到 2 部《八旗氏族通谱》，查得曹寅的家世，并推测"曹雪芹的名字，当是天祐"。(《胡适遗稿及秘藏书信》第 10 册，75～76 页)

4 月 20 日 胡适复函顾颉刚：

上元江宁两县志是同治年间修改的，何以不提及曹颙、曹頫二人？《八旗氏族通谱》确令人失望。但我想你的几条推论似都不差。

"董"字在韩菼的寿文里，确很像一个动词。但"董三"二字终不

可解。(《学术界》第 1 卷第 2 期，1943 年 9 月 15 日)

按，当日，顾颉刚致函胡适，告以在京师馆查阅《八旗氏族通谱》、《八旗通志》、叶燮《已畦集》3 部文献的情况。(《胡适遗稿及秘藏书信》第 10 册，77～79 页)

4 月 21 日　容肇祖致函胡适，为胡适的推测——"张问陶和高鹗是戊申乡试同年"提供证据，云：

……《船山诗草》辛酉集《赠高兰墅鹗同年》诗云：
无花无酒耐深秋，洒扫云房且唱酬。
侠气君能空紫塞，艳情人自说红楼。
逶迟把臂如今雨，得失关心此旧游。
弹指十三年已去，朱衣帘外亦回头。

这诗为船山辛酉所作。这诗前一首题为"辛酉九日闱中作"，后一首题为"即事"，又下一首题为"九月下旬即事"。案，诗中的"无花无酒""洒扫云房""得失关心此旧游""弹指十三年已去"的话，可证为闱中作，并可证他们二人在嘉庆六年（辛酉）做顺天乡试的同考官。所谓"逶（此字不知有错否？）迟把臂如今雨，得失关心此旧游"，可证他们二人是狠久的同年，从前都没相熟。所谓"弹指十三年"，从乾隆五十三年戊申到这年，恰过了十三年。他们是戊申乡试同年可证。（进士题名碑已证明他们二人不是同年进士。）

诗中"艳情人自说红楼"，是高鹗为张问陶在闱中说《红楼梦》。船山诗题下注云"传奇《红楼梦》"，则船山从前未尝见过《红楼梦》一书可知。(《胡适遗稿及秘藏书信》第 31 册，112 页)

4 月 23 日　顾颉刚致函胡适，推论"曹寅的生年，是顺治十五年……卒年虽不能一定，但曹頫接手于康熙五十二年，其前更无别人作织造，则当然死在这一年上"。(《胡适遗稿及秘藏书信》第 10 册，80 页)

4 月 26 日　顾颉刚函告胡适：从《诗别集》《文钞》《楝亭词钞》等

资料中可知：曹颙是曹寅的儿子；曹寅生于顺治十五年，死于康熙癸巳（五十二年）等。(《胡适遗稿及秘藏书信》第42册，136~140页)

4月27日　胡适在《晨报》上看到徐彦之引用Graham Wallas的话："人的思想是流动的，你如果不当时把他用文字记下，过时不见，再寻他不得。所以一枝笔和一片纸，要常常带在身边。"对此，胡适大有感慨，自叹"这三四年来，也不知被我的懒笔断送了多少狠可有结果的思想，也不知被他损失了多少可以供将来的人做参考资料的事实"。乃决定重做札记。(《胡适遗稿及秘藏书信》第15册，2页)

同日　高梦旦来访，力劝胡适辞去北大事，到商务印书馆去办编辑部。胡适婉辞，理由是：有自己的事业要做；自己至少应该再做10年、20年自己的事业，况且也自信不是一个没有可以贡献的能力的人。高提出一个调停的方法：请胡适到商务"做客"3个月，"替他们看看他们的办事情形，和他们的人物谈谈"。胡应之。(《胡适遗稿及秘藏书信》第15册，3~4页)

同日　王熙农（永圻）来访。(《胡适遗稿及秘藏书信》第15册，4页)

同日　胡适校读潘介泉（家洵）所译易卜生的《国民公敌》。读看李慈铭的《越缦堂日记》第3册。(《胡适遗稿及秘藏书信》第15册，4页)

同日　晚，胡适为胡思永、章铁民、章洪熙等组织的读书会讲演"诗经的研究"，大要是：

（1）风雅颂的区别，郑樵与朱熹说的虽然狠不坏，但我觉得风与雅似乎没有内容或性质上的区别，只有时代上的区别。大雅的结集在最先，小雅次之，国风的结集最后。

（2）关于三百篇的见解，在破坏的方面，当打破一切旧说；在历史的方面，当以朱熹的《诗集传》为最佳，清代的姚际恒（《诗经通论》）、崔述（《读风偶识》）、龚橙（《诗本谊》）、方玉润（《诗经原始》）四家都有可取。但这五家都不彻底。

（3）关于训诂一方面，当用陈奂、胡承珙、马瑞辰三家的书作起点，参用今文各家的异文作参考。

（4）当注重文法的研究，用归纳的方法，求出"《诗》的文法"。

（5）当利用清代古音学的结果，研究《诗》的音韵。

（6）既已懂得《诗》的声音、训诂、文法三项了，然后可以求出三百篇的真意，作为《诗》的"新序"。（《胡适遗稿及秘藏书信》第15册，4～6页）

同日　胡适在清人马国翰辑《重刻玉函山房辑佚书》五百九十种（光绪十年楚南书局刻本，12函120册）序后题记："此书本山阴章宗源辑成的。马氏得此书稿本，改序付刻，遂据为己有。李慈铭《孟学斋日记》甲集上有注云：'章逢之，名宗源，山阴人，以兄宗瀛官翰林，乃寄籍大兴，中乾隆五十一年顺天举人。生平辑录唐宋以来亡佚古书，盖无不备，皆为之叙录。'《日记》又言逢之曾作《隋书经籍志》疏证。十，四，廿七，胡适。"（《胡适藏书目录》第2册，1138页）

4月28日　上午10时，胡适到燕京大学演讲《诗经的研究》。在刘廷芳家午饭。饭后访朱我农夫妇。章洛声来告北大一院一教室内失火，胡适痛斥北大的仇敌运用如此卑劣手段。蒋梦麟来电话告北大有人故意纵火情形。读《越缦堂日记》第4册。（《胡适遗稿及秘藏书信》第15册，7～9页）

4月29日　张福运来访。读《越缦堂日记》第5册。整理上周在文友会读的演讲稿"The Evolution of the Chinese Grammar"。下午，偕章洛声到公园，遇陈匪石、王小隐等。（《胡适遗稿及秘藏书信》第15册，10～11页）

4月30日　胡适去天津。在王镂冰（瑾）家吃午饭。下午喻鉴陪胡适到南开大学，访张伯苓、凌冰，均不遇。李广钊、凌冰、张伯苓先后来访。晚赴旅津全国校友联合会的成立大会宴，来津即为此事。胡适演讲"个人与他的环境"，大意如下：

1. 个人是环境的产儿；环境的势力诚然狠大，个人的努力往往如石沉大海，似无可为力。

2. 但个人确也有改造环境的可能。例如洪杨乱时的曾国藩一流人。

3. 个人应尊重自己良心上的判断，不可苟且附和社会。今日我一个人的主张，明日或可变成三个人的主张，不久或可变成少数党的主张，不久或可变成多数党的主张。

4. 引纽曼（Cardinal Newman）的格言"you shall see the difference now that we are back again"（现在我们回来了，你们请看，便不同了！）作结。社会的改造不是一天早上大家睡醒来时世界忽然改良了，须自个人"不苟同"做起；须是先有一人或少数人的"不同"，然后可望大多数人的渐渐"不同"。（《胡适遗稿及秘藏书信》第15册，11～15页；5月2日之天津《大公报》亦有报道，与此处所记颇有差异，读者可对看）

同日　顾颉刚复函胡适，告：据《楝亭词钞》的序，曹寅还能作曲，并且他自以为做的最工；可惜现在见不到了。（《胡适遗稿及秘藏书信》第42册，141～142页）

5月

5月1日　早晨，江泽涵来谈。上午，胡适先后访严修、凌冰。下午，访范源濂不遇。旋去天津图书馆查阅《楝亭全集》，得到有关曹寅生平的六条新发现：（1）曹寅的生年当在顺治十五年戊戌（1658）；（2）曹寅的生日为九月七日；（3）曹寅的死年当在康熙五十二年（1713）闰五月以前；（4）曹寅任盐院是"奇"年12月受事，至"偶"年12月卸事；（5）《东皋草堂记》写曹寅兄弟所受田都在宝坻之西，武清之东北（顺天府）。此事可与《红楼梦》五十三回黑山村乌庄头进年例一节参看；（6）郭振基序"今公子继任织部"一句，似不足证明曹颙为寅子。（《胡适遗稿及秘藏书信》第15册，16～25页）

同日　下午6时，胡适访程伯辉。李广钊邀约晚餐。夜梦中似游北京万牲园中的四烈士冢，大哭而醒，醒后作《四烈士冢上的没字碑歌》。（《胡适遗稿及秘藏书信》第15册，25～28页）

5月2日　胡适回北京。车中读梁启超《清代学术概论》，认为"此书甚好，今日亦只有他能作这样聪明的著述。此书亦有短处"。下午在公园遇郑铁如、王徵、张慰慈、蒋梦麟等，谈教职员罢工事。(《胡适遗稿及秘藏书信》第15册，29～30页)

同日　胡适作《黄梨洲论学生运动》，云：

> 黄梨洲不但希望国立大学要干预政治，他还希望一切学校都要做成纠弹政治的机关。国立的学校要行使国会的职权，郡县立的学校要执行郡县议会的职权。……
>
> ……黄梨洲少年时自己也曾做过一番轰轰烈烈的学生运动……他不但不忏悔他少年时代的学生运动，他反正正经经的说这种活动是"三代遗风"，是保国的上策，是谋政治清明的唯一方法！这样一个人的这番议论，在我们今日这样的时代，难道没有供我们纪念的价值吗？(《胡适文存二集》卷3，13～15页)

5月3日　上午10时，胡适到北大第一院，参加本校代表会。下午4时，胡适到美术学校，参加北大教职员大会。此次会议主要是由校教职员代表报告罢工以来经过及宣言复职情形。针对前数日北大校舍遭人为纵火事，胡适提议捐4月薪水作图书馆建筑费。当日日记粘贴一则剪报云：

> ……次由胡适教授提议，"校中此次出险，幸立时设法扑灭，未至成灾，事后又由在校职员组织委员会分别守卫，故无发生意外之虑。但此种举动，究系暂时的而非永久的。北大图书馆关系何等重大，非特数十年来购藏中西书籍，为值甚巨，即论开学以来之公文案卷，学生成绩，关系亦属非轻，倘一旦付之一炬，损失之大，何堪设想。此次教职员罢工运动，早已一再宣言，系为维持教育，不为个人私利。本校教职员对于本校有深切肺腑之关系，对于要之图书馆，自然同有维护之责。所以我提议，为免除北大图书馆危险起见，请今日到会诸君发起，将本校教职员本年四月份应得薪俸，凡每人每月在六十元以

上者，全数捐作图书馆筑建费。其每月薪俸在六十元以下者，自由捐助。此款由北大会计课分四个月摊扣，存储银行，作建筑新图书馆之用。次议案由今日在会同人发起以后，持往各教职员传观，并请赞成者签名"。当时在场教职员全体赞成，惟对于办法上稍有讨论。(《胡适遗稿及秘藏书信》第15册，31页）

同日　胡适复函梁启超，云：

……我们著书作事，但求"空前"，不妄想"绝后"。但近年颇中清代学者的毒，每得一题，不敢轻易下笔。将来当力改之，要以不十分对不住读者的期望为标准。

……我对于每条帖题的办法，序中似亦申明，认为可用，但不可太拘泥。我在序中提出四条修正的条件，只是要使先生这条方法的应用更为灵动。……

先生说，"其所以牒经文首字者，正如宋本书之夹缝，每恒牒书名之首一字，初不问其字之为通为僻，能独立不能独立"。此喻实不甚切。……

…………

先生的根本主张，说"今直行本上下排相间，应认为《经》文每条界线之唯一标准"。此即向来沿用的方法，我也曾如此试过，但终不满意。……

至于先生论《墨辩》究竟为何人所作一段，非一短扎［札］所能讨论。况先生认"大乘经典实出释尊"，则我与先生的"立脚点"诚有根本不同之处，虽辩至万言，亦终无合同之日，似不如各存一说以供读者之自择。先生以为何如？(《胡适文存二集》卷1，253～256页）

5月4日　上午10时，胡适访Miss Louisa Barker and Mr. William Barker。(《胡适遗稿及秘藏书信》第15册，32页）

同日　北高师开教职员全体大会，商讨复课问题，马裕藻教授等发言

时，"均以胡适之教授前在北大提议有以罢工期内薪俸，尽数捐助北大建筑图书馆之说，用意至堪钦佩"，"不如仿效胡教授提议，以此次罢课期内所有薪金，尽数助出，以成斯举"，当下一致赞成通过。(《申报》，1921 年 5 月 7 日)

同日　青木正儿将一部《忠义水浒传前编》(冈岛冠山译编，东京共同出版株式会社，1913 年)题赠胡适："胡适之先生狠热心研求《水浒》的考证，他还没见李卓吾评点百回本，我姑寄上他这译本以做一助。正儿，十，五，四。"(《胡适藏书目录》第 3 册，2082 页)

5 月 5 日　胡适致函严修、吴梅、Mr. W. F. Dawson、凌冰、王镂冰、顾颉刚、汪原放、曹诚英。Mr. Haines，W. H. 来谈。下午 6 时，为胡思永等谈"中国上古史的史料问题"。8 时，赴中美协进社的年宴。(《胡适遗稿及秘藏书信》第 15 册，33 页)

同日　胡适致函黎锦熙，中有云：

> 国语运动与国语文学运动，当初本是两种独立的运动，后来始渐合为一，其过去之历程，略如下表：(1)读音统一，(2)国语教科书，(3)国语文学，(4)联合的国语运动。至于将来：(5)国语文学的成立，(6)国语的科学研究(音、文法、辞典)，(7)拼音的文字的逐渐增多，(8)很远的将来——中国语言文字的完全字母化。我这个说法，似乎可免去"分家"的误会，您以为何如？……(黎锦熙:《国语运动史纲》，商务印书馆，1934 年，46 页)

同日　胡适复函顾颉刚，告顾看《楝亭全集》后所得。(《学术界》第 1 卷第 3 期，1943 年 10 月 15 日)

5 月 6 日　上午先后访华南圭夫人、赵元任。下午补作《章实斋先生年谱》。晚到高等师范演说，题目是"哲学与人生的关系，及研究的方法"。(《胡适遗稿及秘藏书信》第 15 册，34 页)

同日　胡培瀚致函胡适，谈及南高师的学生有向新的趋势，谈及这里的秉志等，又希望胡适能为其兄谋职。(《胡适遗稿及秘藏书信》第 30 册，

468～471页）

5月7日　上午，胡适到京师图书馆查阅《曹楝亭书目》《新安志》；在图书馆，张中孚（嘉谋）告胡适：杨钟羲的《雪桥诗话》里有关于曹雪芹的事迹。下午，作《章实斋年谱》。谢恩增医士来访。晚赴陈惺农（启修）邀宴，客为早稻田大学教授内ケ崎作三郎。对中日问题，胡适有谈话，大意说：

　　日本当力求中国人懂得日本的文化。中国人在日本留过学的，先后何止十万人，但大多数是为得文凭去的，就是那最好的少数人，至多也不过想借径日本去求到西洋的文化。这十万人中，像周作人先生那样能赏识日本的真正文化的，可有几人吗？这是中国人排日的一个真原因。中日亲善不是口头上可以做到的。若日本能使中国留日学生中有一百个周作人，排日的趋向，自然没有了！（《胡适遗稿及秘藏书信》第15册，35～36页）

5月8日　张中孚致函胡适，谈到敦敏有赠曹雪芹诗以及高鹗的材料等：

　　宗室敦敏（与纪文达同时人）字子明，号懋斋，英王裔，有槐园在太平湖侧，能诗。赠曹雪芹云："寻诗人去留僧壁，卖画钱来付酒家。"
　　其弟敦诚字敬亭，别号松堂，亦有诗集。
　　高兰墅鹗乾隆乙卯进士。曹雪芹小说，兰墅实卒成之。与雪芹皆隶汉军，有《跋冷村布衣瑞昌诗》。

胡适据此线索查《耆献类征》，又查到：宗室敦诚为英亲王五世孙，与弟敦敏齐名。李桓注云：敦诚，字敬亭，理事官瑚玐子，有《四松堂诗文集》。弟敦敏，字子明，任宗学总管，有《懋斋诗钞》。（《胡适遗稿及秘藏书信》第15册，37～38页）

同日　胡适续作《章实斋年谱》，校读沈性仁译的 Drinkwater's *Abraham Lincoln*。（《胡适遗稿及秘藏书信》第15册，38页）

5月9日　作《章实斋年谱》。校改《林肯》第二幕。下午4时半，在清华学堂讲演"废止国耻纪念的提议"。主张废止的理由是：

（1）机械的纪念全无意思。

（2）四年五月九日之屈伏不是纪念，五九以来可以纪念的国耻多着呢！如①五年的帝制；②六年的三大政变；③七年的无数日本借款；④安福的国会与政府；⑤外交的失败。

（3）纪念过去使我们忘记现在。

（4）对外的纪念不如对内的努力。

这篇演说似乎不大受欢迎，但这是我第一次在演说台上谈政治。（《胡适遗稿及秘藏书信》第15册，39～40页）

同日　顾颉刚复函胡适，谈道：曹颙虽不能一定说是曹寅的子，似也不能一定说是他的侄，不同意胡适在天津所得之第六条看法。又谈到俞平伯认为后四十回的回目亦是高鹗所补。（《胡适遗稿及秘藏书信》第15册，50～57页）

同日　周瘦鹃致函胡适云，两部稿子搁置甚久，屡催而不得复函，请胡适即日寄还。（《胡适遗稿及秘藏书信》第30册，85页）

5月10日　胡适阅谭献《复堂日记》八卷。作《章实斋年谱》。陈惺农邀午饭，第一次会见吴虞（又陵）。蒋梦麟来访。钱玄同来访。（《胡适遗稿及秘藏书信》第15册，41～43页）

吴虞日记：

十二钟同君毅过中央公园，陈惺侬［农］夫妇、任叔永夫妇、胡适之、王弘实、杨适夷、屠正叔、文范村、王雨霖已在。至即入座，胡适之颇能谈，富于文学趣味者也。（《吴虞日记》上册，597页）

5月11日　上午，严庄（敬斋）来访。下午，与钢和泰（Baron Staël-Holstein）、毕善功（Bevan）、Mr. Gravi 同去参观京师图书馆。（《胡适遗稿及秘藏书信》第15册，44～46页）

5月12日　10时，访毕善功，偕其探罗素（Bertrand Russell）的病。至首善医院看章洛声病。译杜威 *Reconstruction in Philosophy* 2页。夜读《王

阳明年谱》三卷。(《胡适遗稿及秘藏书信》第15册，47页)

5月13日　译杜威 Reconstruction in Philosophy 2页。10时，访庄士敦（R. F. Johnston）。下午，吴虞来访。得章甲三信，知大姐之子章砚香去世。至此，大姐一家人几乎全部去世。胡适看了顾颉刚5月9日信后，在日记中记道：

> 俞平伯说《红楼梦》后四十回的回目也是高鹗补的。他说的三条理由之中，第二个理由最可注意。第三十一回目"因麒麟伏白首双星"确是可怪！湘云事如此无结束，确有可疑。其实不止湘云一人。小红在前八十回中占一个重要地位，决不应无有下场。司棋必不配有那样侠烈的下场。平伯又说，宝玉的下场与第一回说的完全不对。这也是很可注意的。后八十回中，写和尚送玉一段最笨拙可笑。说宝玉肯做八股文，肯去考举人，也没有道理。
>
> ············
>
> ……又想起香菱的结果也不对。第五回"金陵十二钗副册"写香菱的一生道："根并荷花一茎香，平生遭际实堪伤；自从两地生孤木，致使芳魂返故乡。"两地生孤木，是"桂"字。此明说香菱死于夏金桂之手，故八十回说香菱"血分中有病，加以气怨伤肝，内外折挫不堪，竟酿成干血之症，日渐羸瘦，饮食懒进，请医服药无效"。可见八十回的作者明明的要香菱被金桂磨折死。后来补的四十回里却是金桂死了，香菱扶正，决不是作者的本意。又凤姐的结局似也不是作者的本意。第五回"十二钗"册上说"一从二令三人木，哭向金陵事更哀"，这句话也无下落。(《胡适遗稿及秘藏书信》第15册，48～49页，58页)

吴虞日记有记：

> 旋同石生访胡适之，谈极久。适之借予《札移》《大学书目》及其《中古哲学史讲义》。推崔东壁为中国第□大胆人，甚不以朱逖先信仰古文家为然。谓今文家已推倒之古文家，而逖先犹信之，如何要得。又谓幼渔、夷初皆肯看书，而口笔二者均不行。予谓国文如何讲法？

适之言："总以思想及能引起多数学生研究之兴味为主。吾辈建设虽不足，捣乱总有余。"适之论古书于唐、虞、文王、太公皆以为无其人。谓中国书可信，当以《诗经》所有证之。大约自周宣王起为历史之可信者。《诗经》中称文王及姜源之类，皆可分作神话一派云。适之近著《章实斋年谱》，又拟刻《辨伪丛书》。其思想活泼，殆少甚匹。向不回看朋友，特对予申明。予辞去，五点半过贾家胡同南园饭庄黄质中。晚餐，同座有吴贯因、陈惺农、王弘实诸公。赠适之《费氏遗书》一部。（《吴虞日记》上册，598～599 页）

5 月 14 日　读《弘道书》完。马幼渔请吃午饭。席上单不广说他有《雪桥诗话》可借观。5 时半，访 General William Crozier 于北京饭店，Newland 亦来会。7 时，胡适与他们同至清华学校作英文辩论会的评判员，辩题为"中国应否退出国际联盟会？"（《胡适遗稿及秘藏书信》第 15 册，61 页）

同日　吴虞日记有记：赠胡适之《费氏遗书》一部。又令人与守瑕交去《费氏遗书》二部，一赠董康，一赠王树楠。（《吴虞日记》上册，599 页）

5 月 15 日　9 时半，胡适访 Grover Clark，会见"捷克斯拉夫驻日公使"Carl Pergler。胡适应 Grover Clark 之邀为 Carl Pergler 讲中国政治的大势。（《胡适遗稿及秘藏书信》第 15 册，62 页）

同日　张元济致函胡适，谈商务印书馆办理编译事业，"极思借重长才"；蒙允暑期内先行来馆，"不胜欢忭"，甚望暑假后仍能留此主持。（《胡适遗稿及秘藏书信》第 34 册，42～43 页）

5 月 16 日　续作《记费密的学说》，完。张福运来访。颜任光来访。与颜同去公园，遇杨景苏。读单不广送来的《雪桥诗话》，抄录敦诚、敦敏的材料：

敬亭名敦诚，别号松堂，英王裔，有《四松堂集》诗二卷，文二卷，《鹪鹩庵笔麈》一卷，纪文达为之序，哲昆懋斋为作小传。……

懋斋名敦敏，字子明，其《赠曹雪芹》诗云："寻诗人去留僧壁，卖画钱来付酒家。"……（《胡适遗稿及秘藏书信》第 15 册，63～64 页）

1921年　辛酉　民国十年　30岁

5月17日　胡适续读《雪桥诗话》，到协和医院探视任鸿隽。读杭世骏的《续〈礼记〉集说》，盛赞姚际恒的疑古精神。读《四部丛刊》中的《朝野新声太平乐府》，抄录数首其中的白话诗。(《胡适遗稿及秘藏书信》第15册，65～69页）

5月18日　Dr. Stuart、刘廷芳牧师与H. T. Hodgkin来访。胡适不同意Hodgkin"不信上帝，就不能有改良社会的热心与毅力"的说法，并以事实反驳：穆勒、赫胥黎、达尔文都不信上帝，但谁敢说他们没有热心与毅力呢？校周瘦鹃译的小说一篇。(《胡适遗稿及秘藏书信》第15册，70页）

5月19日　胡适购得《明进士题名碑录》、《清进士题名碑录》、明清《进士题名碑录》及清《御史题名录》5册。在《御史题名录》里，寻得高鹗的重要资料：

> 高鹗，镶黄旗汉军人，乾隆乙卯进士，由内阁侍读考选江南道御史，刑科给事中。(《胡适遗稿及秘藏书信》第15册，71页）

同日　胡适、高一涵拟一联名启事：

> 一湖、石曾、遇夫、君亮、知白、百里、劲西、几伊诸位先生：今天在《晨报》上看见诸位先生的紧要启事，替易家钺君郑重证明《呜呼苏梅》一文非易君所作。我们对于诸位先生郑重署名负责的启事，自然应该信任。但诸位先生的启事并不曾郑重举出证据，也不曾郑重说明你们何以能知道这篇文章不是易君所作的理由。我们觉得诸位先生既肯郑重作此种仗义之举，应该进一步，把你们所根据的证据一一列举出来，并应该郑重证明那篇《呜呼苏梅》的文章究竟是何人所作。诸位先生若没有切实证据，就应该否认这种启事；熊先生是女高师的校长，他若没有切实证据，尤不应该登这种启事。我们为尊重诸位先生以后的署名启事起见，为公道起见，要求诸位先生亲笔署名的郑重答复。(《晨报》，1921年5月21日）

按，据胡适当日日记，他所以肯破除情面，是因为受Prof. M. W.

Sampson 所说的一件故事而"立誓不徇情面，不说违心的应酬话"的。（《胡适遗稿及秘藏书信》第 15 册，76～78 页）

同日　胡适函谢青木正儿寄来百十回本的《水浒传》校记及《忠义水浒传》译本。"我想先把现有的各本《水浒传》序例与回目，排列作一个比较表，然后寻出各本的先后与来历。"这篇"新考证"若做得成，"差不多全是你的帮助的结果"。又云已请亚东图书馆寄赠新排本《红楼梦》2 部。又谈及购买《章氏遗书》费用问题。"你考定百十回（《英雄谱》）本为明末刻本，我觉得大概不错。"希望青木能见见现在京都的沈尹默，"我盼望你见见他"。已劝浙江图书馆细校《章氏遗书》，正误表印出后当寄奉。（中国社科院近代史所藏"胡适档案"，卷号 1961，分号 17）

按：6 月 1 日，青木正儿复函胡适：已经收到新排本《红楼梦》2 部，对胡之考证赞不绝口，拟在"支那学"第 11 期介绍《〈红楼梦〉考证》等等。（《胡适遗稿及秘藏书信》第 42 册，679～681 页）

同日　罗春驭致函胡适，述回国后近况，又告自己正着手编《国语文法表解》，编好后就请胡适指教。自己拟编一部"标词的字典"，请胡适指教。（中国社科院近代史所藏"胡适档案"，卷号 1436，分号 14）

5 月 20 日　晚，胡适到北京饭店赴 General William Crozier 夫妇的邀餐，同席者为丁文江。（《胡适遗稿及秘藏书信》第 15 册，83 页）

同日　胡适得读单不广送来《雪桥诗话续集》卷六，在该书中得到曹雪芹的重要资料：曹雪芹名霑；他是曹寅之孙。胡适并判断《四松堂诗文集》与《鹪鹩庵笔麈》及《懋斋诗钞》必有曹雪芹的材料。当日，胡适将此情函告顾颉刚。（《胡适遗稿及秘藏书信》第 15 册，80～81 页；《学术界》第 1 卷第 4 期，1943 年 11 月 15 日）

按，5 月 26 日顾颉刚复函胡适，请胡适就"楝亭通政孙"函询杨钟羲：此语出自《四松堂集》，还是杨之记忆？又告已写信到上海托人寻找《四松堂集》《鹪鹩庵笔麈》《琵琶亭传奇》《懋斋诗钞》《八旗诗集》

等书。袁枚的说明，可证传闻的不易征信。可根据曹雪芹友人的生平判定曹雪芹的生平。自己觉得曹雪芹是否把宝玉写自己，如今也成了一个疑问。（此函粘贴在胡适5月30日日记中）

同日　李均邦致函胡适，对胡适讨论的《百愁门》有所异议。（中国社科院近代史所藏"胡适档案"，卷号1161，分号1）

5月21日　为编《胡适文存》事，汪原放自上海来，寓胡适家。

同日　上午访客甚多。钱玄同来，谈黎锦熙并不知有为易家钺登广告事，乃是杨遇夫之过。当日，胡适收到黎锦熙来函，请胡适不要再穷究。

同日　下午，王徵、丁文江、蒋梦麟来，"讨论组织一个小会的事"。胡适拟了一个组织大纲，大家都表示同意。

同日　吴君毅、吴虞（又陵）邀晚餐。（《胡适遗稿及秘藏书信》第15册，84～86页）

吴虞日记：

六时雇车过贾家胡同南园。……陈惺侬[农]、马幼渔、沈兼士先在，朱逖先、钱玄同、马夷初、沈士远、蒋梦麟、胡适之、王弘实均先后[至]。适之言作《费密学说》一篇三千余字，将来当入哲学史。（《吴虞日记》上册，601～602页）

同日　钱玄同将清人戴望撰《谪麟堂遗集》四卷（文二卷诗二卷）（宣统三年上海神州国光社铅印本，1函1册）题赠胡适。（《胡适藏书目录》第3册，1735页）

5月22日　吴虞日记有记：午后6时，过中央公园长美轩，赴马夷初之约。晤陈伯弢、马叔平、马幼渔、胡适之、谭仲逵、李翼廷、钱玄同、汪原放诸人。原放为亚东图书馆主人……予因言欲印文稿事。适之约明日午前过渠一谈。（《吴虞日记》上册，602页）

5月23日　胡适校改《林肯》戏本。吴虞送来其《爱智庐文录》，索序，胡适允之。赵元任来访。（《胡适遗稿及秘藏书信》第15册，88页）

吴虞日记：

十时半，雇车过胡适之，还其《中古哲学史稿》一本，并以予之《文录》一册交适之，请其一看，以便作序。适之言须加标点，赠予新印《红楼梦》一部六册。(《吴虞日记》上册，602页)

同日　胡适将《新青年》登的自己的文章剪下，预备选作《胡适文存》之用。晚，与高一涵、汪原放到第一楼打球。(《胡适遗稿及秘藏书信》第15册，88页)

同日　胡适致丁文江一明信片，云：决定将刊物定名为《努力》。又向丁文江索还《不朽》稿。(《胡适遗稿及秘藏书信》第18册，1～2页)

5月24日　王云五等所办的公民书局的寿某来拜访胡适，胡适劝他们注重编辑关于事实的公民书。胡适到绩溪会馆访胡开文等。午间到俄旧使馆，赴Mr. Gravi邀宴，同席有钢和泰、丁文江。下午，续编《胡适文存》。夜，日本人清水安三邀晚饭。(《胡适遗稿及秘藏书信》第15册，89～90页)

5月25日　胡适续编《胡适文存》。郑铁如邀吃午饭。下午3点半，到协和女子大学演讲"什么是文学"，见到冰心（谢婉莹）。夜为华南圭夫人校其小说稿。(《胡适遗稿及秘藏书信》第15册，91页)

同日　北洋大学建筑工程教员Joseph H. Ehlers致函胡适，云：

Dr. Chang Po-ling of Nankai has advised me that he talked with you about the proposed honorary scholarship society among the larger universities of China. You have probably read the statements that have been sent out through Dr. Chang about it. He suggested that you would probably be willing to accept a place on the national executive council of the society, for which place many of the leading educators who are serving on that council requested you be invited to serve. I trust that we may have the pleasure of having you on this. I take the liberty of sending you a late announcement of the society. About ten chapters have been formed and we are almost ready to announce

1921 年　辛酉　民国十年　30 岁

the society by the end of May at the latest, it is believed. We would like to have a chapter at Peking University. Of course, owing to present circumstances it may not be possible to complete the organization at your institution. However it would be sufficient for the present to select a secretary to correspond with our national secretary. A few faculty members might be selected, especially we would like to have such well known men as Chancellor Tsai and a few of the well known foreign professors who have been at Peking National University. Dr. J. Leighton Stuart, President of Peking University is a member of the executive council and is organizing the chapter at that institution. It is hoped that all the leading educators of China will be among the active workers in the organization. The few who have been consulted at the present writing have heartily endorsed the plan, and are actively participating in the organizing. Among the sponsors may be mentioned Dr. P. W. Kuo, Dr. Chang Po-ling, Dr. A. J. Bowen, Dr. John Leighton Stuart, Dr. C. T. Wang, Dr. F. L. Hawks Pott and many others. Tentative organizations have been formed at several institutions, and the work of organization has been so rapid and successful due to the enthusiastic response of all the colleges that it is hoped to formally announce the organization and elect members of this year's graduating classes. Committees are at work on various phases of the organizing. It is proposed to elect to membership some of the leading graduates, of the institutions, and hence it is likely that the society may attain considerable standing at the start and be able before long to hold meetings, publish papers, or undertake other measures for stimulating interest in research and for promoting scholarship among undergraduates as well as among graduates and faculty members. We hope to have a chapter organized at each of the institutions, a few faculty members and past graduates selected, with a secretary in touch with our general secretary and the general executive council by the fifteenth of May and shortly thereafter to publicly announce the organization. Several individuals and groups have already held conferences, discussing courses of study and other matters of general interest in the educational field.

This brief announcement will afford some idea of the aims and purposes of the organization. Further announcements will be forthcoming in the next few weeks, when we hope to announce the completion of the preliminary organizing. In the meantime the leaders at the various institutions will be hard at work on the remaining details. The details of organization were stated on the previous statements sent out. I should be pleased to discuss any points that may arise, seeing that they are brought to the attention of the executive council.

Trusting that we may have your support in our effort to advance scholarship and encourage research among the university men of China through the society, I remain.（中国社科院近代史所藏"胡适档案"，卷号E-186，分号2）

5月26日　访客有胡昭会、孙伯恒。到俄使馆，与Bevan、Zucker、Gravi同到美使馆，见美公使克兰（Crane）。上月文友会（北京各国人喜欢文学的，前年组织此会）议决倡办"东方学图书馆"，举5人为委员会，去见克兰，请他帮助。校华夫人的小说稿完。晚间赴他家吃饭，遇见胡鸿猷夫妇。（《胡适遗稿及秘藏书信》第15册，92～93页）

5月27日　访客有陶孟和、郑铁如、Clark。

同日　下午2时，胡适参加北大教职员会议，胡适对此会颇不满意，"大概饭碗问题第一重要，其次即是权力问题。有些人心里舍不得权力，却实在不会用权力"。胡适提出两个议案：组织学术讲演会；假使政府真用日本借款来买我们，联席会议应严词拒绝，并布告国人。

同日　晚7时，文友会在来今雨轩开会，钢和泰演说"佛陀传说中的历史的部分"（What is historical in the Buddha legend?）。（《胡适遗稿及秘藏书信》第15册，94页）

5月28日　胡适校改《林肯》戏本，完。访客有蒋梦麟、胡敦元、章适

方、杨钟健、党家斌、章洪熙等。(《胡适遗稿及秘藏书信》第15册,95页)

5月29日　午间,胡适赴康奈尔大学同学会的会餐。下午到同乐园看戏。(《胡适遗稿及秘藏书信》第15册,96页)

5月30日　邓仲潞自保定来面谈请胡适前往演讲事,胡适允6月4日前往。(《胡适遗稿及秘藏书信》第15册,99页)

同日　胡适复函顾颉刚,云:

《雪桥诗话》"通政孙"一句的来源,我七月间到上海时,当亲自设法一问。……

…………

袁枚之致误,与你上回说的上元江宁两县志所以致误,同一道理。曹家四代做织造,而曹寅最有名,上江两志误记曹頫为曹寅,而袁枚又误记曹頫(或颙)为曹寅。这种"箭垛式"的人物,历史上常有。……大概当时的人多晓得有一个"曹织造",却不大知道有四个"曹织造",故凡有什么曹织造的事,人都归到曹楝亭身上。是以君子恶作长人,天塌下来时,总是他顶着!

我现在想雪芹是曹頫之子。《红楼梦》第二回说:"次子贾政,自幼酷喜读书,为人端方正直,祖父钟爱,原要他从科甲出身;不料代善临终时,遗本一上,皇上因恤先臣,即时令长子袭官外……又额外赐了这政老爷一个主事之职,令其入部学习。如今已升了员外郎。"赦即是颙,政即是頫。《八旗氏族通谱》说:"曹頫,原任员外郎",这是一证。《上元江宁志》"玺在殡"一段,玺当如你说作寅,此与"遗本一上"一段相合,可算是二证。雪芹既以宝玉自况,贾政当是他的父亲,而贾政明是那先未袭职的次子,决不是曹颙,这是三证。你前函说第二回"那一段话除了'长子袭官'数语为有意错乱外,其余便写实了曹寅"。现在依我的说法,这一段话,便没有一句不着实了。

这么一来,我们可以回到曹寅闻珍儿殇的诗。"世出难居长,多才在四三。"似是说他自己的儿子虽居长,但不如三四两侄之多才。"亚

子"二字仍当本义解,"次子"或"幼子",指曹珍。依此,则曹寅的子侄辈略如下表:

(1)颙(寅子)(2)颀——霑(寅子)(3)颀(宜子)(4)天祐?(宜子)?(5)珍(寅子)

这是我自己修正我在天津所得的第六条。

至于你疑心《红楼梦》里的宝玉与《雪桥诗话》里的雪芹不像,我觉得并不难解释。凡是孤冷的人很少是生来孤冷的,往往多是热闹的生活的余波。周敦颐、程颢、张载多是做过一番英伟少爷的人,都反动到主静主敬的生活里去。阮籍、刘伶大概也是如此的。

传闻之不可靠,大率皆然。……(《学术界》第1卷第4期,1943年11月15日)

5月31日 胡适作《水浒传各本回目对照表》。(《胡适遗稿及秘藏书信》第15册,106页)

同日 晚,胡适与朱徵同为赵元任、杨步伟证婚。(《晨报》,1921年6月4日)

5月 上海亚东初排本《红楼梦》出版。胡适的《〈红楼梦〉考证》(初稿)在这个本子上第一次发表。书前依次为胡适《〈红楼梦〉考证》、顾颉刚《答胡适书》、胡适《考证后记》、陈独秀《〈红楼梦〉新叙》、程伟元原序、汪原放《校读后记》和《标点符号说明》。

同月 胡适改定《不朽》一文,大意谓:

不朽有种种说法……只有两种说法是真有区别的。一种是把"不朽"解作灵魂不灭的意思;一种就是《春秋左传》上说的"三不朽"。

…………

……那"三不朽说"是比那"神不灭说"好得多了。但是那"三不朽说"还有三层缺点……第一,照平常的解说看来,那些真能不朽的人只不过那极少数有道德、有功业、有著述的人。……第二,这种不朽论单从积极一方面着想,但没有消极的裁制。……第三,这种不朽论所说的"德、功、言"三件，范围都狠含糊。……

因为要补足这三层缺点，所以我想提出第三种不朽论来请大家讨论。我一时想不起别的好名字，姑且称他做"社会的不朽论"。

……无论是看纵剖面，是看横截面，都像一种有机的组织。从纵剖面看来，社会的历史是不断的；前人影响后人，后人又影响更后人；没有我们的祖宗和那无数的古人，又那里有今日的我和你？没有今日的我和你，又那里有将来的后人？没有那无量数的个人，便没有历史，但是没有历史，那无数的个人也决不是那个样子的个人：总而言之，个人造成历史，历史造成个人。从横截面看来，社会的生活是交互影响的：个人造成社会，社会造成个人；社会的生活全靠个人分功合作的生活，但个人的生活，无论如何不同，都脱不了社会的影响；若没有那样这样的社会，决不会有这样那样的我和你；若没有无数的我和你，社会也决不是这个样子。……

……我这"社会的不朽论"的大旨是：

我这个"小我"不是独立存在的，是和无量数小我有直接或间接的交互关系的；是和社会的全体和世界的全体都有互为影响的关系的；是和社会世界的过去和未来都有因果关系的。种种从前的因，种种现在无数"小我"和无数他种势力所造成的因，都成了我这个"小我"的一部分。我这个"小我"，加上了种种从前的因，又加上了种种现在的因传递下去，又要造成无数将来的"小我"。这种种过去的"小我"，和种种现在的"小我"，和种种将来无穷的"小我"，一代传一代，一点加一滴；一线相传，连绵不断；一水奔流，滔滔不绝——这便是一个"大我"。"小我"是会消灭的，"大我"是永远不灭的。"小我"是有死的，"大我"是永远不死，永远不朽的。"小我"虽然会死，但是每一个"小我"的一切作为，一切功德罪恶，一切语言行事，无论大小，无论是非，无论善恶，一一都永远留存在那个"大我"之中。那个"大我"，便是古往今来一切"小我"的纪功碑、彰善祠、罪状判决书、孝子慈孙百世不能改的恶谥法。这个"大我"是永远不朽的，故一切"小我"的

事业、人格、一举一动、一言一笑、一个念头、一场功劳、一桩罪过，也都永远不朽。这便是社会的不朽，"大我"的不朽。

……………

……这种不朽论……只是说个人的一切功德罪恶，一切言语行事，无论大小好坏，一一都留下一些影响在那个"大我"之中，一一都与这永远不朽的"大我"一同永远不朽。

上文我批评那"三不朽论"的三层缺点：（一）只限于极少数的人，（二）没有消极的裁制，（三）所说"功、德、言"的范围太含糊了。如今所说"社会的不朽"，其实只是把那"三不朽论"的范围更推广了。……社会是有机的组织，那英雄伟人可以不朽，那挑水的、烧饭的，甚至于浴堂里替你擦背的，甚至于每天替你家掏粪倒马桶的，也都永远不朽。……如今说立德不朽，行恶也不朽；立功不朽，犯罪也不朽；"流芳百世"不朽，"遗臭万年"也不朽；功德盖世固是不朽的善因，吐一口痰也有不朽的恶果。我的朋友李守常先生说得好："稍一失脚，必致遗留层层罪恶种子于未来无量的人——即未来无量的我——永不能消除，永不能忏悔。"这就是消极的裁制了。

……这种"社会的不朽"观念很可以做我的宗教了。我的宗教的教旨是：

我这个现在的"小我"，对于那永远不朽的"大我"的无穷过去，须负重大的责任；对于那永远不朽的"大我"的无穷未来，也须负重大的责任。我须要时时想着，我应该如何努力利用现在的"小我"，方才可以不辜负了那"大我"的无穷过去，方才可以不遗害那"大我"的无穷未来？（《胡适文存》卷4，105～118页）

6月

6月1日　胡适作《〈水浒〉考证的跋》。(《胡适遗稿及秘藏书信》第

15 册，111 页）

同日 青木正儿致函胡适，认为胡适的《〈红楼梦〉考证》是"用科学方法，论调公正，研究精细，真正有价值的一篇考证"，拟在"支那学"上加以介绍。又对胡适代购浙江图书馆刊印的《章氏遗书》表示感谢。（《胡适遗稿及秘藏书信》第42册，679～681页）

6月2日 胡适续作《〈水浒〉考证的跋》。胡适在公园遇吴梅（瞿庵），向其请教《水浒》戏曲问题。（《胡适遗稿及秘藏书信》第15册，112页）

同日 李季复函胡适云：自己的译稿已请陈独秀寄给胡适，现寄上新译马克思《价值价格及利润》稿，请胡适将两部译稿转交陶孟和校阅。希望能在广东商务印书馆领取稿费。又谈自己的译书计划。（《胡适遗稿及秘藏书信》第28册，62～66页）

6月3日 胡适拟定在保定讲演的题目："文法的研究法""诗经的研究""新诗的运动""科学的人生观""中学教育与中学学生""思想革新的几个条件"。定明天早7时10分去。因当日下午发生军警殴打北京八校请愿代表事，故取消此行。胡适将殴打代表事件经过撰成英文通讯发表。

同日 胡适续作《〈水浒〉考证的跋》。孙伯恒来访。（《胡适遗稿及秘藏书信》第15册，113页）

同日 午间Zucker邀饭。胡适与之讨论戏剧问题，日记略记：

> ……天下古今多少社会革新家大概多有头脑简单的特性；头脑太细密的人，顾前顾后，顾此顾彼，决不配做革命家。娜拉因为头脑简单，故能决然跑了；阿尔文夫人因为头脑细密，故一次跑出复回之后，只能作虚伪的涂饰，不能再有跑去的勇气了。
>
> 易卜生的《娜拉》，以戏本论，缺点甚多，远不如《国民之敌》《海妲》等剧。
>
> ……萧士比亚在当日与伊里沙白女王一朝的戏曲家比起来，自然是一代的圣手了；但在今日平心而论，萧士比亚实多不能满人意的地方，实远不如近代的戏剧家。现代的人若虚心细读萧士比亚的戏剧，

至多不过能赏识某折某幕某段的文辞绝妙——正如我们赏识元明戏曲中的某段曲文——决不觉得这人可与近代的戏剧大家相比。……

戏剧所以进步，最大的原因是由于十九世纪中欧洲文学受了写实主义的洗礼。到了今日，虽有神秘的象征戏如梅特林（Maeterlinck）的名剧，也不能不带写实主义的色彩，也不能不用写实主义做底子。现在的妄人以为写实主义已成过去，以为今日的新文学应谈"新浪漫主义"了！这种懒人真不可救药！（《胡适遗稿及秘藏书信》第15册，113～115页）

6月4日 上午9时，北大临时委员会开会，讨论，无结果。胡适在会上提议二事：自今日起与政府停止交涉；组织筹备"联合大学"委员会。下午，联席会议开会，也无果。（《胡适遗稿及秘藏书信》第15册，117页）

6月5日 访客有吴虞、陶孟和、郑铁如、李大钊。下午，出席北大教职员大会。夜，胡适拜托杜威将被军警打伤的马夷初从首善医院移出。（《胡适遗稿及秘藏书信》第15册，120～121页）

吴虞日记：

午餐后同聂灿霄访胡适之，还《札移》一部。借《崔东壁遗书》一部，此翻畿辅先哲丛书本也。又借日人《汉籍解题》一本。适之因作《跋水浒考证》付印，故予文序尚未作。（《吴虞日记》上册，605页）

6月6日 胡适访杜威，"他说，这一次使军阀与教育的不相容格外明显。这话是不错的"。胡适日记又记："这两天的西洋文报纸皆由我与柯乐文供给新闻。"（《胡适遗稿及秘藏书信》第15册，123～124页）

同日 顾颉刚致函胡适，提出待考的问题："曹颙何以只做了三年？曹頫做了十三年，为什么竟把曹家世袭的官丢去？"等。又谈高鹗续书诸问题。（《胡适遗稿及秘藏书信》第42册，143～150页）

同日 钱玄同日记有记：

晚点阅杭世骏《续礼记集说》中所引姚际恒《礼记通论》之《儒行篇》(以后省称为姚论某某篇,如此篇即称为姚论"儒行")。我买这部书来,原是要在此中辑出一部姚际恒底《礼记通论》来,所以专看姚氏之说,打算现在先把他随便点一道,第二次再加新标点,并且专将姚说剪下,排印成书。这是我和适之两人的主张。(《钱玄同日记》上册,376页)

同日　吴虞日记有记:鄢公甫来小坐,言朱毅崇拜黄侃,而不喜胡适之。(《吴虞日记》上册,605页)

6月8日　续做《〈水浒〉考证的跋》。访客有朱我农、孙伯恒、王仙华等。皖事改进会在胡适家开会。到任鸿隽宅,与丁文江、王徵谈"努力会"事。Barbour邀吃晚饭。(《胡适遗稿及秘藏书信》第15册,129页)

6月9日　胡适续作《〈水浒〉考证的跋》。晚与丁文江同访赵元任。(《胡适遗稿及秘藏书信》第15册,134页)

同日　胡适购得《八旗人诗钞》,发现敦诚、敦敏兄弟与曹雪芹赠答的诗4首:敦敏《赠曹雪芹》、敦敏《访曹雪芹不值》、敦诚《佩刀质酒歌》、敦诚《寄怀曹雪芹》。胡适认为,透过这些诗,"可见雪芹贫状"。(《胡适遗稿及秘藏书信》第15册,130～133页)

6月10日　胡适与蒋梦麟、王徵同游西山。下午,胡适到燕京大学演讲。晚间,毕善功邀胡适看英国Waring Co.所演小仲马的《方便的结婚》(A Marriage of Convenience)。(《胡适遗稿及秘藏书信》第15册,135～136页)

同日　俞平伯致函胡适,讨论"大观园在南在北"的问题,俞氏倾向于在北,并举出证据:书中所说"都""京"皆指北京。贾雨村说老宅在金陵。贾母说:"我和你太太、宝玉立刻回南京了。"冷子兴演说荣国府一段,明说不是极盛的时代,"如今这荣、宁二府也都萧索了"。猜想《红楼梦》中情事或竟是曹頫免江宁织造以后的事。贾敬不肯回原籍来,只在都中城外和那些道士们胡羼。(《胡适遗稿及秘藏书信》第31册,18页)

6月11日　胡适完成《水浒传后考》。杜威夫人偕其女儿来访。夜与汪

原放、高一涵看 Waring Co. 所演滑稽喜剧 *Mr. Pirr Passes By*。(《胡适遗稿及秘藏书信》第 15 册，137 页)

6 月 12 日 胡适为汪原放写扇面。下午 2 时，参加中国科学社的会议。李大钊电话告知，马夷初在医院绝食，胡适认为"这是无益之举"，因为现在的中国政府是强盗政府。(《胡适遗稿及秘藏书信》第 15 册，138～139 页)

6 月 13 日 胡适到首善医院探视马叙伦。今日北京各校全体大罢课，胡适劝李大钊在联席会议上提议："发一宣言，致谢各校之响应，但声明不愿各校以罢课为手段，因为牺牲太大，而收束无期。"中午到杜威先生住所吃饭，并会见美国公使克兰（Crane）。下午访赵元任，略谈国音留声机事。后与赵同去探视罗素。胡觉来（前天到京）。(《胡适遗稿及秘藏书信》第 15 册，140～144 页)

同日 吴虞日记有记：与胡适之还《崔东壁遗书》《汉籍解题》去，有回条。(《吴虞日记》上册，606 页)

6 月 14 日 范源濂来访。与蒋梦麟同访克兰公使。孙伯恒请吃午饭，遇傅沅叔。晚 8 点，文友会会餐。10 点，克兰公使约谈，介绍与《新共和》报（*The New Republic*）主笔 Merz 晤面。(《胡适遗稿及秘藏书信》第 15 册，145～148 页)

6 月 15 日 瑞士人 Philippe de Vargas 来访。到远东共和国代表宅吃饭。续编《胡适文存》。(《胡适遗稿及秘藏书信》第 15 册，149～150 页)

6 月 16 日 胡适写成《〈吴虞文录〉序》，盛赞吴氏是"中国思想界的一个清道夫"，"四川省只手打孔家店"的老英雄。吴虞与陈独秀"是近年来攻击孔教最有力的两位健将"，但吴、陈的方法略有不同，陈专注重"孔子之道不合现代生活"一个主要观念；吴将中国传统教义与西方经典和法律制度，比较对勘，证明了中国礼法制度都是吃人的礼教和坑陷人的法律制度。胡序又云：

> ……他［吴虞］的非孔文章大体都注重那些根据孔道的种种礼教、法律、制度、风俗。他先证明这些礼法制度都是根据于儒家的基本教

条的，然后证明这种种礼法制度都是一些吃人的礼教和一些坑陷人的法律制度。他又从思想史的方面，指出自老子以来也有许多古人不满意于这些欺人吃人的礼制，使我们知道儒教所极力拥护的礼制在千百年前早已受思想家的批评与攻击了，何况在现今这种大变而特变的社会生活之中呢？（《胡适文存》卷4，255～259页）

同日 林语堂致函胡适，谈及已将海涅诗之译稿寄给陶孟和。请胡适帮忙催促汇款。决定到莱比锡大学读书，听说陈大齐也要去，希望明年能拿学位。（《胡适遗稿及秘藏书信》第29册，344～345页）

6月17日 胡适译《哲学改造》3页。访吴虞。夜访Merz，久谈。（《胡适遗稿及秘藏书信》第15册，160页）

吴虞日记：

十一时，胡适之来，交还予《文录》一本，为予作《吴虞文录序》一首，谓予为中国思想界之清道夫。（《吴虞日记》上册，607页）

同日 胡适购得杨钟羲编的《八旗文经》六十卷，在该书《作者考》中发现曹寅的重要资料，并根据该书收入的敦诚的有关文献，推测敦诚大概比雪芹年轻。曹寅的材料如下：

作者考云："曹寅，字子清，一字楝亭，号荔轩，一号雪樵，世居沈阳地方，隶汉军正白旗。工部尚书曹玺子。……甥富察昌龄，字谨斋，阁峰尚书子，有时名，集未见。"（《胡适遗稿及秘藏书信》第15册，160页）

同日 胡适作《死者》一诗，其中说："请愿而死，究竟是可耻的！"又云：

我们后死的人，
尽可以革命而死！

尽可以力战而死！

但我们希望将来

永没有第二人请愿而死！（《胡适遗稿及秘藏书信》第 15 册，162 页）

6 月 18 日　为江子隽夫人的病，胡适访陆仲安。到蒋梦麟处，会见加州大学教授 Stratton，杜威夫妇、陶孟和也来，同吃饭。下午，汪叔潜（建刚）来谈安徽政情，胡适说：

现在的少年人把无政府主义看作一种时髦东西，这是大错的。我们现在决不可乱谈无政府；我们应谈有政府主义，应谈好政府主义！（《胡适遗稿及秘藏书信》第 15 册，163～164 页）

同日　胡适致函顾颉刚，通报最近购得的有关曹雪芹的新材料。（《学术界》第 1 卷第 6 期，1944 年 1 月 15 日）

6 月 19 日　胡适与蒋梦麟、陶孟和及 Merz 同游西山。（《胡适遗稿及秘藏书信》第 15 册，165～166 页）

同日　胡适作成《〈林肯〉序》，高度评价这部历史戏的成功。（《胡适文存》卷 4，261～270 页）

6 月 21 日　胡适与胡觉、胡思聪、胡思永同去图书馆参观。便道访陶孟和夫妇。曹杰、徐养原请吃午饭。孙伏园来访。晚与蒋梦麟、陶孟和公钱毕善功，一起讨论英国教育家 R. F. Scott 拟的英国辅助中国教育发展计划书（此人希望运动英国退还赔款）。胡适认为，此计划"太注重英国人的管理，必不能得中国人的赞同"，故"想另拟一个计画，供他们的参考"。（《胡适遗稿及秘藏书信》第 15 册，169～173 页）

6 月 22 日　胡适病。杨景苏来谈甚久。阅《越缦堂日记》。（《胡适遗稿及秘藏书信》第 15 册，174～175 页）

6 月 23 日　高梦旦来信，云："此间关于编译事全赖先生主持。一切情形，非笔墨所能尽，可俟到沪面详。惟有一节不能不预定，则移眷是也。……"

瑞士人 Philippe de Vargas 来访。到远东共和国代表宅吃饭。续编《胡适文存》。（《胡适遗稿及秘藏书信》第 15 册，176 页）

同日　顾颉刚复函胡适，提出 7 条理由论证"大观园非即随园"。（《胡适遗稿及秘藏书信》第 42 册，151～153 页；第 15 册，186 页）

同日　商务印书馆编译所致函胡适，告胡适著《中国哲学史大纲》（卷上）版税自 1920 年 6 月至 1921 年 4 月共 818.46 元。（中国社科院近代史所藏"胡适档案"，卷号 2202，分号 1）

6 月 24 日　胡适到北京饭店访 Merz，并到车站为其送行。访杜威，请其阅 Dr. Scott 的计划书，杜威很不赞成这种计划。到扶桑馆访日本小说家芥川龙之介，不遇。下午，与胡觉到公园，遇着杨景苏、梁和钧，同吃饭。（《胡适遗稿及秘藏书信》第 15 册，177 页）

6 月 25 日　上午，芥川龙之介来访。晚，胡适与陶孟和宴请美国社会学会会长 Professor James Quayle Dealey。完成一文，批评 Dr. Scott 的计划书。分两部分：批评其计划的缺点；我们的主张。胡适提出两个办法：（1）完全英国人办理；（2）完全中国人办理。关于第二个办法，具体是：

把赔款（或募款）捐作一种"教育基金"，不加条件。

此项基金，设一个特别委员会管理之。委员中至多只可有三分之一的英国人。委员皆须是教育专家。委员会自行委任分股委员及视学员，多用中国人。英国人只有在中国学校做教员者，得以中国学校教员的资格充视学员。

基金用途，大旨如下：

（1）捐助国立大学，使他们成为强固的学识中心。

（2）略仿 Dr. Scott 的计画，津贴中学校，并设奖学学额，但不采他的英国视学员制度。

（3）长期学额，为留学英国大学及加拿大大学之用：a. 专为国立大学学生的；b. 公开考取的。

（4）短期学额，为教员留学英国之用：a. 国立大学教员；b. 中学校

校长及教员。

（5）设中英交换讲演员的讲座。(《胡适遗稿及秘藏书信》第 15 册，178～180 页)

6月26日　胡适托人急电《时报》狄葆贤，不同意担任"星期讲坛"。下午，赵元任夫妇邀科学社会员到他家茶会，胡适参加。晚，杜威一家宴请胡适夫妇，同席有陶孟和、蒋梦麟等。(《胡适遗稿及秘藏书信》第 15 册，183 页)

6月27日　胡适到北京饭店访建筑师 Mr. & Mrs. H. M. Murphy，并同游北海（是为胡适第一次到北海）。晚 8 时，芥川龙之介在扶桑馆宴请胡适。(《胡适遗稿及秘藏书信》第 15 册，184～186 页)

6月28日　丁西林、李四光、王世杰邀胡适、顾孟馀、陶孟和、王星拱、陈启修、陈聘丞（世璋）商量学潮事，"我们都觉得厌倦了，故今天大家都说要走了"。日记有记：

……丁、李与二王都希望恢复西南大学，余人都承认此事为不可靠。我们又谈到走的法子，有的说须"软"走的，有的说须"硬"走的。我说，与其做好汉而走，不如做小人而走。怎么叫做"做小人而走"呢？我们应当写一公函与联席会议、校长团及学生会，提出最低限度的条件，请他们限期进行；如无效，则代表可以不干了，我们更不干了。这样做去，一定可以早日解决，但解决之后一定有人骂我们让步；但我们若不负此恶名，谁也不肯负。故我说是"做小人而去"。我又提出一个善后办法如下：

（1）暑假中，筹办招考事。

（2）提早开学，约在八月中旬到下旬。

（3）自开学至十一月底，为第三学期，补完上学年。

（4）自十二月一日到二月底为第一学期，三月一日到五月底为第二学期，六月一个月加上暑假学校为第三学期，赶完下学年。

（5）开学后，不放假期。

（6）如此，则下学年的课程、书籍、教员等事，尚可从容筹备，而上学年的工课也不致敷衍过去。

他们对于这个善后办法，都表示赞成。但他们大多数都不赞成我的"做小人"的办法。后来的结果是，请我们（北大）的临时委员辞职，让别人去干。这样一做，也可以促进一般人的注意，或可以使现在这种不死不活的情形起一点改变。抚五、孟和、聘丞、孟馀，皆是委员，都赞成此议。孟和拟了一个辞职书，定明天召集其余各委员，开会议决。（《胡适遗稿及秘藏书信》第15册，187～189页）

同日　胡适复函顾颉刚，认为顾说"大观园非即随园"甚有理，又说："《随园诗话》说大观园即随园，似也不致全无所据。此事终当细考"。（《学术界》第1卷第6期，1944年1月15日）

同日　顾颉刚致函胡适，谈胡、顾计划的《辨伪丛刊》事。（《胡适遗稿及秘藏书信》第15册，201～203页）

6月29日　9时，胡适参加北大的临时委员会议，因蒋梦麟报告范源濂要调停学潮，故昨日所拟办法决议暂缓实行。下午，参加杜威夫妇所邀的茶会。（《胡适遗稿及秘藏书信》第15册，190～192页）

6月30日　上午，胡适为北大作欢送杜威的演说。中午，北京大学、男女两高师、尚志学会、新学会五团体在中央公园来今雨轩公饯杜威博士夫妇及女公子，到者约80人。范源濂、梁启超致辞后，胡适作为北大代表致辞，大意谓：杜威博士的学说，是活的哲学方法……博士并不提倡一种主义，如共产主义、自由恋爱等，他所以给人的，只是方法。他的方法只有两个：第一个是历史的方法，我常说他是祖孙的方法，就是对于一桩事要查他的来因去迹，来因的祖与去迹的孙如有着落，那么当中的一代无论如何逃不了的了。这种方法用在消极的批评上是最有底的。第二个是试验的方法，这有三个要点：第一是注重具体的个别的事实；第二是一切学理都只是假设，给我们做参考用的，却不是天经地义；第三是一切学说、制度等等，甚至真理，都要经过试验。在此次宴会上，胡适还为范源濂、杜威夫妇及

女公子作口译。

　　同日　晚,胡适与丁文江为杜威一家、罗素与勃拉克女士饯行,陪客有庄士敦、Miss Power、赵元任夫妇。(《胡适遗稿及秘藏书信》第 15 册,193～199 页;《申报》,1921 年 7 月 3 日)

　　同日　陶行知致函胡适,诚邀胡适为自己主持的南高师第二期暑期学校演讲几次,又详谈安徽三中的风潮。(中国社科院近代史所藏"胡适档案",卷号 1676,分号 1)

7月

　　7 月 1 日　胡适出席哥伦比亚大学同学为杜威举行的饯行宴会。(《胡适遗稿及秘藏书信》第 15 册,204 页)

　　同日　胡适复函顾颉刚,谈《辨伪丛刊》的体例问题。提出:"此书为发生最大效力计,可否以伪书为纲而以各家的辨伪议论为目?"办法有二:"(1)有些书,如你所辑校的两集,用原书的次序,依年代排列。(2)有些大书,有些发生大问题的书——如《书经》《周礼》之类——则用我此次提出的法子,每一部伪书为一集如'尚书的公案';或竟加入一两种更大的问题,如'今古文的公案'之类。"(《古史辨》第 1 册,38～39 页)

　　7 月 2 日　胡适在什刹海为婺源人胡光姚证婚。(《胡适遗稿及秘藏书信》第 15 册,206 页)

　　7 月 3 日　胡适致函陶行知及安徽教育厅长张春霆,皆为安徽三中校长方振民辞职事;又致电方氏慰留。(《胡适遗稿及秘藏书信》第 15 册,208 页)

　　同日　英使馆参赞 H. M. Harding 宴请胡适、蒋梦麟、陶孟和、丁文江、毕善功等。席间,胡适、丁文江都谈及"这两千年来,中国的进步实在很多,退步很少"。(《胡适遗稿及秘藏书信》第 15 册,208～212 页)

　　7 月 4 日　胡适续编《胡适文存》。晚到燕寿堂,会见印度人 Sudhindra Bose、俄国人 Pankratoff, B. 及 Polevoy, Prof. S. A. 等人。客人谈印度独立事。

1921年　辛酉　民国十年　30岁

(《胡适遗稿及秘藏书信》第 15 册，213～214 页）

7月5日　胡适夫妇拜访杜威。阅徐炳昶译波兰人显克微支（Henryk Sienkiewicz）的 *Quo Vadis*（《你往何处去》）的译稿。(《胡适遗稿及秘藏书信》第 15 册，215～217 页）

同日　姚天寅致函胡适，拟发起成立青年互助会，请胡适指正其规约草稿。(中国社科院近代史所藏"胡适档案"，卷号 1583，分号 3）

7月6日　胡适读宋人穆修的《河南穆公集》三卷。晚请绩溪同乡吃饭。(《胡适遗稿及秘藏书信》第 15 册，218～223 页）

7月7日　胡适读宋人柳开《河东集》。蒲伯英邀胡适等吃饭，请胡到四川演讲，胡仍辞谢不去。得陈独秀来信，胡适大有感慨：

> 仲甫来一长信，大骂我们——三孟、抚五、我——为饭碗问题闹了一年的风潮，如何对得起我们自己的良心！我觉得他骂的句句都对。这一年半，北京学界闹的，确是饭碗风潮。……我这一年半以来，太"不好事"了。因为太不好事，故我们竟让马夷初带着大家乱跑，跑向地狱里去！我记此一段，表示自己的忏悔。(《胡适遗稿及秘藏书信》第 15 册，224～227 页）

7月8日　抄"努力会"的简章。下午，"努力会"会集，同人都赞成办一个小周报。又讨论有关的重要问题。晚与哈丁夫人，Miss Power、香港大学经济学教授 Hinton 等晚餐，感慨这两年的成绩，"远不如前二年的十分之一，真可惭愧！"(《胡适遗稿及秘藏书信》第 15 册，228～229 页）

7月9日　胡适致电蒋梦麟，询范源濂调停学潮进展，又将陈独秀信给他看，他也觉陈话不错。胡适主张仍旧实行他前次提议的"做小人"的办法，以求速决。下午访范源濂，仍谈调停学潮事。到一声馆访日本学者小柳司气太。陶孟和邀香港大学教授 Hinton 吃茶，胡适、蒋梦麟、王徵均在座。(《胡适遗稿及秘藏书信》第 15 册，230～233 页）

7月10日　与杜威先生到容光照相馆照相。访商务印书馆陈慎侯（承泽），谈《国文法草创》。陈告，大概商务想请胡适去做编译所主任。晚，为

《晨报》赶写一篇为杜威送行的短文——《杜威先生与中国》。(《胡适遗稿及秘藏书信》第15册，236页)

《杜威先生与中国》大要：

……自从中国与西洋文化接触以来，没有一个外国学者在中国思想界的影响有杜威先生这样大的。

……在最近的将来几十年中，也未必有别个的西洋学者在中国的影响可以比杜威先生还大的。……我们可以举两个理由：

第一，杜威先生最注重的是教育的革新，他在中国的讲演也要算教育的讲演为最多。当这个教育破产的时代，他的学说自然没有实行的机会。但他的种子确已散布不少了。……

第二，杜威先生不曾给我们一些关于特别问题的特别主张……他只给了我们一个哲学方法，使我们用这个方法去解决我们自己的特别问题。他的哲学方法，总名叫做"实验主义"，分开来可作两步说：

（1）历史的方法——"祖孙的方法"……
（2）实验的方法……
　　……

杜威先生真爱中国，真爱中国人；他这两年之中，对我们国人，他是我们的良师好友；对于国外，他还替我们做了两年的译人与辩护士。……(《东方杂志》第18卷第13号，1921年7月10日)

同日 顾颉刚复函胡适，提出："曹家虽在雍正六年交卸江宁织造，后来尚有一番宦况"；"依我想，或者隋赫德的后任还是曹頫。但如此，则雪芹生年更须推下了。他们即使在南京有花园，也决不是随园了"。(《胡适遗稿及秘藏书信》第15册，254页)

7月11日 胡适到车站送别杜威。日记有记："杜威先生这个人的人格真可做我们的模范！他生平不说一句不由衷的话，不说一句没有思索过的话。只此一端，我生平未见第二人可比他。"下午，陈慎侯来谈文法各问题。

(《胡适遗稿及秘藏书信》第 15 册,237～238 页)

  同日 李季致函胡适,告自己预备于 8 月赴法国。因自己旅费全靠译费,故请胡适帮忙通融预支稿费。(《胡适遗稿及秘藏书信》第 28 册,67～68 页)

  7 月 12 日 为世界丛书社校袁弻译的 Maupassant's *Une Vie*,校董时译的 Indd's *The Evolution of the American Common School System*。蒋梦麟来谈范源濂调停学潮的条件。蒋又与胡适、王星拱一同去与李大钊商量,李也不赞成再生枝节。与高一涵同去洗浴。(《胡适遗稿及秘藏书信》第 15 册,239～241 页)

  7 月 13 日 张福运来谈其婚事。校改韦荣译的 Jones' *The Philosophy of Eucken*。(《胡适遗稿及秘藏书信》第 15 册,242 页)

  7 月 14 日 校改臧玉淦译的 Watson's *Psychology from the Standpoint of a Behaviorist* 第一章,还他重修正。校改李培天译的 Brander Matthews' *The Development of the Drama*,退还不收。校改杨人杞等译的 Paulsen's *Introduction to Philosophy*。(《胡适遗稿及秘藏书信》第 15 册,243 页)

  同日 晚 8 时,蒋梦麟来告,学潮终于解决。(《胡适遗稿及秘藏书信》第 15 册,244 页)

  同日 陶行知电邀胡适前来南高师演讲,胡适函辞,但表示到上海稍有头绪后可来南京演讲。(《胡适遗稿及秘藏书信》第 15 册,248 页)

  7 月 15 日 吴虞来访。吴虞日记有记:

>   过胡适之。据云,予文稿前与汪原放交涉,以百分之十五为酬。予言,予意在流传不在金钱,但以百分之十三书酬予可矣。托适之转达原放。适之问四川何家可以代销,嘱予先行知会,予允之。适之遂行,盖坐十时火车出京,赴上海商务馆之约也。借与予《越缦堂日记》三套,云看后可觅其兄另挂。(《吴虞日记》上册,614 页)

  同日 胡适乘火车赴上海。同行的有刘厚生(垣)、徐振飞(新六),徐谈英国及大陆现状及蔡元培在法国窘状等。胡适感慨道:"留法俭学"一个运动真是无意识的盲动,我起初即不赞成,只因为提倡的人如蔡先生,

如吴稚晖先生，都是绝好的人，或不致太坏，故我不曾明白地反对此事。去年留法俭学的黑幕已揭穿了，我才动手收集材料，想引起大家注意此事的非计……

校改唐志杲译的 A. K. Roger's *A Student's History of Philosophy*，多误，拟退稿。读 Sinclair Lewis' *Main Street*。(《胡适遗稿及秘藏书信》第 15 册，246～247 页）

7月16日　读 *Main Street*。在车上作诗一首:《一个哲学家》。车中写信与蒋、顾、陶、李、王5位，说现在有振作精神办事的必要。胡适提议两事:（1）实行捐出一个月的薪俸为北大图书馆捐款，并立即组织图书馆募捐委员会，勿使蔡先生与卜思捐款回来时我们仍无一文的基础。（2）实行不放假。晚10时，胡适抵上海。张元济、高梦旦、李拔可、庄伯俞、王仙华、颜任光等都在车站相候。(《胡适遗稿及秘藏书信》第 15 册，248～251 页）

7月17日　唐钺来访。访汪大航不遇。访汪汉航。到亚东图书馆，见到章希吕、胡鉴初等。商务印书馆张元济、高梦旦、江伯训、杜亚泉、方叔远（毅）、高凤池、鲍咸昌请胡适吃午饭，谈到悬赏征文事，胡适主张悬赏征书，例如"中国历史"一书，可悬赏 5000 元（或 3 年留学经费），以一年或年半为限，当可得许多好稿子。但先须请能者规定范围与方法。

同日　下午，胡适访汪惕予，并迁居汪氏在斜桥路一号汪宅为其准备的一间精室。

同日　晚，胡适访史量才、张东荪、George E. Sokolsky、狄楚青、张丹斧等，皆不遇。

同日　胡适有《戏寄叔永、莎菲》小诗。(《胡适遗稿及秘藏书信》第 15 册，252～253 页）

7月18日　上午 10 时半到商务印书馆编译所。高梦旦见已经不能罗致胡适来商务印书馆，乃退而求其次，希望胡能看看编译所的情形，替他们做一个改良的计划书。胡允之。胡适是日遍访编译所熟人，有傅纬、李石岑、郑振铎、沈雁冰、叶圣陶、潘介泉、郑贞文（心南）等。胡适告高梦旦，刘伯明决不可担任编译所所长。

同日　5点，胡适访马寅初，谈甚久。到亚东图书馆，胡鉴初、章希吕等邀胡适到民乐园吃饭。

同日　晚10点，黄炎培来访，旋同至《申报》馆谈话，沈信卿亦来，谈颇久。(《胡适遗稿及秘藏书信》第15册，257～259页)

同日　顾颉刚复函胡适，报告寻得江顺怡著的《读〈红楼梦〉杂记》一册，指出，江氏在该书中已提出"盖《红楼梦》所纪之事，皆作者自道其生平"的观点。(《胡适遗稿及秘藏书信》第15册，262～264页)

7月19日　胡适到商务编译所。今天会谈的人有邝富灼、华超、吴康、金邦平诸人。遇杨端六、胡愈之，未细谈。看涵芬楼藏书。

同日　下午2点半，胡适访汪大航兄弟。访George E. Sokolsky。5时，到江苏省教育会，见黄炎培、沈信卿、姚子让、狄君武。饭后应邀到第二师范校友会欢迎暑假讲习会学生的茶会，胡适演说20分钟。1921年7月20日《申报》报道二师校友会欢迎会：江苏省立第二师范学校，因现届校内开办暑期讲习会，特开欢迎旧校友会，于昨日6时举行。开会后，校长贾季英致欢迎辞，次由黄任之、沈信卿、胡适诸人演说，6时30分聚餐，次商务印书馆开影演戏。

同日　胡适得安庆邀去讲演的电报。(《胡适遗稿及秘藏书信》第15册，260～261页)

7月20日　胡适到商务编译所，旁听该所的"编译会议"（讨论议题为中学教科书问题）。胡适建议各部各做一个计划，再开会讨论，可使会议不致太散漫；编一些"中学国文参考丛书"，因为"中学学生决不能从《中学国文读本》里学得国文，我们不能不设法引他们多看书，而现在实无中学生可看的中文书"。胡适认为，这个编译所里面没有能通盘筹算的人。(《胡适遗稿及秘藏书信》第15册，266～267页)

同日　马寅初邀午饭，同席有郭秉文、张子高、朱进、王毓祥等。郭秉文希望胡适留在商务，而兼任东南大学事。胡适表示："东南大学是不能容我的。我在北京，反对我的人是旧学者与古文家，这是很在意中的事；但在南京反对我的人都是留学生，未免使人失望。"(《胡适遗稿及秘藏书信》

第 15 册，267～268 页）

同日　下午，胡适与杨端六久谈，杨谈商务印书馆中之种种弊端。（《胡适遗稿及秘藏书信》第 15 册，268 页）

同日　胡适购得雍正帝《朱批谕旨》，根据"李煦任内亏空"奏折推断："曹家之败，当亦是因此。颉刚推测曹頫雍正六年以后尚有一番宦况，似不确。"（《胡适遗稿及秘藏书信》第 15 册，269 页）

7 月 21 日　胡适到商务编译所。访客有侯可九、许文声。午间与高梦旦之子高仲洽谈：

> 此君勤学而太沉默，故我劝他注重"表现"（expression）的训练。我有一句格言："你若想把平时所得的印象感想变成你自己的，只有表现是最有益的方法。"（Expression is the most effective way of appropriating one's impressions.）"表现"包括作文、演说、谈话、辩论、笔记之类。（《胡适遗稿及秘藏书信》第 15 册，270、273 页）

同日　下午，胡适到中华职业教育社看征求社员的结果。晚，陈叔通（敬第）、张东荪邀吃饭。阅《朱批谕旨》的谢赐履折。为北京学潮事作答记者问。（《胡适遗稿及秘藏书信》第 15 册，274～275 页）

7 月 22 日　胡适到商务编译所。访客有唐蜗庐、曾青云。与张元济、高梦旦谈编纂《常识小丛书》事。访狄楚青、钱芥尘。张元济邀晚饭。预备次日之演说。与郑振铎、沈雁冰谈文学创作事：

> 我昨日读《小说月报》第七期的论创作诸文，颇有点意见，故与振铎及雁冰谈此事。我劝他们要慎重，不可滥收。创作不是空泛的滥作，须有经验作底子。我又劝雁冰不可滥唱什么"新浪漫主义"。现代西洋的新浪漫主义的文学所以能立脚，全靠经过一番写实主义的洗礼，有写实主义作手段，故不致堕落到空虚的坏处。如梅特林克，如辛兀（Maeterlinck, Synge），都是极能运用写实主义的方法的人，不过他们的意境高，故能免去自然主义的病境。（《胡适遗稿及秘藏书信》第 15

册，277～279页）

7月23日　9时，胡适到国语讲习所演说，题为《中国哲学的线索》。访王云五（之瑞），畅谈4小时。下午到编译所，为其拟了一个《常识小丛书》的计划书。晚，郑寿芝（馥如）邀饭，同席的有杨子嘉、朱箓。(《胡适遗稿及秘藏书信》第15册，280～281页）

胡适《中国哲学的线索》大意：

……这个线索可分两层讲。一时代政治社会的状态变迁之后，发生了种种弊端，则哲学思想亦就自然发生，自然变迁，以求改良社会上、政治上种种弊端。所谓时势生思潮，这是外的线索。外的线索是很不容易找出来的。内的线索，是一种方法——哲学方法，外国名叫逻辑Logic……外的线索只管变，而内的线索，变来变去，终是逃不出一定的径路的。今天要讲的，就专在这内的方法。

中国哲学到了老子和孔子时候，才可当得"哲学"两个字。老子以前，不是没有思想，没有系统的思想；大概多是对于社会上不安宁的情形，发些牢骚语罢了。……

老子的方法是无名的方法。……

孔子出世之后，亦看得"名"很重要。不过他以为与其"无名"，不如"正名"。……

第三派的墨子，见于前两派太趋于极端了。一个注重"名"，一个不注重"名"，都在"名"上面用功夫。"名"是实用的，不是空虚的、口头的。……

还有一派近代的思想。九百多年前，宋朝的儒家，想把历代儒家相传的学说，加上了佛家、禅宗和道家的思想，另成一种哲学。他们表面上要挂孔子的招牌，不得不在儒家的书里头找些方法出来。他们就找出来一本《大学》。《大学》是本简单的书，但讲的是方法。他上面说："致知在格物。"格物二字就变为中国近世思想的大问题。……

思想必依环境而发生。环境变迁了，思想一定亦要变迁。无论什么方法，倘不能适应新的要求，便有一种新方法发生，或是调和以前的种种方法，来适应新的要求。找出方法的变迁，则可得思想的线索。思想是承前启后，有一定线索，不是东奔西走，全无纪律的。（《教育杂志》第 13 卷第 11 期，1921 年 11 月 20 日）

同日　国内多家报纸刊登胡适就北京学潮收束发表的谈话，胡适说道：

……此事件本身之满意解决，非根本打倒军阀之专横不可，决非惩办一二军警即可满意。

…………

北方决不可无一个教育中心，我们无论如何，终当竭力奋斗，保存北京的几个高等教育机关。我们这一年多以来，为了教育经费问题，不幸荒废了无数学子的无价光阴，这是我们很抱歉、很惭愧的。现在这个问题总算有个结束了。我的希望是，我们以后总要努力做点学问上的真实事业，总要在黑暗的北京城里努力保存这几个"力薄而希望大"的高级学校，总要使这一线的光明将来逐渐战胜那现在弥漫笼罩的黑暗。（《时事新报》，1921 年 7 月 23 日）

7 月 24 日　访客有胡嗣稻、王云五、马寅初、演生、Sokolsky、宋春舫、张云雷、高梦旦、江伯训等。记王云五来访：

云五先生读书极博，他自己说他的好奇心竟是没有底的，但甚苦没有系统。我昨天劝他提出一个中心问题来做专门的研究（最好是历史的研究），自然会有一个系统出来。有一个研究问题做中心，则一切学问，一切材料都有所附丽。他昨天把我这话想了半天，今天来说，他极赞成我的主意。他已决定做一部中学用的大《西洋历史》。……我极赞成这个办法，并劝他即日动手。（《胡适遗稿及秘藏书信》第 15 册，282～283 页）

同日　高践四（阳）邀午饭。到瑞生和号，见到胡洪锦、胡汝仁、曹辅臣表兄等。作《安徽旅浙学会报序》，未成。方叔远、庄伯俞请晚饭。胡建藩请晚饭。(《胡适遗稿及秘藏书信》第15册，283～284页)

7月25日　胡嗣稻来访，胡适答应供给他的学费。到编译所。与方叔远、马涯民（瀛）谈他们现在编纂《大字典》的计划。致函顾颉刚，请他：(1)答应编《中国历史》，体例略同王云五的《西洋史》；(2)先把他已编成的《辨伪丛刊》两集付印。与高梦旦谈。与颜任光同访宋春舫。李拔可邀吃饭。夜访演生。(《胡适遗稿及秘藏书信》第15册，285～288页)

7月26日　预备下午的演说。到编译所。看了周由厘的《英语语音学》的一部分。下午1时半，到第二师范讲演"小学教员的修养"。郑莱来访。胡近仁来谈。胡鉴初来谈。(《胡适遗稿及秘藏书信》第15册，289～290页)

7月27日　胡适到编译所。看其中学教科书，"实在有许多太坏的"。顾聪生来访。苏州第一师范校长王饮鹤（朝阳）与汪仲周来访，坚邀胡适前往苏州讲演，胡适允之。复函顾颉刚，劝他允任编《中国历史》事。(《胡适遗稿及秘藏书信》第15册，291～293页)

同日　晚间，高梦旦邀了一班"新人"（杨端六、郑振铎、郑贞文、钱经宇、胡愈之、沈雁冰）到他家中吃饭，与胡适会谈。胡适记道：

……郑贞文先说：一个学者在商务编译所久了，不但没有长进，并且从此毁了。我因说：怎样才能免掉这个危险呢？我想有几条路：

（1）每年派送一二人出洋留学或考察，须年少好学，外国语精通，对于学问有兴趣的——此固是一法，但范围太小，不能普及。

（2）办一个完备的图书馆——此议大家都赞成。梦旦说，前年公司提出五万金，欲在大马路一带办一个公开的图书馆。我劝他即用此款办一个图书馆，专为编译所之用，但也许外人享用。

（3）办一个试验所，内分物理、化学、心理、生物等项的试验室。无试验所，则专门人才不能继续研究他们的专门科学；并且这样一个大工场，即为营业的进步计，也应该有一个好的试验所。

（4）编译员的时间减少，假期增加。现在所中每人每日作工六小时，终年无有假期——假期是假的——实不能容留学者。我主张把图书馆迁出，把现在藏书的一层改作编译所。下层为核对、缮写诸部，工作时间不妨稍长，但工资亦宜稍多。上层为分部的编译室，每部为一室，或数室——打破现在聚百余人于一大室之制——时间应自由，使人人有修养的机会。

这几条他们都很赞成。其实不如此，决留不住好人才。（《胡适遗稿及秘藏书信》第15册，291～293页）

同日　胡觉致函胡适，告鄙乐一带溃兵、土匪横行，总公司不闻不问，今已辞职。（中国社科院近代史所藏"胡适档案"，卷号692，分号1）

7月28日　胡适到也是园参加朱凤美、徐先志婚礼，并致贺辞。饭后与胡敦复、胡明复久谈。作完《安徽旅浙学会报序》，并寄给曹诚英。谢无量邀晚饭，遇演生及邵力子。（《胡适遗稿及秘藏书信》第15册，294～295页）

7月29日　上午到编译所，与杨端六谈，与高梦旦谈。乘火车到苏州。顾颉刚、郭绍虞、潘介泉等在车站接，同游留园。（《胡适遗稿及秘藏书信》第15册，295页；《顾颉刚日记》第一卷，145页）

同日　北京大学入学考试委员会致函胡适，并函寄"入学考试出题科目人名表"，请胡负责出"论理"题目。（《北京大学史料　第二卷　1912—1937》第2册，850页）

7月30日　早8时，讲演"小学教师的修养"。9时半，讲演"实验主义"。与一师附属小学教员江卓群等谈小学国语文教材的问题。他们请胡适为新小学国语文教本作序，胡适允之。饭后，参观一师附属小学的夏期实施示教班。后，与顾颉刚同去江苏第二图书馆、江苏书局。晚，访季融五（通）。爱国女学校教员赵欲仁、孙绍伯来访。（《胡适遗稿及秘藏书信》第15册，296～300页；中国社科院近代史所藏"胡适档案"，卷号220，分号1）

7月31日　7时半到南京，汪乃刚来接。到南高师暑期学校演讲，题

为"研究国故的方法",大要是:

(一)历史的观念 ……把旧书当作历史看,知他好到什么地步,或是坏到什么地步。这是研究国故方法底起点。……

(二)疑古的态度 疑古的态度,简要言之,就是"宁可疑而错,不可信而错"十个字。……

(三)系统的研究 古时的书籍,没有一部书是"著"的。中国底书籍虽多,但有系统的著作,竟找不到十部。我们研究无论什么书籍,都宜要寻出他底脉络,研究他底系统。……须从历史方面着手。……寻出因果的关系,前后的关键,要从没有系统的文学、哲学、政治等等里边,去寻出系统来。

…………

(四)整理 ……整理国故的目的,就是要使从前少数人懂得的,现在变为人人能解的。整理的条件,可分形式内容二方面讲:

(一)形式方面 加上标点和符号,替他分开段落来。

(二)内容方面 加上新的注解,折中旧有的注解。并且加上新的序跋和考正,还要讲明书底历史和价值。

……国故底研究,于教育上实有很大的需要。我们虽不能做到创造者,我们亦当做运输人。这是我们的责任。这种人是不可少的。(《东方杂志》第18卷第16号,1921年8月25日)

演讲后,与缪凤林谈。陶行知约午饭,客有刘伯明、王伯秋、孙洪芬、梅光迪、张子高等。(《胡适遗稿及秘藏书信》第15册,301～302页)

同日 下午,胡适赴安徽同乡学生的欢迎会。复函狄楚青,谈为《时报》周刊作文事。(《胡适遗稿及秘藏书信》第15册,303页)

同日 胡适作一诗,贺任鸿隽添一女:"重上湖楼看晚霞,湖山依旧正繁华。去年湖上人都健,添得新枝姊妹花。(三个朋友一年之中添两女,吾女名素菲,即用莎菲之名。)"(《胡适遗稿及秘藏书信》第15册,302～303页)

8月

8月1日　胡适乘船赴安庆，洪范五同行。船上遇谢无量，闲谈。（《胡适遗稿及秘藏书信》第15册，305页）

同日　胡适致函杨杏佛，问候其病。（《胡适中文书信集》第1册，477页）

8月2日　午间，胡适抵安庆，郑璜、曹杰来接。与蔡晓舟、孙养臞、汪东木、汤保民、刘式庵、陈希平等同饭后，到第一中学，有茶话会。晚间李寅恭（协丞）邀饭，同座者有刘式庵、刘海屏等。（《胡适遗稿及秘藏书信》第15册，306页；《申报》，1921年8月6日）

8月3日　上午8时至9时，演讲"实验主义"。9时半至10时半，演讲"科学的人生观"。关于后者，胡适日记有记：

"科学的人生观"大意主张随时随地用科学的态度与方法来应付人生种种问题。科学方法：

一、消极方面：（1）不武断。（2）不盲从。

二、积极方面：（1）疑问。（2）研究事实：指定疑难所在。（3）提出假定的解决法：应用学问与经验。（4）选择适当的解决。（5）证实：行！

到公共体育场看姜高琦停棺处。下午，讲演会筹备员70人在菱湖公园开会欢迎胡适与洪范五。法政学校校长光明甫（昇）邀晚饭。访李光炯。（《胡适遗稿及秘藏书信》第15册，316～317页）

8月4日　上午在寓所会客。汪东木与刘式庵邀午饭。下午，胡适在第一师范出席学生欢迎会，有演说，讲了四方面的问题：

一、学生干政问题

我认定在变态社会中，学生干政是不可免的；但罢课不是干政的武器。我主张：

（1）用个人行动代群众运动；

（2）用秘密组织代风头主义；

（3）不得已须用公开办法时，用代表制来代群众运动，且须用轮任法，代表每月改选五分之二，以均劳逸，且可多练人才。

二、学生自治问题

（1）自治不是无治（杜威语）。（2）自治不是学生治校务。自治的要点：①注重秩序与组织，议会法的知识必不可少。②当尊重少数人的意见，不可陷入暴民专制。③少数人不当破坏多数的表决，但须自由发表意见。当使今日之少数主张渐渐变成将来多数的主张。

三、学生服务问题

一切服务，当认定是"学生的服务"，总要使所做的事于学业有长进。

四、学生求学问题

（1）不要忘了求学是学生第一事。

（2）不当容忍敷衍的教员，不当攻击严格的教员。

（3）当极力谋学科程度的提高，当力谋救正现在安徽学生不能升学的危险。（《胡适遗稿及秘藏书信》第15册，318～320页）

同日　胡适又到青年会赴教育研究会的欢迎会。晚7时，讲演"女子问题"。大要是：

一、女子问题的先决问题：是要使人类社会添一倍的"人"，并不单是造就良妻贤母。

二、女子问题的消极方面：女子的解放。

（1）形体上的解放。

（2）精神上的解放。

（例一）女子不可为后嗣说。

（例二）女子的贞操论。

（例三）防闲的女子道德论。

（例四）女子责在家庭以内说。

三、女子问题的积极方面：女子的改造。

（1）外部的设备：教育的机会与设备。

（2）内部的改造（女子本身）：

①当注重自立的能力。

②当具独立的精神。

③当注意先驱者的责任：先驱者没有私德，只有公德。凡他们的一举一动皆有社会的影响。——不要使我的行为在这运动上生一层障碍。（《胡适遗稿及秘藏书信》第15册，321～322页）

8月5日　早8时，胡适讲"国语运动与国语教育"。大要是：

一、国语运动

（1）白话报时代：以白话为"开通民智"的利器。

（2）字母时代：以简字或拼音文字为不识字人求知识的利器。

（3）读音统一会：谋国语的统一，作注音字母。

（4）国语研究会：①推行注音字母。②以国语作教科书。

（5）国语文学的运动：……以国语作文学，打破他们与我们的区别。以前尚无人正式攻击古文，至此始明白宣言推翻古文。

（6）联合运动：今日与今后。

二、国语教育

（1）国语不止是注音字母。

（2）国语教育不单是把文言教科书翻成白话。

（3）国语教育当注重"儿童的文学"，当根本推翻现在的小学教科书。（《胡适遗稿及秘藏书信》第15册，323～324页）

同日　9时半，胡适讲"好政府主义"，要点是：

一、好政府主义是一种有政府主义，是反对无政府主义的。……

二、好政府主义的基本观念是一种政治的工具主义（Political instrumentalism)。……

三、"工具主义的政府观"的引申意义：

（1）从此可得一个批判政府的标准：政府是社会用来谋最大多数的最大福利的工具，故凡能尽此职务的是好政府，不能尽此职务的是坏政府，妨碍或摧残社会的公共福利的是恶政府。

（2）从此可得一个民治（人民参政）的原理：工具是须时时修理的，政府是用人做成的工具，更须时时监督修理。……

（3）从此可得一个革命的原理：工具不良，修好他；修不好时，另换一件。……

四、好政府主义实行的条件：

（1）要有一个简单明白、人人都可懂得的公共目标：好政府。

（2）要一班"好人"都结合起来，为这个目标作积极的奋斗。……

（3）要人人都觉悟，政治不良，什么事都不能做：教育也办不成，实业也办不成，甚至于小生意都做不成。……（《胡适遗稿及秘藏书信》第15册，324～328页）

同日　高等同学会在迎江寺邀胡适吃饭。与汤保民、赵纶士、孙养臞、徐天闵、吴镜天等游大观亭、望华楼、吴樾诸烈士墓。与李光炯、光明甫谈。（《胡适遗稿及秘藏书信》第15册，328～330页）

8月6日　早8时，胡适讲演"对于安徽教育的一点意见"，包括"几个具体的提议"和"普通意见"两个方面。具体建议又有四点：安徽大学；一个大图书馆；中等教育亟宜改良；女子教育。"普通意见"有三点：打破"学阀"，只认人才，不问党系；作有计划的发展；多办试验的学校。（《胡适遗稿及秘藏书信》第15册，331～332页）

同日　11时，胡适至教育会，赴办学诸君的招餐。12时，赴马仲五之招。下午1时与陶行知到徽州会馆，赴徽州同乡之招。3时再至教育会，赴各校联合会的欢迎会，有短演说。（《胡适遗稿及秘藏书信》第15册，332页）

同日　晚，胡适乘船离安庆。（《胡适遗稿及秘藏书信》第15册，333页）

8月7日　在船上作诗数首。上午抵南京，即转车赴沪。(《胡适遗稿及秘藏书信》第15册，334～335页)

8月8日　胡适到商务编译所，与杨端六、郑心南谈。得顾孟馀信，请胡适在上海办北大招考事，又说罢课收束事"还是不能乐观"，胡适主张"暂时容忍"，因为"我走到南方，才知道现在中国止有一个北京大学可以大有为，弃了真可惜"。(《胡适遗稿及秘藏书信》第15册，336～337页)

同日　下午，胡适与颜任光同访余文灿，请就北大之聘(继郑铁如)。与梅光迪同饭。(《胡适遗稿及秘藏书信》第15册，337页)

8月9日　到商务编译所。李季来访。到牛惠生医士家赴过养默的茶会。遇许肇南、徐佩璜、高践四等人。周颂九、郑心南约吃饭，会见郭沫若。胡适认为，郭沫若的新诗"颇有才气，但思想不大清楚，工力也不好"。(《胡适遗稿及秘藏书信》第15册，340页)

8月10日　到江苏省教育会，谈招考事。与沈信卿谈。郑莱同饭，谈甚久。访马寅初，谈招考事。沈仁、沈义邀饭。宋春舫邀饭，客有欧阳予倩等。读安庆潘慎生(子奇)《徵息斋遗诗》。(《胡适遗稿及秘藏书信》第15册，341～342页)

8月11日　到商务编译所。与钱经宇谈，与邝富灼谈。郑莱邀饭。电顾孟馀："请梁展章速来相助。"(《胡适遗稿及秘藏书信》第15册，343页)

同日　林语堂致函胡适，谈在莱比锡大学有关中国的课程等。将来，会将所译海涅的诗寄给孟宪承，由其转交给胡适校阅。请胡适帮忙催促汇款。(《胡适遗稿及秘藏书信》第29册，346～347页)

8月12日　胡适到商务印书馆编译所。朱谦之与郭沫若来访。与颜任光同饭。第一次游先施公司。改写《〈红楼梦〉考证》。胡近仁与周宗武来谈。顾颉刚来访不遇。得蒋梦麟来信，"说北京教育事，甚可悲观"。胡适复函表示："即便此次失败真无可挽救，我们总同你一块儿进退的。"致电顾孟馀："拟在沪阅卷，出榜后检验体格。电覆。"读孙德谦(益庵)的《诸子通考》。(《胡适遗稿及秘藏书信》第15册，344～348页)

8月13日　顾颉刚来访，同去编译所，见高梦旦、李石岑、伯俞、郑振铎诸人。与顾颉刚略谈编《中国历史》的事：

> 做历史有两方面，一方面是科学——严格的评判史料，一方面是艺术——大胆的想像力。史料总不会齐全的，往往有一段，无一段，又有一段。那没有史料的一段空缺，就不得不靠史家的想像力来填补了。有时史料虽可靠，而史料所含的意义往往不显露，这时候也须靠史家的想像力来解释。整理史料固重要，解释（interpret）史料也极重要。中国止有史料——无数史料——而无有历史，正因为史家缺欠解释的能力。(《胡适遗稿及秘藏书信》第15册，351页)

同日　下午，胡适读徐旭生所作显克微支的《何往》的序。张元济来谈。高梦旦仍劝胡适任编译所所长。(《胡适遗稿及秘藏书信》第15册，351～352页)

同日　胡适在上海购得《枝山文集》四卷（同治十三年元和祝氏刻本，1函2册）。(《胡适藏书目录》第3册，1740页)

8月14日　访客有周白棣、顾颉刚、颜任光、刘寰伟。到国语专修学校演说，题为"好政府主义"。与陆费伯鸿、陆衣言谈。到省教育会。读叶德辉《书林清话》一卷。胡嗣正邀吃饭。与黄炎培、沈信卿、穆抒斋、吴寄尘、许建屏、史量才、陈光甫等谈太平洋会议事。同乡商人胡洪锦、胡介眉、胡必达、胡汝仁等来访，请胡适为家乡教育做一个计划。胡适的大意是：

（1）办一个中学，从第一学年办起。四年之后完成。
（2）附属一个高等小学，或两等小学。
（3）拿这个中学做培养人才之地，做一乡的文化中心。
（4）拿附属小学做试验学校。
（5）中学第四年加师范教育，或延长一年。
（6）高等小学改为两年。(《胡适遗稿及秘藏书信》第15册，353～354页)

8月15日　胡适到商务编译所。看涵芬楼藏的2部怪书：《直说通略》

《西儒耳目资》。访马寅初。遇徐新六。访王云五。夜与颜任光到邝富灼家吃饭。(《胡适遗稿及秘藏书信》第15册，355～357页）

8月16日　上午到省教育会。到第二师范，访朱香晚等，接洽招考事。到牛惠生家，接洽验体格事。到商务编译所。看《崔东壁遗书》。高梦旦邀晚饭。(《胡适遗稿及秘藏书信》第15册，358页）

同日　冯汝骐复函胡适，拜托胡适劝其小姨夫黄天生不要对小姨家暴。（中国社科院近代史所藏"胡适档案"，卷号852，分号3）

8月17日　胡适终日在省教育会办理北大考生报名事。郑铁如来访，胡适乃留其在上海帮忙办理北大招考事。(《胡适遗稿及秘藏书信》第15册，361～362页）

8月18日　胡适到编译所。下午在省教育会办理北大招考事。陆费伯鸿请吃晚饭。鲍咸昌、高凤池、郭秉文请吃晚饭。致函商议太平洋会议的十大团体代表，大意是：（1）要求南北两政府各举代表的半数，会于上海，公推一个主席。如必须奇数的代表团，则主席选出之后，另公推一个代表，由两政府共同委任他。（2）或要求两政府各派10人，会于上海，公推若干人为出席太平洋会议的代表。(《胡适遗稿及秘藏书信》第15册，363～364页）

同日　胡适致函周作人：商务印书馆已同意其弟周建人来帮忙，但月薪仅60元，若他愿就此事，请即来。(《胡适来往书信选》上册，130页）

8月19日　看侄女胡惠平。下午到第二师范印考试的题目。王仙华邀王云五、胡适晚饭，胡适荐王云五自代。(《胡适遗稿及秘藏书信》第15册，365页）

同日　下午3时，北京国立八校教职员组织之太平洋问题研究会在美术学校大礼堂开成立大会，到会者60余人，王兆荣为临时主席，讨论会章等诸事宜。选举职员，蔡元培当选为会长、蒋梦麟为副会长，推李大钊为中文干事、胡适为英文干事、谭熙鸿为法文干事、王世泽为德文干事、陈亚牧为俄文干事、王兆荣为日文干事、许绳祖为会计干事、李贻燕为庶务干事，最后公推王世杰、燕树棠、何基鸿、熊逯、何炳松、李建勋、谭熙鸿、马叙伦、高一涵、顾孟馀、张鼎干、陈启修、李大钊、王家驹、姚憾、胡适、朱锡龄、黄右昌、蒋梦麟、宁协万、徐瑾等为研究员。(《申报》,1921年8月25日)

同日　顾颉刚致胡适一明信片,云:《质园集》想已寄到。请胡适邮寄一部《四部丛刊》原目来。《黄氏日钞》元排本亦多错误。在杭州买到一部《国朝诗铎》。(中国社科院近代史所藏"胡适档案",卷号1653,分号5)

8月20日　胡适到第二师范主持北大入学考试。中间又到澄衷学堂演讲"国语运动的过去与将来"。李观森夫妇邀吃晚饭。(《胡适遗稿及秘藏书信》第15册,366页)

8月21日　胡适到第二师范主持北大入学考试。(《胡适遗稿及秘藏书信》第15册,367~368页)

同日　李季将《社会主义思潮及运动》的序言函寄胡适,请胡适改正,并请放在该书之首。又请胡适转交给蔡元培的信件,又希望胡适赐序一篇。(《胡适遗稿及秘藏书信》第28册,69页)

8月22日　访客有王云五、胡翼谋、汪原放、胡近仁、汪宝开。与汪惕予谈。读George's *Historical Evidence*。晚与马寅初、郑铁如、颜任光公宴此次招考帮忙的人,到者有朱香晚、朱觉卿、牛惠生、沈亮钦、沈珊若5人。与颜任光访刘树杞不遇。游先施公司乐园。(《胡适遗稿及秘藏书信》第15册,369页)

8月23日　杨杏佛来访,与之同访赵汉卿(建藩)。访刘树杞不遇。李孤帆请吃午饭。与颜任光同到编译所,与高梦旦谈甚久,与来参观的王云五小谈。与颜同到郑铁如家,遇黄君浩、朱觉卿。与郑铁如、朱觉卿同游大世界。(《胡适遗稿及秘藏书信》第15册,370~372页)

8月24日　看George's *Historical Evidence*。邀胡翼谋、章希吕、程静宜、汪原放、胡铁岩、胡鉴初吃饭。饭后在书摊购书多种。金伯屏(邦平)邀晚饭。(《胡适遗稿及秘藏书信》第15册,373页)

8月25日　在寓所作报告。李孤帆邀去游证券取引所及上海证券物品交易所。到宁波同乡会吃饭。郑莱来访。到亚东,为汪原放等写扇子、对

联。黄君浩邀晚饭。参加高梦旦招待赵元任晚宴。程静宜、汪原放、胡铁岩、胡鉴初邀晚饭。(《胡适遗稿及秘藏书信》第 15 册,374 页)

8 月 26 日　上午作考察商务编译所的报告。访客有顾颉刚、王伯祥、潘介泉。赵汉卿、胡鸣皋邀午饭。饭后到编译所,与高梦旦谈,与方叔远谈。与赵元任同去看商务印刷工场。傍晚访顾颉刚。购万斯同《群书疑辨》。郑莱邀晚饭,并为胡适看手纹。胡适日记有记:

(1)他说,我受感情和想像的冲动大于受论理的影响。此是外人不易知道的,因为我行的事,做的文章,表面上都像是偏重理性知识方面的,其实我自己知道很不如此。我是一个富于感情和想像力的人,但我不屑表示我的感情,又颇使想像力略成系统。

(2)他说,我虽可以过规矩的生活,虽不喜欢那种 gay 的生活,虽平时偏向庄重的生活,但我能放肆我自己,有时也能做很 gay 的生活。(gay 字不易译,略含快活与放浪之意。)这一层也是很真,但外人很少知道的。我没有嗜好则已,若有嗜好,必沉溺很深。我自知可以大好色,可以大赌。我对于那种比较严重的生活,如读书做诗,也容易成嗜好,大概也是因为我有这个容易沉溺的弱点。这个弱点,有时我自己觉得也是一点长处。我最恨的是平凡,是中庸。(《胡适遗稿及秘藏书信》第 15 册,375 ~ 378 页)

同日　胡适夜读杨钟羲编《雪桥诗话》三集十二卷(民国八年南林刘氏求恕斋刻本,1 函 12 册)。(《胡适藏书目录》第 3 册,1661 页)

8 月 27 日　胡适将《记费密的学说》抄好,交王云五《公民杂志》发表。出门购书。(《胡适遗稿及秘藏书信》第 15 册,379 页)

同日　《时事新报》刊登胡适、陶行知等改造安徽省教育会联名宣言:

我们安徽省教育会,建筑的宏敞,经费的充裕,在中国都要数第一,而且是全省的,不是省垣一隅的,更是开全国未有的风气了。然而近来因为竞争会长,已经闹到搁浅的地步了,我们那得不可惜他呢?

古人说的好，"穷则变，变则通"，我们既走到这样山重水覆的绝境来，就不能不想个变通方法来救济救济。我们几个人一再思考，一再商量，以为救济目前困难，只有把会长制改成委员制的一个方法，是为适当。因为会长制是武断的，是官僚式的，是不合现代潮流的，所以容易激起纷争；委员制是合议的，是分权的，是可以罗致各方人才于一堂的，所以容易成功，容易进步。我们既认定这个题目来做了，我们现在就不能不联络几位同志，如在北京的、南京的、上海的、广州的、武昌的，以及本省各埠、各县教育界同人，来筹备这个委员制的新教育会。这是我们对于我们安徽三千万父老兄弟、诸姑姐妹的一个宣言。胡适之、陶知行、梅光迪、程根［振］钧、孙养臞、光明甫、刘式庵、王肖山、汤保明、蔡晓舟同宣言。

8月28日　访客有顾颉刚、王云五。狄楚青邀吃午饭。到医院探视汪惕予夫人。访郑铁如。访陈独秀夫人不遇。到索克思（Sokolsky）寓所吃晚饭。得蒋梦麟一电，"速回京，要事面谈"。(《胡适遗稿及秘藏书信》第15册，380页；《顾颉刚日记》第一卷，155页)

8月29日　在寓所作报告。得蒋梦麟电，"事急，速回京"。晚6时半，到上海总商会，赴太平洋会议协会的第二次会。胡适发表两点意见：(1)上海有实力的团体应该联合起来，要求湘鄂停战。(2)要求政府正式提议请美国延缓太平洋会议之期。到高梦旦家谈甚久。(《胡适遗稿及秘藏书信》第15册，381～382页；天津《大公报》，1921年9月1日)

8月30日　许秋帆（沅）来访。与高梦旦同访赵元任夫妇。高梦旦邀午饭，谈起胡之婚事，胡适说：生平做的事，没有一件比这件事最讨便宜的了，当初并不曾准备什么牺牲，我不过心里不忍伤几个人的心罢了。假如忍心毁约，"使这几个人终身痛苦，我的良心上的责备，必然比什么痛苦都难受"。又说，对于旧婚约，始终没有存毁约的念头，但1917年8月想与江冬秀见面却遭拒，确是"危机一发"云云。(详参本谱1917年8月24日条)饭后到码头上送赵元任夫妇。

同日　胡适到商务编译所。函复日本人饭河,同意其将《中国哲学史大纲》(卷上)译成日文。夜,郑铁如邀晚饭,同席的有张公权(嘉璈)。(《胡适遗稿及秘藏书信》第15册,387～388页)

同日　胡适复函周作人,告为周建人谋职商务事,已发一信。又云:

> 我想你们兄弟做的小说已可以成一集,可否汇集起来,交"世界丛书社"出版?又《点滴》以后,你译的小说也不少了,我希望你能把这一集交"世界丛书社"出版。(《胡适来往书信选》上册,131～132页)

8月31日　胡适陪高承元到编译所,见高梦旦、伯俞、叔远、伯训诸人。与高承元、高梦旦同吃饭。平海澜来谈编一部英文法书事。邝富灼来谈。作《何往》序,未完。7点到《商报》,索克思邀汤节之、陈布雷与胡适相见,同饭。(《胡适遗稿及秘藏书信》第15册,389～390页)

同日　天津《大公报》报道:旅沪各省人士近曾组织太平洋会议后援会,闻皖省已公推胡适、许世英、李经羲等5名为安徽国民代表。

9月

9月1日　王云五来谈,"我荐他到商务以自代,商务昨日已由菊生与仙华去请他,条件都已提出,云五允于中秋前回话。此事使我甚满意,云五的学问道德都比我好,他的办事能力更是我全没有的。我举他代我,很可以对商务诸君的好意了"。与王云五同去大关码头等接朱经农,未接到。作报告。(《胡适遗稿及秘藏书信》第15册,392页)

9月2日　到编译所。做《何往》序。与孙星如谈。与王云五同去大关码头接朱经农,与朱长谈。得顾孟馀电:"校务急待进行,请即回京。"(《胡适遗稿及秘藏书信》第15册,393～394页)

9月3日　张松亭(孝安)来谈。访高承元,访朱经农。下午到编译所,与高梦旦谈,与孙星如谈,与杜亚泉谈,与方叔远谈。劝方叔远编印

《音韵学丛刊》时用标点符号，并分段。晚访朱经农。高梦旦来谈。汪乃刚、汪原放等来谈。(《胡适遗稿及秘藏书信》第15册，395～396页)

9月4日　王云五来访，张元济来访。张孝安邀吃饭。访高梦旦。晚朱经农来谈，胡鉴初来谈。(《胡适遗稿及秘藏书信》第15册，397～398页)

9月5日　访吴敬轩不遇。访陈独秀夫人。访唐腴胪。与朱经农同饭后访赵志道女士。访孟禄博士（Paul Monroe）。路遇许肇南，极力劝许戒懒。晚间商务诸君为胡适饯行。晚到朱经农处，王云五也在，同商朱之婚姻问题，决定离异。(《胡适遗稿及秘藏书信》第15册，399～400页)

9月6日　作报告。王云五来谈，同饭，"云五已允进商务编译所为副所长。此事使我甚满意"。到先施公司购物。访客有陈独秀夫人、高梦旦、张子高、汪原放、胡鉴初、高承元、陶行知等。(《胡适遗稿及秘藏书信》第15册，401～402页)

同日　顾颉刚致函胡适，报告曹寅在戏剧方面的造诣。(《学术界》第1卷第6期，1944年1月15日)

同日　北京大学本安排胡适于今日担任新生入学考试事（《北京大学史料 第二卷 1912—1937》第2册，851页），因胡尚在上海，故无法从事此事。

9月7日　9时半，乘火车离沪。张元济、高梦旦、王仙华、伯俞、李拔可、汪原放、胡鉴初、汪乃刚来送。9日晨1点多抵北京。作诗送汪惕予。(《胡适遗稿及秘藏书信》第15册，406～407页)

9月9日　打电话给朋友，略知北京各校情形。11时半访顾孟馀，遇郑铁如。下午访朱我农，谈朱经农事。(《胡适遗稿及秘藏书信》第15册，407页)

9月10日　胡适为朱经农事访易蔚儒（宗夔）。访陈衡哲、任鸿隽。有感于陈衡哲的婚后迅速有孕、生女，胡适感慨道："莎菲因孕后不能上课，他很觉得羞愧，产后曾作一诗，辞意甚哀。莎菲婚后不久即以孕辍学，确使许多人失望。此后推荐女子入大学教书，自更困难了。当时我也怕此一层，故我赠他们的贺联为'无后为大，著书最佳'八个字。但此事自是天然的一种缺陷，愧悔是无益的。"熊知白与易蔚儒同来，谈朱经农事。晚与颜任

光到北京车站接孟禄先生。(《胡适遗稿及秘藏书信》第 15 册,408 页)

9 月 11 日　任鸿隽来访。顾孟馀来访。易蔚儒来电话告知朱经农岳家"大放刁"。看王国维著《古本〈竹书纪年〉校辑》,"此书甚好"。参加欢迎孟禄博士的宴会,第一次遇见叶誉虎(恭绰)。在公园与丁文江、任鸿隽谈。夜访丁燮林、李四光、王世杰,劝他们不要辞职。(《胡适遗稿及秘藏书信》第 15 册,409 页)

同日　李季致函胡适,请胡适更改译稿中的百分比译法。(《胡适遗稿及秘藏书信》第 28 册,70 页)

9 月 12 日　第一日上课(补课)。讲英国诗。下午,到聘任委员会。访郑莱于长安旅馆。张福运邀吃饭。从罗振玉的《雪堂丛刻》抄录刘鹗(铁云)的事实。(《胡适遗稿及秘藏书信》第 15 册,410～413 页)

9 月 13 日　上课,讲西洋哲学史"笛卡尔"完。访朱我农兄弟。郑莱来访,谈甚久。作《章实斋年谱》。(《胡适遗稿及秘藏书信》第 15 册,414 页)

同日　杨赓陶致函李大钊、陈独秀、胡适,报告在法国勤工俭学的情形。述自己在法国做农工、读书的感想,讨论中国的土地与农业情况等。(《胡适遗稿及秘藏书信》第 38 册,152～171 页)

9 月 14 日　上课,讲伯朗宁的诗;中国哲学史讲汉代的新儒教运动。燕树棠请吃饭,陈廷均请吃饭。作《章实斋年谱》。(《胡适遗稿及秘藏书信》第 15 册,415 页)

同日　顾颉刚来,小谈。(《顾颉刚日记》第一卷,160 页)

同日　吴虞来访不遇。(《吴虞日记》上册,635 页)

9 月 15 日　上课,中国哲学史讲新儒教与王充。西洋哲学史讲培根。作《章实斋年谱》。晚,游中山公园,遇高一涵、张慰慈、王徵等。(《胡适遗稿及秘藏书信》第 15 册,415 页)

同日　吴虞来访。吴虞日记有记:

过胡适之。言予《文录》封面,已为写好,文止一本,用四号字印,外装与《胡适文存》同,惟《文存》系五号字印,适之文多,故予《文录》或先出版也。予不用酬金，但以百分之十之书为谢，汪原放也甚满意。阅适之所买缪小珊书数种，及《广仓学群丛刻》《雪窗丛刻》，皆佳。适之言上海现木刻《章氏全书》（实斋），将来可卖，当买之。清朝人校勘考证之书，将来价值必百倍于宋本。宋本固有佳者，亦多谬者。又言云轮阁书坊主人，昔年因买人窃出范氏天一阁书，缪小珊告其串买，遂致入狱。主人恨极，宣言缪氏书将来出售，无论如何高价，我必买之。今小珊之书，多为主人所得，不肯出售矣。《辨伪丛书》，将来归入《世界丛书》中印行。廖季平书，带有数部寄亚东发售，书多而无总目，翻检颇苦。（《吴虞日记》上册，635～636页）

同日　刘半农致函胡适，云："你要把白话诗台的第一把交椅让给别人，还是你的自由；但白话诗从此不再进步，听着'凤凰涅槃'的郭沫若辈闹得稀糟百烂，你却不得不负些责任。"又抄寄无题诗一首，又谈到自己留学窘状。又郑重谈到，今日向蔡元培提出一个《创设中国语音学实验室的计划书》（已得蔡当面赞成），希望胡适能"特别卖些气力，使他早日有些成议"。（《胡适遗稿及秘藏书信》第40册，37～41页）

同日　伍非百致函胡适，述钦仰之意，讨论《墨经》，并希望胡适将《墨辩新诂》早日付梓。（《胡适遗稿及秘藏书信》第26册，106～110页）

9月16日　胡适日记有记："行乐尚须及时，何况事功！何况学问！"朱经农来访。作《章实斋年谱》。到Taylor家吃饭，会见英美教育考察团之英国团员Roxby（英国利物浦大学经济学教授），谈甚久。（《胡适遗稿及秘藏书信》第15册，416页）

同日　钱玄同致函胡适，主要讨论新式标点符号的问题。（《胡适遗稿及秘藏书信》第40册，259～263页）

9月17日　上课，西洋哲学史讲霍布斯。下午3时，到高师开会，讨论孟禄博士参观的日程。与任鸿隽同去琉璃厂看书店。到北京饭店访孟禄博士。澳大利亚美术家Hardy Wilson邀胡适晚饭。（《胡适遗稿及秘藏书信》第15册，417页）

同日　顾颉刚来访不遇。(《顾颉刚日记》第一卷，162 页）

9月18日　来客甚多，有丁燮林、李四光、王世杰等。陈肖庄邀吃饭。访刚刚回京的蔡元培，久谈。作《章实斋年谱》。(《胡适遗稿及秘藏书信》第 15 册，418 页）

同日　下午，胡适在中央公园遇钱玄同，谈经典。钱氏日记有记：

> 下午三时，偕沈士远、沈尹默两君同到中央公园，在园中晤胡适。他从南边回来有一星期了。我和他谈到经典，我以为章炳麟师治经，笃信刘歆之伪古文，固非，但是他的治经的方法甚为不错。他只把经典当作一种古书看，不〔说〕把彼当做甚么圣经看，他对于经典持批评的态度，不持崇拜的态度，这都是很正当的。康有为的《新学伪经考》，用汉学家的考证方法，攻驳刘歆之伪古文，方法谨严，证据确凿，我至今还很佩服此书。至于《孔子改制考》，则理宜分别观之，他说晚周诸子都托古改制是不错的，但如孔孟之"言必称尧舜"，自然可以说托古，至如《尧典》《皋陶谟》中所叙之事迹，则不当概目之为托古。因为以政治理想托之古人，则诸子皆然，故可信据，若托古而伪造事迹，而且照历史的记载法，则似乎不近情理。我以为我们对于《尧典》《皋陶谟》只应作为古史看，不必于此中〔寻〕孔丘的微言大义，若不信《尧典》诸篇之事迹为真，则惟有下列之两种讲法尚可言之成理：（一）他们本是古代官书，所叙事功多是铺张粉饰，不可据为真录。（二）他们也是孔丘以后之人所伪造，其价值等于《大禹谟》《五子之歌》……胡君以吾说为然。(《钱玄同日记》上册，378～379 页）

9月19日　上午到教育部口试各省的留学生。下午到协和医学校，代表北大，参与正式开幕典礼。晚到蔡元培家开会，出席者还有顾孟馀、颜任光、陈聘丞。胡适谈大学进行事，决定"破釜沉舟"的干去。议定：（1）图书募捐事，（2）主任改选事，（3）教务长改选事，（4）减政事，（5）组织教育维持会事。10 点半散会后胡适又与顾孟馀到第一院印刷课监印明天外国语入学试题。排印后，又校对，监看工人拆版，直至次日凌晨

2时。(《胡适遗稿及秘藏书信》第15册，419～420页)

同日　胡适致函北大注册部：

注册部诸先生：

　　今日因为教育部口试留学生，故本日第三时之"英文诗"须请假，容定期补课。请即布告。

$\qquad\qquad\qquad\qquad\qquad\qquad\qquad\qquad$胡适

$\qquad\qquad\qquad\qquad\qquad\qquad\qquad\qquad$十，九，十九

$\qquad\qquad\qquad\qquad\qquad\qquad$(《胡适与北京大学》，45页)

同日　教育部函聘胡适等15人为该部选派留学外国学生第二试试验委员。(《教育公报》第375号，1921年9月19日)

9月20日　8时，胡适到第三院监考（北大本年第二次入学考试）。11时上课，西洋哲学史讲洛克。下午3时，到教育部口试留学生。晚与任鸿隽、唐钺同吃饭。顾颉刚与毛夷庚（常）来谈。作《章实斋年谱》。与江冬秀同访今日迁居之高一涵。(《胡适遗稿及秘藏书信》第15册，421页)

9月21日　上课，诗讲19世纪之精神，中哲史讲魏晋的时代。下午，阅考卷；考论理学。访张元济。在公园遇郭秉文，遇蓝公武。拒绝参加蓝氏等人的"联省自治"运动，因为，"我虽现在不主张放弃政治，但我不能玩这种政客的政治活动"。晚，胡适参加陶孟和宴请来华从事调查教会教育的Roxby与Butterfield。同席的庄士敦、颜任光、唐钺均不赞成教会教育，故讨论甚激烈。胡适主张：

（1）教会的传教运动中之最有用的部分并不是基督教，乃是近世文明。如医学、学校、贫民窟居留，等等。我们所希望的，乃是像罗克裴氏驻华医社的一种运动，专把近世教育的最高贡献给我们，不要含传教性质。

（2）但我们也承认传教运动的放弃在今日是做不到的，故退一步设想，希望你们能把现在这种散漫的、平凡的运动改作一种有组织的、

集中的、尽善尽美的教育运动。……若今后犹继续派出无数中下的庸才，送出散漫薄弱的捐款，设几个半旧不新的小学堂——这种运动不如没有。(《胡适遗稿及秘藏书信》第15册，422～423页)

9月22日　上课，中国哲学史讲魏晋的哲学2时，西洋哲学史讲洛克。晚间钢和泰邀胡适、梁启超与丁文江吃饭。(《胡适遗稿及秘藏书信》第15册，424～427页)

9月23日　上课，诗，中国哲学史。下午到中央公园，赴顾孟馀谈话会。晚6时，到北大选举教务长，顾孟馀当选。(《胡适遗稿及秘藏书信》第15册，428页)

9月24日　上课，西洋哲学史讲贝克莱和休谟。凌冰来访。张元济来访。蔡晓舟来访。朱经农来访。下午与朱经农同访律师刘崇佑。访毕善功，与其访香港大学校长 Sir William Brunyate。访孟禄博士，与其约定后日去看蔡元培，并约定星期四晚上邀北大的几位同事和他相见。晚7时半，出席文友会会议，罗氏基金团的主任 Vincent 讲演 "Social Groups (Classes) and Their Effects"。

胡适是日日记：

他〔按，指刘文典〕确然费了一番很严密的工夫。他把各类书中引此书的句子，都钞出来，逐句寻出他的"娘家"。如《太平御览》中引的凡一千〇二十六条，《文选注》引的凡五百余条，即此两项已费了不少的日力。凡清代校勘此书之诸家，皆广为搜辑。他自己也随时参加一点校语，以校勘为限，不涉及主观的见解。他用的方法极精密——几乎有机械的谨严——故能逼榨出许多前人不能见到的新发现。……

叔雅，合肥人，天资甚高，作旧体文及白话文皆可诵。北大国文部能拿起笔来作文的人甚少，以我所知，只有叔雅与玄同两人罢了。叔雅性最懒，不意他竟能发愤下此死工夫，作此一部可以不朽之作！(《胡适遗稿及秘藏书信》第15册，429～432页)

张元济是日日记：

在胡适之处见其友刘君辑成《淮南子集注佚文》稿本，将各家注本汇辑成编，甚便读者。适之云，将列入《大学丛书》。询知名文典，安徽合肥人，自言尚拟辑《史通》《文心雕龙》二书。（《张元济日记》下册，1063页）

同日　朱希祖致函胡适，谈《〈红楼梦〉考证》失落未载的曹寅生平"一件最大的事业"——刻《全唐诗》。（《胡适遗稿及秘藏书信》第25册，313～320页）

9月25日　访客颇多。朱我农来访。到欧美同学会看"中国画学研究会"的展览会。下午参加科学社为蔡元培举办的欢迎会，胡适略有讲演，大意谓：科学社的社员不可放弃提高科学事业的责任。科学社的社员，除了地质学一门之外，实在没有什么贡献，大多数的人竟可说是全无长进。不长进的原因大概是由于归国以后即不研究特别问题。做学问的人若没有特别研究的问题，就可以说是死了，中止了。（《胡适遗稿及秘藏书信》第15册，435～436页）

同日　胡适致函蔡元培，谈大学改良。详谈两个问题：这一年收束的问题；预科改良问题。关于第一个问题，胡适反对"补课一个月"的办法（认为这是敷衍欺骗），力主延长一学期，办法是：

一、十月一日学生犹有未到者，休学或除名。

二、自十月一日严行查课点名。

三、各学科依平常限度授完。授完时，只有学科试验，无有学年试验。

四、本年新聘之教员，其已到京者，可于十月一[日]以后，先开始讲演，略如唐钺先生之前例。

关于预科改良，胡适提出三条：1.明定预科卒业的标准，每一科皆须规定此科授完时学生应具之程度；2.办一个实验的预科；3.非实验班的预科

新生办法。信末，胡适又提到委托钢和泰帮忙向欧洲各东方学研究机关索取各种书报事，以及为办理此事由北大给他一个"东方言语学部"的名义，又谈到北大图书馆本的"东方室"可以交钢和泰管理等。（《胡适遗稿及秘藏书信》第15册，437～447页）

同日　蔡元培复函胡适，云：

> 《考证》已读过。所考曹雪芹家世及高兰墅轶事等，甚佩。然于索隐一派，概以"附会"二字抹煞之，弟尚未能赞同。弟以为此派之谨严者，必与先生所用之考证法并行不悖。稍缓当详写奉告。（《胡适遗稿及秘藏书信》第15册，436页）

9月26日　9时，胡适至六国饭店，陪同英美考察教育团团员8人参观北大，先看图书馆，次看第二院的仪器室与试验室。上课，讲英国诗。12时半，赴交通大学欢迎孟禄先生的宴会。饭后，参观交通博物馆。到蔡元培寓所谈话，蔡赞成胡昨日之信，并批示交教务会议讨论。胡适将此函交各系主任阅后，他们对于"延长一学期"的意见都不赞成。预科的改良计划，"有几个人赞成，但也有人反对"。胡适在日记中说："这一天的会，把我气的难受！"（《胡适遗稿及秘藏书信》第15册，448～449页）

同日　方毅致函胡适，希望胡适尽快将高承元的《国音学》序文寄来。（《胡适遗稿及秘藏书信》第23册，440～441页）

9月27日　上课，西哲史讲休谟。访朱我农，谈朱经农事，胡适代拟了一个离婚协议书的稿。访孟禄不遇。补《章实斋年谱》。（《胡适遗稿及秘藏书信》第15册，450页）

9月28日　上课，诗讲莫里斯，中哲史讲佛教第一时期。到卓克家吃饭，谈甚久。到医院看孟禄，未见。晚8时，康奈尔同学会在银行公会公宴新任美国公使许满先生，他是康奈尔大学的前校长。胡适演说20分钟。（《胡适遗稿及秘藏书信》第15册，450页）

9月29日　上课，中哲史讲佛教第一时期至第二时期。西哲史讲斯宾诺莎和莱布尼茨。（《胡适遗稿及秘藏书信》第15册，451页）

9月30日 上课，诗讲彭斯，中哲史讲第二时期"分经时代"。补作考察商务印书馆的报告，分四部分：设备、待遇、政策、组织。(《胡适遗稿及秘藏书信》第15册，451页)

同日 《北京大学日刊》第854号发布蔡元培校长启事，请顾孟馀、丁燮林、李四光、沈兼士、胡适、朱逷先、王世杰担任预科委员会委员。

10月

10月1日 上课，西哲史讲18世纪。孟禄来北大参观。下午补作《章实斋年谱》。7时访孟禄，不遇。(《胡适遗稿及秘藏书信》第15册，452页)

同日 吴虞来访。吴虞日记有记：

> 倪平欧、陈沁吾来，言沁吾转学试验，未列入其名，不知何故，令人骇怪。予嘱往见胡适之询问原由。……平欧、沁吾来，约同往见适之，示我以章实斋作《书费滋衡贯道堂集后》文一篇，赠我商务馆印《易卜生》一册，钞稿纸一封，又借我《越缦堂日记》第七函。适之夫人亲作徽州包子，予食三枚，高一涵亦在……在适之许见高濑武次［郎］《哲学史》一厚册……(《吴虞日记》上册，639～640页)

10月2日 杨子馀、朱经农、王徵、任鸿隽邀胡适到欧美同学会的餐会，选举胡做副主任干事。到冯千里家吃茶。(《胡适遗稿及秘藏书信》第15册，452页)

10月3日 为《时报》作《十七年的回顾》。下午，参加预科委员会的第一次会。夜到柯乐文家，会着英美考察教育团的团长Burton，胡适将前次对Roxby和Butterfield的话的大意告诉了他，他很赞成。(《胡适遗稿及秘藏书信》第15册，453～454页)

同日 燕树棠、胡适等教授联名致函教务长：

教务长先生：

兹谨向先生提议："向各教授及讲师征集各项课程的详细纲目；此项纲目限于本学年开学后三星期内经由各系教授会决定，由教务长汇齐公布，作为本学年各项科目教授及考试标准。"

燕树棠　沈兼士　李仲揆　王星拱　王世杰
颜任光　朱希祖　丁燮林　胡适

十月三日

（《北京大学日刊》第 863 号，1921 年 10 月 12 日）

10月4日　考转学学生的英文。上课，讲康德。下午，看考卷。与杨子馀商定本年教员去留。探视张元济疾，张氏谈及胡适为商务作的报告都是很切实可行的，没有什么大难行的。中华书局主纂戴懋哉邀吃饭。胡适作诗《希望》。又作《"双十节"的鬼歌》，其中说道：

> 大家合起来，
> 赶掉这群狼，
> 推翻这鸟政府；
> 起一个新革命，
> 造一个好政府：
> 那才是"双十节"的纪念了！（《胡适遗稿及秘藏书信》第 15 册，456 页）

希望

> 我从山中来，带得兰花草；
> 种在小园中，希望开花好。
>
> 一日望三回，望到花时过；
> 急坏看花人，苞也无一个！
>
> 眼见秋天到，移花供在家；

明年春风回，祝汝满盆花！（《晨报副刊》，1921年10月12日）

同日 北京大学英文系主任发表《启事》：

上学年预科二年级学生本年拟入本科英文学系者，须于十月七日以前，开列姓名及在预科时英文教员姓名送交英文学系主任，以便定期面试。面试之标准如下：

（一）能读英文书。

（二）能用英文听讲。

（三）能作简单之英文会话。

（四）能作文无大错误。

不经过此项面试者，不得入英文学系。（《北京大学日刊》第858号，1921年10月5日）

10月5日 上课，诗讲彭斯，中哲史讲佛教第二时期。下午，考论理学，阅卷。（《胡适遗稿及秘藏书信》第15册，458页）

同日 李季致函胡适云：拟于明年入法兰克福大学，现全力习德文。德国马克狂跌。请胡适将稿费兑成马克汇来。张申府及李光宇未能入里昂大学，令在巴黎的北京大学学生颇为不满。（《胡适遗稿及秘藏书信》第28册，71～72页）

10月6日 上课，中哲史讲第三时期完。西哲史讲康德完。得悉陈独秀昨夜在上海被捕，打电话与蔡元培，请他向法使馆方面设法。（《胡适遗稿及秘藏书信》第15册，459页）

10月7日 上课，中哲史为讨论。蔡元培电话告知：已和铎尔孟商量，主张不和使馆办交涉，因为使馆是很守旧的。拟由蔡和胡适诸人发一电给上海法领事，因"此人较开通"。（《胡适遗稿及秘藏书信》第15册，459页）

10月8日 上课，西哲史讲19世纪的两大趋势：一为浪漫主义的哲学系统，一为实证主义的运动。补课事至此完毕，"此一个月的补课，我虽尽心力做去，但终是一种敷衍，心里终过不去"。安排新学期功课。（《胡适遗

稿及秘藏书信》第 15 册，460 页）

10 月 9 日　与王徵、唐钺、任鸿隽、陈衡哲同游西山，到"八大处"、秘魔崖、香山慈幼院、昭庙、静宜园等处。(《胡适遗稿及秘藏书信》第 15 册，461～462 页）

同日　刘文典致函胡适，提出希望把《淮南鸿烈集解》送蔡元培看看，并请蔡"略吹几句"，因其校勘工夫，"素来无人晓得"；又谈到本拟校勘《吕氏春秋》，但考虑到此书已有人校过，乃欲改校《论衡》，又向胡适借《四部丛刊》收入的《论衡》。(《胡适遗稿及秘藏书信》第 39 册，651～653 页）

同日　顾颉刚来访不遇。(《顾颉刚日记》第一卷，169 页）

10 月 10 日　法国人 A. Monestiére 请胡适吃饭，并会见 M. Paul Demiéville。访钢和泰，谈甚久。(《胡适遗稿及秘藏书信》第 15 册，463 页）

10 月 11 日　北京大学新学期开学，胡适有演说，大意是：择业须视"性之所近而力之所能勉者"。又讲了"考试制度"和"设备"两个问题。对于大学的希望，仍是提高。人家骂我们是"学阀"，其实"学阀"有何妨？我们应该努力做"学阀"！要做"学阀"，必须造成像"军阀""财阀"一样的可怕的有用的势力，能在人民的思想上发生重大的影响。要造成有实力的为中国造历史，为文化开新纪元的"学阀"，这是我们理想的目标。学生宜有决心，以后不可再罢课了。今年事变无穷，失望之事即在目前，我们应该决心求学；天塌下来，我们还是要求学。如果实在忍不住，尽可个人行动，但不可再罢课。这两年的学界，纪律全无；两年无一人落第，无一人降班，真是大可耻的。空谈提高是无用的；提高须有提高的预备与训练。应该注重严格的考试与严格的管理，以养成这种训练。有了这种训练，方才可作提高的事业。我希望大学之中办一个自修的大学，"学阀"之中还要有一个最高的"学阀"！(《胡适遗稿及秘藏书信》第 15 册，464～465 页；又可参考《晨报》，1921 年 10 月 13 日）

吴虞日记有记：

九时，至第三院大礼堂，晤徐宝璜。至礼堂，适之携予手同行，语予曰："你今日须讲演,讲演者坐东边。"与蔡子民、顾梦渔、朱经农、徐勉生、朱逖先、适之诸人同坐。首由子民演说,次梦渔、次某君、次经农、次予、次勉生,次适之,一一由子民介绍于学生,然后登台讲演。予讲为新文化再进一步之希望,意切实而语滑稽[稽],掌声如雷。虽适之、经农、梦渔、孟和亦皆拍掌,此予来北大登台讲演一次也。十二时散,步行而归。(《吴虞日记》上册,641~642页)

同日　下午,胡适访蔡元培。(《蔡元培全集》第16卷,160页)

10月12日　王彦祖邀胡适吃晚饭,同席的有辜鸿铭等。(《胡适遗稿及秘藏书信》第15册,466~467页)

自是日始,《晨报副刊》开始连载胡适的《记费密的学说》(续刊至10月17日)一文,文章指出费经虞、费密父子反对宋儒的道统论,又指出:

> 他们父子因为要打破宋儒的道统论,故也提出一种他们认为正当的道统论。他们以为最古政教不分,君师合一,政即是道。后来孔子不得位,故君师分为二,故帝王将相传治统,而师儒弟子传道脉。但所谓"道"仍是古昔的政教礼制⋯⋯他们对于宋儒的王霸论,深表不满意。⋯⋯
>
> ⋯⋯他们的主旨只是要打破那空谭性理的道学系统,故他们重事功而排空话。⋯⋯
>
> ⋯⋯这两位费先生从死亡饥饿里出来,发愿寻那救亡救乱的实道,寻来寻去,到头来还只在汉儒古注里寻着那"道之源"!我们看了思想史上这段可怜的故事,更容易懂得清代一代学术变迁的理由了。⋯⋯
>
> ⋯⋯他们以为"古必胜今,汉必胜宋",那知汉人反比宋人更荒谬,更愚陋,更逞"臆说"呢!汉儒最大的罪恶还不止立臆说,乃是造假证据与造假书两项⋯⋯这两项乃是最巧妙的"臆说",是"带红顶子的"臆说,他们比宋儒的臆说更可怕,因为宋儒老实说是自己的见解,我们只消打破他们的"道统论",就不觉得他们的威权了!汉儒的可怕,只是因为他们把他们的臆说,假托于古经传与古字典,又因为他们有

"去古未远"的好招牌，故虽有清代那一串的大师，终不能完全打破两汉的威权！

…………

费君父子很有历史的眼光，故他们论人论事很有平恕的态度。……

10月15日　胡适拟定《英文学系主任布告》：

前日举行分系试验之结果，发表如下：（一）下列二十六人，准入英文学系：唐贤轶……钟喜赓；（二）下列十四人，成绩较差，暂准入英文学系，以第一学期之成绩定其去留：邓介……宋我真；（三）下列十人，英文错误太多，不得入英文学系：张毅……谢先庚。第三项十人之卷子皆在注册部，可以领回。余卷存英文教授会备考。（《北京大学日刊》第868号，1921年10月18日）

同日　沈雁冰致函胡适，告《小说月报》出版"自然主义专号"的日期已近，拜托胡适代向有关人士催稿，也向胡适本人催稿。（《胡适遗稿及秘藏书信》第27册，166页）

10月16日　刘文典致函胡适，感谢胡适为其代办《淮南鸿烈解》一书的出版事宜，重点是请胡适帮忙向商务印书馆预先垫款以还北京大学。（《胡适遗稿及秘藏书信》第39册，648～650页）

同日　孟寿椿致函胡适，告抵美后情形。又谈及："太平洋会议行将开幕，而国内军阀乃愈演愈烈，中国处于失败地位，殆无疑义。上海报载蒋先生有来美充国民代表的消息，此事须慎重行止。"（《胡适遗稿及秘藏书信》第30册，172页）

10月18日　胡适出席北京大学评议会，会议讨论了预科委员会组织大纲等案，通过预科委员会委员名单，胡适为其中之一。胡适又提议（沈士远附议）：请校长聘本校教授新式的夫人若干人组织名誉的及义务的女生招待委员会。议决通过。（《北京大学史料 第二卷 1912—1937》第1册，164～165页）

10月21日　上课，中哲史（2）讲上古史之不可靠；近世哲史（2）讲近世哲学背景（一）。马幼渔、顾颉刚、潘介泉来谈。美国人Sailer（T. H. Powers Sailer）来访，谈对中国教育制度的意见，胡适主张先从高等教育下手，因高等教育办不好，低等教育也办不好。读《范仲淹集》的奏议。（《胡适遗稿及秘藏书信》第15册，468页）

同日　李石岑致函胡适，请胡适为《教育杂志》写稿。（《胡适遗稿及秘藏书信》第28册，149页）

10月22日　读《宋史记事本末》。读《王安石集》，摘其中要论。下午2时，到中国大学演说"好政府主义"。（《胡适遗稿及秘藏书信》第15册，469～470页）

> 胡适"好政府主义"大要：
>
> 好政府主义，既不把政府看作神权的，亦不把政府看作绝对的有害无利的，只把政府看作工具，故亦谓之工具的政府观。
>
> ……政治是人类造出的工具之一种；政府亦是人类造出的工具之一种！
>
> ……政府是人造的一种工具，他的缘起，是为的大众的公共的需要。那么适应于公共的需要的，便是好政府了。
>
> …………
>
> 政府是有组织的公共的权力。……
>
> 政治法律，把这种权力组织起来，造作公共的规矩——所谓礼法——以免去无谓的冲突，而可发生最大的效果，这是政府的特别性质。
>
> …………
>
> ……好政府主义有三个基本观念：
>
> （1）人类是造工具的动物，政府是工具的一种。
>
> （2）这种工具的特性，是有组织，有公共目的的权力。
>
> （3）这种工具的效能，可促进社会全体的进步。

……由工具主义的政府观中所得到的益处：

第一，可得到评判的标准。……

第二，可得到民治的原理。……

第三，可得到革命的原理。……

……………

……好政府主义的实行，至少须备有几个重要的条件。

（一）要觉悟政治的重要。……

（二）要有公共的目标。……

（三）要有好人的结合。……（《晨报副刊》，1921年11月17—18日）

10月23日　胡适读钢和泰的古印度史讲义稿。下午2时到水榭，为发起安徽学会事。胡适拟学会事务如下：

（1）研究：凡调查事实与系统的研究，皆属之。

（2）提倡：凡讲演出版皆属之。

研究又分九项：①教育；②文献；③生计；④物产；⑤地质；⑥实业；⑦市政；⑧交通；⑨水利。

凡会员入会时，皆须任一项。（《胡适遗稿及秘藏书信》第15册，471～475页）

同日　李季致函胡适，告自己已来法兰克福。因马克跌价，故先买百余部书。请胡适将稿费托妥人领出，换成马克汇来。又谈及自己目下教书情形等。（《胡适遗稿及秘藏书信》第28册，73～74页）

10月24日　为挽留安徽教育厅长张继煦，与刘式庵同访教育次长马邻翼。为钢和泰译述2时。下午4时，到水榭，赴中国公学同学会，此时中国公学正闹风潮。（《胡适遗稿及秘藏书信》第15册，476页）

同日　吴虞日记有记：晤胡适之，言予《文录》已校好印就，快出书矣。下课归，与适之送去《双梅景暗丛书》一本。（《吴虞日记》上册，647页）

10月25日　上课，近世哲学讲背景（二）：王安石的变法。因过劳，胡适左脚踝略肿,乃去看谢恩增大夫,医嘱节劳静养。高梦旦来访,云"云五好极了,将来一定可以代他"。这令胡适"非常高兴"。(《胡适遗稿及秘藏书信》第15册,477页)

同日　顾颉刚函寄《诗辨妄》与胡适,又谈及叶圣陶、俞平伯、王伯祥近况。又代俞平伯询问:渠所作《红楼梦作者的态度与其风格》一文对否?(《胡适遗稿及秘藏书信》第42册,165～168页)

10月26日　新任安徽教育厅长杨辛耜来访。(《胡适遗稿及秘藏书信》第15册,478～480页)

同日　顾颉刚复函胡适,为胡适的健康忧虑,希望胡适加入他们的游山会。《群书疑辨》正在校对,校完即奉还。代俞平伯询问胡适《尝试集》是如何出版的,因俞亦欲出版自己的诗集。(《胡适遗稿及秘藏书信》第42册,169～172页)

10月27日　上课,英文作文,新设一科为"杜威著作选读"。补《章实斋年谱》一段,全稿约4.5万字。(《胡适遗稿及秘藏书信》第15册,481页)

同日　胡适在玄奘译《异部宗轮论述记》三卷(民国元年江西刻经处刻本,1函1册)题记:"此《述记》甚少发明。十,十,廿七。适。"(《胡适藏书目录》第3册,1687页)

10月28日　上课,近世哲学讲背景(三)。顾孟馀请胡适代理教务长,辞之。在英文演说班上讲演"演说的学理":

(1)演说即是谈话,即是放大的谈话。不能谈话的,不能演说。演说若违谈话的规则,也不成好演说。谈话是双方应对的,演说也是双方应对的。听者虽不发言,但无一人无一时不是和演说者相对应的。须使人人觉得我是对他说话。须时时刻刻观察他们的反应。

(2)演说是一种技术,凡技术皆须练习。学演说只有一个法子——演说,多演说。

(3)演说须要自己有话说,有话不能不说。

(4)演说只须全神贯注在你要说的意思上,不要管别的,自然的

姿态自然会出来。(《胡适遗稿及秘藏书信》第 15 册，481～482 页)

同日　商务印书馆编译所致函胡适，请胡帮忙审读陈独秀的《社会主义之思潮及运动》一书。(中国社科院近代史所藏"胡适档案"，卷号 2201，分号 2)

同日　胡近仁致函胡适，询及：前承胡适好意，"给我打算亚东的位置，不知可有意思吗？"又谈到在绩溪发现《胡少师集》等抄本，似可做《绩溪丛书》的材料，胡适若需要以上各书的副本，请赐复并寄洋 15 元或 20 元，当可代为觅上。又谈到本村国民学校知胡适与上海《时报》有关系，希望胡能嘱该报馆寄《时报》一份与国民小学。等等。(《胡适遗稿及秘藏书信》第 30 册，397～398 页)

同日　黄文中函询胡适其所译《日本民权发达史》是否审查完毕。(《胡适遗稿及秘藏书信》第 28 册，153～154 页)

10 月 29 日　胡适到香山，游碧云寺。(《胡适遗稿及秘藏书信》第 15 册，483 页)

10 月 30 日　胡适与朱经农游香山，参观慈幼院的图书馆。(《胡适遗稿及秘藏书信》第 15 册，484 页)

同日　章元善致函胡适，请胡适将其平民教育的计划在近期指正、批注后寄还。(《胡适遗稿及秘藏书信》第 33 册，161～163 页)

10 月 31 日　胡适作《章实斋年谱》的自序，未成。上课。为钢和泰译述 2 时。读李觏(泰伯)的《直讲集》。认为李"在北宋是一个极重要的思想家……他的思想最有条理，最有精采，最可代表江西学派的精神"。(《胡适遗稿及秘藏书信》第 15 册，484～485 页)

同日　蔡晓舟致函胡适，谈筹办安徽大学事。(中国社科院近代史所藏"胡适档案"，卷号 378，分号 8)

11月

11月1日　上午，授"近世哲学"，讲思想的背景。下午，所授课程为"杜威著作选读"。李辛白邀安徽同乡吃饭，谈安徽学潮事。(《胡适遗稿及秘藏书信》第16册，1页)

11月2日　胡适从《宋史》的《李觏传》以及邓润甫等材料里找到王安石的思想与李觏的关系问题的证据。胡适一直认为王安石的思想与李觏有关系。(《胡适遗稿及秘藏书信》第16册，2～3页)

11月3日　《北京大学日刊》第882号发布《校长启事》：本届评议员选举已于昨日下午开票，谭熙鸿、顾孟馀、胡适等14人当选。另从相同票数的贺之才等3人中选出2人。

11月4日　校正《〈小取篇〉新诂》。(《胡适遗稿及秘藏书信》第16册，4页)

同日　舒新城将新出版的《湖南教育月刊》寄赠胡适，并要求胡适"批评指教"，"在各报纸杂志上介绍"，并为该刊作文。又谈及在湖南发行出版物之不易，湖南教育界现状，等等。(《胡适遗稿及秘藏书信》第37册，269～272页)

同日　胡适校改、补作《清代学者的治学方法》，大意谓：

（一）

…………

……科学方法不是专讲方法论的哲学家所发明的，是实验室里的科学家所发明的……近来的科学家和哲学家渐渐的懂得假设和证验都是科学方法所不可少的主要分子，渐渐的明白科学方法不单是归纳法，是演绎和归纳相互为用的，忽而归纳，忽而演绎，忽而又归纳；时而由个体事物到全称的通则，时而由全称的假设到个体的事实，都是不可少的。……

……科学家没有哲学的兴趣,也决不能讲圆满的科学方法论。

…………

(二)

当印度系的哲学盛行之后,中国系的哲学复兴之初,第一个重要问题就是方法论,就是一种逻辑。那个时候,程子到朱子的时候,禅宗盛行,一个"禅"字几乎可以代表佛学。……

《大学》的方法论,最重要的是"致知在格物"五个字。……

…………

但是这种方法何以没有科学的成绩呢?这也有种种原因。(1)科学的工具器械不够用。(2)没有科学应用的需要。……(3)他们既不讲实用,又不能有纯粹的爱真理的态度。……

再论这方法本身也有一个大缺点。科学方法的两个重要部分,一是假设,一是实验。没有假设,便用不着实验。宋儒讲格物全不注重假设。……

但是我们平心而论,宋儒的格物说,究竟可算得是含有一点归纳的精神。……的确含有科学的基础。……

…………

(三)

…………

但是独立的思想精神,也是不能单独存在的。陆王一派的学说,解放思想的束缚是狠有功的,但他们偏重主观的见解,不重物观的研究,所以不能得社会上一般人的信用。我们在三四百年后观察程、朱、陆、王的争论,从历史的线索上看起来,可得这样一个结论:"程、朱的格物论注重'即物而穷其理',是狠有归纳的精神的。可惜他们存一种被动的态度,要想'不役其知',以求那豁然贯通的最后一步。那一方面,陆、王的学说主张真理即在心中,抬高个人的思想,用良知的标准来解脱'传注'的束缚。这种自动的精神狠可以补救程、朱一派的被动的格物法。程、朱的归纳手续，经过陆、王一派的解放，是中国学术史的一大转机。解放后的思想，重新又采取程、朱的归纳精神，重新经过一番'朴学'的训练，于是有清代学者的科学方法出现，这又是中国学术史的一大转机。"

………（《胡适文存》卷2，205～216页）

11月5日　胡适到砺群学校演讲"什么是哲学"。晚，到北城基督教学生事业联合会演说"青年与社会"。与陶孟和、颜任光宴请高梦旦、李拔可。（《胡适遗稿及秘藏书信》第16册，5页）

同日　胡适在清人朱骏声撰《说文通训定声》十八卷补遗一卷（光绪十四年上海鸿文书局石印本，1函10册）题记："这部书是马幼渔先生送我的。六年十一月，适。"（《胡适藏书目录》第2册，1530页）

11月6日　胡适有感于日本首相原敬遇刺，作诗《小刀歌》。午，国语统一筹备会邀吃饭，谈国语讲习所事。午后，与胡煦卿及章洛声同去看新修的绩溪会馆义园。到张慰慈家，打牌，又同去看俄国戏班的游戏的歌剧。（《胡适遗稿及秘藏书信》第16册，5～6页）

同日　上午，顾颉刚来访。（《顾颉刚日记》第一卷，180页）

同日　王云五致函胡适，详述高梦旦之种种优点，拜托胡适劝告高，请高继续主持编译所（因高提出脱离编译所，并举王云五接任所长），而自己任副所长。（《胡适遗稿及秘藏书信》第16册，11～20页）

11月7日　为钢和泰译述2时。开教务会议，改选教务长，胡适当选，力辞不就。续记李觏的学说。（《胡适遗稿及秘藏书信》第16册，7页）

同日　陈衡哲致函胡适，抄示写给素斐的诗。（《胡适遗稿及秘藏书信》第36册，38～41页）

11月8日　胡适致函孙壮：

　　林译小说承尊处照预约计算，已很感谢了，不料来示复令作为赠品，使我更感谢。

　　尊处新到之英文书籍，甚为可用。今日已指定三种为教本，皆属

modern library 中之戏剧，计每种约需三十本，已令学生向尊处购买。惟尊处钞来之书单，今日传观后忘取回；事后往寻，已不能得，想系校役不知而毁去。甚盼日内尊处能再钞一份，不知不致太麻烦否？甚歉、甚歉。

胡适上。十，十一，八。

《人名大辞典》中有"英布"等英姓八人，见704页，不知先生已检得否？（肖君提供）

11月9日　北京大学本年度评议会召开第一次会议，胡适未出席。会议通过了"校长委任组织委员会案""校长委任预算委员会委员案"，胡适为两委员会委员。(《北京大学史料　第二卷　1912—1937》第1册，166～167页；中国社科院近代史所藏"胡适档案"，卷号1895，分号6、3）

11月10日　上课。续记李觏的学说。读《靖逆记》，其中有曹纶的史料。(《胡适遗稿及秘藏书信》第16册，8～10页）

同日　马寅初致函胡适，告知今夏在上海招生时学校尚欠其8元。(《胡适遗稿及秘藏书信》第31册，593页）

11月11日　午时，胡适到燕寿堂为学生潘德霖证婚。高梦旦来访，高决计请王云五代他做编译所长，但王推辞，高乃拜托胡适力劝王云五。改作《〈红楼梦〉考证》，未完。(《胡适遗稿及秘藏书信》第16册，10页）

同日　蔡元培校长发布布告，北京大学本届各行政委员会，已完全委定，胡适被委任为组织委员会委员、预算委员会委员、聘任委员会委员。(《北京大学日刊》第889号，1921年11月11日）

11月12日　下午，胡适到国语讲习所，参加开学礼，并演说"国语运动的历史"，略同在上海的讲演。大意谓：推行国语教育，只凭政府一纸空文，是不行的。从民国八年教育部办一个国语统一筹备会，到现在不过一年半，能推行到这步田地，实在是私人和团体组织来竭力推行的力量，不是政府的力量。政府是一种工具。政府一纸空文，可以抵得私人几十年的鼓吹。凡私人做不到的事，一定要靠政府来做。大家要帮政府，又要政府来帮我们。又讲国语运动的历史。国语运动最早的第一期,是白话报的时期。第二期可叫作字母时期。第三期是国语时期。有国语研究会、国语统一筹备会等研究国语的机关。第四期是国语的文学时期。第五期是国语的联合运动时期。国语是求高等知识、高等文化的一种工具。讲求国语,不是为小百姓、小学生,是为我们自己。(《胡适遗稿及秘藏书信》第16册,21页;《教育杂志》第13卷第11期,1921年11月20日)

同日　晚,高梦旦邀胡适吃饭。(《胡适遗稿及秘藏书信》第16册,21页)

同日　《〈红楼梦〉考证》(改定稿)写定。较之于"初稿",因新材料的大量挖掘,改动了不少结论:

关于曹寅的事实,总结起来,可以得几个结论:

(1)曹寅是八旗的世家,几代都在江南做官。他的父亲曹玺做了二十一年的江宁织造;曹寅自己做了四年的苏州织造,做了二十一年的江宁织造,同时又兼做了四次的两淮巡盐御史。他死后,他的儿子曹颙接着做了三年的江宁织造,他的儿子曹頫接下去做了十三年的江宁织造。他家祖孙三代四个人总共做了五十八年的江宁织造。这个织造真成了他家的"世职"了。

(2)当康熙帝南巡时,他家曾办过四次以上的接驾的差。

(3)曹寅会写字,会做诗词,有诗词集行世;他在扬州曾管领《全唐诗》的刻印,扬州的诗局归他管理甚久;他自己又刻有二十几种精刻的书(除上举各书外,尚有《周易本义》《施愚山集》等,朱彝尊的《曝书亭集》也是曹寅捐赀倡刻的,刻未完而死)。他家中藏书极多,精本有三千二百八十七种之多……可见他的家庭富有文学美术的环境。

(4)他生于顺治十五年,死于康熙五十一年(一六五八——一七一二)。

　　……………

……关于"著者"的材料,凡得六条结论:

(1)《红楼梦》的著者是曹雪芹。

（2）曹雪芹是汉军正白旗人，曹寅的孙子，曹頫的儿子，生于极富贵之家，身经极繁华绮丽的生活，又带有文学与美术的遗传与环境。他会做诗，也能画，与一班八旗名士往来。但他的生活非常贫苦，他因为不得志，故流为一种纵酒放浪的生活。

（3）曹寅死于康熙五十一年。曹雪芹大概即生于此时，或稍后。

（4）曹家极盛时，曾办过四次以上的接驾的阔差；但后来家渐衰败，大概因亏空得罪被抄没。

（5）《红楼梦》一书是曹雪芹破产倾家之后，在贫困之中做的。做书的年代大概当乾隆初年到乾隆三十年左右，书未完而曹雪芹死了。

（6）《红楼梦》是一部隐去真事的自叙：里面的甄、贾两宝玉，即是曹雪芹自己的化身；甄、贾两府即是当日曹家的影子。（故贾府在"长安"都中，而甄府始终在江南。）

…………

……后四十回是高鹗补的，这话自无可疑。我们可约举几层证据如下：

第一，张问陶的诗及注，此为最明白的证据。

第二，俞樾举的"乡会试增五言八韵诗始乾隆朝，而书中叙科场事已有诗"一项。这一项不十分可靠，因为乡会试用律诗，起于乾隆二十一二年，也许那时《红楼梦》前八十回还没有做成呢。

第三，程序说先得二十余卷，后又在鼓担上得十余卷。此话便是作伪的铁证，因为世间没有这样奇巧的事！

第四，高鹗自己的序，说的很含糊，字里行间都使人生疑。大概他不愿完全埋没他补作的苦心，故引言第六条说："是书开卷略志数语，非云弁首，实因残缺有年，一旦颠末毕具，大快人心；欣然题名，聊以记成书之幸。"因为高鹗不讳他补作的事，故张船山赠诗直说他补作后四十回的事。（据1927年"亚东本"《红楼梦》）

11月13日　朱希祖送还《章实斋年谱》稿本。(《胡适遗稿及秘藏书信》

第 16 册，22 页）

11月14日　胡适为钢和泰译述2时。补记李觏的学说，完。(《胡适遗稿及秘藏书信》第16册，23页）

同日　北京大学评议会召开第三次会议。会议通过了"国立北京大学研究所组织大纲"，还讨论了由蔡元培提出的由教务会议提交的"凡本校毕业生在本校为讲师者一律改称助教兼讲师案"，议决通过。据教务会议致蔡校长函，知此案乃胡适最先提出。胡适提出此案的理由是："教育部定章，官费留学生惟专门以上学校之教授与助教得免考，而讲师无此权利，故近年本校毕业生在本校为讲师者，多为资格所限，吃亏不少，因此拟提议修正如上。"(《北京大学日刊》第920号，1921年12月17日）

11月15日　汪原放致函胡适，告:《〈红楼梦〉考证》的改定稿已经收到。询《〈水浒传〉考证》和《后考》有没有改动。详细讨论《胡适文存》的版面配置与篇目调配。(《胡适遗稿及秘藏书信》第27册，554～561页）

11月18日　蔡元培函聘胡适为聘任委员会委员、出版委员会委员长。（中国社科院近代史所藏"胡适档案"，卷号1895，分号4、5）

同日　郭绍虞致函胡适，告：英华书院托郭转请胡适为该校帮忙物色国文教员，并列出条件，请胡适帮忙。(《胡适遗稿及秘藏书信》第33册，238～239页）

11月19日　胡适作成《胡适文存》的《序例》，其中说：

> 卷一，论文学的文。……虽然有许多是很不配保存的，却可以代表一种运动的一个时代，也许有一点历史的趣味，故大部分都被保存了。
>
> 卷二与卷三，带点讲学性质的文章。我这几年做的讲学的文章，范围好像很杂乱——从《墨子·小取篇》到《红楼梦》——目的却很简单。我的唯一的目的是注重学问思想的方法。故这些文章，无论是讲实验主义，是考证小说，是研究一个字的文法，都可说是方法论的文章。

……

……我自己现在回看我这十年来做的文章,觉得我总算不曾做过一篇潦草不用气力的文章,总算不曾说过一句我自己不深信的话:只有这两点可以减少我良心上的惭愧。(《胡适文存》卷1)

11月27日　吴虞来访不遇。(《吴虞日记》上册,657页)

11月28日　北京大学第二次评议会议决:推定顾孟馀、胡适、马幼渔、谭仲逵4人整理"研究所大纲组织大纲";未办研究所之各系,斟酌设立研究室;变更校医室组织并预算意见书案下次开会再议等。(《北京大学纪事(1898—1997)》,125～126页)

11月　王云五致函胡适,告高梦旦回沪后,仍坚辞编译所所长并力请王云五担任,王"没奈何只得应许了"。又谈道:

自从你到过商务后,那编译所改革的空气,就日渐酝酿。你所计画的事,大约除却"所内人著译另给稿费"一层外,都可陆续施行。我也有多少意见,可和你的相辅并用。目前开首第一着,就系编译所组织问题:我们的新组织就根据你的原案。因为这缘故,分部就较多,主持各部的人材也就需要更切。其中史地一部,因系新设,而且所内没有相当的人材;所以必须另请新人去主持这一部。关于史地的书籍,本馆用英文出版的也不少;从前因没人主持,只好为英文部兼办。现在既设专部,自然连英文史地也收归办理。因此我们理想的人物,必须毕业英美大校史地专科,并通达国文国语和教育意义者,才能够胜任。你的朋友狠多,而且北京又系留学生的聚集地;务望你极力替我们张罗这样的一个人。至于薪水一项,也可特列信中;如果资格相当,月薪亦可多至二百五十元和每年实在例假一个月。我想你系我们的改革先锋,对于这改革的要素,定肯极力帮忙。(《胡适遗稿及秘藏书信》第24册,280～283页)

1921年　辛酉　民国十年　30岁

12月

12月4日　美国米梭大学新闻学院院长卫廉士博士来北京大学讲演新闻学，由胡适作介绍词，并担任口译。(《北京大学日刊》第911号，1921年12月6日)

12月5日　蔡元培致函胡适，请胡适为波兰人Korzybski所著 Manhood of Humanity 作一评语，又请胡适读金和的诗集。(《胡适遗稿及秘藏书信》第39册，262页)

12月6日　王云五致函胡适，请胡适与朱经农商量，请朱到商务印书馆主持史地部。请胡适保重。(《胡适遗稿及秘藏书信》第24册，284～285页)

12月8日　胡适作有《晨星篇——送叔永、莎菲到南京》一诗。(《晨报副刊》，1922年4月19日)

12月10日　胡适复函钱玄同，云：

《诗经》确应该收进去。但此一篇很不容易做。等此书写定付印时，我一定加上一篇，也许不止一篇，或须三四篇。大旨是：

(1)《诗经》的白话文学。

(2)这种白话的区域——东到山东，北到秦晋，南到江汉流域。

(3)这个区域内各地方言的同异。最要紧的是求出一种大同小异的普通语来。

(4)拿这个普通语来比较战国时的文章。考定：战国时的文章与《国风》时代的白话相差若干？例如《孟子》是否白话？《庄子》是否白话？《楚辞》的那一部分是白话？

(5)白话究竟何时始与文言大分离？分离的原因如何？

…………

我也出个小题目给你。请你火速做一篇《〈西游记〉序》，七日内

必须交卷。亚东敬备"润笔"之资，或可少补教书先生的"吃饭"之费。你务必要做的。(《鲁迅博物馆藏近现代名家手札》[二]，141～142页)

按，12月7日钱玄同致函胡适，认为胡之《国语文学小史》编得非常之好，又提出：国语文学，应该从《诗经》的《国风》讲起，并详列5条理由。又提出，《诗经》本是一部最古的"总集"，可将其瓜分：《国风》可与《陌上桑》《孤儿行》等归入一类，《小雅》可与白居易、杜甫的白话诗归入一类，《大雅》和《颂》则与庙堂文学的《郊祀歌》归入一类。(《胡适遗稿及秘藏书信》第40册，297～299页)

12月12日 高梦旦致函胡适，为预付刘文典500元稿费事请胡适帮忙。(《胡适遗稿及秘藏书信》第31册，279～280页)

12月15日 下午2时半，北京实际教育调查社在美术学校开第一次讨论会。教育界人士严修、梁启超、李建勋、胡适、陶行知、张伯苓、陶孟和、郑锦等均到会。北高校长李建勋主席，报告会议目的是讨论前8校所提出的6种问题，次由王文培教授报告，后由孟禄博士演说。(《申报》，1921年12月20日)

12月16日 任鸿隽致函胡适，佩服胡适《国语文学史》搜罗材料的功力。希望北京大学能够支撑下去。(《胡适遗稿及秘藏书信》第26册，376～380页)

12月17日 次子胡思杜出生。

同日 陈衡哲致函胡适，告南下的生活，又抄示陈、任的诗3首。(《胡适遗稿及秘藏书信》第36册，42～46页)

12月18日 陈衡哲致胡适一明信片，抄示新诗《两个月亮》。(《胡适遗稿及秘藏书信》第36册，47～48页)

12月22日 吴虞日记有记：晤幼渔言，教长曾提蔡孑民，次长曾提胡适之。徐世昌谓二人皆太新，未行。(《吴虞日记》上册，664页)

同日 高梦旦致函胡适：中央教育费仍无着，特致送1000元。(《胡适遗稿及秘藏书信》第31册，282页)

同日　胡适出席北京大学教务会议，讨论了法文专修馆学生请求特别补款事等案。(《北京大学史料 第二卷 1912—1937》第2册，1100～1101页)

　　12月23日　全国教育界在中央公园来今雨轩钱别孟禄博士，出席者有范源濂、蔡元培（胡适代表）、张伯苓、陶行知、杜曜箕、李成章、王卓然、陈宝泉、李建勋、金曾澄、汪懋祖、刘廷芳、王文培、胡适、陶孟和、汤茂如等。胡适代译蔡元培在病院中草演说节略，张伯苓、李成章等相继演说，胡适演说谓：外间以为孟禄批评学生运动，是要教学生专到课室读书，专受学堂考试，是误解的。孟禄今早讲演的"新孟禄主义"，固然不必说他的精彩了，而此次在京讨论学生运动，有三点亦使我得到深刻的印象：一、学生要到外面去运动，是因为我们教得不好的缘故。学堂的功课，使学生不感到活的兴趣，远不如跑到街上去讲演有意思。二、学生干涉学校行政，因为我们教员只知拿钱，太不管事了，我们不管自然他们来管了。三、这层最重要，我们数年来自以为激烈分子的尚且说不出，而孟禄居然说了，就是"与其使学生干这种无目的的无意识的对外运动，不如使他们干有目的的有意识的对内运动"；"我们袖着手，看着政治一天天腐败下去，不努一点力，都厚着脸皮去高谈外交。我们听了孟禄先生这番话，能不惭愧吗？"又说："……如果中国的青年对于国内政治的腐败，有什么改革的运动，我一定加入的！"继王卓然、孟禄演说。(陈宝泉、陶行知、胡适合编：《孟禄的中国教育讨论》，上海中华书局，1922年，155～158页；《申报》，1921年12月26日)

　　12月24日　下午4时，美国教育家孟禄博士应邀在北大第三院大礼堂讲演"The Function of the University"，胡适担任口译。(《申报》，1921年12月28日)

　　同日　胡适在黄钧选所赠《人境庐诗草》上作一题记："我求《人境庐诗草》，已求了十五年了。梁任公是原刻此书的人，尚不能为我寻一部；我几乎要绝望了。忽然北大的学生罗翙唐（名镇藩）先生为我向公度先生的本家黄钧选先生（名锡铨）求此书，钧选先生也只有这一部，竟割爱赠我。他答罗君书云，'弟再三熟思，胡君既负殷勤表率之心，弟亦应有热诚贡献

之义'。此意极可感谢，故详记之。"（《胡适藏书目录》第 2 册，1457 页）

12 月 26 日　蔡元培致函胡适，云：学生陈迪光译的《科学与上帝》，"已请杨丙辰先生改定并作序，鄙意可收入《世界丛书》，此事想仍由先生主持，特奉上。梦旦来函，及尊事，附奉"。（《胡适遗稿及秘藏书信》第 39 册，263 页）

12 月 27 日　胡惠平致函胡适，谈及他的弟弟胡思齐不学好，请胡适费心处置。（中国社科院近代史所藏"胡适档案"，卷号 1549，分号 3）

同日　顾颉刚来访不遇。（《顾颉刚日记》第一卷，195 页）

12 月 30 日　顾颉刚来访不遇。（《顾颉刚日记》第一卷，195 页）

12 月 31 日　胡适在教育部国学讲习所同乐会上讲演"国语运动与文学"，大意谓：国语所以能成为一种运动，不仅是做个统一语言的工具罢了……最重要，最高尚的，不要忘了"文学"这一个词！"国语统一，谈何容易……一万年也做不到的！"国语统一，在我国即使能够做到，也未必一定是好。国语文学之外，将来还有吴语文学、粤语文学这两种方言文学，很值得而且一定要发展的。苏州的广东的文学家，能够做他们苏广的优美的文学，偏是不做，使他们来强从划一的国语，岂不是损失了一部分文学的精神吗？岂不是淹没了一部分民族的精神吗？如果任他们自由发展，看似和国语有些妨碍，其实很有帮助的益处。总之，我们能够使文学充分地发达，不但可以加增国语运动的势力，帮助国语的大致统一；养成儿童的文学的兴趣，也有多大的关系。（《晨报副刊》，1922 年 1 月 9 日）

同日　胡适在金人董解元撰《董解元西厢》四卷（光绪贵池刘氏暖红室梦凤楼刻本，1 函 3 册）题记："董解元的《弦索西厢》，十，十二，卅一。胡适。"（《胡适藏书目录》第 2 册，1180 页）

12 月　《胡适文存》由亚东图书馆出版。

是年　王国维书《唐写本切韵残卷》三卷（1 函 1 册）石印面世。胡适在是书题记："这部书是王国维先生写的，他邀集了一班朋友合股付印的，每股十四元，我也出了一股。胡适。"（《胡适藏书目录》第 3 册，1567 页）

1922年　壬戌　民国十一年　31岁

> 是年，胡适仍执教于北京大学。4月29日，接任北大教务长。年末，以积劳致疾，向北大请病假一年。
>
> 5月7日，由胡适主办的《努力》周报创刊。
>
> 7月，胡适赴济南出席中华教育改进社第一次年会。
>
> 10月，胡适赴济南出席全国教育会联合会第八届大会。
>
> 是年，胡适先后写成《五十年来中国之文学》《五十年来之世界哲学》《国学季刊发刊宣言》等文。

1月

1月1日　钱玄同在其本年日记之首，有一段关于记日记之"题记"，语涉胡适：

> 去年胡适之买了一部李慈铭的《越缦堂日记》，他忽然观感兴起，大做起日记来。半年之间，已经做了七八百页（每页约四百字），他这半年之中的"读书录"尽载其中，而每每所办之事，亦详记无遗。他是看了李氏日记而兴起的，我又是看了胡氏日记而兴起的。（《钱玄同日记》上册，383页）

同日　华超致函胡适云，王云五已接任编译所所长，自己在哲学教育部，并询问唐钺何时南来。请胡适把其介绍给唐钺与朱经农。又谈论《教育大辞书》的编纂等事。（《胡适遗稿及秘藏书信》第37册，109页）

361

1月2日　杨鸿烈致函胡适,告昨日已将稿子送到胡宅。谈及毕业后希望出国留学。请胡适为其《袁枚评传》写序,并介绍至亚东图书馆。又谈到承胡适介绍到协和医院治病情形。(《胡适遗稿及秘藏书信》第38册,195～196页)

按,是年向胡适索序的还有蒋善国、刘梅庵等。(据中国社科院近代史所藏"胡适档案"不完全统计)

同日　李立藩致函胡适,拜托胡为其开具在北大英文门肄业证明。(中国社科院近代史所藏"胡适档案",卷号1155,分号2)

1月3日　王卓然致函胡适云:拟将《厂甸春节会的调查与研究》一文印为单行本,请胡适读此文,若胡认为有价值,请为文介绍。(《胡适遗稿及秘藏书信》第23册,631～636页)

1月4日　胡适访顾颉刚,谈4小时,胡之谈话令顾"愧甚"。顾又记道:"适之先生拟办周报曰《努力》,已请立案。嘱我撰文。"(《顾颉刚日记》第一卷,198页)

同日　蔡元培函谢胡适赠送《胡适文存》。又云:

亟检《〈红楼梦〉考证》读之,材料更增,排比亦更顺矣。弟对于"附会"之辨,须俟出院后始能为之。公所觅而未得之《四松堂集》与《懋斋诗钞》似可托人向晚晴簃诗社一询。弟如便,亦当询之。(《胡适遗稿及秘藏书信》第39册,259页)

1月5日　孙俍工致函胡适,请胡适指正其《中国语法讲义》。(《胡适遗稿及秘藏书信》第32册,463页)

按,是年致函胡适请教学问或指正其作品的还有姜文光、董诚、王成组、曹国卿、曹元杰、张直清、王学林、林和清、章铁民、程宗潮、雷承道、党家斌等。(据中国社科院近代史所藏"胡适档案"不完全统计)

1月6日　周作人来访，借走《明星》等3册。(《周作人日记》中册，220页)

同日　顾颉刚致函胡适，告在《齐东野语》里发现几首妓女作的白话词，并分析道：国语文学的推行，娼妓颇有大力。一般士大夫所以能做白话诗词，未必非受娼妓的同化。又云：唐宋时国语文学很有成绩，但尚未到完全平民化的地位，所以需要文家代为制词，到后来，他们能自己做了，不须乞怜士大夫了。(《胡适遗稿及秘藏书信》第42册，177～180页)

同日　《申报》刊登旅沪皖事改进会致各界安徽同乡及团体电，揭露张文生之阴谋。电报开首提到的各地皖籍名流有胡适。

同日　黄学海致函胡适，赞成胡适办《努力》周报。又询问《新青年》诸事等。黄学海在函中称胡适为"胡圣人"。(中国社科院近代史所藏"胡适档案"，卷号1785，分号2)

1月9日　晚，胡适将顾颉刚所辑郑樵《诗辨妄》面交钱玄同阅看。(《钱玄同日记》上册，386页)

同日　梁启超将其《中国历史研究法》的第1～5章函寄胡适，请胡"先阅并望斧正"，又对胡适的《章实斋先生年谱》表示"至佩"。(《胡适遗稿及秘藏书信》第33册，13页)

同日　高梦旦复函胡适，感谢就所问"质直见告"，又约胡适年假期间去西湖游玩。(《胡适遗稿及秘藏书信》第31册，283页)

同日　曹汝骐复函胡适，告已收到胡适寄来的药，又谈及自己学业等，又祝贺胡适再添男丁等。(中国社科院近代史所藏"胡适档案"，卷号1755，分号3)

1月10日　支伟成致函胡适，告欲编《中国政治哲学史》，请求胡适指导等。(《胡适遗稿及秘藏书信》第24册，551～553页)

同日　邵捃源致函胡适，拜托胡在商务印书馆为其谋一月薪四五十元之职位。(中国社科院近代史所藏"胡适档案"，卷号1370，分号2)

按，是年拜托胡适代为谋职的还有赵廷炳、陈家驹等。(据中国社

科院近代史所藏"胡适档案"不完全统计）

1月11日　《申报》刊登一则电讯：胡适之拟独办一每周评论，命名《努力》。(《申报》，1922年1月13日）

1月12日　胡适为高元的《国音学》作一序言（收入《胡适文存二集》卷4）。

同日　任鸿隽复函胡适，贺胡之第二个小孩出生；告来南京后"觉得此地很没趣"；又询："《努力》要是出版了，要取甚么态度？"等等。(《胡适遗稿及秘藏书信》第26册，381～383页）

同日　程洪安、胡惠平函候胡适、江冬秀，并寄茶叶等物。（中国社科院近代史所藏"胡适档案"，卷号1858，分号6）

1月13日　顾颉刚复函胡适，举出《湘山野录》中平民文学战胜贵族文学的一例。(《胡适遗稿及秘藏书信》第42册，181～184页）

同日　汪静之致函胡适，拜托胡适将其诗集《蕙的风》介绍给汪原放。向胡适借20元。又述生活困苦及自己的耿介性情。(《胡适遗稿及秘藏书信》第27册，632～637页）

1月14日　胡适致函孙壮：

> 昨日我便道过琉璃厂，因去看先生，不幸不相遇。
>
> 有一事奉覆。先生前嘱我与钱先生相商，我已同他说过了。他说，此次编的讲义，实在太简单；他另有一份详细的，程度稍高，不久也可以编成。他说，他两次失信于中华，有点难为情，故拟将这一份简单的讲义先给中华。那份详细的讲义一定给商务。
>
> 我的讲义——《国语文学史》——已成三分之二，将来做成时，约有十万余字。梦旦曾问及此书，将来定可给商务出版。
>
> 《学津讨原》预约期已过否？馆中曾送特别优待券来，一时不知搁置什么地方了。如尚能照九折预约，请先生为我定下一部。
>
> 十八日南下赴上海一行，可与菊丈、梦丈诸公一晤。归期约在旧历年外了。（肖君提供）

1922年　壬戌　民国十一年　31岁

同日　北京基督教青年会 Dwight W. Edwards 致函胡适，云：

I am in receipt of an inquiry from the American Express Company asking for the whereabouts of Professor George Wan, Care of the School of Law and Politics in the Peking University.

They have 1 box and 1 trunk of effects from H. P. Chu, Baltimore, merchandise sent to C. F. Li, Y. M. C. A., Shantung, August, 1919. C. F. Li is, I believe, now in Shantung but does not wish to take delivery of the box. Can you give me any information as to the whereabouts of Professor George Wan,——which I should be glad to turn over to the American Express Company?（中国社科院近代史所藏"胡适档案"，卷号 E-185，分号 11）

1月15日　赵廷为致函胡适，询其《哲学概论》译稿是否审查过。（中国社科院近代史所藏"胡适档案"，卷号1497，分号7）

同日　《申报》报道中国卫生会筹备消息，列出30名发起人，胡适大名在列。其他发起人还有伍廷芳、蔡元培、颜惠庆、熊希龄、张公权、李登辉、林文庆、范源濂、张伯苓、史量才、孙科、张默君、鲍咸、过养默、牛惠生、朱庭祺、张孝若等。

1月17日　刘象庚致函胡适，讨论葬礼改革之事。（中国社科院近代史所藏"胡适档案"，卷号943，分号8）

1月20日　胡承之函告胡适：已收到借款100元并致谢。（中国社科院近代史所藏"胡适档案"，卷号1525，分号8）

同日　胡铁民致函胡适，向胡适借款50元用以看病。（中国社科院近代史所藏"胡适档案"，卷号1541，分号7）

1月21日　胡适在上海大东旅舍作成《章实斋先生年谱》的《自序》，大意谓：

我做《章实斋年谱》的动机，起于民国九年冬天读日本内藤虎次郎编的《章实斋先生年谱》……我那时正觉得，章实斋这一位专讲史

学的人，不应该死了一百二十年还没有人给他做一篇详实的传。《文献征存录》里确有几行小传，但把他的姓改成了张字！所以《耆献类征》里只有张学诚，而没有章学诚！谭献确曾给他做了一篇传，但谭献的文章既不大通，见解更不高明：他只懂得章实斋的课蒙论！因此，我那时很替章实斋抱不平。他生平眼高一世，瞧不起那班"擘绩补苴"的汉学家；他想不到，那班"擘绩补苴"的汉学家的权威竟能使他的著作迟至一百二十年后方才有完全见天日的机会，竟能使他的生平事迹埋没了一百二十年无人知道。这真是王安石说的"世间祸故不可忽，箧中死尸能报仇"了。

最可使我们惭愧的，是第一次作《章实斋年谱》的乃是一位外国的学者。我读了内藤先生作的年谱，知道他藏有一部钞本《章氏遗书》十八册……我把这部《遗书》读完之后，知道内藤先生用的年谱材料大概都在这书里面，我就随时在内藤谱上注出每条的出处。有时偶然校出内藤谱的遗漏处，或错误处，我也随手注在上面。我那时不过想做一部内藤谱的"疏证"。后来我又在别处找出一些材料，我也附记在一处。批注太多了，原书竟写不下了，我不得不想一个法子，另作一本新年谱。这便是我作这部年谱的缘起。

民国十年春间……又把《章氏遗书》细看一遍。这时候我才真正了解章实斋的学问与见解。我觉得《遗书》的编次太杂乱了，不容易看出他的思想的条理层次；内藤谱又太简略了，只有一些琐碎的事实，不能表见他的思想学说变迁沿革的次序。我是最爱看年谱的，因为我认定年谱乃是中国传记体的一大进化。最好的年谱，如王懋竑的《朱子年谱》，如钱德洪等的《王阳明先生年谱》，可算是中国最高等的传记。若年谱单记事实，而不能叙思想的渊源沿革，那就没有什么大价值了。因此，我决计做一部详细的《章实斋年谱》，不但要记载他的一生事迹，还要写出他的学问思想的历史。这个决心就使我这部年谱比内藤谱加多几十倍了。

我这部年谱，虽然沿用向来年谱的体裁，但有几点，颇可以算是新的体例。第一,我把章实斋的著作,凡可以表示他的思想主张的变迁沿革的,都择要摘录,分年编入。摘录的工夫,很不容易。有时于长篇之中,仅取一两段;有时一段之中,仅取重要的或精采的几句。凡删节之处,皆用"……"表出。删存的句子,又须上下贯串,自成片段。这一番工夫,很费了一点苦心。第二,实斋批评同时的几个大师,如戴震、汪中、袁枚等,有很公平的话,也有很错误的话。我把这些批评,都摘要钞出,记在这几个人死的一年。这种批评,不但可以考见实斋个人的见地,又可以作当时思想史的材料。第三,向来的传记,往往只说本人的好处,不说他的坏处;我这部年谱,不但说他的长处,还常常指出他的短处。例如他批评汪中的话,有许多话是不对的,我也老实指出他的错误。我不敢说我的评判都不错,但这种批评的方法,也许能替年谱开一个创例。(胡适编著:《章实斋先生年谱》,商务印书馆,1922年1月)

同日 胡近仁复函胡适,谢赠《胡适文存》。又告临桂倪氏《桐阴清话》、梁恭辰《劝戒四录》中有关《红楼梦》的记载。又云:"大观园即是随园,这话虽载《随园诗话》里,恐怕系袁氏一时要脸的话。"又告帮胡适洽购《研六室文钞》的情况。(《胡适遗稿及秘藏书信》第30册,399~402页)

1月23日 陆协邦函询胡适《世界丛书》是否收农业方面的稿件。(中国社科院近代史所藏"胡适档案",卷号1254,分号5)

1月28日 诸桥辙次致函胡适,感谢在中国留学时胡适时赐教诲,并赠著作。希望胡适日后时惠玉函,"以启鄙人之蒙"。(《胡适遗稿及秘藏书信》第42册,781~782页)

1月 胡适在宋人撰《词林韵释》一卷(光绪二十九年影刻本,1函1册)题记:"南陵徐氏《随庵丛书》十种,又《续集》十种,是十一年一月李拔可先生送我的。胡适。"(《胡适藏书目录》第2册,1153页)

同月 胡适在徐乃昌辑《随庵徐氏丛书》十种(光绪至民国间南陵徐氏影刻本,1函12册)题记:"南陵徐氏《随庵丛书》十种,又《续集》十种,

是十一年一月李拔可先生送我的。"(《胡适藏书目录》第 2 册，1554 页）

同月　北京大学研究所国学门正式成立。内设编辑室、考古研究室、歌谣研究会、风俗调查会、明清档案整理会、方言调查会等机构，并在图书馆内开设供研究用的特别阅览室。设研究所国学门委员会，委员长由校长兼，委员有顾孟馀、沈兼士、李大钊、马裕藻、朱希祖、胡适、钱玄同、周作人等。国学门主任沈兼士。受聘为国学门的导师有王国维、陈垣、陈寅恪、柯绍忞、钢和泰、伊凤阁和通讯导师罗叔蕴等。本月国学门招收研究生 32 名。

2月

2月3日　胡适致函钱玄同，商量《切韵》售卖办法，又请教钱：徐氏《随庵丛书》中有一部《词林韵释》，是否宋时的书？又请钱切实指教自己为高承元《国音学》所作的序。又请钱评鉴自己对中国方言划分四大区的观点：

（1）东南区，最古，又最守旧，有九声至六声。（2）中区（镇江起，至湖北境上；南至长江南岸，北至淮河流域），较普通，有入声。（3）西部（湖北至四川，云、贵）无入声，但入声并入上平。（4）北部，最多变化，现尚在变化之中，北京变化尤激烈；无入声，但入声分入平上去三声。这个区分可用吗？说西部无入声一层，可以用吗？（《鲁迅博物馆藏近现代名家手札》〔二〕，143～144 页）

是日钱玄同日记：

适之来信，示我以高元《国音学》序稿，他说声随的韵容易消灭。我想此话甚有理，中音变化与注音最为相像。他又说声音减少，复音字加多是进化，此说甚精。（《钱玄同日记》上册，391 页）

按，同日，钱玄同复函胡适云：菉斐轩《词林韵释》，决不是宋代的书，他和元周德清的《中原音韵》，元卓从之的《中州音韵》的分韵完全相同；秦氏刻是书于《词学丛书》中；西部无入声一语，自己不敢断定；中区与东南区虽同有入声，而此二入声很不相同；胡适说"声随的韵"的增加是大可不为的；胡适主张将《切韵》发赏，甚好。又希望借看胡适去年一年的日记。(《胡适遗稿及秘藏书信》第40册，300～304页)

同日 胡适致函孙壮：

> 我在上海住了几天，见着商务里许多朋友，谈的很畅快。后来我又到南京住了三天，过了年才回来。临离京时，承先生要我察看王姓少年的成绩，我已托出版部的章洛声君代为考问他的算盘。章君说，他的算盘还好。
>
> 此子名王普斌，年十七岁，做事很勤谨，没有坏习气。已在海甸高等小学毕业。他在我家住过很久，我可以保证他的行为。他并无什么奢望。如尊处能有相当的事，尚望留意。琐屑奉烦，心实不安。
>
> 适上。十一，二，三。
>
> 《咸宾录》当代带去。《宋诗钞补》收到，谢谢；其价请暂记账。
>
> 蔡先生处已有信去，想当有办法。
>
> 适。
>
> (肖君提供)

同日 周作人日记有记："还适之书三本。"(《周作人日记》中册，225页)

2月4日 胡适读郑孝胥的《海藏楼诗》。致函梁启超，指出其《中国历史研究法》的两处错误：误以 Herodotus 为 Homer，误以此二人为一人。"其实他尽可以不必乱引西洋史事。然此种小疵不足掩此书之大长处。此书可算是任公的最佳作。"因拟办的《努力》周报被警察厅驳回，故另拟一呈，再请立案，措词颇严厉。致函丁文江，也为此事。访客有王徵、张慰慈、马幼渔。胡适疑心徐积余刻的《随庵丛书》中的菉斐轩《词林韵释》不是

宋时之物，故本日与马幼渔讨论。日记又记胡适前作《题学衡》小诗，讥讽该杂志是"学骂"。(《胡适遗稿及秘藏书信》第 16 册，90、97 页)

同日 刘希平致函胡适、高一涵，主要谈安徽教育问题。(《胡适遗稿及秘藏书信》第 40 册，56～60 页)

2 月 5 日 胡适日记中有关于金和、黄遵宪的年岁的札记，又摘记叶堂编订的《纳书楹曲谱》中关于《西游记》的材料。与丁文江、王徵吃午饭，谈时局甚久。饭后董显光来谈时局。到火神庙书市买得《瓯北集》1 部及小说 3 部。夜到英国使馆哈丁家吃饭，夜深始归。(《胡适遗稿及秘藏书信》第 16 册，99～102 页)

2 月 6 日 胡适始做《五十年的中国文学》一文。朱经农来谈。吴康(敬轩)来辞行。为钢和泰译《印度古宗教史》2 小时。(《胡适遗稿及秘藏书信》第 16 册，102 页)

同日 冯汝骐致函胡适，不想接受其母为其所提亲事。(中国社科院近代史所藏"胡适档案"，卷号 852，分号 4)

2 月 7 日 上午，胡适上课，讲"近世哲学"的程颢。下午讲"How We Think"。高梦旦来访，劝胡适不要办报：

> 他在上海时，与王云五、张菊生、陈叔通三位谈起此事，都不赞成我办报。他们都很愁我要做"梁任公之续"。他们都说我应该专心著书，那是上策；教授是中策；办报是下策。叔通还说我太和平了，不配办报。这一班朋友的意思，我都很感谢。但是我实在忍不住了。当《每周评论》初办时，我并不曾热心加入。我做的文章很少，并且多是文学的文章。后来独秀被捕了，我方才接办下去，就不能不多做文字了。自从《每周评论》被封禁之后……我等了两年多，希想国内有人出来做这种事业，办一个公开的、正谊的好报。但是我始终失望了。现在政府不准我办报，我更不能不办了。梁任公吃亏在于他放弃了他的言论事业去做总长。我可以打定主意不做官，但我不能放弃我的言论的冲动。(《胡适遗稿及秘藏书信》第 16 册，103～104 页)

1922年　壬戌　民国十一年　31岁

同日　晚,严庄请胡适吃饭。(《胡适遗稿及秘藏书信》第16册,104页)

同日　蒋梦麟致函蔡元培、胡适、陶孟和、顾孟馀,谈在剑桥大学访问行程,又谈及会见罗素、凯恩斯等学者的情形等。(《胡适遗稿及秘藏书信》第39册,493页)

2月8日　上课。作文。到朱经农家吃晚餐。(《胡适遗稿及秘藏书信》第16册,104页)

2月9日　上课。燕京大学历史教员 Philippe de Vargas 来谈新运动的问题。购得万历版《王龙溪集》一部。作文。(《胡适遗稿及秘藏书信》第16册,105页)

2月10日　上午上课。下午到英文系学生英语会演说"美国的大学生活"。作文。严庄请吃晚饭。(《胡适遗稿及秘藏书信》第16册,105页)关于胡适演讲的内容,次日《晨报》报道如下:

> 其生活甚为活泼而完美,可分两种述说:(一)团结;(二)活动。团结又可分为数种,如各种学术之研究会等,又有公开的与不公开的团体,要皆有一定目的及永久的性质,不似我国学生之团体,既无确定目标,复为应付一时起见,所以往往不能作事且不能持久。活动有学术的活动及学生的活动等。学术的活动如免考的竞争(美国大学生平时成绩佳者,可免大考)及获奖的竞争等。学生的活动如各种运动的比赛,及热心从事于学校公共出版物等类。此外各男女同校之大学中,同学对于男女交际,亦甚注意,彼此互助,影响于行为心理及知识者甚大。

同日　蒋梦麟致函蔡元培、胡适、顾孟馀、陶孟和、李四光5人,告明日赴法,游英法后拟在德国住几个月,调查各国教育并大学组织。又云,到德国后,拟力习德文数月,希望留学德国一年,不知诸位先生同意否。(《胡适遗稿及秘藏书信》第39册,494页)

2月11日　作文。朱谦之来谈。到火神庙书市购书:《烟画东堂小品》12册、《唐三藏取经诗话》残本1册、《儒林外史评》二卷、《四书或问》、《延

平答问》、《陆桴亭遗书》、《尽言集》、《说文引经考异》十六卷等。(《胡适遗稿及秘藏书信》第 16 册，106～107 页)

同日　北京大学评议会举行第五次会议，讨论通过研究所国学门规则等案，胡适被提名为国学门委员会委员。(《北京大学史料　第二卷　1912—1937》第 2 册，1441 页)

> 按，国学门之其他委员，除胡适外，还有：所长（当然委员长）、教务长、本门主任、图书主任（均当然会员）、马裕藻、朱希祖、钱玄同、周作人。(《北京大学史料　第二卷　1912—1937》第 2 册，1441 页)

同日　俄国灾荒赈济会董事长熊希龄，副董事长蔡元培、王芝祥等领衔，董事胡适、刘芳、王景春、张英华、汪大燮、王人文、王正廷、刘镜人、王达、恽宝惠、俞人凤、唐文高等联署通电，呼吁捐款，赈济俄国旱灾。(《申报》，1922 年 2 月 18 日)

> 按，2 月 28 日，《北京大学日刊》第 969 号亦刊登蔡元培、熊希龄、黎元洪、颜惠庆、王芝祥、叶恭绰、潘复、张弧、王正廷、汪大燮、李大钊、吴耀宗、姚憾、周作民、梅贻宝、朱谦之、吴康、高一涵、胡适、王葆真、钱用和（女）、丁淑静（女）等 172 人联名发布的《俄国灾荒赈济会募捐启事》，略谓：
>
> "现在俄国窝瓦河两岸，有一千五百英里大的地方，因旱成灾，看着就要饿死的人三四千万……各国均已发起救济的义举……同人等也发起一个俄国灾荒赈济会……恳求诸公大发慈悲……须知恤邻，即为爱国，济人之急，正是为自己造福……古人说，当仁不让，愿各慈善大家，量力捐款……"

同日　杨鸿烈致函胡适，告阅《学衡》，"不胜为文化运动前途惧"。又批评梅光迪与胡先骕。又寄上旧作，请胡适指正。(《胡适遗稿及秘藏书信》第 38 册，189 页)

同日　郭绍虞致函胡适，请胡帮忙物色国文教员，又询孙伏园能否来

此担任此教职。(《胡适遗稿及秘藏书信》第 33 册，245～246 页)

2月12日 访客甚多，有汪开模、黄文弼等。费家禄邀吃饭。到 Mrs. Lonia V. Crane 家吃茶。日本学者小柳司气太邀吃饭，同席有京都大学教授羽田亨（Haneda）。(《胡适遗稿及秘藏书信》第 16 册，108 页)

吴虞日记：

> 七时步至煤市街济南春，晤马幼渔、胡适之、沈兼士、朱逖先、陈伯弢、陈重书、钱稻孙，日本小柳司气太、藤塚邻、井上以智为、西田耕一、酒井忠道，席散归。(吴虞：《吴虞日记》下册，四川人民出版社，1986 年，16 页)

同日 北京大学新闻同志会举行成立大会，胡适应邀演说，特别呼吁从事新闻工作要研究活问题。2 月 14 日《晨报》对此演讲报道颇详。

2月13日 作文。上课，为钢和泰译述《古印度宗教史》2 时。钢氏是日讲完吠陀的宗教，共讲 3 个月，胡适感到"自己也得益不浅"。与英国汇丰银行总理 Sir Charles Addis（英国赔款研究委员会委员之一）就英国赔款事谈 1 小时，"结果似甚好"。读《京本通俗小说》之《掬相公》《错斩崔宁》《冯玉梅团圆》。(《胡适遗稿及秘藏书信》第 16 册，110～111 页)

同日 刘廷芳致函胡适，为其《生命月刊》"特号"邀稿，希望胡适撰写一篇对于基督教观念和感想的文章。(《胡适遗稿及秘藏书信》第 40 册，48～50 页)

2月14日 上课，讲程颢毕，开始讲程颐。下午，讲杜威的"How We Think"完。出席预科委员会会议。毕善功说昨晚 Charles Addis 在中英协会演说，说的话大半是根据胡适昨天下午说的。(《胡适遗稿及秘藏书信》第 16 册，112 页)

同日 沈定一致函胡适，询《努力》何时印行，又告《学衡》一、二两期载有《评〈尝试集〉》文章。(《胡适遗稿及秘藏书信》第 27 册，41 页)

同日 李季致函胡适，述德国支付巨额赔款后财政极端困难等情，

又详述翻译《资本论》的打算等。(《胡适遗稿及秘藏书信》第 28 册，75～77 页)

同日　任鸿隽复函胡适，告：240 元汇票已收到；不知对于张奚若的款项要出多少；等等。(《胡适遗稿及秘藏书信》第 26 册，384～385 页)

同日　郑阳和致函胡适，告此次香港华人海员罢工事件中，港政府压迫海员，知识界若不起来援助，恐怕我们全民族的人格、人权都要堕落下去。询胡适是何态度。又提到陈宝光拟到俄国考察，希望从成美学会借款 100 元，询胡适如何办理等。(《胡适遗稿及秘藏书信》第 39 册，191～192 页)

同日　刘肇棠函询胡适《努力》何时出刊。(中国社科院近代史所藏"胡适档案"，卷号 946，分号 6)

2 月 15 日　上课。作文。阅《平妖传》，有札记。夜赴文友会，会员 Philippe de Vargas 读一文论 "Some Aspects of the Chinese Renaissance"，胡适也加入讨论。(《胡适遗稿及秘藏书信》第 16 册，113～115 页)

同日　胡觉致函胡适，谈及自己近来身体不好。询问胡适小儿子相关事项。请寄全家照片及《中国哲学史大纲》(卷上)、《章实斋先生年谱》等。(《胡适遗稿及秘藏书信》第 22 册，706～707 页)

同日　唐谷、朱宝钧致函胡适，询胡译杜威《哲学改造》什么时候译好，《努力》何时出版，《国语文法草案》何时能出版等。(中国社科院近代史所藏"胡适档案"，卷号 1615，分号 5)

同日　王祖彝函催胡适把国语讲习所的讲义寄来。(中国社科院近代史所藏"胡适档案"，卷号 794，分号 4)

2 月 16 日　上课。作文。毕善功邀胡适去看北京美术会会员演戏，一折为爱尔兰诗人伊慈(William B. Yeats)的《如愿之乡》，一折为苏格兰文人裴里(J. M. Barrie)的《罗刹林》。(《胡适遗稿及秘藏书信》第 16 册，116～117 页)

2 月 17 日　上课，讲程颐。《努力》周报立案事，警察厅方面说通，但女房主却要敲竹杠。胡适因此慨叹：我们的大仇敌，不在武力，不在官僚，乃在"无明"。(《胡适遗稿及秘藏书信》第 16 册，118 页)

同日　蔡元培复函胡适，谈及对于英国退还赔款之意见：（一）将来设管理此款之委员会，中国方面必须有教育部与教育界选派之委员；不得如前次美国退款完全由外交部处分。（二）退款之一部分，用在专门教育：（甲）大学之英国教员讲座，（乙）派遣留英学生，（丙）图书馆购置英文书籍，（丁）博物馆、天文台等。其他一部分用在普通教育。（《胡适遗稿及秘藏书信》第39册，277～278页）

同日　青木正儿致函胡适，谢赠《胡适文存》，拟在"支那学"上介绍。又告日本有一本宋代《唐三藏取经诗话》，拟觅得后赠送胡适研究之用。又寄赠《海外奇谈》。（《胡适遗稿及秘藏书信》第42册，682～685页）

同日　李季致胡适一明信片，谈及德国物价飞涨，拜托胡适请商务印书馆将应付李之稿酬兑换成马克汇来。又谈到德国国内或许在酝酿革命。（中国社科院近代史所藏"胡适档案"，卷号1149，分号5）

同日　一位署名"铁民"的人致函胡适，谈及：

近来看见阁下议论较前激烈得多，忧国忧民，至深感佩。况阁下只发议论而不亲身实践，未免有享太平福的领袖家之讥。

就去腊北大闹薪风潮言之：马先生等冒险向教育部力争，至死不顾，何等勇敢，何等仗义，而阁下果有同行否耶？及至风潮结束，而足下出风头之机又至，见舆论讥教员不上堂而领薪为不正当，而阁下遂提倡捐款赠图书馆之举，以博一时之美名，不提倡于前，不提倡于后，未免有小滑头之号。（《胡适来往书信选》上册，142页）

2月18日　作文。周诒春邀吃饭，会见长沙教师Dr. Hume。（《胡适遗稿及秘藏书信》第16册，119页）

同日　下午，胡适出席由蔡元培主持召开的研究所国学门委员会第一次会议。蔡元培提议：以研究所四学门为每一学门出一种杂志。决议：由研究所四学门分任编辑，每年每学门课各分得3期……国学门共推胡适为主任编辑。胡适在会上提议两事：国学门以文字为范围而不以学科为范围，如有人研究中国数学史，本学门自可延请数学史家做导师；组织大纲第六条及

研究规则第一条,在"未毕业生"之后应加"及校外学者"5字。会议公推胡适起草奖学金章程,俟草就后再行提出委员会公决。(《北京大学日刊》第968号,1922年2月27日)

同日　晚,胡适与钱玄同、沈兼士、沈士远、马幼渔、周作人同饭。饭后到国语运动游艺大会,胡适演说"国语为什么应该研究"。(《胡适遗稿及秘藏书信》第16册,119页)

同日钱玄同日记:

午后三时,开研究所国学门委员会,结果将《北大月刊》改归出版委员会办理,每年十二期,分四门出版:(一)国学,(二)文学,(三)自然科学,(四)社会科学。晚餐同人自己出钱,在东华晚餐,中菜西吃,倒也很好,为玄同、适之、幼渔、启明、士远、兼士六人。……(《钱玄同日记》上册,394页)

同日　中华教育改进社致函胡适云,该会特设筹划全国教育费委员会,请胡适与该部主任范源濂接洽,积极进行,并请随时指示,使教育费早日得有着落,不至蹈空等。(《胡适来往书信选》上册,142页)

2月19日　顾颉刚与王伯祥来谈。读冯从吾的《辨学录》。赴皖事改进会,商议《改进》周刊事。到西城伦敦会Hayes牧师家吃饭,饭后,应陈垣之邀,在平民中学演说"学生与社会"。(《胡适遗稿及秘藏书信》第16册,121页;刘乃和、周少川、王明泽、邓瑞泉:《陈垣年谱配图长编》上册,辽海出版社,2000年,115页)

胡适"学生与社会"演说内容大要:

个人与社会

(一)个人与社会有密切的关系,个人就是社会的出产品。我们虽然常说"人有个性",并且提倡发展个性,其实个性于人,不过是千分之一,千而分之九百九十九全是社会的。……

………

（二）个人——我——虽仅是千分之一，但是这千分之一的"我"是很可宝贵的。普通一班的人，差不多千分之千都是社会的，思想、举动、言语、服食都是跟着社会跑。……

…………

……个人的成分，虽仅占千分之一，而这千分之一的个人，就是社会进化的原因。人类的一切发明，都是由个人一点一点改良而成功的。惟有个人可以改良社会，社会的进化全靠个人。

学生与社会

……惟有在文明程度很底［低］的国家……学生与社会的关系特深，所负的改良的责任也特重。……

教育是给人带一付有光的眼镜，能明白观察……

…………

……我们要改良社会，就要学这"争真理不穿好裤子"的态度，相信这"最孤立的人是最有强力的人"的明言。(《共进》第11期，1922年3月10日）

同日　胡思永致函胡适，告拟明日返京，沿途将到杭州、上海游玩，请胡适知会汪原放为其预备路费等。（中国社科院近代史所藏"胡适档案"，卷号696，分号2）

同日　周作人日记有记："收适之赠《文存》四本。"(《周作人日记》中册，228页）

同日　之江大学学生沈士远致函胡适，请胡适为其社团作名誉赞助员或指导员。（中国社科院近代史所藏"胡适档案"，卷号1092，分号4）

同日　刘希武函寄其白话诗4首，请胡适指正。（中国社科院近代史所藏"胡适档案"，卷号935，分号10）

2月20日　上午作文。朱经农来谈。为钢和泰译述。下午作文。(《胡适遗稿及秘藏书信》第16册，123～124页）

2月21日　作文。费家禄来谈，黄国聪来谈。(《胡适遗稿及秘藏书信》第 16 册，124 页）

同日　北京大学预科一年级英文一班学生致函胡适，详述对黄国聪教授教学的不满，要求改聘一位较好的教师。(中国社科院近代史所藏"胡适档案"，卷号 2147，分号 2）

2月22日　上课。赴蔡元培寓，出席中华教育改进社的会议。改学生作文。高梦旦来访。(《胡适遗稿及秘藏书信》第 16 册，124 页）

同日　刘文典致函胡适，同意胡适对《红楼梦》考证的意见。又询《淮南鸿烈集解》是否付梓，若未付梓，请胡适代为催促。询胡适《荀子札记》是否可以出版，若可出版，即着手整理。(《胡适遗稿及秘藏书信》第 39 册，658～659 页）

同日　李季致胡适一明信片，告德国马克又大跌，稿酬若未兑换成马克，请改兑换成金镑汇来。(中国社科院近代史所藏"胡适档案"，卷号 1149，分号 6）

同日　胡雪之致函胡适，感谢胡适支助其夜间部学费，但因为经理的闲话而不想读夜书了。又谈及族人准备为胡适草拟的学校计划给胡适写信等事。(中国社科院近代史所藏"胡适档案"，卷号 1544，分号 4）

2月23日　改学生作文。作文。朱经农来谈。哥伦比亚大学校长 Nicholas Murray Butler 正式函聘胡适前往教授中国哲学和中国文学，胡适拟辞不去。(《胡适遗稿及秘藏书信》第 16 册，125 页）

同日　A. J. Armstrong 致函胡适，云：

> I understand that a number of Browning poems have been translated into the Chinese and that considerable work has been done in criticisms and various translations into anthologies and other works in Chinese.
>
> I am making a specialty of collecting Browningiana and I want for our library everything in every language that has anything to do with the poet. I have already, I suppose, the finest collection of Japanese material on Browning

in the world, surpassing anything that has yet been collected in Japan, and I should like also to have in my collection a copy of every book or criticism or publication dealing with Browning published in Chinese.

I shall be greatly indebted to you if you will assist me in this matter. It will, I am sure, be a matter of national pride to you to know that in this university we have the largest collection of Browning material in the world and I am eager to enlarge our collection by securing everything that is at all concerned with the great poet.（中国社科院近代史所藏"胡适档案",卷号E-121,分号3）

同日　A. E. Zucker致函胡适,云:

I am herewith sending the introductions to the various works of western literature which are going to form the first volume of the book the Commercial Press is going to publish in four volumes. The second is well under way: The Bible and the Middle Ages (five readings from *the Bible*, *Arabian Nights*, *Aucassin and Nicolette*, and selections from Dante). The other two volumes will take up the Renaissance and Modern Times.

The table of contents tells you what is still missing. I hope to have it all ready within a week to send to the Press and, as I told you, all the books finished by the end of the summer. Still, I am finding it more work than I had at first supposed that it would be.

In my historical introduction I shall trace very broadly the historical events in Greece and Rome which are indispensible for a student who wishes to understand the literature. In a historical table I shall try to make graphic the dates of the various epochs. Might I ask you to put in a few Chinese writers, generals, and other events which might be of value to the Chinese student in placing things in a parallel way in the Occident and Orient. I shall put this table with a drawing of the Greek theater in the appendix, for what book is complete without an appendix?（中国社科院近代史所藏"胡适档案"，卷号 E-394，分号 7）

2 月 24 日　上课，讲程颐完。讲程颐，注重他的"致知"方面。作文。（《胡适遗稿及秘藏书信》第 16 册，126 页）

同日　沈定一致函胡适，云：盼《努力》出版多时了。又告：《学衡》上有《评尝试集》一篇妙文，不知胡适看过没有。（《胡适遗稿及秘藏书信》第 27 册，41 页）

2 月 25 日　上课。下午，胡适出席北京大学评议会第六次会议。何炳松请胡适吃饭，王赓席间告知美国使馆中人要胡适去做清华学校校长，胡适表示不干。（《胡适遗稿及秘藏书信》第 16 册，127 页；北京大学档案，全宗号七，目录号 1，案卷号 109）

2 月 26 日　会客。作文。在东华饭店为小柳司气太饯行。收到商务印书馆寄来的《章实斋年谱》，有记："此书是我的一种玩意儿，但这也可见对于一个人作详细研究的不容易。我费了半年的闲空工夫，方才真正了解一个章学诚。作学史真不容易！若我对于人人都要用这样一番工夫，我的《哲学史》真没有付印的日子了！我现在只希望开山辟地，大刀阔斧的砍去，让后来的能者来做细致的工夫。但用大刀阔斧的人也须要有拿得起绣花针儿的本领。我这本《年谱》虽是一时高兴之作，他却也给了我一点拿绣花针的训练。"（《胡适遗稿及秘藏书信》第 16 册，128 页）

同日　吴虞日记有记："往东华饭店，到者小柳、竹田、藤塚、井上、酒井、西田、适之、幼渔、逖先、兼士、汉章、重舒、贺嗣章与予，凡六客八主人。共席钱二十五元。小费二元。每人共出银三元四角。……席散同适之游市场而归。"（《吴虞日记》下册，19 页）

2 月 27 日　上课。胡适为钢和泰译述 2 小时。到中央医院探视颜任光。到周作人寓所访盲诗人爱罗先珂，因蔡元培请胡适当爱罗先珂讲演时的翻译，故先面谈。与鲁迅、周作人谈。到 Stevens 家吃饭，会见美国牧师 Dr. Boynton。（《胡适遗稿及秘藏书信》第 16 册，129 页）

1922年　壬戌　民国十一年　31岁

同日　凌冰致函胡适，恳请胡适担任南开大学暑期学校的功课。又希望胡适能于3月9日后每周四来南开大学讲"国语文学史"。(《胡适遗稿及秘藏书信》第31册，455页)

2月28日　上课，讲谢良佐。(《胡适遗稿及秘藏书信》第16册，130页)

同日　吴虞日记有记：胡适之先生送来所著《章实斋年谱》1册。晚饭后，阅《实斋年谱》，胡先生以费密列入，在李塨之下。(《吴虞日记》下册，19页)

同日　邹韬奋致函胡适，询其《民治与教育》能否选入《世界丛书》。(《胡适遗稿及秘藏书信》第38册，384页)

2月　胡适在《新教育》第4卷第2期发表《对于新学制的感谢》一文，评述第七届全国教育联合会通过的新学制草案。提出：新学制关于初等教育，改7年为6年有诸多好处；采取选课制，有弹性，是其特别长处。高级中学的设立必须十分审慎，其教员待遇须与大学预科教员的待遇略相等。

同月　胡适作有"The Literary Revolution in China"，大要是：

The first barbarization of Northern China which took place during the fourth, fifth, and sixth centuries A. D., and its concomitant event of the shift of the centre of Chinese civilisation to Southern China, are the two factors which have combined to produce a large amount of popular poetry both in the North and in the South.... The unmistakable beauty and simplicity of these songs of the people gradually came to be appreciated by the literary men of the time and they soon became models of poetic composition under the general name of Ku yo fu（古乐府）or Old Songs. In this way, the literature of the literati was influenced by the poetry of the people; and the greatness of the poetry of the Tang Dynasty（c. 620-900）owes much to the influence of the popular songs of the pre-Tang period....

It was also under the Tang Dynasty that vulgate prose first arose....

Meanwhile Nothern China was undergoing a second period of barbarization which began in the tenth century and lasted until the latter part of the fourteenth....

It was during this period of barbarian occupation that the great dramas were produced....

And then the necessity of educating the barbarian and barbarized population in the great Chinese tradition gave rise to a class of prose literature known as the yen yi（演义）or popular histories. These narratives soon developed into novels of all kinds....

...

The last four centuries have been very productive in novels.... the best of them, such as the *Shui Hu Chuan*, *Hsi You Chi*, *Ju Lin Waishi*（儒林外史 *The Literati*）, *Hung Lou Mung*（红楼梦 *Dream of the Red Chamber*）, and a few others, can certainly be ranked among the world's greatest masterpieces. Near the end of the Manchu Dynasty, a number of social novels were produced, modelled more or less after the fashion of *The Literati*, a realistic and satirical novel written in the middle of the eighteenth century....

From the above account, it is clear that spoken Chinese as represented by the mandarin dialects is well qualified to become the national language of China...

...

What the recent literary revolution did was to supply this very factor which was lacking in the long history of the living tongue, and to openly declare that the classical language has been long dead and that the pei hua which has been the literary medium for many centuries, is and will be the only proper and effective means of literary expression in verse as well as in prose.... In 1916, the present writer made a resolution never to write any poetry except in the spoken language. The first public declaration of the revolution was published on the first day of the year 1917. The controversy went for two years;

after that, opposition gradually died down. Since the summer of 1919, the pei hua has spread far and wide. In 1920, the Ministry of Education issued an order to the effect that, beginning with the fall opening of that year, the national language should be taught in the first two grades of the primary school....

The moral of this easy success of the literary revolution is obvious.... The time has long been ripe for this revolution: two thousand years of collective effort in linguistic revision and ten centuries of literary activity in the living tongue, — these are the real factors which have made such a rapid success possible....（《胡适英文文存》第 1 册，远流版，123～128 页）

按，此文收入外研社版《胡适英文文存》第 1 册时，有出版方为该文所加的中文提要如下：

"在《中国文学革命》一文中，为说明中国文学革命的重要历史意义，胡适首先引证欧洲各国国语兴起的历史，并以此为鉴比较中西方的语言和文学革命。

通过列举意大利、法国、英国等欧洲国家国语形成和文学革命的史例，回溯中国文学史上汉唐宋元明清等朝代以及新文化运动以来新文学、白话文学的生动事例，胡适在比较历史分析的基础上深刻地指出：文言文是濒死的语言，白话文将取代文言文，成为现代中国的国语。"（该书第 7 页）

3月

3月1日　上课。作文。(《胡适遗稿及秘藏书信》第 16 册，131 页)

3月2日　夜赴 Dr. Black 家吃饭，遇地质学者 Dr. Berky。拟重编《中古哲学史》，拟分 2 部，6 篇：

部甲　两汉魏晋

篇一　道家的成立。

篇二　新儒教的成立。

篇三　自然主义的发展。

部乙　六朝唐（印度化的时期）

篇一　输入时期。

篇二　分宗时期。

篇三　革命时期。（《胡适遗稿及秘藏书信》第16册，132页）

3月3日　上课，讲杨时。到女高师听盲诗人爱罗先珂讲演"知识阶级的使命"。（《胡适遗稿及秘藏书信》第16册，133页）

同日　胡适作成《五十年来中国之文学》一文。大意是：

（一）

这五十年在中国文学史上可以算是一个很重要的时期。……

（1）……曾国藩的魄力与经验确然可算是桐城派古文的中兴大将。但曾国藩一死之后，古文的运命又渐渐衰微下去了。曾派的文人，郭嵩焘，薛福成，黎庶昌，俞樾，吴汝纶……都不能继续这个中兴事业。再下一代，更成了"强弩之末"了。这一度的古文中兴，只可算是痨病将死的人的"回光返照"，仍旧救不了古文的衰亡。这一段古文末运史，是这五十年的一个很明显的趋势。

（2）古文学的末期，受了时势的逼迫，也不能不翻个新花样了。这五十年的下半便是古文学逐渐变化的历史。这段古文学的变化史又可分作几个小段落：

（一）严复、林纾的翻译的文章。

（二）谭嗣同、梁启超一派的议论的文章。

（三）章炳麟的述学的文章。

（四）章士钊一派的政论的文章。

…………

（3）在这五十年之中，势力最大，流行最广的文学——说也奇怪——并不是梁启超的文章,也不是林纾的小说,乃是许多白话的小说。《七侠五义》《儿女英雄传》都是这个时代的作品。《七侠五义》之后,有《小五义》等等续编,都是三十多年来的作品。

(4)这五十年的白话小说史仍旧与一千年来的白话文学有同样的一个大缺点:白话的采用,仍旧是无意的,随便的,并不是有意的。民国六年以来的"文学革命"便是一种有意的主张。……

…………

(二)

曾国藩死后的"桐城＝湘乡派",实在没有什么精采动人的文章。……

…………

(三)

…………

(四)

…………

……严复是介绍西洋近世思想的第一人,林纾是介绍西洋近世文学的第一人。

…………

(五)

中日之战以后,明白时势的人都知道中国有改革的必要。这种觉悟产生了一种文学,可叫做"时务的文章"。……梁启超当他办《时务报》的时代已是一个很有力的政论家;后来他办《新民丛报》,影响更大。二十年来的读书人差不多没有不受他的文章的影响的。

严复、林纾是桐城的嫡派,谭嗣同、康有为、梁启超都是桐城的变种。……

…………

……［梁启超文章］魔力的原因约有几种:（1）文体的解放，打破一切"义法""家法"，打破一切"古文""时文""散文""骈文"的界限;（2）条理的分明，梁启超的长篇文章都长于条理，最容易看下去;（3）辞句的浅显，既容易懂得，又容易模仿;（4）富于刺激性，"笔锋常带情感"。

....

（六）

康梁的一班朋友之中，也很有许多人抱着改革文学的志愿。他们在散文方面的成绩只是把古文变浅近了，把应用的范围也更推广了。在韵文的方面，他们也曾有"诗界革命"的志愿。……黄遵宪与康有为两个人的成绩最大。但这两人之中，黄遵宪是一个有意作新诗的，故我们单举他来代表这一个时期。

....

（七）

这五十年是中国古文学的结束时期。做这个大结束的人物，很不容易得。恰好有一个章炳麟，真可算是古文学很光荣的结局了。

章炳麟是清代学术史的押阵大将，但他又是一个文学家。他的《国故论衡》《检论》，都是古文学的上等作品。……

....

总而言之，章炳麟的古文学是五十年来的第一作家，这是无可疑的。但他的成绩只够替古文学做一个很光荣的下场，仍旧不能救古文学的必死之症，仍旧不能做到那"取千年朽蠹之余，反之正则"的盛业。他的弟子也不少，但他的文章却没有传人。有一个黄侃学得他的一点形式，但没有他那"先豫之以学"的内容，故终究只成了一种假古董。章炳麟的文学，我们不能不说他及身而绝了。

章炳麟论韵文，也是一个极端的复古派。他说古今韵文的变迁，颇有历史的眼光。……

……………

章炳麟在文学上的成绩与失败，都给我们一个教训。他的成绩使我们知道古文学须有学问与论理做底子，他的失败使我们知道中国文学的改革须向前进，不可回头去；他的失败使我们知道文学"数极而迁，虽才士弗能以为美"，使我们知道那"取千年朽蠹之余，反之正则"的盛业是永永不可能的了！

（八）

……自一九〇五年到一九一五年（民国四年），这十年是政论文章的发达时期。这一个时代的代表作家是章士钊。章士钊曾著有一部中国文法书，又曾研究论理学；他的文章的长处在于文法谨严，论理完足。他从桐城派出来，又受了严复的影响不少；他又很崇拜他家太炎，大概也逃不了他的影响。他的文章有章炳麟的谨严与修饰，而没有他的古僻；条理可比梁启超，而没有他的堆砌。他的文章与严复最接近；但他自己能译西洋政论家法理学家的书，故不须模仿严复。严复还是用古文译书，章士钊就有点倾向"欧化"的古文了；但他的欧化，只在把古文变精密了，变繁复了，使古文能勉强直接译西洋书而不消用原意来重做古文，使古文能曲折达繁复的思想而不必用生吞活剥的外国文法。

……………

（九）

……古文学的公同缺点就是不能与一般的人生出交涉。大凡文学有两个主要分子：一是"要有我"，二是"要有人"。有我就是要表现著作人的性情见解，有人就是要与一般的人发生交涉。那无数的模仿派的古文学，既没有我，又没有人，故不值得提起。……

现在我们要谈这五十年的"活文学"了。活文学自然要在白话作品里去找。……

这五十年内的白话小说出的真不在少数！为讨论的便利起见，我

们可以把他们分作南北两组：北方的评话小说，南方的讽刺小说。……

…………

（十）

…………

……中国的古文在二千年前已经成了一种死文字。……

但民间的白话文学是压不住的。这二千年之中，贵族的文学尽管得势，平民的文学也在那里不声不响的继续发展。……

一九〇四年以后，科举废止了。但是还没有人出来明明白白的主张白话文学。……

一九一六年以来的文学革命运动，方才是有意的主张白话文学。这个运动有两个要点与那些白话报或字母的运动绝不相同。第一，这个运动没有"他们""我们"的区别。白话并不单是"开通民智"的工具，白话乃是创造中国文学的唯一工具。白话不是只配抛给狗吃的一块骨头，乃是我们全国人都该赏识的一件好宝贝。第二，这个运动老老实实的攻击古文的权威，认他做"死文学"。……

…………

文学革命的主张，起初只是几个私人的讨论，到民国六年（一九一七）一月方才正式在杂志上发表。第一篇胡适的《文学改良刍议》还是很和平的讨论。胡适对于文学的态度，始终只是一个历史进化的态度。……

……文学革命的进行，最重要的急先锋是他的朋友陈独秀。陈独秀接着《文学改良刍议》之后，发表了一篇《文学革命论》……正式举起"文学革命"的旗子。……陈独秀的特别性质是他的一往直前的定力。……当日若没有陈独秀"必不容反对者有讨论之余地"的精神，文学革命的运动决不能引起那样大的注意。反对即是注意的表示。

…………

1922年　壬戌　民国十一年　31岁

这一年的文学革命，在建设的方面，有两件事可记，第一，是白话诗的试验。……第二，是欧洲新文学的提倡。（《胡适文存二集》卷2，91～200页）

3月4日　日本使馆头等参赞伊藤述史来谈。燕京大学校长司徒雷登与刘廷芳来，周作人来。燕京大学欲改良国文部，想请胡适去，胡适荐周作人自代。朱我农邀胡适吃饭。读《宋元学案》。访盲诗人爱罗先珂。晚与丁文江、王徵在来今雨轩同饭。是日与周树人、周作人兄弟谈翻译问题：

……豫才深感现在创作文学的人太少，劝我多作文学。我没有文学的野心，只有偶然的文学冲动。我这几年太忙了，往往把许多文学的冲动错过了，很是可惜。将来必要在这一方面努一点力，不要把我自己的事业丢了来替人家做不相干的事。（《胡适遗稿及秘藏书信》第16册，134～139页）

同日　钱玄同日记有记：午后在北大第三院听梁启超评胡适之的《中国哲学史》。他对于适之叙哲学发生不满意，说他引《诗经》为证，于时代背景不合，《诗经》中的诗，距孔、老、墨、荀、庄、孟子有四五百年，谓其诗与诸子有关，无异谓辛稼轩、姜白石诸人的词与胡适有关了。他对于《老子》，疑其非孔子以前之书，举"大兵凶年""侯王""王公""仁义"等字样，以证其在孔子之后。又以老子之子名宗，宗为魏将，谓老子是孔子的老前辈，而其子在孔子卒后□□□年三家分晋后始为将，亦有可疑。而《史记》叙老子与老莱子与太史儋三人，是否一人，大为可疑。又《论语》《孟子》诸书，总不提及老子，亦可疑。此说极有价值。彼又谓《列子·杨朱篇》决不足信，此说极是。然蔡先生早已言之矣。（《钱玄同日记》上册，397页）

同日　胡钧华就购买校舍用房屋价钱事致函胡适，又谈及校舍的规划等。（中国社科院近代史所藏"胡适档案"，卷号1533，分号3）

3月5日　上午，胡适为爱罗先珂讲演（讲题为"世界语是什么和有什么"）作翻译。读《宋元学案》，有札记。到第三院大礼堂，听梁启超讲演"评

胡适的《哲学史大纲》，并为其作介绍。胡适在日记中详记自己与梁启超观点的不同。晚与张竞生听俄国剧团演奏。(《胡适遗稿及秘藏书信》第 16 册，140 页，136～139 页)

钱玄同当日日记：

> 午前听爱罗先珂讲演"世界语及其文学"，适之翻译。午蔡先生宴爱氏，同座者为胡适、孙国璋、周豫才、幼渔、士远(主)、我、启明诸人。
> 午后听梁氏评《中国哲学史》。适之亦到，今日评孔子、庄子两段。梁氏以为胡氏言孔子、庄子的哲学，都从知识论方面看，殊属非是。彼又谓孔子所谓学非读书之语，乃是……这话我很以为然。彼以为胡氏引孔子杀少正卯事，此非事实，此说胡适承认之。(《钱玄同日记》上册，397 页)

3 月 6 日 胡适认为梁启超"《老子》一书是战国之末的出品"的观点及理由"虽不是驳我的书，却也有讨论的价值"，详记自己的理由。拟定一个大学"学术上的组织"。访齐鲁大学校长 Balme 博士，谈 D. M. Beers 事。探视生病之颜任光。(《胡适遗稿及秘藏书信》第 16 册，141～144 页)

同日 吴虞日记有记：与胡适之送去《今古学考》1 册。(《吴虞日记》下册，20 页)

3 月 7 日 上课，讲尹焞、张九成。P. de Vargas 来谈，谈文学革命运动。探视颜任光。张煦来谈，告：他听了梁启超的演说，大为《老子》抱不平，拟作一《老子校注》。张又作一篇驳文，证据极充足。(《胡适遗稿及秘藏书信》第 16 册，145 页)

同日 胡适作有《祝〈白话晚报〉》，希望该报"要值得一驳"，"要禁得起一驳"。(《胡适文存二集》卷 3，9～10 页)

同日 朱经农复函胡适、任鸿隽，谈及"适之暂时不能南下，只要都中安宁，我们也没有不放心"；又谈及科学社、蒋梦麟筹办浙江大学以及希望蔡元培办一些整顿学风的事等。(《胡适遗稿及秘藏书信》第 25 册，

612～613页）

3月8日　上课。胡适出席出版委员会会议（出席的其他委员有钱玄同、李辛白、陶孟和、沈兼士、王星拱、张慰慈），议决：

（一）《月刊》事。

（1）每年出十二期，暑假不停刊。

（2）不分专号，仍由各学系教员担任撰述。

（3）提出二个办法，请校长决定：一、请校长推出若干教员，组织月刊编辑部。二、由出版委员会担任收稿及编辑。

（二）残余讲义卖出事。现制，此项收入，著者与大学各得一半。决议：此项残余讲义的卖价，以后全归学校。

（三）讲义装订成册者，办法如下：

（1）由出版部廉价发售。

（2）收入卖价，著者的定价百分之十五。

以上两条，提出评议会议决。

（四）出版部主任报告。

按，以上据中国社科院近代史所藏"胡适档案"，卷号2166，分号4。另，胡适当日日记又记当日曾议决添设丛书：《北京大学丛书》（英文类）、《北京大学国故丛书》、《北京大学国故小丛书》。（《胡适遗稿及秘藏书信》第16册，146页）

同日　党家斌致函胡适，询问胡适的动向以及胡思永的诗集为何还没出等。又自述学思心得。又请胡适指正其译作。（中国社科院近代史所藏"胡适档案"，卷号1683，分号1）

3月9日　胡适赴天津，在南开学校讲演"国语文学史"，当日回。读James Harvey Robinson's *The Mind in the Making*，有简要笔记。（《胡适遗稿及秘藏书信》第16册，147页）

同日　蔡元培致函胡适，告阅报知日本派出在比利时首都出席万国学

士院联合大会代表名单,"该会前曾函致本校请派代表与会,又教育部亦有函来,本校究应如何答复?请先生早日酌定为幸"。(《胡适遗稿及秘藏书信》第39册,275~276页)

3月10日 上课,讲张九成。康白情的诗集《草儿》出版。胡适记道:"近来诗界确有大进步,使我惭愧,又使我欢喜。"(《胡适遗稿及秘藏书信》第16册,148页)

同日 胡适为其《尝试集》第4版作一《自序》,说:"现在新诗的讨论时期,渐渐的过去了。……新诗的作者也渐渐的加多了。有几位少年诗人的创作,大胆的解放,充满着新鲜的意味,使我一头高兴,一头又很惭愧。……"又叙任鸿隽、陈衡哲、鲁迅、周作人、俞平伯、康白情等人在篇目删改上提出的意见,经胡适最后定稿,存诗词64首。其中有些诗也略有删改。(《胡适文存二集》卷4,289~294页)

同日 胡适致函孙壮:

> 上月沪馆送来顾颉刚先生一月份薪俸五十元,因顾君出京,由我代收下了。现顾君已回京,如二、三月份薪送到时,请先生仍饬送我处,因他为祖母病废,他拟辞去此间职务,回家专事为商务编书。一俟此两月余到,他就南下了。
>
> 又近闻《大学丛书》批发折扣长至九五扣,此间学生惯于旧例,颇觉困难。此项书籍多至五版以上,公司方面似不无微利,可否将折扣稍减,以便寒苦学生?(肖君提供)

同日 钱玄同致函胡适,佩服胡适的《五十年来中国之文学》,并指出稿中抄错的字,以及几处非笔误的错误。(《胡适遗稿及秘藏书信》第40册,305~306页)

同日 国语讲习所第三届学员、汕头陈亦修致函胡适,告他在家乡创办注音字母传播所已得县长支持,请胡适写介绍信以壮声势。(中国社科院近代史所藏"胡适档案",卷号1283,分号4)

3月11日 胡适整理、编校诗稿,作目录,作三版《自序》。访陆仲安

医生。黄右昌来访。黎锦熙来访。(《胡适遗稿及秘藏书信》第 16 册，149 页)

同日　蔡元培复函胡适，谈及："《月刊》事遵命用横式，于十五日午后四时会商，已付文牍课油印通告。"又谈及吴稚晖的著作等。(《胡适遗稿及秘藏书信》第 39 册，261 页)

同日　直隶教育厅函请胡适在 4 月召开的小学会议、中学会议上（会议地点在天津）演讲。(中国社科院近代史所藏"胡适档案"，卷号 2055，分号 1)

3 月 12 日　胡适与张慰慈夫妇、黄国聪、颜任光同游香山，甚乐；遇哈丁夫妇。(《胡适遗稿及秘藏书信》第 16 册，150 页)

3 月 13 日　上课。下午，胡适出席教职员全体大会，讨论联席会议的提案："要求政府将两个月又七成之积欠，于三月十五日前扫数拨清。若无圆满结果，则教职员对于学校不负责。"胡适极力反对此项议案，认为无效果，无理由。并提出一个提议："我们为维持教育起见，对于学校职务，仍主张暂为负责，并希望联席会议督促校长团及政府速筹维持的方法。"(《胡适遗稿及秘藏书信》第 16 册，151 页)

同日　顾颉刚致函胡适，有一段论《红楼梦》事，胡适认为"甚有理"，顾函云：

> 我意蔡先生的根本错误有两点。第一，别种小说的影射人物只是换了他的姓名，男还是男，女还是女，所做的职业还是这项职业。何以一到《红楼梦》就会男变为女，官僚和文人都会变成宅眷？第二，别种小说的影射事情，总是保存他们原来的关系。何以一到《红楼梦》就会从无关系发生关系。……若必说为性情相合，名字相近，物件相关，则古往今来无数万人，那一个不可牵到《红楼梦》上去！实在蔡先生这种见解是汉以来的经学家给与他的。……(《胡适遗稿及秘藏书信》第 16 册，152～156 页)

同日　汪原放致函胡适，告胡适的论文由商务印书馆印制，两个月之内印好。这得益于王云五请高梦旦写了一个条子，条子内容是："汪原放先

生来印一部英文书，这书是胡适之先生的著作，请速排印。"(《胡适遗稿及秘藏书信》第 27 册，562～563 页)

3 月 14 日　保定育德中学前校长王喜曾（国光）来访。上课，讲罗从彦。胡适在日记中记述了罗氏思想的三个重要之点，又记道："我曾说程颐的格物说，乃是宋学的一大贡献，乃是汉学的真渊源；而程门弟子无一人能传其说者，他们都想走捷径。直到李侗始回到程颐的格物说，至朱熹方才发挥光大此说。我今天读朱熹的《大学或问》，得一绝好的印证。"是日，开始写作《五十年来之世界哲学》。(《胡适遗稿及秘藏书信》第 16 册，157～159 页)

同日　胡适出席北京大学研究所国学门委员会第二次会议。会议议题是讨论、通过胡适拟定的《国立北京大学助学金及奖学金条例》，通过的文本如下：

一、本校为辅助毕业生继续求学起见，设助学金额，为奖励毕业生学术上的贡献起见，设奖学金额。

二、助学金额每名每年得国币二百元，分四次给与之。奖学金额每名每年得五百元，分四次给与之。

三、助学金之给与，限于贫苦之学生，奖学金之给与，以成绩为标准，不限于济的状况。

四、本校研究所每门设助学金额六个，奖学金额两个。皆以研究所各门之名称称之，例如"研究所国学门助学金额"，"研究所自然科学门奖学金额"。有时，为特别提倡某种学科起见，得由研究所委员会指定一部分的金额为某种学科的助学金，例如研究所国学门，得有一个"中国古物学助学金额"，或一个"中国科学史助学金额"。……奖学金额不立学科名称，但每年的授与应按照每研究所内所包学科的种类，略采均匀轮递之意。……

五、除本校设立之奖学助学之外，各研究所均得收受校外私人或法人捐助的助学或奖学金额。其每人每年应得金数，由捐款人定之。

此项捐助的金额，即以捐款人的姓名名之，例如"张吕先生中国古物学助学金额"。

六、凡欲得助学金者须填请愿书，附加成绩、证书及著作物，于每年五月一日以前送至研究所所长办公室，由所长于五月内召集研究所委员会审查决定之。审查之结果皆于六月一日大学日刊上发表。审查合格者，由下学年九月一日，十二月一日，三月一日，六月一日，到会计课领取助学金。

七、奖学金之授与，由研究所委员会根据本年研究生的成绩，以四分之三的表决，拟定应得奖（学）金之研究生姓名。附加著作物，于年六月一日以前，函请所长决定发表。发表之后，应得奖学金者，于下学年九月一日，十二月一日，三月一日，六月一日，到会计课领取奖学金。

八、助学金额与奖学金额，如本年不得相当之人，则宁阙无滥，此项阙人之金额存储会计课，其用途或留为下学年之特别金额，或供研究所购书之用，别由研究所委员会决定之。

九、凡本年得奖学金或助学金之研究生姓名，皆刊于本年大学一览之末。

十、本条例经评议会通过后施行。(《北京大学史料 第二卷 1912—1937》第2册，1444～1445页）

按，关于此次会议的日期，胡适的日记所记与《北京大学史料 第二卷 1912—1937》第2册所记有歧。胡适14日日记记道："下午，开研究所委员会。我拟了一个《助学金及奖学金条例》，今天通过了。"(《胡适遗稿及秘藏书信》第16册，159页）而《北京大学史料 第二卷 1912—1937》第2册记此次会议的日期为13日（该书1444页）。笔者乃据《北京大学史料 第二卷 1912—1937》第2册所载出席人信息核查。出席人钱玄同14日的日记记道：下午开国学门研究所委员会。(《钱玄同日记》上册，398页）出席人周作人14日的日记记道：下午

大风，往大学赴研究所会。(《周作人日记》中册，231页）由此可知，会议举行的日期为14日，而非13日。

同日　顾颉刚复函胡适，告收到商务馆2月酬金50元，并谢催送。另及《郑樵著述考》可誊毕奉上；欲在《古物陈列所目录》上做一《乾隆画苑考》；回南后当代觅宋元以来理学书等。(《顾颉刚书信集》卷一，中华书局，2011年，375～376页）

同日　《申报》报道，安徽教育厅长人选，有以胡适、陶行知择一任之之说。

同日　杨杏佛复函胡适，感谢胡为志□的病荐医生等，又谈及自己目前也在静养之中。(《胡适遗稿及秘藏书信》第38册，60页）

3月15日　上课。下午续作《五十年来之世界哲学》。胡适认为俞平伯的诗不如白情的诗。读《达尔文传》及《赫胥黎传》，"我爱赫胥黎的为人，他是达尔文的护法神"。(《胡适遗稿及秘藏书信》第16册，162页）

同日　刘昱厚致函胡适，赞佩胡之《〈红楼梦〉考证》，认为此文足能打破《红楼梦》的一切邪说，指示读者一个真正的道路。又针对胡适提出的"自传说"请教："《红楼》中说的宁、荣两府，极坏。曹雪芹把他家中的龌龊情形写出来，是什么意思呢？"（中国社科院近代史所藏"胡适档案"，卷号939，分号10）

3月16日　胡适在美术学校出席八校大会。李祖鸿提议，提前放春假7日；若政府仍不发经费，则提前放暑假。胡适首先反对，后来反对的人也不少，此议遂废。下午4时，胡适出席月刊编辑部会议，决议废止月刊，另出4个季刊：《国学季刊》，由胡适邀集；《文艺季刊》，由蔡元培邀集；《自然科学季刊》，由谭仲逵邀集；《社会科学季刊》，由王世杰邀集。夜读王懋竑《朱子年谱》。"此书确是好书，清朝学者用谨密的方法治学史，应该有好成绩。可惜不多见这一类的书。"(《胡适遗稿及秘藏书信》第16册，163～164页）

同日　胡适致函顾颉刚，讨论福建在北宋之末南宋之初，何以忽然变成一个文化的中心：

> 我讲杨时以后的哲学，忽然想起"北宋南宋间的福建何以有那样发达的文化？何以当日福建竟成了一个文化的中心？何以临安还比不上福建诸县？宋版书也是临安与福建本最多；叶德辉有'宋刻书之盛，首推闽中'的话。闽中造纸，自是一个原因。但此似不是全因。究竟刻书是文化的原因呢？抑文化盛了方才刻书也盛呢？如系前者，则刻书之因又是什么呢？如系后者，则文化之盛又因为什么呢？"——这个问题似乎很值得研究。当日福建的经济状况不知有可考否？
>
> 你在《郑樵传》上引有《莆田志》，不知志中有此项材料否？莆田近海，疑有商业上的重要。哲学家的出产地——将乐（杨时）、延平（李侗）、崇安及建阳（朱子）……都在闽江支流上，似皆有交通上及商业上的重要。他们都近建安，建安又是刻书的中心。此问题的解答，可使我们给哲学史上"道南"一案添一个新的解释。
>
> 种族一方面，似也有点关系。南方近世的一大特别的民族，叫做"客人"，亦称"客家"（Hakka）——凡海外殖民最有成功者都属于此族。据称此种民族之远祖乃随王审知入闽之九族，散处八闽，渐入广东。自五代至北宋末年，为时不久，不到二百年，这种民族就能把八闽开化到一个文化中心的地位了吗？（顾颉刚：《论闽中文化》，载《民铎》第4卷第5号，1923年7月1日）

同日 蔡晓舟将自己关于安徽教育主张的剪报函寄胡适，询胡适的意见，并云：如认可，请联络在京同人一致主张。（中国社科院近代史所藏"胡适档案"，卷号1901，分号3）

3月17日 上课，讲李侗。续作《五十年来之世界哲学》。（《胡适遗稿及秘藏书信》第16册，165页）

同日 陈士贤致函胡适，向胡适请教白话文的用处以及为何要提倡白话文等问题。（中国社科院近代史所藏"胡适档案"，卷号1273，分号1）

3月18日 胡适到六国饭店访斯德哥尔摩大学教授西伦（Osvald

Sirén)。到女高师，为英文部学生讲演，题为"演说的要点"。黎锦熙宴请胡适、钱玄同、汪怡庵、陆雨庵、卫挺生等，大谈"国语"问题。(《胡适遗稿及秘藏书信》第16册，165～166页)

钱玄同当日日记：

晚黎劭西请卫挺生在西花春吃饭，约适之、一庵、雨庵及我作陪，谈国语问题。卫氏亦主张京语者，殆张一士之流。但我与适之均不主张国语统一，但求普及。又卫主张废入声。我与适之则主张五声全废。讨论结果，终未解决。(《钱玄同日记》上册，399页)

同日　顾颉刚复函胡适，拟将《诗辨妄》分成3种书。又讨论胡适提出的福建文化问题。(《胡适遗稿及秘藏书信》第42册，191～193页)

同日　吴俊升在《时事新报》发表《我读〈红楼梦〉的见解》，指出：无论是索隐抑系考证，都是"莫须有"；读《红楼梦》，《时事新报》只能是"为读《红楼梦》而读"；"只把他当《红楼梦》读"；读此书的唯一目的，仅在艺术方面的欣赏。又云：

至于论到考证著书人是谁？这书是不是曹雪芹自己的写照，也于欣赏方面，无大关系……至于表明这书是曹雪芹的自己写照，也和其他"红学家"说宝玉是影射的允礽，或是清世祖，一样的词费……

3月19日　胡适续作《五十年来之世界哲学》。朱经农来访。到蒋梦麟家吃饭。(《胡适遗稿及秘藏书信》第16册，168页)

同日　东阳宏道学校校长韦赞函请胡适为该校作校歌。(《胡适遗稿及秘藏书信》第30册，651～653页)

3月20日　胡适日记有记：

作《哲学》文。上课。钢先生说，巴利(Pali)《佛藏》与大乘经藏不同之点，甚可注意。

读《朱子年谱》。此书有《附录》二卷，把朱子的论学要语分年编辑，条理甚好。此书起于1173，朱子年已四十四，似不是全书。我疑心王懋竑作年谱，尚未脱稿。《附录》乃是稿本的一种，有的已编入《年谱》，有的还不曾编入。他死时，《年谱》尚不是完成的书。最好是，将来有人把《附录》的材料分年编入《年谱》，再取《道命录》《庆元党禁》等书的材料，一齐加入，使此书更成为完书。此事将来也许让我来做。《年谱》尚有《考异》四卷，我未见。当先寻求之。……此书亦有缺点，如记陈亮与朱熹的同异，实在太略。（《胡适遗稿及秘藏书信》第16册，171页）

同日　由胡适拟定的《国立北京大学助学金及奖学金条例》在《北京大学日刊》第986号刊布。

同日　晚，安徽大学期成会同人集会，商议筹建安大事宜，公推胡适、洪逵、程振钧、陶行知、张鸿鼎等12人为交际股干事。（《申报》，1922年3月24日；《大公报》，1922年3月27日）

同日　中华教育改进社将外交部转来办理护照之事项单函寄胡适，并再恳请胡适出席旧金山万国教育会议。（中国社科院近代史所藏"胡适档案"，卷号2220，分号2）

3月21日　胡适日记有记：

上课，讲朱子。

下午，开《国学季刊》编辑部会，他们仍要我做主任编辑。是日议决了几件事：

（1）编辑人：胡适、沈兼士、钱玄同、周作人、马幼渔、朱逷先、李守常、单不广、刘叔雅、郑奠、王伯祥。

（2）仍用横行，用全副标点符号。

（3）用英文作提要。

（4）定五月十五日出版，四月十五日收稿。

读《汉书·郊祀志》。此书真是绝好史料，我读此书已第四遍了。（《胡适遗稿及秘藏书信》第16册，171～172页）

同日　蔡元培致函胡适，商酌聘请经利彬来北大任教事。(《胡适遗稿及秘藏书信》第39册，251～252页)

3月22日　胡适到六国饭店访Professor Sirén。到聘任委员会。与蔡元培谈。(《胡适遗稿及秘藏书信》第16册，173页)

3月23日　胡适赴天津，到南开学校第二次讲演"国语文学史"。车上重读《阳春白雪》及《太平乐府》。张伯苓、凌冰请胡适吃饭，久谈。张伯苓陪胡适参观南开学生的自修室。江泽涵来谈。忽发愿修改"国语文学史"14讲的稿本，略有札记。(《胡适遗稿及秘藏书信》第16册，174～175页)

同日　顾颉刚复函胡适，认为胡适的《五十年来中国之文学》，应该加上"革命时的文学"，又谈及客家文化等。(《顾颉刚书信集》卷一，380～381页)

3月24日　为北京大学事，胡适与Kent律师谈一个多小时。胡适在新旅舍把"国语文学史"的纲目重写出来。程修兹来访。朱毅来访。在回京的火车上与魏武英（仲衡）谈。仲衡谈留日学生的生活、谈国事，都颇有可取的材料。记其关于铁道建设的想法，并在日记中记自己的感慨：

> 我从前说过，"一个坏计画，胜于没计画"。个人与国家的最大的罪恶是飘泊。陆游说的，"一年复一年，一日复一日；譬如东周亡，岂复须大疾？"真是不错。(《胡适遗稿及秘藏书信》第16册，176～180页)

同日　天津《大公报》报道，福建省学生联合会致函教职员联合会及福州各报馆，云：去年北京八校教职员与政府争费，停止职务，事后由胡适之先生在教职员会持议，将停止职务期间教职员应得薪金，捐作图书馆经费，学生界极佩公义。倡议教职员捐出停职期间薪金，设立社会图书馆一所，补助学生界所立之教育机关，仿照北京成案办理。"想诸先生急公好义，不让胡适之先生专美于前也。"

3月25日　胡适到法政专门学校演说"科学的人生观"，大要是：

科学的人生观即是用科学的精神、态度、方法,来对付人生的问题。科学的精神在于他的方法。科学方法有五点:

(1)特殊的,问题的,不笼侗的。

(2)疑问的,研究的,不盲从的。

(3)假设的,不武断的。

(4)试验的,不顽固的。

(5)实行的,不是"戏论"的。……

…………

科学的方法,应用到人生问题上去:

(1)打破笼侗的"根本解决",认清特别的、个体的问题。人生问题都是个别的,没有笼侗的问题……故没有笼侗的解决。

(2)从研究事实下手,不要轻易信仰,须要先疑而后信。

(3)一切原理通则,都看作假设的工具;自己的一切主张,都看作待证的假定。

(4)用实验的证据来试验那提出的假设;用试验的结果来坚固自己的信心,来消除别人的疑心与反对。

(5)科学的思想是为解决个别问题的,已得了解决法,即须实力奉行。科学的人生观的第一个字是"疑",第二个字是"思想",第三个字是"干"!(《胡适遗稿及秘藏书信》第16册,181~183页)

同日 夜,胡适到 Roy Anderson 家吃饭。(《胡适遗稿及秘藏书信》第16册,183页)

3月26日 胡适到欧美同学会会餐。游中央公园。到钢和泰家吃饭,Prof. O. Sirén,Mon. Kristian Schjelderup(Christiania),Mon. Robert des Rotours 皆在座。访刘文典,借得戴震的《孟子字义疏证》,认为"此书真厉害!"(《胡适遗稿及秘藏书信》第16册,184页)

同日 丁文江复函胡适,主要谈为《努力》作文事:稿子本可以脱稿,但因《努力》到5月才能出版,故停下来做别的事。又谈自己曾写信给任

鸿隽、徐新六催稿子。(《胡适遗稿及秘藏书信》第 23 册，32～33 页)

3月27日　上课。访蔡元培，蔡不准胡适明年告假一年。到协和医院听 J. G. Andersson 讲演"石器时代的中国文化"。(《胡适遗稿及秘藏书信》第 16 册，185 页)

同日　丁文江致函胡适，询问《努力》能否产出。(《胡适遗稿及秘藏书信》第 23 册，7 页)

同日　杨杏佛致函胡适，讨论志□生病及中西医之事。(《胡适遗稿及秘藏书信》第 38 册，61 页)

3月28日　上课。朱经农要胡适在他班上讲国文教授法。陶行知从南京来，住胡适家。读《郊祀志》，略作札记。(《胡适遗稿及秘藏书信》第 16 册，186 页)

3月29日　上课，讲新儒教。改学生作文。4时，赴英文演说竞赛预会，与赛者 25 人，取 11 人为与赛员。(《胡适遗稿及秘藏书信》第 16 册，187 页)

同日　中华教育改进社致函胡适，云：

> 本社系由新教育共进社、新教育杂志社、实际教育调查社合并组织而成，以调查教育实况，研究教育学术，力谋教育进行为宗旨。素仰执事提倡教育，不遗余力，兹经董事部公推执事与陶知行先生担任安徽社员介绍事宜，深望鼎力赞助……(《胡适来往书信选》上册，145 页)

同日　吴虞日记有记：胡适之拟休息一年，闭门著述。(《吴虞日记》下册，24 页)

3月30日　上课。《文艺季刊》编辑部开会，胡适代蔡元培主席。读康有为的《春秋董氏学》，有札记。胡适举两证据证明董仲舒受墨家影响。(《胡适遗稿及秘藏书信》第 16 册，188～189 页)

3月31日　上课，讲朱子的方法。理书。写书根。程念劬为胡适三子女种牛痘。访哈丁。陆定请胡适等吃饭，同席有王宠惠、王正廷等。(《胡适遗稿及秘藏书信》第 16 册，190 页)

同日　拟办之《努力》周报，获得批准。批文有谓："慎重将事，勿宣传偏激之言论！"（《胡适遗稿及秘藏书信》第 16 册，192 页）

同日　中华教育改进社将特约通讯函寄胡适，该通讯称，中华教育改进社拟于 7 月 3 日至 8 日在济南举行年会，并邀请梁启超、黄炎培、胡适、蒋梦麟、范源濂等演讲。（中国社科院近代史所藏"胡适档案"，卷号 2219，分号 1）

4月

4 月 1 日　上午 11 时半，胡适在六国饭店为世界基督教学生大同盟的国际董事会演说"The Significance of the Chinese Renaissance Movement"，穆德主席。中午在东兴楼与陶行知、王伯衡、张伯苓同饭。与陶孟和去看安特生（Johan Gunnar Andersson）在仰韶村掘出的古石器和古陶器。晚，到林宗孟家吃饭，同席有王宠惠、罗文干。（《胡适遗稿及秘藏书信》第 16 册，194～197 页）

4 月 2 日　胡适与朱经农同游香山。应熊希龄之邀住在双清别墅。参观慈幼院。胡适劝熊作年谱或自传。"我曾劝梁任公、蔡孑民、范静生三先生做自传，不知他们真肯做吗？"日记又记与熊谈话中关于乾隆帝生母的札记，又记 3 个宜兴学生谈当地的方音等。（《胡适遗稿及秘藏书信》第 16 册，198～201 页）

4 月 3 日　下午，胡适自香山进城。请程念劬为陶行知诊病。晚，到 Porter 家吃饭，同席有陶孟和、Charles Hurrey、Latourette 等。（《胡适遗稿及秘藏书信》第 16 册，202 页）

4 月 4 日　胡适与高一涵、江泽涵、江冬秀、章洛声、胡祖望同游西山。读钢和泰的《陀罗尼与中国古音》，有札记。晚与颜任光谈旧事。（《胡适遗稿及秘藏书信》第 16 册，203～204 页）

同日　胡适致函钱玄同，就佛经里的几个字向钱请教。（《鲁迅博物馆藏近现代名家手札》〔二〕，145 页）

同日　陈启修致函胡适，受朋友之托，向胡适打听张庭济的学业、人品（因为张君婚姻关系）。（《胡适遗稿及秘藏书信》第 35 册，429 页）

4 月 5 日　胡适与朱经农、颜任光同访辽皇坟，不果。与陶孟和夫妇、袁复礼等同饭。下午回城，晚与张慰慈同饭。（《胡适遗稿及秘藏书信》第 16 册，205 页）

同日　北大学生安文溥将其研究"朱陆学派"的文稿函寄胡适，请胡指正。（中国社科院近代史所藏"胡适档案"，卷号 912，分号 1）

同日　周寒潭致胡适一明信片，希望胡适和钱玄同尽快实现句读古籍的想法。（中国社科院近代史所藏"胡适档案"，卷号 1469，分号 9）

4 月 6 日　胡适读顾颉刚《中学历史编纂法的商榷》，"此文甚好，中多创见"。与陶孟和同饯哈丁，客有 Johnston、Bevan、Sirén、颜任光等。为钢和泰译述。（《胡适遗稿及秘藏书信》第 16 册，205 页）

同日　任鸿隽复函胡适，为《努力》就要出版感到高兴，并承诺写稿。下月将回四川一趟。提到丁文江及唐钺。询胡适的《国语文学史》是否已经脱稿。（《胡适遗稿及秘藏书信》第 26 册，386～387 页）

同日　四川国学专门学校学生郭元卿、唐绍义致函胡适，谈及请求投考北大诸问题。（中国社科院近代史所藏"胡适档案"，卷号 1590，分号 6）

4 月 7 日　南阳人董丕厘致函胡适，询问胡适如何应对家庭逼婚问题。（中国社科院近代史所藏"胡适档案"，卷号 1843，分号 9）

同日　胡适为钢和泰译《陀罗尼与中国古音》，有摘记。Edwards 来邀胡适为下星期二穆德的演说做主席，胡适起初以天津的演说来推托，最后函辞 Edwards：

> ... It will be wrong for me to preside over the Tuesday meeting. I suppose you know what I feel towards christianity in this institutionalized form. Two years ago, at that O-fu-ssu conference, I openly declared, in the presence of many christian workers, that I was a theist and could never accept the christian conceptions of God and immortality. I was, and am still, opposed to

all proselyte in religion. For this reason, I write to ask you to excuse me from presiding over the Tuesday meeting. Knowing that as a good Christian, you prize frankness more than politeness, I have written with an explicit frankness which I am sure you will tolerate and forgive.(《胡适遗稿及秘藏书信》第16册，206～214页）

同日　陈独秀致函胡适，希望胡适催促商务印书馆尽快出版瞿秋白的书，如此能够省去国人对新俄两极的误解，又谈及认同孙中山倡言裁兵等。(《胡适遗稿及秘藏书信》第35册，578～579页）

4月8日　译钢和泰文。与江泽涵去天津。在车上遇着一位姓高的，是铁岭高氏的后人，胡适即托他调查高鹗的历史。(《胡适遗稿及秘藏书信》第16册，215页）

4月9日　胡适到直隶教育厅讲演"道德教育"。读《赫胥黎集》。晚饭时遇范源濂、凌冰、黎锦熙。译完钢和泰文。(《胡适遗稿及秘藏书信》第16册，215页）

"道德教育"讲演之大要：道德是变迁的，是随时随地变迁的。胡适给"道德"下的定义如下：

>依着个人的智慧的光明，对于那复杂、变迁、个别的人事问题，在行为上随地随时做相当的应付：这就是道。
>这种行为，久而久之，习惯了，圆熟了，不须勉强了，成了品性了：这就是品格的养成，这就是德。

胡适认为，中国人的道德教育有三种：第一，大多数人的道德教育完全是不名道德教育的道德教育。第二，还有少数的人，想从书本子里得着一种道德教育。第三，到了晚近的时期，一些谈教育的人提出"三育"的名称：体育、智育、德育……以上三种道德教育的方法，我们若用成绩来批评他，自然要算第一种"不名道德教育的道德教育"的成绩最大。我们中国的背脊骨，还须靠这一班真有道德的老百姓……(《胡适遗稿及秘藏书信》第12

册，125～135 页）

  同日 汪静之致函胡适，责怨胡适不尽快将《蕙的风》删改寄回，满纸牢骚话。又述自己贫状，要胡适尽快借其 30 元。请胡适在汪自新处给以介绍或保证，以得到他救助。（《胡适遗稿及秘藏书信》第 27 册，638～645 页）

  4 月 10 日 胡适读《诗》第 2 期，对周作人译的日本俗歌 40 首大为赞赏。中午，范源濂邀胡适、梁启超、陶行知等吃饭。下午回城。（《胡适遗稿及秘藏书信》第 16 册，216～218 页）

  同日 胡适作有白话诗《小诗》。（《胡适手稿》第 10 集卷 4，327 页）

  4 月 11 日 胡适对蔡元培在 9 日联席会议上坚持不延长春假，甚为佩服，记道：

  蔡先生此举极可使人佩服。我曾说，去年三月十二日的大会，我少说了几句话，不曾反对罢课，遂致酿成三四个月的罢课。一年以来，良心上的负咎，这是最大的一件事了。此次蔡先生此举，使我更觉得我的懊悔是不错的。（《胡适遗稿及秘藏书信》第 16 册，219 页）

  同日 钱玄同复函胡适，谈"龙""曩"诸字读音等。（中国社科院近代史所藏"胡适档案"，卷号 1699，分号 2）

  同日 雷沛鸿将《广西省自治共进社定宣言书》函寄胡适，并云渠等在广西作省自治的运动，以求将来在广西建立好政府、好社会，并在中华民国建立联邦政府，希望得到胡适的同情及道德上的扶助。（中国社科院近代史所藏"胡适档案"，卷号 2096，分号 3）

  4 月 12 日 上课。访律师 Kent，把 Beach 的事了了。出席中华教育改进社的茶会。读顾颉刚做的《郑樵传》，对顾近年的成绩大加赞赏。顾颉刚文中引董仲舒的《春秋繁露·重政篇》的一段话，为胡适向不注意，故抄录下来。（《胡适遗稿及秘藏书信》第 16 册，220～221 页）

  同日 喻德辉致函胡适，告受友人之托，拜托胡适为方君所编《办学指南》写序。（中国社科院近代史所藏"胡适档案"，卷号 1849，分号 4）

同日　胡觉复函胡适，谈及要养成储蓄的习惯，又请胡适至琉璃厂代购佛经等。(《胡适遗稿及秘藏书信》第22册，709～714页)

4月13日　上课。读 Sirén's *Essentials in Art*。为 Sirén 译述他的讲演："Characteristic of Western and Eastern Painting"。(《胡适遗稿及秘藏书信》第16册，222页)

同日　济南年轻人王广田致函胡适，请胡适解释《中国哲学史大纲》的《易经》部分，并请收其为学生。(中国社科院近代史所藏"胡适档案"，卷号757，分号10)

4月14日　上课。将美国新银行团代表史梯芬在大学的讲演"铁路借款的用途的监督"译成中文付印。与陈肖庄、陶行知同拟中华教育改进社的《年会规则》。(《胡适遗稿及秘藏书信》第16册，223页)

同日　胡适就王国维文章中的几处疑点致函沈兼士，并请沈将此函转王。(《胡适遗稿及秘藏书信》第19册，109页)

4月15日　上课，新添"中国哲学史"1时。为史梯芬译述讲演。到北京饭店访提倡"生育制裁"的美国山格夫人(Mrs. Margaret Sanger)。读王国维译的法国伯希和一文，为其加上标点。(《胡适遗稿及秘藏书信》第16册，226页)

1922年4月19日《申报》对史梯芬演讲的报道：

……下午四时在该校第三院大礼堂讲演"铁路借款的用途的监督"，并与该校学生互相答问。讲演时任译事者为胡适之博士……先一日并由史梯芬氏撰出英文讲演稿，托由胡适之译成中文。史梯芬氏盖欲以此项讲演词，作为正式向中国人之一种宣言。讲演以后，即行送致各外报登载。而胡氏译稿，并于今日译完印好，于讲演后散给听众，每人皆各挟一纸而去……

今日听众约及一千五百人以上，大讲堂内几无隙地，首由胡适之致介绍词。谓铁路关系国家发展，最为重要。民国十年以来，国内铁路造成者，甚少甚少，除京绥增造少计〔许〕外，可以说得未造铁路。

犹忆民国元年孙中山先生有二十万里铁路大计画,今日也只好成了一种理想了。欧战停止后,新银行团发生,意在借款中国,用以建筑铁路。但在银行方面,为保障债权计,要求得有相当之监督权,而国人对于监督两字,则又时加反对,须知此种问题,实在是我们国家最紧要的一问题,不可不摈去感情,详加讨论。今日特请史梯芬先生来校讲演"铁路借款的用途的监督",在他将作为正式宣言,将监督的办法、限度与利害,详加说明,并许于讲演后答复听者之问难,庶几我们由此可以得一较真确的结论与判断云云……

史梯芬氏讲演既毕,时已六时,胡适之发言,谓史梯芬先生很欢迎诸君之发问,愿为之一一解答……附录胡译讲演稿全文如次……

同日 胡适致函蔡元培,拜托蔡指令北大会计课尽快将林语堂的旅费寄出,以便其订船票。又云:"此人苦学,居然能将汉文弄的很通,他将来的贡献必可比得马眉叔。"(《胡适遗稿及秘藏书信》第20册,224页)

按,次日,蔡元培复函胡适,云:"林、陈二君预约早已约定,当然履行,惟将公所拟预约送聘任委员会存案而已(梦麟兄主张如此)。林君一年补助费四百八十元,陈君购书费四百元,均属会计课送至尊处。"(《胡适遗稿及秘藏书信》第39册,273页)

4月16日 胡适写完英文的《国语》一文,并用打字机打好。访丁文江。访唐钺。访颜任光。(《胡适遗稿及秘藏书信》第16册,227页)

4月17日 买得《戴氏遗书》一部。上课。并在清人戴震撰《戴氏遗书》(乾隆四十三年曲阜孔氏微波榭刻本,1函2册)题记:"十一,四,十七,教育界正窘迫到极处了,我家也在借贷里过活,但这部书来了,我又不能不买。价三十四圆,是赊的。胡适。"(《胡适藏书目录》第2册,1167页)日记又记:

……今天看十三日的《申报》……记十日的教职员代表会的议决案,中有一条云,"合力排斥胡;蔡元培之孤行,系为胡所蛊惑"。我看了大笑。他们未免太看轻蔡子民而过奖胡适之了！蔡先生此举，完全出于自动；当日我在天津，至十日始归，事前全不曾与闻。但我一年来屡次表示反对罢课，故旁人以为此次亦是我的主动了。

外间小人反对蔡先生很力，但只敢在暗中捣乱，不敢公然出头。他们现在还有多人不上课，或请假，或不请假。国立八校之中，美术学校的教职员现在主张"总请假"。当此时势，还有这种没有心肝的人！（《胡适遗稿及秘藏书信》第16册，227～228页）

4月18日　上课，讲张栻。读陆世仪的《志学录》。读《庭立记闻》、《宋史》的《刘豫传》。校袁复礼的《记新发现的石器时代的文化》。买得顾宪成《泾皋藏稿》一部、王柏《鲁斋集》一部。（《胡适遗稿及秘藏书信》第16册，229～220页）

4月19日　上课，讲今文家的新儒教。下午4时，山格夫人（Mrs. Sanger）在北大三院大礼堂讲演"生育裁制的什么与怎样"，胡适为其译述。胡适曾为这次讲演代拟《校长启事》，云：

无限制的生育，使人口之增加超过教养的能力，小之可致一身一家之贫寒，大之实为世界文化与和平之一大危机。西洋自马尔图斯以来，学者多有提倡"生育制裁"（Birth-Control）之论者，但社会习于成见，往往认此事为不道德。实则与其生而不能养，与其生而杀之以贫病，何如预为制裁而不生之为愈乎？美国女士山格夫人……为提倡"生育制裁"最力的人，八年以来，为此事入狱数次。至最近一年中始能成立"生育制裁协会"……赞成者已有五万人之多。……本校特请夫人于本月十九日（星期三）下午四时在第三院大礼堂讲演"生育制裁的什么与怎样"，由胡适之教授担任译述。……（《胡适日记全集》第3册，联经版，523～524页）

同日　胡适得读搜觅已久的《四松堂集》。日记有记：

今天松筠阁送来《四松堂集》一部。此书我寻了多少时候，竟于

无意中得之！此本系最初的稿本，上有付刻时的校记，删节的记号，改动的添注。刻本所收，皆打一个"刻"字的戳子。此本真不易得，比刻本还更可贵。

胡适在日记中摘记了敦敏《敬亭小传》的材料，摘记了书中关于曹雪芹的材料：《寄怀曹雪芹》诗及《赠曹芹圃》《挽曹雪芹》等。又记道：

……若不得此稿本，则不能知四个要点：

（1）雪芹死于甲申二九（1764）。

（2）死时年约四十，或四十余。……

（3）雪芹死后似无子，一子已殇了。

（4）他死后尚有"新妇飘零"。（《胡适遗稿及秘藏书信》第16册，231~235页）

4月20日　周诒春邀吃饭，有山格夫人、林宗孟、叶叔衡等，仍谈生育制裁的问题。晚间勉强为英文系二年级学生用英语讲演一次。（《胡适遗稿及秘藏书信》第16册，238页）

同日　陈衡哲复函胡适，感谢胡指出其文章的"语病"，又谈及为《努力》周报写稿等事。（《胡适遗稿及秘藏书信》第36册，49~53页）

4月21日　上课，讲古文家的新儒学，讲陆九渊。读《汉书》。夜，北大学生举办英文演说竞赛大会，胡适担任主席，陶行知、博晨光、庄士敦担任评议员。（《胡适遗稿及秘藏书信》第16册，239、243页；《晨报》，1922年4月22日）

同日　蔡元培帮胡适从晚晴簃（徐世昌的诗社）借得的《四松堂集》5册送到，胡适在日记中记该书内容：

卷一，诗一百三十七首。

卷二，诗一百四十四首。

卷三，论、序、跋、题、书、传、记，三十四首。

卷四，记、行述、哀辞、祭文、说，十九首。

卷五,《鹪鹩庵笔麈》八十一则。

钞本前有嵩山永奎、纪昀、山左刘大观三序。刻的只有纪序。……

按,为此书,蔡元培致函胡适云:

近日向晚晴簃借得《四松堂集》一部,凡五册(问《懋斋诗钞》则无之),其中关涉曹雪芹者,自先生从《熙朝雅颂集》中抄出两诗(第一首"蓟门落日松亭尊"下注"时余在喜峰口",据《敬亭小传》"彼以丁丑住喜峰口"。又"扬州旧梦久已觉"下注"雪芹曾随其先祖寅织造之任",亦可为雪芹是寅孙之证)及杨雪桥采《笔麈》一条入诗话外,仅有两条:

(一)卷三 《寄大兄》……

(二)同卷 《哭复斋》……

先生如一读此集,或更有所发见,特奉上。……(《胡适遗稿及秘藏书信》第16册,239~241页)

同日 胡适复函蔡元培,云:

《四松堂集》五册,已翻过,敬奉还。

稿本题上贴有红笺者,刻本皆未收,此可见稿本之可贵。今送上《日记》六页,记有刻本未收的材料,阅后请掷还。稿本尚未买定,须稍缓始奉呈。

…………

林宗孟数日前来访,说他要与亮畴、君任及先生等组织一种研究政治社会状况的团体;并说君任曾以此意奉白先生。他要我也加入,我不曾答应,亦不曾拒绝,只说俟与先生一谈再说。连日相见,皆不曾有机会提及此事。故乘便一问。先生意见如何?便中幸见告。(《胡适遗稿及秘藏书信》第16册,245页)

当日,蔡元培复函胡适云:

赐示日记，得见四松堂未刻诗之关于曹雪芹者，甚幸。谢谢！

……最近数日前，钧任来弟处，言彼责备亮畴，不宜太消极；宜发表对于现今各种大问题之意见；可先以一杂志发布之。亮畴已首肯云云。因询弟可否帮忙，弟答以可；但告以现在之大问题，莫过于裁兵理财，须有专家相助。彼提出蒋百里，弟以百里颇有研究色彩，不甚满意；然以军事家不易得，亦以为可。其后彼又提出先生及梦麟，又曾提及顾少川，弟当然赞成。彼忽提出宗孟；弟尔时即忆及去年之言，即告以宗孟为研究系头领，恐不好拉入。彼言以人才取之，不好太取狭义。弟告以有此等头领在内，外人即以为此举全是某系作用，而以亮畴等为傀儡。发言将不足取信。彼后言今日不过探公意思，如果能组织，自当从长计议，云云。今宗孟又来拉公，可知主动者全是宗孟。亮畴是好好先生。钧任年少而颇热中，佩服顾少川几乎五体投地，故有此等运动。此后如钧任再来商量，弟当简单谢绝之矣。（《胡适遗稿及秘藏书信》第 16 册，246～247 页）

同日 胡适作有《我对于运动会的感想》，回顾了自己留美期间参加运动会及被"同化"的情形，又云：

难道我被那野蛮的遗风同化了吗？不是的；我渐渐把我从中国带去的"老人意态"丢开了：我也爱少年了！

我在北京大学住了五年，不知不觉的又被中国学生的"斯文样子"同化了，我的"老人态意"又差不多全回来了。

今天忽然听说北京大学要开一个运动会，这个消息使我很高兴。我的记忆力使我回到十二年前跟着大家大呼大喊的时候，我很想再有同样的机会使我弹去一点"老态"。我希望许多同学都来这运动会场上尝尝少年的高兴，——把那斯文的老景暂时丢在讲堂上或寄宿舍里！（《北京大学日刊》第 1008 号，1922 年 4 月 23 日）

同日 张汝舟致函胡适，报告自己发现的《忠义水浒全书》的 10 条

概要，又列出多条疑问向胡适请教。(中国社科院近代史所藏"胡适档案"，卷号1224，分号3)

4月22日　上课，讲今文家的新儒教与古文家的新儒教的区别，大旨有一要点：前者重在灾异，后者重在符谶。(《胡适遗稿及秘藏书信》第16册，244页)

同日　胡适在清人赵尚辅辑《湖北丛书》三十种(光绪十七年三馀草堂刻本，10函100册)题记："右《湖北丛书》三十种，凡一百册，光绪辛卯(1891)三馀草堂刻的。三馀草堂不知是何人，《续汇刻书目》亦不载辑者姓名。此书选的板本都很好，校勘也极精，其中如《绎志》《姓觿》更是最精的本。此书不曾收入名家集子，似别有见地。集子不算是'著作'，此书收的多属于'著作'一类。民国十一年，四月廿二晚。胡适。"(《胡适藏书目录》第2册，1272～1273页)

4月23日　北京大学举行春季运动会，胡适系"评判员"之一，又参加教职员的半英里赛跑。写《湖北丛书》100册的书根。(《胡适遗稿及秘藏书信》第16册，248页；《北京大学日刊》第1008号，1922年4月23日)

4月24日　上课。(《胡适遗稿及秘藏书信》第16册，253页)

同日　胡适作有《读仲密君〈思想界的倾向〉》一文，指出《思想界的倾向》一文的根本错误是把已过去或将过去的情形看作将来的倾向，把"不思想界"的情形看作了"思想界"的倾向。又说："我们不能叫梅、胡诸君不办《学衡》，也不能禁止太炎先生的讲学。……文学革命若禁不起一个或十个百个章太炎的讲学，那还成个革命军吗？"(《晨报副刊》，1922年4月27日)

同日　北京大学物理学系、英文学系等7系改选系主任结果揭晓，胡适当选为英文学系主任。(《北京大学日刊》第1010号，1922年4月25日)

4月25日　上课，讲陆九渊的哲学方法。大旨说他这种方法固是对朱学的一种反动，却实有趋向武断主义的危险。麦克乐先生(C. H. McCloy)讲演"体育"，说体育有训练思想能力的功能，胡适甚以为然。选举教务长，胡适当选。胡适不愿就，但蔡元培不许辞。夜访沈尹默。(《胡适遗稿及秘

藏书信》第 16 册，255～257 页；《北京大学史料 第二卷 1912—1937》第 1 册，191 页）

同日　胡适在《四松堂集》作一题记：

《四松堂集》四册，《鹪鹩庵笔麈》一册，《杂志》一册，民国十一年四月买的，价三拾圆。

我访求此书，已近一年，竟不能得。去年夏间在上海，我曾写信去问杨钟羲先生借此书，他回信说辛亥乱后失落了。

今年四月十九日，松筠阁书店在一个旗人延某家寻着这一部稿本。我仔细翻看，见集中凡已刻的诗文，题上都有"刻"字的戳子；凡未收入刻本的，题上都贴小红笺。我就知道此本虽为当日付刻的底本，但此本的内容多有为刻本所未收的，故更可宝贵。

即如第一册《赠曹芹圃》一首，不但《熙朝雅颂集》《雪桥诗话》都不曾收，我可以推测《四松堂集》刻本也不曾收。

又如同册《挽曹雪芹》一首，不但题上贴有红笺而无"刻"字可证其为刻本所不曾收，并且题下注"甲申"二字，贴有白笺，明是编者所删。此诗即便收入刻本而删此"甲申"二字，便减少多少考证的价值了。

我的狂喜还不曾歇，忽然四月二十一日蔡元培先生向晚晴簃选诗社里借来《四松堂集》的刻本五卷，计

卷一，诗一百三十七首，

卷二，诗一百四十四首，

卷三，文三十四首，

卷四，文十九首，

卷五，《笔麈》八十一则。

卷首止刻纪昀一序，和敦敏的小传；凡此本不曾打"刻"字戳子的，果然都不曾收入。

三日之中，刻本与稿本一齐到我手里，岂非大奇！况且世间只有

此一个底本，居然到我手里，这也是我近年表章曹雪芹的一点苦心的很大酬报了。

今天买成此书。我先已把书中的重要材料都考证过了，本无出重价买此书的必要；但书店的人为我访求此书，功劳不少，故让他赚几个钱去。十一，四，二五，胡适。(《四松堂集》，现存国家图书馆)

同日　任鸿隽致函胡适，请胡适改正其《答杏佛》《答适之》两诗。(《胡适论学往来书信选》上册，429页)

同日　钱玄同致函胡适，谈及：能"整理国故"的人少，所以《国学季刊》的稿子，故一时收不到多少。报载胡适拟组织生育裁制协会，是否有这事？若有，自己一定要来做一个会员。又提出要借看胡适的日记等。(《胡适遗稿及秘藏书信》第40册，433～434页)

同日　北大学生李鸿儒致函胡适，向胡请教"敬"之意义。(中国社科院近代史所藏"胡适档案"，卷号1174，分号2)

同日　杨郁生致函胡适，告若北京大学发起限制生育学会，希望能够参加。(中国社科院近代史所藏"胡适档案"，卷号1189，分号5)

同日　金星人寿保险公司职员韩赟致函胡适，向胡适催缴保寿单保费。(中国社科院近代史所藏"胡适档案"，卷号1846，分号2)

4月26日　上课，用《周礼》来讲古文家的新儒教。写信给蔡元培，辞教务长，理由有二：为己，"我要多点时间来做学术的研究"；为大学，"我此时已不配做管理上的事务；我若做此事，必致百务废弛"。到平民大学讲演"诗经三百篇"，结论共3条：须用歌谣（中国的，东西洋的）做比较的材料，可得许多暗示……须用社会学与人类学的知识来帮助解释……用文学的眼光来读《诗》。没有文学的赏鉴力与想象力的人，不能读《诗》。译八校校长呈国务院文，送交毕善功，并在其处吃饭。(《胡适遗稿及秘藏书信》第16册，258～261页)

同日　丁文江致函胡适，希望胡适"完全照医生的话自己节制自己"，又谈及请胡适夏天一同去北戴河避暑，又询能否为董显光的日报荐人等。

（《胡适遗稿及秘藏书信》第 23 册，51～53 页）

同日　胡觉致函胡适，谈及汉冶萍公司目下经济十分困难等。（《胡适遗稿及秘藏书信》第 22 册，715～716 页）

4 月 27 日　上课。会见丁文江、王徵。访林宗孟，不为其起草宣言：

> 蔡先生昨夜打电话来，说宗孟、亮畴、君任（罗文干）去看过他，谈过前次商议的事；蔡先生主张不组织团体，但赞成发表意见，并由一班人出来主持裁兵等事。他们要我起草作宣言，我不愿做……我说明不作宣言之故，劝他自己起草。此事终宜慎重。研究系近年作的事，着着失败，故要拉我们加入。结果有两条可能：或是我们被拖下水而于事无济，或是我们能使国事起一个变化。若做到第二条，非我们用全副精力去干不可。宗孟终日除了写对联条屏之外，别无一事；而我们已忙的连剪发洗浴都没工夫：在此情形之中，谁占上风，已不言可喻了。（《胡适遗稿及秘藏书信》第 16 册，262～263 页）

同日　钱玄同日记有记：阅毕所借胡适 1921 年 4 月至 1922 年 3 月日记，"适之精力真不可及，此六册中关于学问之材料甚多"。（《钱玄同日记》上册，406 页）

4 月 28 日　上课，讲王莽的社会主义的政策。札记颇详。蔡元培为胡适辞教务长的事，重召集一会。胡适辞不掉，只有暂且答应，但要求暑假开学后能辞职重举。到 J. G. Andersson 家吃饭，丁文江亦在。谈古史事，甚有趣。（《胡适遗稿及秘藏书信》第 16 册，264～277 页）

4 月 29 日　上课。第一日接教务长事。胡适出席蔡元培召集的全体教职员茶会，举出代表 24 人，决议劝告联席会议，请他们暂缓办"总辞职"之事。（《胡适遗稿及秘藏书信》第 16 册，278 页）

同日　北京大学教职员临时代表团第一次会议议决出席各校教职员联席会议之人，胡适作为新代表，可再出席 2 次。（《北京大学日刊》第 1017 号，1922 年 5 月 3 日）

4 月 30 日　许传音来访，陈长蘅来访。读朱敦儒（希真）的《樵歌》，

"真有好白话词"。胡适认为,梁启超的《墨经校释》将胡序放在书末,却把他答胡适的序的书稿放在前面,"未免太可笑了"。(《胡适遗稿及秘藏书信》第16册,279页)

同日　蔡晓舟致函胡适,询胡适能否出席6月20日举行的安徽大学筹备处全体职员大会。(《胡适遗稿及秘藏书信》第39册,340页)

4月　群治日报社致函胡适,向胡适邀稿,并题写祝辞。(中国社科院近代史所藏"胡适档案",卷号2066,分号2)

按,是年向胡适邀稿的还有上海《新闻报》等。(据中国社科院近代史所藏"胡适档案"不完全统计)

5月

5月1日　放假,无课。整理书架。(《胡适遗稿及秘藏书信》第16册,281页)

5月2日　上课,讲浙学。下午,先出席教务会议与总务会议的联席会,议保卫及互助的事。继开教务会议与考试委员会的联席会,议考试事,决定提前考试,于5月15日考起。晚与陶行知同到协和医院Dr. Grant家吃饭。修改《努力歌》,作为《努力》的发刊词。(《胡适遗稿及秘藏书信》第16册,282页)

同日　李季致函蔡元培、胡适,告在德国阅读《资本论》及其他马克思主义书籍事。自己已被佛郎克佛大学录取。拜托胡适催商务印书馆将稿费余额换成马克汇来。(《胡适遗稿及秘藏书信》第28册,78～79页)

同日　Percy Horace Braund Kent致函胡适,云:

Some time ago a New York firm handed to us a claim for $211.21 on account of Messrs. Lemcke & Buechner against the Peking Government Teachers College. No doubt it is a small matter which has been overlooked, and as personally I have the strongest objection to our firm acting as a debt collecting agency. I had intended to send the matter back at once whence it came. Unfortunately, however, it got buried amongst papers on my desk, and being a trifling matter was overlooked. I cannot very conveniently send it back now, and therefore I am wondering if you would be kind enough to tell me what and where is the Peking Government Teachers College. If you could do me the additional kindness of mentioning the matter to the responsible person there with a view to having this small matter adjusted, I should be very pleased. If, however, there should for any reason be a denial of liability it is my intention to take no further steps. There would be no point, however, in denying liability if it exists, for in due course the matter is bound to find its way into other hands and trouble ensue.

I hope you will not consider that I am presuming unduly on your kindness.

P. S.

I have heard nothing further from Beach, and I presume you have heard nothing either from the Guaranty Trust. We may take it therefore that at least the money has been paid over. No doubt Mr. Beach is writing, and in my letter to him confirming the long telegram we sent. I asked him to wire his decision if he had not already done so. We are therefore likely to hear something soon.（中国社科院近代史所藏"胡适档案"，卷号 E-252，分号 6）

5月3日　上课，讲王充。晚上到德国使馆吃饭。（《胡适遗稿及秘藏书信》第16册，283页）

同日　胡适写成《跋红楼梦考证（一）》，主要记《四松堂集》中曹雪芹的材料，以及由此得出的新结论：

……全书六册，计诗两册，文两册，《鹪鹩轩笔麈》两册。《雪桥诗话》《八旗文经》《熙朝雅颂集》所采的诗文都是从这里面选出来的。……还有两首未刻的诗：

（1）赠曹芹圃（注）即雪芹。

满径蓬蒿老不华，举家食粥酒常赊。衡门僻巷愁今雨，废馆颓楼梦旧家。司业青钱留客醉，步兵白眼向人斜。阿谁买与猪肝食，日望西山餐暮霞。

这诗使我们知道曹雪芹又号芹圃。前三句写家贫的状况，第四句写盛衰之感。（此诗作于乾隆二十六年辛巳。）

（2）挽曹雪芹（注）甲申

四十年华付杳冥，哀旌一片阿谁铭？孤儿渺漠魂应逐（注：前数月，伊子殇，因感伤成疾），新妇飘零目岂瞑？牛鬼遗文悲李贺，鹿车荷锸葬刘伶。……故人惟有青山泪，絮酒生刍上旧坰。

这首诗给我们四个重要之点：

（1）曹雪芹死于乾隆二十九年甲申（一七六四）。我在《考证》说他死在乾隆三十年左右，只差了一年。

（2）曹雪芹死时只有"四十年华"。这自然是个整数，不限定整四十岁。但我们可以断定他的年纪不能在四十五岁以上。假定他死时年四十五岁，他的生时当康熙五十八年（一七一九）。《考证》里的猜测还不算大错。

……曹寅死于康熙五十一年（一七一三）〔按，胡适误，当为一七一二〕，下距乾隆甲申，凡五十一年。雪芹必不及见曹寅了。敦诚《寄怀曹雪芹》的诗注说"雪芹曾随其先祖寅织造之任"，有一点小误。雪芹曾随他的父亲曹頫在江宁织造任上。曹頫做织造，是康熙五十四年到雍正六年（一七一五——二八）；雪芹随在任上大约有十年（一七一九——二八）。曹家三代四个织造，只有曹寅最著名。敦诚晚年编集，添入这一条小注，那时距曹寅死时已七十多年了，故敦诚与袁枚有同样的错误。

（3）曹雪芹的儿子先死了，雪芹感伤成病，不久也死了。据此，雪芹死后，似乎没有后人。

（4）曹雪芹死后，还有一个"飘零"的"新妇"。这是薛宝钗呢，还是史湘云呢？那就不容易猜想了。

....

我在四月十九日得着这部《四松堂集》的稿本。隔了两天，蔡子民先生又送来一部《四松堂集》的刻本。……（此文底本系梁勤峰先生提供手稿，手稿个别缺漏处据《胡适文存二集》卷4补齐）

同日　高君曼致函胡适，感谢胡适答应协助平校。（中国社科院近代史所藏"胡适档案"，卷号1604，分号1）

5月4日　上课。与马叔平谈。下午到美术学校，赴中华教育改进社召集的国民音乐部委员会，"没有什么结果"。读完朱敦儒（希真）的《樵歌》三卷。（《胡适遗稿及秘藏书信》第16册，284～285页）

同日　郑宗海函请胡适帮忙寄山格夫人的《家庭限制》，如果没有，请胡适寄上其在北大的演讲稿。（《胡适遗稿及秘藏书信》第39册，159页）

同日　江辛致函胡适，请胡适与蔡元培联名帮忙江绍原申请安徽留学公费。（《胡适遗稿及秘藏书信》第25册，1～2页）

同日　陆书臣致函胡适，请胡适寄赠山格夫人所著有关节育的书。（《胡适遗稿及秘藏书信》第34册，653～654页）

5月5日　上课，讲陈亮，讲王充。作《新儒教的成立》一文，未完。（《胡适遗稿及秘藏书信》第16册，286页）

同日　钱玄同日记有记：胡适又送来4月日记及所译钢和泰文一篇。（《钱玄同日记》上册，408页）

同日　梁闺放致胡适明信片，请胡适寄赠山格夫人所著有关节育的书。（中国社科院近代史所藏"胡适档案"，卷号1733，分号12）

5月6日　上课，讲王充完。下午去听Stevens讲演。读蒋士铨《九种曲》中最后三种。（《胡适遗稿及秘藏书信》第16册，287页）

同日　胡适致函钱玄同，并函寄自己的部分日记，询钱：4月28日日记，"可以提出作一篇文章吗？"又云：

……任公的《墨经校释》出版了，他把我的序放在书尾，却把他答我的书放在书前。因此，我觉得我不能不发表我答他的第二书。

关于"交泰韵"的事，请你务必作一跋，不嫌长的。"交泰韵"一本，现在幼渔处。

半农的两篇文字，请你校读一遍，也交《季刊》发表。

我本来不想作文章，但第一期里似乎不能不有几篇我们自己人的文章，故昨天动手作一文，题为《新儒教的成立》，前半是今文家的儒教，后半是古文家的儒教。

钢先生一文，也送上一看。请你注意我的注语，恐怕是不妥的居多。你若高兴，也请加一跋。(《鲁迅博物馆藏近现代名家手札》〔二〕，146～147页）

同日　蔡元培致函胡适，云："今年招考简章中，对于新招预科生，加入制服费若干元，于入校时交纳。可否？请酌定。"(《蔡元培全集》第11卷，98页）

5月7日　胡适与陶行知同去参观京师图书馆，又同去访陶孟和。与陶孟和同去访蒋百里。夜作《新儒教的成立》。(《胡适遗稿及秘藏书信》第16册，288页）

同日　《努力》周报创刊，发刊词为胡适的《努力歌》：

"这种情形是不会长久的。"
朋友，你错了。
除非你和我不许他长久，
他是会长久的。

"这种事要有人做。"
朋友，你又错了。
你应该说，
"我不做，等谁去做？"

天下无不可为的事。

直到你和我——自命好人的——

也都说"不可为"，

那才是真不可为了。

阻力吗？

他是黑暗里的一个鬼；

你大胆走上前去，

他就没有了。

朋友们，

我们唱个《努力歌》：

"不怕阻力！

不怕武力！

只怕不努力！

努力！努力！"

"阻力少了

武力倒了！

中国再造了！

努力！努力！"

5月8日　上课。拟作《忏悔》一文。作《新儒教的成立》。(《胡适遗稿及秘藏书信》第16册，289页)

同日　顾颉刚致胡适一明信片，谈自己忙于收集材料，又谈到俞平伯在杭作《红楼梦》论文，"把高作与曹作彻底分别一下"，等等。(中国社科院近代史所藏"胡适档案"，卷号1654，分号8)

5月9日　上课，讲叶适。钢和泰来谈，帮其设法买下北京饭店到的一批书。与丁文江、王徵谈。(《胡适遗稿及秘藏书信》第16册，290～291页)

同日　李季致胡适一明信片，谈及：外籍生学杂费远高于本国生；请胡适将稿费换成英镑汇来；请胡适寄 3 部《社会主义思潮及运动》来。(中国社科院近代史所藏"胡适档案"，卷号 1149，分号 8)

5月10日　上课，讲批判精神的发展。读 J. N. Farquhar: *An Outline of the Religious Literature of India*。(《胡适遗稿及秘藏书信》第 16 册，292 页)

同日　胡适写成《跋红楼梦考证（二）》，答蔡元培的《石头记索隐第六版自序》，驳蔡之"方法论"，又云：

> 我对于蔡先生这篇文章，最不敢赞同的是他的第二节。这一节的大旨是：
>
> 惟吾人与文学书，最密切之接触，本不在作者之生平，而在其著作。著作之内容，即胡先生所谓"情节"者，决非无考证之价值。
>
> 蔡先生的意思好像颇轻视那关于"作者之生平"的考证。无论如何，他的意思好像是说，我们可以不管"作者之生平"，而考证"著作之内容"。这是大错的。蔡先生引《托尔斯泰传》中说的"凡其著作无不含自传之性质；各书之主人翁……皆其一己之化身；各书中所叙他人之事，莫不与其己身有直接之关系"。试问作此传的人若不知"作者之生平"，如何能这样考证各书的"情节"呢？蔡先生又引各家关于 Faust 的猜想，试问他们若不知道 Goethe 的"生平"，如何能猜想第一部之 Gretchen 为谁呢？
>
> 我以为作者的生平与时代是考证"著作之内容"的第一步下手工夫。即如《儿女英雄传》一书，用年羹尧的事做背景，又假造了一篇雍正年间的序，一篇乾隆年间的序。我们幸亏知道著者文康是咸丰、同治年间人；不然，书中提及《红楼梦》的故事，又提及《品花宝鉴》（道光中作的）里的徐度香与袁宝珠，岂不都成了灵异的预言了吗？即如旧说《儒林外史》里的匡超人即是汪中。……
>
> 因此，我说，要推倒"附会的红学"，我们必须搜求那些可以考定《红楼梦》的著者、时代、版本等等的材料。向来《红楼梦》一书所以容易被人穿凿附会，正因为向来的人都忽略了"作者之生平"一个大

问题。因为不知道曹家有那样富贵繁华的环境,故人都疑心贾家是指帝室的家庭,至少也是指明珠一类的宰相之家。因为不深信曹家是八旗的世家,故有人疑心此书是指斥满洲人的。因为不知道曹家盛衰的历史,故人都不信此书为曹雪芹把真事隐去的自叙传。现在曹雪芹的历史和曹家的历史既然有点明白了,我很盼望读《红楼梦》的人都能平心静气的把向来的成见暂时丢开,大家揩揩眼镜来评判我们的证据是否可靠,我们对于证据的解释是否不错。这样的批评,是我所极欢迎的。我曾说过:

我在这篇文章里,处处想撇开一切先入的成见;处处存一个搜求证据的目的;处处尊重证据,让证据做向导,引我到相当的结论上去。

此间所谓"证据",单指那些可以考定作者、时代、版本等等的证据;并不是那些"红学家"随便引来穿凿附会的证据。若离开了作者、时代、版本等项,那么,引《东华录》与引《红礁画桨录》是同样的"不相干";引许三礼、郭琇与引冒辟疆、王渔洋是同样的"不相干"。若离开了"作者之生平"而别求"性情相近,轶事有征,姓名相关"的证据,那么,古往今来无数万有名的人,那一个不可以化男成女搬进大观园里去?又何止朱竹垞、徐建庵、高士奇、汤斌等几个人呢?况且板儿既可以说是廿四史,青儿既可以说是吃的韭菜,那么,我们又何妨索性说《红楼梦》是一部《草木春秋》或《群芳谱》呢?(据梁勤峰先生提供手稿)

按,是年2月,蔡元培发表《石头记索隐第六版自序》,蔡序说:

……胡适之先生《红楼梦考证》,列拙著于"附会的红学"之中。谓之"走错了道路";谓之"大笨伯","笨谜";谓之"很牵强的附会";我实不敢承认。……

……惟吾人与文学书,最密切之接触,本不在作者之生平,而在其著作。著作之内容,即胡先生所谓"情节"者,决非无考证之价值。……

……拙著阐证本事,本兼用三法,具如前述。所谓姓名关系者,仅三法中之一耳；即使不确，亦未能抹杀全书。况胡先生所谥谓笨谜者，正是中国文人习惯，在彼辈方谓如此而后"值得猜"也。……

……胡先生谓拙著中刘老老所得之八两及二十两有了下落，而第四十二回王夫人所送之一百两，没有下落；谓之"这种完全任意的去取，实在没有道理"。案《石头记》凡百二十回，而余之索隐，不过数十则；有下落者记之，未有者姑阙之，此正余之审慎也。若必欲事事证明而后可，则《石头记》自言著作者有石头、空空道人、孔梅溪、曹雪芹诸人，而胡先生所考证者惟有曹雪芹；《石头记》中有许多大事，而胡先生所考证者惟南巡一事；将亦有"任意去取没有道理"之诮与？

……书中既云真事隐去，并非仅隐去真姓名，则不得以书中所叙之事为真。又使宝玉为作者自身之影子，则何必有甄贾两个宝玉？……鄙意《石头记》原本，必为康熙朝政治小说，为亲见高徐余姜诸人者所草。后经曹雪芹增删，或亦许插入曹家故事。要未可以全书属之曹家也。(《胡适文存二集》卷4，184～191页)

同日 钱玄同日记有记：两日以来将胡适的日记有用之语抄出若干，共廿纸。(《钱玄同日记》上册，409页)

同日 美国批评家J. E. Spingarn致函胡适，希望胡适做一部英文书，注重在中国文化方面的贡献：

...In the first place, I should be glad to know whether you are writing anything personally which would interest the Western world. I am not interested in journalistic accounts of the world today, but in real contributions to knowledge that have a more or less permanent value, while appealing to the cultivated reader in general. In the second place, you may perhaps know of other work that is being done that would interest a sufficiently wide American audience to justify publication here. And finally, may I ask whether you know anyone, Chinese, European, or American, who is competent to write a really good history of Chinese literature? Giles's book, written some twenty years ago, deals with the works of Chinese literature as if he were a merchant appraising and labeling goods, rather than as a critic or scholar attempting to understand and to appreciate works of the intellect and the imagination. There certainly would be a place for a book intelligently thought-out and well-written on this subject.(《胡适遗稿及秘藏书信》第 16 册，344 页）

5月11日　胡适告假。张公权邀胡适吃饭，为 F. W. Stevens 饯行。做一篇《我们的主张》，是第一次做政论，很觉得吃力。这本是专为《努力》做的，"后来我想此文颇可用为一个公开的宣言，故半夜脱稿时，打电话与守常商议，定明日在蔡先生家里会议，邀几个'好人'加入。知行首先赞成，并担保王伯秋亦可加入"。(《胡适遗稿及秘藏书信》第 16 册，293 页）

5月12日　上课，讲魏晋的思想：自然主义的宇宙观；个人主义的人生观；虚无主义的政治观；出世主义。11时，借蔡元培宅开会，讨论《我们的政治主张》，到者有梁漱溟、李大钊、陶孟和、顾孟馀、汤尔和、徐伯轩（宝璜）、朱经农等。他们都赞成了，都列名做提议人。后王宠惠、罗文干也列名。连陶行知、丁文江、王伯秋、王徵和胡适，共15人。后顾孟馀自行取消，加入高一涵、张慰慈，共16人。下午4时开教务会议。(《胡适遗稿及秘藏书信》第 16 册，294 页）

同日　孙绍康致函胡适，请胡适寄赠山格夫人之《节育问题》。（中国社科院近代史所藏"胡适档案"，卷号976，分号8）

5月13日　上课。学生为不缴费不准考试的事，要去和代总务长沈士远为难，胡适出来调解。把政治宣言的事托一个访事员发电去上海，又交一家通信社把这事先传出去。(《胡适遗稿及秘藏书信》第 16 册，295 页）

同日　胡适复函钱玄同云："你说今古文的问题，很不错的。前人所认为伪的，大概是伪的居十之九。……前人所认为真的，我们还须仔细评判。"(《鲁迅博物馆藏近现代名家手札》〔二〕, 148 页）

同日　刘德明致函胡适，请胡适开列补习用书。（中国社科院近代史所藏"胡适档案"，卷号947，分号3）

1922年　壬戌　民国十一年　31岁

同日　济宁青年赵真致函胡适，告因受胡适思想的影响，拟成立一个新文化社团（附会章），请胡适审视章程并给以指教。（中国社科院近代史所藏"胡适档案"，卷号1487，分号1）

同日　佚名致函胡适，响应《我们的政治主张》一文。（中国社科院近代史所藏"胡适档案"，卷号2010，分号8）

> 按，中国社科院近代史所藏"胡适档案"中收藏的函件中，响应《我们的政治主张》的还有曹云、罗越吾、胡维藩等。

5月14日　上午，会客至12点半。致函吴佩孚的参谋白惺亚、黄炎培，皆为和议事。罗文干来谈4点钟，谈梁启超、林宗孟不满胡适他们发表宣言不邀渠等列名事。胡适劝罗做一部《民国政治史》，因他最熟悉10年来的政党史。（《胡适遗稿及秘藏书信》第16册，296～297页）

同日　由丁文江、蔡元培、胡适、李大钊、陶行知、陶孟和、梁漱溟等16人共同列名的《我们的政治主张》，在《努力》周报第2期发表。这份宣言提出政治改革的目标："好政府"（"好政府"的至少涵义是：在消极方面，要有正当的机关可以监督防止一切营私舞弊的官吏；在积极方面，第一要充分运用政治的机关为社会全体谋充分的福利，第二要充分容纳个人的自由，爱护个性的发展）；提出政治改革的三个基本原则：宪政的政府、公开的政府、有计划的政府；提出"今日政治改革的第一步在于好人须要有奋斗的精神"；号召"凡是社会上的优秀分子，应该为自卫计，为社会国家计，出来和恶势力奋斗"，以促成"好人政府"目标的实现。宣言还对当时的南北和谈、裁军、裁官、选举等具体的政治问题提出方案。此宣言发表后，曾引起广泛的讨论。

> 按，此宣言发表后，引起了知识阶层的广泛关注，包括《努力》周报、北京《晨报》《益世报》、上海《民国日报》以及《先驱》等各具背景的报纸杂志发表了多篇响应之作，由此在全国范围内掀起了一个"好政府主义"的讨论。

5月15日　北大开始考试。胡适早晨到校,修改了招考简章。作《三国演义序》。(《胡适遗稿及秘藏书信》第16册,298页)

5月16日　胡适作完《三国演义序》,大要是:《三国演义》不是一个人做的,乃是五百年的演义家的共同作品。该书只可算是一部很有势力的通俗历史讲义,不能算是一部有文学价值的书。该书所以不能有文学价值,其原因如下:拘守历史的故事太严,而想象力太少,创造力太薄弱;其作者、修改者、最后写定者,都是平凡的陋儒,不是有天才的文学家,也不是高超的思想家;至于文学的技术,更是"平凡"。序文最后说:

……文学的技术最重剪裁。会剪裁的,只消极力描写一两件事,便能有声有色。《三国演义》最不会剪裁;他的本领在于搜罗一切竹头木屑,破烂铜铁,不肯遗漏一点。因为不肯剪裁,故此书不成为文学的作品。

话虽如此,然而《三国演义》究竟是一部绝好的通俗历史。在几千年的通俗教育史上,没有一部书比得上他的魔力。五百年来,无数的失学国民从这部书里得着了无数的常识与智慧,从这部书里学会了看书、写信、作文的技能,从这部书里学得了做人与应世的本领。他们不求高超的见解,也不求文学的技能;他们只求一部趣味浓厚,看了使人不肯放手的教科书。(《胡适文存二集》卷4,219～230页)

按,5月24日,胡适致函钱玄同,请钱亦为此书作一序(受亚东图书馆之托)。又云:

我的序大意是:

(1)三国时代何以为演义家的最好题目?

(2)《三国》的略史。明本与今本的异同。

(3)《三国》何以没有多大的文学价值?

(4)《三国》是一部绝好的通俗历史教本。

我因为你要谈文言白话的问题,故我不曾题及此一层。(《鲁迅博物馆藏近现代名家手札》〔二〕,149页)

1922年　壬戌　民国十一年　31岁

又按，5月29日，钱玄同复胡适一明信片:《三国演义序》已经写完，明天一早可寄给汪孟邹。(《胡适遗稿及秘藏书信》第40册，307页)

5月17日　胡适作《中国究竟进步了没有？》。法国的汉文学者Robert des Rotours邀吃饭，与钢和泰同席，谈稍久。清室逊帝溥仪打电话来，邀胡适次日去谈，因不得闲，改在阴历五月初二日。(《胡适遗稿及秘藏书信》第16册，299页)

同日　中华教育改进社董事会在总事务所开会，讨论通过胡适、陈筱庄、陶行知起草的《年会规程》，凡13章，计38条。(《中华教育改进社第一届年会筹备报告》，《新教育》第5卷第3期，1922年10月)

5月18日　考"近世哲学"。在讲堂上作《大家起来监督财政》。沈尹默与张凤篹来谈。考试委员会通过了胡适修改的招考简章。(《胡适遗稿及秘藏书信》第16册，299页)

5月19日　晚，胡适在协和医院讲演"中国究竟进步了没有？"(专为驳Wells的《世界史纲》而作)，大要是：

（1）唐的文化太受史家过誉了……其实并不甚高。唐代没有印板书……很少学校，没有学问，没有哲学。……

（2）唐以后的文化，太受史家诬蔑了，所以人都觉得唐以后中国没有进化。我试举若干例：

（a）刻板书——活字板、木活字、铜字、铅字等。

（b）棉布机。

（c）瓷器。

（d）学校。宋仁宗（1044）以后以至明清之"书院""精舍"。

（e）学术。宋之经学、哲学，明之哲学，清之学术真足以压倒千古。

（f）文学。韵文：词——曲——戏剧。散文，小说。(《胡适遗稿及秘藏书信》第16册，300～301页)

同日　胡适作有《大家起来监督财政》一文，提出与其向政府讨账，

不如向政府算账等。(《努力》周报第 3 期，1922 年 5 月 21 日)

同日　韦丛芜、李寄野致函胡适，告安庆没有一点文化，办《徽光》杂志企图影响平民，并希望得到海内学者之帮助事，请胡适时时赐教帮助。又陈述张敬尧军队的解散并非吴佩孚之功，乃是学生劝说而成等。(《胡适遗稿及秘藏书信》第 30 册，649～650 页)

5 月 20 日　考试"中国哲学史"。致函蔡元培，论"兵操"事。到 Mr. Keyte 家吃饭，会见 Hughes、Benthy、Bevan、Sirén 等人。读蒋士铨《九种曲》中之《雪中人》《冬青树》《临川梦》。"《临川梦》是一种传记体，写汤显祖的人格，很有精采。我尝说，明之戏剧胜于元，清之大家又胜于明。至今思之，这话真不错。李渔、蒋士铨皆有独到处，非元明人所能及。"(《胡适遗稿及秘藏书信》第 16 册，302 页)

同日　汪原放致函胡适，询问胡适对于胡思永进南开的态度如何。请胡适催促钱玄同为《三国演义》所作的序言。又谈及《努力》热销及校对事，又谈及陈独秀还没来上海等情。(《胡适遗稿及秘藏书信》第 27 册，564～566 页)

同日　郑思平致函蔡元培、胡适等，谈过蔡元培、胡适等人的政治主张及张东荪的评论之后，参照罗素的理论而提出意见。(中国社科院近代史所藏"胡适档案"，卷号 1395，分号 11)

5 月 21 日　王宠惠邀胡适等在法学会吃饭，同席有蔡元培、罗文干、梁启超、林宗孟、熊希龄、董康、颜惠庆、周自齐、张耀曾，本意是要把各党派的人聚会来谈谈，打破以前的成见，求一个共同进行的方法。结果颇少。(《胡适遗稿及秘藏书信》第 16 册，303 页)

5 月 22 日　作《中国诗中的社会问题诗》("Chinese Poetry of Social Protest")，为答应北京外国妇人的"中国事物研究会"(The "Things Chinese" Club) 的讲演而作。(《胡适遗稿及秘藏书信》第 16 册，304 页)

同日　顾颉刚复函胡适，主要谈《中国史纲》的编纂问题。又谈及俞平伯发现了高鹗刊刻《红楼梦》以前的续本等。(《胡适遗稿及秘藏书信》第 42 册，196～198 页)

同日　任鸿隽、陈衡哲致函胡适，告自上海迁川，现在途中。不知北方直奉战事闹成什么样子。到重庆后当能看到《努力》等。(《胡适遗稿及秘藏书信》第26册，390～392页)

5月23日　胡适到"中国事物研究会"讲演《中国诗中的社会问题诗》。到柴思(Lewis Chase)家吃饭。饭后到燕京大学向他们的教职员谈话，讨论"教会学校在中国教育制度上的位置"，胡适希望教会学校自行改良，略如：

（1）禁止小学校中之宗教教育。
（2）废止一切学校中之强迫的宗教仪节。
（3）与其教授神学，不如鼓励宗教史与比较宗教。
（4）传教的热心不当为用人之标准，当以才能学问为标准。(《胡适遗稿及秘藏书信》第16册，304～305页)

同日　陈启天致函胡适，告武昌中华大学拟举办暑期讲习会，该校陈校长委托陶行知转请胡适到此演讲"新文学概论""中国古代哲学史通论"或其他，请胡适酌定，时间越长越好。如承允诺，当请武大发聘函。又，陶行知、张子高等人已同意莅校演讲。(《胡适遗稿及秘藏书信》第35册，424页)

5月24日　胡适读董康新刻的《醉醒石》十五卷，颇有历史价值。"将来当重作《论短篇小说》一文，加入《京本通俗小说》及《醉醒石》等材料，为系统的研究。《今古奇观》有许多续本，也可供研究。"到钢和泰处吃茶，会见美国妇人Miss Katherine S. Dreier。到Professor Sirén处吃饭。因溥仪要见胡适，故先去看庄士敦，问宫中情形。打算把英文演说论文等集结付印。(《胡适遗稿及秘藏书信》第16册，306～307页)

同日　胡适函催钱玄同为《三国演义》作序，又述自己所作序言之大要。(《鲁迅博物馆藏近现代名家手札》〔二〕，149页)

5月25日　整理关于《我们的政治主张》的讨论。与丁文江、王徵、朱经农同吃饭。(《胡适遗稿及秘藏书信》第16册，309页)

同日　胡适作有《后努力歌》：

"没有好社会，那有好政府？"
"没有好政府，那有好社会？"
这一套连环，如何解得开呢？

"教育不良，那有好政治？"
"政治不良，那能有教育？"
这一套连环，如何解得开呢？

"不先破坏，如何建设？"
"没有建设，如何破坏？"
这一套连环，又如何解得开呢？

当年齐国有个君王后，
她不肯解一套玉连环，
她提起金椎，一椎捶碎了。

我的朋友们，
你也有一个金椎，
叫做"努力"，又叫做"干！"

你没有下手处吗？
从下手处下手！

"干！"的一声，连环解了！（《努力》周报第 4 期，1922 年 5 月 28 日）

5 月 26 日　胡适读杨简《慈湖遗书抄》。到女高师讲演"宋元的白话韵文"。（《胡适遗稿及秘藏书信》第 16 册，310 页）

同日　钱玄同日记有记：到孔德学校开"校务讨论会"，将此会改为"常务董事会"，定常务董事 7 人，校长为当然董事，余 6 人为：沈尹默、钱玄同、

蒋梦麟、胡适、马叔平、李石曾。(《钱玄同日记》上册，411页）

同日　潘元耿致函胡适，谈翻译事，又谈五四后的教育问题等。(《胡适遗稿及秘藏书信》第39册，24～25页）

5月27日　林宗孟邀胡适等吃午饭，同席有蔡元培、王宠惠、汪伯唐、梁启超、罗文干、唐天如、张公权等。林宗孟劝诸人组织一个政党。胡适认为，"办党不是我们的事，更不是我的事。人各有自知之明，何必勉强，自取偾事？"（《胡适遗稿及秘藏书信》第16册，311页）

同日　胡适作有回应王伯秋、傅斯稜对《努力》批评的短文，大意谓：

我们这个报并不是"专"谈政治的。政治不过是我们努力的一个方向。我们的希望是：讨论活的问题，提倡活的思想，介绍活的文学。……

我们至今还认定思想文艺的重要。现在国中最大的病根，并不是军阀与恶官僚，乃是懒惰的心理，浅薄的思想，靠天吃饭的迷信，隔岸观火的态度。这些东西是我们的真仇敌！他们是政治的祖宗父母。我们现在因为他们的小孙子——恶政治——太坏了，忍不住先打击他。但我们决不可忘记这二千年思想文艺造成的恶果。

打倒今日之恶政治，固然要大家努力；然而打倒恶政治的祖宗父母——二千年思想文艺里的"群鬼"更要大家努力！(《努力》周报第4期，1922年5月28日）

按，此文又作为《我的歧路》一文的附录，收入《胡适文存二集》卷3。

5月28日　黄文弼、郑奠、张煦来访。王徵来访。访德文学教授欧尔克（Oelke）夫妇。访张凤举。(《胡适遗稿及秘藏书信》第16册，311页）

同日　蔡元培复函胡适，云："奉函推荐唐钺先生为本校暑假后心理学教员，已经聘任委员会赞同，请专函唐君商议请为心理学教授。如每星期在八时以下，拟送月俸二百四十元；如在九时至十二时，则拟送二百八十

元。请酌行。"(《胡适遗稿及秘藏书信》第39册，254页）

5月29日　上课。到北京饭店 Miss Katherine S. Dreier（按，胡适在日记中将此人名中"Katherine"错写为"Catherine"，现更正）处吃饭。(《胡适遗稿及秘藏书信》第16册，312～313页）

同日　胡适在北京女子高等师范附属中学演讲"科学的人生观"，大要是：

……科学的人生观，并不是将人生专纳于物质的范围；乃以科学的精神、科学的态度、科学的方法，去应付解决人生的问题。

……科学不注重在书本和结果，注重在精神和方法。

有人并没有进过试验室去试验，但是他的态度，很是科学的。像是清代的顾亭林、阎百诗、戴东原、王怀祖等。全没有学过科学；但是他们的著述，是从来毫不苟且。他们为学的方法，不论他是考据，是注释，全是本着科学精神的。……学科学的，并不是要知道动植物的分类，及化学物理的公式；所要知道的，就是科学的态度、精神、方法和人生重大的关系。科学的态度、精神、方法到底是什么？分着说在底下：

一、具体的（非笼统的）　就是个别的。科学家得着一个问题，不是笼统的解决他，必定去分析他，一直分到一个原子，不能画分了，才着手去研究。……能解决我的问题，不能解决他人，科学者决不是笼统的去研究。

二、研究的（非盲从的）　具体是对笼统说的，研究是对盲从说的。科学家决不能说古人如此做，我们也如此做。盲从的有两种：1.习惯的。不研究事理，只是因循做去。2.因人的。人家这样做了，我也这样，不去研究。研究的，必定要一点一滴全都研究。

三、假设的（非武断的）　武断的……科学家有一个问题，如此可，如彼亦可；先试试第一方法如何，第二三四方法如何，以假设的想像他；如果理想或者实验，第四个方法好了，就依着他去做。凡是科学，全没有绝对的真理……

四、求证的（非冥想的） 如以上的所得，不论如何，必须求证以证明之。如承认一学说，或发明一主张，皆须证据；证据东就东，证据西就西。

五、实行的（非空言的） 科学家何故而研究科学？有一个字，曰"做"，如做医生的，是为医治人的病，以实行为主。证明假设是不错的，去研究具体问题的解决，或者先有问题，具体的去研究他；先假设了，寻着证据，再去实行。这就科学家的方法态度了。

…………

……牛顿、福兰克林，凡是发明一件事业的人，莫有不本着这五个通则去作的。所以我们有种种的问题，来到面前的时候，也应当一步步去假设、求证、研究，然后总归去实行。

我们要知道科学与人生是连带的问题。……现在的时事，所以不能解决的原因，就是因为拿人生科学分离的太开。……无论孔子、孟子，无论是杜威、罗素、克鲁泡特金，我们都不可以武断、盲从。我们必定找了种种的事实，逐一去研究去，然后证实那一个是可信的。设如我们是信罗素学说的，而罗素是主张非战的，假使我国一旦跟日本打仗，我们是坚守罗素的学说呢？或是去打仗呢？我们不能武断盲从，只好拿他的学说，做一个参考罢了。学子的态度，无论是古圣人、今圣人、死圣人、活圣人，我们全都不可盲从他，只好供我们参考罢了。尝有人问我说，"你为什么费无限的光阴，去研究《水浒》《红楼》，还不如介绍康德的学说给中国呢？"他不知道，我就是提倡这个学说，主张进化论的达尔文，凡事必求证据，才信他……所以我们拿科学的眼光去解决人生观，就要拿科学的精神、科学的态度、科学的眼光，去考查事理，要还按着就去实行。不要信了，只是不去干。要知道我们要打破笼统，打破武断，打破盲从，打破冥想，最后的一个字，就是干！干！干！（《辟才杂志》第1号，1922年6月）

同日 钱玄同致胡适一明信片，告《〈三国演义〉序》已经写完，明天一早可寄给汪孟邹。(《胡适遗稿及秘藏书信》第40册，307页)

5月30日 因溥仪约见，故未上课。日记记与溥仪会见情形：

> ……我们进宫门，经春华门，进养心殿。清帝在殿的东厢……我进去。清帝已起立，我对他行鞠躬礼，他先在面前放了一张蓝缎垫子的大方凳子，请我坐，我就坐了。我称他"皇上"，他称我"先生"。他的样子很清秀，但单薄的很；他虽只十七岁，但眼睛的近视比我还利害；穿蓝袍子，玄色背心。室中略有古玩陈设，靠窗摆着许多书，炕几上摆着今天的报十余种，大部分都是不好的报，中有《晨报》、英文《快报》。几上又摆着白情的《草儿》，亚东的《西游记》。他问起白情、平伯；还问及《诗》杂志。他曾作旧诗，近来也试作新诗。他说他也赞成白话。他谈及他出洋留学的事，他说："我们做错了许多事，到这个地位，还要糜费民国许多钱；我心里很不安。我本想谋独立生活，故曾要办皇室财产清理处。但许多老辈的人反对我，因为我一独立，他们就没有依靠了。"
>
> 他说有许多新书找不着。我请他以后如有找不着的书，可以告诉我。我谈了二十分钟，就出来了。(《胡适遗稿及秘藏书信》第16册，315～317页)

> 按，6月5日晚，胡适作诗来记此事：
> 咬不开，捶不碎的核儿，
> 关不住核儿里的一点生意；
> 百尺的宫墙，千年的礼教，
> 锁不住一个少年的心！(《胡适遗稿及秘藏书信》第16册，327页)

同日 罗文干邀胡适等吃饭。席散后，蔡元培告：教育总长已定林宗孟，林欲胡适去做次长，蔡劝其不必开口，蔡也不赞成组织政党事。张竞生来谈。美国 Mrs. Brackett 与其夫同来。毕善功邀去看 American College Women's

Club 演的新剧。(《胡适遗稿及秘藏书信》第 16 册,317～318 页)

5月31日 胡适访美国公使许满先生,为美国赔款事。与高一涵谈联邦制,请他作一文登《努力》。蒋维乔(竹庄)为胡适向李伯元之侄儿祖杰君处寻出李宝嘉的生卒年。(《胡适遗稿及秘藏书信》第 16 册,318～319 页)

> 按,6月1日,胡适复函蒋维乔,感谢其为李伯元事劳神,"此次所得之名字及生殁日月,尤可宝贵"。并请蒋向提供资料的李先生道谢。(任亚君整理:《胡适九封未刊信稿》,载《明报月刊》,1992 年 2 月号)

同日 任鸿隽致函胡适,云:《努力》的内容,很是简单,每期的字数不过 1.2 万上下,似乎太少一点,不晓得还可不可把它扩充一下?又谈及重庆言论不自由,自己要写几篇四川的事情投《努力》等。(《胡适遗稿及秘藏书信》第 26 册,393～399 页)

同日 梅光迪致函胡适,云:"《努力》周报所刊政治主张及其他言论,多合弟意,兄谈政治不趋极端,不涉妄想,大可有功社会;较之谈白话文与实验主义,胜万万矣。"(《胡适遗稿及秘藏书信》第 16 册,324 页)

> 按,中国社科院近代史所"胡适档案"中所藏来函或来稿表示赞赏《我们的政治主张》的人还有程仲沂、胡文、李仲顺、徐达开、马鸣鸾等。

同日 林语堂致函胡适,告收到大学寄来 100 英镑,想是回国川资?寄上收据。又询问前寄去诗稿的意见。又告自己大购德文书,此间除了英、法文书之外其他书都很便宜,可帮胡适带书回国。(《胡适遗稿及秘藏书信》第 29 册,348 页)

6月

6月1日 胡适到欧美同学会开职员会。上课,召开教务会议。到王星拱处,与同乡讨论安徽大学事。访王世杰、李四光、丁西林,谈大学事。

（《胡适遗稿及秘藏书信》第 16 册，320 页）

6月2日 上课，讲佛教略史，讲叶适。办事。读《盛明杂剧》5 种。张耀曾请胡适等吃饭，"有蔡、王、林、罗、张公权、谷九峰、徐佛苏、李伯生等"。日记又记：

> 今晚席上蔡先生提起孙中山的问题，他想邀在座各党的人同发一电劝中山把护法的事作一个结束，同以国民资格出来为国事尽力。席上诸人因往日党派关系多怕列名，我劝蔡先生拟稿即发出，即邀李石曾、张竞生等列名，以友谊劝他。蔡先生说今天本是石曾、竞生发起此议，他明日即发电去。（《胡适遗稿及秘藏书信》第 16 册，321～322 页）

同日 胡适作有《政论家与政党》一文。（载《努力》周报第 5 期，1922 年 6 月 4 日）

同日 罗家伦致函胡适，拜托胡适与教育部洽商，协助何思源自美国转赴欧洲留学。（《胡适遗稿及秘藏书信》第 41 册，236～238 页）

同日 常乃德致函胡适，认为"民国六年的时代从政治鼓吹到思想文艺是很正当的，现在却又应当转过来从思想文艺鼓吹到政治才行"，希望胡适能迎着这个趋势领着大家往前走。（《努力》周报第 7 期，1922 年 6 月 18 日）

6月3日 下午 2 时，北京教育界在国立美术学校举行"六三"纪念会，各校教职员到会者 200 余人。由尹炎武主席，蔡元培、李建勋、胡适、沈士远、高一涵等演说。蔡等提议致电孙中山，希望孙停止北伐，实行与非法总统同时下野之宣言。（《晨报》，1922 年 6 月 4 日；《申报》，1922 年 6 月 6 日）

6月4日 《晨报副刊》刊登君实的一段小杂感，不认可学者发宣言：

> 至于学者，尽有余裕可以作文发表个人意见，又何必许多人聚在一堆学那种宣言布告的下流方式？我们看了前有七教授的争自由宣言，后有五教授的争信教自由宣言，主意都很正大，却都得不到效果，便觉悟到这缘故完全在宣言这件事的本身，而不在所宣言的内容的是否

正当。现在又有十六人关于政治的宣言了，医生也赞成，画师也赞成，特不知他的结果怎样了。

6月5日　胡适致函蔡元培，谈派遣学生考试事：

本校史学系派遣学生学习史学、地学一案，去年因罢课，未能实行。兹本月一日教务会议讨论，此项考试日期，决定与新生入学试验同时举行。惟人数有无变更？旅费已否筹得？祈先生示知，以便发布广告招考。(《蔡元培全集》第11卷，108页)

按，次日，蔡元培复函胡适云：示派遣史、地学学生留学一案，定于新生入学考试时举行招考，甚善。人数可以仍旧，旅费必须筹出……(《蔡元培全集》第11卷，108页)

同日　洪有丰致函胡适，询问胡适关于网罗程宗泗到芜湖第二女师的意见等。(中国社科院近代史所藏"胡适档案"，卷号1477，分号5)

同日　邵芷葰致函胡适，请教15个哲学问题。(中国社科院近代史所藏"胡适档案"，卷号1367，分号7)

6月6日　胡适致函《晨报》，云：

我在《努力》第五期上对于《晨报》的批评，自然是"责备贤者"的意思，故把《晨报》特别提出，并且加上"甚至于"三个字。这个意思，不料竟使先生"欠解"，想先生能受纳我这个解释罢。

还有一层，我在《努力》上指出的，乃是指董康"在这个时候敢出来做财政上的清理与改革"的时代受的"嘲笑与讥讽"。《晨报》对于他的大参案的责备，我也认为正当。但这十天内《晨报》对于董康的态度，似乎不能免"嘲笑与讥讽"的名目。……《晨报》前日的《新闻纸问题号》中，先生曾表示反对现在流行的那种"议论和事实混合的政治新闻"。这种新闻，我也反对。然而《晨报》近来似乎也不能免去此种方法。如上所举五月二十八日的第一项新闻标题即是"吴佩孚

推荐高恩洪真不错",附题五行,第五行为"同受吴佩孚激赏的董康听之"。这似乎是议论,不是新闻。……

……说到这里,我不能不提起六月四日《晨报副刊》上的一段小杂感,是对于我们十六个人的政治主张而发的。他说:

"至于学者,尽有余裕可以作文发表个人意见,又何必许多人聚在一堆学那种宣言、布告的下流方式?"

我想借这个机会请问这位"君实"先生,何以宣言、布告是下流的方式?他这个见解很新鲜别致,我很想多领教一点,也许可以"开我茅塞",使我们以后不再学那种"下流方式"了。他又说:

"现在又有十六人关于政治的宣言了。医生也赞成,画师也赞成。特不知他的结果怎样了。"

我又想问问,这种态度是不是"嘲笑与讥讽"?我是一个笨人,实在看不出他的意思在什么地方,如果他的意思是说医生、画师的赞成使我们的宣言也变"下流"了,那么,我们以后也可以拒绝他们的赞成。如果他的意思是说医生、画师是上流人,不应该降格来赞成这种"下流方式",那么,我们以后也可以谢绝他们的赞成,免得他们也被我们玷污了。(《晨报》,1922 年 6 月 7 日)

同日　胡适作成《〈蕙的风〉序》,认为汪的诗"在解放一方面比我们做过旧诗的人更彻底的多",这本集子里有很多好诗。(载汪静之:《蕙的风》,亚东图书馆,1922 年)

6 月 7 日　上课。自是日起,早 7 时增讲近世哲学 1 时,每周共 5 时。是日讲杨简。陈仲恕(汉第)来谈,他谈吴贻芳、徐亦蓁两女士的历史,使胡适敬畏。到银行公会,赴哥伦比亚大学同学欢迎顾维钧的会餐。(《胡适遗稿及秘藏书信》第 16 册,328～331 页)

同日　李四光致函胡适,告:张难先来询胡适等致孙中山先生电之意见,自己表示"不甚赞成",并告李石曾"亦不甚表同情"等。今得张难先致蔡元培、胡适函,"辞近于诉,读之不胜诧异……恐致误会,兹特致数语

以为解释"。(《胡适遗稿及秘藏书信》第 28 册,155 页)

  按,张难先致蔡元培、胡适函云:"……二公皆一致拥梁,漠视西南政府……窃期期以为不可。窃谓公等此种主张是偏颇的,是狭隘的,是苟且的,是糊涂的,是违反真正民意的,是袒护有枪阶级的,是造成异日大战的,是污辱吾国最高学府的。……"(《胡适来往书信选》上册,151 页)

  同日 胡晋接致函胡适云,阅《努力》知胡适等注意于制宪问题,而所陈主张多切中时弊,且以制宪解决时局为救时之第一要义。"倘在野公民皆以公等之心为心,而努力以求最良宪法之实现,国事未始不可为也。……惟兹事体大,非外观时势、内审国情,而斟酌于古今中外治乱得失之林者,殆非易以适合。"又云当今用人之法,宜行征聘制(包括荐举制、铨选制)与考试制。希望国家"制成环球最良之宪法"。(《胡适遗稿及秘藏书信》第 30 册,445~453 页)

  同日 许仕廉致函胡适,报告胡自己博士论文《孔孟政治哲理》的四部分内容,请求胡适评论指示,特别希望胡适在四个方面予以帮助:材料上的补助;意见及眼光上的补助;批点评论上的补助;请胡适赐序。(《胡适遗稿及秘藏书信》第 33 册,95~97 页)

  6 月 8 日 胡适出席卫挺生的婚礼。获悉蔡元培等要电促黎元洪来京,胡适不赞成,乃函劝蔡勿发此电。晚间得蔡复函:"催黎来京,我也觉得无谓。但因各方面催促,已提交各校签名;万一名签毕而黎已□来,可作罢论。否则不能不发。鄙意以为发亦无害。周内阁自称以国民资格维持现状,岂能持久?西南方反对旧国会,揭一黎以与孙对待,而开和议,似亦未为不可。万一弟等之电果发,先生仍以所见发表于报纸何如?"(《胡适遗稿及秘藏书信》第 16 册,332~333 页)

  同日 孙伏庐致函胡适,指出:文化比政治重要,从大多数没有智识的人,决不能产生好政治,胡适为什么也要走这条抛弃文化、专谈政治的不经济的路?(《胡适文存二集》卷 3,91~92 页)

同日　江汉致函胡适，向胡适索要《华侨入学特别优待章程》和《旁听生简章》，希望到北大听胡适讲课。（中国社科院近代史所藏"胡适档案"，卷号891，分号1）

同日　痴生致函胡适，希望《努力》周报诸君不要发官瘾以及让政客利用。（中国社科院近代史所藏"胡适档案"，卷号1992，分号1）

6月9日　上课，讲宋元之间学派与政治的关系。中古史讲小乘各宗。开聘任委员会及预科委员会。钱玄同来书提及《李慈铭日记》记有牟廷相论《诗经》的话，因检出一读，记牟氏著作目录颇详。（《胡适遗稿及秘藏书信》第16册，334～336页）

6月10日　上课。把李大钊从保定带来的边守靖、吴景濂、张绍曾等的电文12件，编成一篇，拟在《努力》发表。蔡元培邀谈高等教育问题，胡适提议二事：组织国立大学联合会；第一大学区（北京）国立各校合并。与陶孟和到公园吃饭。（《胡适遗稿及秘藏书信》第16册，337页）

同日　任鸿隽致函胡适，仍希望《努力》的篇幅加多一点；不赞成专载来信的办法，最好每期都有自己的著作，那外来的文章只好做增刊或附刊。（《胡适遗稿及秘藏书信》第26册，401～403页）

同日　陈衡哲致函胡适，给《努力》寄去小说一篇，诗两首。（《胡适遗稿及秘藏书信》第36册，54～58页）

同日　范希曾致函胡适，抄录章学诚的材料一则给胡适。（中国社科院近代史所藏"胡适档案"，卷号1402，分号7）

6月11日　访客甚多。金仍珠送胡适一部《秋蟪吟馆诗钞》排印本6册，又送胡适一部陈伯雨选的《金陵词钞》，胡适对此二书评价极高，有札记。（《胡适遗稿及秘藏书信》第16册，338～341页）

同日　胡适将搜集到的天津、保定间的密电11通，冠名以"天津、保定间的捣鬼"，在《努力》第6期发表。胡适在文末重申：公开是打破一切黑幕的唯一武器。

6月12日　上课，讲薛瑄。开教务会议。庄士敦邀吃饭，谈甚久。（《胡适遗稿及秘藏书信》第16册，342页）

同日　李季致函胡适，云：不知为何从未收到胡适的回信。德国通货膨胀严重，自己甚窘，请胡适向商务印书馆交涉将版税换成金镑汇来。（《胡适遗稿及秘藏书信》第28册，80～81页）

　　6月13日　上课，讲吴与弼、胡居仁。到高师，为奉天高师旅行团讲演"道德教育"。陈肖庄请胡适吃晚饭。（《胡适遗稿及秘藏书信》第16册，342页）

　　6月14日　王独清致函胡适，认为胡适所说"施耐庵是明朝中叶一个文学大家的假名"是很对的。认为曹雪芹必有诗集，《红楼梦》里的"可怜绣户侯门女，独卧青灯古佛旁"必在曹雪芹的诗集里等。（《胡适遗稿及秘藏书信》第24册，515～516页）

　　6月15日　上课。读 J. N. Farquhar's *An Outline of the Religious Literature of India*，未完。认为此书中论《法华经》一节甚有理。（《胡适遗稿及秘藏书信》第16册，343页）

　　同日　胡适出席北京大学评议会第八次会议，通过了"修正考试制度"等案。（《北京大学史料 第二卷 1912—1937》第1册，169页）

　　6月16日　上课，讲陈献章。遇张君劢（嘉森），谈甚久。与蔡元培谈，不答应就教育次长，而举荐蒋梦麟。5时，讨论高等教育事。（《胡适遗稿及秘藏书信》第16册，345～346页）

　　6月17日　上课，讲大乘的堕落方面。（《胡适遗稿及秘藏书信》第16册，347页）

　　6月18日　《努力》周报第7期发表胡适撰写的《这一周》，说道：

　　　　我们是不承认政治上有什么根本解决的。……我们因为不信根本改造的话，只信那一点一滴的改造，所以我们不谈主义，只谈问题；不存大希望，也不致于大失望。……我们应该把平常对政治的大奢望暂时收起，只存一个"得尺进尺，得寸进寸"的希望，然后可以冷静地估量那现实的政治上的变迁。

　　　　……南北不统一，什么事都不能办：军事不能终了，兵也不能裁，

财政也不能整理，教育休想发达，实业也休想安宁。南北不统一，政治决不能上轨道。

…………

……若不从统一南北下手，什么问题都不能解决。……

同期《努力》周报还发表胡适的《政治与计划》。

同期《努力》以《我的歧路》为总标题发表梅光迪、孙伏庐、常乃德致胡适函，以及胡适所作《我的自述》，说明自己谈政治的经过、理论基础等：

……我现在忍着心肠来谈政治，一只脚已踏上东街，一只脚还踏在西街，我的头还是回望着那原来的老路上！……

我是一个注意政治的人。当我在大学时，政治经济的工课占了我三分之一的时间。当一九一二至一九一六年，我一面为中国的民主辩护，一面注意世界的政治。……一九一五年，我为了讨论中日交涉的问题，几乎成为众矢之的。一九一六年，我的国际非攻论文曾得最高奖金。但我那时已在中国哲学史的研究上寻着我的终身事业了，同时又被一班讨论文学问题的好朋友逼上文学革命的道路了。从此以后，哲学史成了我的职业，文学做了我的娱乐。

一九一七年七月我回国时，船到横滨，便听见张勋复辟的消息；到了上海，看了出版界的孤陋，教育界的沉寂，我方才知道张勋的复辟乃是极自然的现象，我方才打定二十年不谈政治的决心，要想在思想文艺上替中国政治建筑一个革新的基础。……

一九一八年十二月，我的朋友陈独秀、李守常等发起《每周评论》。那是一个谈政治的报，但我在《每周评论》做的文字总不过是小说文艺一类，不曾谈过政治。直到一九一九年六月中，独秀被捕，我接办《每周评论》，方才有不能不谈政治的感觉。那时正当安福部极盛的时代，上海的分赃和会还不曾散伙。……我看不过了，忍不住了——因为我是一个实验主义的信徒——于是发愤要想谈政治。……

....

《每周评论》是一九一九年八月三十日被封的。这两年零八个月之中，忙与病使我不能分出工夫来做舆论的事业。……

然而我等候了两年零八个月，中国的舆论界仍然使我大失望。……

我等候了两年零八个月，实在忍不住了。我现在出来谈政治，虽是国内的腐败政治激出来的，其实大部分是这几年的"高谈主义而不研究问题"的"新舆论界"把我激出来的。我现在的谈政治，只是实行我那"多研究问题，少谈主义"的主张。我自信这是和我的思想一致的。……我谈政治只是实行我的实验主义，正如我谈白话文也只是实行我的实验主义。

实验主义自然也是一种主义，但实验主义只是一个方法，只是一个研究问题的方法。他的方法是：细心搜求事实，大胆提出假设，再细心求实证。一切主义，一切学理，都只是参考的材料，暗示的材料，待证的假设，绝不是天经地义的信条。实验主义注重在具体的事实与问题，故不承认根本的解决。他只承认那一点一滴做到的进步——步步有智慧的指导，步步有自动的实验——才是真进化。

我这几年的言论文字，只是这一种实验主义的态度在各方面的应用。我的唯一目的是要提倡一种新的思想方法，要提倡一种注重事实，服从证验的思想方法。……我现在谈政治，也希望在政论界提倡这一种"注重事实，尊崇证验"的方法。

....

……没有不在政治史上发生影响的文化；如果把政治划出文化之外，那就又成了躲懒的、出世的、非人生的文化了。

至于我精神不能贯注在政治上的原因，也是很容易明白的。哲学是我的职业，文学是我的娱乐，政治只是我的一种忍不住的新努力。……我只希望提倡这一点"多研究问题，少谈主义"的政论态度，我最希望国内爱谈政治又能谈政治的学者来霸占这个周报。……

....

……我对于现今的思想文艺，是很不满意的。……陈腐的古典主义打倒了，却换上了种种浅薄的新典主义。我们"提倡有心，创造无力"的罪名是不能避免的。这也是我在这歧路上迟回瞻顾的一个原因了。(《胡适文存二集》卷3，95～102页)

6月19日　上课。孙丹林(汉尘)到京，李大钊约胡适、蔡元培、李石曾同他吃饭。(《胡适遗稿及秘藏书信》第16册，349～350页)

同日　蔡元培致函丁燮林、李四光、沈士远、谭熙鸿、胡适，云："六月二十一日(星期三)晨六点钟，为学生军暑假前最后一次操练，将发给运动会奖品，并会同照相(短衣较好)，届期务请早临。"(《蔡元培全集》第11卷，122页)

同日　钱玄同日记有记：胡适的《努力》说："无论谈政谈学都是实验主义，此说极有理。"(《钱玄同日记》上册，418页)

6月20日　上课，讲阳明学派。蔡元培、王宠惠、顾维钧、罗文干发起一个茶话会，邀了20多位欧美同学在顾宅谈话，讨论今日切近的问题。胡适与罗文干提议，继续定期开茶话会，每次由四五人作主人。今天到会的有丁文江、张君劢、秦景阳、陈聘丞、严琚、王长信、周寄梅、蒋百里、林宗孟、陶孟和、李石曾、高鲁、叶叔衡等。讨论的总题是"统一"。(《胡适遗稿及秘藏书信》第16册，351页)

6月21日　上课，讲王学。到萃文学校(伦敦会办的)作毕业式的演说，题为"教会学校与中国文化"。与毕善功同饭。(《胡适遗稿及秘藏书信》第16册，352页)

6月22日　上课。孙丹林邀吃饭，遇高恩洪。(《胡适遗稿及秘藏书信》第16册，353页)

同日　吴超然致函胡适云，蒲照魂的资料已收集不少，请胡适履行为蒲作传的承诺。(中国社科院近代史所藏"胡适档案"，卷号1351，分号9)

6月23日　上课，近代哲学讲泰州(王艮)与东林(顾宪成、高攀龙)两派，作一结束。中古哲学讲禅宗，作一结束。胡适记道：泰州一派最有趣，这是杨朱的学说，挂上了四书五经的招牌。最可怪的是中国史上为真理而杀身的仅有极少极少的人，而这几个极少的人乃出在这个提倡"安身""保身"的学派里——何心隐与李贽。(《胡适遗稿及秘藏书信》第16册，354～355页)

同日　胡适复函蔡元培，关于杨国华转入本科一年级事，仍须令其应考，拟另出专题(昨日蔡来函，提出俄文专修馆学生杨国华愿入北大一年级，"似不妨准其插班")。(《蔡元培全集》第11卷，123页)

同日　丁文江致函胡适，赞同蔡元培加入努力会。(《胡适遗稿及秘藏书信》23册，8～9页)

6月24日　为卓克的《西洋文学选》作序。到柯乐文家吃饭，谈宗教问题；席上，Houghton、Embree、柯乐文各有主张。最后，胡适总结道：

（1）不必向历史里去求事例来替宗教辩护，也不必向历史里去求事例来反对宗教。因为没有一个大宗教在历史上不曾立过大功、犯过大罪的。

（2）现在人多把"基督教"与"近代文化"混作一件事：这是不合的。即如协和医校，分析起来，百分之九十九是近代文化，百分之一是基督教。何必混作一件事？混作一事，所以反对的人要向历史里去寻教会摧残科学的事例来骂基督教了。

（3）宗教是一件个人的事，谁也不能干涉谁的宗教。容忍的态度最好。(《胡适遗稿及秘藏书信》第16册，356～357页)

同日　蔡元培致函胡适、顾孟馀、蒋百里、李四光、丁燮林、沈士远、谭仲逵，云"本校为促进全体学生体育起见，组织体育委员会，敬请先生为委员"，并请于26日便餐商议。(《蔡元培全集》第11卷，125页)

同日　傅斯稜致胡适函，向胡适索取《努力》周报。因在校中提倡新文学，故学生们很高兴。向《努力》投稿新诗一首。(《胡适遗稿及秘藏书信》第37册，597～601页)

6月25日　胡适与颜任光、程瀛章同到谭仲逵夫人的追悼会。与蔡元培、

李大钊小谈。丁文江、胡敦复同访胡适。(《胡适遗稿及秘藏书信》第 16 册，358 页）

同日 《努力》周报第 8 期发表胡适撰写的《这一周》，评论了陈炯明反对孙中山事件：

> 本周最大的政治变化是广东的革命与浙江的独立。孙文与陈炯明的冲突是一种主张上的冲突。陈氏主张广东自治，造成一个模范的新广东；孙氏主张用广东作根据，做到统一的中华民国。这两个主张都是可以成立的……

6 月 26 日 协和医学校校长 Houghton 请胡适吃午饭，同席有 E. R. Embree。到北大处理事务。(《胡适遗稿及秘藏书信》第 16 册，359 页）

同日 北京大学教务长胡适致函江苏教育会：

> 江苏教育会公鉴：
> 　　敬启者，本校学生投考南洋兄弟烟草公司续选留美之保荐文件，因放假在即结束颇忙，须迟一两日始能寄到，特此专函声明，请即鉴照为荷。
> 　　　　　　　　　　　　　　　北大教务长胡适启
> 　　　　　　　　　　　　　　　六月二十六日

(《北京大学史料 第二卷 1912—1937》第 1 册，689 页）

同日 胡适为 A. E. Zucker 写的《西方文学》第 1 册《希腊与罗马》作一导言，其中说：

> Dr. Zucker has performed a great service to the Chinese students by offering them this series of well-selected and well-edited collections of masterpieces of western literature. It has been his object, I believe, to give the students the best and most representative specimens of literary composition, arranged according to the chronological order and illustrative of the succes-

sive stages of historical development.... But it is his wide knowledge and keen appreciation of the history of western literature that has been the chief guide in the preparation of this great work, which, it is safe to predict, will be found exceedingly useful, not only in China, but also in the schools and the universities of other countries.

Dr. Zucker has taken great pains in preparing the historical introduction and the separate introductions to the individual selections.... It is to be hoped that teachers using this book will make a special point of making the students read these valuable introductions before taking up each selection. For these introductory chapters, when read together with the selections, will surely give a vivid and interesting picture of the development of European literature, a picture more suggestive and educative than the literary histories of the more formal kind....

In a note to his introduction to the Greek tragedies, Dr. Zucker has touched upon the method of comparative study. He asks the student to compare three Chinese plays of the Yuan dynasty with the three Greek tragedies in this collection. The suggestion is so fruitful that I am tempted to develop it still further. The comparative method of study is probably more urgently needed in China than in any other country....(《胡适未刊英文遗稿》，49～50页）

6月27日　胡适出席孔德学校常务董事会。读杨掌生《京尘杂录》，有札记。借顾维钧家开第二次茶话会。李石曾、王世杰提出一个商榷书，提倡一个"邦联制"，名为"分治的统一"，胡适认为是"严格的分裂"，故痛驳他：

> 因为王君自说是略仿美国最初八年的邦联制，故我说，不去采用美国这一百三十年的联邦制，而去学那最初八年试验失败的邦联制，是为倒行逆施！是日加入讨论的人，没有一人赞成他们这个意见的。（《胡适遗稿及秘藏书信》第16册，360～363页）

  同日　朱我农致函胡适云，胡适是自己最佩服的中国人，但不同意胡赞成交通部归并交通大学北京学校的主张，并详述理由。(《努力》周报第10期，1922年7月9日)

  6月28日　上午9时，胡适出席整理故宫博物院移交北大之历史档案方法讨论会。开教务会议，议决关于保送留学生及自下学期改三学期为二学期等议案。赴文友会。是夜的演讲为德国汉学者尉礼贤（Richard Wilhelm），讲《易经》的哲学，大旨用胡适的解释，没有什么发明。(《胡适遗稿及秘藏书信》第16册，364页)

  同日　胡适致函蔡元培：

子民先生钧鉴：

  南洋兄弟烟草公司续送留美学生事，本校学生报名者三十七人，兹由教务会议审择六人，按该公司本年选派简章第三条限定，每校保荐三人以下，即请先生于此六人中选定三人，直接通知文牍课行文覆知江苏省教育会为盼。

附江苏省教育会来函
陈与漪等六人成绩单（阅后请并交文牍课）
胡适敬启　六月二十八日

(《北京大学史料 第二卷 1912—1937》第1册，689页)

  同日　陈衡哲致函胡适，为《努力》寄来《四川为什么糟到这个地步》一文。(《胡适遗稿及秘藏书信》第36册，59～63页)

  6月下旬　王云五复函胡适，对胡7月初南下"甚慰"，商务印书馆编译事全赖胡适"主持一切"，又询胡适在沪须住房几间，以便安排。(《胡适遗稿及秘藏书信》第24册，305页)

  6月30日　工于美术摄影的Miss Katherine S. Dreier在公园为胡适照相。胡适为赵元任的《国音留声机片课本》作一序言。(《胡适遗稿及秘藏书信》第16册，365～366页)

7月

7月1日　上午开预科委员会。下午乘车赴济南。同车有陶孟和、陈颂平、黎锦熙、汪怡庵、秦景阳、蒋竹庄、汤中等，都是同到山东赴会去的。又遇董康。夜9时到天津，住丁文江家，与丁文江、秦景阳夜话。（《胡适遗稿及秘藏书信》第16册，367～368页）

按，在火车上，董康曾赠送胡适一部宋人刘斧撰《青琐高议》（前集十卷后集十卷别集七卷，董氏诵芬室刻本，1函3册），胡适在书前有题记："十一，七，一在京奉火车中遇着董授经先生，承他送我这部书。北宋小说被保存的很少，这书大概是当时的一种小说汇编，在文体的方面确是文言小说与白话小说之间的一个过渡，在内容方面也可以考见当时思想的中下层。南宋有《夷坚志》，北宋有这书，都是民间思想史的好材料。这书说吕洞宾、何仙姑、韩湘子的事甚详，可见道教时代产生的神话。'八仙'于此已有三人，相传曹国舅是北宋人，似此书成时'八仙'还不曾齐全。观卷八记何仙姑，亦是当时人，可见当日只有某仙人而无八仙的总神话。适之。"（《胡适藏书目录》第2册，1437～1438页）

7月2日　胡适抵济南。（《胡适遗稿及秘藏书信》第16册，369页）
同日　《努力》第9期刊登胡适评述伍廷芳的短文。
7月3日　中华教育改进社第一次年会开会。会场上遇黄炎培、张元济、张仲仁等人。与蒋梦麟谈。国语国文教学组开分组会议，共收到议案11件。胡适日记有记：

……其中东南大学张士一提出的"小学校教学标准口语案"，主张"教学上应该拿有教育的北京语作为口语标准"，是本会的一大争点。北京、上海的代表都是反对此议的，而南京的京音派主张甚力，不免

有小冲突。我今天加入讨论，表示我反对京音标准的意见。(《胡适遗稿及秘藏书信》第 16 册，369～371 页)

同日　晚，胡适与王伯秋谈甚久。与丁文江、秦景阳、陶孟和、胡敦复闲谈到深夜。以事实说明沈尹默是阴谋家。(《胡适遗稿及秘藏书信》第 16 册，371～373 页)

同日　张元济来访。(《张元济日记》下册，1099 页)。

同日　梁启超致函胡适，讨论诗词问题，又寄示《采桑子》《鹊桥仙》《虞美人》三词。(《胡适遗稿及秘藏书信》第 33 册，17～23 页)

7 月 4 日　下午，胡适出席分组会议，通过了"推行国语教育"一案。出席筹划全国教育经费委员会，江庸报告日本赔款情形，胡适认为江庸为一个庸人。到蒋梦麟处吃饭，饭后往见美国新来的推士（Twiss）先生，同见者为丁文江、胡敦复、秦景阳、朱经农、何鲁、吴承洛、竺可桢。(《胡适遗稿及秘藏书信》第 16 册，374～375 页)

7 月 5 日　胡适出席社务会议。汤尔和提出用赔款办 10 个伟大的壮观建筑物的建议，胡适不赞成。分组会议。胡适反对黎锦熙的"国民学校初年级应以注音字母代汉字"一案。(《胡适遗稿及秘藏书信》第 16 册，376～377 页)

7 月 6 日　上午，准备下午的讲演。与蒋梦麟拟了两个计划：日本赔款用途；英国赔款用途。下午，出席分组会议，讨论"标准口语"案最烈。下午 4 时在省议会讲演"中国国文的教授"。北大留济同学会开欢迎会，蔡元培和胡适等都有短演说。(《胡适遗稿及秘藏书信》第 16 册，378～380 页)

按，后来，胡适将其在省议会的演讲题目更改为"再论中学的国文教学"，内容亦有修正，此改定稿大要是：

（一）假定的"中学国文标准"

我在两年前定的——中学国文的理想标准是：

（1）人人能以国语自由发表思想。

（2）人人能看平易的古书。

（3）人人能作文法通顺的古文。

（4）人人有懂得古文文学的机会。

这几个标准，我现在修改作以下三条：

（1）人人能用国语自由发表思想——作文、演说——都能明白晓畅没有文法上的错误。……

（2）国语文通顺之后，方可添授古文，使学生渐渐能看古书，能用古书。……

（3）作古体文但看作实习文法的工具，不看作中学国文的目的。……

（二）假定的"中学国文课程"

前年假定的是：国语文占四分之一，古文占四分之三。……

现在我拟定两个国文课程的标准是：

（1）在小学未受过充分的国语教育的，应该注意下列三项：

（一）宜先求国语文的知识与能力。

（二）继续授国语文至二三学年，第三四学年内，始得兼授古文，但钟点不得过多。

（三）四学年内，作文均应以国语文为主。

（2）国语文已通畅的，也分为下列三项：

（一）宜注重国语文学与国语文法学。

（二）古文钟点可稍加多，但不得过全数三分之二。

（三）作文则仍应以国语文为主。

以上为中学的国文课程。……

（三）国语文的教材和教授法

（1）国语文的教材：国语文的教材与九年定的大略相同，不过现在的新主张比较旧主张略有增加。

（一）小说

（二）戏剧与诗歌

（三）长篇议论文与学术文

（四）古白话文学选本　依时代编纂，约自唐代的诗、词、语录起，至晚清为止。……

（五）国语文的文法

（２）国语文的教授法：此与九年所拟的完全相同。

（Ａ）指定分量，由学生自修。……

（Ｂ）用演说、辩论，作国语的实用教授法。……

…………

教授国语文法时，可略依下列之三条原则：

第一，于极短时期中，教完文法中"法式的"部分。……

第二，然后注重国语文法的特别处。……

第三，改正不合文法的文句。……

（四）古文的教材和教授法（《胡适文存二集》卷4，245～252页）

同日　汪原放致函胡适，告胡适的博士论文已经排完，寄上 A Note 和 Preface，请胡适校改后用快信寄回。商务印书馆对英文的校对很仔细。又谈及《蕙的风》《儒林外史》的出版进度，以及给汪静之支付稿酬的额度等。（《胡适遗稿及秘藏书信》第27册，567～570页）

7月7日　济南报界（共13家）邀宴蔡元培及胡适等人。蒋梦麟、黄炎培、王昌国女士及胡适都有演说。胡适指出报界在这个时代的重要任务，并希望他们能联合起来做点调查与研究。去看本年新设的历史博物展览会（胡适认为是一团糟）和广智院。商务分馆邀胡适等吃饭。饭后与蔡元培同到蒋梦麟寓所谈话，谈的是：大学事，教育部事，朱经农事。（《胡适遗稿及秘藏书信》第16册，381～383页）

关于胡适在报界宴会上的演讲内容，7月11日《晨报》报道：

山东扼南北之咽喉，为中国古代文化发祥地，为全国历年来力争外交之焦点，故地理上，历史上，外交上，均有重大之关系。此次山东问题，虽在华会解决，而将来究竟能否实际收回，全在鲁案细目之交涉。今北京已开始交涉细目矣,诸君应严格监督善后督办处,地方长官及中央政府,勿使外交上遭第二次失败,与收回后利权移归军阀财阀之掌握中。按吾国办报者,往往以办报为容易,只要有印刷机械,浆糊及剪刀等即可出版。不知他处如此尚可,山东则因外交关系重大,责无旁贷,于上述种种,则断断乎不可。况济南一隅,实小于京沪等地,而报馆竟有十三家之多,是固属济南新闻事业之发达,然事实利害上,既分为若干报馆,则精神或有时不能一致,监督力量必薄弱,是报馆过多之弊也。故鄙人希望诸君研究归并成数个大报馆,注意全国民生国计。如第一步不能,或用联络的方法,组织一共同研究之机关,则材料必丰,增进许多人之智识,方不负新闻界指导监督之责任云。……山东有两种精神,即产生圣贤,如孔丘、孟轲之流,足以代表智慧道德。产生强盗,如宋江、武松之辈,足以代表勇敢。若以圣贤之智慧道德,辅以强盗之勇敢,协力合作,必获良好效果。鄙人对于山东前途,抱有极大希望……

同日 毛子水致函胡适,谈及:前蒙介绍女高师英文班国文教席一事,请胡适再和陈斠玄君接洽,或写封信给他,以便得着一个确定的消息。又拜托胡适帮忙删改自己的英文演说稿子。(《胡适遗稿及秘藏书信》第24册,595~596页)

7月8日 胡适到学术会议听各组报告。与王伯秋到百花村吃饭,会见东南教员柳诒徵、白眉初。搬到泰丰旅馆,与蒋梦麟谈话,把要商议的事谈妥了。访陶行知不遇。访蔡元培不遇。(《胡适遗稿及秘藏书信》第16册,384~385页)

同日 南开暑期学校开学,主要培训中小学教员,聘请梁启超、胡适、凌冰、陶孟和、董守义等授课。胡适所担任的课程是国语文学小史、国语文法概论。(喻鉴:《南开暑期学校概况》,载《南开周刊》第41期)

7月9日 胡适离济北归。同车有张伯苓。过天津时,遇丁文江、陶孟和,畅谈至北京。(《胡适遗稿及秘藏书信》第16册,386~387页)

同日 《努力》周报第10期发表胡适撰写的《这一周》，说道：

> 近日我们收到一本小册子，题为"中国共产党对于时局的主张"。……他们的十一条原则，确有转载的价值。……
>
> 他们在那个宣言里，对于我们的政治主张，颇表示不满意。他们说我们的主张是"妥协的和平主义，小资产阶级的和平主义"，又说是"姑息的妥协伪和平论"。我们竟不知道我们现在居然成了有产阶级与无产阶级之间的一种第X阶级，叫做什么小资产阶级！但这是小节，我们表过不题。我们只要指出这十一条并无和我们的政治主张绝对不相容的地方。他们和我们的区别只在步骤先后的问题：我们重在"现在"的最低限度的要求，故事事只从"现在第一步"着手。即如我们的第五条主张"废止复选，采用直接选举"，而他们主张"无限制的普通选举"。我们自然也会谈无限制的普通选举，不过我们斟酌现在的情形，不能不把这个主张留作第二步。我们对于这种宣言者的唯一答案是："我们并不非薄你们的理想的主张，你们也不必非薄我们的最低限度的主张。如果我们的最低限度做不到时，你们的理想主张也决不能实现。"

7月10日 胡适到北大办事。与李大钊谈。高度赞佩赵翼的《瓯北诗集》。（《胡适遗稿及秘藏书信》第16册，388页）

7月11日 胡适校改英文论文《先秦名学史》序文，寄出。下午到北大办事。校读高一涵译的 MacPherson's *A Century of Political Development*。（《胡适遗稿及秘藏书信》第16册，389页）

7月12日 胡适到北大办事。与黄国聪谈。读翁方纲的《复初斋文集》，有札记。（《胡适遗稿及秘藏书信》第16册，390～395页）

7月13日 胡适到北大办事。下午，拟考试题目：本科英文、预科英文、论理学。（《胡适遗稿及秘藏书信》第16册，396页）

7月14日 下午4时，胡适等参加顾维钧住宅举行的茶话会，讨论"省自治"的问题，委托王宠惠起草，作为讨论的基础。散会后，胡适与丁文江、王徵、张慰慈、陶孟和、叶叔衡、陈聘丞、秦汾同往公园吃饭。（《胡适遗

稿及秘藏书信》第 16 册，396～397 页）

7月15日　读赵翼诗。(《胡适遗稿及秘藏书信》第 16 册，397～399 页）

同日　胡觉致函胡适，告矿场遭土匪扰乱，请胡适代谋一职。(《胡适遗稿及秘藏书信》第 22 册，717～718 页）

7月16日　胡适到协和医院请谢元大夫割治肛门肿痛硬块。读 Samuel Butler's *The Way of All Flesh*。读《金陵词钞》。(《胡适遗稿及秘藏书信》第 16 册，400 页）

同日　《努力》周报第 11 期发表胡适撰写的《这一周》，说道：

> 六年解散的国会，不久又要开会了。……
> 国会这一次的集会，应当用全副精力贯注在制宪一件事。他的唯一任务是从制定宪法上产出正式的政府。

7月17日　胡适到协和医院整治伤口。读李慈铭的日记。(《胡适遗稿及秘藏书信》第 16 册，401 页）

同日　沈雁冰复函胡适，告：《前锋》收到时当急转，寄上陈独秀的《时局主张》中英文各一份。(《胡适遗稿及秘藏书信》第 27 册，168 页）

7月18日　南开大学凌冰来探视胡适。陶行知来访。读李慈铭的日记。(《胡适遗稿及秘藏书信》第 16 册，401 页）

7月19日　胡适到协和医院整治伤口。胡适逗幼子思杜玩，左眼珠不慎受了伤。(《胡适遗稿及秘藏书信》第 16 册，402 页）

7月20日　访客有张元济、柯乐文、汪子西、汪华甫，均在床上会见。因眼伤不能写字，在床上口述时评三则、纪事一则，请胡思永写出来。(《胡适遗稿及秘藏书信》第 16 册，403 页）

7月21日　胡适到医院整治伤口。读《越缦堂日记》，为此书题诗多首。(《胡适遗稿及秘藏书信》第 16 册，404 页）

7月22日　胡适到医院整治伤处，医生说可以收口了。王徵、高一涵、颜任光、文灿来。外间传说，北大的考题泄漏出去了，胡适觉得不妨重换题目，不必张皇失措。读李慈铭的日记。写信给沈士远、马幼渔、颜任光，

皆为试题事。写信给王云五，发电给朱经农，也为试题事。(《胡适遗稿及秘藏书信》第 16 册，407～408 页)

按，1923 年 3 月 12 日胡适复函韦莲司小姐云，"手术 7 天以后，我就得回去工作"。载周质平编译：《不思量自难忘：胡适给韦莲司的信》，142 页。

7 月 23 日 谭仲逵送来某人告密的"泄漏的数学试题"，全是捏造的！可见外面的谣言大都是假的。拟编一部预科用的英文读本，名为《近世读物》(*Modern Readings*)，目的注重在百五十年内的革命思潮。夜间到北大，监印国文试题。(《胡适遗稿及秘藏书信》第 16 册，409 页)

同日 《努力》周报第 12 期发表胡适撰写的《这一周》，高度评价地质调查所博物馆与图书馆的开幕：

这一周中国的大事，并不是董康的被打，也不是内阁的总辞职，也不是四川的大战，乃是十七日北京地质调查所的博物馆与图书馆的开幕。中国学科学的人，只有地质学者，在中国的科学史上可算得已经有了有价值的贡献。自从地质调查所成立以来，丁文江、翁文灏和其他的几位地质学者，用科学的精神，作互助的研究，经过种种的困难，始终不间断，所以能有现在的成绩。他们的成绩共有三个方面：第一是全国地质的调查。这是一件狠大的事业，一时不容易成功。他们现在已经测量的，只有直隶、山东、山西、河南、江苏几省。第二是供给矿产的知识。在这一方面，他们的成绩最大，我们看中国矿业家这几年专给地质调查所博物图书馆的钱的数目，就可以知道中国矿业所受的利益了。第三是科学的研究。地质调查所里的地质学者，近年狠出了些有价值的科学著作。本国学者除丁文江、翁文灏、章鸿钊各位之外，还有外国学者葛拉普(Grabau)、安特森(Andersson)在所里做专门研究。我们现在虽不能说这一班中国地质学者在世界的地质研究上有什么创作的贡献，我们至少可以说，他们整理中国的地质学知识，已经能使"中国地质学"成一门科学：单这一点，已经狠可以使中国学别种科学的人十分惭愧了。……

同日 胡适在《努力》第12期发表《宣统与胡适》一文，叙及他拜会废帝溥仪的经过，又云：

> 一个人去见一个人，本也没有什么希奇。清宫里这一位十七岁的少年，处的境地是狠寂寞的，狠可怜的；他在这寂寞之中，想寻一个比较也可算得是一个少年的人来谈谈：这也是人情上狠平常的一件事。不料中国人脑筋里的帝王思想，还不曾刷洗干净。所以这一件本来狠有人味儿的事，到了新闻记者的笔下，便成了一条怪诞的新闻了。自从这事发生以来，只有《晨报》的记载（我未见），听说大致是不错的；《京津时报》的评论是平允的；此外便都是猜谜的记载、轻薄的评论了。最可笑的是，到了最近半个月之内，还有人把这事当作一件"新闻"看，还捏造出"胡适为帝在[者]师""胡适请求免拜跪"种种无根据的话。我没工夫去一一更正他们，只能把这事的真相写出来，叫人家知道这是一件很可以不必大惊小怪的事。

同日 修人、章洪熙、党家斌、胡冠英、曹诚英、胡思永、程憬7人联名致函胡适，希望《努力》一方面谈政治，一方面谈文艺与思想方面的种种问题。（《努力》周报第15期，1922年8月13日）

7月24日 监考国文。预科国文题一为作文题，"述五四运动以来青年所得的教训"；另一题为标点《水经注》的一段。关于后一题的标准答案，胡适记道：

> ……各位国文教员会商一个标准的标点格式，玄同、张凤举、单不广、士远，都拟有格式，我也拟一个。不料各人的标点法竟很有几处异同。后来大家议定采用我标点的一份，然而这一事很可以使我们觉悟中国古文的不精密，和古书的不易读。作死文文字最不易。古文死后，三国、六朝、唐的文人大都是不通的。并不是他们才短，只因

为这五六百年的过渡时期之中，活人做死文字，工具没有用熟，不能不演出这个普遍的不通现象！中唐以后，韩柳一派认定那先秦和史汉的古文作正式的范程，容易专攻，故古文倒容易做通了。欧洲罗马灭亡以后，中古僧侣做拉丁文，也多不通，今人叫他做"野蛮的拉丁文"。到了近代，研究拉丁文法上了轨道，故不做则已，做的拉丁文至少可当得一个通字，远胜于中古的拉丁了。这个道理正和中国的中古古文的不通，是一样的。(《胡适遗稿及秘藏书信》第16册，410～411页)

同日　晚，胡适到北大监印外国文试题。(《胡适遗稿及秘藏书信》第16册，411页)

7月25日　上午，胡适监考外国文。下午阅卷，慨叹"外国文的翻译，真非易事！"(《胡适遗稿及秘藏书信》第16册，412页)

同日　郭绍虞为请国文教员事致函胡适。(《胡适遗稿及秘藏书信》第33册，243～244页)

7月26日　上午，胡适监考算学及论理。看英文及论理试卷。点读上海寄来的国是会议国宪草议委员会的《宪法草案》，摘出要点，为将来批评之用。张元济赠送一部影元本《王荆公诗注》。"连日病中看李慈铭日记，更觉得此书价值之高。他的读书札记大部分是好的。他记时事，也有许多地方可补历史。"(《胡适遗稿及秘藏书信》第16册，413～414页)

同日　顾颉刚日记有记：适之先生来信，谓商馆欲延我及伯祥，与伯祥接洽，因即去函问询。(《顾颉刚日记》第一卷，254页)

7月27日　胡适到协和医院整治伤口。终日在家养病；作时评2则。高一涵来，王徵来，张春霆（继煦，武昌高师校长）来。女学生周敏等来谈女子参政事。晚邀李大钊来谈政事，"我们都觉得现状可危"。读李慈铭的日记。(《胡适遗稿及秘藏书信》第16册，415页)

同日　胡适在宋人李壁笺注、刘辰翁评点《王荆文公诗》(1922年海盐张氏清绮斋影印本，1函9册)题记："景元本《王荆公诗注》。张菊生先生送我的。十一，七，廿七，胡适。"(《胡适研究通讯》2016年第2期，4页)

7月28日　陶孟和来谈。季融五（通）来谈。作时评。陈筱庄借来杨简的《先圣大训》一部。记《越缦堂日记》任北学海堂的束脩材料。"下午到大学，审查考试学生的去取。一千五百人投考，只取了二百七十人。这种刽子手的生活真使我心里难过。"（《胡适遗稿及秘藏书信》第16册，416～417页）

7月29日　下午，胡适与王徵、严庄、朱继圣同游西山。日记又记：

> 湖南省议会代表萧堃、王克家来谈；他们临行时，曾受省议会的戒约，最重要的是"先制省宪，后制国宪"。我告诉他们我不能赞成这个意思；我劝他们把湖南省宪中关于中央与地方的权限的部分抽出来，化成一种原则，然后要求将来制宪时至少也要承认这么多的省自治权。他们老实说，为戒约所限，他们不能如此做。（《胡适遗稿及秘藏书信》第16册，418页）

7月30日　胡适登车赴天津。"车上读新出的国语文法书三种。凡是我的学生编的，都还有比较可取之处；余如许地山的书，竟是错误连篇；此人作小说并不坏，不知何以如此。"访丁文江，当晚即住丁寓。（《胡适遗稿及秘藏书信》第16册，419～421页）

7月31日　下午，在南开大学先后讲演国语文学史、国语文法。（《胡适遗稿及秘藏书信》第16册，422页）

同日　王云五致函胡适，云："本馆关于国内教育参考书之缺乏，拟约海内学者择译欧美各国教育名著……先生研究教育素有心得，译事尤所擅长，拟请分神担任译述 Evolution of Educational Theory by Adam 书一种，不知能否俯允。报酬章程随函附呈……"（《胡适遗稿及秘藏书信》第24册，286～288页）

同日　杨杏佛致函胡适，拜托转请蔡元培到在南通举行的中国科学社年会演说。（《胡适来往书信选》上册，160页）

8月

8月1日　胡适选出金元人的歌曲几十首，付印。在南开大学暑期学校讲演"国文源流"。江泽涵自北京来。严修来访。王祝晨来访。程伯辉来访。选董解元《弦索西厢》两段，付印。偶记"的""得"两字的用法。(《胡适遗稿及秘藏书信》第16册，424页；《张伯苓年谱长编》上卷，310页)

同日　北京大学评议会第九次会议通过蔡元培手订《北大季刊编辑员讨论会议决之条件》，胡适被延聘为国学组主任。(《蔡元培年谱长编》中册，543～544页)

8月2日　程伯辉来访。梁启超邀吃饭，同席有丁文江等，大谈诗，又谈政局。(《胡适遗稿及秘藏书信》第16册，425～426页)

8月3日　上午，胡适写时评4则，编辑余谈1则。下午上课。(《胡适遗稿及秘藏书信》第16册，426页)

8月4日　胡适作《的字的用法》。下午上课。晚，到天津学生同志会，讲演"女子问题的开端"。(《胡适遗稿及秘藏书信》第16册，427页)《女子问题的开端》之大要：

……女子问题很宽泛，太笼统……我将他分为三项说，一是生计，二是教育，三是社会和政治，各方面的女子问题。

先说生计。女子问题中最难解决的便是这个生计问题，并且这问题也是女子问题的中心。现在要想解决政治和社会问题，平等，自由，独立，都是假的；没有经济权和经济能力而要作女子运动，实是舍弃了本源。经济权还容易解决，经济能力却是很难解决的。经济权包有财产权和支配权。……

……我们应该想个方法，使女子的经济能力增加。女子的经济能力不能获利，什么利益也享受不着，只能低首下心的压伏在男子威权之下。……女子问题的先决，便是要先有经济权和经济能力，没有这两项的获得，而欲解决女子问题，是做不到的。

再说教育。中国的女子教育问题，差不多可以说是一点也没有解决。……教育并不是教人只会读书写字，做几句白话诗，文言诗，便完算事；教育是要提高人的思想，使人生的行为起变化，使人能觉悟以前作的事不对。因之教育便可传智识的种子。女子如能经济独立，又有学问，社会政治等问题自易解决。

现在再说社会和政治。……现在男女社交公开，急宜解决；彼此交换智识，互相帮助，别的问题都可以慢慢解决了。凡是一种问题，都是具体的、个人的，没有两个问题是一样的，不但你我的问题不一样，这人和那人的问题不一样，就是同胞的姊妹，问题也有不一样的。若是一定要说应当怎样解决问题，是没有具体方法的。立法是不行的，因为各种的情形不同。大约说来，我们在现在已成的不良结果，应当取容忍和原谅的态度，一方面积极的去改造社会。因为我们要知道不良结果的造因，是由于制度的牺牲，因之我们对于一切事也就加以谅解了。

最后说到政治。我以为现在参政比较的不重要，社会上仍有许多的大问题要解决。不过我也为这次学生同志会女权股作参政运动表同情，因为他虽是不甚重要，但也可以提高女子的地位。就是参政的人少，也没有什么要紧，无论如何，总是开了风气之先。不过我不希望女子要求无限制的选举权。提倡参政，应该和男子一样受限制，作一个有限制的平等。这次的运动，最大的好处，还是在将来，盼望将来他们能更改劳工和儿童等的法律，因为女子的心比男子要慈爱些。为女子问题收实效计，最好先解决经济和教育的问题，然后再解决社会和政治问题。女子要想受社会的平等待遇，只有"自己做去"之一法。别人给的东西，没有什么意思，就是争得参政权，实际上所发生的影响仍是不相干的。……（《妇女杂志》第 8 卷第 10 号，1922 年 10 月 1 日）

8 月 5 日　上午，胡适写《句的分析》。下午上课。至此，在南开大学

讲课结束。张伯苓送来讲学费 100 元，旅费 12 元。(《张伯苓年谱长编》上卷，310 页）丁文江邀吃饭，请的都是曾捐款给地质调查所图书馆的人，有朱启钤、刘厚生、李士伟等，共 13 人。胡适第一次见朱启钤。记刘厚生谈话："我看见你的《努力》了。你们的意思都很好，但你们要想好人出来做事干政治，决没有那么回事！——我二十年的经验，使我相信决没有那么回事！"又记：我虽然驳回了他，但这句话很可代表一般"经验派"的心理，故记在此地。(《胡适遗稿及秘藏书信》第 16 册，428～429 页）

同日 《北京大学日刊》第 1067 号刊登胡适"为 1922 年北大招考预科新生所出英文试题"：

Ⅰ. 翻译汉文：

A man must indeed know many things which are useless to a child. Must a child learn all that the man must know?

Teach a child what is useful to him as a child. (Rousseau)

Ⅱ. Analyse the above sentences.

Ⅲ. 翻译英文：

1. 考验是一种竞争，就同赛跑一样。

2. 赛跑只有一个人能得第一名；其余的人难道就因此都不肯跑了吗？

3. 一千五百人同考，而大学只取三百人，其余的人难道也就因此都不肯来考了吗？

4. 有人说考试是有害的；你想我们应该用什么法子来代替考试？

8月6日 有几个学生来谈。陈钟英（承拭）来访。张伯苓来访。胡适与陈、张同在起士林吃午饭。日记有记：

我说："我不相信有白丢了的工作。如果一种工作——努力——是思想考虑的结果，他总不会不发生效果的；不过有迟早罢了：迟的也许在十年二十年之后，也许在百年之后；但早的往往超过我们的意料之外。我平生的经验使我深信,我们努力的结果往往比我们预料的多的多。"伯苓说:"这是你的宗教!你竟比我更宗教的了!(伯苓是基督教徒。)信仰将来,信仰现在看不见或将来仍看不见的东西,是宗教的要素。"(《胡适遗稿及秘藏书信》第16册,430~431页)

同日　晚,胡适乘快车回京。(《胡适遗稿及秘藏书信》第16册,431页;《张伯苓年谱长编》上卷,310页)

同日　顾颉刚复函胡适,谈苏州的奢靡之风。当为胡适托人代觅《习学记言》一书等。(《胡适遗稿及秘藏书信》第42册,199~200页)

8月7日　蒋梦麟来谈5小时。肛门又出现硬块。(《胡适遗稿及秘藏书信》第16册,432页)

8月8日　读王若虚的《滹南遗老集》四十五卷,有札记。陶行知来长谈3小时。理《四部丛刊》,依时代分类,打破四部的区分。(《胡适遗稿及秘藏书信》第16册,433~434页)

8月9日　胡适作王若虚年谱的札记。(《胡适遗稿及秘藏书信》第16册,435~440页)

8月10日　胡适续作《五十年来之世界哲学》。张公权与王徵邀吃饭,饭后与马寅初同游公园。作时评3条。(《胡适遗稿及秘藏书信》第16册,441页)

8月11日　胡适到小学女教员讲习会讲演"国语教学的兴趣",希望他们注重文法与文学。胡适讲演后,访周作人。(《胡适遗稿及秘藏书信》第16册,442页)

8月12日　安徽代表李光炯、江彤侯来。为安徽省长事,他们要求胡适写信给王宠惠。胡致王函云:劝他做点计划,为一个计划上台,为一个计划的失败而去;请他勿更动安徽省长,并发电慰留许世英。王星拱来谈,他在怀宁为胡适抄得阮大铖《诗钞》二卷。(《胡适遗稿及秘藏书信》第16册,443页)

8月13日　北大毕业生谭鸣谦自广州来,谈广东事甚详,胡适请他为

《努力》作一文。胡适在公园遇俄国鼓吹机关代表霍都洛夫，谈中国政局甚久。与丁文江、王徵在公园吃饭。打电话给李大钊，劝他规诫孙丹林、白惺亚们不要瞎摸了，"必须镇静的看出一条路来"。汪孟邹来快信，说法捕房不准将陈独秀交保。（《胡适遗稿及秘藏书信》第16册，444～445页）

同日　胡适在《努力》第15期发表《吴佩孚与联省自治》，谈及：

……我们平心而论，"联省式的统一国家"，是现在唯一的统一；只有这种统一是可能的；吴氏说的"集权于国，分权于民"的统一，只是纸上的名词，事实上是没有那么回事的。

…………

我们要明白承认：民治主义是一种信仰。信仰的是什么呢？第一，信仰国民至多可以受欺于一时，而不能受欺于永久。第二，信仰制度法律的改密可以范围人心，而人心受了法制的训练，更可以维持法治。第三，民治的本身就是一种公民教育：给他一票，他今天也许拿去做买卖，但将来总有不肯卖票的一日；但是你若不给他一票，他现在虽没有卖票的机会，将来也没有不卖票的本事了。

按，8月17日，吴佩孚的军师白坚武就此文致信胡适，说：

……说明我的意见之先，应请您注意三个要点：（一）关于自治问题，真正爱国者没有什么绝大的出入。但须由正式法定机关决定，不可随便开会议——私心自用，多添纠纷。（二）现在提倡联省的，用心于制度本身的少，用心于政略方面的多。（三）"联督自治"与省自治无干；反对"联督自治"不是反对省自治。这三点提明了，再谈吴子玉的东电。

现在军人立论，杂些应付现象的话，抱憾是不可免的。我很希望先生拿全民政治的精神来指导一番。似乎不应在半通的"联省"语句上，说些政略先生们所说的一面之词。……

"国"不是"中央"所可概括的，也非一二握权的人所可垄断的。……希望国会早早划分中央和地方的权限，怎见得不能成为事实？

难道纸上的"集权于国,分权于民"不胜过实行上的"善后督办"和"保安总司令"么?

约法这个东西,我也不说他好。但国人既已依着他恢复了国会,立法问题就该交给国会解决。若中途把从前一笔抹倒,另开什么另有用意的会议,便不能不说他是"破坏国家、违背约法"了。

省长问题,原文不是说永远不准民选,他却说:"组织未备,锻炼未成……"这个理由,不可因由军人口里说出,便无相当的承认。再"逻辑"到总统议员身上,那就更无办法了。难道叫所有的一齐糟么?孙中山主张"训政"也是这个意思。他这敢言的态度正可表出真正面目。列宁政府最新,是不是训政?(《胡适遗稿及秘藏书信》第16册,473～477页)

同日 任鸿隽致函胡适,谈及:因四川战乱,可能无法赶到南通出席科学社年会。鉴于四川的扰乱,拟在外间找一个相当的事。"外面的事体,我想还是北京容易找而且相当的多一点,又可以替《努力》努一点力,所以我想托你特别替我留心一下。大学的化学系不晓得现在还缺人不?你现在在做教务长,是知道的,请你也告诉我一声:自然我写这封信的意思,并非是说无论有事无事,一定要你替我想法的。"因此,"要重托重托你"。又云,陈衡哲现在替商务书馆编书,今年决计还不教书等。(《胡适遗稿及秘藏书信》第26册,404～409页)

8月14日 陶行知来,邀胡适至高一涵家,与安徽代表李光炯等谈话。想试做一个政治计划,预备与孙丹林谈话的底子,仅成"(一)财政""(二)政治问题中的统一问题"。陶行知对于联省自治,与吴佩孚有同样的误解,"但谈话的结果,他也觉得我的主张有理"。晚,孙丹林在大陆饭店宴请胡适、蔡元培、汤尔和、蒋梦麟、李大钊等,孙仍主张武力统一,蔡元培、蒋梦麟对此均极反感,"他对于安徽省长的问题,颇肯容纳我们的意见"。

同日 鲁迅送来关于《西游记》的材料五纸,并略有讨论。(《胡适遗稿及秘藏书信》第16册,448～453页)

8月15日　胡适出席国语统一筹备会年会（第一次会），张一麟主席。下午，年会整理议案委员会开会，胡适主席。(《胡适遗稿及秘藏书信》第16册，454页)

同日　徐望之致函胡适，谈读《努力》第15期《讨论栏》后的想法：

先生的思想是很博杂的，所以先生的事业亦是多门的，一般青年对于先生，倒好像上海人无论买什么东西，都要先到先施、永安去问一问，这实在是先生的荣誉，亦是先生的责任。

《努力》出版，第一件引起吾的快感的，还不是先生的"政治底主张"，却是先生要努力论政。吾们近年来最可惜的，就是国内几个有名望的教育家，都不主张论政，专心去办教育，这是不错。但是因为政治生活是不高尚的，所以不去论政，拿不干政的手段，当作他们的宗旨，这却错了，就如同武人不许干政一样的错误。……

……爱惜《努力》起见，不能不写出不赞成的理由：

（一）《努力》的名词，原是很宽泛的，干什么社会事业，都可以引用得上。但是《努力》产生那天，开章明义的那一篇《吾们政治底主张》早已给一般人一个明确的观念——《努力》是政论的出版物，如今如果拿一种性质很不相近的东西附入《努力》里头，不免使已经对《努力》有信仰的人发生疑问。

（二）《努力》还有几种重要的责任，就是：（1）可以使一般青年对于政治问题引起研究的兴味；（2）可以使一般青年知道，做共和国民有参政的必要；（3）可以使一般青年对于政治的判断，不受各党派机关报的迷惑。……

（三）《努力》是专论政治的，亦是先生事业的一种，革新文艺又是一种，本来可以并行不悖，何必夹杂在一块儿呢？先生的言论、思想、责任只管多门，但是希望先生的"各个事业"却要单纯一点才好。

……青年人的心理，表面上似乎同先生的主张一致，其实，研究他们心理底背景，仍然有背驰的地方，很希望先生设法矫正他们：

1922年　壬戌　民国十一年　31岁

　　（一）先生要解放青年，发挥他们的本能，不做人家的奴隶，不料有一部分人竟换个孔、孟主人……或者是做胡适之、陈独秀的奴隶去了。

　　（二）先生革新文艺注重实践的，那里知道现在的青年大半不脱旧日"文坛健将"的虚荣心，所以近来出版物虽多，但是很少发挥本能的产品。

　　（三）先生从前不谈政治，大约是以为政治与别种不同，不糟到极点，是没法子叫他回头的……研究政治的人说，人是有不爱问政治的天性，吾以为这是一面有历史的遗传性，一面是缺乏政治常识的原故。（《胡适来往书信选》上册，161～164页）

8月16日　胡适整理《努力》稿子。王徵来谈。访Zucker，谈戏剧问题。同日，胡适写长信给顾维钧，"详说陈独秀案内证据"，并说：

　　……法国人近年作的事，实在大伤中国青年的感情——指昨日十个革命团体敬告国人书为证——请他以此意劝告法公使，请他们不要如此倒行逆施，惹出思想界"排法"的感情。末说，我并不为独秀一个人的事乞援：他曾三次入狱，不是怕坐监的人；不过一来为言论自由计，二来为中法两国国民间的感情计，不得不请他出点力。此信甚恳切，当可有点效果。（《胡适遗稿及秘藏书信》第16册，455页）

同日　沈雁冰致函胡适，云：

　　前次听了先生的话，就打算从第八号起的《小说月报》上，期期提倡自然主义；八号内批评创作一篇已把自然主义眼光去批评。但一般读者对于自然主义是何物，怕也不很明白；所以打算出一期专号。现在因为记得本年十二月是Flaubert生日百年纪念，拟把十二号作为自然主义号，内容如下：

　　一、自然主义讨论……

　　二、何谓文学上之自然主义……

　　三、译丛……

以上意见尚请先生教正，并请先生自己做第一门中的文章。……（《胡适遗稿及秘藏书信》第27册，162～165页）

8月17日 胡适日记记教职员在教育部索薪一事。整理在济南的演说辞。续作《五十年来之世界哲学》。(《胡适遗稿及秘藏书信》第16册，456页）

8月18日 国语统一筹备会年会举行第二次大会，胡适报告整理议案的结果。中午与沈兼士同饭。回想昨夜写信给汪静之及今天与沈兼士谈《诗经》的话，引起整理《诗经》的旧志愿，就动手试写《关雎》一篇。晚，李大钊请俄国新代表越飞（Yoffe）吃饭，同来的有莫斯科大学中国学学者Ivanoff及参赞二人。陪客的有蔡元培、陶孟和、李石曾、蒋梦麟、李大钊等。蔡、胡均有演说。胡适演说大要是：中俄此后建设友谊关系，须以平等对待为原则。吾侪代表智识界表示吾人对于俄国之至诚，且必尽力引起全国人士对此之注意，更希望中俄互相提携，以增进两国之国际地位云云。(《胡适遗稿及秘藏书信》第16册，466页；《申报》，1922年8月23日）

同日 周作人日记有记："以《雪朝》赠适之、玄同各一本。"（《周作人日记》中册，253页）

8月19日 上午开预科委员会，又开教职员代表会。因索薪事，七校代表对北大代表的态度很不好。中华教育改进社对北大的感情极恶，对胡适、蔡元培也均不满意。"今天下午，一肚子的不高兴——不但是为教职员代表的事，并且为政治的丑现状——使我不愿意作事。"重理昨日起的《诗经》稿子。顾维钧秘书电话来告：顾得胡适函后，即派秘书将胡函之意面告法公使，法公使即有电给上海，现得上海复电：陈独秀案罚洋400元了案，也未被逐出租界。胡适乃函谢顾维钧。(《胡适遗稿及秘藏书信》第16册，467～472页）

同日 吴康致函胡适，告：下学期将执教于广东高等师范，请将《努力》寄送地点改至广州。(《胡适遗稿及秘藏书信》第28册，314～316页）

8月20日 Zucker邀胡适等吃饭。陈达材来谈。(《胡适遗稿及秘藏书信》第16册，472页）

同日 《努力》周报第16期发表胡适撰写的《这一周》,说道:

在一个公开的政党里,党员为政见上的结合,合则留,不合则散,本是常事;在变态的社会里,政治不曾上轨道,政见上的冲突也许酿成武装的革命,这也是意中的事。但此次孙、陈的冲突却不如此简单。孙文鉴于国民党的失败,仍旧想恢复秘密结社的法子来组政党。因为陈炯明是新国民党的党员,不曾脱党,而攻击党魁,故用秘密结社的道德标准看起来,陈炯明自然是叛党的罪人了。陈氏至今不敢发一个负责任的宣言,大概也是为了这个原故。……

同期《努力》的《编辑余谈》还发表胡适的《一篇绝妙的平民文学》《诗中丑的字句》。

8月21日　阅卷。注《周南》。(《胡适遗稿及秘藏书信》第16册,472页)

同日　鲁迅复函胡适,云:

大稿已经读讫,警辟之至,大快人心!我很希望早日印成,因为这种历史的提示,胜于许多空理论。但白话的生长,总当以《新青年》主张以后为大关键,因为态度很平正,若夫以前文豪之偶用白话入诗文者,看起来总觉得和运用"僻典"有同等之精神也。

现在大稿亦奉还,李伯元八字已抄在上方。

《七侠五义》的原本为《三侠五义》,在北京容易得,最初似乎是木聚珍板,一共四套廿四本。问起北京人来,只知道《三侠五义》,而南方人却只见有曲园老人的改本,此老实在可谓多此一举。

《纳书楹曲谱》中所摘《西游》,已经难以想见原本。《俗西游》中的《思春》,不知是甚事。《唐三藏》中的《回回》,似乎唐三藏到西夏,一回回先捣乱而后皈依,演义中无此事。只有《补遗》中的《西游》,似乎和演义最相近,心猿意马、花果山、紧箍咒,无不有之。《揭钵》虽演义所无,但火焰山、红孩儿当即由此化出。杨掌生笔记中曾说演《西游》,扮女儿国王,殆当时尚演此剧,或者即今也可以觅得全曲本

子的。(《胡适遗稿及秘藏书信》第 16 册，452～453 页）

8 月 22 日　阅宣城李文瀚（震生）的传奇 2 种，有札记。湖南代表萧堃、王克家请吃饭。席上有吴景濂、王正廷、丁佛言、汤漪、林长民、籍忠寅、金永炎、徐佛苏一班政客。(《胡适遗稿及秘藏书信》第 16 册，478～479 页）

9 月 1 日之长沙《大公报》对胡适在宴会上演讲内容的报道如下：

> 湖南人主张先省宪后国宪，固然有道理，但是国会现正制宪，只要制成是一部联省的国宪，何尝不好？劝湖南人不必固执己见，对于此举不要怀疑。再湖南首先制成省宪，又实国内是个模范省。现在省议会预选出来的省长行，在如赵、谭、熊三人……均系有人望的，尤足以表现省议会举必择贤的精神。

8 月 23 日　阅卷。"连日整治《诗经》，颇有味。"(《胡适遗稿及秘藏书信》第 16 册，480 页）

8 月 24 日　陈达材带来《再述孙陈之争》一文。江冬秀的表兄吕世芳邀吃饭。访蒋梦麟，谈政局，没法子可想。又记道：现在吴佩孚一派大概是想拥孙文来倒黎元洪。孙文在他的本省不能和陈炯明相安，而想在北方谋求发展，是不切实际的。(《胡适遗稿及秘藏书信》第 16 册，481～482 页）

8 月 25 日　卫挺生来访。写成《诗经新解》第一卷。(《胡适遗稿及秘藏书信》第 16 册，483 页）

同日　向乃祺致函胡适，拟于宪法内加入财记制度一章，并将草案函寄胡适征询意见。(《胡适遗稿及秘藏书信》第 26 册，113～116 页）

8 月 26 日　注《诗经》。日本学者今关寿麿来访，胡适对他说：

> "我们的使命，是打倒一切成见，为中国学术谋解放。"
>
> "我们只认方法，不认家法。"
>
> "南方史学勤苦而太信古，北方史学能疑古而学问太简陋。将来中国的新史学须有北方的疑古精神和南方的勤学工夫。"

"中国今日无一个史家。"

"日本史学的成绩最佳。从前中国学生到日本去拿文凭,将来定有中国学生到日本去求学问。"(《胡适遗稿及秘藏书信》第16册,483～484页)

同日　丁文江来谈。到北京平民自治协会讲演,题为"平民自治的精神"。与丁文江同访蔡元培,谈时局,"也想不出法子来"。(《胡适遗稿及秘藏书信》第16册,485～486页)

8月27日　续作《五十年来之世界哲学》。为《读书杂志》改作去年读《楚辞》的日记一篇。晚,苏俄驻华全权代表越飞设宴招待我国国会议员、赈济俄灾会委员及教育界人士,赴宴者有蔡元培、胡适、陶孟和、刘式南、王葆真、胡鄂公、李季赓、邓洁民等10余人。胡适劝刘式南做一部《中国共和史》。(《胡适遗稿及秘藏书信》第16册,487页;《申报》,1922年9月2日)

同日　《努力》周报第17期刊出《特别启事》,宣布自18期开始,"每月初的一期附刊一种《读书杂志》",体例是:专篇的读书研究,翻译的名著,新书的批评及介绍,文艺的作品,每月一期不另收费,欢迎外来投稿。

同日　钱玄同致函胡适,讨论《诗经》。(《胡适遗稿及秘藏书信》第16册,493～497页)

同日　李大钊致函胡适,云:

> 学潮如何结束?中山抵沪后,态度极冷静,愿结束护法主张,收军权于中央,发展县自治,以打破分省割据之局。洛阳对此,可表示一致。中山命议员即日返京。昨与溥泉、仲甫商结合"民主的联合战线"(democratic front),与反动派决战。伯兰稍迟亦当来京,为政治的奋斗:《努力》对中山的态度,似宜赞助之。(《胡适遗稿及秘藏书信》第16册,498页)

8月28日　胡适与钱玄同同饭,谈《诗经》甚久。钱赞成胡适整理旧

书的计划，但都觉得此事不易做。胡适觉得中国学术界真凋敝零落极了。旧式学者只剩王国维、罗振玉、叶德辉、章炳麟4人；其次则半新半旧的过渡学者，也只有梁启超和胡适等几个人。内中章炳麟是在学术上已半僵了，罗与叶没有条理系统，只有王国维最有希望。晚，王正廷请胡适吃饭。(《胡适遗稿及秘藏书信》第16册，488页）

同日　胡适改定《读〈楚辞〉》，大要是：

（一）屈原是谁？

屈原是谁？这个问题是没有人发问过的。我现在不但要问屈原是什么人，并且要问屈原这个人究竟有没有。为什么我要疑心呢？因为：

第一，《史记》本来不很可靠，而屈原贾生列传尤其不可靠。……
…………

第二，传说的屈原，若真有其人，必不会生在秦汉以前。
…………

我想，屈原也许是二十五篇《楚辞》之中的一部分的作者，后来渐渐被人认作这二十五篇全部的作者。但这时候，屈原还不过是一个文学的箭垛。后来汉朝的老学究把那时代的"君臣大义"读到《楚辞》里去，就把屈原用作忠臣的代表，从此屈原就又成了一个伦理的箭垛了。
…………

（二）《楚辞》是什么？

……《楚辞》的前二十五篇决不是一个人做的。……

……《天问》文理不通，见解卑陋，全无文学价值，我们可断定此篇为后人杂凑起来的。《卜居》《渔父》为有主名的著作，见解与技术都可代表一个《楚辞》进步已高的时期。《招魂》用"些"，《大招》用"只"，皆是变体。《大招》似是模仿《招魂》的。《招魂》若是宋玉作的，《大招》决非屈原作的。《九歌》与屈原的传说绝无关系，细看内容，这九篇大概是最古之作，是当时湘江民族的宗教舞歌。剩下的，只有《离骚》《九章》与《远游》了。依我看来，《远游》是模仿《离骚》做的；《九章》也是模仿《离骚》做的。……

....

（三）《楚辞》的注家

《楚辞》注家分汉宋两大派。汉儒最迂腐，眼光最低，知识最陋。……宋派自朱熹以后，颇能渐渐推翻那种头巾气的注解。朱子的《楚辞集注》虽不能抛开屈原的传说，但他于《九歌》确能别出新见解。……

（四）《楚辞》的文学价值

……屈原的传说不推翻，则《楚辞》只是一部忠臣教科书，但不是文学。……

……我们必须推翻屈原的传说，打破一切村学究的旧注，从《楚辞》本身上去寻出他的文学兴味来，然后《楚辞》的文学价值可以有恢复的希望。（《胡适文存二集》卷1，139～148页）

8月29日　到车站送Zucker夫妇回国。与钢和泰、雷兴（F. Lessing）谈学术上个人才性的不同。尉礼贤对于中国学术，有一种心悦诚服的热诚；钢、雷和胡适都太多批评的态度与历史的眼光，故不能有这种盲目的热诚。致函任鸿隽，劝他们此时在四川做点努力的事业。写成《五十年来之世界哲学》。（《胡适遗稿及秘藏书信》第16册，489页）

8月30日　是日访客有谭鸣谦、张慰慈、陈达材等。胡适到柴思（Lewis Chase）家吃饭，谈甚久。（《胡适遗稿及秘藏书信》第16册，490页）

同日　胡适为康白情的《草儿》作一书评，认为《草儿》是近年新诗集中最重要的一部，它在中国文学史的最大贡献，是其纪游诗。又说康白情的诗，在技术上能做到"漂亮"的境界。（《胡适文存二集》卷4，269～278页）

同日　任鸿隽致函胡适，告：陈衡哲仍在重庆。《努力》自第13期后就没看到，询问胡适是否继续出。（《胡适遗稿及秘藏书信》第26册，410～411页）

8月31日 胡适作《安徽的学风》一文，给《改进》第 1 期。想借《诗经新解》作消遣，不意才写《召南》第一首的第一字，即碰着"维"字之难解，因而慨叹"古书真不易读！"（《胡适遗稿及秘藏书信》第 16 册，499 页）

按，《胡适遗稿及秘藏书信》第 11 册收有《胡适试做的诗经新解》，内容为《周南召南说》。前有胡适题记："此书起于一时的高兴。两年前曾试作了《关雎》一篇的新注，但随手就搁下了。十一年八月十七日重新动手，以后作为我百忙中的一个消遣品，不许间断。适。"（该书 64～71 页）

8月 胡适致函顾维钧，云：

近日报载外部提出阁议，议决认真监视苏俄代表越飞，并饬令京师军警机关于越飞回京时，亦须认真查察。又闻政府近日颁布一种取缔宣传过激主义条例，是司法部的人员照抄日本的条例的。我们初听见这二事，心里都不相信，因为这二事都是与上次先生在外交部招宴谈论俄事时的精神完全相反的。但近日这些话又很像是真的了。我很想对先生说几句话。

第一，越飞确是苏俄的正式代表，中国应对他表示相当的敬礼。他若不是正式代表，何以能和日本开议呢？日本东京《东方时论》上有中野正刚君论对俄交涉，曾说："我国（日本）的使节应该任命第一流的人物。越飞君是布雷斯托里托斯科会议以来的名士，对于此人，不可不表相当的敬意。若令外务部的属僚出而试刀笔吏的外交，对彼为失礼，同时自然生出使人轻视日本的结果。"这种议论似乎是可以注意的。（《胡适遗稿及秘藏书信》第 20 册，313～314 页）

1922年　壬戌　民国十一年　31岁

9月

9月1日　胡适到钢和泰家吃饭,同席为雷兴、丁文江。是日有感于《诗经》中"维"字之难解,道:

从前我们以为整理旧书的事可以让第二三流学者去做。至今我们晓得这话错了。二千年来,多少第一流的学者毕生做此事,还没有好成绩;二千年的"传说"(Tradition)的斤两,何止二千斤重!不是大力汉,何如推得翻?何如打得倒?(《胡适遗稿及秘藏书信》第17册,2页)

同日　胡适作有《"除非"的用法》一文,发表于9月29日《晨报》。

同日　钱玄同复函胡适,讨论《诗经》中"维"字之义。又谈及:据黄宗羲所作丰坊的传,知丰坊此人非无思想者,有思想而以游戏之态度出之,以不正当(造伪书)之手段发表之,这正是明朝人的习气。又云:"托古改制"是中国人的惯技,自来造假书最有名的人是刘歆和王肃,但此二人所造的伪书,尽有他的价值,不可轻于抹杀。等等。(《胡适遗稿及秘藏书信》第40册,311～317页)

同日　林志钧函谢胡适寄赠《章实斋先生年谱》等。(《胡适遗稿及秘藏书信》第29册,261～264页)

9月2日　阅试卷。程铸新请胡适等安徽同乡吃饭,谈安徽教育的事。决计请洪逵君去任教育厅长,王星拱任第一中学校长。下午打牌消遣,胡适日记有记:"我的天性是不能以无事为休息的;换一件好玩的事,便是休息。打球打牌,都是我的玩意儿;但'打茶围'——坐在妓女房里,磕〔嗑〕瓜子、吸香烟,谈极不相干的天——于我的性情最不相近。在公园里闲坐喝茶,于我也不相宜。"(《胡适遗稿及秘藏书信》第17册,3页)

9月3日　是日访客有余文灿、谢叔骞。王星拱为张少涵饯行,邀胡适陪客。邓芝园来访谈教育经费事,说次日可发一个月,政府还可派人去

477

慰问教职员。胡适又陪其到先农坛找到蔡元培，谈此事。(《胡适遗稿及秘藏书信》第 17 册，12 页)

同日 《读书杂志》第 1 期附于《努力》周报第 18 期印行。此第 1 期刊有胡适的《王莽——一千九百年前的一个社会主义者》，认为王莽受了 1900 年的冤枉，至今还没有公平的论定。认为王莽确是一个大政治家，确是社会主义者。他的"土地国有""均产""废奴"三个政策都是"国家社会主义"的政策。他们的目的都是"均众庶，抑并兼"。但那时因为国家组织还不完备，这种大计划的干涉政策当然不能一时收效。2000 年来，竟然没有人替王莽说一句公平的话。(《胡适文存二集》卷 1，31～42 页)

同日 《努力》周报第 18 期发表胡适撰写的《这一周》，提出对孙中山、吴佩孚的忠告：

只是"省自治"可以作收回各省军权的代价。
只有"省自治"可以执行"分权于民"和"发展县自治"的政策。
只有"联邦式的统一"可以打破现在的割据局面。
只有公开的各省代表会议可以解决现今的时局。
只有公开的会议可以代替那终久必失败的武力统一。
我们因为孙、吴二氏都还是为主义而不为私利私图的人，所以对他们发这个诚恳的忠告。

9 月 4 日 研究《诗经》的"维"字和"虚字"。罗文干代表王宠惠劝胡适出来做教育次长，胡适表示"决不干"。罗又与胡适同访蔡元培，决计劝汤尔和出来。陈达材邀胡适等吃饭，并邀胡适去广东办广东大学，胡适表示不能去，北大也无人肯去。胡适劝他转告陈炯明："此时先努力把广东的治安办好，不妨做一个阎锡山，但切不可做杨森。借文化事业来做招牌，是靠不住的。"饭后，胡适与蔡元培访汤尔和，久谈。(《胡适遗稿及秘藏书信》第 17 册，13～14 页)

9 月 5 日 胡适访蔡元培。与来访的林宰平谈。胡适与蔡元培同访罗文干。续研究《诗经》中的"虚字"。(《胡适遗稿及秘藏书信》第 17 册，15 页)

同日 胡适写定《五十年来之世界哲学》。文章首先回顾了50年前——1872年世界哲学的"样子":(1)浪漫主义的哲学(The Philosophy of Romanticism)已到了衰败分崩的时期。(2)实证主义(Positivism)的盛时也过去了。(3)大陆上浪漫主义的余波此时变成了一种新的意象主义,又叫作"物观的意象主义"(Objective Idealism)。(4)尼采(Nietzsche,1844—1900)的《悲剧的产生》(Die Geburt der Tragödie)出在这一年,该书提出一种新的人生观,提出了"重新估定一切价值"的第一步。(5)达尔文校完了他的《物类由来》第6版的稿子。达尔文同时的斯宾塞,承认演化论最早(在《物类由来》出版之先);他把进化的观念应用到社会科学和心理学上去。(6)皮耳士(C. S. Peirce,1839—1914)于次年做了一篇文章,这篇文章后来(1877)略有修改,在《科学通俗月刊》上发表。这篇的总题是《科学逻辑的举例》(Illustrations of the Logic of Science),是实验主义的第一次发表。(7)马克思的《资本论》(Das Kapital)的第一册(1867)已出版了5年了。社会民主党已成了一种政治势力了。在这篇长文里,胡适重点介绍了新意象主义、尼采的哲学、演化论的哲学、实验主义、晚近的两个支流、社会政治学说。(《胡适文存二集》卷2,217～303页)

9月6日 胡适整理《五十年来之世界哲学》,以抄本寄出付印。访罗文干,罗告:汤尔和所拟请总统下令指定关税为教育经费的呈子无望。访蔡元培,蔡告:政府允发的一个月经费未发,各校校长不能不辞职,请胡适以教务长名义维持北大,胡适请其明日到教务会议谈谈。胡适与罗文干同访顾维钧,顾亦云以关税充教育经费事无望。胡适在公园遇北大学生黄日葵、刘仁静,他们不满意胡适谈政治的态度。胡适很诚恳地告诉他们:

我也想用一个观念来简单的说明现在的复杂现状,但我的训练使我的思想万不能不如此简单。这是没有法子的!我们谈政治的方针,事实第一,步骤第二,意见第三。(《胡适遗稿及秘藏书信》第17册,16～17页)

同日 胡适致函罗文干,告:已经将关税充教育经费不果事告知汤尔

和，汤已决定不就教育次长。又云：

> 北京局面已很难维持了。社会的秩序全靠中级人士为中坚，今中级人士已无守秩序的能力，昨日国会与国务院的情形便是明证。亮畴当此残局，未免太苦；似不如早日远引，留一个有用之才为将来之用。我是主张奋斗的人；但"知其不可而为之"，究竟于事何补？（《胡适遗稿及秘藏书信》第17册，18～20页）

同日　徐炳昶致函胡适，请胡适为《你往何处去》一书的租借契约签字并转送商务印书馆，又拜托胡催促商务印书馆赠送样书。（《胡适遗稿及秘藏书信》第32册，211页）

同日　唐钺致函胡适，谈校阅臧玉涂译《华德生》的酬劳之事。告胡现与朱经农同住。（《胡适遗稿及秘藏书信》第31册，388～390页）

9月7日　胡适出席北大教务会议。与颜任光同饭。访张慰慈。（《胡适遗稿及秘藏书信》第17册，21页）

9月8日　下午4时，胡适出席在顾维钧家举办的政治茶会，美国前公使芮恩施（Reinsch）演说"中国财政"。会后，蔡元培、蒋梦麟、胡适、陶孟和、汤尔和等同饭。胡适说，将要送一个议案到教育部，请教育部把一切公文都改用国语，并加标点符号（此为胡适在国语统一筹备会的提案）云云。（《胡适遗稿及秘藏书信》第17册，22～24页）

同日　胡适作有《联省自治与军阀割据——答陈独秀》，大意谓：

> ……军阀的封建与帝制的运动都是武力统一的迷梦的结果。为强求统一而封建军阀，然而封建军阀却使各省格外分裂，遂成了独秀说的政治纠纷的现状。
>
> 我们不愿意用一两个简单的公式来解释那复杂的政治问题，但我们从历史的事实上看起来，不能不说："用集权形式的政治组织，勉强施行于这最不适于集权政治的中国"，是中国今日军阀割据的一个大原因。我们还可以进一步说：根据于省自治的联邦制，是今日打倒军阀

的一个重要武器。

……………

……督军总司令的权力所以扩大到那么地步，正是因为他们现在处的地位，上不着天，下不着地；中央有"权"可管他们，而无"力"管他们；地方有潜势力可管他们，而无"权"管他们。试问我们今日要想裁制军阀的权力，还是希望那有权无力的中央呢？还是希望那有力无权的地方呢？我们的答案是：

增加地方的实权；使地方能充分发展他的潜势力，来和军阀作战，来推翻军阀。这是省自治的意义，这是联邦运动的作用。

地方有了权，就可以裁制军阀吗？可以的。……

……………

总括起来，我们的意见是：

（1）中国不适宜于单一的国家组织；军阀的割据是武力统一的迷梦的恶果。

（2）今日只是督军总司令的权大，而地方的权极小。这两件事决不可混作一件事。

（3）军阀的权限所以大到这个地步，是因为地方没有权，又因为中央虽有权而无力裁制军阀。

（4）今日决不能希望中央来裁制军阀；裁制军阀与倒军阀的一个重要武器在于增加地方权限，在于根据于省自治的联邦制。

……………

我们可以大胆说：

打倒军阀割据的第一步是建设在省自治上面的联邦的统一国家。

凡反抗这个旗帜的，没有不失败的。（《胡适文存二集》卷3，111～119页）

按，1923年1月3日，须恺、张闻天、郝坤巽等撰有《质问胡适之先生》，对胡适的"制宪庸议"的时评提出质问，并批评其《联省自

治与军阀割据》一文，并要胡适公开答复他们提出的6个问题。(《胡适遗稿及秘藏书信》第34册，367～371页)

同日　华超致函胡适，拜托胡适将自己翻译之《智力测验》荐入《世界丛书》，译稿目前在唐擘黄处。(《胡适遗稿及秘藏书信》第37册，110～111页)

9月9日　摘记《费氏家乘》费密父子的世系年月及事迹。继续研究《诗经》中的"虚字"。买得上海新印出的《曲苑》一部，内有明人梁辰鱼的《江东白苎》四卷，"其中小令也有可看的，但不如元人小令了"。另有焦循《剧说》六卷，"是《宋元戏曲史》的先声，搜的材料很有可以宝贵的"。晚赴蔡元培饭约。赴陆建三饭约。(《胡适遗稿及秘藏书信》第17册，25～26页)

9月10日　访客有毛子水、潘元耿、吴检斋、胡敦元。赴王治昌饭约。赴北京教育会，讨论本年全国教育会联合会议案事。到蒋梦麟家吃饭，客为穆藕初，同坐有蔡元培、王宠惠、顾维钧，谈教育经费事，王宠惠已筹借11万元，但须教育界保证此款"果为教育费"，胡适即代蔡元培拟一保证书。(《胡适遗稿及秘藏书信》第17册，27页)

同日　邓仲澥致函胡适，欲以蔡元培、蒋梦麟、李大钊等人名义为陈独秀募款，询胡适是否愿意出名。(中国社科院近代史所藏"胡适档案"，卷号839，分号4)

9月11日　胡适与蔡元培同午饭。与沈尹默、张凤举、马幼渔谈。晚，胡适与安徽同乡公宴安徽省籍议员。(《胡适遗稿及秘藏书信》第17册，28～29页)

9月12日　胡适出席考试委员会议、北大代表团会。会见新聘教员Fr. Otte。下午到北大处理公务。(《胡适遗稿及秘藏书信》第17册，29页)

同日　胡适有《一个平庸的提议——解决目前时局的计画》一文，谈政治与财政问题。胡适认为，"政治不能解决，财政决不能解决"，主张先从政治方面下手。胡适的方案由北京政府立即召集一个各省会议，由北京政府公开调解奉直的私斗，消除逼人而来的大战祸。胡适提出的解决财政问题的办法是：从速解决政治的纠纷；从速宣布财政的收支实况；通盘筹算后做一个目前救济的小计划；大借款如不可免，此时也只宜做计划，研究用途的分配，条件的磋商，而不能骤然实行，若贸然做大借款，决没有不失败的。胡适强调：一个平庸的计划，胜于没有计划。(《胡适文存二集》卷3，129～140页）

同日　Kenneth William Mounsey 致函胡适，云：Referring to our letters of 31st August and 4th September □ last, we have received a further cable from Mr Beach saying: — "Awaiting cable". Will you kindly let us know what we are to reply.（中国社科院近代史所藏"胡适档案"，卷号E-305，分号3）

9月13日　下午2时，北大教职员在第三院开全体大会，胡适出席。首由教职员沈士远报告蔡元培辞职经过，即推蒋梦麟为临时主席。胡适、陶孟和等相继发言（胡适发言颇多），议决：在校长离职后，由全体教职员共同负责维持；以本校全体教职员名义挽留校长；责成本校代表赴联席会议时，敦劝七校代表与北大一致进行（此议案亦系胡适提出）。(《胡适遗稿及秘藏书信》第17册，31页；天津《大公报》，1922年9月14日；《申报》，1922年9月16日）

同日　晚，胡适在公园宴请张伯苓，久谈。(《胡适遗稿及秘藏书信》第17册，31页）

9月14日　胡适出席聘任委员会议。(《胡适遗稿及秘藏书信》第17册，31页）

同日　王云五致函胡适，云：

> 你的中学国文教学，我们都狠赞同（已交下期《教育杂志》转载）。其中关于整理旧书一段，不但裨益教育，并且确是一大利源。又所开七条件，也狠周密妥善。我以为商务亟当照此进行。不过人才难得……不知你能够介绍些人在所外帮忙否？
>
> …………
>
> 我个人对于这部丛书，以为纵不能办得美满，总该尝试尝试。但

是菊生等对于旧学研究较深的，却稍存慎重怀疑的态度。闻说日本也有这类书。我现在赶紧向日本多买几种来参考。大约只要有人担任，这件事就可着手开办了。还望你有更具体的办法来指教我们。将来果能照办，也须靠你主持大纲才好。

....

《现代教育》名著里面请你担任的一种，想已经得你同意（那本书已经寄上，想来总已收到了）；我们日内就要将全体书名发表了。

《常识丛书》已经收到稿本二十多种，年内就可出版。但是总须将你的大作加入才好。望你腾出几日功夫，赶将《西洋哲学小史》草成寄下。……（《胡适遗稿及秘藏书信》第17册，34～42页）

9月15日 胡适面试旁听生20余人。宴请获得博士学位的饶毓泰，同席有颜任光。国际联盟同志会开会欢迎芮恩施，胡适应邀出席，并为其翻译。晚，顾维钧邀胡适在外交部吃饭。席上谈俄国问题，颇有许多讨论。（《胡适遗稿及秘藏书信》第17册，32页）

9月16日 胡适与蒋梦麟、汤尔和、邵飘萍同饭。高一涵、王星拱请安徽派来参加学制会议的汪东木、刘先黎吃饭，胡适出席。（《胡适遗稿及秘藏书信》第17册，33页）

同日 《晨报》刊登胡适、高一涵、王星拱联名来函：

贵报十二日第六版登载《安徽教育厅长之逐鹿》新闻一条，完全与事实不合。旅京皖事改进会并无电致许省长保刘君代理教厅之事。刘亦无派人来京运动等情。程发甫来京，系为挈眷回省，更与教厅一事无涉。特此致函贵报，请为更正，以昭事实。

9月17日 胡适据《圭斋文集》和《元文类》做出阿里的世系表。访吴兴周不遇。访汪东木，小谈。访芮恩施，他重申前年要胡适做一部"Chinese Ideals of Peace"，他很赞成胡适前天拟的政治计划。胡适宴请吴兴周、汪东木、刘先黎、张希骞。（《胡适遗稿及秘藏书信》第17册，43～46页）

同日 《努力》周报第20期发表胡适撰写的《这一周》，其中忠告王宠惠内阁：没有计划而来，没有计划而去，是可耻的事。又寄希望于教育部召集的学制会议：

> 第一，我们希望到会的教育专家不要太注重学制的改革。学制从硬性的变成有弹性的，固是一大解放。但教育的精神究竟在内容而不在学制的系统。这一次学制会议，依我们悬猜起来，至多不过能做到正式承认或修正后承认去年全国教育会联合会的新学制原案。至于那更重要的"新学制课程"，决不是六七天的大会能议决的。我们希望学制会议能组织一个长期的新学制课程草案委员会，委托他们从容研究这个问题。第二，我们对于新学制的中学部分，认为最重要的部分。我们希望学制会议对于这一部分中的高级中学要特别慎重。现在办不好四年中学的人，也决办不好六年的中学。我们主张，现在只可指定少数已有成绩的中学，准他们办高级中学。高级中学须有特别预算，须规定教员的资格。除了几个教育发达的省分之外，每省此时至可有一个高级中学。以后不妨分期逐渐增加，但此时不可不抱定"宁阙毋滥"的宗旨。

同期《努力》又发表胡适撰《假如我们做了今日的国务总理》，又发表胡适作《骂人》一文（在《编辑余谈》栏）。

9月18日 胡适到北大办公。整理《现代读物》第一册，付印，为预科新生之用。李大钊来谈。作长函与陈独秀。（《胡适遗稿及秘藏书信》第17册，48页）

同日 任鸿隽致函胡适，谈自己在四川在裁兵和教育方面的努力，以及四川的教育现状等。（《胡适遗稿及秘藏书信》第17册，71～78页）

9月19日 胡适到北大办公。与江冬秀、胡祖望游北海，遇吕世芳、凌文渊。蒋梦麟深夜来告新内阁发表。（《胡适遗稿及秘藏书信》第17册，48页）

同日 胡适为俞平伯的《冬夜》作一书评，指出，俞平伯虽主张"努

力创造民众化的诗"，但却大大失败了，并举例说俞诗的晦涩难懂。又指出俞之《所见》《引诱》等小诗很有意味，是好诗。该文最后说：

> 平伯最长于描写，但他偏喜欢说理；他本可以作好诗，只因为他想兼作哲学家，所以越说越不明白，反叫他的好诗被他的哲理埋没了。（《胡适文存二集》卷4，279～288页）

9月20日 胡适到北大办公。北大请早稻田大学俄国文学教授片上伸讲演，题为"北欧文学的原理"，胡适代表蔡元培主席。至六国饭店访美国政治学者 James W. Garner，约他到大学讲演，并劝他讲"联邦制度"。胡适到北京饭店访 Miss Waterbury，不遇。罗文干、陈兰生（锦涛）邀胡适吃饭，谈陈氏所拟"教育基金计划"。（《胡适遗稿及秘藏书信》第17册，49～50页）

同日 胡适作有《北京的平民文学》，介绍前意大利使馆华文参赞卫太尔男爵（Baron Guido Vitale）搜集的《北京歌唱》（Pekinese Rhymes）。胡适选出了此集所收北京歌谣170首中一些有文学趣味的俗歌，介绍给国中爱"真诗"的人们。并指出：

> 近年来，国内颇有人搜集各地的歌谣，在报纸上发表的已很不少了。可惜至今还没有人用文学的眼光来选择一番，使那些真有文学意味的"风诗"特别显出来，供大家的赏玩，供诗人的吟咏取材。……现在白话诗起来了，然而做诗的人似乎还不曾晓得俗歌里有许多可以供我们取法的风格与方法，所以他们宁可学那不容易读又不容易懂的生硬文句，却不屑研究那自然流利的民歌风格。这个似乎是今日诗国的一桩缺陷罢。……（《读书杂志》第2期，1922年10月1日）

9月21日 胡适到北大办公。评定华侨学生卷子。（《胡适遗稿及秘藏书信》第17册，51页）

9月22日 胡适同王星拱、高一涵、明甫、陶行知去见孙汉尘，谈安徽省议会及省长事。出席顾维钧宅的茶会，胡适提出其计划中的"各省会议"与"消除奉直私斗"二事，讨论颇激烈。胡适认为这是"把死马做活马医"，

"只是尽人事"。到张慰慈家吃晚饭。汤尔和就教育次长职,欲公布胡适为秘书,胡适要蒋梦麟转告汤暂缓公布。(《胡适遗稿及秘藏书信》第17册,52~56页)

9月23日　胡适到北大考试旁听生。晚,与蒋梦麟同访芮恩施,久谈。(《胡适遗稿及秘藏书信》第17册,57页)

9月24日　胡适因教胡祖望唱儿歌,略领悟平民文学的修正。访客有黎锦熙、吴检斋、蔡元培。继续研究《诗经》的"虚字"。与丁文江、王徵、蔡元培谈努力社事。(《胡适遗稿及秘藏书信》第17册,58~59页)

同日　蔡元培、李石曾、蒋梦麟、胡适、邓中夏、刘仁静、张国焘、高尚德、李大钊、林素园、范鸿劼、黄日葵、蔡和森、缪伯英14人在本日《晨报》上刊登《为陈独秀君募集讼费启事》,云:

> 陈独秀君为社会教育思想自由之故被捕,案虽了结,而关于讼费及销毁书籍纸版损失在二千元以上。陈君清贫,同人深悉,遭此厄运,其何以堪。凡表同情于社会教育思想有[自]由,及与陈君有旧,愿解囊相助者,上海希交环龙路铭德里二号高君曼,北京希交北京大学图书馆李大钊收转为荷。

同日　《努力》周报第21期的《这一周》发表胡适撰写的一则关于法律公文改用白话文的评论,胡适说道:

> ……[教育总长汤尔和]主张中华民国的法律公文应该一律改用白话,一律分段,一律加上新式标点符号;教育部既然正式提倡国语与标点符号,这个改革应该从教育部做起。

9月25日　下午,胡适到北大办公。晚,赴中华教育改进社筹划全国教育经费委员会的会议,谈陈锦涛的《教育基金条例》,与会者还有蔡元培、汤尔和、罗文干、陈锦涛、邵振青、顾孟馀、陈宝泉、马寅初、张佐汉、刘星涵、王震良等。(《胡适遗稿及秘藏书信》第16册,60~61页;《新教育》第5卷第4期,1922年11月)

是日　胡适日记粘贴陈独秀复胡适函云：

你说《民国日报》不值得一驳，许多人说胡适之被《民国》骂倒了，《努力》销路也因此稍减（在南方尤其是上海），你不睬他，他却要睬你。我们反对联治或者有人利用，但你们提倡联治也不见得无人利用，我也很替你着急。我骂发昏是指当年汤继武，因为他前曾正式发表宣言反对组党，你曾明明承认政党，惟自居政党外之政论家，何以误会到我是骂你，实在奇怪。《民国》增改别人文章字句，我看了也觉难受，政党的罪恶，我知道的或者比你还多，我的脾气或者比你更不适于政党，因为我的脾气比你更急躁，比你更不喜应酬，我只喜欢结交革命党人，并无心于普通政党。中国事无论统一联治，集权分权，无论民主的政治或社会主义政治，不取革命的手段，都只是一场滑稽剧，这是我牢不可破的迷信，单拟一个制度，所取建设这个制度的手段不同，结果亦必不同。譬如统一论与联治论若建立在现状上面，都是不对，因为手段错了，所以这些问题很难分开来讨论。我所谓"不曾明目张胆提倡武人割据"，兄将不曾改为即是二字，语气之间，似稍有不同了；且这句话说在你主张联治以前，大约是指褚慧僧一班人，似也于兄无关。兄说省民的政治能力不能运用不过是暂时的现象，我敢说这个暂时决不是很短的时期，兄是相信实验主义的，我是相信唯物史观的，都不应该轻视现在及最近的将来。"回本省去奋斗！"也是一个很好的标语，吾兄何妨躬自实行为天下倡。（《胡适遗稿及秘藏书信》第17册，62～66页）

9月26日　胡适到北大办公。召开教务会议。下午4时，北京大学特邀美国政治学专家加纳博士（Prof. Garner）在第三院大礼堂讲演，讲题为"从美国历史经验上论联邦制度的得失"。首由胡适向听众介绍：加纳先生是美国政治学专家，在美任大学教授18年，前年在法国巴黎大学任教授，并在十校讲演，著有《国际法》及《国际法与世界大战》等书，近因前赴印度任特别讲演，顺道来华，吾们遇此机会，特请先生来此讲演，初拟讲"国际联盟制度",嗣以中国研究联邦制度正盛,特讲联邦制度问题,就美国以往的历史经验,评论此种制度之得失,吾们应表示无任欢迎。胡适言毕,加纳即就席开讲,由胡适通译。晚,胡适代蔡元培宴请 Prof. Garner 夫妇。(《胡适遗稿及秘藏书信》第17册,67页;《申报》,1922年9月30日)

9月27日　胡适到北大,开预科委员会议。办公,会客。(《胡适遗稿及秘藏书信》第17册,68页)

同日　董作宾向北大提交一请愿书:因为交通问题而误了报名时限,请准许其旁听。胡适手批:前已准了。(《胡适遗稿及秘藏书信》第37册,700～701页)

9月28日　胡适到北大办公,会客。(《胡适遗稿及秘藏书信》第17册,68页)

9月29日　胡适到北大办公。丁文江来访。日本学者福田德三来访,胡适邀请他到北大演讲,渠允之。排定预科英文功课。往访毕善功,小谈。(《胡适遗稿及秘藏书信》第17册,69页)

9月30日　胡适到北大办公。访客有吴虞、Edwards、Dr. Otte、李大钊。写定《英文学系课程指导书》(载《北京大学日刊》第1078号,1922年10月6日)。往访陈惺农,请他翻译福田德三的讲演。张慰慈请胡适晚餐,遇奉天来的王之奇(张作霖的英文秘书,张派他筹备东北大学),胡适劝他不要办大学,大学不是容易办的,不如拿他们筹的50万元作基金,于3年之内办3个好的高级中学。(《胡适遗稿及秘藏书信》第17册,70页)

同日　杨鸿烈将其《史地新论》函寄胡适,并简述自己在此稿中的新见解,请求胡适批评指正。(《胡适遗稿及秘藏书信》第38册,190～192页)

9月　胡适在清人安和撰《警富新书》四十回(道光十二年桐石山房刻本,1函6册)题记:"此书是《九命奇冤》的底本,故可宝贵。十一年九月,胡适。"(《胡适藏书目录》第2册,1325页)

10月

10月1日 访客有吴虞、潘力山、曹天受、蒋圭贞及五六个学生。胡适从《费氏家谱》内抄出费经虞一传、费密二传、孙奇逢手书4篇。(《胡适遗稿及秘藏书信》第17册，78页)

吴虞日记：

同立三过胡适之谈。适之以所作《五十年来世界哲学小史》，交予携归阅之，又示予任叔永信，赠予今日《努力》周报一份……(《吴虞日记》下册，56页)

同日 《努力》周报第22期发表胡适《国际的中国》一文，认为：

……外国投资者的希望中国和平与统一，实在不下于中国人民的希望和平与统一。……

…………

……我们现在尽可以不必去做那怕国际侵略的噩梦。最要紧的是同心协力的把自己的国家弄上政治的轨道上去。国家的政治上了轨道，工商业可以自由发展了，投资者的正当利益有了保障了，国家的投资便不发生问题了，资本帝国主义者也就不能不在轨道上进行了。

我们的朋友陈独秀先生们在上海出版的《向导周报》，标出两个大目标：一是民主主义的革命，一是反抗国际帝国主义的侵略。对于第一项，我们自然是赞成的。对于第二项，我们觉得这也应该包括在第一项之内。因为我们觉得民主主义的革命成功之后，政治上了轨道，国际帝国主义的侵略已有一大部分可以自然解除了。……

……政治纷乱的时候，全国陷入无政府的时候，或者政权在武人奸人的手里的时候，人民只觉得租界与东交民巷是福地，外币是金不换的货币，总税务司是神人，海关邮政权在外人手里是中国的幸事！

至于关税制度，国内无数的商人小百姓因压在那万恶的厘金制度之下，眼看一只江西瓷碗运到北京时成本不能不十倍二十倍于远从欧洲日本来的瓷碗；他们埋怨的对象自然不是什么国际帝国主义而是那些卡员扦子手了。所以我们很恳挚的奉劝我们的朋友们努力向民主主义的一个简单目标上做去，不必在这个时候牵涉到什么国际帝国主义的问题。政治的改造是抵抗帝国侵略主义的先决问题。(《胡适文存二集》卷3，128c～128i页)

同日 《努力》周报第22期发表胡适撰写的《这一周》，说道：

（1）武力统一是绝对不可能的，做这种迷梦的是中国的公贼！

（2）宪法是将来的政治工具，此时决不能单靠宪法来统一的。

（3）大革命——民主主义的大革命——是一时不会实现的；希望用大革命来统一，也是画饼不能充饥。

（4）私人的接洽，代表的往来，信使的疏通，都是不负责任的，都是鬼鬼祟祟的行为。……

（5）在今日的唯一正当而且便利的方法是从速召集一个各省会议，聚各省的全权代表于一堂，大家把袖子里把戏都摊出来，公开的讨论究竟我们为什么不能统一，公开的议决一个实现统一的办法。

同日 胡觉致函胡适，告矿场遇劫，若胡适能代谋一月薪七八十元之职位，则去职。又告胡思聪病愈，胡思永应该到天津念书等。(《胡适遗稿及秘藏书信》第22册，719～722页)

10月2日 北大举行始业式。蔡元培、胡适、蒋梦麟略有报告。与蔡元培、蒋梦麟谈北大事。出席预科委员会会议。胡适出席社会政治学会干事会议，在毕善功家晚餐，旋开大会。(《胡适遗稿及秘藏书信》第17册，79页)

吴虞日记：

开学，九时至三院大礼堂，天气晴朗，晤沈尹默、沈士远、沈兼士、

朱希祖、杨适夷、蔡子民、李石曾、胡适之、陶孟和、蒋梦麟、何海秋诸人，十二时归。据适之今日报告，北大学生二千六百余人。(《吴虞日记》下册，56页)

10月3日　胡适出席北京大学评议会第十次会议，并提议：本校教授，在他校兼课，每周至多不得过6小时。议决：多数通过。胡适又提议：请组织新建筑金募集委员会，即日开始筹款，为建图书馆、大讲堂、宿舍之用。议决：先组织委员会定计划。以校长、总务长、教务长、各学系主任为基本委员，筹议进行。(《胡适遗稿及秘藏书信》第16册，80～81页；又据《北京大学史料　第二卷　1912—1937》第1册，169～170页)

同日　两位张姓台湾同胞来访，谈台湾事。胡适说："唯一方法是加入本地的政治生活，先争得自治权，且莫谈别的。"下午，陈独秀忽到，"使我大惊喜，谈甚久"。夜到银行公会，银行界请福田德三吃饭，邀胡适等作陪。(《胡适遗稿及秘藏书信》第17册，81页)

同日　钱玄同来函，谈杨遇夫论"于以"问题，很有见解。(钱函粘贴于胡适是日日记中)

同日　陈衡哲复函胡适，云："你的诚恳的精神和有价值的劝告，是使我十分感激的。"又谈四川的乱局："我们觉得军阀（等于盗阀）的势力，正好像天罗地网一样，什么事都跳不出他的圈子。"等等。(《胡适遗稿及秘藏书信》第36册，64～71页)

10月4日　胡适到北大办公。召开《国学季刊》稿件审查会。(《胡适遗稿及秘藏书信》第17册，87页)

同日　下午2时，福田德三演说"马克思主义的根本思想"，胡适代蔡元培作介绍词，简介其经历后指出：福田德三著书之多，可为东方经济学者之第一。他不但对于经济学有极精深之研究，且欲使经济学识传播于普通社会，故时以通俗文体作国民谈话等小册，平生对于马克思学说研究极精。福田博士为黎明会之首先发起之人，不愧为东方第一流学者。并对福田莅校演讲表示极大欢迎。演讲毕，胡适又致词为谢。并略言：我们听福田博士讲演，得到教训甚多。（1）年来国内高谈马克思学说者，并未能真明白马克思。今得博士一讲演，可云受益无穷。（2）国际掠夺者之废除，于此提出，可以唤醒国民。（3）废止被掠者一层，更可以促吾们国民之努力。(《胡适遗稿及秘藏书信》第17册，87页；《申报》，1922年10月8—9日)

同日　胡适与高一涵在公园偶遇旧友王伯雷（原名裕震）。北京教育会同人邀吃晚饭。(《胡适遗稿及秘藏书信》第17册，87页)

10月5日　旧历中秋，来客甚多。Edwards邀胡适、蔡元培等与传教士Sherwood Eddy吃饭，谈话。Eddy谈的是一种极浅薄的实验主义，胡适老实驳了他。因此更觉得James一派远不及杜威一派的严谨。晚，胡适宴请绩溪同乡。(《胡适遗稿及秘藏书信》第17册，88页)

同日　胡适作有《〈英文现代读物〉序例》。(《胡适遗稿及秘藏书信》第12册，212～216页)

10月6日　出席英文预科教员会。请福田博士吃饭。整理《努力》稿。校勘所印预科英文用书。(《胡适遗稿及秘藏书信》第17册，89页)

10月7日　胡适到北大办公。朱希祖来谈。下午4时，胡适出席北京大学教务会议，会议通过了胡适、朱希祖提出的"关于本科第一外国语的提案"：

（主文）本科各系第一外国语，此后概不限定必修单位，但每人于本科毕业之前，须受一次第一外国语的特别试验；凡不能为正确的中西文互译者，概不得毕业。

（说明）本年一月十日，教务处（根据十二月间的议决案）布告，预科本科之第二外国语一律改为选科。据此，是本预科只有一种外国语是必修的，若六年之中，还不能把一种外国语学好，那就未免太糟了。现在本校毕业生，还有许多人不能用第一外国语看书译书的。这都是因为本科只规定八单位，而不规定程度，故学生胡乱挨得八个单位就算了事，挨到毕业时，早已把外国语忘了。

因此，我们拟改定一个办法，不限定必修的单位，只规定需要的

程度。不到此项程度者，无论其他功课成绩如何，概不准毕业。详细办法，拟如下：

1. 练习：由各系设相当的选读科目，如"英、德、法文哲学书选读""英、德、法文科学书选读"之类，使各系学生随时有练习的机会。

2. 选修：各系学生亦可在近世语言文学各系选修相当的科目，如哲学系学生可在英文学系选修"小说一""小说二"或"散文一"等。

3. 毕业考试：

（甲）时间　在第三学年之末

（乙）内容

（一）外国文译汉文

（二）汉文译外国文

此项互译皆用各系学生应知道的名著为底本，如哲学系用哲学名著之例。

（丙）考试机关　由教务长、外国文学各系主任，合组外国语毕业考试委员会，执行此项考试。考试之时，这个委员会可以临时请相关各系的教员加入襄助。

（丁）补考　此项考试不及格者，得于次一学期之末，请求补考。补考两次不及格者，以后不准再请补考。

提议者：胡适、朱希祖（《北京大学日刊》第1081号，1922年10月10日；《胡适遗稿及秘藏书信》第17册，90页）

同日　晚，胡适与10位同事公宴何吟苣，贺他续娶。同晚，张仲苏邀吃饭。（《胡适遗稿及秘藏书信》第17册，90页）

10月8日　蔡元培为裁兵大会事，在北大第三院召集一个大会，胡适也有演说，题目是"我们为什么应该加入'双十节'的国民裁兵大会"。指出有秩序、有组织的国民"示威游行"，有两个绝大用处：一是示威，二是宣传。呼吁更多的人加入国民裁兵运动，在裁兵运动里，什么人都可以加入，什么人都应该加入。（《北京大学日刊》第1080号，1922年10月9日；《胡

适遗稿及秘藏书信》第17册，91页）

同日 因前论"除非"一词颇引起讨论，胡适今日乃寻求新材料，证明前论有修正之必要，拟另写一文。（《胡适遗稿及秘藏书信》第17册，91页）

同日 《努力》第23期的《编辑余谈》发表胡适《浅薄无聊的创作》一文。

10月9日 胡适到济南，出席全国教育会联合会第八届大会。（《胡适遗稿及秘藏书信》第17册，92页）

同日 胡适致函沈兼士：

兼士先生：

季刊次第，我的意思，以为宜改定如下：

1. 石鼓为秦刻石考。⎫
2. 火祆教入中国考。⎬ 为一类
3. 国语问题的历史的研究。⎭

4. 萧梁旧史考。⎫
5. 郑樵著述考。⎬ 为一类
6. 五代监本考。⎭

7. 近日东方古语学及史学上之发明与其结论。译文

8. 伦敦博物馆敦煌书目。书目

9. 记新发现的石器时代的文化。报告

10. 附录。

我的理由是：

1. 逖先先生一篇尚未完，且偏重目录方面，似宜稍移后。

2. 静菴先生一篇诚如尊论，不应列前，何不□移下？这样一移，使三篇考书籍的，列在一块，似更好些。

3. 石鼓与火祆教两篇稍多独立之说，趣味亦较浓厚，似宜移在前面。似不当开篇即是干燥的书籍考？你们几位以为何如？

垣［援］庵之文，请嘱人用印本校对一过；如有添入之处，请先添入。不用重钞，但补绽就够了。

诸稿请仍由先生保管。如邈先之稿日内能来，请即与售书课江先生接洽。上半年已与京华印书局说过代印《国学季刊》的事了。

如邈先稿一时不能交来，我回来时，当还赶得及。

适。倚窗草。

(《胡适遗稿及秘藏书信》第 19 册，110～111 页)

10月10日 胡适将《除非》一文改写毕。聂湘溪来谈省议会及省教育会事。与姚书城同出访李立民、徐皋浦(安徽代表)。(《胡适遗稿及秘藏书信》第 17 册，93 页)

同日 《北京大学日刊》第 1081 号刊出《教务处布告》：教务长胡适因赴济南出席全国教育联合会，请假一星期(10月9日至15日)，一切函件及例行事务，请与教务处秘书谷源瑞接洽，如有重要事件，已由胡适请顾孟馀教授代理，亦可由谷源瑞转达。

10月11日 下午2时，胡适出席第八届全国教育联合会开幕礼。首由山东督军田中玉致祝辞，次由教育部代表胡家凤、陈容演说，次由山东教育厅长谢学霖演说、袁希涛演说，次胡适演说：……鄙人对此次大会，有三种希望：(一)新学制案，系去年第七届大会在广州通过，今年北京教育部开学制会议，竟不理去年大会之成案，而自定学制。教育部既打此等官话，而不承认第七届教育联合议决之成案，则第八届教育联合会自可也打官话，不睬教育部之学制会议议决案。但鄙人以为彼此不睬，终非善法，总望此次大会根据去年议决之学制，并以教育部议决之学制为参考，速修改通过，以定中华民国之新学制，俾便早日实行。(二)新学制既确定，则对于学校课程，似不能不加讨论，惟吾等代表俱系专门以上学校职员，对于小学课程，毫无研究，实不配定一种课程标准，不过鄙人总希望共同研一种最低限度之课程标准，以为将来集全国教育家规定标准时一种参考。(三)全国教育联合会无一定地点，无常驻会内办事职员，仅于每年"双十节"日择一会址，召集各省代表到会，开会数日，即各散去；于教育情形，素日既不设研究机关，如何能向前进行，故鄙人深望大家会议一次，本会是否有设一常驻机关之必要，免致本会归天然淘汰云云。继由经子渊、郭葆珍、许议章等演说。(天津《大公报》，1922年10月13日；《申报》，1922年10月14日)

是日来谈的有陈主素、胡家凤、徐皋浦、李立民、经子渊、许德一、袁希涛、王祝晨。(《胡适遗稿及秘藏书信》第17册，94页；《申报》，1922年10月14日)

同日 《北京大学日刊》第1082号刊登英文教授会主任启事，为本科各系第一外国语英文班事：

前日教务会议议决："本科各系第一外国语不限必修单位，但每人须于毕业之前，经过一次外国语考试，不及格者不得毕业。"本科各系学生，以英文为第一外国语者，除在英文学系选修科目或在各系选习各种英文选读者之外，其有志补习英文者，务于十月十五日以前，到注册部报名，注明（1）学系，（2）年级，（3）曾读何种英文书，以便编组兼习英文班次。此布。

10月12日 胡适与姚书城同游大明湖，到历下亭、北极阁、张公祠、汇泉寺。到山东书局购书。下午2时，第八届全国教育联合会开第一次大会，胡主张在开审查会之前，所提议案，全行印出，分发会员。会议决定分两组审查议案，胡适在甲组。甲组的议案多是关于学制的。3时半，甲组审查会开第一次会。胡适与陈主素、胡家凤、姚书城协商，起草了《拟修正学制系统草案》(费8小时)。(《胡适遗稿及秘藏书信》第17册，96～107页；又可参考《记第八届全国教育联合会讨论新学制的经过》，《大公报》，1922年10月14日)

10月13日 胡适等重新审定前一日拟的修正学制系统草案，抄写清稿。胡适在《拟修正学制系统草案》的《序言》中说："为谋审查会进行顺利起见，我们特用了一日一夜之力，根据广州原案，参酌学制会议议案及江苏省教

育会提出之修正案，比较研究的结果，草成这一个综合的修正案。精神全本广州原案，而文字形式则比较诸案择善而从。请诸位同人考虑采择。"请黄炎培阅看此稿。甲组开第二、三次会，小学段大致依胡适的草案，中学段多数主张三三制，改动最多。胡适请商务编译所的段抚群吃饭。因停电，"到济源里去看看济南的窑子是个什么样子"。(《胡适遗稿及秘藏书信》第17册，108～109页；中国社科院近代史所藏"胡适档案"，卷号244，分号2)

10月14日　开甲组第四次会。讨论师范教育，"仍用我的草案作底子，略有增改，但不多"。讨论高等教育问题，"完全用我的底子"。讨论毕，公推袁希涛、黄炎培、许汉章和胡适起草文件。晚，到第一师范讲演"思想训练的原理"。与王祝晨等谈。(《胡适遗稿及秘藏书信》第17册，110页)

10月15日　胡适与凌道扬夫妇、朱庭祺稍谈。胡适与王祝晨、聂湘溪同游黑虎泉及千佛山。田中玉邀胡适等吃饭。晚，胡适与袁希涛、黄炎培、许汉章起草学制会议议决案的草案，要点如下：

（1）小学制略依学制会议，但删去了"七年小学"的例外，改入附注。

（2）中学制我原案本是牵就学制会议的，定四二为原则，三三为附则。审查会推翻此意，改为三三原则，四二为附则。我可以告无罪于学制会议了。

（3）师范制依我原案，今晚又采江苏议，定六年之后三年得单设。此意甚善，可使师范不办前三年，而以经费改办后三年。

（4）专门学校提高二年，如我原案。……

（5）高等师范不列入学制，只得暂依旧制存在。……

（6）"标准"依我的改本。(《胡适遗稿及秘藏书信》第17册，114～116页)

同日　胡适作有白话诗《大明湖》。

10月16日　上午，胡适缺席甲组第六次会议，与济南第一中学校长完颜祥卿谈，他谈到满族改汉姓问题。下午，出席甲组第七次会，议课程事。

与段抚群同饭，久谈。(《胡适遗稿及秘藏书信》第 17 册，117 页)

同日　于鹤年致函胡适，云：

> ……[东南大学几位学者]反对新文化运动，可不肯指出新文化运动是甚么。据我所想，他们脑中的新文化运动不过是白话文、新式标点、直译的课文、写实派文字、新体及无韵诗、各派社会主义等，其实都看错了。新文化运动是对过去思想文化的反动。他的价值就在反动这一点，或如先生说，另换一个态度。……
>
> 他们反对白话文而其理由仍不过几句老生常谈，如"雅俗""简繁"等事。至于白话到底有何缺点，何等思想情感不能由白话表示，并未曾提出。……
>
> 他们对于参与新文化运动的人，批评用一种特别法子，不分某人主张的是非或某若干人的是非，凡是错处，加在一处作为全体的错，太冤枉了。领袖的错主张与群众的误解全算在一处……
>
> …………
>
> 就几种事业说说罢。《学衡》确有几种有价值的，如《西洋文学精要书目》，很有益于学生。有大部分为夸张附会及盲从古说的作品。……
>
> 《学衡》里并未有整理出什么国故来。……(《胡适来往书信选》上册，167～169 页)

10 月 17 日　胡适出席甲组第八次会，把起的草案讨论后略作修正，作为审查报告。晚，胡适邀请聂湘溪、王祝晨、王承九、于丹绂、完颜祥卿、潘伟烈、曹惠元、孙价人、鞠思敏诸位来吃饭。席后胡适演说"历史的兴趣的重要"。作《记学制案讨论的经过》一文。(《胡适遗稿及秘藏书信》第 17 册，128 页)

10 月 18 日　胡适辞去山东工业专门学校等多所学校的演讲邀请。到后宰门看书店。下午，开第二次大会，第一案即是学制案，通过了前 15 条。到第一中学讲演"科学的人生观"。山东教育界同人邀胡适等吃晚饭。晚得北大教务处来电："为讲义费哄闹，校长以下皆辞职，请速回京。"

"科学的人生观"之大要：

（一）科学的态度：

1. "疑"。用 Descartes 作例。

2. "疑而后信"。用 Huxley 作例。

（二）科学的方法：

1. 认清疑难。

2. 制裁假设。

3. 证实。

事后思之，此分法还不很通俗，还不能使多数人了解。今天讲演的经验是：大家都不能不接受（一）项两条，因为他们没有法子可以躲避我的力量；然而（二）项的三条，大多数人还不很了解，不能跟着我走。将来可将此题分三段讲：1."疑"！（Descartes）2."拿证据来！"（Huxley）3.怎样评判证据？（《胡适遗稿及秘藏书信》第17册，131～133页）

按，关于北大讲义费风潮，大致经过如下：17日，北大学生数十人，群拥至会计科，对职员肆口谩骂，并加恫吓。18日又有学生数百人拥至校长室，要求将讲义费废止。复经详为解释，而学生们始终不受理喻。复有教职员多人出而劝解，学生们威迫狂号，秩序荡然。鉴于此，蔡元培呈请辞职，全体教职员也宣言暂时停止职务，蒋梦麟、沈士远、李大钊、李辛白均宣布辞职。

同日　陆侃如复函胡适，很希望胡适能读一遍他《屈原评传》修正稿。已读过胡适的《读楚辞》，很有些意见与胡适不同，另作成论文，"如蒙发表，便更好了"。（《胡适遗稿及秘藏书信》第34册，586～587页）

10月19日　胡适与黄炎培谈，黄希望北大经此风潮，能转祸为福。返北京。在车上读吕留良的《东庄诗存》，认为"此人出言极大胆"，"他的诗很好，在当日应该算一大家"。在火车上写成《回向》一诗。当晚，胡适阅

读关于北大风潮的文件，略知风潮的大概。(《胡适遗稿及秘藏书信》第17册，134～137页)

10月20日　顾孟馀来谈北大的讲义费风潮。午间，胡适到北大，校中无人，与蒋梦麟同饭。下午，胡适主持教务、总务联席会议，"本是抱了许多调解的希望来的；开会之后，始知大家意见趋于极端"。胡适发现评议会昨日宣布的办法之第三条乃是关键，必须将此条向学生解释清楚。5时，胡适接见学生代表来焕文、杨廉，"叫他们取消昨日要求评议会取消第三条的原议，并望他们赶快劝告同学，执行这一条"。散会后，胡适与谷锡五拟定说明18日教务会议第三条的布告。接见学生干事杨廉、来焕文、黄日葵、张维周，又告诉他们："大学的危机，悬于一发；此一条若不能执行，则大学必致破坏不可收拾。大学只有此一条生路，而这一条生路全在你们的身上。"晚在蔡元培宅吃饭，同席有顾孟馀。作《努力》的两条时评。(《胡适遗稿及秘藏书信》第17册，137～141页)

同日　朱经农复函胡适，告胡函阅后已交王云五，一切要事均由王奉复。又讨论学制问题。又请胡适代领薪水等。(《胡适遗稿及秘藏书信》第25册，599～602页)

同日　张伟雄致函胡适，斥责胡适赞陈炯明反对孙中山的举动为"革命行为"及为溥仪辩护。(中国社科院近代史所藏"胡适档案"，卷号1225，分号8)

10月21日　学生干事会开会，胡适出席演说，指出大学存亡的问题。预备美国大学妇人会演说，题为"中国小说发达史"。4时开评议会，决定星期一开会。(《胡适遗稿及秘藏书信》第17册，142页)

10月22日　访客颇多。偕江冬秀到女生宿舍访舍监钟先生，不遇；访李泰棻。学生代表送来请蔡元培复职的签名册，有2487人签字。胡适即将此情打电话报告蔡元培。因风潮而被开除的学生冯省三访胡适，要求作旁听生，胡适劝他做好汉要做到底，不要再有什么请求了。汤尔和请胡适、黄炎培、袁希涛、蔡元培等吃饭。(《胡适遗稿及秘藏书信》第17册，150页)

同日　胡适在《努力》周报第25号的《这一周》发表一则针对北京大

学学生因讲义闹风潮的评论,并提出对北京大学的希望:希望同人们能够痛痛快快地忘记了这几年得来的虚名,彻底觉悟过来,努力向实质上做去,洗一洗这几年"名不副实"的大耻辱。

10月23日　新学期第一次上课,讲短篇小说。到教育部,为新学制案,汤尔和召集部中科长以上开谈话会,邀黄炎培、袁希涛和胡适出席,又邀学制会议正副主席蔡元培及王家驹列席。胡适说完所了解的情形即到美国大学妇人会讲演。蔡元培邀胡适等吃饭,同席有蒋梦麟、沈士远、李大钊、李辛白、汉叔诸人。蔡元培劝他们复职;胡适主张学生组织自治会,"以各班代表为众议院;以每系一人(十三系,甲乙部预科,共十五人)及每年级一人(六年),共二十一人组织参议院"。蒋梦麟反对此议。席上诸人多疑此次风潮有外人煽动,胡适很反对这种"疑心生暗鬼"的话。(《胡适遗稿及秘藏书信》第17册,151～153页)

10月24日　上课,讲近世哲学、中国哲学史。与黄炎培、袁希涛同饭,谈学制及课程事。请汤保民、蔡晓舟吃饭,谈安徽大学事。(《胡适遗稿及秘藏书信》第17册,161页)

同日　朱经农致函胡适,知道北大风潮已经平息,整顿宜速,此等事可一不可再。拟葬父,请胡适帮忙认定墓碑之字是否可用。北大薪水仍请胡适代领,拟从中提出500元作葬父之用,余款仍还胡适。又提及王云五、顾颉刚近况。(《胡适遗稿及秘藏书信》第25册,603～604页)

10月25日　上课,讲写实主义与自然主义。与丁西林、李四光、周鲠生同饭,谈大学事。下午上课,讲论理学。(《胡适遗稿及秘藏书信》第17册,162页)

同日　下午4时,胡适出席蔡元培在第三院召集的全体教职员及全体学生大会,并有演说。关于下午的演讲,日记有记:

> 他[按,指蔡元培]昨日劝我加入演说;今天午前,他说有人主张劝我不要说对于大学不满意的话!怕的是学生借此又生出枝节的要求。(《胡适遗稿及秘藏书信》第17册,162页)

按，胡适日记原文还有下面一段话，被胡适用墨汁涂掉，内容如下："我很生气，但暂时忍住了。我要说学生会的组织，他们前天已不要我说了；今天他们又提出新条件来了。我最好是不开口了，更好是不到会了。但我终于到会了，演说了。"（《胡适日记全集》第3册，902页）

胡适演讲大要：

……清末学生颇喜闹风潮，但彼时之风潮，比现在光荣得多，盖其时闹风潮之学生，不徒破坏，而能建设，如中国公学、震旦大学、南洋公学等等风潮皆是。余甚希望北大学生亦应注意建设方面。建设方面之事业可为诸君报告者有数事。昨日评议会通过组织募捐委员［会］，拟募捐作三种建设：（一）图书馆，今之图书馆不能合用，为人诟病久矣；（二）大会场，现在校中无一处足为全校教职员学生会集之所，更无论名人讲演、游艺演剧、音乐演奏等事；（三）寄宿舍，无寄宿舍即不能讲校风，现在学生有住哈德门的，有住顺治门的，试问校风自何讲起？最终一言，即劝告诸君从学校建设方面着想，慎勿因细小事故不便于自己，便尔骚动，则学校基础愈见稳固云。（联经版《胡适日记全集》第3册，903～904页）

10月27日天津《大公报》对胡适演讲的报道：

我在济南闻得此讯，颇抱悲观。然回京以后，学生依然上课，且极力维持学校免受危险，并多数签名声明未与十八日之暴烈举动，洗刷全校人格上之污点，尚可认为一种好现象。在原先，学校起有风潮，大都另出建设之一途。如蔡先生诸人在学生时代，不满意南洋公学，出而另组爱国学社。我们在学生时代，不满意中国公学，出而组织中国新公学，绝非近年来学校风潮之起，因皆出于破坏。然而北大今次却非如此。对于学校尚有一切维持能力，故可慰也。所以我所希望吾校同人一句话：大家从兹以后，都请向建设的路上走。至建设之要点，不外扩充图书馆，以便学生之自修；建筑大讲学，以备延请名人讲演

之用；添设寄宿舍，以便整顿校风。总宜使明年之北大比今年更好方可。

按，10月29日《申报》之报道与以上大同小异，不同处在于：胡适提出的图书馆、大讲堂、寄宿舍等建设的三条外，又加"提高学校程度"一条。

同日　晚，胡适到北京饭店，与来北京度蜜月的索克思（Sokolsky）夫妇同饭。（《胡适遗稿及秘藏书信》第17册，162页）

同日　冯省三致函胡适，盼望北大当局要研究：18日请愿是否暴动、捣乱？如真是者，则研究为什么学校给他们以暴动、捣乱的机会？那次请愿为什么少数？不必问其数目之多寡，但问他们所请愿者对不对。又提出，自己系被北京大学本科开除，但要求发下预科结业证书等。（《胡适遗稿及秘藏书信》第36册，617～623页）

10月26日　胡适受蔡元培之托，与丁西林、李四光商量如何慰留提出辞职的颜任光。（《胡适遗稿及秘藏书信》第17册，163页）

同日　胡适在汉人董仲舒撰、清人苏舆义证《春秋繁露义证》十七卷考证一卷卷首一卷（宣统二年刻本）题记："苏舆的《春秋繁露义证》，杨遇夫先生送我的。"（《胡适藏书目录》第2册，1149～1150页）

10月27日　胡适访颜任光。访Dr. Phister，谈招待恩斯坦（Einstein）博士事。下午上课，讲论理学。下午出席顾宅茶会，日记有记："'好人'政府不等于'好'政府。好政府不但要人格上的可靠，还要能力上的可以有为。亮畴竟是一个无用之人；钧任稍胜，但也不能肩此重担；少川稍镇静，头脑也稍明白，但他终为罗、王所累，不能有为。"晚，胡适邀Sokolsky夫人、Mrs. Rupert Hughes、Donald等人吃饭。（《胡适遗稿及秘藏书信》第17册，163～164页）

10月28日　上课，讲"文法"。整理档案会开会。宋春舫邀胡适吃饭。整理吴敬梓的材料。（《胡适遗稿及秘藏书信》第17册，164页）

10月29日　访客有余文灿、费觉天、杨鸿烈、日本人桥川既醉等。桥川要译胡适的《五十年来中国之文学》，允之。北京教育会开会，胡适有演

说。山东代表聂湘溪、王乐平来谈鲁案事甚久。动手做《吴敬梓年谱》。(《胡适遗稿及秘藏书信》第17册,165页)

10月30日　上课。访钢和泰。开体育委员会。与黄国聪去看开明剧场的《红粉骷髅》。(《胡适遗稿及秘藏书信》第17册,167～170页)

同日　杨鸿烈来函,报告受胡适之托查方玉润材料的情况。(《胡适遗稿及秘藏书信》第17册,166页)

同日　吴文祺致函胡适,述胡适的新文学、人生观、整理国故的思想对他的深刻影响。又向《读书杂志》投稿一篇《整理国故的利器——〈读书通〉》。(《胡适遗稿及秘藏书信》第28册,345～350页)

10月31日　上课。(《胡适遗稿及秘藏书信》第17册,167页)

10月末　胡适将胡传手抄的石鹤舫先生诗一卷词一卷重装,并题记:"别时言语在心头,那一句依他到底!石鹤舫词句,胡适";另函套有胡适题记:"石鹤舫诗词钞,先父铁花先生手写本。十一年十月重装。"(《胡适藏书目录》第2册,1496页)

11月

11月1日　上课,讲"写实主义与自然主义"。办公。续作《吴敬梓年谱》。(《胡适遗稿及秘藏书信》第17册,171页)

同日　孙几伊致函胡适,向胡适邀关于宪政的稿件。(《胡适遗稿及秘藏书信》第32册,483～484页)

11月2日　上课,讲哲学史。作完《吴敬梓年谱》。安徽议员陈策等请吃饭。本日,总统以教令正式公布新学制,"除小更动外,全是依济南大会的。这一次我们把学制案告一结束,总算一件快意的事"。(《胡适遗稿及秘藏书信》第17册,171页)

同日　北京大学选出本届评议会,谭熙鸿、王星拱、胡适等13人当选。(《北京大学日刊》第1089号,1922年11月3日)

同日　胡适致函蔡元培,报告昨日教务会议议决学生军及体操单位事:

（一）承认学生军单位，不列入学科单位之内，但得另给证书。

（二）本科体操，不能算两单位。……（《北京大学史料 第二卷 1921—1931》第 3 册，2171～2172 页）

11 月 3 日　上课，上午讲文法，下午讲论理。作时评 2 则。夜访汤尔和，谈关馀事。修改《吴敬梓年谱》。（《胡适遗稿及秘藏书信》第 17 册，173 页）

11 月 4 日　上课，讲文法。在大学办公。汤尔和为关馀事请胡适、王宠惠、罗文干、顾维钧、蔡元培等吃饭，胡适对这些内阁高官甚不满，认为"这班人真无法可想"。（《胡适遗稿及秘藏书信》第 17 册，174 页）

同日　瑞典汉学家高本汉（Bernhard Karlgren）致函胡适，云：

I take the liberty of sending you a copy of a small article of mine that appeared a couple of years ago. I sent a copy at that time to Y. T. Lin, then in Leipzig, and he wrote me that you had made a similar observation of the difference between 吾 and 我.

I had looked forward with great expectations to meeting you and some other of the learning Peking scholars, of which I have heard much through Dr. J. G. Andersson. Unfortunately bad health prevented my going to Peking, and I am leaving Shanghai in a couple of weeks. There were a lot of questions I would have wished to ask you, and if I do not trouble you too much, I will take the liberty of asking your advice in letter:

1.Which are the most important works written recently by Chinese scholars on palaeography, especially with reference to the divination pieces found in Honan? I have got hold of some of the works of 罗振玉, but I am not sure if they are all he has written, and I wonder if there are unprinted works of other authors on the same question.

2.Are there published, by the Peking Univesity or otherwise, any scientific periodicals, especially on sinological topics, and are they buyable in Shanghai? I want to be able to follow the works of my Chinese colleagues, and would subscribe to the periodicals in question of our university library.

3.Which is the leading organ for the 白话 movement? The question interests me very much and I would like to have it.(《胡适日记全集》第 3 册，920～922 页）

11 月 5 日　会客。开始着手作《国学季刊》的发刊宣言。(《胡适遗稿及秘藏书信》第 17 册，175 页）

同日　胡适在《读书杂志》第 3 期发表《记李觏的学说——一个不曾得君行道的王安石》一文，指出：李觏是江西学派一个极重要的代表，是王安石的先导，是两宋哲学的一个开山大师。李觏是个实用主义家，提倡乐利主义。李之政治哲学是新法的学理的背景。胡文又云：

> 李觏的功利主义和人事主义并不是要反乎自然，其实还是要根据自然。礼制法度都是人为的谋乐利的工具，但不是违背人情的天然趋势的。人事的制度乃是谋天然的本能的正当发展的唯一法门。……
> 李觏的大贡献是把五常之中最具体的一项提出来，特别注重。他说的礼不是那悬空阔大的虚谈，乃是那根据于人的性欲上的法制。……
> 李觏是一个排佛教最力的人，他的极力提倡礼制，也是想用儒家的礼教来代替佛道的仪式。……

同日　胡适在《努力》第 27 号的《这一周》，评论了山东人对于王正廷的态度。在另一则评论中说，北京政府把冯玉祥调回北京，把张福来派作变相的河南督军，是王宠惠内阁的两大耻辱。

11 月 6 日　上课。办公。为钢和泰译述 2 小时。(《胡适遗稿及秘藏书信》第 17 册，175 页）

11 月 7 日　上课，讲哲学史。清华学校学生自治会之学生法庭新职员就职，邀胡适演说，曹云祥来接。胡适演说两点：(1) 学生自治是道德教育的一个重要方法；(2) 学生法庭有训练思想的功用——养成注重证据、审查证据、评判证据的能力。下午 4 点至 8 点，胡适出席北京大学本年度评议

会第一次常会,会议通过了"各系分组"等案。关于此案,胡适发言:关于"组"的问题,以前即有意见,以为分组可以打通各系;组织委员会讨论组织问题,如甲、关于组织方面,乙、关于职权方面。王星拱表示:请以胡适所讲者作为本案修正案,并希望扩充胡提案。胡适提议(马幼渔附议):由主席推定委员5人,根据上列议决案,拟分组组织法草案,印送各评议员,下次开会时提出讨论议决。议决通过。当场推定起草委员会人选:胡适、李四光、王星拱、陈惺农、谭熙鸿。讨论财务委员会及财务主任案时,胡适表示:财务委员会职责项下,加筹划扩充经费。胡适又提议修正财务部组织大纲,王星拱附议,议决通过。讨论讲义费案时,胡适谈可改之理由:负担太重;以前通过,未经预备即实行;印刷不佳。胡适又表示:风潮已有过,讲义费不必讨论。胡适提议:组织委员会筹划废止讲义事。办法:调查讲义实情,能成书者成书;未能成书者,得发大纲;本学年内,暂不纳费。(《胡适遗稿及秘藏书信》第17册,176页;《北京大学史料 第二卷 1912—1937》第1册,170～171页)

11月8日　上课,讲写实主义。讲论理学。(《胡适遗稿及秘藏书信》第17册,177页)

同日　《英文学系教授会主任布告》:

> 本年由预科俄文班升入本科之哲学、史学、国文学各系者,屡次请求准予改用英文为第一外国语。前经教务会议议决,"由英文学系主任面试决定"。今查有孙照、刘桂成、苏廷铨、韩静远、葛琛五人曾受哲学系英文试验及格,可准其改用英文为第一外国语。其余由俄文班升入本科非俄文各系之学生,请求改用英文为第一外国语者,须于本月十日(星期五)下午四时,到第一院第一教室,受一种英文试验,准带字典。如英文程度尚可及格者,准其改用英文为第一外国语。(《北京大学日刊》第1102号,1922年11月8日)

11月11日　胡适在清人舒位撰《瓶笙馆修箫谱》四种四卷(道光十三年钱塘汪氏振绮堂刻本,1函2册)题记:"四种之中,《当炉》最好。余三种平常的很。作者颇有点滑稽意味。《当炉》页四有'我无非一事前连,你不用十分考订';《访星》页十有'但解滑稽,不知考证'。似乎作者有意嘲讽当日的风气。十一,十一,十一,胡适。"另函套有胡适记:"汪氏振绮堂刻本,舒位《瓶笙馆修箫谱》四种。"(《胡适藏书目录》第2册,1424页)

11月12日　胡适在《努力》周报第28期发表《我们还主张召集各省会议》。

同日　周先庚致函胡适,催还 Black Beauty 以及其译稿《骊骥自传》。(《胡适遗稿及秘藏书信》第29册,514页)

> 按,12月29日,周氏又为此事再函胡适催还。(《胡适遗稿及秘藏书信》第29册,515～516页)

11月15日　胡适因不满上海《密勒氏评论报》评出的"中国今日的十二个大人物",而写成《谁是中国今日的十二个大人物?》一文。文中胡适所举的12个人是:第一组,学者3人——章炳麟、罗振玉、王国维;第二组,影响近20年的全国青年思想的人4人——康有为、梁启超、蔡元培、陈独秀;第三组,影响虽限于较小的区域,而收效很大的2人——吴稚晖、张謇;第四组,在近20年的政治史上有很大的势力的3人——孙文、段祺瑞、吴佩孚。(《努力》周报第29期,1922年11月19日)

同日　胡适日记有记:

> 这一星期之中,因忙与病,把日记停了。这一星期之中,做的都是例行的事,上的是例行的课,亦无甚事可记。只有:
>
> (1)整理书籍,颇有成效。
>
> (2)作《〈国学季刊〉序言》,约一万多字,颇费周折;这是代表全体的,不由我自由说话,故笔下颇费商量。我做的文章之中,要算这篇最慢了。
>
> (3)病来了!十五夜觉左脚酸痛,理书时竟不能久站;细看痛处在左脚踝骨里面,面上有点肿。睡时又觉两腿筋肉内酸痛。脚肿大像

我前年起病时状况，故颇有点怕。(《胡适遗稿及秘藏书信》第 17 册，180 页)

同日　胡思永致函胡适，告已经收到江泽涵转来的 30 元，目下自己多病等。(中国社科院近代史所藏"胡适档案"，卷号 696，分号 3)

11 月 16 日　胡适因脚肿请假一天。病中作完《国学季刊》的发刊词。(《胡适遗稿及秘藏书信》第 17 册，181 页)

11 月 17 日　胡适访陆仲安医生，请其开方。晚，文友会在中央公园开本年第二次会，胡适演说《中国小说发达史》。(《胡适遗稿及秘藏书信》第 17 册，181 页)

11 月 18 日　胡适病渐好，上课，办公。下午修改《文学史》稿，付国语讲习所印刷。晚上修改《国学季刊》的发刊词，参考钱玄同的修改意见。(《胡适遗稿及秘藏书信》第 17 册，182 页)

11 月 19 日　访客有陆侃如、杨鸿烈、毛子水、今关寿麿、甘大文。本日，爆发"罗文干案"。(《胡适遗稿及秘藏书信》第 17 册，183 页)

同日　汪静之致函胡适，承认自己的作品不成熟。请胡适帮忙申请留学官费，向胡适借英文书。虽然《蕙的风》稿酬 150 元已下来，但还要向胡适借 50 元。(《胡适遗稿及秘藏书信》第 27 册，648～652 页)

11 月 21 日　上课。《国学季刊》付印。作新学制课程标准，未完。蔡元培邀吃饭，同席有沈钧儒、王天木。购得梁启超《王荆公》一册，对其称引蔡上翔的《王荆公年谱考略》以及引用李绂《穆堂初稿》甚为关注。(《胡适遗稿及秘藏书信》第 17 册，186 页)

11 月 22 日　上课。出城诊病。饭后上论理学课。读李绂《穆堂初稿》，有札记。(《胡适遗稿及秘藏书信》第 17 册，187 页)

11 月 23 日　上课。因《努力》缺稿甚多，作时评几千字。(《胡适遗稿及秘藏书信》第 17 册，188 页)

11 月 25 日　朱经农、王云五联名(由朱经农代笔)致函胡适等(此函为残函，收件人为胡适及不知道姓名的北大另一人)，谈及：北大的《社会季刊》已由亚东图书馆承印，商务印书馆并不想和亚东抢印。不过，希望北大把尚未出版的《国学季刊》《自然科学季刊》《美术季刊》仍交商务印书馆代印。这件事能否办到，请胡适等二人与蔡元培、蒋梦麟商量并函复。（《胡适遗稿及秘藏书信》第24册，316页）

11月26日　胡适在《努力》周报第30期的《这一周》评论了奥国借款问题。又与丁文江评论了罗文干的被捕时间，说："法律是政治的根本，违法的恶例是开不得的。"又说："上自总统，下至极小的官吏，总觉得法律不方便，命令方便：国家又怎样能有法治，人权又怎样能有保障呢？"又在另一则评论中说：但我们理想中的"好人"，至少有两个方面：一是人格上的可靠，一是才具上可以有为。在普通人的心里，一个"好人"至少要有可靠的人格。现在罗案的发生，正是试验"好人政治"的最低条件的机会了。好人政治的含义是：进可以有益于国，退可以无愧于人。我们对于王、罗诸君的政治上的才具，确是不很满意的。但我们至今还承认他们人格上的清白可靠。我们希望这一案能有一个水落石出，叫大家知道"好人政治"的最低限度的成效是"人格上禁得起敌党的攻击"。

同期《努力》的《这一周》又刊登胡适批评康洪章等人的《制宪庸议》之评论，胡适指出，他们所谓"我二千年来沿习善制"，就是那单层统治权。又指出：

> 最可怪的是他们把郡县代表统一，又把封建和联邦看作一样，所以他们说主张联邦制的人是"强效联邦，恢复封建时代的二重统治权"。他们难道真不知道这二千年来中国久已成了"天高皇帝远"的状况？他们难道真不知道这二千年来中国久已变成"统治权的重数愈多，统一的程度愈浅"的状况？那表面上的统一，所以能维持下去，全靠一种习惯的专制权威……联邦论之起，只是一种承认事实上的危机而施救济的方法；并不是康君们说的"抵制"。

11月30日　丁文江致函胡适，极力劝其好好休息：

……望你把不要紧的功课辞去，一面同一涵商量永久的办法。我以为你非出洋一次不能真正休息，千万不要固执！！

我决不是怕事的人，也不是代朋友怕事的人。如果你身体强健，你要走，我还要责备你，因为奋斗是我们的责任，冒险是我们的义务。但是以你这种身体，再有了意外的激刺，你一定要完全牺牲了的。这是万不值得的。（《胡适遗稿及秘藏书信》第 23 册，10～11 页）

按，胡适 1924 年日记之《我的年谱·民国十二年》："去年在君们劝我告假时，我总不舍得走开；后来告假之后，颇有意永远脱离教书生活，永远作著书的事业。……自去年年底以来，上海的朋友与在君们极力劝我到南方休息一些时，徐新六并且为我借得西湖金沙港吴姓的庄子。我不愿南下，后来只好把庄子退了。……出京之前，我本提议把《努力》停了。在君与上海同人皆不赞成，乃请高一涵代为编辑，而上海同人分任稿子。那时在君正发表他的长文《玄学与科学》，我很高兴。此文后来果然引起许多人加入讨论，为思想界开一新局面。"（载《胡适的日记》手稿本第 4 册，原书无页码）

同日 顾颉刚复函胡适，谈及因守祖母丧而影响历史教科书编纂事；又谈到待点校完《古今伪书考》等书后，从事《左传》《国语》《国策》的标点工作；当为胡适代觅蔡上翔刻《王荆公年谱》等。（《胡适遗稿及秘藏书信》第 42 册，201～214 页）

12 月

12 月 1 日 《晨报副刊》刊出胡适《南宋的白话词》。

12 月 3 日 《努力》周报第 31 期印行，自本期始，连载胡适的《吴敬梓年谱》。胡适在该谱中说：古来的中国小说大家，如《水浒传》《金瓶梅》《红楼梦》的作者，都不能有传记，这是中国文学史上一件最不幸的事。（收入《胡适文存二集》卷 4）

同日　《读书杂志》第4期刊出胡适《元人的曲子》。

同日　胡适作成《歌谣的比较的研究法的一个例》，强调了"比较研究法"：

> 研究歌谣，有一个很有趣的法子，就是"比较的研究法"。有许多歌谣是大同小异的。大同的地方是他们的本旨，在文学的术语上叫做"母题（motif）"。小异的地方是随时随地添上的枝叶细节。往往有一个"母题"，从北方直传到南方，从江苏直传到四川，随地加上许多"本地风光"；变到末了，几乎句句变了，字字变了，然而我们试把这些歌谣比较着看，剥去枝叶，仍旧可以看出他们原来同出于一个"母题"。这种研究法，叫做"比较研究法"。
>
> ……………
>
> 现在搜集歌谣的人，往往不耐烦搜集这种大同小异的歌谣，往往向许多类似的歌谣里挑出一首他自己认为最好的。这个法子是不很妥当的。第一，选的人认为最好的，未必就是最好的。第二，即便他删的不错，他也不免删去了许多极好的比较参考的材料。……（《胡适文存二集》卷4，309～322页）

12月4日　胡思永致函胡适，谈及自己病后只有胡适一人来慰问，现在已经好了十之七八，又谈及自己的人生苦闷。又谈及，一般学校成绩都不公开给家长，不知为何胡适知道。又抄示新诗一首。（中国社科院近代史所藏"胡适档案"，卷号696，分号4）

同日　蔡堡致函胡适：自己所译之《生物学》一书，曾得胡适承诺，由商务印书馆出版。因经济窘迫，希望预支部分稿酬。又译一书，待胡适病愈后当奉上。（《胡适遗稿及秘藏书信》第39册，238～240页）

12月7日　北京大学评议会议决：由学系主任组织分组会议，各组互选主席一人。胡适当选第二组主席。（《北京大学日刊》第1129号，1922年12月9日）

同日　江润生致函胡适，告服用了陆仲安医生的药方可望好。又请胡

适推荐吕惠如为二女师师范学校校长。(《胡适遗稿及秘藏书信》第 25 册，80～82 页）

12 月 9 日　吴虞日记有记："将《荀子政治论》原稿与胡适之先生送去，嘱登《努力》《读书杂志》……胡适之来，言予文下期即由《读书杂志》发表。《努力》每期印九千份，可谓发达。《诗经通论》，商务馆拟印行，予书可借印，陈宝泉并无买得《五经通论》事，奇矣。又托立三介绍教育增入宪法议案，八时半始去。适之病足骨痛，拟休息一年，《独秀文存》，适之言当送予一部。"(《吴虞日记》下册，69 页）

12 月 10 日　《努力》周报第 32 期发布"特别启事"：胡适因旧病复发，医生不令工作，该报编辑事务由高一涵主持。

同日　胡思永致函胡适，告自己病未全好。子科来信言 8 月中阅读社就没收到《努力》，请补寄。次日又致函云：阅报悉胡适生病，欲入京探视。(中国社科院近代史所藏"胡适档案"，卷号 696，分号 6）

12 月 11 日　陈独秀致函蒋梦麟、胡适，云：

> 国立江苏自治学院，为张君劢所主持，此院名称不见于新学制，且北京教育费奇窘，焉有余勇本年即以七万九千二百元举此？究竟内容如何，京学界对此有无抗议，均求详示。
>
> …………
>
> 中山近日颇有觉悟，已切言专力军事之错误，方努力谋党之改造，此事亦请二公注意。……(《胡适遗稿及秘藏书信》第 35 册，577 页）

同日　江朝宗、李国筠、胡适、高一涵、王星拱及两院皖籍议员陈策等（列名者共 50 余人）公呈府、院、部，不以特任许世英署司法总长为然，仍留许世英长皖。(《申报》，1922 年 12 月 16 日）

12 月 12 日　吴虞日记有记："潘介泉（名家洵）持胡适之先生字来，取去《诗经通论》一夹八册，言商务馆中办事人郑某要印此书，托顾颉刚代借书，适之又代颉刚转借者也，予借此书以四月为期云。君毅自柏林来函，十月三十日寄。胡适之赠予《独秀文存》一部四册。"(《吴虞日记》

下册，70页）

同日　钟尔强致函胡适，请胡适询问杨振声是否愿意到山东一师教书，若不愿意则请胡适代为物色人选。另外也请胡适推荐青岛大学工商科主任、教授各一人。（中国社科院近代史所藏"胡适档案"，卷号1574，分号2）

12月16日　丁文江致函胡适，告知到欧洲去的轮船的船期等情。（《胡适遗稿及秘藏书信》第23册，224～225页）

12月17日　胡适自是日始向北京大学请病假一年。（《胡适启事》，《努力》周报第34期，1922年12月24日；胡适：《我的年谱·民国十二年》）

按，胡适休假期间，支一半薪水。（《蔡元培全集》第11卷，179页）

同日　上午9时，北京大学25周年纪念会开幕，蔡元培主席并致辞，次教务长胡适演说，次总务长蒋梦麟演说，次教育总长代表演说，次前清京师大学堂监督李柳溪演说，次汤尔和演说，次俄国代表团某君祝辞，次戊戌同学会代表李君演说，次教务协进会代表徐宝璜演说，次学生代表黄日葵演说。胡适演说的大要是：自己与北大同一天生日。自己因病已向蔡校长请假一年并得允准，假期从今日开始，休息到明年9月开学。又云："……个人的生命和健康是不定的，只有团体——大我——的生命和健康是长久的继续不断的。……然而北京大学的生命始终还是保存着，并且不断的向前生长。所以我们对于他应该有许多的希望。这几年来组织上很有进步，学校的基础也日趋稳固。所最惭愧的是在学术上太缺乏真实的贡献。……国立的大学不但要开风气，也是应该立志做大众师表的。近数年来，北大在'开风气'这一方面总算已经有了成绩；现在我们的努力应该注重在使北大做到'又开风气又为师'的地位。"（《北京大学日刊》第1138号，1922年12月23日）

次日天津《大公报》对胡适讲演内容之报道："今日纪念会上种种颂祷之谈，可以不说。吾人望到会者将两处展览室所列陈成绩一加比较，当知新近创作之品，远不如前人著作之多。况前人之作，尚待发挥光大者甚多。愿共勉力进取云云。"

同日　胡适在《北京大学日刊》第1136号发表《回顾与反省》一文，大要是：

> ……这五年的北大，有两大成绩。第一是组织上的变化，从校长学长独裁制变为"教授治校"制。这个变迁的大功效在于：（一）增加教员对于学校的兴趣与情谊；（二）利用多方面的才智；（三）使学校的基础稳固，不致因校长或学长的动摇而动摇全体。第二是注重学术思想的自由，容纳个性的发展。这个态度的功效在于：（一）使北大成为国内自由思想的中心；（二）引起学生对于各种社会运动的兴趣。
>
> ……学校组织上虽有进步，而学术上很少成绩；自由的风气虽有了，而自治的能力还是很薄弱的。
>
> ……………
>
> 我们当这个纪念过去的日子，应该起一种反省：
>
> 学校的组织趋向于教授治校，是一进步。
>
> 学校的组织与设备不能提高本校在学术上的贡献，是一大失败。
>
> 学校提倡学术思想上的自由，是不错的。
>
> 学校的自由风气不能结晶于自治能力的发展，是一大危机。
>
> 所以我个人对于这一次纪念会的祝词是：
>
> 祝北大早早脱离禅贩学术的时代而早早进入创造学术的时代。
>
> 祝北大的自由空气与自治能力携手同程并进。

同日　署名"铁民"的人致函胡适，不认同胡适对直接交涉山东问题以及对北大风潮的态度，又谈道："自来谈新文化的人，也要连带想到提倡的人，而阁下与陈君（独秀）之名，亦随借此发达。但新文化之胚胎虽在五四之前，而文化之进步确在五四之后。故数年以来，报章上亦常常看见阁下赞美五四之事，如去年五四纪念，阁下引黄梨洲之学说为五四张本……社会上一般青年，对于阁下，是很崇拜的……"（中国社科院近代史所藏"胡适档案"，卷号1747，分号9）

12月20日　北京大学教务会议因胡适请病假改选教务长，顾孟馀当选。

(《北京大学日刊》第1137号，1922年12月22日）

同日　张元济复函胡适，谢赠涵芬楼《全椒县志》一部。闻胡适欲休养一年，叮咛胡适要慎选休养地点，希在《努力》上附记近状，以使多数好友均可知悉。(《胡适遗稿及秘藏书信》第34册，59～60页）

同日　商务印书馆编译所图书馆函谢胡适赠送《全椒县志》八册。(中国社科院近代史所藏"胡适档案"，卷号2202，分号2）

12月21日　王云五致函胡适，问候、挂念胡适病情，又云：胡适的病原，总是积劳过度，总该好生休养才好。自己认为胡适对北大的帮助不少了，希望胡适为商务效一点微力。希望胡适南下，在上海或在上海附近稍微清静的地方暂住若干时，商务方面每月拟支送300元，做胡之生活费。总以休养为重，不一定替商务做多少事。又说，胡适是中国最有声望的人物。这个意见，不仅是爱护朋友，实在也是爱惜人才。希望得到胡适的回复。(《胡适遗稿及秘藏书信》第24册，289～295页）

12月23日　任鸿隽复函胡适，为胡适告假尽心休养感到喜慰。若蔡元培和胡适都离去，自己和朱经农都不愿回北大。自己决定进入商务印书馆工作。自胡适病后，觉得《努力》不如以前了。(《胡适遗稿及秘藏书信》第26册，413～415页）

同日　余上沅致函胡适，请胡适安心养病，希望胡适能将他们《戏剧发达史》的译稿推荐给商务印书馆。(《胡适遗稿及秘藏书信》第29册，102页）

12月24日　北京大学第二次特别会议议决：胡适辞去评议员职务，选定何基鸿补充本届评议员。(《北京大学日刊》第1139号，1922年12月25日）

12月26日　李之常代表湖北教职员联合会函邀胡适来湖北演讲。(中国社科院近代史所藏"胡适档案"，卷号1151，分号1）

12月28日　《申报》刊出旅京之皖人江朝宗、李国筠、胡适、高一涵、丁铭礼、王源瀚60余人呈府、院文，认为皖省裁兵有名无实，饷额转增，恳另行派员监察，实行裁新减旧，以纾皖祸。

12月29日　胡适因发现糖尿住进协和医院，做全面检查，直到次年1

月 6 日出院。H. J. Smyly 初次诊验，发现有糖。故命胡适住院一星期，每日验看小便 4 次，隔日取血查验，并增减食料，以观食物有无影响。入院之第二日，即无糖质，以后也没有。（胡适：《"胡适先生到底怎样？"》；《胡适遗稿及秘藏书信》第 20 册，119 页）

12 月 30 日　江泽涵致函胡适，谈假期的安排和自己的学习状况，又谈到希望读一读《胡适文存》和《国语文学史》。（《胡适遗稿及秘藏书信》第 25 册，91～97 页）

12 月 31 日　胡适在《努力》周报第 35 期发表《新年的旧话》，再述 22、28 期两次申说的一段旧话，作为新年的颂词，因其"最可以代表我们在这个时候的希望"：

（1）武力统一是绝对不可能的，做这种迷梦的是中国的公贼！
（2）宪法是将来的政治工具，此时决不能单靠宪法来统一的。
（3）大革命——民主主义的大革命——是一时不会实现的；希望用大革命来统一，也是画饼不能充饥。
（4）私人的接洽，代表的往来，信使的疏通，都是不负责任的，都是鬼鬼祟祟的行为。……
（5）在今日的唯一正当而且便利的方法是从速召集一个各省会议，聚各省的全权代表于一堂，大家把袖子里把戏都摊出来，公开的讨论究竟我们为什么不能统一，公开的议决一个实现统一的办法。

是年　胡适曾为北大英文系讲师、美国人柴思（Lewis Chase）所编《散文名著选》(*Prose Selections or English Essays for Chinese Students*, 1922) 作一序言。胡序说：

北京京华教育用品公司，请我写此序言论到我的朋友柴思义（Lewis Chase）先生所以最好的介绍是略述他的历史。柴思义先生是美国东北角上梅恩省的人，生于 1873 年。他曾进过五个大学：Rochester, Leland Stanford, Harvard, Grenoble（法国），Columbia。他的三个学位（学士、硕士、博士）都是从 Columbia 得的。那时候，Columbia 大学的文学部负一时盛名；柴思义先生从 Brander Matthews 研究戏剧，从 George Edward Woodberry 研究诗与文学。Woodberry 为美国有名诗人及文学批评家，柴先生和他相处七年之久，得力最多。Woodberry 在 Columbia 教授期内，在他手里得博士学位的，只有六人，柴先生居其一；余五人中，如 J. E. Spingarn 及 Frank Wadleigh Chandler，皆负盛名于文学批评界。

柴先生教学的经验也是很丰富的。他在美国任过五个大学的教席；又在法国 Bordeaux 大学任过一年讲师；最近三年中在印度 Aligarh 的回教大学任文学教授。他现任北京大学和燕京大学两处教授英文学的事。

他的文学研究，最擅长于下列各方面：（1）十七世纪英国的"英雄剧"（English Heroic Play）；（2）英国诗人 Swinburne 的研究；（3）美国文豪 Poe 的研究；（4）近代诗的研究。在这四方面，他都曾有一些有价值的贡献。

这一部《散文名著选》是柴先生到中国后编著的第一部书。他取材的范围是很广的；从 Bacon 直到近代的作家。柴先生是一个富于诙谐风味的人，所以他所选的有几篇是很滑稽的。他也知道中国青年研究外国文学，往往偏重思想内容而不很注意文章的风格与技术；所以他这一部选本一方面很著重思想，例如 Newman，Huxley 的文章；一方面又不肯忽略文学上的风趣，如 Hunt，Lamb 的文章。他的排列法是依着历史的顺序的；我们借此又可以略知英国散文体裁变迁的大势。我们很欢迎这部选本，盼望他能够供给国内研究英文的需要。（载柴思：《散文名著选》，京华教育出品公司，1922年）

1923年　癸亥　民国十二年　32岁

> 是年，胡适向北京大学请病假一年，"是在病中过了的"。4月赴沪。6月8日到杭州，旋决定在西湖过夏。养病期间，与曹诚英小姐发生恋情。
>
> 10月，胡适结束《努力》周报，拟办《努力》月刊。
>
> 是年，胡适撰有《读梁漱溟先生的〈东西文化及其哲学〉》《〈科学与人生观〉序》等重要论文。

1月

1月1日　胡适在协和医院作《别赋》，表达向北大告假后"永远脱离教书生活，永远作著书的事业"之想法。（胡适:《我的年谱·民国十二年》）

同日　赵廷为致函胡适，询问胡适是否收到《哲学概论》原本与译稿，感谢胡适的"改正"，并问候胡适的病。（中国社科院近代史所藏"胡适档案"，卷号1497，分号8）

1月2日　杨震文致函胡适，再向胡适借50元（此前已借100元）。（中国社科院近代史所藏"胡适档案"，卷号1207，分号8）

> 按，据中国社科院近代史所藏"胡适档案"，是年向胡适借钱的还有吴邦彦、邵瞻涛等。

1月4日　冯维崧致函胡适，询其译稿《思想及行动中之社会主义》是否审查完毕、能否出版等。（中国社科院近代史所藏"胡适档案"，卷号859，分号2）

1923年　癸亥　民国十二年　32岁

1月5日　胡适在协和医院作有《"胡适先生到底怎样？"》)一文，大要如下：

> 这是上海《民国日报》邵力子先生一条随感录的标题。……最近我因发现糖尿……来住在亚洲第一个设备最完全的医院里，受了三十次的便尿分验……然而他们到今天还不肯给我一个简单的答案。……但是我的病，我的告假，似乎颇引起了一些人的误会。上个月我在国语讲习所告假，那边就有人疑心我的告假是和国务会议"取缔新思想"的议案有关系了。现在邵力子先生这一段随感录，很带有同样的疑心。他引《向导周报》国焘的话：
>
> 目前怎么样办呢？还是三十六计，跑为上计呢？还是坚持原来的主张呢？还是从此更有新的觉悟呢？
>
> ……我借这个机会敬告邵力子先生和有同样疑心的人：
>
> "三十六计，跑为上计"：这种心理从不曾到过［我］的脑子里。中国的事所以糟到这步田地，这种卑劣的心理未尝不是一个大原因。我们看看租界上的许多说风凉话高谈主义的人，许多从这里那里"跑"来的伟人小政客，就可以晓得这种卑劣心理造的福和种的孽了！
>
> 我是不跑的。生平不知趋附时髦；生平也不知躲避危险。封报馆，坐监狱，在负责任的舆论家的眼里，算不得危险。然而"跑"，尤其是"跑"到租界里去唱高调：那是耻辱！那是我决不干的！（《努力》周报第36期，1923年1月7日）

同日　喻鉴致函胡适，问候胡适病情，请教关于中学国文教学的几个问题。（《胡适遗稿及秘藏书信》第37册，254～258页）

1月6日　《申报》报道，《密勒氏评论报》自去年10月为始，选举中国现时生存之最伟大人物12人，截至本年1月1日为止，结果揭晓：孙中山居首，得票最多（1315票），次冯玉祥（1217票），次顾维钧，次王宠惠，次吴佩孚，次蔡元培，次王正廷，次张謇，次阎锡山，次余日章，次黎元洪，次胡适（613票）。

1 月 7 日　胡适在《努力》第 36 期刊登启事，感谢寄贺年片的友人，又告自己的病不是糖尿病。

同日　吴虞日记有记：胡适之寄来《努力》周报 5 份，因《读书杂志》将予《荀子之政治论》登出也。(《吴虞日记》下册，78 页)

1 月 8 日　胡适为潘是汉的《天乎帝乎》作序，其中说道：

……我们得读潘是汉先生《天乎帝乎》一文，审查他列举的历史上和法律上的确证，使我们不能不深感亡国的惨祸竟有如此之烈，使我们不能不向安南的志士们抱无限的同情。法兰西民族素以"自由、平等、人类胞与"三大纲自豪，然而他们对安南人的手段真可算是人类史上的一大耻辱。……(《胡适文存二集》卷 3，25 页)

同日　任鸿隽复函胡适，询问胡适病情，又请胡适代收薪俸等。(《胡适遗稿及秘藏书信》第 26 册，416～418 页)

1 月 9 日　丁济华致函胡适，向胡提了 7 个问题（内容涉及新文化等）请求指教，并希望胡尽快复函。(《胡适遗稿及秘藏书信》第 23 册，304～305 页)

同日　Grover Clark 致函胡适，云：

I'm enclosing the copies of the two contracts—Mrs. Clark's and mine. I think these are substantially as we talked it over. Mine is dated July 1, 1921, because that is the time the original agreement expired.

If there are any points in these drafts which do not meet your approval, don't hesitate to say so. (中国社科院近代史所藏"胡适档案"，卷号 E-158，分号 2)

1 月 10 日　钱玄同日记有记：

适之送给我一部袁承业刻本的《王心斋集》，我正盼想买此书，他恰好送来，可喜可感！

1923 年　癸亥　民国十二年　32 岁

借看一九二二年五月至十月适之的日记，将其中数条抄出如别纸。托适之向钢和泰先生借到□□□□的□□□□□三册……（《钱玄同日记》中册，497 页）

同日　党家斌函寄其《幽林》诗，请胡适批评，并请转给胡思永看看。（中国社科院近代史所藏"胡适档案"，卷号 352，分号 2）

1 月 11 日　王龙章致函胡适云，外交部答复关于英国自划片马为属县之事全与事实相反，请胡适再致函外交部，"俾其确实办理而固我封疆，匪特为滇一省幸，实我国之大幸也"。（中国社科院近代史所藏"胡适档案"，卷号 765，分号 8）

1 月 12 日　钱玄同日记有记：

遇胡适之，请他给《〣丩》的"厂〣号"做些短文，他答应就做。他说郑振铎、顾颉刚诸人拟刻《诗经丛书》，专取立说新颖，而又不易购买者，如姚际恒的《诗经通论》，崔述的《读风偶识》、方玉润的《诗经原始》、龚橙的《诗本谊》等。他知道我去年买到一部年庭的《雪泥屋遗书目录》，中有他的《诗说》，劝我录印，我极以为然。今日午后至晚，即将此书抄出，随抄随分段、加标点符号，至晚十二时而毕事。（《钱玄同日记》中册，497 页）

同日　容肇祖致函胡适，询其翻译的《动的心理学》是否由胡适主持的世界丛书社审查，审查结果如何等。（《胡适遗稿及秘藏书信》第 31 册，113～114 页）

1 月 13 日　钱玄同来访。（《钱玄同日记》中册，497 页）

同日　马孝安致函胡适，云去年把诗稿寄给胡适未得响应，写信询问并希望胡有所指点。（中国社科院近代史所藏"胡适档案"，卷号 733，分号 5）

同日　钟璞致函胡适，告：读了《〈水浒传〉后考》之"罗氏致语"后，检视家藏《水浒传》，"果每回首皆有一篇能懂不能懂的诗或词"，胡适说的似乎未见过，故向胡适介绍此书版式等：

板式——小板"宋汉奇书，英雄谱本"。

著者——东原罗贯中。

梓行——金陵兴贤堂。

回目——一百一十五回，有"致语"。

序言——除先生所引熊飞序外，又有他的后序，后序即前序之末段，惟不同二三字，不知何故？（中国社科院近代史所藏"胡适档案"，卷号 1571，分号 3）

1月14日　胡适为《国语月刊》的"汉字改革号"写一"卷头言"：

我是有历史癖的；我深信语言是一种极守旧的东西，语言文字的改革决不是一朝一夕能做到的。但我研究语言文字的历史，曾发现一条通则：

在语言文字的沿革史上，往往小百姓是革新家而学者文人却是顽固党。

从这条通则上，又可得一条附则：

促进语言文字的革新，须要学者文人明白他们的职务是观察小百姓语言的趋势，选择他们的改革案，给他们正式的承认。

这两条原则，是我五年来关于国语问题一切论著的基本原理，所以我不须举例来证明了。

小百姓二千年中，不知不觉的把中国语的文法修改完善了，然而文人学士总不肯正式承认他；直到最近五年中，才有一部分的学者文人正式对这二千年无名的文法革新家表示相当的敬意。俗话说："有礼不在迟。"这句话果然是不错的！

然而这二千年的中国的小百姓不但做了很惊人的文法革新，他们还做了一件同样惊人的革新事业，就是汉字形体上的大改革，就是"破体字"的创造与提倡。

……我曾说过：

改变的动机是实用上的困难；改变的目的是要补救这种实用上的

困难；改变的结果是应用能力的增加……

那几句话虽是为白话文法说的，但我现在用来褒扬破体字的改革，似乎也是很适当的。(《胡适文存二集》卷4，353～355页)

  按，钱玄同当日日记有记："胡适之的卷头言，自然是作提要用，但他只说了简笔字的话，而注音字母独用、词类连书、改用世界字母拼音之说均未之及。我恐阅者或有误解，因跋数语于其后。"(《钱玄同日记》中册，498页)

同日 杨鸿烈致函胡适，谈为《努力》投稿事，又报告自己的研究、学习心得。又抄示自己的2首白话诗。(《胡适遗稿及秘藏书信》第38册，197～208页)

1月15日 杨汉公致函胡适，感谢胡答应为其改革学制之主张帮忙、鼓吹。又盼读《中国哲学史大纲》下册。又请胡适帮忙介绍教育家等。(《胡适遗稿及秘藏书信》第38册，141～143页)

同日 吴承仕致函胡适，云：胡秉虔遗作本为许霁唐所有，请胡适寄还。(《胡适遗稿及秘藏书信》第28册，424页)

同日 董琴村致函蔡元培、胡适，询问是否还办理工读互助团等。(中国社科院近代史所藏"胡适档案"，卷号1845，分号11)

1月16日 蔡堡致函胡适，请胡适对其著作大略一看，若有出版价值，即请赵君假期校对。又为向其父证明其有能力赚钱，请胡适帮忙让商务印书馆支付译费与他。(《胡适遗稿及秘藏书信》第39册，241～244页)

1月17日 邵飘萍在东华饭店请胡适、蔡元培、蒋梦麟吃午饭，报告罗文干一案："地检厅已宣告不起诉了，十六日阁议，竟决定由司法总长程克令地检厅续行侦查，而提议人乃是教育总长彭允彝。彭之动机大概是要见好于吴景濂，以谋得同意票。"诸人听后均生气，蔡更愤激，并主张邀集国立各校长中之可与共事者，以辞职为抗议，不愿在彭允彝之下办教育。蔡即请邵飘萍拟一辞呈。稿成后，殊不满人意，诸人乃带呈稿到蔡宅商议，决计不用邵稿，由胡适另起稿，经蔡删改又请汤尔和来商议，最后的

定稿是：

> 为呈请辞职事：窃元培承乏国立北京大学校长，虽职有专司，然国家大政所关，人格所在，亦不敢放弃国民天职，漠然坐视。数月以来，报章所纪，耳目所及，举凡政治界所有最卑污之罪恶，最无耻之行为，无不呈现于国中。国人十年以来最希望之司法独立，乃行政中枢，竟以威权干涉而推翻之。最可异者，钧座尊重司法独立之明令朝下，而身为教育最高行政长官之彭允彝即于同日为干涉司法独立与蹂躏人权之提议，且已正式通过国务会议。似此行为，士林痛恨。佥谓彭允彝此次自告奋勇，侵越权限，无非为欲见好于一般政客，以为交换同意票之条件耳。元培目击时艰，痛心于政治清明之无望，不忍为同流合污之苟安，尤不忍于此种教育当局之下，支持教育残局，以招国人与天良之谴责，惟有奉身而退，以谢教育界及国人。谨此呈请辞职，迅予派员接替，立卸仔肩。此呈大总统。

按，除此辞呈外，蔡元培还有一个"启事"："元培为保持人格起见，不能与主张干涉司法独立蹂躏人权之教育当局再生关系，业已呈请总统辞去国立北京大学校长之职，自本日起，不再到校办事。特此声明。"

"这个启事所说也是尔和的主意。我的意思要注重政治大题目，而这个启事乃专以彭允彝为主题，殊使人失望。"（胡适：《我的年谱·民国十二年》）

同日　钱玄同来访，并借走周春《杜诗双声叠韵谱》。（《钱玄同日记》中册，499页）

1月18日　吴虞日记有记："八时至九时，在北大上课后，因蔡孑民辞职事，马幼渔、马夷初、朱逖先、杨适夷、马叔平、沈士远、沈兼士、谭仲逵、李守常、陈百年、王抚五诸人，同会议办法。闻此事昨日午间由蒋干、尔和、适之、飘萍所怂恿，遂一发而不可收矣。"（《吴虞日记》下册，82～83页）

1月19日　刘文典致函胡适，讨论陶渊明的《闲情赋》，又愤恨国民代

表打国民之事。(《胡适遗稿及秘藏书信》第 39 册，681～682 页）

同日　北大学生蒋希曾致函胡适，请胡适为其介绍教职或是推荐其至商务印书馆做编辑。(中国社科院近代史所藏"胡适档案"，卷号 1827，分号 2)

> 按，是年请胡适帮忙谋职的还有程伯辉、萧济时、郑长璋、汪今鸾（原名汪金銮）、喻鉴、奚湞、胡嗣秋（秀之）、吴康、张锦城等。(据中国社科院近代史所藏"胡适档案"不完全统计)

1 月 21 日　胡适在《努力》第 38 期的《这一周》发表《高凌霨证明贿买国会是实》，提出应该查办涉事的高凌霨、曹锟、张伯烈等人。

同日　胡适在《努力》第 38 期的《这一周》发表《蔡元培以辞职为抗议》，指出："我们赞成蔡先生此次的举动，也只是赞成这点大声主持正谊，'不忍为同流合污之苟安'的精神。"

同日　旅京安徽学人胡适、高一涵、王星拱、李辛白、程振基、张贻侗、刘文典、卢中岩、吴复振等联名通电，反对江苏督军齐燮元干涉皖政。(《晨报》，1923 年 1 月 23 日)

同日　康白情致函胡适，云：

> 批评制宪庸议之文稍嫌过当，此种笔法未免足为盛德之累，望后此留意。……(《胡适遗稿及秘藏书信》第 33 册，298～299 页)

1 月 23 日　刘伊凡致函胡适，述敬佩之意，并抄示自己的诗作。(中国社科院近代史所藏"胡适档案"，卷号 934，分号 5)

1 月 24 日　严庄致函胡适，函寄陕西人控诉刘镇华罪恶的快邮代电，请胡适"在《努力》上著为论说，诛此民贼……"(《胡适遗稿及秘藏书信》第 41 册，558～560 页)

1 月 25 日　朱经农致函胡适云：中国人不懂攻击不良政治。希望蔡元培南下。又请胡适找出邹恩润所译《杜威教育哲学》寄还他。(《胡适遗稿及秘藏书信》第 25 册，608 页)

同日　杨立诚致函蔡元培、胡适，告收到北京大学挪借之款。又希望指教教授外国人中文的方法等。(《胡适遗稿及秘藏书信》第 38 册，7 页)

1 月 27 日　金□致函胡适，希望胡适设法让其入北大求学。(中国社科院近代史所藏"胡适档案"，卷号 1445，分号 3)

1 月 28 日　胡适在《努力》第 39 期发表《蔡元培与北京教育界》，指出：应承认蔡去职之决心，体贴其抗议而去的精神，不要再挽留蔡；北京教育界应继续维持各学校。又对政府提出忠告：彭允彝是不能不去的；北京大学的校长是断不可随意任命的。

同日　胡适在《努力》第 39 期的《这一周》发表《贿买国会的问题》，以议员黄攻素的质问书进一步说明贿买是实，又指出：国会不理黄之质问，"难道国民也不过问这个非常重大的贿买国会的问题吗？"

同日　胡适在《努力》第 39 期的《这一周》发表《今日之事》，指出：

……今日的政局是国会和内阁和总统打成一家的政局：金钱与差使，酒食和"冰炭敬"，竟把这十二年来分争的三方面黏成一片了。所以今日之事可以说是这个"三位一体"的恶政府对清议宣战的表示！

……清议所是，这个"三位一体"的政府必以为非；清议所非，这个"三位一体"的政府必以为是！

认清了这一点，然后可以决定我们对于政治的态度。

同日　胡适在《努力》第 39 期的《这一周》发表《蔡元培的"不合作主义"》，指出：

然而正因为这个国家太混浊黑暗了，正因为这个民族太怯懦无耻不爱自由了，所以不可不有蔡先生这种正谊的呼声，时时起来，不断的起来，使我们反省，使我们"难为情"，使我们"不好过"。倘使这点"难为情""不好过"的感觉力都没有，那就真成了心死证了。

同日　任鸿隽复函胡适，云：

1923年　癸亥　民国十二年　32岁

>……我们近来为这件事到处跑了几天，但是跑不出甚么道理来。经农前两天去看任之、东荪等，我去看太炎、精卫等。上海的报界还是《时事新报》肯说一点话。江苏教育会的态度，在他的"有"电也可看见了。……精卫因为生病，还不曾见面。太炎先生虽然痛恨国会，但他觉得蔡先生所罪状彭的地方，似乎不成问题。我要他打一个电报骂骂政府和国会，他说要等几天再说，现在说话似乎有点袒护一边。我们说到此处，不能忘记去年夏间蔡先生与太炎先生相骂的一段故事。
>　………
>　我们的意思，很想蔡先生能够南来，以示与现政府决绝，南方讲学的事，已可以组织起来。京中的奋斗，有你同学法界的许多同志，还怕不够吗？（《胡适遗稿及秘藏书信》第26册，419～421页）

同日　吴虞日记有记：饭后，胡适之来信，并交来熊梦稿一束。（《吴虞日记》下册，85页）

1月29日　上午，胡适在寓所接受《清华周刊》记者的访问，谈话要点如下：

>［关于清华改办大学］胡先生说："清华改办大学是很对的，因为留学政策是不经济的。欲办大学必须有计画，有了计画便须作公开的讨论。我看清华至少该办成文科和理科，理科注重在设备，关于这一门我是外行，清华物理教授梅先生等必能妥为擘划。欲办成文科，则国学最为要紧，在中国办大学，国学是最主要的。聘请国学教授又是极困难的问题。譬如'中国历史'一门，国中即无几个合格的教授人才。清华既有大学之议，现在便该开始罗致有名的学者，来充教授之职。清华现在的教授，国学部恐颇少合格者（至于西文部如谭、唐、罗伯森等则是研究有素，当可胜任）。要聘请好的国学教授，薪金必要同西文部教授薪金在同一比例之上，清华现在国文教员薪金很少很少，这是不对的，绝不宜因某人系教国学便少给他薪水。要聘好的国学教授，先要定一个标准，国学教授绝非只是什么'举人''进士''师爷''幕僚'

便能担任的。请不到合格教授，大学终是办不好。"

[关于清华停送女生]胡先生斩金斫铁的说："我绝不赞成这种事的。吾人现在做事最怕的是在时代潮流上开倒车。现在各校都在开放女禁，清华反倒停送女生，足证清华办理之退化。"记者告以清华当局停送女生是以经费问题为理由，胡先生说："别处尽可以省钱，女子教育终是要顾全到的。"记者再讯以对于清华校务各方面之批评，胡先生谢以情形不熟，未便多说。

[关于研究国学的方法]胡先生说："现在一般青年，感到国学的重要，这是极可喜的事。国学本是过去的，所以又称国故学，译成英文就是 National Heritage。但是国学浩如烟海，初学苦于无处下手。中国的国学又与西洋的不同，绝少门径书之类。所以我素来主张的研究国学方法，便是历史的系统的研究。各个时代还他一个各个时代的本来面目。顺次序的研究下去，每时代拣出几个代表作者，每作者拣出几部代表著作。然后综合之，比较之，考订之。……清华有几位学生告诉我，他们要迟一年出洋，预备利用此一年研究国学；我看大可不必，不若带几部书到美国去看。我已为一般有志于国学的青年们草就了一个书目，都是初学必读的书……

……[关于对此次学潮，清华应有何种态度]胡先生说："清华若能有所表示，如同情的表示等等，也是很好的；团体的行动则不可行。"

（《清华周刊》第268期，1923年2月9日）

1月　北京大学的《国学季刊》第1卷第1号刊行。作为编委会主任的胡适在创刊号上发表了《国学季刊发刊宣言》一文，大要是：

我们平心静气的观察这三百年的古学发达史，再观察眼前国内和国外的学者研究中国学术的现状，我们不但不抱悲观，并且还抱无穷的乐观。我们深信，国学的将来，定能远胜国学的过去；过去的成绩虽然未可厚非，但将来的成绩一定还要更好无数倍。

自从明末到于今，这三百年，诚然可算是古学昌明时代。总括这三百年的成绩，可分这些方面：

（1）整理古书。……

（2）发现古书。……

（3）发现古物。……

但这三百年的古学的研究，在今日估计起来，实在还有许多缺点。三百年的第一流学者的心思精力都用在这一方面，而究竟还只有这一点点结果，也正是因为有这些缺点的缘故。那些缺点，分开来说，也有三层：

（1）研究的范围太狭窄了。……

（2）太注重功力而忽略了理解。学问的进步有两个重要方面：一是材料的积聚与剖解；一是材料的组织与贯通。前者须靠精勤的功力，后者全靠综合的理解。清儒有鉴于宋明学者专靠理解的危险，所以努力做朴实的功力而力避主观的见解。这三百年之中，几乎只有经师，而无思想家；只有校史者，而无史家；只有校注，而无著作。……

…………

（3）缺乏参考比较的材料。……

……我们借鉴于先辈学者的成功与失败，然后可以决定我们现在和将来研究国学的方针。我们不研究古学则已；如要想提倡古学的研究，应该注意这几点：

（1）扩大研究的范围。

（2）注意系统的整理。

（3）博采参考比较的资料。

（1）怎样"扩大研究的范围"呢？"国学"在我们的心眼里，只是"国故学"的缩写。中国的一切过去的文化历史，都是我们的"国故"；研究这一切过去的历史文化的学问，就是"国故学"，省称为"国学"。"国故"这个名词，最为妥当；因为他是一个中立的名词，不含褒贬的意义。"国故"包含"国粹"；但他又包含"国渣"。我们若不了解"国渣"，如何懂得"国粹"？所以我们现在要扩充国学的领域，包括上下

三四千年的过去文化，打破一切的门户成见：拿历史的眼光来整统一切，认清了"国故学"的使命是整理中国一切文化历史，便可以把一切狭陋的门户之见都扫空了。……

....

整治国故，必须以汉还汉，以魏晋还魏晋，以唐还唐，以宋还宋，以明还明，以清还清；以古文还古文家，以今文还今文家；以程朱还程朱，以陆王还陆王……各还他一个本来面目，然后评判各代各家各人的义理的是非。不还他们的本来面目，则多诬古人。不评判他们的是非，则多误今人。但不先弄明白了他们的本来面目，我们决不配评判他们的是非。

....

……我们所谓"用历史的眼光来扩大国学研究的范围"，只是要我们大家认清国学是国故学，而国故学包括一切过去的文化历史。历史是多方面的：单记朝代兴亡，固不是历史；单有一宗一派，也不成历史。过去种种，上自思想学术之大，下至一个字、一支山歌之细，都是历史，都属于国学研究的范围。

（2）怎样才是"注意系统的整理"呢？学问的进步不单靠积聚材料，还须有系统的整理。系统的整理可分三部说：

（甲）索引式的整理。……

....

（乙）结账式的整理。……

....

（丙）专史式的整理。……国学的使命是要使大家懂得中国的过去的文化史；国学的方法是要用历史的眼光来整理一切过去文化的历史。国学的目的是要做成中国文化史。国学的系统的研究，要以此为归宿。一切国学的研究，无论时代古今，无论问题大小，都要朝着这一个大方向走。只有这个目的可以整统一切材料；只有这个任务可以容纳一切努力；只有这种眼光可以破除一切门户畛域。

我们理想中的国学研究，至少有这样的一个系统：

中国文化史：

1. 民族史

2. 语言文字史

3. 经济史

4. 政治史

5. 国际交通史

6. 思想学术史

7. 宗教史

8. 文艺史

9. 风俗史

10. 制度史

这是一个总系统。历史不是一件人人能做的事；历史家须要有两种必不可少的能力：一是精密的功力，一是高远的想像。没有精密的功力，不能做搜求和评判史料的工夫；没有高远的想像力，不能构造历史的系统。……国故的材料太纷繁了，若不先做一番历史的整理工夫，初学的人实在无从下手，无从入门。……所以我们主张，应该分这几个步骤：

第一，用现在力所能搜集考定的材料，因陋就简的先做成各种专史……

第二，专史之中，自然还可分子目……治国学的人应该各就"性之所近而力之所能勉者"，用历史的方法与眼光去担任一部分的研究。子目的研究是专史修正的唯一源头，也是通史修正的唯一源头。

（3）怎样"博采参考比较的资料"呢？……有许多现象，孤立的说来说去，总说不通，总说不明白；一有了比较，竟不须解释，自然明白了。……

……我们现在治国学，必须要打破闭关孤立的态度，要存比较研究的虚心。第一，方法上，西洋学者研究古学的方法早已影响日本的

学术界了，而我们还在冥行索途的时期。我们此时正应该虚心采用他们的科学的方法，补救我们没有条理系统的习惯。第二，材料上，欧美日本学术界有无数的成绩可以供我们的参考子［了］。比较，可以给我们开无数新法门，可以给我们添无数借鉴的镜子。学术的大仇敌是孤陋寡闻；孤陋寡闻的唯一良药是博采参考比较的材料。

我们观察这三百年的古学史，研究这三百年的学者的缺陷，知道他们的缺陷都是可以补救的；我们又返观现在古学研究的趋势，明白了世界学者供给我们参考比较的好机会，所以我们对于国学的前途，不但不抱悲观，并且还抱无穷的乐观。我们认清了国学前途的黑暗与光明全靠我们努力的方向对不对。因此，我们提出这三个方向来做我们一班同志互相督责勉励的条件：

第一，用历史的眼光来扩大国学研究的范围。

第二，用系统的整理来部勒国学研究的材料。

第三，用比较的研究来帮助国学的材料的整理与解释。

按，毛子水《胡适传》："《国学季刊发刊宣言》非特把几年来精思熟虑的结果告诉大家，并且把以后做学问的道路指示大家。我们现在想起来，民国十二年以后国内的'国学'所以能有一点成绩，这篇文章的力量不少。"（台湾大学中文系编：《毛子水全集·传记》，1992年，130页）

又按，《国学季刊》刊行后，吴其昌曾致函胡适，有感于胡适等整理档案、搜集歌谣等，乃建议"请保存石鼓""请辑宋元佚书""请剪裁一切类书""请抄集《永乐大典》"等。（《胡适遗稿及秘藏书信》第28册，400～405页）

同月 胡适在 *The Chinese Social and Political Science Review* 发表"The Social Message in Chinese Poetry"，文章说：

... I am here to point out that Chinese poetry, like all poetry of the human race, does not depend entirely upon its formal phase. All the beautiful sound combinations, all the rich imagery, and other formal aspects are nothing but a part of the poetic technique which, when applied without an adequate content or when it restricts rather than helps the free development of the poetic content, is often more harmful than serviceable to poetry....

...

So my secret feeling is that the recent outburst of appreciation of Chinese poetry has been leaning too much to the formal side and does not touch the root of Chinese poetry....

Three Distinct Features of Chinese Poetry

Briefly speaking, there are three distinct features of Chinese poetry which are worthy of consideration. First, the Chinese philosophies of life as we find in the poetry of the various periods, whether the pessimistic idealization of drinking and women or the quiet contemplativeness and contentedness of the love of nature, are certainly worthy of close study... Secondly, there are hundreds of lyrical poems of love which reveal the innermost part of the soul of the nation better than anything else... Thirdly, there are a distinct group of what may be called "the poetry of social problems", poetry that deals with the concrete problems of social life, written sometimes in the manner of realistic presentation, sometimes in the form of satirical criticism, but mostly in the spirit of protest....

...

Model of Poetic Satire

... From the Han dynasty (from the second century B. C. to the second century A. D.) we take a few notable examples. There is one poem dealing with the position of woman in the family, which is comically tragic:

...

The dramatic situation which the poet selected and the business-like conversation between the heartless husband and the deserted wife are both so striking that this little poem by an unknown author has come to be regarded as one of the models of poetic satire.

...

One of the Longest Poems

...There is in the Han literature of social problems one long poem entitled *The Wife of Chiao Chung-ch'ing*, which tells the story of a faithful wife who was loved by her husband but whose mother-in-law disliked her so much that she was forced to return to her own home.... The poem is one of the longest in Chinese poetry and is almost the only poem that may be called an epic.

...

Folk Songs

During this post-Han period, there grew up a large body of folk-songs, some of which are of striking lyric beauty. Sometimes a tragic story may be told in a little lyric of three or four lines....

...

Poems by Chang Ch'i

Chang Ch'i was a contemporary of Po Chu-i's, poetically superior to the latter both in native talent and technique. He drew much inspiration from the poetry of the Han and post-Han periods and wrote social poems with such refinement and delicacy that they lose all propagandist color and become real poetry....

...

Protests Against Social Inequalities

In the poetry of the Sung dynasty, there are numerous examples of protesting voices against social inequalities and political injustice....

...

...Poetry is one of the most effective instruments which mankind has invented for expressing its high emotions and overflowing feelings. If poetry fails to express the cries of human suffering and misery, and contents itself as the mouthpiece of pretty lovers and saints, then it has neglected one of the sacred duties which it was primarily intended to fulfil. The great Chinese poets have never forsaken this sacred duty. And even the anonymous authors of folk-poetry have always been true to this sacred mission....

...That tragic pathos, and not the imagism and sound pictures, is the supreme technique of Chinese poetry, and of all true poetry.（《胡适英文文存》第 1 册，远流版，136～149 页）

2月

2月2日　胡适在明人胡广等纂修《性理大全会通》七十卷（明刻本，4 函 32 册）题记："钟人杰刻《性理会通》七十卷，即《性理大全》，并无增删。其序中说他要增入的诸家，皆在续编四十二卷中。十二，二，二，胡适。"（《胡适藏书目录》第 3 册，1646 页）

同日　蒋阆仙致函胡适，不同意胡适《我的儿子》一文的观点。（《胡适遗稿及秘藏书信》第 39 册，519～523 页）

2月3日　胡适在劳乃宣撰《古筹算考释续编》八卷（光绪二十六年吴桥官廨刻本，1 函 8 册）题记："劳乃宣《古筹算考释续编》八卷。劳闇文先生送我的。十二，二，三，胡适。"（《胡适藏书目录》第 2 册，1222 页）

同日　胡适在清人李光地等修《御纂性理精义》十二卷（康熙五十六

年内府刻本，1函5册）题记："此书编纂实远胜于《性理大全》，很可代表当日的正宗哲学。胡适。十二，二，三。"（《胡适藏书目录》第3册，1707页）

同日 钱玄同日记有记：

> 午后五时，赴西长安街五族饭店吃饭，应陈颂平之约，同坐者为：汪衮父、陆渭清、张杏生、胡适之、黎劭西、杨遇夫、汪一庵、陆雨庵诸人。……
>
> 席间汪氏问适之，听说北大有提倡过激主义之说，信否？适之答道："人数到了二千，自然形形色色的都有，这是不希奇的，北大有提倡过激主义的，也有主张复辟的。曾见有一北大教授在中央公园内颠头播脑的〈地〉朗诵八股。又有一教授结婚，此人是道德学社的社员，他有一位'道友'送他喜联，书纪年为'学会九十九年'！"适之又说："北大的人提倡过激主义，倒不希奇，读八股和信道教这才希奇哩。"这句话说得真妙。
>
> 适之说，有一个四川人做"许行的研究"，做了好几本书！内中所言真是荒谬绝伦，举两段：一、许行是主张劳农专政而反对无政府主义的，《艺文志》中"圣王、并耕、悖上下"三语，第一语指陈仲子，二三两语指许行！二、许行之徒"细屦织席"，当时社会靡然从风，不仅男子，即女子亦然，如孟轲之母之织机，陈仲子之妻之辟纑皆是，足见当时男女同样劳作，并且完全平等。这真是"什么话"。（《钱玄同日记》中册，508～509页）

2月4日 胡适的《西游记考证》改定，提出：《西游记》不是元朝的长春真人邱处机作的。小说《西游记》与邱处机《西游记》完全无关，但与唐沙门慧立作的《慈恩三藏法师传》和玄奘自己著的《大唐西域记》却有点小关系。又指出：

> ……南宋或元朝已有了这种完全神话化了的取经故事；使我们明白《西游记》小说——同《水浒》《三国》一样——也有了五六百年的

演化的历史:这真是可宝贵的文学史料了。

....

……元代已有一个很丰富的《西游记》故事了。但这个故事在戏曲里虽然已很发达,有六本之多,为元剧中最长的戏(《西厢记》只有五本),然而这个故事还不曾有相当的散文的写定,还不曾成为《西游记》小说。当时若有散文《西游记》,大概也不过是在《取经诗话》与今本《西游记》之间的一种平凡的"话本"。

....

他[按,指吴承恩]大概生于正德之末(约一五二〇),死于万历之初。……

....

《西游记》的中心故事虽然是玄奘的取经,但是著者的想像力真不小!他得了玄奘的故事的暗示,采取了金元戏剧的材料(?),加上他自己的想像力,居然造出一部大神话来!这部书的结构,在中国旧小说之中,要算最精密的了。他的结构共分作三个部分:

第一部分:齐天大圣的传(第一回至第七回)。

第二部分:取经的因缘与取经的人(第八回至第十二回)。

第三部分:八十一难的经历(第十三回至第一百回)。

....

《西游记》被这三四百年来的无数道士和尚秀才弄坏了。道士说,这部书是一部金丹妙诀。和尚说,这部书是禅门心法。秀才说,这部书是一部正心诚意的理学书。这些解说都是《西游记》的大仇敌。现在我们把那些什么悟一子和什么悟元子等等的"真诠""原旨"一概删去了,还他一个本来面目。至于我这篇考证本来也不必做;不过因为这几百年来读《西游记》的人都太聪明了,都不肯领略那极浅极明白的滑稽意味和玩世精神,都要妄想透过纸背去寻那"微言大义",遂把一部《西游记》罩上了儒释道三教的袍子;因此,我不能不用我的笨眼光,指出《西游记》有了几百年逐渐演化的历史;指出这部书起于民

间的传说和神话,并无"微言大义"可说;指出现在的《西游记》小说的作者是一位"放浪诗酒,复善谐谑"的大文豪做的,我们看他的诗,晓得他确有"斩鬼"的清兴,而决无"金丹"的道心;指出这部《西游记》至多不过是一部很有趣味的滑稽小说、神话小说;他并没有什么微妙的意思,他至多不过有一点爱骂人的玩世主义。这点玩世主义也是很明白的;他并不隐藏,我们也不用深求。(《胡适文存二集》卷4,72～106页)

同日　胡适在《努力》第40期《这一周》发表《彭允彝代表什么?》,文章用事实说明:彭代表无耻,代表政府与国会要用维持一个无耻政客来整饬学风的荒谬态度。

同日　胡适在《努力》第40期《这一周》发表《蔡元培是消极吗?》,指出蔡之去职,是蔡个人的性情的表现,蔡之态度不错。这种抗议在社会上产生的影响:"在积极方面能使一个病废的胡适出来努力,而在消极方面决不会使一个奋斗的陈独秀退向怯懦的路上去!"又云:如果希望打倒恶浊的政治,组织和民众固是要紧,但蔡元培这种"'有所不为'的正谊呼声"更是要紧。

同日　胡适在《朱子遗书》十五种(朱熹撰,康熙御儿吕氏宝诰堂刻本,2函15册)卷首《近思录》书衣上题记:"天盖楼吕氏刻的《朱子遗书》十二种,价十二元。目中所有者,缺《小学》及《仪礼经传通释》;目中所无者,缺《孝经刊误》《周易参同契注》《阴符经注》。胡适,十二,二,四。"(《胡适藏书目录》第3册,1758页)

同日　吴照五致函胡适,代徽州旅芜学会向胡适邀稿。(中国社科院近代史所藏"胡适档案",卷号1352,分号5)

> 按,是年向胡适约稿的还有:新教育杂志社、《新申报》许建屏、林骙等。(据中国社科院近代史所藏"胡适档案"不完全统计)

同日　杨杏佛致函胡适,关心胡适身体。又告:张奚若有信来拜托其

代为索取《努力》全份。(《胡适遗稿及秘藏书信》第38册，62页)

2月5日　杨立诚致函蔡元培、胡适，请托蔡、胡帮德国教授购书。(《胡适遗稿及秘藏书信》第38册，8～10页)

同日　吴虞日记有记：胡适之来信，言见着辟疆、玉方，拟约惺农劝我，要我每月帮助玉方银30元入培华，盖不知辟疆、玉方对我之内容耳。且此事不投冰如陈述，而向适之、惺农言之，可谓走错道路矣……晚用饭一碗，过胡适之先生谈，将辟疆、玉方事实，一一言之。适之亦不以辟疆为然也……适之云：北大事一时无办法，先无有款，最好是回川。于是予拟俟至明年夏历三月底，如仍无法解决，决意归蜀。作为请假，以待后日。……(《吴虞日记》下册，90页)

按，次日吴虞日记又记：胡适之言，中国女子大概结婚后便死了。埋没多少天才，真属可惜。玉方既无天才，而意在结婚，故予决其万无成学之理也。胡适之昨言，儿子的饭难吃。予谓女之饭更难吃。(《吴虞日记》下册，90页)

2月6日　钱玄同日记有记：

晨九时《国学季刊》编辑委员会开会，讨论第二期的编辑事。到会者为胡适之、徐旭生、周作人、马幼渔、马叔平、沈兼士、单不庵、钱玄同、郑介石诸人。(《钱玄同日记》中册，510页)

同日　陈衡哲复函胡适，讨论其小说《洛绮思的问题》：做小说的动机，实是重在友谊。又提到创作小说的人，大抵是有多重人格的人等。(《胡适遗稿及秘藏书信》第36册，105～110页)

2月7日　胡适在宋人朱熹撰、清人江永集注《近思录》十四卷(道光二十四年刻本，1函4册)题记："我十五六岁时读《近思录》，即用江氏集注本。十六年不见此书了，今复得一本，颇令我追想少年时高谈理学的情状。十二，二，七，胡适。"(《胡适藏书目录》第2册，1317～1318页)

同日　胡冠英致函胡适，请胡适转托张伯苓让其免试入学。(中国社科

院近代史所藏"胡适档案",卷号 1528,分号 9)

2月10日　胡适作成《读王国维先生的〈曲录〉》,逐一介绍了各卷内容,又指出:

> "正统文学"之害,真烈于焚书之秦始皇!文学有正统,故人不识文学:人只认得正统文学,而不认得时代文学。收藏之家,宁出千金买一部绝无价值之宋版唐人小集,而不知收集这三朝的戏曲的文学,岂不可惜!(《读书杂志》第 7 期,1923 年 3 月 4 日)

同日　胡适在江瀚撰《诗经四家异文考补》一卷(宣统元年番禺沈氏晨风阁刻本,1 函 1 册)题记:"十二,二,十,已近旧历年底了,买得这部书,价拾元,较平时为廉。胡适。"(《胡适藏书目录》第 2 册,1491 页)

同日　胡适在清人王念孙撰《说文解字校勘记残稿》一卷(宣统元年番禺沈氏晨风阁刻本,1 函 1 册)题记:"十二,二,十,已近旧历年底了,买得这部书,价拾元,较平时为廉。胡适。"(《胡适藏书目录》第 2 册,1529 页)

2月11日　胡适在《努力》第 41 期《这一周》发表《这个国会配制宪吗?》,指出:宪法是根本法律;民治国家的法律绝不是那班自己不守法律的无耻政客所能制定的。

2月12日　陈衡哲致函胡适,继续讨论其小说《洛绮思的问题》,认为胡适关于"太抽象"的批评是很不错的。又云:"因为第三段即在宾位,也还容受得一点具体的写法,只要不过于吃紧罢了。稍缓几时,我当另作信函一二通,补入第三段。做得如何,当再寄给你评正;如不好,便不献丑。"(《胡适遗稿及秘藏书信》第 36 册,111 页)

2月20日　李季致长函与蔡元培、胡适,云:"……屡接欧少文兄来信,两次转达适之先生嘱生多译新书的意思,今特草此书,将生来欧后一年半还没有译过一页书的原因,与这一年半中学业的概况……"列出自己拟撰《马克思传及其学说》的目录及设想,又希望蔡元培能设法汇来 50 英镑,以使自己专心求学并完成上书等。(《胡适遗稿及秘藏书信》第 28 册,82~91 页)

同日　陈衡哲复函胡适，继续讨论其小说《洛绮思的问题》：

因恐你将疑我不复承认你为critic，故又作此信。但是，你的critic的资格虽然不会"丧失"——不但不会丧失，容许因此加增了许多——但我分辨是仍旧要分辨的。Argument与Appreciation是同时可以并存的……

你想把Crandall之事，与瓦、洛之事合并为一，我始终不敢赞成。……

你说瓦德于次日不辞而去，应改过。这很不错，当照办。(《胡适遗稿及秘藏书信》第36册，113～117页)

2月23日　钱玄同日记有记：

下午逛厂市……晤夷初、不庵、适之及屈伯刚。适之邀不庵和我到春华楼吃晚饭。(《钱玄同日记》中册，515页)

2月24日　胡适致函顾颉刚，云：

我是向不反对白话文的欧化倾向的，但我认定"不得已而为之"为这个倾向的唯一限度。今之人乃有意学欧化的语调，读之满纸不自然，只见学韩、学杜、学山谷的奴隶根性，穿上西装，在字里行间流露出来！这是最可痛心的现象。……凡人作文，须用他最自然的言语；惟有代人传话，有非这种最自然的语言所能达者，不得已始可用他种较不自然之语句。《小说月报》添上了一些中国材料，似乎使读者增加一点自然的感觉，减少一点生硬的感觉，这也许是我这个"老古董"的偏见；但文学研究会的朋友们似乎也应该明白：新文学家若不能使用寻常日用的自然语言，决不能打倒上海滩上的无聊文人。这班人不是漫骂能打倒的，不是"文丐""文倡"一类绰号能打倒的。新文学家能运用老百姓的话语时，他们自然不战而败了。

但严既澄先生的《韵文及诗歌之整理》，我却不能不提出抗议。严

先生似乎怪我用白话的标准去估量旧韵文，"以致大家把这些无尽的宝藏，一笔抹杀"。他举我的《南宋的白话词》作例，然而他说：

"他（我）举出几个南宋的词家来，在每人的集子里，选几首较近白话的词，硬断定这些词是那几位词家有意要用白话做的。"

我请问你们读过我那篇文章的，可记得我会否有这样的一个"硬断定"？我的题目是"白话词"，故单选白话词；然而我只用这些词来表示一个时代的一种趋势。这种历史的趋势是天然的，正不用"有意"，也不用"硬断定"。正为他是无意的，故可以用来证实历史上的一种趋势。……

严先生似未细读此篇；不然似不应有这样的大误解。至于他自己说，"中国的诗歌，在金元的杂剧以前，都重视修饰；元白一派，其势力远不及温李一流"，这个见解更不对。他何不读杜牧的《李戡墓志》！他何不读元微之的《长庆集序》？况且《三百篇》与古乐府，不更可作为有力的例证吗？

文学史谈何容易？要能见其小，要能见其大。小的是一个个人的技术，大的是历史上的大运动和大倾向。大运动是有意的……大倾向是无意的，是自然的，当从民间文学、白话文学里去观察。……（《小说月报》第 14 卷第 4 号，1923 年 4 月，8 页）

同日 胡适在明人夏允彝撰《幸存录》二卷（清刻本，1 函 1 册）题记："夏允彝《幸存录》。十二，二，廿四，游土地祠，买《野史》五种，胡适。"（《胡适藏书目录》第 3 册，1645 页）

同日 陶行知复函胡适，云：感谢胡适答允作《中国之文艺复兴》，字数可不拘，请胡适自定。作好之后，能就近请人译成法、德两国文字最好。又云：

万国会议本社代表中已提兄名，沪、宁董事一致推重，京、津董事月底在京开会，当亦一致赞同。兄在中国代表中所占地位很关重要，我怕你暑假中另有计划，故拿未成熟的消息赶快的告诉你，务必请你

把这件事放在心里,不要叫我们失望。(《胡适遗稿及秘藏书信》第36册,402～403页)

同日 冯汝骐致函胡适,告已收到胡适汇来的20元,又谈诸亲戚近况。(中国社科院近代史所藏"胡适档案",卷号852,分号5)

2月25日 胡适在《东方杂志》第20卷第4号发表《一个最低限度的国学书目》,此书目乃胡适应清华学校学生胡敦元等4人之请所拟。胡适声明:

> ……拟这个书目的时候,并不为国学有根柢的人设想,只为普通青年人想得一点系统的国学知识的人设想。……
> 这虽是一个书目,却也是一个法门。这个法门可以叫做"历史的国学研究法"。……对初学人说法,须先引起他的真兴趣,他然后肯下死工夫。在这个没有门径的时候,我曾想出一个下手方法来:就是用历史的线索做我们的天然系统,用这个天然继续演进的顺序做我们治国学的历程。这个书目便是依着这个观念做的。这个书目的顺序便是下手的法门。这是我要声明的第二点。

胡适所列书目包括"工具之部""思想史之部""文学史之部"三部分。(《胡适文存二集》卷1,165～185页)

> 按,此《书目》发表后,不同意的声音颇多,3月11日《清华周刊》记者来书云:"第一,我们以为先生这次所说的国学围范〔范围〕太窄了。……第二,我们一方面嫌先生所拟的书目范围不广;一方面又以为先生所谈的方面——思想史与文学史——谈得太深了,不合于'最低限度'四字。……"

胡适答复云:

> ……我暂认思想与文学两部为国学最低限度;其余民族史经济史等等,此时更无从下手,连这样一个门径书目都无法可拟。
> ……关于程度方面和时间方面,我也曾想过,这个书目动机虽是

为清华的同学，但我动手之后就不知不觉的放高了、放宽了。我的意思是要用这书目的人，从这书目里自己去选择；有力的，多买些；有时间的，多读些；否则先买二三十部力所能及的，也不妨；以后还可以自己随时添备。……

....

如果先生们执意要我再拟一个"实在的最低限度的书目"，我只好在原书目上加上一些圈；那些有圈的，真是不可少的了。此外还应加上一部《九种纪事本末》（铅印本）。

以下是加圈的书……（《胡适文存二集》卷1，186～189页）

又按，梁启超撰《评胡适之的〈一个最低限度的国学书目〉》，认为胡所列书目"文不对题"，又自列一书目。

同日 刘文典复函胡适，对胡适褒奖其译笔"一时没有敌手"感到高兴，又和胡适商酌自己的译书计划及付酬、出版办法等。（《胡适遗稿及秘藏书信》第39册，735～738页）

同日 吴虞日记有记：胡适之言，感情者，痛苦也，能忍痛苦，方可言感情。（《吴虞日记》下册，95页）

同日 杜定友致函胡适，询问胡适何谓"索引式的整理"。寄上自编汉字检索法以供参考。（《胡适遗稿及秘藏书信》第28册，23～24页）

2月至5月 胡适作《〈镜花缘〉的引论》。文章共分四部分。第一部分考证作者李汝珍的生平，指出《镜花缘》是李汝珍晚年不得志时作的；该书刻成时，李汝珍还活着。第二部分研究李汝珍的音韵学，重点是"提出一些和《镜花缘》有关系的事实"。胡适指出，《镜花缘》是一部讨论妇女问题的书：

……李汝珍所见的是几千年来忽略了的妇女问题。他是中国最早提出这个妇女问题的人，他的《镜花缘》是一部讨论妇女问题的小说。他对于这个问题的答案是，男女应该受平等的待遇，平等的教育，平等的选举制度。

这是《镜花缘》著作的宗旨。……
　……

三千年的历史上，没有一个人曾大胆的提出妇女问题的各个方面来作公平的讨论。直到十九世纪的初年，才出了这个多才多艺的李汝珍，费了十几年的精力来提出这个极重大的问题。他把这个问题的各个方面都大胆的提出，虚心的讨论，审慎的建议。他的女儿国一大段，将来一定要成为世界女权史上的一篇永永不朽的大文；他对于女子贞操、女子教育、女子选举等等问题的见解，将来一定要在中国女权史上占一个很光荣的位置：这是我对于《镜花缘》的预言。也许我和今日的读者还可以看见这一日的实现。(《胡适文存二集》卷4，119～168页)

3月

3月1日　蔡堡致函胡适，询其生物学译稿是否审查完毕。拟进京，过沪时拟领取生物学译稿的稿费，拜托胡适先期通知商务印书馆。又告留学款项已有着落等。(中国社科院近代史所藏"胡适档案"，卷号1894，分号3)

3月2日　胡祥贵（耀庭）致函胡适，给胡适拜年，又谈及上庄烟馆及赌博场盛行事。(中国社科院近代史所藏"胡适档案"，卷号1539，分号2)

3月3日　丁文江函寄《兰因河畔之悲剧》与胡适，又云自己批评张君劢的文章当尽力避免情绪性的字眼。又希望胡适过沪时在天津丁寓住一晚。(《胡适遗稿及秘藏书信》第23册，187页)

3月4日　胡适在《努力》第42期《这一周》发表《上海罢市的取消》，指出：上海罢工罢市的取消，是意中之事，"并不足使我们失望"。又提出："我们对于全国的商界，不希望他们用一两天的罢市来敷衍几个大问题，只希望他们早日觉悟政治不良是近年实业不振和商业衰败的大原因；早日觉悟内政不清明是商界实业界受种种外侮侵陵逼迫的原因。我们希望他们从书面的表示，进一步为实际的组织，再进一步为实力的政治活动。"

同日　胡适在《努力》第 42 期《这一周》发表《司法独立之破坏》。

同日　胡适、王星拱、高一涵、李辛白、李德膏、胡春林、程振钧、程振基、张贻侗、丁绪贤、余之风、卢中岩、吴复振等为维护安徽省教育经费独立，反对安徽军阀马联甲联名通电。(《民国日报》，1923 年 3 月 6 日）

同日　钱玄同日记有记：

> 社会上骂梁任公的人很多，我是不骂他的，我而且认他为在过去、在现在的中国思想界、学术界上都是极有功的人，他和适之两人的造福于中国青年人，真可谓后先辉映，我极希望两贤不要相厄才好，但是……(《钱玄同日记》中册，519 页）

3 月 5 日　中华教育改进社推定蔡元培、范源濂、黄炎培、郭秉文、张伯苓、胡适、汪精卫、陶行知等出席本年 6 月 28 日在旧金山召开的世界教育会议，决定分请国内外教育专家编写各种教育问题单行本计 25 种，带往大会分发。(次日之《申报》; 章洪熙:《社务报告》，《新教育》第 6 卷第 4 期，1923 年 4 月）

同日　顾颉刚为俞平伯的《红楼梦辨》作序，云：

> ……红学研究了近一百年，没有什么成绩；适之先生做了《〈红楼梦〉考证》之后，不过一年，就有这一部系统完备的著作：这并不是从前人特别糊涂，我们特别聪颖，只是研究的方法改过来了。从前人的研究方法，不注重于实际的材料而注重于猜度力的敏锐，所以他们专欢喜用冥想去求解释。……这种研究的不能算做研究……红学的成立虽然有了很久的历史，究竟支持不起理性上的攻击。我们处处把实际的材料做前导，虽是知道的事实很不完备，但这些事实总是极确实的，别人打不掉的。我希望大家看着这旧红学的打倒，新红学的成立，从此悟得一个研究学问的方法……(《红楼梦辨》）

同日　陈汝堂致函胡适，告欲研究中国社会变迁史，请胡适就参考资料等予以指导。(中国社科院近代史所藏"胡适档案"，卷号 1283，分号 1）

3月6日　胡适作成《〈淮南鸿烈集解〉序》，大意谓：

整理国故，约有三途：一曰索引式之整理，一曰总帐式之整理，一曰专史式之整理。……索引之法，以一定之顺序，部勒紊乱之资料；或依韵目，或依字画，其为事近于机械，而其为用可补上智才士之所难能。……

总帐式者，向来集注集传集说之类，似之。……

专史云者，积累既多，系统既明，乃有人焉，各就性之所近而力之所能勉者，择文化史之一部分，或以类别，或以时分，著为专史。专史者，通史之支流而实为通史之渊源也。二千年来，此业尚无作者……

吾友刘叔雅教授新著《淮南鸿烈集解》，乃吾所谓总帐式之国故整理也。……

叔雅治此书，最精严有法……唐宋类书征引淮南王书最多，而向来校注诸家搜集多未备；陶方琦用力最勤矣，而遗漏尚多。叔雅初从事此书，遍取《书钞》《治要》《御览》及《文选注》诸书，凡引及《淮南》原文或许高旧注者，一字一句，皆采辑无遗。辑成之后，则熟读之，皆使成诵；然后取原书，一一注其所自出；然后比较其文字之同异；其无异文者，则舍之；其文异者，或订其得失，或存而不论；其可推知为许慎注者，则明言之；其疑不能明者，亦存之以俟考。计《御览》一书，已逾千条，《文选注》中，亦五六百条。其功力之坚苦如此，宜其成就独多也。

…………

叔雅此书，读者自能辨其用力之久而勤与其方法之严而慎。然有一事，犹有遗憾，则钱绎之《方言笺疏》未被采及，是也。……（刘文典：《淮南鸿烈集解（一）》，商务印书馆，1923年）

3月7日　钱玄同日记有记：

下午三时访适之，见他正在做一首表章崔述学派的大文章。他是给《国学季刊》第二期做的，中间几句极趣而极确的话，大意是："赖债是很危险的事，宋明儒者分明是出于禅宗的，他们要赖债，不料被颜学'汉学'诸公查账查了出来，加利算还。戴东原的考证之学，分明是出于朱晦庵的，他要赖债，不料又被章实斋查账查了出来，给他宣布了。"(《钱玄同日记》中册，519页）

同日 中华教育改进社致函胡适，推举胡适出席6月28日在旧金山举行的万国教育会议，请胡回复能否出席。（中国社科院近代史所藏"胡适档案"，卷号2220，分号1）

按，该社推举的其他出席代表还有：蔡元培、范源濂、黄炎培、郭秉文、张伯苓、汪精卫、陶行知。（中国社科院近代史所藏"胡适档案"，卷号2220，分号1）

又按，此名单是中华教育改进社于3月4日在南开大学举行的京津董事会讨论通过的。

同日 朱经农致函胡适、任鸿隽，建议胡适来上海玩几天。中国科学社事，王云五赞同，不反对张君劢，但要提防其弟张公权。（《胡适遗稿及秘藏书信》第25册，612～613页）

同日 钟体正致函胡适，请胡适批评改正其白话诗。（中国社科院近代史所藏"胡适档案"，卷号351，分号11）

3月9日 晚9时半，政治学会在南池子神库门该会图书室，欢迎新任英国驻华公使马克利氏。到会者除英使外，还有李佳白、巴多盖莱、颜惠庆、王宠惠、顾维钧、胡适、汤漪等百余人，由颜惠庆主席并致欢迎辞，继马氏起立致答辞，继由顾维钧演说。（《申报》，1923年3月13日）

同日 徐名骥致函胡适，告自己在胡适《西游记考证》的指引下，搜觅吴承恩的材料之新得。董作宾《读〈西游记考证〉》所得，有些和自己找到的相同。又抄示胡、董不讲的材料：乾隆《淮安府志》之《文苑》有《吴承恩传》，较《山阳志遗》详。乾隆《淮安府志》之《艺文》有吴承恩的诗5首，其中3首是胡适不见的。乾隆《淮安府志》之《职官》有吴承恩同时代人黄国华、陈文烛、邵元哲、宋伯华等人的任职材料，陈文烛的著作里必有吴承恩的材料。乾隆《淮安府志》之《选举》有吴承恩的材料。（中国社科院近代史所藏"胡适档案"，卷号1715，分号11）

3月11日　胡适在《努力》第43期《这一周》发表《张绍曾的内阁早就该走了》，指出：张绍曾内阁无论有无和平统一的计划，"即使他们真有根本计画，这八九个人也不是能做到和平统一的人"。

同期《努力》又发表胡适翻译莫理孙（Arthur Morrison）的小说《楼梯上》。

同日　胡适在清人李德淦等修、洪亮吉纂《泾县志》三十二卷卷首一卷（1914年泾县翟氏石印本，2函14册）题记："洪亮吉主纂的《泾县志》卅二卷，附两卷，又道光《续志》九卷，泾县王达先生（志襄）送我的。十二，三，十一，胡适。"（《胡适藏书目录》第2册，1320页）

同日左右　胡适将《西游记考证跋》《后记》二则函寄章希吕。又感谢章同意将《绩溪县志》寄来，拜托章觅人抄录此书，抄费由胡适担负。又请章嘱亚东图书馆函寄《胡适文存》《尝试集》《儒林外史》等书。（《胡适家书手迹》，105～107页）

> 按，3月14日，章希吕复函胡适云：已遵嘱将胡适所要之书寄出，《绩溪县志》将赠送胡适，不必觅人代抄。《镜花缘》将在旧历二月底出书，请胡适作一篇考证。又函询《西游记考证》一段重复文字如何处置等。（《胡适遗稿及秘藏书信》第33册，189～190页）

3月12日　胡适复函韦莲司小姐，谈及韦小姐家人及自己已有3个小孩等，主要是谈近5年自己的工作：

> 你看到我手写的英文这么糟，这就是我过去5年来必须做一种自我牺牲的证明。回到中国以后不久，我发现无法再和海外的朋友保持

联系。后来，我差不多完全不写私人的信件了，如你所知，我是个喜欢写信的人，而写信也是在我教育中，极珍贵的一部分。几年来，我几乎没写过一封私人的信！

我经常责备自己这种不通人情的作法。可是我完全不可能同时作战，而又保持私人信件的往返。我希望在我私人的信件中能为这不寻常的几年留下一些我个人感受的记录。然而，这是超乎我体力所能做到的事。……

但我常想，这样的牺牲对我是很大的损失。我怕这样的作法，使我变得不近人情。我多么喜欢我生命中最值得纪念的几年啊——1914年到1917年——没有一天没有一封给你或其他好友的往返长信！……

…………

目前，正在酝酿送我去参加6月28日在旧金山举行的国际教育会议。……

…………

目前，我是一个自由人——5年来，第一次获得自由！5年来，很少有我自己的时间。我现在除了星期四和星期五编我的小周刊《努力周报》以外，我有时间作自己的事。

我现在得说一点自己的这个小宝贝，《努力周报》。过去5年来，我发表了超过50万字，大部分是有关文学、哲学和社会议题的文章。在5年漫长的时间里，我克制自己不谈有关政治的议题。但是我终于忍不住了，在去年5月开始了这个小周报，主要是谈政治问题，但并不完全排除文学和哲学的文章。这个周报相当成功，上星期日出版了第43期，发行量达到八千份。周报上主要都是我的文章。每个月出版一个增刊，叫《读书杂志》。我把自己有关中国文学和哲学的研究成果发表出来。

说到中国的文学革命，我是一个催生者。我很高兴的告诉你，这件事差不多已经完成了。我们在1917年开始〔这个运动〕的时候，我们预计需要10年的讨论，到达成功则需要20年。……〔现在〕已经完全成熟了，这要感谢过去一千年来无数无名的白话作家！我们在一年稍多一点儿的时间里，激起了一些反对的意见，在不到五年的时间里就打胜了这场仗。

这种俗话（vulgate）（我喜欢把它叫做口语）已经在小学课本里快两年了，而且现在绝大部分的新书都是用活的白话写的。白话散文和诗已经成了一件时髦的事，反对的意见已经差不多完全消失了。

我怎么也想不到我所遭遇到最危险的敌人竟是这个轻易的成功。我似乎是一觉醒过来就成了一个全国最受欢迎的领袖人物。去年一月在一个由上海周报所举办的一次公众投票中，我获选为"中国十二个最伟大的人物"之一。……我很清楚，以我这样年纪的人暴得大名的危险。我为自己立了一个生活的原则："一定要做到名副其实，而不是靠着名声过日子。"是我的朋友和追随者，而不是我的敌人，使我这样过度的工作，以至于病倒！我在中国哲学史上的研究工作还在继续。3年之内第一册的《中国哲学史》已经印行了8版。第2册还不能付印。在全稿完成时……共有3册。我搜集了大量的中国古籍，以至英文书都退居到了房子的角落里了。

在我推行白话文运动的时候，对我帮助最大的，是我从小所受古典的教育。那些攻击我的保守学者，由于我在中国文学和哲学上的研究，已经渐渐的归向我们的营垒。

我的诗集已经卖出了一万五千册。第5版正付印中。……在一年之内卖出了一万套。卖书所得的版税使我有能力买研究所需的书籍，大学的薪水相当低……（《不思量自难忘：胡适给韦莲司的信》，140～143页）

按，本年1月24日，韦莲司小姐曾致函胡适，谈到她和她母亲同住，自己的姐姐已经在一年多以前去世，自己的母亲虽然上了年纪，依然是一个热爱生命的人等等。（中国社科院近代史所藏"胡适档案"，卷号E-380，分号1）

同日　胡适在清人黎庶昌撰《春秋左传杜注校勘记》一卷（1922年大关唐氏刻本，1函1册）题记："《怡兰堂丛书》十种，成都唐鸿学刻的，唐君之子懋达送我的。十二，三，十二。胡适。"（《胡适藏书目录》第2册，1151页）

3月14日　杨荫庆致函胡适，催胡适为其书写序。（中国社科院近代史所藏"胡适档案"，卷号1191，分号4）

> 按，据北京中国社科院近代史所藏"胡适档案"，知是年向胡适求序的还有史国纲、蔡国芳等。

3月15日　江泽涵致函胡适，为南开大学事务员私拆他人信件感到气愤。（《胡适遗稿及秘藏书信》第25册，100页）

3月16日　曹细娟致函胡适、江冬秀，询问胡思永的病况，又谈到江子隽汇款已到等。（中国社科院近代史所藏"胡适档案"，卷号1765，分号3）

3月18日　胡适在《努力》第44期《这一周》发表《武力统一之梦》《国会又出丑了》。

3月19日　江佩萱致函胡适云，其子江绍原因病在美国专候回国川资，江亢虎说胡适曾允由北大汇其600元。无论汇与不汇，都请胡适回函。胡适在此函上批云：自己从未如此答允，从江绍原的信看来，其并不想回来。此事如何办理，请顾孟馀、蒋梦麟见示。（《胡适遗稿及秘藏书信》第25册，20～21页）

3月20日　任鸿隽致函胡适，云：听说胡适将南来，非常高兴。又报告诸友近况。（《胡适遗稿及秘藏书信》第26册，422～424页）

同日　黎锦晖（微非）复函胡适，告："昨日我收了先生所助的款子，都交给逸侠了……惟一的信，我没有给别人看，因为怕又闹出麻烦来，现在仍旧交还先生。先生所说的自修学校，我很希望他早日成立，并且先生已经允许我做个学生了，我得了这个优先权，欢喜得了不得！"（《胡适遗稿及秘藏书信》第39册，555页）

3月22日　陈体善致函胡适，对胡适《一个最低限度的国学书目》提

出商讨与疑问。(中国社科院近代史所藏"胡适档案",卷号1288,分号9)

3月23日　顾颉刚复函胡适,感谢胡适删改其《郑樵著述考》,又提出胡适的"国学书目"有几点可以商酌,以及可代搜明清的曲本等:

> 先生做的"国学书目",我以为有几点可以商酌。第一,思想史、文学史之外,宜加社会史,则许多政事、风俗、制度的书可以得一着落。第二,《礼记》最能代表汉人思想,过于《春秋繁露》,不应不举。第三,自《唐文粹》以至《明文在》,许多断代的总集,并不足以代表时代文学,选的人只要求文体的完备,文品的雅正,朝代虽别而内容无别,似可不举。
>
> 先生评论《曲录》的话极平允。先生要搜集明清的曲本,我极肯代搜。……(《胡适遗稿及秘藏书信》第42册,215～225页)

3月24日　下午,钱玄同来访不遇。(《钱玄同日记》中册,523页)

3月25日　胡适在《努力》第45期《这一周》发表《四川的省宪草案》。又发表《解嘲》,指出:

> ……我们也明知那说的和行的是两个世界,但我们总想把这两个世界拉拢一点,事实逐渐和理论接近一点。这是舆论家的信仰,也可以说是舆论家的宗教。……
>
> …………
>
> ……今日支配国事的人——酒狂之上将,财迷之候补总统,酒色狂之国会议长——那一个不是"非从其所欲而充分为之不止"的神经病人!怪不得我们说的话"完全不是那么一回事"了!

同日　曹汝骏致函胡适,请胡适为其介绍做生意的门路。(中国社科院近代史所藏"胡适档案",卷号1755,分号1)

3月26日　丁文江致函胡适,详谈他与张君劢当面辩论"科学与人生观"问题的大要,并拟写一篇批评文章在《努力》发表。(《胡适遗稿及秘藏书信》第23册,32～33页)

3月27日　陶行知致函胡适，询问陆志韦的诗稿是否可用，若是可用则请胡适介绍至汪孟邹处。(《胡适遗稿及秘藏书信》第36册，404页)

同日　郭绍虞致函胡适，问候胡适病情，又谈及自己已向协和学校辞职等。(《胡适遗稿及秘藏书信》第33册，247～256页)

3月28日　胡适作成《读梁漱溟先生的〈东西文化及其哲学〉》。文章共三部分，第一部分，胡适批评了梁之主观化的文化哲学，认为梁"似乎不免犯了笼统的毛病"：

> 第一，东西文化的问题是一个很复杂的问题，决不是"连根拔去"和"翻身变成世界文化"两条路所能完全包括。至于"此刻"的问题，更只有研究双方文化的具体特点的问题，和用历史的精神与方法寻求双方文化接触的时代如何选择去取的问题，而不是东方［文］化能否翻身为世界文化的问题。避去了具体的选择去取，而讨论那将来的翻身不翻身，便是笼统。第二，梁先生的翻身论是根据在一个很笼统的大前提之上的。他的大前提是：凡一种文化，若不能成为世界文化，则根本不能存在；若仍可存在，当然不能限于一国，而须成为世界文化。这种逻辑，是很可惊异的。世界是一个很大的东西，文化是一种很复杂的东西。依梁先生自己的分析（页十三），一家文化不过是一个民族生活的种种方面。他总括为三方面：精神生活、社会生活、物质生活。这样多方面的文化，在这个大而复杂的世界上，不能没有时间上和空间上的个性的区别。在一个国里，尚且有南北之分、古今之异，何况偌大的世界？若否认了这种种时间和空间的区别，那么，我们也可以说无论何种劣下的文化都可成为世界文化。……
>
> ……梁先生的出发点就犯了笼统的毛病，笼统的断定一种文化若不能成为世界文化，便根本不配存在；笼统的断定一种文化若能存在，必须翻身成为世界文化。……

第二部分，胡适评述了梁之东西文化观本身，又指出：

梁先生太热心寻求简单公式了，所以把这种历史上程度的差异，认作民族生活根本不同方向的特征，这已是大错了。他还更进一步，凭空想出某民族生活是某种作用运用某种作用，这真是"玄之又玄"了。

第三部分，忠告梁，文化何以不能装入简单整齐的公式里去：

……文化是民族生活的样法，而民族生活的样法是根本大同小异的。为什么呢？因为生活只是生物对环境的适应，而人类的生理的构造根本上大致相同，故在大同小异的问题之下，解决的方法，也不出那大同小异的几种。这个道理叫做"有限的可能说"……

……思想是生活的一种重要工具，这里面自然包含直觉、感觉与理智三种分子，三者缺一不可。但思想的方法不是一朝一夕可以完备的。往往积了千万年的经验，到了一个成人时期，又被外来的阻力摧折毁坏了，重复陷入幼稚的时期。……

…………

……我们承认各民族在某一个时代的文化所表现的特征，不过是环境与时间的关系，所以我们不敢拿"理智""直觉"等等简单的抽象名词来概括某种文化，我们拿历史眼光去观察文化，只看见各种民族都在那"生活本来的路"上走，不过因环境有难易，问题有缓急，所以走的路有迟速的不同，到的时候有先后的不同。历史是一面照妖镜，可以看出各种文化的原形；历史又是一座孽镜台，可以照出各种文化的过去种种经过。在历史上，我们看出那现在科学化（实在还是很浅薄的科学化）的欧洲民族也曾经过一千年的黑暗时代，也曾十分迷信宗教，也曾有过寺院制度，也曾做过种种苦修的生活，也曾极力压抑科学，也曾有过严厉的清净教风，也曾为卫道的热心烧死多少独立思想的人。究竟民族的根本区分在什么地方？至于欧洲文化今日的特色，科学与德谟克拉西，事事都可用历史的事实来说明：我们只可以说欧洲民族在这三百年中，受了环境的逼迫，赶上了几步，在征服环境的

方面的成绩比较比其余各民族确是大的多多。这也不是奇事：本来赛跑最怕赶上；赶上一步之后，先到的局面已成。但赛跑争先，虽然只有一个人得第一，落后的人，虽不能抢第一，而慢慢走去终也有到目的地的时候。现在全世界大通了，当初鞭策欧洲人的环境和问题现在又来鞭策我们了。将来中国和印度的科学化与民治化，是无可疑的。他们的落后，也不过是因为缺乏那些逼迫和鞭策的环境与问题，并不是因为他们的生活方式上有什么持中和向后的根本毛病，也并不是因为他们的生活上有直觉和现量的根本区别。民族的生活没有不用智慧的。但在和缓的境地之下，智慧稍模糊一点，还不会出大岔子；久而久之，便养成疏懒的智慧习惯了。直到环境逼人而来，懒不下去了，方才感发兴起，磨练智慧，以免淘汰。幼稚的民族，根行浅薄，往往当不起环境的逼迫，往往成为环境的牺牲。至于向来有伟大历史的民族，只要有急起直追的决心，终还有生存自立的机会。自然虽然残酷，但他还有最慈爱的一点：就是后天的变态大部分不致遗传下去。一千年的缠足，一旦放了，仍然可以恢复天足！这是使我们对于前途最可乐观的。

梁先生和我们大不相同的地方，只是我们认各种民族都向"生活本来的路"走，而梁先生却认中国、印度另走两条路。……（《努力》周报附刊《读书杂志》第8期，1923年4月1日）

同日 下午，钱玄同来访。（《钱玄同日记》中册，524页）

3月29日 朱我农致函胡适，谈为胡觉谋事的进展。又托胡适写信给孙章甫介绍其能力和学识，以便回复交通部的事等。（《胡适遗稿及秘藏书信》第25册，375～376）

同日 夏道漳致函胡适，谈安徽教育之现状，又谈及自己的译稿《社会主义之理论与实行》，"承先生厚意允代校阅，并为介绍世界丛书社"，非常感激，并希望胡适早日校阅等。（中国社科院近代史所藏"胡适档案"，卷号1671，分号10）

3月30日 林语堂致函胡适，云：预定4月中旬到北京，请胡适帮忙解决住处问题。希望能够担任语言学课程。到北京即可先归还胡适120美元。（《胡适遗稿及秘藏书信》第29册，349～350页）

3月31日 胡适为杨荫庆等人合译的《巴格莱氏教育学》一书作一序言，大要是：

> 巴格莱氏的《教育学》，原名为 The Educative Process，直译当为"教育的历程"。他这个书名就可以表示他这书的基本态度。他承受了生物学与心理学的原则，注重教育的作用，和教育历程上应该注意的种种原理。……
>
> 综观是书，以经验的获得为主旨，故虽头绪纷繁，而条理井然可寻。著者于自序中说他这书注重原理而不甚详举计画与方法之细。……今日中国教育界的大毛病在于不能先求原理之系统的了解，而往往妄趋时髦，胡乱采用偶然时髦的方法。今天你来谈"职业教育"，明天我来谈"设计教育"；今天你来谈"蒙铁梭里"，明天我来谈"达尔顿"。这些尝试的本身，我们自不能不承认他们各有相当的价值。但是他们都只是近代教育思想的片面的表现，在教育学说的系统上可以占一个相当的位置，而并不足以笼罩一切。不求系统的通晓新教育的原理，而仅仅为趋时的追逐，怪不得要目迷五色而不知所从，或仿摹皮毛而不得其神髓了！巴格莱氏此书，注重原理的系统的了解，而具体的主张与设施，皆一一统属于原理之下，各使得其理论的说明。这样的一部书，应该可以稍稍补正国内教育界零碎趋时的毛病。……（W. C. Bagley 著，杨荫庆等人合译：《巴格莱氏教育学》，北京共和书局，1923年4月）

同日 杨树达复函胡适，商《老子古义》三事：

1. "美行可以加人"，据《淮南子》两引，似可加"美"字。但《史记》褚补《滑稽传》引仍无"美"字（此条《古义》遗脱）。古人引书，

不必尽如原文，疑"美"字是淮南加上。又如"功遂身退"，《淮南·道应》《文子·上德》引均作"功成名遂身退"，疑亦可加"成名"二字；但疏广引《老子》语（见《汉书》广本传）仍作"功遂身退"，与今本同。鄙意又疑汉时古书本子不一致，故所引差违如此。据一失一，恐未得也。……

2. 旧分章本无可取。（吴澄书我未见）姚鼐《老子章义》等便确当得多。我当初本想不要，后来想：有则翻检者较便利，故仍之。若求确当，自非如尊说不可也。

3. "常有""常无"断句，前人谁说过，我不知道。但前数年读您的《哲学大纲》时，知道您如此读法。但"欲以"连用，古人文似少见，我所以未敢从。我的意思仍以"常有欲""常无欲"为一顿，此下不加点号，是把"以"字当英文"to"字看，故不加号，意却不在避免纷争也。

接字错误，信然。所印标点，亦多错也。（此函粘贴于胡适4月1日日记中）

4月

4月1日 下午，北京中国科学社社友会集会，胡适出席。袁复礼讲演河南、奉天两处发现的石器时代文化。袁与安特生皆以为古代陶器之有色泽花样的，是受西方文明的影响。胡适颇不以为然，认为：

与其用互相影响说，不如用平行发展说。前说可以解释那相似的花样与相同的用轮作陶器之法，而终不能解释那中国独有之空脚鬲。后说则既可以用"有限可能"之理说明偶合，又可以用独有之样式为其佐证。（据《日记》）

按，本年引用胡适日记均简称"据《日记》"，均据《胡适的日记》手稿本第4册，远流出版公司，1990年，原书无页码。以下不再特别注明。

同日　胡适在《努力》第46期《这一周》发表《外交与内政》,指出:

内政不清明,国家不统一,上无可以号召全国人心的政府,下无一致爱护政府的国民,是外交失败的最大原因。中央无法可以对付割据东三省的张作霖,如何能对付那占据旅、大的日本?……

…………

……我们对于今日的外交问题,实在鼓不起热心来作激昂慷慨的鼓吹。我们只希望国人从这种失败的外交状况上格切[外]感觉早早澄清内政的迫切!

同日　胡适在《努力》第46期《这一周》发表《告日本国民》,指出:

(一)一九一五年的中日交涉,为日本外交史上一件最不幸的事件:所获得的权利,远不能抵偿日本的两桩绝大损失:(1)中国国民的排日运动;(2)世界列国对日本的怀疑,日本国际信用的低落。

(二)山东问题之解决,青岛之交还,庚子赔款退还之酝酿,这都是和解中日两国国民间仇视的心理的具体有效的政策。但一九一五年的条约不根本修正,旅、大的问题不根本解决,则是眼中之钉尚在,中日之亲善终于无期。

(三)此次中国之提议,正是给日本一个绝好的机会,使日本政府可以根本挽救大隈时代的外交大失策,使中日国民间可以根本消除十余年的不幸的仇视。

同日　胡适在《努力》第46期《这一周》发表《法国人的耻辱》,指出:"……上海的法国巡捕房近年的行为,实在有我们不能不认法兰西民族的奇耻大辱的。"

同日　胡适在《努力》第46期《编辑余谈》发表《译书》,叙译书之难:要对原作者负责,要对读者负责,要对自己负责。

同日　朱经农、任鸿隽、陈衡哲共作一首白话诗给胡适，盼胡南来。（《胡适遗稿及秘藏书信》第25册，614～616页）

　　4月2日　丁文江致函胡适，主要谈《努力》事；又谈及胡适批评梁漱溟的文章极好，但文章中不应有"荒谬""不通"的字样，不可以有漫骂的口声。（《胡适遗稿及秘藏书信》第23册，14～15页）

　　同日　胡鉴初致函胡适，谈及：幛子和对联昨日完成；陆志韦写信来催讨原稿。告很多人来觅购胡适的《墨子训诂》等。（中国社科院近代史所藏"胡适档案"，卷号1552，分号2）

　　同日　彭基相致函胡适，云：读了胡适在《努力》上关于译书的文字后，请教译书的入手办法，又询天津图书馆的地址和索其目录的办法（因胡适在课堂上大赞该馆目录编得好）。（《胡适遗稿及秘藏书信》第36册，662～663页）

　　4月3日　胡适答梁漱溟，云：

　　　　"嫌怨"一语，未免言重，使人当不起。至于刻薄之教，则深中适作文之病。然亦非有意为刻薄也。适每谓吾国散文中最缺乏诙谐风味，而最多板板面孔说规矩话。因此，适作文往往喜欢在极庄重的题目上说一句滑稽话，有时不觉流为轻薄，有时不觉流为刻薄。在论辩之文中，虽有时亦因此而增加效力，然亦往往因此挑起反感。如此文自信对于先生毫无恶意，而笔锋所至，竟蹈刻薄之习，至惹起先生"嫌怨"之疑，敢不自省乎？

　　　　得来教后，又覆检此文，疑先生所谓刻薄，大概是指"一条线""闭眼"等等字样。此等处皆撷拾大著中原有字句，随手用来为反驳之具，诚近于刻薄。然此等处实亦关于吾二人性情上之不同。适颇近于玩世，而先生则屡自言凡事"认真"。以凡事认真之人，读玩世滑稽之言，宜其扞格不入者多矣。……

　　　　轻薄与刻薄固非雅度，然凡事太认真亦非汪汪雅度也。……玩世的态度固可以流入刻薄；而认真太过，武断太过，亦往往可以流入刻薄。先生《东西文化》书中，此种因自信太过，或武断太过，而不觉流为刻薄之论调，亦复不少。……（梁培宽编：《梁漱溟往来书札手迹〔下〕》，大象出版社，2009年，328～330页）

同日　胡适日记有记：

> 用英文作一文，述"中国的文艺复兴时代"（The Chinese Renaissance）。此题甚不易作，因断代不易也。……
>
> 我以为中国"文艺复兴时期"，当自宋起。宋人大胆的疑古，小心的考证，实在是一种新的精神。印书术之发达，学校之广设，皆前此所无有。北宋自仁宗至徽、钦，南宋自南渡至庆元党禁，皆是学术思想史上极光荣之时代。程颐提倡格物致知，张载提倡善疑，皆前古所不敢道。这种精神，至朱熹而大成。不幸而后来朱学一尊，向之从疑古以求得光明的学者，后来皆被推崇到一个无人敢疑的高位！一线生机，几乎因此断绝。薛瑄说："自考亭以还，斯道已大明，无烦著作，直须躬行耳。"故朱熹本可以作中国的培根、笛卡儿，而不幸竟成了中国的圣汤姆（St. Thomas Aquinas）！
>
> 王学之兴，是第二期。那时的戏曲小说，"山人""才子"，皆可代表一种新精神与新趋势。肉体的生活之尊严，是这个时期的一点特别色彩。在哲学方面，泰州一派提倡保身，也正是绝好代表。
>
> 清学之兴，是第三期。此不消详说了。中间太平天国之乱，几乎又把这条线完全割断。黑暗之气，至清末而极盛，竟至弥漫全国。
>
> 近几年之新运动，才是第四期。

4月4日　大总统令：胡适等晋给三等嘉禾章。（天津《大公报》，1923年4月6日；《申报》，1923年4月10日；中国社科院近代史所藏"胡适档案"，卷号2099，分号1）

4月5日　陈衡哲致函胡适，云：

> 看见了你评梁漱溟的书的文章，心中如释了一个重担。那书我久

已想作一个评论，意思也与你的差不多，但始终不曾做出。你的评论除了说叔永及我所欲说之话外，还加上了许多我们尚不曾彻底想到的，因此我们都觉得应该感谢你。

有一句对于《努力》的忠告，我觉得其中"小说"两字的范围太泛了，似乎应该分别一下。我们即不愿把"小说"二字当做 short story（此辞范围极狭），亦当以 short story and tales 为限，不宜过于宽泛。……

……听说你已决意南下了，我们都狠喜欢和盼望……

你们把我邀入《努力》社，我狠感谢你们的厚意，但我对于政治上，恐不能有所努力，这层大约你们也不曾期望我的。我所能努力的，是借了文艺思想来尽我改造社会心理的一分责任。……（《胡适遗稿及秘藏书信》第36册，78～81页）

同日 任鸿隽致函胡适，谈陈衡哲加入努力会事，又谈及王云五认为会章应加一条"本会的性质暂时为不公开的"等。（《胡适遗稿及秘藏书信》第26册，426页）

同日 张继煦致函胡适，托胡代邀朱希祖或李泰棻至武昌高等师范演讲。（中国社科院近代史所藏"胡适档案"，卷号1239，分号9）

4月6日 下午，胡适到真光剧场去看女高师学生演的《赖婚》，认为"演的真坏极了……近年新剧实在糟极，我们竟无法分身出来做点救济的工夫，实在可愧！"（据《日记》）

同日 程湘帆致函胡适，感谢胡适赐稿，并函寄样本20份。（《胡适遗稿及秘藏书信》第37册，297～298页）

同日 相寿祖致函胡适，请胡适给其译书的机会，并希望拜会胡适。（中国社科院近代史所藏"胡适档案"，卷号1560，分号1）

4月7日 胡适与王徵谈甚久。（据《日记》）

同日 陈独秀致函胡适，云：瞿秋白的书颇有价值，能消除世人对苏俄的误解，"望早日介绍于商务，并催其早日出版为要"。又谈及广东政情等。（《胡适来往书信选》上册，194页）

1923 年　癸亥　民国十二年　32 岁

按，7 月 14 日，王云五致函胡适，曾就瞿秋白的译书出版事有所回复，详参本谱 1923 年 7 月 14 日条。

4 月 8 日　吴景超来问"求学与作文之法"，胡适告之曰：只有"小题大做"四字，切不可"大题小做"。（据《日记》）

同日　丁文江致函胡适，谈文化研究所事。（《胡适遗稿及秘藏书信》第 23 册，16～17 页）

同日　缪金源致函胡适，谈及自己教授中学国文，"文言文选读古文中思想不过陈腐的；白话文选读先生的《文存》，因为我相信先生的确是在那里做'文章'的人！"又寄来宣纸向胡适求字。（《胡适遗稿及秘藏书信》第 41 册，63～64 页）

4 月 9 日　胡思永病加重，胡适在日记中记道：

我并不痛惜三哥无后，因为"无后"在我眼里是极不要紧的事。我所痛惜者，一个有文学天才的少年，因父母遗传的病痛而中道受摧残！此子一身病痛，是从其父得来的；一生的怪癖多疑不能容人容物的心病，是从其母得来的。"父母的罪孽，重集于儿子之身"，此易卜生所以有《群鬼》之作也！

4 月 10 日　胡适致函顾维钧，说道：

我以为张内阁非可与共事之人，而今日之民气与国势皆不足为外交后盾。此次，先生出任外交，别无他种正当之 justification，只有"为国家而牺牲"一个动机尚可得国人的原谅与佩服。先生如果真是为国家外交的重要而出，则不可不先有几种基本的主张：对中日的问题，究竟希望争到什么地步？对中俄的交涉，究竟希望如何进行？……若先生久已胸有成竹，自不妨忍暂时的苦痛，以图政策之实行。若对于这些问题本无主张，徒以情面难却，轻于一试，则先生进退失据，徒为一班无耻无知之政客作"掮末梢"之器，那就不免使我们大失望了。……（据《日记》）

同日　毛泽东在湖南《新时代》第1卷第1号发表《外力、军阀与革命》一文（收入《毛泽东文集》卷一），将国内政治势力分成三派：革命的民主派、非革命的民主派、反动派，并将胡适、黄炎培等新兴的知识分子和聂云台、穆藕初等新兴商人划归"非革命的民主派"。

4月12日　李君邃致函胡适，请胡适写《一个最低限度的西学书目》以供人参考。（中国社科院近代史所藏"胡适档案"，卷号1160，分号5）

4月13日　胡适三哥胡振之孤子胡思永病逝。（中国社科院近代史所藏"胡适档案"，卷号2422，分号2；胡适：《〈胡思永的遗诗〉序》；胡适：《我的年谱·民国十二年》）

同日　姚天宇致函胡适，请胡适指正其新诗。（中国社科院近代史所藏"胡适档案"，卷号1583，分号2）

同日　曹诚英致函胡适、江冬秀，告自己得了盲肠炎，胡思永的病既然那么凶，还是请三姐（思永母）出来。（中国社科院近代史所藏"胡适档案"，卷号1761，分号7）

4月15日　吴虞日记有记：……往公园。是日为河南赈灾，游人甚众。胡适之抱其小孩，同学生4人游园，着一旧棉袍。（《吴虞日记》下册，109页）

4月18日　胡适复函皮宗石、单不庵：

宗石、不广两位先生：

　　顷奉手书，敬悉两位先生允以校中旧藏多部之《五礼通考》一部和我交换一部《罗念庵集》。罗集我现有三部，今呈上一部明刻明印本，计八册。此本系用暗黑皮纸印的，天崇以后即无此种纸印书，故颇难得。但我生平不喜收古董版本，收书总期于实用。今检此集，在实用方面要以雍正本（《四库》印此本）及光绪文录本为更方便，故以此种明刻本奉赠图书馆，实为两便。《五礼通考》已收到，谢谢。书目二册亦已收到，并谢。

胡适。十二，四，十八。

（吴元康先生提供）

同日　甘乃光致函胡适，告自己拟有系统地研究中国经济思想史，并列出大纲请胡适指教。(《胡适遗稿及秘藏书信》第24册，657～658页)

　　同日　曹诚英复函胡适，告：胡冠英等想隐瞒胡思永的死讯，但他们的神气是瞒不住的。这种消息使自己伤心至极。很想知道三姊是否知道这个消息，自己希望等曹诚克回来再说，你们以为怎样？"我恐我姊姊的命不保了！伤哉！"(中国社科院近代史所藏"胡适档案"，卷号1761，分号8)

4月19日　胡适致函《晨报副刊》，其中有云：

　　我很盼望国中提倡新戏的人多看西洋人演做的新戏。因为我不能不承认国中所谓新戏实在不很高明。然而这种缺陷不是笔墨讨论能补救的，只有多读好戏，多看好戏，或可使一班新剧家得点借镜的材料和反省的机会。(《晨报副刊》，1923年4月21日)

4月20日　吉仰古致函胡适，询问是否有人翻译易卜生的三出戏，并希望由其翻译列入《世界丛书》。(中国社科院近代史所藏"胡适档案"，卷号969，分号1)

　　同日　梅生在《时事新报》发表《红楼梦辨》，指出：自从胡适之先生做了一篇《〈红楼梦〉考证》，把一般旧红学家的错误，说得详详细细以后，遂引起俞平伯先生的动机，努力研究《红楼梦》，把关于《红楼梦》一书的风格、作者的态度、续作者的态度、续作者的依据……用深切的功夫，逐一考证和批评。

4月21日　胡适离开北京，当日过天津时住丁文江寓。次日南下。(据《日记》)

　　同日　焦菊隐致函胡适，告自己正译法国法朗士的《红百合》，译毕当奉上审查，希望能选入《世界丛书》。(《胡适遗稿及秘藏书信》第37册，307页)

　　同日　钱玄同致函胡适，询胡适是否愿意将高本汉论《广韵》的文章翻译后刊登在《国学季刊》第3期中。又希望胡适将其介绍给钢和泰，以便向其学习字母的读法。(《胡适遗稿及秘藏书信》第40册，318～322页)

同日　程汉新致函胡适，建议出《努力》周报的合订目录。（中国社科院近代史所藏"胡适档案"，卷号1854，分号4）

4月22日　张树枏致函胡适，告自己欲翻译俄国政府颁布之《民法》《刑法》《劳工法》及苏俄远东各省森林、农业、金业概况等书。前在《东方杂志》看到由胡适组织审查委员会及版税办法等，询问此审查委员会是否仍存在等。（中国社科院近代史所藏"胡适档案"，卷号1236，分号2）

同日　曹诚英复函胡适，商如何将胡思永病亡之消息告诉其姐。（中国社科院近代史所藏"胡适档案"，卷号1761，分号8）

4月23日　晚10时，胡适抵上海。任鸿隽、朱经农、高梦旦、王云五接站。住任鸿隽寓。（《胡适遗稿及秘藏书信》第21册，330～331页；又可参考当日《日记》）

同日　中华教育改进社致函胡适，聘请胡适担任国际教育委员会委员。（中国社科院近代史所藏"胡适档案"，卷号2220，分号3）

同日　台湾学生洪棪楸致函胡适，欲投考北大但没有中学毕业证书，故请胡适帮忙。（中国社科院近代史所藏"胡适档案"，卷号1477，分号11）

同日　下午3时，北京学生联合会在北大开会，议决案9件，第二案为："对于征得之京汉路工潮及元宵节惨剧两种剧本多本，请胡适之、陈大悲两位评判取舍。"（《申报》，1923年4月26日）

4月24日　夜，E.S.同人在任鸿隽寓小集。（据《日记》）

同日　顾颉刚日记有记：适之先生来沪，在馆中略谈。（《顾颉刚日记》第一卷，351页）

同日　吴玉章致函胡适云，成都高等师范三年级学生将组织考察团赴外省考察教育，希望抵达北京时胡适予以接洽并集合讲演训示考察方针。（《胡适遗稿及秘藏书信》第28册，380～382页）

4月25—28日　每日上午9至12时，下午2至5时，新学制课程起草委员会开会。出席者：委员袁希涛、黄炎培、经子渊、胡适；专家朱经农。25日以后，胡适移居一品香旅馆。（据《日记》）

4月25日　胡金菊致函胡适，谈及胡适为胡思永医治、料理后事是十二分尽心，又担心曹细娟悲伤过度。（中国社科院近代史所藏"胡适档案"，卷号1526，分号8）

同日　曹细娟致函胡适、江冬秀，感谢胡适夫妇对胡思永的照顾。无法承受丧子之痛。（中国社科院近代史所藏"胡适档案"，卷号1765，分号4）

4月26日　顾颉刚来访。（《顾颉刚日记》第一卷，352页）

同日　郝南征致函胡适，认为胡适在易学方面稍嫌不足，故写信释之。（中国社科院近代史所藏"胡适档案"，卷号1506，分号2）

4月27日　顾颉刚日记有记：昨适之先生告我，谓《小说世界》销3万，《小说月报》只销一千数百份。我告振铎，他不悦，到总务处调查，知《世界》销2.5万份，《月报》6500份，因即到适之先生处说清。可见商务中有人欲停办《月报》。市侩行为，可鄙也。（《顾颉刚日记》第一卷，352～353页）

同日　汪静之给胡适发出一信，告自己的2首诗《佛的恋爱》《孔子与西施》不久可面世，又向胡适借钱。（《胡适遗稿及秘藏书信》第27册，663～667页）

同日　留美北大同学会致函胡适、蒋梦麟云：

> 蔡先生离校，先生们责任加重。学生等去国万里，不能助力，为恨！蔡先生持"不合作"主义而去校，望先生等持"入地狱"主义而进行。蔡先生于数年中养成职教员各肯负责通力合作之精神。故虽去而北大犹能屹立于危乱之中。望先生等更进一步，养成学生各肯负责，通力合作之精神。将来即使先生等都去了，而北大亦能屹立于危乱之中。但非使好学生都出来负责不可。

> 为图书馆募捐事，半因学生等作事无经验，半因华侨对文化运动不如对于政治运动之热心，故结果极坏。前得子师书催将所捐之款收齐。在进行中又逢北大此次变动。故在前已允捐助者，今反观望不纳。此时断难收齐，只好稍待再说。

> 此次特别请先生等注意者，为美国国会图书馆所捐送北大之书目，

自六月起继续寄来。约可于九十月间寄齐。请先生等设法加心保存。此事须有专员负责，装制、保存，皆望特别注意。盖得之不易，而东亚亦只有此一全份也。(《北京大学日刊》第1264号，1923年5月13日)

同日 钱崇澍致函胡适，询李立潘之地址。(《胡适遗稿及秘藏书信》第40册，472～473页)

4月28日 汪孟邹宴请胡适于都益处，又到亚东图书馆商谈一切，汪许赠胡适每月100元，以谢以往胡适对亚东图书馆的帮忙，并希望胡以后帮忙介绍并审查书稿。(《回忆亚东图书馆》，68页)

4月29日 胡适到杭州，住新新旅馆。在杭期间，任鸿隽夫妇、朱经农、杨杏佛夫妇、唐擘黄以及曹诚英、汪静之、胡冠英、程干埏、程本海、汪恢钧、吴洞业来同游。(据《日记》)

同日 朝鲜语言学家李允宰翻译的胡适《建设的文学革命论》一文开始在《东明》杂志上连载(33～36号)。

同日 毕云程致函黄炎培，托黄转请胡适到东南大学演讲"大学生与国家文化"。(中国社科院近代史所藏"胡适档案"，卷号969，分号3)。

4月 《国学季刊》第1卷第2期刊登胡适的《科学的古史家崔述》之第一、二章(家世、年谱上)。因胡适不久去南方养病，故此书未完成。(参本谱1931年7月7日条)

同月 俞平伯的《红楼梦辨》由亚东图书馆铅印出版。俞平伯在《红楼梦辨·引论》中说：

> 其时胡适之先生正发布他底《〈红楼梦〉考证》，我友顾颉刚先生亦努力于《红楼梦》研究；于是研究底意兴方才感染到我。我在那年四月间给颉刚一信，开始作讨论文字。从四月到七月这个夏季，我们俩底来往信札不断，是兴会最好的时候。

同月 许啸天《〈红楼梦〉新序》一文发表，许文对以胡适为代表的用考据法研究《红楼梦》，予以痛批：

这一种人对于《红楼梦》所研究的：比较那索隐家，可算得异曲同工——却是略有根据的——他们抱定唯一的宗旨，是"崇拜"两字。因为崇拜《红楼梦》，便也连带崇拜《红楼梦》的著作者，和他的版本，和他书里的一字一句。……

……因为崇拜《红楼梦》，便崇拜到著《红楼梦》的曹雪芹，他丢了《红楼梦》的本题，去考据曹雪芹个人的历史。——著作家的年谱，原也是应该研究的一种；但专一搬弄他的祖、父、子、孙、生、死、年、月，却不研究他的著作品，也未免入魔道。

……因为崇拜《红楼梦》，便崇拜到《红楼梦》的版本。谁是原版，谁是翻版，谁多一字，谁少一字；信任了这一种版本，便有不妥的地方，也是妥的；不信任这一种版本，便是妥，也是不妥的。因此便不惜费了许多精神笔墨，为一字一句作辩护士——却好似前清同光间的经学家，他忘了经书的本文，却往往为经书上的一个字做了盈千累万无谓的文字，自鸣为考据家。试问于经学上到底增进了些什么——这一派，专在版本上用工夫的，未免也入于魔道。（吕启祥、林东海主编：《红楼梦研究稀见资料汇编〔上〕》，人民文学出版社，2001年，97～98页）

5月

5月3日　胡适回上海。（据《日记》）

同日　胡适作《西湖》：

十七年梦想的西湖，
不能医我的病，
反使我病的更利害了！

然而西湖毕竟可爱。
轻烟笼着，月光照着，

我的心也跟着湖光微荡了。

前天，伊却未免太绚烂了！
我们只好在船篷阴处偷觑着，
不敢正眼看伊了。

最好是密云不雨的昨日：
近山都变成远山了，
山头的云雾慢腾腾地卷上去。

我没有气力去爬山，
只能天天在小船上荡来荡去，
静瞧那湖山诸峰从容地移前退后。

听了许多毁谤伊的话而来，
这回来了，只觉得伊更可爱，
因而不舍得匆匆就离别了。（《胡适手稿》第10集卷4，350～352页）

5月4日　胡适出席新学制课程起草委员会会议。夜，ischiorectal abscess 复发。次日未到会。（据《日记》）

同日　蔡元培日记有记："晚，三周招饮，坐有适之。"（《蔡元培全集》第16卷，204页）

同日　汪孟邹来访不遇。（《回忆亚东图书馆》，85页）

5月5日　上午10时，汪孟邹来，直谈至下午4时。（《回忆亚东图书馆》，85页）

同日　金星人寿保险公司向胡适函催缴纳保费113.8元。（中国社科院近代史所藏"胡适档案"，卷号1846，分号3）

5月6日　George E. Sokolsky 夫妇接胡适到他们家中养病。牛惠林医生来诊看。自此即住 Sokolsky 家，前后共住33日。在 Sokolsky 家中养病期间，读英文小说颇多，计有：E. Phillips Oppenheim: *Nobody's Man*；R. A.

V. Morris：*The Lyttleton Case*；J. S. Fletcher：*The Mazaroff Murder*；William Le Queux：*The Gay Triangle*。此外尚读了两册 O. Henry，两册 De Maupassant 小说。（据《日记》）

同日　燕京大学教育研究会致函胡适，邀胡适于 12 日晚 7 时到该校演讲"吾国千年来教育史"。（中国社科院近代史所藏"胡适档案"，卷号 2075，分号 1）

5 月 8 日　顾颉刚日记有记：适之先生又病痔疮，住杜美路 40 号西人家，医云须五六星期后方可好。（《顾颉刚日记》第一卷，356 页）

同日　孟凝道致函胡适、高一涵，谈及：认为《努力》的内容，有时有很没用、很没价值的材料，白占地位，是选材欠斟酌。又认为《时评》栏的文章，很多带"洛阳味"，态度不光明。（《胡适遗稿及秘藏书信》第 30 册，180～182 页）

5 月 9 日　Lucius C. Porter 致函胡适，云：

You will recall my hope that you might be free from pressing work in China to come to America during the second year of my stay at Columbia. I am very anxious to know whether or not you can come, and have the following plan to propose:

The American Committee for Lectures on the History of Religions has been in existence for some fourteen years and has been instrumental in inviting a number of scholars to America to give a series of lectures in six or more American universities on various aspects of the history of religions. This Committee is very eager to secure an Oriental scholar as its next lecturer in order to present the religions of his native country from the Oriental point of view. Some of your friends proposed your name as a suitable person to inaugurate such a series of lectures by Orientals. The nomination has been unanimously approved by the Executive Committee of the aforesaid Committee, and I have been appointed to write to you asking whether or not it will be possible for you to accept an invitation from this Committee to lecture in the United States during the winter of 1924-1925.

Complete arrangements have not yet been made, but it is probable that your lectures would be given in the University of California, at Berkeley, the University of Chicago, Columbia University, Johns Hopkins University, Harvard University and the University of Michigan.

It seems to me that you should consider the opportunity of coming here to give these lectures from the point of view of your patriotic service to China. In my endeavors to interpret Chinese life and culture to Americans, I find an encouraging welcome from almost all thoughtful Americans. The circle of those already interested in Chinese subjects is increasing rapidly. The success Professor William Hung has had in speaking on China to all sorts of audiences, both academic, commercial and social, indicates the eagerness of the American public for more information regarding China. There is beginning to be an appreciation by Americans of the significance to America and the rest of the world of the distinctive characteristics of Chinese culture. Your coming during the next academic year would give an impetus to this whole tendency which would have value for China and America. I hope very much that your work on the history of Chinese philosophy is so nearly finished that you can feel free to consider this invitation.

If you are able to come, I think you should prepare five or six lectures on various aspects of Chinese religious and philosophical thinking. I should want you to plan to give a little more time here at Columbia than in the other institutions, and for that purpose have made a larger provision in the budget of the Chinese Department than will be asked for from other institutions. Perhaps you could plan to spend three or four weeks here, giving some special lectures in addition to the series which would be prepared for the work in other places.

I do not know in what condition your health is at the present time. Of course that is a matter of primary importance and you should not venture to America if your physicians feel that the strain of an extensive lecture tour would have a serious effect upon your health. On some accounts you might find relief from strain in being away from China for a few months. You might be able to arrange the trip within the limits of one semester, so that your work in Peking would not need to be interrupted for a whole year.

One important item I have left to the last. The American Committee for Lectures on the History of Religions is not able to provide a suitable honorarium. It is my hope, however, to arrange with the universities interested so as to offer you an honorarium of at least $3000 gold. I will let you know during the summer exactly about this matter. I am writing now in the hope that you will be able to consider the plan at least tentatively and that you may arrange your work in China in view of the possibility of a trip to America. I cannot tell you how much I look forward to the pleasure and privilege of having your cooperation in my task here at Columbia and in the wider academic circles of America.

In addition to my own courses here at Columbia, I have done a great deal of speaking for China and hope to make that a part of my work for next year. Columbia is sending me on a trip to Europe to investigate the departments of Chinese in several universities there. I hope to profit much from the acquaintances that this trip will give me with European scholars of Chinese and with the plans which have been followed in other places. I am expecting now to return to Peking in the summer of 1924.

Will you not let me know as early as possible whether you can at all consider this opportunity to render real service to China and to America?（中国社科院近代史所藏"胡适档案"，卷号 E-319，分号 3）

同日　O. G. Villard 致函胡适，云：

The second week in October *The Nation* will publish its *Fall Book Supplement*. For this issue we would like to have a 2400 word article from you, if the spirit moves you, on the literary revolution in China, and the influence of the use of vernacular Chinese on popular education.

As I understand it, this movement has produced voluminous magazine literature as well as drama. How far it has been accepted in educational institutions and literature, I do not know.

Indeed, important as those sensitive to world movements feel the intellectual revolution in China to be, there is extraordinarily little general knowledge of this even in quarters where one would expect an intelligent conception of what has really been happening in China in such matters. The desire to know more of what has been going on in China is so great that we are certain that an article from you would be met with the keenest interest.

Your article should be in our hands by the first of September. Will you kindly let me know as soon as convenient whether we may count upon you to do this?（中国社科院近代史所藏"胡适档案"，卷号 E-365，分号 2）

5月10日　胡适作有《一年了》，文中说道：

今天是《努力》第二年的第一期。一个小小的周报的周年，是不值得庆祝的，所以我们也不给他做周岁了。

《努力》的产生，是由于一点忍不住的冲动，希望在一个无可奈何的境地里，做一点微薄的努力。

我们回头看这一年的成绩，心里实在觉得惭愧。但过去的是过去了；我们现在只应继续地努力。我们深信，有意识的努力是决不会白白地费掉的！（《努力》周报第53期，1923年5月20日）

同日　汪孟邹日记有记："……今日介初（胡鉴初）去晤适之，病已较好，《镜花缘》序已经着手，幸事也。"（《回忆亚东图书馆》，86页）

1923年　癸亥　民国十二年　32岁

5月11日　胡适作有《孙行者与张君劢》一文。(《努力》周报第53期，1923年5月20日)

按，胡适曾有致张君劢一函，云：

南下二十天，无一日不病；在西湖四日，有两日竟不能走路。现借一个外国朋友家养病，病中读你和在君打的笔墨官司，未免有点手痒，所以写这篇短文，给你们助助兴。文虽近于游戏，而意则甚庄。我希望你不至于见怪罢。(据胡适1923年5月23日《日记》)

5月13日　蔡元培来访。(《蔡元培全集》第16卷，213页)

同日　朝鲜《东明》第37号开始连载梁建植翻译的胡适《谈新诗》一文(迄第40号)。

5月14日　《建设》社长张根仁致函胡适，请胡"示我周行""颁赐训辞"等。(中国社科院近代史所藏"胡适档案"，卷号1239，分号1)

5月15日　胡适致函郭沫若、郁达夫，解释与他们之间的误会，云：

我是最爱惜少年天才的人，对于新兴的少年同志，真如爱花的人望着鲜花怒放，心里只有欢欣，绝无丝毫"忌刻"之念。但因为我爱惜他们，我希望永远能作他们的诤友，而不至于仅作他们的盲徒。

至于我对你们两位的文学上的成绩，虽然也常有不能完全表同情之点，却只有敬意，而毫无恶感。我是提倡大胆尝试的人，但我自知"提倡有心，而实行无力"的毛病，所以对于你们尝试，只有乐观的欣喜，而无丝毫的恶意与忌刻。

至于我的《骂人》一条短评，如果读者平心读之，应该可以看出我在那一条里只有诤言，而无恶意。……

…………

至于就译书一事的本题而论，我还要劝你们多存研究态度而少用意气。在英文的方面，我费了十几年的苦功，至今只觉其难，不见其易。我很诚恳地希望你们宽恕我那句"不通英文"的话，只当是一个好意

的诤友无意中说的太过火了。如果你们不爱听这种笨拙的话，我很愿意借这封信向你们道歉。——但我终希望你们万一能因这两句无礼的信的激刺而多读一点英文；我尤其希望你们要明白我当初批评达夫的话里，丝毫没有忌刻或仇视的恶意。

如果你们不见怪，我很诚恳地盼望你们对我个人的不满意，不要迁怒到"考据学"上去。……

……我盼望那一点小小的笔墨官司不至于完全损害我们旧有的或新得的友谊。(《胡适遗稿及秘藏书信》第19册，420～427页)

按，5月17日，郭沫若复函胡适云：

……所有种种释明和教训两都敬悉。先生如能感人以德，或则服人以理，我辈尚非豚鱼，断不至因小小笔墨官司便致损及我们的新旧友谊。目下士气沦亡，公道凋丧，我辈极思有所振作，尚望明晰如先生者大胆尝试，以身作则，则济世之功恐不在提倡文学革命之下。最后我虔诚地默祷你的病恙痊愈。(《胡适遗稿及秘藏书信》第33册，227～228页)

5月17日，郁达夫复函胡适云：

我在《创造》二卷一期一五二页上所说的话，你既辩明说你"并无恶意"，那我这话当然是指有恶意的人说的，与你终无关系。

《晨报》的记者说我回答你的那篇文字，是"作者的人格的堕落"，我简直不懂他说的是什么话。若要说人格，《晨报》记者的那种卑鄙的行为，才可说是堕落的极点呢！

我们讨论翻译，能主持公道，不用意气，不放暗箭，是我们素所主张的事情，你这句话是我们最所敬服的。

至于"节外生枝"，你我恐怕都不免有此毛病，我们既都是初出学堂门的学生，自然大家更要努力，自然大家更要多读一点英文。

说到攻击考据学的话，我们对你本来没有什么恶感，岂有因你而来攻击考据学之理？沫若的 Omar Khayyam 的译诗，原是失于检点，他在答闻一多的评论里已经认错了，这是他的虚己的态度，我们不得不表敬意的。

我的骂人作"粪蛆"，亦是我一时的意气，说话说得太过火了。你若肯用诚意来规劝我，我尽可对世人谢罪的。

我们对你本来没有恶感，你若能诚恳的规劝我们，我们对你只有敬意，万无恶感发生的道理。(《胡适遗稿及秘藏书信》第30册，628～629页）

5月16日　11时，美公使舒尔曼在圣约翰大学演讲，其中谈道："在康乃尔大学任哲学二十五年之教授尝谓：彼所教之学生中最有能力者，莫若中国文化运动领袖胡适，由此可知中国学者非无能力者也。"(《申报》，1923年5月17日)

5月17日　王世杰致函胡适，询问胡适可否如时交出答应刊于《社会科学季刊》之文。(《胡适遗稿及秘藏书信》第23册，551页)

5月18日　胡适致函韦莲司小姐，告自己的健康状况，并云将不出席旧金山举行的教育学术会议。又云："健康情况不佳并不是延后美国之行的唯一原因，举国日益沸腾，而政治则已腐败到了极点。要想从这样热闹的舞台上脱身，非人力所能。我无法摆脱他们，所以我留下了。"(《不思量自难忘：胡适给韦莲司的信》，145页)

同日　下午6时，中国卫生会在青年会开第二次执行董事会，通过决议多项，又请葛朗德（Dr. J. B. Grant）等4位外国人为名誉会员，请熊希龄、颜惠庆、蔡元培、徐季龙、林秉祥、李清泉、伍连德、蔡辅卿、全绍清、张伯苓、余日章、陈嘉庚、林文庆、黄任之、陶行知、胡适、黄奕住、江亢虎诸人为名誉董事。(《申报》，1923年5月19日)

5月19日　汪孟邹日记有记："下午往访适之，畅谈一切。他说徐嘉瑞之《中古文学概论》尚可印行。"(《回忆亚东图书馆》，86页)

同日　朝鲜独立运动家李民昌致函胡适云:《开辟》今年正月曾向您邀稿，现您在西湖养病，所以不能请您了。现在中国一般的事情与您倡导的

中国新文学运动的事已经屡次在该志上介绍。本国多数青年格外欢迎您的思想与文章，您的人格已经深深广印在本国青年的脑底，所以很盼望您对韩国新工作的意见。(《胡适遗稿及秘藏书信》第42册，599～600页)

5月21日　胡适两次请黄钟医生诊看，黄说肛门之脓肿，与肺脏有关。(据《日记》)

5月23日　朱经农来谈甚久。朱邀了一班朋友，分任《努力》6、7两月的稿子，以使胡适安心养病。(据《日记》)

5月24日　汪原放、汪乃刚、章希吕来谈。汪孟邹设宴款待吴秋霞，胡适也去作陪。(据《日记》)

同日　胡适致函蔡元培，云：

……我也以为国中中坚人物绝少；系全国重望，而思想属于进取的——近日报载张寒致黄任之书，只是声明他自己已是陈死人，不属于我们这一个时代了——尤不可多得。先生此时远适异国，为国家计，殊为可惜。……(据胡适是日《日记》)

5月25日　胡适访郭沫若、郁达夫、成仿吾，"结束了一场小小的笔墨官司"。胡适宴请汪原放和他的未婚妻吴秋霞，到者18人。到古书流通处。访黄钟医生，发现两个脓肿都收口了，第三个又快起来。胡嗣稻来。(据《日记》)

同日　顾颉刚日记有记：适之先生来信，说医生谓他的肛门之肿，乃是和肺部有关，不是外症。(《顾颉刚日记》第一卷，362页)

5月26日　胡适读陀思妥耶夫斯基的 Poor People。汪原放、吴秋霞来访。下午与 Sokolsky 谈。(据《日记》)

同日　曹细娟致函江冬秀，谈胡思永之死乃是其妹子所害，感谢胡适夫妇对思永的照料，希望将胡思永的灵柩送回里中。(中国社科院近代史所藏"胡适档案"，卷号1765，分号5)

5月27日　访客有高梦旦、高仲洽父子，王云五，任鸿隽夫妇，郭沫若，郁达夫，成仿吾，胡嗣稻和程洪安。(据《日记》)

1923 年　癸亥　民国十二年　32 岁

5月28日　访客有胡嗣稻、王伯祥、叶圣陶、胡鉴初。胡适对叶圣陶说："作小说须到民间去收材料，我们的经验的区域太狭窄了。"（据《日记》）

同日　顾颉刚复函胡适，谈胡之病状，希望胡彻底休养一二年等。又谈及《东壁遗书》的排印等。（《胡适遗稿及秘藏书信》第42册，226～227页）

5月29日　章希吕送药来。黄钟医生来，说胡适的心和肺都有进步。（据《日记》）

同日　曹诚英复函胡适，云：

糜哥：

你的信教我感激得哭了！我自发出你那信之后，便困倒了，直到今天才起床。病仍是未好。不过一个人因在楼上狠不便，饭是不吃的，可以不去问他，但是整日整夜的发热，口是狠渴的，我只有酒当茶的拿来解渴……可是越发烧了。像这样更难过，所以我决意今天起来了。我们没自修室，只好上课了，虽然坐在听，但是精神没有，又没有头绪，只不过呆的坐着罢了。

你问我为什么不能高兴，我也回答不出；我只觉得眼所见的，耳所听的，脑所想的，无一件能令我高兴得起。就是我这样的身体，也叫我不能高兴呢。我所感□的：宇宙间，只有"罪恶""虚伪"，另外是没有什么了。请你告诉我，我说的对不对？我醉了，狠醉了，因为我今天没有吃饭，只吃几口酒，所以狠醉了。我要去困一会再来。我不去困了，困着总是做些极无聊的梦，令人讨厌。

我觉得人是顶坏了，女子尤其。倘若我不女子，我愿世界上没有女子的踪迹，其实，我也不愿有我。什么凶恶奸诈的事，女子都干得出，我恨透了，倘我有杀人的权力，我便杀得她干净。……

糜哥，你待我太好了，教我不知要怎样感激你才是！哦！我只要记得：世上除掉母亲、哥哥外，还有一个糜哥。

头是痛得无可形容了，眼球是胀得快突出了，心身是火烧着了；

人们是结了队去唱歌舞蹈去了,听,她们欢笑的声音已由操场传来了,天只管落着凄凉的雨,也不管人家听了难过不难过。他是不要紧的,就是像这样滴滴答答的下了一年的雨,人们是奈何他不了的,要是我像他这样的哭,怕人们不将我切得粉碎吧?不吗?那是一定会切得粉碎了!切得粉碎也好,切得粉碎的时候,那我不是可以死了吗?那好极了,那我从此可以解脱了。痴心梦想吧,我那有天那末多的泪?又那有他那样像牛皮糖似的精神,尽管落下去,我哭不到半天,便泪干神疲了。我既不能哭得那末长久,那人们也不会将我切得粉碎,那我的身体仍是不能解脱了。唉!随他去罢,拖到几时是几时,能受多少折磨就受多少罢。我也管不得梦无聊,我定要去困了。糜哥,你几时来?你好吗?

  妹丽娟 12.5.29 下午(中国社科院近代史所藏"胡适档案",卷号1761,分号9)

5月30日 胡适致函顾颉刚,讨论帝天与九鼎:

  关于"帝"字,我也认为"天帝"。此字是世界最古的字,古义"帝"与"天"当相同,正如其音之同纽。……五字同出一源,大概是很可能的。看《郊祀志》,可见许多"帝"原为西方民族(秦民族)的天神,此是无可疑的。"帝乙"的解释,我以为你的说法颇可用——如果商朝真有帝乙。此如唐有"神尧",清有"圣祖",并不稀奇。至如"神宗",更不少了。

  《郊祀志》最宜细读。如云汉高祖加一帝而成"五帝",此必是信史无疑。

  关于古史,最要紧的是重提《尚书》的公案,指出《今文尚书》的不可深信。我盼望你能抽出工夫,把犹太民族的古史——《旧约》——略读一遍,可以得不少的暗示。

  "九鼎",我认为是一种神话。铁固非夏朝所有;铜(bronze)恐亦非那时代所能用。发见渑池石器时代文化的安特森(J. G. Andersson),

近疑商代犹是石器时代的晚期（新石器时代）。我想他的假定颇近是。……（《古史辨》第1册，199～200页）

同日 胡适致函江冬秀，请他千万不要看不起高一涵所娶的女子："他也是一个女同胞，也是一个人。他不幸堕落做妓女，我们应该可怜他，决不可因此就看不起他。天下事全靠机会。比如我的机会好，能出洋留学，我决不敢因此就看不起那些没有机会出洋的男女同胞。……"（据《日记》）

同日 胡适致函高一涵，劝他新娶之后，戒绝赌博，多读书，继续学问的事业。"我常常想着怡荪。自从怡荪死后，我从不曾得着一个朋友的诤言。……如果我有话在肚里，不肯老实向你说，我如何对得住你？如何对得住怡荪？……"（据《日记》）

按，6月3日高一涵复函云：

我这几年得无家庭的好处背后得到许多无家庭的坏处——打牌和逛胡同。又从你的生活里头，看出读书的兴趣，可是又感得求学的难处。我因为我的天分不及你，我的求学的基础不及你，我的身体不及你，所以前几年虽然敢编《欧洲政治思想史》，近来简直又不敢执笔了。因困难而气馁，因气馁而放荡；我也知道这是宣布自己的死刑！

我这一件事所以不敢告诉你，也有种种原因。她是读过书的人，只因受夫家虐待，中途离婚。……她因此无家可居，只得到北京来依她的表妹过生活。我看见她气质还好，所以作成此事。如果能相聚长久，或者可以终止我的放荡行为。因为没有经过长期的试验，不知结果如何，所以不曾告诉你。谁知你竟能超脱一切俗见，竟于宽恕之外，来勉励我前进，真使我感愧无地！（此函粘贴于胡适6月7日日记中）

同日 高一涵致函胡适，谈《努力》事，又谈及北京政情：

彭无耻近来又倒行逆施，专想与北大为难。听说教育经费绝对不发给北大，沈步洲与他辩，他已同沈翻脸了。他以为北大系少数出风头的人反对他，只要不发薪水就可使内部破裂，由此可推倒此少数出

风头的人——这简直是笑话！（《胡适来往书信选》上册，204页）

5月31日　刘树梅、任鸿隽、章希吕、胡嗣稻来访。胡适与Sokolsky夫妇同往邝富灼家吃夜饭。会着旧友Anderson夫妇，及George Fitch。（据《日记》）

同日　林语堂复函胡适，胡适关于英文课程的安排都极合林之意。告知下学期要开设的课程。拟将humor译成"谐摹"。（《胡适遗稿及秘藏书信》第29册，351～352页）

6月

6月1日　顾颉刚复函胡适，寄奉俞平伯研究《儒林外史》的文章。又云："承告古史大旨，极感。将来讨论当秉着此旨做去。《旧约》亦当觅读。甲骨文字，我只向予同借了一本《殷墟书契考释》。"又谈九鼎的来源。又云："先生要我重提《尚书》的公案，提出《今文尚书》的不可信，这事我颇想做。"并详列自己的研究计划，请胡适"审定一下，如此做法适宜否？"《东壁遗书》最好由自己校对，"标点完之后须请先生审查一过"。又云："先生告我商务馆中要我做整理古书的事，闻之神为一旺。"并告，已函告朱经农，拟为商务印书馆标点一部"十三经读本"等等。（据胡适6月2日《日记》；《顾颉刚书信集》卷一，397页）

同日　曹诚英致函胡适，告自己身体转好，虽不能吃东西，却不要紧了。不认可胡适所说"休学一学期"的话，因为不愿意回家等等。（中国社科院近代史所藏"胡适档案"，卷号1761，分号10）

6月2日　胡嗣稻和在斋（必达）来。下午，胡适请黄钟诊验，心肺似俱有进步。夜，胡思聪由北京来。胡适到亚东栈房，为人写扇面。（据《日记》）

同日　谢楚桢致函胡适、蔡元培，云："你前回拿去我著的《寡妇问题》，承你答应向亚东书局介绍出版"，现在进展如何？（中国社科院近代史所藏

"胡适档案",卷号1815,分号3)

6月3日　胡适到沧洲别墅看望熊希龄夫人,在座有朱经农、陶行知、黄炎培、袁希涛、晏阳初、沈信卿等,谈的是用嘉兴现在试验的平民教育方法。徐新六来谈。杨杏佛约胡适谈东南大学的风潮。(据《日记》)

同日　陆侃如致函胡适,就编纂《中国诗选》请教胡适,并抄示所拟《例言》和《总目》,询胡之意见。(《胡适遗稿及秘藏书信》第34册,564～574页)

6月4日　访客有朱经农、李俊、黎锦晖、程本海、胡昌之、章希吕。胡思聪来。(据《日记》)

6月5日　王云五邀胡适吃饭,客有熊希龄夫人等。(据《日记》)

同日　刘湛恩致函胡适,邀请胡到杭州青年会演讲教育问题。(《胡适遗稿及秘藏书信》第40册,120～121页)

6月6日　胡适到亚东图书馆,写扇9把。访汪惕予不遇。到汪裕泰4号,见着汪振襄。访黄钟。到瑞生和,见着洪锦、在斋,汪孟邹邀吃饭于功德林。(据《日记》;《回忆亚东图书馆》,86页)

同日　陈衡哲复函胡适,讨论小说素材问题,又谈及:

> 你提起你们的新同居吗?我想妓女中可怜的固多,性臭四溢的实在也不少。我不知道她是那一种,若是后者,则我对于你的夫人有十分的同情。同浸透了性臭的人同居,和做济良所的所长是两件事,你似乎不应该责你的夫人挟着成见罢。(中国社科院近代史所藏"胡适档案",卷号1326,分号6)

6月7日　胡适拟高级中学论理学课程一份。刘厚生约胡适在蒋孟平家吃晚饭,同席有任鸿隽、朱经农、沈翼孙、刘世珩(聚卿)、张孝若、陈叔通。(据《日记》)

同日　江泽涵致函胡适,详述希望转学北大的理由。(《胡适遗稿及秘藏书信》第25册,101～103页)

同日　田玉温致函胡适,寄上白话诗请胡适批改。(中国社科院近代史

所藏"胡适档案",卷号882,分号3)

6月8日 应高梦旦之邀,胡适到杭州(火车上读宗杲的《宗门武库》,认为此书甚有道理,是禅门中之要书),重游西湖。住新新旅馆。与高梦旦、林子忱、刘雅扶夫人坐船出游。与高梦旦谈。(据《日记》)

同日 蔡元培日记有记:"接适之所寄《汉字改革号》十册。"(《蔡元培全集》第16卷,218页)

6月9日 杨杏佛致函胡适,云:

……何柏丞兄处之信已寄去,兹更附上入社愿书五张备用。兄居杭几日?便中尚望为科学社接洽年会筹备事,最好能得数团体欢迎,如教育会之类。东南之黑幕完全败露,梅、竺皆暂留,弟亦因学生坚留,拟暂不表示辞职,惟前途暗礁甚多,非精神改组,亦不过暂时清静耳。……(《胡适遗稿及秘藏书信》第38册,63页)

同日 顾孟馀致函胡适,云:

……兄只知"努力",不知"养力",一犯此"病",则其他之病皆相伴而来。弟以为努力宜经济,不然,则天下事之待人努力者多矣,焉得一一为之?弟在健康问题上亦系过来人,故敢以忠言相告。来信提及辞职一节,果一提出,对外示分裂之象,对内有拆台之嫌,弟与梦麟皆以为不可。京校问题,愈弄愈糟。医专风潮,不可收拾(该校风潮内容甚复杂,非彭氏一人诱惑之力所致),北大树敌太多,恐难全胜。孑民先生处曾有信去,劝其暂缓行期,以待时局之变,迄未得其复信。弟为孑民先生计,此次事变,各校表示同情牺牲不少,迄今不但无胜利之可言,且各校基础,相继摇动,以情谊言,当此时机,实不宜恝然远去,不知兄意云何?林玉堂君过沪,谅已晤见。承嘱各事,皆一一照办矣。(《胡适遗稿及秘藏书信》第41册,615~619页)

同日 高一涵致函胡适,谈《努力》的稿件安排事,又略论内阁总辞问题。(《胡适遗稿及秘藏书信》第31册,209~210页)

1923年　癸亥　民国十二年　32岁

同日　持有胡适介绍函的北大学生会代表李骏拜谒蔡元培。(《蔡元培全集》第16卷，218页)

6月11日　高星烺致函胡适，挂念胡适的病况。(中国社科院近代史所藏"胡适档案"，卷号1607，分号1)

6月12日　蔡元培日记有记："得适之十日函，招往西湖。定于今夜开船往……"(《蔡元培全集》第16卷，219页)

同日　高一涵致函胡适，谈：顾颉刚的文章太长了，《努力》是否刊出，请胡适决定。又询胡适可否对北京政变做个短评。又谈内阁中教育总长的人选问题。(《胡适遗稿及秘藏书信》第31册，213~214页)

同日　陶行知致函胡适，谈及：前托胡适开示平民教育课本之国语文法之重要变化之举例以及平民教育之目标，如已完成，请寄来。东南大学请胡适担任教育哲学与中国教育史讲师，希望胡适接受聘请。(《胡适遗稿及秘藏书信》第36册，405~406页)

6月13日　蔡元培访晤胡适于新新旅馆。(《蔡元培全集》第16卷，219页)

同日　顾颉刚致函胡适，谈及将再详读《盘庚篇》，又谈及搜集曲本等事。(《顾颉刚书信集》卷一，399页)

同日　何炳松复函胡适，请胡适关照科学会之事等。(《胡适遗稿及秘藏书信》第29册，43页)

6月14日　胡适与蔡元培、高梦旦及胡思聪同游南山，到龙井、九溪十八涧、理安寺、烟霞洞。因被烟霞洞的风景打动，故蔡、高力劝胡适住此过夏。下山后，与蔡元培酬应几日，20日蔡去绍兴。(《蔡元培全集》第16卷，219页；胡适：《山中杂记》，据《胡适的日记》手稿本第4册)

> 按，蔡、胡所记内容基本一致，唯胡将此事记在15日，蔡将此事记在14日。但蔡所记系其日记，而胡所记系其事后追记，故从蔡之记，系此条于14日。

同日　江冬秀复函胡适，告家中一切平安，希望胡适把病养好等。(《胡

适遗稿及秘藏书信》第 22 册，313 页）

同日　胡冠英致函胡适，请胡适为其书写扇面等。（中国社科院近代史所藏"胡适档案"，卷号 1528，分号 6）

6 月 15 日　唐钺致函胡适，告：之前商定由华超翻译、唐氏校对的《订正比纳西蒙智力测验》列入《世界丛书》，现书稿已经交商务印书馆，请胡适函告该馆，华超应得多少译费，自己应得多少校对费，统由该馆寄下。又谈已为《努力》撰写关于"科学与人生观"论战事。（《胡适遗稿及秘藏书信》第 31 册，394～396 页）

同日　谢晋青致函胡适，感谢胡适将其译《西洋伦理学史》收入《世界丛书》之中。又希望胡适协助廉价购买该书以及索取稿费等。（中国社科院近代史所藏"胡适档案"，卷号 1814，分号 4）

6 月 16 日　汪静之致函胡适，感谢胡适多次济助。成诗一首赠胡适。请胡适帮忙谋职。（《胡适遗稿及秘藏书信》第 27 册，668～670 页）

同日　曹诚克致函胡适，感谢胡适接见谢君，又询问胡适的健康状况。（中国社科院近代史所藏"胡适档案"，卷号 1759，分号 1）。

6 月 17 日　颜任光结婚，蔡元培、高梦旦、胡适联名致电祝贺。（中国社科院近代史所藏"胡适档案"，卷号 268，分号 8）

同日　王云五致函胡适，告：胡觉已到上海，待安顿完便可到编译所办事；朱经农为平民教育之事至南京等。（《胡适遗稿及秘藏书信》第 24 册，296 页）

6 月 18 日　顾颉刚日记有记：适之先生来函，谓《读书杂志》难出两张，惟有于第二周再出一张。此与予甚便，可休息一二日矣。适之先生转寄其族叔胡近仁先生驳予古史说一份，甚快。（《顾颉刚日记》第一卷，369 页）

同日　胡雪之致函胡适，告：胡觉本答应王云五到商务印书馆编辑部做事，但因胡适与胡思聪的信而大伤心、大生气，决定不去了。希望胡适与胡思聪来信劝解。（中国社科院近代史所藏"胡适档案"，卷号 1544，分号 5）

6 月 19 日　胡觉致函胡适，谈胡思聪对自己的种种举动实在不能满意，感谢胡适的好意。赞成胡适在西湖养病，也提醒胡适要常写信给江冬秀。请胡适不要介意上封信中所言。(《胡适遗稿及秘藏书信》第22册，723～724页)

同日　胡雪之致函胡适，告胡觉去商务印书馆的事尚有转圜，请胡适再来快信敷衍胡觉，使他消气。此事千万不要叫商务印书馆的人知道。(中国社科院近代史所藏"胡适档案"，卷号1544，分号6)

6月20日　高梦旦致函胡适，谈前一函谈到平民教育计划，又谈及《章氏遗书》已经寄出等。(《胡适遗稿及秘藏书信》第31册，292页)

同日　任鸿隽致函胡适，谈及：胡思聪带来胡适的信以及黄、应、张君3人的入社书，但胡适或许记错社费金额，故需补缴。自己暑期在商务印书馆及到杭州讲演事（应张君谋之邀）。听高梦旦说胡适在烟霞洞休养，感到十分羡慕。请和蔡元培商量，时局混乱我们是否该有所表示。十分赞成高一涵欲设委员会的主张。(《胡适遗稿及秘藏书信》第26册，430～432页)

同日　顾颉刚复函胡适，说胡近仁讨论古史的论文甚好，又云："我对于先生有一要求，凡我的文字发表后，先生看了，都给我一个批评：那处必对，那处应商榷，那处必不对，继续进行的方法应当怎样，都于批评内说着，使得我不至走错了路。我对于古史的怀疑，实承先生的启发，得了先生的批评，使我更可以气壮也。"又谈自己的编书近况等。(《胡适遗稿及秘藏书信》第42册，228～231页)

同日　李骏致函胡适，谈北京学潮事：

> 生已去信蒋先生请他设法将北京学潮了结，我的意见最好由教职员联席会议敦请各校校长复职，本校就如先生所主张，只要不是彭允彝，请任何阿猫阿狗下一代理校长命令，使孟余先生充任。医专事也请蒋先生转请孟和先生设法阻严到任。子师在这种形势之下，似乎以不入京为宜，望先生同他仔细思考一下子。(《胡适来往书信选》上册，208页)

6月21日　陈大齐致函胡适，请胡适保重身体，学生们甚望胡适返校

开课。(《胡适遗稿及秘藏书信》第 35 册，237～239 页)

6月22日　胡适作有《一师毒案感言》(《浙江省立第一师范学校毒案纪实》一书的序言)。胡适说，名誉是社会对于一个人或一个机关的期望的表示。享大名的人，跌倒下来，受的责备比常人更大更多。暴得大名是不祥之事。自 1919 年以来，浙江一师背着"东南新思潮中心"的盛名。胡适解读了"新思潮"的涵义：新思潮并不是几种生吞活剥的主义；新思潮所以能自别于旧思想，只靠一点，只靠一种新的态度，"评判的态度"。所谓"评判的态度"，就是"无论对于何种制度，何种信仰，何种疑难，一概不肯盲从，一概不肯武断，一概须要用冷静的眼光，搜求证据，搜求立论的根据，搜求解决的方法：这便是评判的态度。这种精神的有无，便是思想新旧的区别点"。胡适希望浙江一师继续保持这种不武断、不盲从的态度，来研究这件毒案；希望一师用评判的态度，来评判自己校内的制度，来谋学校的改革与进步。(台北胡适纪念馆藏档，档号：HS-NK05-178-016)

同日　刘承干致函胡适，讨论校读与刊刻《章氏遗书》之事宜。(中国社科院近代史所藏"胡适档案"，卷号 937，分号 2)

6月23日　蔡元培为下一步行止，再来杭州，与胡适商定三个宣言。(胡适：《山中杂记》；《蔡元培全集》第 16 卷，221 页)

6月24日　胡适搬住烟霞洞。陈廉斋请胡适吃饭，同游南高峰。复电湖南省省长赵恒惕：病体不胜讲学，盛意容后效。(胡适：《山中杂记》)

同日　江冬秀复函胡适，为胡适病情好转感到欣慰，希望胡适安心养病，不要挂念家里。又请胡适安慰胡觉。谈到胡觉与胡思聪的冲突问题，希望胡适劝胡思聪不要不在意他父亲等等。(《胡适遗稿及秘藏书信》第 22 册，316～317 页)

6月26日　袁希涛致函胡适，谈及：课程事大致就绪，已陆续付印，惟高中纲要缺 3 种，一为英文，请胡适审阅，请速交下；初中国语请朱湘帆做，但尚在谦让中，希望胡适能做一稿寄来等。(《胡适遗稿及秘藏书信》第 31 册，646 页)

6月28日　胡适与马叙伦谈。购得文徵明《甫田集》一部，有札记。(胡

适:《山中杂记》)

6月29日　胡适应浙江第一中学校长黄百新邀,前往演说,"大致是说二十五年的教育史上最可纪念的事有二:一是废书院,二是废高等学堂。我主张书院中自动的精神、研究的方法,皆可补救今日教育的大病"。(胡适:《山中杂记》)

6月30日　胡祖望致胡适一明信片,告:妈妈和弟弟妹妹及我都好,请不要记挂。听说父亲将送皮鞋,很高兴,希望下次有大刀及洋枪。(中国社科院近代史所藏"胡适档案",卷号676,分号1)

7月

7月1日　《读书杂志》第11期发表胡适致顾颉刚函:

我对于古史的大旨是:

1. 商民族的时期,以河南为中心。此民族的来源不可考。但商颂所记玄鸟的神话当是商民族的传说。关于此一时期,我们应该向"甲骨文字的系统的研究"里去寻史料。

2. 周民族的时期,约分三时期:

(a)始兴期,以甘肃、陕西西境为中心。

(b)东侵期,以陕西为中心,灭了河南的商民族的文化而代之。周公之东征,召公之南下,当在稍后。

(c)衰落期,以东都为中心,仅存虚名的共主而已。

3. 秦民族的时期,也起于西方,循周民族的故迹而渐渐东迁,至逐去犬戎而占有陕西时始成大国。

…………

至于以山西为中心之夏民族,我们此时所有的史料实在不够用,只好置之于"神话"与"传说"之间,以俟将来史料的发现。(顾颉刚:《答刘、胡两先生书》)

同日　章洛声致函胡适，自述行止，又告江泽涵已来京等。(《胡适遗稿及秘藏书信》第33册，219～220页)

7月4日　江冬秀致函胡适，谈及3个小孩身体都好，请胡适不要挂念。要胡适暂时不要回北京，因为学生会请其出来教书等等。(《胡适遗稿及秘藏书信》第22册，318～319页)

7月5日　陈独秀致函胡适，云：

> 我们发行的《前锋》(月刊)由弟编辑，三四日内即出版，收到时求吾兄细看一下，并求切实指教。此报为我们最近思想变化之表现，视前几年确有进步，尚望吾兄不客气地指示其缺点。
>
> ……………
>
> ……久不见吾兄来信，至为想念，务求拨冗示我一函，以当面晤。

(胡适：《山中杂记》)

同日　汪原放致函胡适，谈及将听胡适的劝，将少吸烟等。(《胡适遗稿及秘藏书信》第27册，577～580页)

7月6日　许骏致函胡适，谈蔡元培离校后北大校务事。又谈道：胡适素性爽直，又得学生之极其爱戴，若是有所主张，定生重大影响，虽说现在养病，但也应于校事安危之交，挺着胸脯出来说几句公道话。若胡适与蔡元培能商得一办法，校中各界不会生反动的，请胡适尽快设法。又为自己的译稿尽快在商务印书馆出版事请胡适转托王云五。(中国社科院近代史所藏"胡适档案"，卷号950，分号1)

同日　蔡晓舟致函胡适，谈及：安徽大学筹备处只有按照陶行知所说，"组织董事会"。请胡适为鼓吹安徽自治的周报助款、助文。(《胡适遗稿及秘藏书信》第39册，341页)

7月7日　毛子水致函胡适，前蒙胡适介绍女高师英文班国文教席一事，请胡适再与陈钟凡联络一下。又请胡适帮忙看英文演讲稿。(《胡适遗稿及秘藏书信》第24册，595～596页)

7月9日　江冬秀致函胡适云：未知胡适脚病、痔疮是否痊愈，甚为挂

念。询问吃黄医生药是否有疗效。希望胡适安心静养等。(《胡适遗稿及秘藏书信》第 22 册，320 页)

7 月 10 日　江冬秀复函胡适，为胡适脚肿好了感到欣慰。要胡适多吃红枣与西洋参。又提到胡觉进商务印书馆工作以及戒烟等，又谈及胡思聪的病。(《胡适遗稿及秘藏书信》第 22 册，321～322 页)

7 月 11 日　胡适致函刘承干，谢赠《章氏遗书》。又谈初读此书的想法，指出其刊刻中的错误。认为:《纪年经纬考》，似宜附刻遗书之后，作为附刻之一种;《外编目录》太略，似宜加详；又尊刻尚缺之诸篇，胡适本人似有一二篇，俟回京检校后，可抄补尊刻之缺……（任亚君整理:《胡适九封未刊信稿》，《明报月刊》1992 年 2 月号，52～53 页)

同日　因杭州一中与杭州一师合并引起的争校长风潮涉及胡适，故胡适发出申辩函:

> 今天得读七月十日的贵报，中有"关于一师一中教职员会议之话剧"一条，记载这两校的教职员攻击一师校长何柏丞君，列举许多条款，中有一条涉及鄙人，所以不能不申辩一句，请赐登贵报，以明是非之真相。贵报原文说，胡适之初来时，即有皖籍学生向他陈述一师腐败情形，请求转学，今天全浙公报登出一师一中教职员联席会上省长及教育厅的公函中，果有此说。原文云:"本年六月间胡适之先生来杭，一师皖籍学生群向胡先生申述师校办事敷衍，不愿继续肄业，请求代彼等设法转学他校。"此呈中所说，颇与事实不符。此次鄙人来杭，见着我的一个亲戚，他在一师肄业，已将应习之科目习完，下学期应择地升学。鄙人曾劝他去考天津南开学校的高级中学，因为一师自经子渊、姜伯韩两先生以来，很注重自由发展个性，毕业后宜投入南开一类的学校，多受一点严格的训练，可以互相调剂。这不过是鄙人个人对于一个亲戚的意见，并无皖籍学生群来陈述一师敷衍之事，更无被人引用作为攻击何校长的武器之价值。因为鄙人对于杭州教育界的风潮，绝对的认为一件大不幸的事。对于一中校长黄百新君，一师校

长何柏丞君，本系很相好的朋友，尤愿他们能和衷共济，为教育前途努力，所以在六月间，蔡孑民先生在此，曾和鄙人出面，邀黄、何两君同餐，力谋排解他们偶有的误会。今排解无效，已足使我们惭愧诚意之未孚了，不意还有人用我们作攻击一方面的武器，这似乎不是杭州人款待外客的正常法子罢。（胡适：《山中杂记》）

按，之前数日，曾有人请胡适出面调停，为胡适复信拒绝：
……我在山中，看不见杭州的报纸，竟不知道杭州教育界已闹成满城风雨的样子。我的私见，以为杭州的教育界，有一个大病，就是一个"陋"字。陋只是眼孔小，凡争其所不值得争，都由于一个"陋"字。此病非一时所能医，我虽有"救灾恤邻"的心思，但我观察了半个月，觉得竟没有下手的方法，奈何！我意将来浙江高等教育发达时，此等"陋相"自然会逐渐消去。此法虽缓不济急，然我竟想不出一个可以济急的法子来。（胡适：《山中杂记》）

7月12日　蔡元培复函胡适，谢胡贺其新婚。又云："角镇罗汉保存事，俟与新妇商量后，托人向颉刚接洽，或在沪与王伯祥接洽……"又请胡适商之于王尚济（海帆），为汪奠基译《几何原理》加以审正并作序。（《蔡元培全集》第11卷，208页）

同日　胡觉复函胡适，谈自己欲割痔等事，希望胡适闭门谢客，文章也要少作，以专心休养。又对胡适的安排（若胡冠英北上，让胡思敬随其北行去投考南开中学）表示感激。（《胡适遗稿及秘藏书信》第22册，725页）

7月13日　顾颉刚日记有记：孑民先生来，为杨惠之塑像事。适之先生捐百元，孑民先生亦捐百元。（《顾颉刚日记》第一卷，376页）

同日　马裕藻致函胡适，询下半年第二组预算如何编列。认为蒋梦麟适合代理校长。谈论商务印书馆重印《指海》事。（《胡适遗稿及秘藏书信》第31册，597～598页）

7月14日　胡适答胡觉，云：

汉宋清经师异同，大抵宋学重理解，而汉学重训诂校勘的根据。根据有时可以帮助理解……但清代经师所谓"根据"，未必皆可靠……理解有时可以超过训诂校勘之外……但理解若无客观的根据，则以一理解代替一理解，等于以暴易暴！……这几句话似可以总括一切汉宋学之争。为今之计，注读古书者，当采下列方法：

（1）校勘当采清儒研究所得之结果。……

（2）训诂当减至最低限度，以"非注不可"为标准；其不用注而本文自明者，一概不注。

（3）训诂当有根据。根据有多方，举其大者：

（甲）多举本书之例，比较归纳而得之。如我解《诗经》"言"字；如王念孙用"终温且惠"来比较"终风且暴"，而打破旧说"终风"之谬。如《论语》"学而时习之"，可比较《论语》屡用"习"字，究作何解。

（乙）多举同时古书用例，比较归纳而得之。如王念孙说"焉"作"乃"解。

（丙）根据古字典古注，如《经籍籑诂》所列举。

（丁）根据声音通转假借之理。……

（4）理解不易言，不当于注中零碎羼入，当于"序"或"引论"中，让专家去做。（胡适：《山中杂记》）

同日　胡适致函王云五，云：

昨寄上初中历史校稿第三批，想已收到。

本国史稿何时可寄来？乞示知。

初中历史第二批，前寄与经农的，已检出付印否？

今有一事奉商，不知能得你的帮助否？

我有一个表弟在美国自费读书，近以家庭变故，他的异母哥哥不肯寄旅费给他回国；他在母校做助手，月得钱甚微，一年以来，窘的不堪。若更延迟下去，债负愈重，越不容易回来。现其生母将家中田产抵与本宗祠堂，得乙千元汇去，但尚差约美金五百元。我和他家有

四五重亲谊，平日同他家兄妹都很好，此时不能不帮助他回来。他是学矿的，曾有过实习的经验，中文也很来的，回来也是一个有用的人才。所以我想请你替我设法借乙千元，兑作美金，用电报汇去。此款我不能一时即还，可于商务送我的译费内，每月扣还乙百元。我很愿意每月出一点利息。此事如蒙代为设法，真不啻感同身受了。

…………

倘吾兄能替我设法，即请代为电汇去。如无处设法，亦望质直相告，千万不要叫我使吾兄为难。

我为此事，踌躇了颇久，至今始敢开口。亦知吾兄厚爱，必不怪我好管他人闲事耳。（王云五编：《岫庐已故知交百家手札》，台北商务印书馆，1976年，原书无页码）

同日　王云五复函胡适，云：

（一）关于中国上古史一部分，你改得极好。经农现不在上海，我和纬平都狠赞同，现在已经照改了。

（二）第三批校稿今日也收到，一并照改。

（三）这本历史，承你保留校改，而且迁就原篇幅，委曲求全；我们实在感激得狠。

（四）国语第三册今日才出版……第四册三四日内出版……第五册已有一部可发排；我现在和圣陶商量，为省却时间计，拟陆续将目录钞给你看，等该书出版再寄上全文。你对于各册有什么□□，务请明示，等再版时照改。

（五）你说国语诸册分量当陆续递增，我是极赞成的。我们本来将前三册定价三角半，后三册定价四角半，就是这意思，不过不甚彻底。现在还照你的意思，将第五、六册分量大加；第五册定价五角半，第六册定价六角半。照这样计算起来，那第六册的教材，却倍于第一册了。

（六）梦旦暂时不来杭。你本月应得的编译费二百元已于今日汇□杭分馆转送……

1923年　癸亥　民国十二年　32岁

（七）瞿秋白译事，就照你的意思办理；请转致仲甫，我也和振铎等说过，等秋白来沪时最好和我会面一次。(《胡适遗稿及秘藏书信》第24卷，297～300页)

7月15日　高一涵致函胡适，谈《努力》的稿子很缺，请胡适催促上海的人准时来稿等：上海方面分期担任的人，有一半不曾按期寄稿。北京方面徐志摩时常出京，丁文江也许久没有文字交来。章洛声又回去了，自己能力又不够。请胡适向上海的朋友催稿。(《胡适遗稿及秘藏书信》第31册，207～208页)

同日　陶孟和复函胡适，云：

……前美国人James所拟的关于赔款办法及吾兄所拟的反对提议，想尚存兄处。兄不在京，可否由弟取来，请示知存在何处，不胜感谢。顷有齐鲁大学校长拟集合中西人十余人讨论此退还赔款事，拟取该提议作参考也。……(《胡适遗稿及秘藏书信》第36册，309页)

7月16日　顾颉刚日记有记：接汪孟邹先生信，谓适之先生以我疾病，嘱汇200元。适之先生固一般好意，但我受之无名，决不能用。当存在我处，代买书籍。(《顾颉刚日记》第一卷，377页)

同日　蒋梦麟复函胡适，云：

……杭州教育界，真变了一只臭粪缸。粪缸里边坐了看天，就是你所说的一个"陋"字。其实陋而且臭。夷初也跳在粪缸里面和他们混闹，真何苦来！你住在粪缸旁边，里边闹起来，免不了沾点污水。

北京浙江人对于此事，都作旁观态度，对于两方面都没有好批评。……

我现在看看，到底还是北京大方些，虽臭还有几分臭招牌！还像样些！

蔡先生致评议会函，又属我代理校长。半年的欠款，六百的饿教职员，三千的惹祸的学生，交了我手里，叫我什么办！我昨晚一夜睡

不着觉。我今天电蔡先生，请他改代理校长为个人代表。我也请求评议会把代理改代表。不知道他们允许我否。到了这时候，我已失却自由，只好被人宰割罢了。

京中不致有何变动，住在北京，或者比较住在到处"请财神"的浙江省里还稳当些。……（《胡适遗稿及秘藏书信》第39册，446～448页）

7月17日　寿景伟致函胡适，谈其译稿《财政学新论》出版事，请胡适帮忙。（《胡适遗稿及秘藏书信》第38册，517页）

同日　胡敦元致函胡适，感谢胡适借款相助。告知胡适拟读书目。请胡适教其读书方法。（《胡适遗稿及秘藏书信》第30册，472～475页）

7月18日　陈大齐复函胡适，希望胡适在健康允许的情况下回北大上课，希望胡适能担任"中国哲学史"和"近世中国哲学"两种功课。又云："你和北大有很深的关系，当然不忍于他危急时，飘然引去；而且学校也一定不许你和他脱离关系。……希望你早点回校，学校内部的危险必可借你减少一点。"甚希望江绍原来北京大学执教。（《胡适遗稿及秘藏书信》第35册，240～243页）

7月20日　胡适康奈尔大学旧同学简又文（学神学）来杭州搜求太平天国史料，胡适以"旧同学中竟有此人还在做一种学问上的研究"，心里很是欢喜。又记道：

我屡次在公众演说内指出我们做学问的人，必须常常有一个——或几个——研究的问题，方能有长进。有了问题在脑中，我们自然要去搜集材料，材料也自然有个附丽的中心，学问自然一天天有进无退。没有研究的问题的人，便没有读书的真动机；即使他肯读书，因为材料无所附丽，至多也不过成一只两脚书橱！何况没有问题的人决不肯真读书呢！我常说，留学生回国之后，若没有研究的问题，便可说在智识学问方面他已死了。今日想起简君，有感而记此。（胡适：《山中杂记》）

7月21日　曹聚仁致函胡适，告自己拟研究儒学及研究设想，请胡适指教。又寄奉《国学概论》，又提出到杭州拜谒胡适等。(《胡适遗稿及秘藏书信》第33册，500～505页）

7月22日　江泽涵致胡适一明信片，告：章洪熙已拿江绍原之稿去看了，希望胡适不要错过休息的机会等。(《胡适遗稿及秘藏书信》第25册，98～99页）

同日　任鸿隽复函胡适，谈中国科学社年会诸事。(《胡适遗稿及秘藏书信》第26册，433～435页）

同日　陈衡哲复函胡适，谈及：

你说你对于朋友的著作"不免有点 Partiality"。这也是"人情之常"，并不能算是"革职"的罪案。不过你从前是以"不轻易恭维人"为原则的，这又怎么说呢？难道你也像耶稣出世后的上帝一样，已由一个公正无私的法官变为一个溺爱众生的慈父了吗？(《胡适遗稿及秘藏书信》第36册，86页）

7月24日　顾颉刚日记有记：得适之先生信，谓亚东寄200元，系预支《崔东壁遗书》版税。(《顾颉刚日记》第一卷，380页）

7月25日　李之常致函胡适，告自己欲赴哥伦比亚大学研究社会学，请胡适介绍。(中国社科院近代史所藏"胡适档案"，卷号1151，分号2）

7月28日　江冬秀致函胡适，告邵瞻涛自绩溪会馆借去50元，嘱胡适不要在杭州接见邵。(《胡适遗稿及秘藏书信》第22册，324～325页）

同日　金家凤致函胡适云，士绅会议决定先将杨氏三尊真迹卸下。建议以罗汉主体为主题建一公园或博物馆。(中国社科院近代史所藏"胡适档案"，卷号1447，分号1）

7月29日　蒋梦麟致函胡适，谈及北京政局一时或不至全部塌台。北大近年招收3000学生。评议会已确定自己为代理校长。认为胡适以养病为要，9月以后如身体复原，"请你回来帮助我们"。如尚未完全恢复，还是在杭州好。(《胡适遗稿及秘藏书信》第39册，449～452页）

7月30日　瞿秋白致函胡适，告自己前日给胡适寄上2本书。自烟霞洞与胡适别后又在西湖停留七八日。又谈及：

……商务方面，却因先生之嘱，已经答应我："容纳（各杂志）稿子并编小百科丛书以及译著"。假使为我个人生活，那正可以借此静心研究翻译，一则养了身体，二则事专而供献于社会的东西可以精密谨慎些。无奈此等入款"远不济近"，又未必够"家"里的用，因此我又就了上海大学的教务——其实薪俸是极薄的，取其按时可以"伸手"罢了。

虽然如此，既就了上大的事，便要用些精神，负些责任。……我们和平伯都希望上大能成南方的新文化运动中心。

我以一个青年浅学，又是病体，要担任学术的译著和上大教务两种重任，自己狠担心的，请先生常常指教。……（《胡适遗稿及秘藏书信》）第41册，159～162页）

7月31日　胡适作有《南高峰上看日出》。（胡适：《山中杂记》）

8月

8月1日　李杰复函胡适，确认请胡适演讲时间为8月12日等。（中国社科院近代史所藏"胡适档案"，卷号1146，分号8）

同日　张昭汉复函胡适，谈及因招考已毕，且各级已声明不收插班生，加之宿舍、教室人满为患，故曹君转学之事，实无得设法。（中国社科院近代史所藏"胡适档案"，卷号1237，分号5）

8月2日　胡适作有《送高梦旦先生诗，为仲洽书扇》。（胡适：《山中杂记》）

8月3日　徐嘉瑞致函胡适，请胡适指正其《中古文学概论》。（中国社科院近代史所藏"胡适档案"，卷号1728，分号3）

8月5日　《努力》周报第64期开始连载胡适翻译的契诃夫的小说《洛

斯奇尔的提琴》(下半部刊登于《努力》周报第 66 期,1923 年 8 月 19 日)。

8 月 6 日　高一涵致函胡适,谈及请任鸿隽在上海向沈、王、叶诸君催讨文字债等事,又云陶孟和认为胡适可以回北大教书,高一涵与张慰慈反对。谢晋青病况严重。(《胡适遗稿及秘藏书信》第 31 册,211～212 页)

8 月 7 日　胡祖望致胡适一明信片,问候胡适病情,说很想念爸爸。又谈到胡适寄的皮鞋与洋枪都收到了。(中国社科院近代史所藏"胡适档案",卷号 676,分号 2)

同日　蒋梦麟致函胡适,谈张歆海在北京大学的开课问题。(《胡适遗稿及秘藏书信》第 39 册,453 页)

8 月 8 日　徐志摩致函胡适,为胡在烟霞洞养病成效好感到高兴。又谈及蒋梦麟不欢迎泰戈尔来华,吴稚晖将攻击泰戈尔等,徐对此不以为然,又请胡适谈接待泰戈尔的办法等。(《胡适遗稿及秘藏书信》第 32 册,12～15 页)

同日　程秉昌致函胡适,抄示和胡适诗。(中国社科院近代史所藏"胡适档案",卷号 1858,分号 4)

8 月 9 日　高梦旦致函胡适云,莫泊桑的小说已经寄到烟霞洞,又谈及:"兄宜谢绝北大,半日著作,半日休息,于一己于社会均有大益,但住所宜择僻远处……"(《胡适遗稿及秘藏书信》第 31 册,296 页)

同日　胡雪之致函胡适,告胡觉的痔疮尚未痊愈。又请胡适尽快办理前所答应的胡思敬与胡思猷学费事。(中国社科院近代史所藏"胡适档案",卷号 1544,分号 8)

同日　程干埏致函胡适,由陈钟凡的《国学入门》询问胡适中国音韵相关问题。(中国社科院近代史所藏"胡适档案",卷号 1860,分号 3)

同日　蔡晓舟函托胡适,请胡适给有志青年谢硕在上海介绍半工半读的去处。(《胡适遗稿及秘藏书信》第 39 册,342 页)

8 月 10 日　中国科学社第八次年会在杭州省教育会开幕,胡适作为来宾出席。首由社长任鸿隽致开会辞,次浙江督办演说,次代读省长颂辞,继由李杰、张乃燕、汪精卫、胡适、杨杏佛等演说。(《申报》,1923 年 8 月

11日）

同日　江冬秀复函胡适，谈及百合对医治痔疮有很好的疗效，嘱胡适服用。言曹诚英做菜太辛苦，建议请个厨子。(《胡适遗稿及秘藏书信》第22册，326页）

8月11日　王钟麒致函胡适，告收到王云五转来的胡适的信，对胡适的删订及指示都非常感激，又详谈据此修订书稿之情形等。(《胡适遗稿及秘藏书信》第24册，522～529页）

8月14日　下午，中国科学社第八次年会开讲演会，由胡适讲演。(《申报》，1923年8月15日）

8月15日　汪孟邹复函胡适，告已分别付钱予胡适和江冬秀。为胡适病情转好感到高兴。(《胡适遗稿及秘藏书信》第27册，319页）

同日　孙碧奇致函胡适，请胡适指正其诗作。(中国社科院近代史所藏"胡适档案"，卷号347，分号7）

同日　高绪懋致函胡适，询问胡其所翻译莫泊桑短篇小说是否可以出版。(中国社科院近代史所藏"胡适档案"，卷号1613，分号1）

8月16日　洪范五、姚文采致函胡适，告安徽教育厅江厅长被迫辞职，渠等已通电挽留，请胡适声援。(中国社科院近代史所藏"胡适档案"，卷号1583，分号1）

同日　黄炎培、孟宪承致函胡适，为《申报》将创办的《教育与人生》杂志约稿。(《胡适遗稿及秘藏书信》第37册，34页）

8月17日　胡适作有《怨歌》。(胡适：《山中杂记》)

同日　赵廷为致函胡适，请胡适帮忙先预支其所译《哲学概论》译费150或200元。(中国社科院近代史所藏"胡适档案"，卷号1497，分号9）。

8月18日　江冬秀致函胡适，关心胡适病情与用药等，谈探视朱小姐的病等事。又因拿起胡适题诗的扇子，想到今日恰逢七夕，这两首诗是五六年前的事，五六年前，我们是多么高兴。这几年来，我们添了3个儿女，而胡适也老了15岁年纪，这几年为胡等的病，自己的心受惊怕了。希望胡适叔侄把病养好了，从此以后快乐兴致都有了。又希望胡适从南方买点礼

物寄来送与陆仲安医生等。又希望胡适过南京的时候探望伯母一家。(《胡适遗稿及秘藏书信》第22册，327～329页)

同日　王云五复函胡适，告译费已汇，敬请查收。(《胡适遗稿及秘藏书信》第24册，303页)

8月20日　欧本鹏致函胡适，告知蔡元培已出洋，蒋梦麟代理校长；又谈及北京最大的危险是财政破产等。(中国社科院近代史所藏"胡适档案"，卷号1420，分号4)

8月22日　江冬秀复函胡适，告已将胡适的药方请吕世芳、吕世涛看过，他们建议胡适吃黄鱼肚与海参。又谈及胡思杜泻红、白痢、牙黄面黄，已经治愈。又关心胡思聪的病情，代向曹诚英致意，谢谢曹照顾胡适叔侄。(《胡适遗稿及秘藏书信》第22册，330～331页)

同日　郝映青致函胡适，向胡适请教关于翻译的5个问题。(中国社科院近代史所藏"胡适档案"，卷号1506，分号3)

8月23日　胡思聪致函胡适，告牙毒已深，即日至上海就医。(中国社科院近代史所藏"胡适档案"，卷号699，分号3)

同日　胡敦元致函胡适，欲向绩溪会馆贷款读书。(《胡适遗稿及秘藏书信》第30册，476～478页)

8月24日　顾颉刚复函胡适，谈自己编书近状，又希望胡适能再静养一年等。(《胡适遗稿及秘藏书信》第42册，232～239页)

8月27日　胡雪之致函胡适，谈胡思聪、胡思敬的病。(中国社科院近代史所藏"胡适档案"，卷号1544，分号9)

8月28日　许寿裳复函胡适，告女子第一中学已准许曹诚英转学，但须出具修业证明书。(《胡适遗稿及秘藏书信》第33册，125～126页)

8月29日　李济民致函胡适，拜托胡适为陈伯陶父母写寿文。(中国社科院近代史所藏"胡适档案"，卷号1167，分号1)

8月30日　马君武致函胡适，询胡在烟霞洞预备停留多久，若中秋仍在，将来此赏月。(《胡适遗稿及秘藏书信》第31册，578页)

同日　徐志摩致函胡适，告知他的祖母病亡讯息，希望看到胡适关于

丧制的几篇文字；又谈及在上海或杭州与胡适见面的时间等。(《胡适遗稿及秘藏书信》第 32 册，16~17 页)

9月

9月1日　张翊致函胡适，拜托胡适代购北京大学及北高师所出书籍及北京大学各科的讲义，又请胡适帮忙写一横幅。(中国社科院近代史所藏"胡适档案"，卷号 1208，分号 10)

9月2日　江冬秀致函胡适，要胡适吃黄鱼肚与大海参调养身体。又谈及胡思聪的牙病。(《胡适遗稿及秘藏书信》第 22 册，335~336 页)

同日　任鸿隽致函胡适，云唐擘黄言胡适近日不能来上海，若胡适来，可约马君武、汪精卫和胡氏兄弟一聚。又谈及胡思聪至上海就医、曹诚英开学，不知胡适一人在烟霞洞是否寂寞。又询胡适下一步的计划。(《胡适遗稿及秘藏书信》第 26 册，436~437 页)

9月4日　徐志摩致函胡适，就其祖母在丧礼上的称谓问题请教胡适，又对曹诚英致问候之意。(《胡适遗稿及秘藏书信》第 32 册，18~19 页)

徐志摩 9 月 7 日日记：

> 为一个讣闻上的继字，听说镇上一群人在沸沸的议论，说若然不加继字，直是蔑视孙太夫人。他们的口舌原来姑丈只比作他家里海棠树上的雀噪，一般的无意识，一般的招人烦厌。我们写信去请教名家以后，适之已有回信，他说古礼原配与继室，原没有分别，继妣的俗例，一定是后人歧视后母所定的，据他所知，古书上绝无根据。(梁实秋、蒋复璁编：《徐志摩全集》第四卷，中央编译出版社，2014 年，234 页)

9月6日　胡觉致函胡适，谈及自己及胡思聪之病状，又谈及毓英学校请胡适推荐教员等。(《胡适遗稿及秘藏书信》第 22 册，727~730 页)

9月7日　李大钊致胡适一明信片，询蔡和森的《俄国社会革命史》可否纳入《世界丛书》。又云蔡很穷,"专待此以为糊口,务望吾兄玉成之"。(朱文通等整理编辑:《李大钊全集》第四卷,河北教育出版社,1999年,258页)

  按,中国社科院近代史所藏"胡适档案"中,还有一函亦谈此事。

同日 徐志摩复函胡适,自述在家情况,询曹诚英已经进校了没有,又"真羡慕你们山中神仙似的清福!"(《胡适遗稿及秘藏书信》第32册,20~21页)

9月8日 张元济复函胡适,对胡适购买商务股票表示"感幸何极"。又云:

  命编《四部丛刊》总目,本在必办,来书所指各节弟意并不甚难,而孙君星如以著作眼光出之,谓必须费数月工夫,现在正在磋商,能否办成,不敢必也。又现在拟续印适合实用之旧书,《墨子间诂》已出版刻,正印《荀子集解》,注重精校及有注之本,以何者最为需要?先生研求有素,且多与青年学子相接,知之必审。望开示为幸。前函乞惠假所抄《绩溪县志》,倘蒙慨允,曷胜感幸。(《张元济全集》第2卷,537页)

同日 张元济收到胡适9月4日来函,又复函曰:

  《绩溪县志》允于钞成后借我,感谢之至。命印《东壁遗书》,当即转告梦、云两公。惟尚欲请先生多开数种,不妨随时想得,随时开示,敝处出版,本无限制也。(《张元济全集》第2卷,537页)

9月9日 访客甚多。在山上住了两夜的汪孟邹和章希吕下山。胡适函嘱江冬秀于绩溪会馆存款中借百八十元给胡敦元作学费;函任鸿隽,请他用科学社名义出来辟除日食地震的妖言;函谢徐志摩寄9月8日《时报》上的妖言;复函黄炎培,谈为《教育与人生》作文事,并评老圃的《两种新文化》。(据《日记》)

同日 胡适在《月下老人签》(民国刻本)题记:"西湖白雪庵月下老人

祠的签诗，据说是一个姓王的徽州名士做的，全操成语，风韵很好。我的一班朋友都喜欢拿这签诗来玩。十二年九月四夜徐志摩在我这里闲谈，我们嫌这些签诗之中有几签太坏了，就补作了八签换上去。这也可算是'特别改良'的月老签诗了！十二，九，九，藏晖。在烟霞洞。"（《胡适藏书目录》第3册，1717～1718页）

  9月10日　胡适写横批数幅。读莫泊桑的小说。（据《日记》）

  9月11日　陈廉斋带了3个同乡来游，在此同饭。读莫泊桑的长篇小说《巴黎一市民的星期天》。（据《日记》）

  9月12日　读莫泊桑《遗产》。读陆志韦的《渡河》，觉其中"尽多好诗"。晚上与曹诚英下棋。（据《日记》）

  9月13日　下午，同曹诚英出门看桂花，过翁家山、葛洪井，到龙井寺。作一诗《龙井》。与陈琪大谈政治。（据《日记》）

  9月14日　与曹诚英到陟屺亭闲坐，为其讲莫泊桑的小说《遗产》。（据《日记》）

  9月15日　胡适为徐嘉瑞的《中古文学概论》作序，未成。（据《日记》）

  9月16日　上午有客来，内有程震旦（垓），谈稍久。与曹诚英同下山，晚与建之（贵勤）、何炳松谈。越南志士潘是汉赠送《天乎帝乎》20册。（据《日记》）

  9月17日　曹健之与其兄瑞甫同来，邀同他们上山玩了半天。（据《日记》）

  9月18日　胡适写了两副对子、两把扇子。与曹诚英下棋。晚与曹赏月。（据《日记》）

  9月19日　胡适为《中古文学概论》作序，只写了100多字，因心绪不好。读安特生的《沙锅屯洞穴层》。胡适讲莫泊桑故事"Toine"给曹诚英听。晚，与曹诚英下棋。（据《日记》）

  9月20日　胡适为《中古文学概论》作序，写了约1000字。浙江第二师军官祝绍周（芾南）、刘肩古（邦锐）、张树雄、张翊升来访，日记有记：

他们问我他们应该怎样做，我说，组织同志，作个中坚，作个参谋本部。他们问应以什么为目标，我说，抽象一点就是"替社会造一种顺从民意，适应时代潮流的实力"，具体一点就是"要使浙江真做到自治的省份"。

又记：

江绍原来谈。前天我想起黄树因不幸夭死，钢和泰先生的《古印度宗教史》无人翻译，故写信给绍原，请他做钢先生的助手。今天他来，竟答应了。我非常高兴。绍原为亢虎之弟（不同母），而绝不似其兄。他专治宗教史，拟在北大设两科，一为宗教史，一为宗教与哲学，他说，哲学皆与宗教有关，世界哲学系统，或为辩护某宗教而产出，或为反对某宗教而产出，其为有关正同。此意甚是，西洋印度自不必说，中国亦复如此。（据《日记》）

9月21日　罗世增、马思齐来访。为《中古文学概论》作序。与曹诚英同看《续侠隐记》第二十二回"阿托士夜遇丽人"，胡适认为这个故事可以演为一首纪事诗，曹诚英即催胡适写出，乃《米桑》一篇。（据《日记》）

9月22日　胡适与曹诚英同出游，到理安寺，沿钱塘江到云栖寺，又到六和塔、虎跑寺。（据《日记》）

同日　晚8时，戏剧协社在上海小西门陆家浜职工教育馆上演胡适《终身大事》及欧阳予倩之《泼妇》二剧。（当日之《申报》）

9月23日　来客甚多，潘是汉偕4个越南人来访。胡适劝他们提倡越南白话，造成国语文学，以为新国家的基础。高梦旦来。（据《日记》）

9月24日　陈景韩来游山，说狄楚青和他都想请胡适去主办《时报》，希望把《时报》变成一个全新的报纸。胡适婉辞。晚上作完《中古文学概论〉序》。（据《日记》）

《〈中古文学概论〉序》大要：

做文学史，和做一切历史一样，有一个大困难，就是选择可以代表时代的史料。做通史的人，于每一个时代，记载几个帝王的即位和死亡，几个权臣的兴起和倾倒，几场战争的发动和结束，便居然写出一部"史"来了。但这种历史，在我们今日的眼光里，全是枉费精神，枉费笔墨，因为他们选择的事实，并不能代表时代的变迁，并不能写出文化的进退，并不能描出人民生活的状况。……

……从前的人，把词看作"诗余"，已瞧不上眼了；小曲和杂剧更不足道了。至于"小说"，更受轻视了。近三十年中，不知不觉的起了一种反动。……近人受了西洋文学的影响，对于小说，渐渐能尊重赏识了。这种风气的转移，竟给文学史家增添了无数难得的史料。……

……正统文学也往往是从草野田间爬上来的。《三百篇》中的《国风》，《楚辞》中的《九歌》，自然是最明显的例。但最有益的教训莫过于中古文学史。

…………

所以我们做中古文学史，最要紧是把这种升沉的大步骤一一指点出来，叫人家知道一千五百年前也曾有民间文学升作正统文学的先例，也许可以给我们一点比较的材料，也许可以打破我们一点守旧仇新的顽固见解。

云南徐嘉瑞先生编的这部《中古文学概论》，很大胆地采用上文所说的见解，认定中古文学史上最重要的部分是在那时间的平民文学，所以他把平民文学的叙述放在主要的地位，而这一千年的贵族文学只占了一个很不冠冕的位子。……徐先生的基本观念似乎是很不错的。……他这部书总是一部开先路的书，可以使赞成的人得许多参考的材料，也可以使反对的人得一些刺激反省的材料。至于为初学的人设想，一部提纲挈领，指出大趋势和大运动的书，总胜于无数记帐式列举人名书名的文学史多多了。(《胡适文存二集》卷4，261～267页)

9月25日　陶行知来。(据《日记》)

1923年　癸亥　民国十二年　32岁

9月26日　胡适游花坞，同行者有高梦旦、陶行知、曹诚英、金复三夫妇。（据《日记》）

同日　胡适作有白话诗《梅树》（收入《胡适手稿》第10集卷4，360页）。

同日　胡思聪致函胡适云：章洛声过世，《努力》少一帮手。胡觉痔疮虽割，肛门内未愈合，忍痛至商务印书馆工作。（中国社科院近代史所藏"胡适档案"，卷号699，分号5）

9月27日　陶行知致函胡适，欲出席基督教育会高等教育会议，故希望先于10月1日与胡适会晤商讨。（《胡适遗稿及秘藏书信》第36册，422～423页）

同日　傍晚，胡适与曹诚英同下山，住湖滨旅馆。潘立三（大道）夫妇来访，日记有记：

……他说，行严近作《评新文化运动》一文，自己说是给适之出了一个题目。我说，请你告诉行严，这个题目我只好交白卷了，因为他的文章不值得一驳。力［立］三说："不值一驳"四个字，我可以带信给他吗？我说，可以的。

9月28日　徐志摩邀胡适、曹诚英观钱塘潮，同游者还有汪精卫、马君武、任鸿隽夫妇、朱经农、Miss Ellery。晚，胡适与马、汪、徐、曹在西湖看月。（据《日记》）

徐志摩10月1日日记：

前天乘看潮专车到斜桥，同行者有叔永、莎菲、经农、莎菲的先生Ellery，叔永介绍了汪精卫。……他真是个美男子……适之说他若是女人一定死心塌地的爱他，他是男子……他也爱他！

……马君武也加入我们的团体。到斜桥时适之等已在船上，他和他的表妹及陶行知，一共十人，分两船。中途集在一只船里吃饭，十个人挤在小舱里，满满的臂膀都掉不过来。饭菜是大白肉，粉皮包头鱼，豆腐小白菜，芋艿，大家吃得很快活。……我同适之约替陆志苇［韦］

的《渡河》作一篇书评。

  我原定请他们看夜潮，看过即开船到硖石，一早吃锦霞馆的羊肉面，再到俞桥去看了枫叶，再乘早车动身各分南北。后来叔永夫妇执意要回去，结果一半落北，一半上南，我被他们拉到杭州去了。

  过临平与曹女士看暝色的山形，黑鳞云里隐现的初星，西天边火饰似的红霞。（《徐志摩全集》第四卷，238页）

9月29日 胡适作《烟霞洞杂诗》。马君武邀胡适、曹诚英游李庄。胡思聪和胡雪之来。（据《日记》）

9月30日 胡适阅《吴越备史》四册。（据《日记》）

10月

10月1日 胡适校阅张慰慈的《政治概论》稿110页。胡适偕曹诚英与金复三同去看翁家山的"桂花王"。（据《日记》）

10月2日 校阅张慰慈的《政治概论》稿70页。（据《日记》）

10月3日 校张慰慈的《政治概论》毕。下午与任白涛同游南高峰，并应寺僧之邀，为其题"玉乳"。晚上金复三备餐为胡适饯行。日记又记：

  睡醒时，残月在天，正照着我头上，时已三点了。这是在烟霞洞看月的末一次了。下弦的残月，光色本凄惨；何况我这三个月中在月光之下过了我一生最快活的日子！今当离别，月又来照我。自此一别，不知何日再能继续这三个月的烟霞山月的"神仙生活"了！枕上看月徐徐移过屋角去，不禁黯然神伤。

10月4日 任白涛来送别。张屏青与洪心潜来访。访王仲奇，王又给胡适诊视一次。过石渠阁，买《忠雅堂诗词集》《说文古籀补》《花影集》。访何炳松。曹诚英回女师。（据《日记》）

10月5日 胡适访张阆声。访夏定候。访应溥泉夫妇。访黄伯珣不遇。

访张玄初省长不遇。访陈廉斋不遇。访张屏青不遇。访叶墨君校长,曹诚英来见。访许昂若。何炳松邀几位北大毕业生在味莼园请胡适吃饭。晚回上海,到亚东编译所,见到汪孟邹、汪原放等。住沧洲旅馆。(据《日记》)

同日 曹锟以重贿当选为"大总统"。

10月6日 胡适到商务编译所,见到高梦旦、张元济、王云五、任鸿隽、朱经农、唐擘黄、顾颉刚、纬平等。始知北京的猪仔国会已选出曹锟为"大总统"。高梦旦邀以上诸人到新有天吃饭。饭后去看胡绍之。到亚东图书馆。访 Sokolsky 夫妇。(据《日记》)

是日顾颉刚日记有记:

> 适之先生见我,谓我面庞消瘦。他气色比以前好,痔尚未完全收功。本拟到京,以曹锟昨日贿选成功,恐有一番风波,拟在南方再留几天。商馆诸人尤不放其去。(《顾颉刚日记》第一卷,403页)

同日 胡适作有白话诗《竹叶青》。(刊登于《微音》第26期,1926年1月1日)

10月7日 访客有王云五、高梦旦、顾颉刚、俞平伯、汪孟邹、章希吕。胡适约了《努力》社同人吃饭,谈《努力》事及胡适的行止。决议:(1)《努力》暂停,俟改组为半月刊或月刊时继续出版。《读书杂志》不停。(2)胡适暂不回京授课。二事皆以胡适病体未痊为言,不关政事。夜9时半,访陈独秀。(据《日记》;胡适《我的年谱·民国十二年》)

是日顾颉刚日记有记:

> 适之先生回京后拟不就北大原职,独力办《读书杂志》,并大规模的整理国故。我觉得我不就研究所事亦好,因编纂书籍究竟比办事于己有益也。但到京之后恐不胜其逼迫耳。(《顾颉刚日记》第一卷,403页)

10月8日 访客有张元济、胡雪之、程本海、章士钊、陈独秀。(据

《日记》)

同日　周作人日记:"下午往华北赠书一本,又寄尹默、适之各一。"(《周作人日记》中册,330页)

同日　陶行知函寄胡适夫人江冬秀6册《平民千字课本》,并云:

> 我在西湖上的时候,和适之谈论平民教育的事体,并把我新近发现的简捷推行法告诉了他,他很赞成。他并且希望我寄几本书给你在家里试试。
>
> 这部书是经农先生和我两个人编的,一共有四本,每本二十四课。学的人每天读一课,用九十六天就可以读了。读了这部书就可以认识一千二百多字,会看白话信,会写白话信,会记家常账目,会读浅近书报。书价也很便宜,每本定价三分,全部只须一角二分就够了。平常人是买得起的。我们要愿意学的人都能买书读。因为书是自己用钱买的,就觉得它宝贵。倘若是人送的,恐怕今天送来,明天就要到字纸篓去了。所以要学这书的人,最好不要白白的送给他。
>
> 我们现今发现了一种教学方法,可以把平民教育推广到家庭里去。这个方法叫做连环教学法……
>
> 适之曾经谈起府上的车夫吴二可以做教员,就请吴二教别的佣人好不好?我以为不但吴二可以教,祖儿或者也可以教几课咧。我家桃红教小桃,很有效力。桃红一面学,一面就教小桃。我看见这事,就推想到利用识字人教不识字人,就想出了这个连环教学法,岂不是很有趣吗?
>
> 现寄上《平民千字课》六本,以后当陆续寄来。务请随时将府上推行平民教育情形指教。(《陶行知年谱长编》,106页)

10月9日　徐志摩邀胡适午饭。会见张君劢、张东荪、瞿菊农。沪江大学副校长郑韦成来访。汪原放、章希吕来谈。访吴兴周不遇。访狄楚青。访史量才、陈景韩。读沈复《浮生六记》四卷,认为该书"为中国自传文学中之上品"。(据《日记》)

同日 胡适致函高一涵、陶孟和、张慰慈、沈性仁,谈拟停办《努力》及《努力》的将来:

……我于七日晚上请叔永夫妇、经农、振飞们来商议一次。结果是:

(1)《努力》暂时停办,将来改组为半月刊,或月刊,专从文艺思想方面着力,但亦不放弃政治。俟改组就绪,再行出版。出版当在我恢复健康之时;此时仍继续《读书杂志》。

(2)我此时暂不回京授课,俟一年假满之时再说。

…………

停办之事,原非我的本意。但此时谈政治已到"向壁"的地步。若攻击人,则至多不过于全国恶骂之中,加上一骂,有何趣味?若撇开人而谈问题和主张——如全国会议、息兵、宪法之类——则势必引起外人的误解,而为盗贼上条陈也不是我们爱干的事!

展转寻思,只有暂时停办而另谋换一方向僇力的办法。

二十五年来,只有三个杂志可代表三个时代,可以说是创造了三个新时代。一是《时务报》,一是《新民丛报》,一是《新青年》。而《民报》与《甲寅》还算不上。

《新青年》的使命在于文学革命与思想革命。这个使命不幸中断了,直到今日。倘使《新青年》继续至今,六年不断的作文学思想革命的事业,影响定然不小了。

我想,我们今后的事业,在于扩充《努力》使他直接《新青年》三年前,未竟的使命,再下二十年不绝的努力,在思想文艺上给中国政治建筑一个可靠的基础。

在这个大事业里,《努力》的一班老朋友自然都要加入;我们还应当邀请那些年老而精神不老的前辈,如蔡孑民先生,吴稚晖先生,一齐加入。此外,少年的同志,凡愿意朝这个方向努力的,我们都应该尽量欢迎他们加入。(《努力》周报第75期之增刊,1923年10月21日)

10月10日 狄楚青来访,谈甚久。出席郑振铎与高君箴婚礼,并有演

说。与朱经农、唐擘黄长谈。（据《日记》；《申报》，1923年10月12日）

同日　胡适致函蒋梦麟、顾孟馀、陈大齐：

我于十月四日下山，五日到上海，本想就来北京的，但我的身体还不准我多做工。现在肛门的痔溜每月还要发二三次。每坐在案头在二小时以上，背脊便酸痛。医生劝我再休养几时。

我仔细思想了许久，现在决计把《努力》周报停刊了。北大的工课，此时我也只好续假，至我一年假满时为止。为学生计，我想做两个纲目，每段落各有详细书目，印出交给选习我两科的学生，使他们先行自己看书。我另出许多研究题目，要他们于第一学期中自己研究，作为报告。你们以为如何？

但如此办法，须先知道本年有多少学生选此两科。请托注册部查明见告。回信请由五马路亚东图书馆转交。

我此时不回来授课，心里着实不安（因为心不安，故曾决计下山回京），但下山之后，情形又变了，我实在拗不过医生和上海朋友的好意的劝告，只好暂不回来了。请你们原谅我。(《北京大学日刊》第1314号，1923年10月15日)

10月11日　胡适到亚东图书馆。（据《日记》）

同日　中午，张东荪假张君劢寓宴请胡适等。（据《日记》）

徐志摩是日日记：

午间东荪借君励〔劢〕处请客，有适之、菊农、筑山等。(《徐志摩全集》第四卷，242页）

同日　下午，胡适邀徐志摩来沧洲别墅闲谈，后瞿秋白亦来。

徐志摩是日日记：

午后为适之拉去沧州〔洲〕别墅闲谈，看他的烟霞杂诗，问尚有匿而不宣者否,适之赧然曰有,然未敢宣,以有所顾忌。"努力"已决停版,拟改组,大体略似规复"新青年",因仲甫又复拉拢,老同志散而复聚亦佳。适之问我"冒险"事,云得自可恃来源,大约梦也。

秋白亦来,彼病肺已证实,而旦夕劳作不能休,可悯。适之翻示沫若新作小诗,陈义体格词采皆见竭蹶,岂"女神"之遂永逝?(《徐志摩全集》第四卷,242页)

同日 下午,胡适与徐志摩、朱经农同访郭沫若。胡适感觉"沫若的生活似甚苦"。(据《日记》)

徐志摩日记有记:

与适之、经农,步行去民厚里一二一号访沫若,久觅始得其居。沫若自应门,手抱褓襁儿,跣足,敝服(旧学生服),状殊憔悴,然广额宽颐,怡和可识。入门时有客在,中有田汉,亦抱小儿,转顾间已出门引去,仅记其面狭长。沫若居至隘,陈设亦杂,小孩犟杂其间,倾跌须父抚慰,涕泗亦须父揩拭,皆不能说华语。厨下木屐声卓卓可闻,大约即其日妇。坐定寒暄已,仿吾亦下楼,殊不话谈,适之虽勉寻话端以济枯窘,而主客间似有冰结,移时不涣。沫若时含笑睇视,不识何意。经农竟嗫不吐一字,实亦无从端启。五时半辞出,适之亦甚讶此会之窘,云上次有达夫时,其居亦稍整洁,谈话亦较融洽。然以四手而维持一日刊,一月刊,一季刊,其情况必不甚愉适。且其生计亦不裕,或竟窘,无怪其以狂叛自居。(《徐志摩全集》第四卷,242~243页)

同日 晚,胡适赴任鸿隽夫妇饭约,同席有马君武、张君劢、徐新六、王云五、徐志摩等。与张君劢长谈。(据《日记》)

徐志摩日记有记:

今夜叔永夫妇请客,有适之、经农、擘黄、云五、梦旦、君武、振飞、

精卫不曾来,君励[劢]阑席。君励[劢]初见莎菲,大倾倒,顷与散步时热忱犹溢,尊为有"内心生活"者,适之不禁狂笑。(《徐志摩全集》第四卷,242页)

10月12日　到沪江大学讲演"对于国文的新兴趣"。张君谋(乃燕)邀吃饭,会着张继(溥泉)、于右任,皆是初次会面,余人为汪精卫、马君武、胡敦复、任鸿隽夫妇、朱经农。与汪精卫长谈。邀徐志摩同餐,长谈。(据《日记》)

1923年10月24日《申报》对胡适讲演内容的报道:

自语体文盛行以来,全国顿生一种新的兴趣,学校对于国文,亦大加整顿。国立如是,教会学校亦然。此种新兴趣的由来,可从几方面观之:(一)心理上,白话诗文、戏曲、词歌、小说等,自唐宋元明清数代以来,日趋新盛,威力不能禁,科举不能减,盖乃自然的趋势,心理上的嗜好,人生之表现。(二)历史上,我国既有二千五百年之白话历史,有许多绝好资料,埋没未发,正赖我人之整顿开掘,重新估定价值。(三)功效上,白话文已过试验时而入建设期,我们应尽量创造研究,谨慎发表,使国语文生光辉,社会多受其益云云。

徐志摩次日日记:

昨写此后即去适之处长谈,自六时至十二时不少休。……

与适之谈,无所不至,谈书,谈诗,谈友情,谈爱,谈恋,谈人生,谈此,谈彼,不觉夜之渐短。适之是转老回童的了,可喜!

凡适之诗前有序后有跋者,皆可疑,皆将来本传索隐资料。(《徐志摩全集》第四卷,245页)

同日　《民国日报》发表《记者致胡适之先生的信》,云:

先生和先生的朋友们所办的《努力》周报,我敢唐突说一句,实现在已到了太无聊的地步了。最近在十月七日出版的第七十三期，把首栏《这一周》也删除了，先生试想，在十月一日至十月七日这一周中，中国发生了怎样的事情？曹锟倚仗了金钱武力，攫得了所谓大总统；吴景濂带领了狐群狗党，滥造了所谓宪法；这对于中国和中国国民将要发生怎样的影响？拿"努力"做标帜的《努力》周报竟可缄口不谈一字吗？回忆前年"双十节"，先生做的"干！干！干！"的诗，何等的沉痛悲壮；此时正需要先生再来大喊这"干！干！干！"呀！先生的健康既已恢复，先生何不即日回北京，在《努力》的论坛上和群魔决战？

倘先生仍说病体未愈，不能执笔，而先生的朋友们又竟无一人敢在此时为《这一周》执笔；我敢老实奉劝一句，先生还是把这《努力》周报停办了罢！自先生承认陈炯明叛孙是革命行为以后，不久便称病搁笔，从此《努力》的声光一天减似一天，文字方面固少精采，销路方面也大减落；先生试想，这样支撑下去，不太觉无聊吗？"干！干！干！"要有宗旨才干！要有意义才干！先生能去〔否〕告我，现在《努力》周报的宗旨是什么，要继续办这《努力》周报的意义是什么？先生现在，固然仍可以因病搁笔解嘲；但海内无不知《努力》周报是先生和先生的朋友们办的，先生的文字虽不见于《努力》，先生的精神不能与《努力》脱离，先生对于《努力》的责任也永不能解除；而且先生任令《努力》周报这样无聊地继续下去，也何以对得起先生的朋友们呢？先生，我敢竭诚奉劝，把这《努力》周报立时停办；不然，便请先生即日回北京，以《努力》的论调和群魔决战！

按，"记者"系邵力子。

10月13日 郭沫若来访。到Sokolsky家午餐。到国语专修学校讲演"国语文学史大要"。郭沫若邀吃晚饭，有田汉、成仿吾、何公敢、徐志摩、楼石庵，共7人。"沫若劝酒甚殷勤，我因为他们和我和解之后这是第一次杯酒相见，故勉强破戒，喝酒不少，几乎醉了。是夜沫若、志摩、田汉都醉了。

我说起我从前要评《女神》，曾取《女神》读了5日。沫若大喜，竟抱住我，和我接吻。"（据《日记》）

徐志摩10月15日日记：

前日沫若请在美丽川，楼石庵适自南京来，故亦列席。饮者皆醉，适之说诚恳话，沫若遽抱而吻之——卒飞拳投詈而散——骂美丽川也。（《徐志摩全集》第四卷，247页）

同日　王钟麟致函胡适，谈《李卓吾批评百回本忠义水浒传》及其印刷问题等。（《胡适论学往来书信选》上册，39～40页）

10月14日　访客有张元济、高梦旦。胡适出席中国科学社的集会，遇见李昂女士、胡敦复兄弟4人、汪精卫、于右任、朱少屏、高践田等。新南社开成立会，胡适鉴于文学团体之争，故辞谢了邀请。到Sokolsky家吃茶，与何东爵士、孙洪伊谈。到瑞生和号吃徽州锅。到任鸿隽家中，与任氏夫妇、朱经农、徐新六商量《努力》事，决定月刊办法。"又商量政治问题，大家都想不出办法来。我本想邀一班朋友发表一篇智识阶级对政治的宣言，现在只好交白卷了。"（据《日记》）

10月15日　胡适与徐志摩同请郭沫若、成仿吾、田寿昌、易漱瑜夫妇、任鸿隽夫妇等吃夜饭。到亚东，与陈独秀谈，与汪孟邹谈。（据《日记》）

徐志摩是日日记：

今晚与适之回请，有田汉夫妇与叔永夫妇，及振飞。大谈神话。出门时见腋庐［胪］——振飞言其姊妹为"上海社会之花"。（《徐志摩全集》第四卷，247页）

徐志摩次日日记：

昨夜散席后，又与适之去亚东书局，小坐，有人上楼，穿腊黄西服，条子绒线背心，行路甚捷，帽沿下卷——颇似捕房"三等侦探"，适之起立为介绍,则仲甫也。彼坐我对面,我睇视其貌,发甚高,几在顶中,前额似斜坡,尤异者则其鼻梁之峻直,岐如眉脊,线画分明,若近代表现派仿非洲艺术所雕铜像,异相也。

与适之约各翻曼殊斐儿作品若干篇,并邀西滢合作,由泰东书局出版,适之冀可售五千。(《徐志摩全集》第四卷,248页)

同日 胡适作《一年半的回顾》,结束一年半的《努力》周报,该文云:

这十个月的政治,完全是"反动的政治"。……

……自从四十八期(四月十五日)丁文江先生发表《玄学与科学》的文章以后,不但《努力》走上了一个新方向,国内的思想界也就从沉闷里振作起精神来,大家加入这个"科学与人生"的讨论。这一场大战的战线的延长,参战武士人数之多,战争的旷日持久,可算是中国和西方文化接触以后三十年中的第一场大战。现在这场思想战争的破坏事业似乎已稍稍过去了。……我们对于这一次挑战引起的响应,不禁发生无限的乐观。……

……其实我们的《努力》里最有价值的文章恐怕不是我们的政论而是我们批评梁漱溟、张君劢一班先生的文章和《读书杂志》里讨论古史的文章。而这些文章的登载几乎全在我"称病搁笔"之后!如果《新青年》能靠文学革命运动而不朽,那么,《努力》将来在中国的思想史上占的地位应该靠这两组关于思想革命的文章,而不靠那些政治批评——这是我敢深信的。

今日反动的政治已到了登峰造极的地位。……

我们谈政治的人,到此地步,真可谓止了壁了。我们在这个时候,决意把《努力》暂时停刊。但我们并不悲观。我在《努力》第五十三期上曾说:

我们深信,有意识的努力是决不会白白地费掉的!

我们现在仍旧如此设想。虽然将来的新《努力》已决定多做思想文学上的事业,但我们深信"没有不在政治史上发生影响的文化"(《努

力》第七期），我们的新《努力》和这一年半的《努力》在精神上是继续连贯的，只是材料和方法稍有不同罢了。(《努力》周报第75期，1923年10月21日)

10月16日　胡适与胡思聪长谈。与胡思聪同到胡卓田、胡卓林家吃饭，商议家乡毓英学校经费事。到亚东图书馆，《努力》改为月刊，汪孟邹、汪原放、胡鉴初、章希吕诸人要胡适交给亚东出版发行。但商务印书馆方面，王云五力争此报归商务出版。胡适为此事踌躇不能睡。(据《日记》)

同日　顾颉刚复函胡适，谈遵嘱约陈乃乾事，又希望胡适写一篇研究国故方法的文章等。(《胡适遗稿及秘藏书信》第42册，240～241页)

10月17日　王云五来长谈，说商务的总务处会议，决计争办《努力》，无论什么条件都可遵依。胡适预料亚东争不过商务，乃提出三个条件："(1)本社保留4页广告，得以2页赠与亚东。(2)认亚东为分发行所，得代定《努力》。(3)我的文章可保留版权，不受稿费，以后可自由在别处汇出单本集子。"王云五又谈为高级中学作整理国故的书的办法，胡适接受的办法是："整理过的书，分三等报酬：甲、每部二百元。乙、三百元。丙、四百元。(包括序考、注释、标点。)特别困难之书，另议。"商务委托胡适代邀朋友做这种事。汪孟邹邀吃饭，遇吴兴周，胡适乃将曹云卿事托吴帮忙。汪孟邹答应不与商务争《努力》事，又认可胡适与王云五所谈条件。到Sokolsky家吃饭，长谈。(据《日记》;《回忆亚东图书馆》，86页)

10月18日　胡适与丁文江同去吃饭，又同去商务，访任鸿隽、朱经农、王云五等。胡适、朱经农同去任鸿隽寓吃蟹。到郑振铎寓吃饭，同席有高梦旦、徐志摩、郭沫若，"这大概是文学研究会与创造社'埋斧'的筵席了"。饭后与汪孟邹长谈。(据《日记》)

同日　顾颉刚致函胡适，谈遵胡适之嘱搜检陈忱之详情。(《读书杂志》第17期，1924年1月6日)

10月19日　丁文江来谈《努力》及大学事，并为胡适出三策："移家南方，专事著述，为上策。北回后，住西山，专事著书，为中策。北回后回北大，加入漩涡，为下策。"胡适认为："上策势有所不能，而下策心有所不欲，大概中策能实行已算很侥幸了。"下午与朱经农、徐志摩同往杭州。胡适在杭州游玩至30日。（据《日记》；《我的年谱·民国十二年》）

10月20日　胡适与朱经农荡舟游西湖，到平湖秋月、西泠印社。下午与徐志摩、曹诚英同游湖，到湖心亭、三潭印月、葛岭。（据《日记》）

> 徐志摩次日日记：
>
> 昨下午自硖到此，与适之、经农同寓新新，此来为"做工"，此来为"寻快活"。
>
> …………
>
> 我们第一天游湖，逛了湖心亭——湖心亭看晚霞、看湖光是湖上少人注意的一个精品——看初华的芦荻，楼外楼吃蟹，曹女士贪看柳稍头的月，我们把桌子移到窗口，这才是持螯看月了！夕阳里的湖心亭，妙；月光下的湖心亭，更妙。晚霞里的芦雪是金色，月下的芦雪是银色。……曹女士唱了一个《秋香》歌，婉曼得很。
>
> …………
>
> 昨夜二更时分与适之远眺着静偃的湖与堤与印在波光里的堤影，清绝、秀绝、媚绝，真是理想的美人，随她怎样的姿态妙，也比拟不得的绝色。我们便想出去拿舟玩月，拿一支轻如秋叶的小舟，悄悄的滑上了夜湖的柔胸，拿一支轻如芦梗的小桨，幽幽的拍着她光润、蜜糯的芳容，挑破她雾縠似的梦壳，扁着身子偷偷的挨了进去，也好分尝她贪饮月光醉了的妙趣！（《徐志摩全集》第四卷，250～251页）

10月21日　胡适与朱经农、徐志摩、曹诚英同游西溪花坞、秋雪庵、交芦庵。（据《日记》）

> 徐志摩次日日记：
>
> 三十一那天晚上我们四个人爬登了葛岭，直上初阳台，转折处颇

类香山。(《徐志摩全集》第四卷，252 页)

同日 《努力》周报第 75 期刊登《胡适启事》(10 月 10 日写就)，宣布《努力》出至第 75 期为止，"暂行停刊"；"将来拟改组月刊，或半月刊，俟改组就绪，我的病痊愈后，仍继续出版"。

10 月 22 日 上午汪静之来访。下午曹云卿与曹健之、洁甫同来访。胡适与朱经农、徐志摩同游湖，因心中不快，痛饮。夜与徐志摩赏月、大谈。(据《日记》)

徐志摩次日日记：

我们下午三人出去到壶春楼，在门外路边摆桌子喝酒，适之对着西山，夕晖留在波面上的余影，一条直长的金链似的，与山后渐次泯灭的琥珀光。经农坐在中间，自以为两面都看得到，也许他一面也不曾看见。我的坐位正对着东方初升在晚霭里渐渐皎洁的明月，银辉渗着的湖面，仿佛听着了爱人的裾响似的，霎时的呼吸紧迫，心头狂跳。城南电灯厂的煤烟，那时顺着风向，一直吹到北高峰，在空中仿佛是一条漆黑的巨蟒，荫没了半湖的波光，益发衬托出受月光处的明粹。……

饭后我们到湖心亭去，横卧在湖边石版上，论世间不平事，我愤怒极了，呼叫，咒诅，顿足，都不够发泄。后来独自划船，绕湖心亭一周，听桨破小波声，听风动芦叶声，方才勉强把无名火压了下去。(《徐志摩全集》第四卷，253 页)

10 月 23 日 胡适邀曹云卿、曹诚英兄妹及曹健之、洁甫游湖。夜，曹诚英与胡适同回旅馆。(据《日记》)

10 月 24 日 胡适与朱经农同去看王仲奇，请他看诊。夜游湖，在湖心亭、平湖秋月两处看月。(据《日记》)

10 月 25 日 早起，看日出。到庆馀堂撮药。到商务，会见张屏青。到胡开文墨店，会见洁甫。徐申如请胡适吃饭。读 Katherine Mansfield。日记又记：

  志摩与我在山上时曾讨论诗的原理，我主张"明白""有力"为主要条件；志摩不尽以为然。他主张 massively 是一个要件，但他当时实不能自申其说，不能使我心服。十二日我在上海沧洲旅馆时，他带了一首《灰色的人生》来，我读了大赞叹，说"志摩寻着了自己了！"

  志摩对于诗的见解甚高，学力也好，但他一年来的作品，与他的天才学力，殊不相称。如在《努力》上发表的《铁栎歌》，他自己以为精心结构之作，而成绩实不甚佳。我在山上也如此对他说。我当时以为这还是工具不曾用熟的结果。及见《灰色的人生》，始觉他的天才与学才都应该向这个新的、解放的、自由奔放的方面去发展。《铁栎歌》时代的枷锁镣铐，至此才算打破。志摩见我赞叹此诗，他也很高兴。此次《天宁寺》一诗，他说也是因为我赞叹《灰色的人生》，他才决定采用这种自由奔放的体裁与音节。此诗成绩更胜于《灰色的人生》，志摩真被我"逼上梁山"了！

  英美诗中，有了一个惠特曼，而诗体大解放。惠特曼的影响渐被于东方了。沫若是朝着这方向走的；但《女神》以后，他的诗渐呈"江郎才尽"的现状。余人的成绩更不用说了。我很希望志摩在这一方面作一员先锋大将。（据《日记》）

同日 北京大学评议会选举，胡适当选为评议员。（中国社科院近代史所藏"胡适档案"，卷号 1836，分号 5；卷号 2137，分号 1）

10月26日 胡适读 Mansfield 的小说；追记23日早上的日出，作一诗《廿三晨》（又题《十月廿三日的日出》）。和朱经农、徐志摩游湖，邀何炳松来楼外楼同餐。（据《日记》）

同日 《时事新报》报道《努力》周报停版，拟改组月刊或半月刊：

  北大教授胡适在一年前所办之《努力》周报，特为发舒政论而出，自出版至二十一日止，已出至七十五期，现则决定暂时停止出版。其

原因一则由于胡氏本人以病躯未瘥，医士尚令其静心修养，因遂不能担任编辑事务；再则胡氏以彼等所出之政治主张，既不为前此历任当局所采纳，今后则更无实现之希望，纵令继续出版，亦不过作一毫无效果之恶骂而已，因此乃宣告暂时停版，以后拟另行改组，或为月刊，或为半月刊，专从改革国人思想入手，意谓倘使国人思想革新以后，则政治清明，自然有望。在改组后之刊物中，当邀请吴稚晖、蔡孑民辈年老而心少之诸人加入云。

10月27日　曹诚英借曹洁甫宅厨灶做徽州菜，请胡适、朱经农、徐志摩等共饭。试译 Mansfield 的小说《心理》。胡卓田与胡必达为毓英学校捐款事自上海来访。（据《日记》）

10月28日　访客甚多。续译小说《心理》。晚上游湖。（据《日记》）

同日　胡适作《拟整理国故计划》，指出：

一、我们承认不曾整理的古书是不容易读的。我们没有这一番整理的工夫，就不能责备少年人不读古书。因此我们发起邀集一班朋友，要想把最有价值的古书整理出来，每一种成为可读的单本。

二、我们所谓"整理"，含有五个最低限度的条件：

（一）校勘；

（二）必不可少的注释；

（三）标点；

（四）分段；

（五）考证或评判的引论……

又分论校勘、注释、标点、分段、引论的办法。又列出第一批拟整理的书目（共37种）及预计委托的整理者。又列出商务印书馆愿意出版此书支付稿酬的办法。（《胡适遗稿及秘藏书信》第13册，380～383页）

10月29日　胡适与曹诚英游湖。到平湖秋月、孤山林社、放鹤亭诸处。王仲奇来访。（据《日记》）

1923年 癸亥 民国十二年 32岁

10月30日 胡适离杭州。"重来不知何日,未免有离别之感。""志摩在硖石下车。我独行,更感寂寞。"抵沪后,便道过牯岭路亚东旧屋,遇章洛声之母与汪原放之母。住一品香,邀汪孟邹来谈,邀索克思来谈。(据《日记》)

同日 北京大学举行本年度评议会第一次会议,通过了校长蔡元培提出的各委员会名单等案。胡适被任命为组织委员会委员、财务委员会委员、出版委员会委员。(《北京大学日刊》第1329号,1923年11月1日)

10月31日 为毓英学校募捐事,胡适偕胡卓田等族人、同乡乘船去南汇,访族人胡涤仙、胡一卢叔侄,但仅仅募得170元。胡适在此地女子中学讲演"什么叫做女子解放?"(据《日记》)

11月

11月1日 本地徽州会馆董事张晋莹邀胡适参观会馆,胡适应约写了七八副对联。(据《日记》)

同日 丁文江致函胡适说:

> ……我告诉梦麟,你的病并没有全好,梦麟就决计不请你教书,并且要学生们少去麻烦你。所以我的意思劝你赶紧回来:再迟天气更冷,路上固然不方便,而且要到西山去布置,也不如现在的妥当。
>
> 西山的房子,仍旧是秘魔岩刘宅最为合宜……梦麟说碧云寺李石员[曾]的房子可以借,文伯说房子不好,不如刘宅。等你回来自己决定罢。
>
> 努力社的事,我在上海、南京的时候,同振飞、叔永都讨论过。意见完全同在沧洲饭店的谈话一样,望你到上海后开一个正式会议。

(《胡适遗稿及秘藏书信》第23册,22~25页)

11月2日 胡适回到上海。访索克思夫妇。朱经农来谈。(据《日记》)

11月3日 与索克思同午饭。访德国朋友毛登斯。读索克思的日本地

震时日记。晚上遇马君武、于右任、邹秉文、胡绍之等。(据《日记》)

11月4日　会客甚多。李大钊来访,"说大学今年精神甚好,似不至于罢课"。到索克思家吃晚饭。(据《日记》)

同日　顾颉刚日记有记:"适之先生甚喜我到河南考古器,并嘱注叔蕴先生……入《国学季刊》。"(《顾颉刚日记》第一卷,413页)

11月5日　胡适在一品香遇邹秉文,向其索来一部梁恭辰著《劝戒录类编》三十二章(1922年上海中华书局铅印本,1函1册),并在是书题记:"十二,十一,五,在一品香遇着邹秉文先生,手里拿着聂世杰先生送他的'善书'若干种,我要看看今日实业家的思想,所以讨了一份来。适。"(《胡适藏书目录》第2册,1453页)

同日　胡适在明人袁黄著、明人歙浦学人集注《精本了凡四训》一卷(1922年,中华书局铅印本,1函1册)题记:"少时在家曾见此书多份,是曹庸斋丈印送的。今年因治近世思想史,颇思重读此书,终不可得。今日得此本,重读一过,始信此书果是中世思想的一部重要代表。适。十二,十一,五。"(《胡适藏书目录》第2册,1324页)

11月7日　汪孟邹日记有记:午刻邀适之到栈吃粿,仲甫亦到栈,共谈一切。(《回忆亚东图书馆》,91页)

11月8日　顾颉刚日记有记:赴王云五处夜餐,同座有胡适、朱经农、唐擘黄、任鸿隽、高梦旦、王伯祥。(《顾颉刚日记》第一卷,415页)

11月9日　汪孟邹日记有记:陪适之就长沙路午饭。(《回忆亚东图书馆》,92页)

11月13日　胡适应邀在上海商科大学佛学研究会讲演"哲学与人生",大要是:

……"哲学是研究人生切要的问题,从意义上着想,去找一个比较可普遍适用的意义。"现在举两个例来说明他。要晓得哲学的起点,是由于人生切要的问题;哲学的结果,是对于人生的适用。人生离了哲学,是无意义的人生;哲学离了人生,是想入非非的哲学。现在哲学家多凭空臆说，离得人生问题太远，真是上穷碧落，愈闹愈糟。

……哲学是由小事放大、从意义看［着］想而得来的，并非空说高谈能够了解的，推论到宗教哲学、政治哲学、社会哲学等，也无非多从活的人生问题推衍阐明出来的。

……人生对于意义，极有需要；不知道意义，人生是不能了解的。宋朝朱子这班人，终日对物格物，终于找不到着落，就是不从意义上着想的原故。又如平常人看见病人种种病象，他单看见那些事实而不知道那些事实的意义，所以莫明其妙。至于这些病象一到医生眼里，就能对症下药，因为医生不单看病象，还要晓得病象的意义的原故。因此了解人生不单靠事实，还要知道意义。

那末意义又从何来呢？……欲求意义，唯一的方法，只有走笨路，就是日积日累的去做，克苦的工夫，直觉不过是熟能生巧的结果。所以直觉是积累最后的境界，而不是豁然贯通的……有人应付环境觉得难，有人觉得易，就是日积日累的意义多寡而已。哲学家并不是什么，只是对于人生所得的意义多点罢了。

欲得人生的意义，自然要研究哲学史，去参考已往的死的哲理。不过还有比较更要的，是注意现在的活的人生问题，这就是做人应有的态度……

……如若欲过理性生活，必得将从前积得的智识，一件一件怀疑的态度去评估他们的价值，重新建设一个理性的是非，以这怀疑的态度，就是他［按，指笛卡尔］对与［于］人生与哲学的贡献。

现在诸君研究佛学，也应当用怀疑的态度去找出他的意义。是否真正比较得普遍适用，诸君不要怕，真有价值的东西决不为怀疑所毁，而能被怀疑所毁的东西，决不会真有价值。我希望诸君实行笛卡尔的怀疑态度，牢记苏格拉底所说的"未经考察过的生活，是不值得活的"这句话，那末诸君对于阐明哲学、了解人生，不觉其难了。（《申报》，1923年11月15、16日）

同日　胡适复函梁启超，表示愿意参加戴震的纪念活动。又告：戴氏遗像，已向其族人搜求等。(《梁启超年谱长编》，1007 页)

同日　胡适致函章士钊，回应章士钊、章太炎二人对其墨子研究的评论：

太炎先生说我"未知说诸子之法与说经有异"，我是浅学的人，实在不知说诸子之法与说经有何异点。我只晓得经与子同为古书，治之之法只有一途，即是用校勘学与训诂学的方法，以求本子的订正与古义的考定。此意在高邮王氏父子及俞曲园、孙仲容诸老辈的书中，都很明白。试问《读书杂志》与《经义述闻》，《群经平议》与《诸子平议》，在治学方法上，有什么不同？

先生倘看见太炎先生，千万代为一问：究竟说诸子之法，与说经有什么不同？这一点是治学方法上的根本问题，故不敢轻易放过。……(《胡适文存二集》卷 1，265～266 页)

按，关于章士钊、章太炎回应胡适的墨子研究，俱参《胡适文存二集》卷 1。章太炎于 15 日致函章士钊，回应胡适。

同日　蒋梦麟复函胡适，云：

……我昨日有一快信寄杭，信内告诉你三件事：第一，报告学校内部的良好的精神和筹款的情形。第二，请你把不死不活的《努力》停了版。第三，望你早日来京。我现在忙了"不亦乐乎"，有几分厌倦。教育部无人负责，他校大都不死不活。京师教育事务，我首当其冲，简直是大学校长而兼教育总长。……你的信已交顾先生。功课问题请他复你。你的行止，请你自由斟酌。我想略待一二月后，你可来碧云寺休养。彼处有余屋可居。不时来城，我有汽车。……(《胡适遗稿及秘藏书信》第 39 册，455～456 页)

11 月 14 日　汪孟邹来访。(《回忆亚东图书馆》，92 页)

11月16日 胡适再次致函章士钊，回应章太炎的答复：

> 太炎先生论治经与治子之别，谓经多陈事实，而诸子多明义理，这不是绝对的区别。太炎先生自注中亦已明之。其实经中明义理者，何止《周易》一部？而诸子所明义理，亦何一非史家所谓事实？盖某一学派持何种义理，此正是一种极重要的事实。
>
> 至于治古书之法，无论治经治子，要皆当以校勘训诂之法为初步。校勘已审，然后本子可读；本子可读，然后训诂可明；训诂明，然后义理可定。但做校勘训诂的工夫，而不求义理学说之贯通，此太炎先生所以讥王俞诸先生"暂为初步而已"。然义理不根据于校勘训诂，亦正宋明治经之儒所以见讥于清代经师。两者之失正同。而严格言之，则欲求训诂之惬意，必先有一点义理上的了解，否则一字或训数义，将何所择耶？……
>
> 我本不愿回到《墨辩》"辩争彼也"一条，但太炎先生既两次说我解释此条不当，谓为骈语，谓为重赘，我不得不申辩几句。(《胡适文存二集》卷1，269～270页)

同日 丁文江致函高梦旦，谈及胡适需要休息，请高转告蒋梦麟：胡适还不能教书。(《胡适遗稿及秘藏书信》第23册，263～264页)

11月17日 胡适去商务印书馆。(《顾颉刚日记》第一卷，418页)

同日 胡适写成《〈政治概论〉序》，主要指出与该书作者张慰慈不同的两点：制度的改良为政治革新的重要步骤；民治的制度是训练良好公民的重要工具。(《胡适文存二集》卷3，17～24页)

同日 陈大齐致函胡适，告知分别选修胡适"中国近世哲学"与"中国哲学史"两门课的人数。(《胡适遗稿及秘藏书信》第35册，244～245页)

同日 黄逢霖致函胡适，谈论《努力》的影响及盼望早日复刊等情：

> 我自从会读报章以来，和我做过精神上鼓励切磨的好朋友的，可算是《新青年》，但是它短命中绝了。到本年十月我才在台湾总督府医

学专门学校图书室里重复遇见它,书面上现出一种手执红色 handker-chief 的狱中革命党人的精神来,使我一腔爱护它的热诚,重复发现出来,以为有这超现代的精神革命出版物做我们青年人的指导,本着奋斗的精神,向我们黑暗无光、无可奈何的境地里努力!奋斗!不知道加上一种指导者,却失去了《努力》这个由于一点忍不住的冲动,希望在一个无可奈何的境地里,做一点微薄的努力的好朋友,这真是令我负负奈何的!先生说:"《努力》将来欲从思想文艺上给中国政治建筑一个可靠的基础,继续《新青年》三年前未竟的使命。"这真是我们很希望的,不过我还欲希望它:

一、在青年身上建基础,再向青年方面建方策。我相信有意识的努力应用到青年身上,产出来的结果是坚实的、圆满的,决不像现代中国政治一方面一样的教训,会成泡影的。

二、《努力》的扩充,不欲负《努力》全责的人专属于一二人,至少要有数人以上,免得一二负责人中途发生变故,就把它停刊。

三、须多辟欢迎有志青年们参加的机会,引起一般青年信仰的热诚。

四、须择一适当的地方,换句话说,就是军阀政客的势力比较上略为伸不到它、干犯它的地方。这因为恐怕步《新青年》的故辙,以致中途夭折。

以上是爱《努力》做指导者的我个人的要求。至于先生们的努力和热诚,我们读《努力》的人都领过了。像青松先生那《到"内地"去》一篇的文章,愈使我们在外边求学的人,将来不想在都会找生活,决心冲向"内地"去努力。现在突然以先生的病和章洛声先生的死,就把它停刊了。在先生们是事情忙,没得空,一年半载停止了不打紧;在我们爱读《努力》的人,似乎失了一个指导者,跑走了一个好朋友,何等的焦灼啦!所以我希望《努力》改组早点成,祝祷先生的病早点愈,并祝《努力》的成功至少有日本的《太阳》《改造》《解放》的那样价值,胜过那《社会》《ダイヤモンドドリル》一类的杂志的好成绩。

（中国社科院近代史所藏"胡适档案"，卷号1789，分号5）

11月19日　汪孟邹日记有记：上午与适之谈各事，晚请他在栈中吃"六大盘"。(《回忆亚东图书馆》，92页）

11月21日　上午，胡适到亚东图书馆编辑所作《科学与人生观》的序。(《回忆亚东图书馆》，87页）

11月25日　汪孟邹日记有记：晚请彤侯（江）、仲甫、适之就栈中小饮。(《回忆亚东图书馆》，92页）

11月26日　顾颉刚来访不遇。(《顾颉刚日记》第一卷，421页）

11月27日　顾颉刚来访。胡适嘱顾为商务印书馆标点元曲数种入高中教科书，但这事非顾愿意做，"为经济计，只得允之，但事更忙矣"。(《顾颉刚日记》第一卷，422页）

11月29日　胡适写就《〈科学与人生观〉序》，大要是：

（一）

这三十年来，有一个名词在国内几乎做到了无上尊严的地位……那个名词就是"科学"。……自从中国讲变法维新以来，没有一个自命为新人物的人敢公然毁谤"科学"的，直到民国八九年间梁任公先生发表他的《欧游心影录》，科学方才在中国文字里正式受了"破产"的宣告。……梁先生在这段文章里很动情感地指出科学家的人生观的流毒：他很明显地控告那"纯物质的纯机械的人生观"把欧洲全社会"都陷入怀疑沉闷畏惧之中"，养成"弱肉强食"的现状——"这回大战争，便是一个报应"。他很明白地控告这种科学家的人生观造成"抢面包吃"的社会，使人生没有一毫意味，使人类没有一毫价值，没有给人类带来幸福，"倒反带来许多灾难"，叫人类"无限凄惶失望"。梁先生要说的是欧洲"科学破产"的喊声，而他举出的却是科学家的人生观的罪状：梁先生撷拾了一些玄学家诬蔑科学人生观的话头，却便加上了"科学破产"的恶名。

……自从《欧游心影录》发表之后，科学在中国的尊严就远不

如前了。……梁先生的话在国内确曾替反科学的势力助长不少的威风。……何况国中还有张君劢先生一流人，打着柏格森、倭铿、欧立克……的旗号，继续起来替梁先生推波助澜呢？

……我们当这个时候，正苦科学的提倡不够，正苦科学的教育不发达，正苦科学的势力还不能扫除那迷漫全国的乌烟瘴气——不料还有名流学者出来高唱"欧洲科学破产"的喊声，出来把欧洲文化破产的罪名归到科学身上，出来菲薄科学，历数科学家的人生观的罪状，不要科学在人生观上发生影响！信仰科学的人看了这种现状，能不发愁吗？能不大声疾呼出来替科学辩护吗？

这便是这一次"科学与人生观"的大论战所以发生的动机。明白了这个动机，我们方才可以明白这次大论战在中国思想史上占的地位。

(二)

…………

……我总观这二十五万字的讨论，终觉得这一次为科学作战的人——除了吴稚晖先生——都有一个共同的错误，就是不曾具体地说明科学的人生观是什么，却去抽象地力争科学可以解决人生观的问题。这个共同错误的原因，约有两种：第一，张君劢的导火线的文章内并不曾像梁任公那样明白指斥科学家的人生观，只是拢统地说科学对于人生观问题不能为力。因此，驳论与反驳论的文章也都走上那"可能与不可能"的拢统讨论上去了。……

……还有第二个原因，就是一班拥护科学的人虽然抽象地承认科学可以解决人生问题，却终不愿公然承认那具体的"纯物质、纯机械的人生观"为科学的人生观。我说他们"不愿"，并不是说他们怯懦不敢，只是说他们对于那科学家的人生观还不能像吴稚晖先生那样明显坚决的信仰，所以还不能公然出来主张。这一点确是这一次大论争的一个绝大的弱点。……

……我们在这个时候，既不能相信那没有充分证据的有神论、心灵不灭论、天人感应论……又不肯积极地主张那自然主义的宇宙观、唯物的人生观……怪不得独秀要说"科学家站开！且让玄学家来解疑"了。吴稚晖先生便不然。他老先生宁可冒"玄学鬼"的恶名，偏要冲到那"不可知的区域"里去打一阵，他希望"那不可知区域里的假设，责成玄学鬼也带着论理色采去假设着"……这个态度是对的。我们信仰科学的人，正不妨做一番大规模的假设。只要我们的假设处处建筑在已知的事实之上，只要我们认我们的建筑不过是一种最满意的假设，可以跟着新证据修正的——我们带着这种科学的态度，不妨冲进那不可知的区域里，正如姜子牙展开了杏黄旗，也不妨冲进十绝阵里去试试。

（三）

我在上文说的，并不是有意挑剔这一次论战场上的各位武士。我的意思只是要说，这一篇论战的文章只做了一个"破题"，还不曾做到"起讲"。至于"余兴"与"尾声"，更谈不到了。……

可是现在真有做"起讲"的必要了。吴稚晖先生的"一个新信仰的宇宙观及人生观"已给我们做下一个好榜样。在这篇"科学与人生观"的"起讲"里，我们应该积极地提出什么叫做"科学的人生观"，应该提出我们所谓"科学的人生观"，好教将来的讨论有个具体的争点。……

我还要再进一步说：拥护科学的先生们，你们虽要想规避那"科学的人生观是什么"的讨论，你们终于免不了的。……

……我们十分诚恳地对吴稚晖先生表示敬意，因为他老先生在这个时候很大胆地把他信仰的宇宙观和人生观提出来，很老实地宣布他的"漆黑一团"的宇宙观和"人欲横流"的人生观。……我们要看那些信仰上帝的人们出来替上帝向吴老先生作战。我们要看那些信仰灵魂的人们出来替灵魂向吴老先生作战。我们要看那些信仰人生的神秘的人们出来向这"两手动物演戏"的人生观作战。我们要看那些认爱情为玄秘的人们出来向这"全是生理作用，并无丝毫微妙"的爱情观作战。这样的讨论，才是切题的、具体的讨论。这才是真正开火。这

样战争的结果,不是科学能不能解决人生的问题了,乃是上帝的有无、鬼神的有无、灵魂的有无……等等人生切要问题的解答。

只有这种具体的人生切要问题的讨论才可以发生我们所希望的效果——才可以促进思想上的刷新。

....

拥护科学的先生们!你们以后的作战,请先研究吴稚晖的"新信仰的宇宙观及人生观":完全赞成他的,请准备替他辩护,像赫胥黎替达尔文辩护一样;不能完全赞成他的,请提出修正案,像后来的生物学者修正达尔文主义一样。

从此以后,科学与人生观的战线上的押阵老将吴老先生要倒转来做先锋了!

(四)

……依我个人想起来,人类的人生观总应该有一个最低限度的一致的可能。……我们因为深信人生观是因知识经验而变换的,所以深信宣传与教育的效果可以使人类的人生观得着一个最低限度的一致。

最重要的问题是:拿什么东西来做人生观的"最低限度的一致"呢?

我的答案是:拿今日科学家平心静气地、破除成见地、公同承认的"科学的人生观"来做人类人生观的最低限度的一致。

宗教的功效已曾使有神论和灵魂不灭论统一欧洲(其实何止欧洲?)的人生观至千余年之久。……

我们若要希望人类的人生观逐渐做到大同小异的一致,我们应该准备替这个新人生观作长期的奋斗。我们所谓"奋斗",并不是像林宰平先生形容的"摩哈默得式"的武力统一;只是用光明磊落的态度,诚恳的言论,宣传我们的"新信仰",继续不断的宣传,要使今日少数人的信仰逐渐变成将来大多数人的信仰。……我们的真正敌人不是对方;我们的真正敌人是"成见",是"不思想"。我们向旧思想和旧信仰作战,其实只是很诚恳地请求旧思想和旧信仰势力之下的朋友们起来向"成见"和"不思想"作战。凡是肯用思想来考察他的成见的人,都是我们的同盟!

(五)

……我们以后的作战计画是宣传我们的新信仰,是宣传我们信仰的新人生观。……这个新人生观的轮廓:

(1)根据于天文学和物理学的知识,叫人知道空间的无穷之大。

(2)根据于地质学及古生物学的知识,叫人知道时间的无穷之长。

(3)根据于一切科学,叫人知道宇宙及其中万物的运行变迁皆是自然的——自己如此的——正用不着什么超自然的主宰或造物者。

(4)根据于生物的科学的知识,叫人知道生物界的生存竞争的浪费与惨酷——因此,叫人更可以明白那"有好生之德"的主宰的假设是不能成立的。

(5)根据于生物学、生理学、心理学的知识,叫人知道人不过是动物的一种,他和别种动物只有程度的差异,并无种类的区别。

(6)根据于生物的科学及人类学、人种学、社会学的知识,叫人知道生物及人类社会演进的历史和演进的原因。

(7)根据于生物的及心理的科学,叫人知道一切心理的现象都是有因的。

(8)根据于生物学及社会学的知识,叫人知道道德礼教是变迁的,而变迁的原因都是可以用科学方法寻求出来的。

(9)根据于新的物理化学的知识,叫人知道物质不是死的,是活的;不是静的,是动的。

(10)根据于生物学及社会学的知识,叫人知道个人——"小我"——是要死灭的,而人类——"大我"——是不死的,不朽的;叫人知道"为全种万世而生活"就是宗教,就是最高的宗教;而那些替个人谋死后的"天堂""净土"的宗教,乃是自私自利的宗教。

这种新人生观是建筑在二三百年的科学常识之上的一个大假设，我们也许可以给他加上"科学的人生观"的尊号。但为避免无谓的争论起见，我主张叫他做"自然主义的人生观"。

在那个自然主义的宇宙里，在那无穷之大的空间里，在那无穷之长的时间里，这个平均高五尺六寸、上寿不过百年的两手动物——人——真是一个藐乎其小的微生物了。在那个自然主义的宇宙里，天行是有常度的，物变是有自然法则的，因果的大法支配着他——人——的一切生活，生存竞争的惨剧鞭策着他的一切行为——这个两手动物的自由真是很有限的了。然而那个自然主义的宇宙里的这个眇小的两手动物却也有他的相当的地位和相当的价值。他用的两手和一个大脑，居然能做出许多器具，想出许多方法，造成一点文化。他不但驯伏了许多禽兽，他还能考究宇宙间的自然法则，利用这些法则来驾驭天行，到现在他居然能叫电气给他赶车、以太给他送信了。他的智慧的长进就是他的能力的增加；然而智慧的长进却又使他的胸襟扩大，想像力提高。他也曾拜物拜畜生，也曾怕神怕鬼，但他现在渐渐脱离了这种种幼稚的时期，他现在渐渐明白：空间之大只增加他对于宇宙的美感；时间之长只使他格外明了祖宗创业之艰难；天行之有常只增加他制裁自然界的能力。甚至于因果律的笼罩一切，也并不见得束缚他的自由，因为因果律的作用一方面使他可以由因求果，由果推因，解释过去，预测未来；一方面又使他可以运用他的智慧，创造新因以求新果。甚至于生存竞争的观念也并不见得就使他成为一个冷酷无情的畜生，也许还可以格外增加他对于同类的同情心，格外使他深信互助的重要，格外使他注重人为的努力以减免天然竞争的惨酷与浪费。……这个自然主义的人生观里，未尝没有美，未尝没有诗意，未尝没有道德的责任，未尝没有充分运用"创造的智慧"的机会。（《胡适文存二集》卷2，1～29页）

同日　胡适有答陈独秀，大要是：

陈独秀先生在他的序文的结论里说:"我们相信只有客观的物质原因可以变动社会,可以解释历史,可以支配人生观,这便是'唯物的历史观'。我们现在要请问丁在君先生和胡适之先生:相信'唯物的历史观'为完全真理呢?还是相信唯物以外像张君劢等类人所主张的唯心观也能够超科学而存在?"

……我个人的意见先要说明:(1)独秀说的是一种"历史观",而我们讨论的是"人生观"。人生观是一个人对于宇宙万物和人类的见解;历史观是"解释历史"的一种见解,是一个人对于历史的见解。历史观只是人生观的一部分。(2)唯物的人生观是用物质的观念来解释宇宙万物及心理现象。唯物的历史观是用"客观的物质原因"来说明历史。……

……独秀在这篇序里曾说:"心即是物之一种表现。"……那么,"客观的物质原因"似乎应该包括一切"心的"原因了——即是智识、思想、言论、教育等事。这样解释起来,独秀的历史观就成了"只有客观的原因(包括经济组织、知识、思想等等)可以变动社会,可以解释历史,可以支配人生观"。这就是秃头的历史观,用不着戴什么有色采的帽子了。这种历史观,我和丁在君都可以赞成的。

…………

……不过我们治史学的人,知道历史事实的原因往往是多方面的,所以我们虽然极欢迎"经济史观"来做一种重要的史学工具,同时我们也不能不承认思想、知识等事也都是"客观的原因",也可以"变动社会,解释历史,支配人生观"。所以我个人至今还只能说,"唯物(经济)史观至多只能解释大部分的问题。"独秀希望我"百尺竿头更进一步",可惜我不能进这一步了。

其实独秀也只承认"经济史观至多只能解释大部分的问题"。他若不相信思想、知识、言论、教育也可以"变动社会,解释历史,支配人生观",那么,他尽可以袖着手坐待经济组织的变更就完了,又何必辛辛苦苦地努力做宣传的事业,谋思想的革新呢?如果独秀真信仰他

们的宣传事业可以打倒军阀，可以造成平民革命，可以打破国际资本主义，那么，他究竟还是丁在君和胡适之的同志——他究竟还信仰思想、知识、言论、教育等事也可以变动社会，也可以解释历史，也可以支配人生观！（《胡适文存二集》卷2，41～44页）

按，12月5日陈独秀又有《答适之》。（《胡适文存二集》卷2，44～52页）

11月30日　胡适启程北来，汪孟邹、胡鉴初、余昌之、章希吕到上海北站送行。在南京住2日，讲演2次；过天津时在丁文江寓住1日。（胡适：《我的年谱·民国十二年》；《回忆亚东图书馆》，92页）

11月　胡适在宋人胡寅撰《崇正辩》六卷（乾隆二十八年南丰胡氏刻本，1函6册）之《崇正辩序》后题记："我求此书凡二年，十二年十一月始得之。此书写儒家攻佛家之心理，因可供史料；其保存佛家末法流弊，如焚身各条，尤可贵也。适。"（《胡适藏书目录》第2册，1141页）

12月

12月2日　胡适在东南大学讲演"书院制史略"，指出："……在一千年以来，书院实在占教育上一个重要位置，国内的最高学府和思想的渊源，惟书院是赖。盖书院为我国古时最高的教育机关……我国书院的程度，可以足比外国的大学研究院。譬如南京书院，他所出版的书籍，等于外国博士所做的论文。书院之废，实在是吾中国一大不幸事。一千年来，学者自动的研究精神，将不复现于今日了。"胡适主要讲了两方面的内容：书院的历史，书院的精神。在第一部分，分述"精舍与书院""宋代四大书院""宋代书院制度""宋代讲学之风与书院""会讲式的书院""考课式的书院""清代的书院"。在第二部分，又包括"代表时代精神""讲学与议政""自修与研究"。（《时事新报·教育界》，1923年12月17—18日）

12月3日　汪原放致函胡适，讨论出版《胡适文存二集》的有关问题。

又告陈独秀将有北京之行。请胡适帮忙介绍汪湘岑给商务印书馆。(《胡适遗稿及秘藏书信》第27册,587～592页)

12月5日　胡适返抵北京。(胡适:《我的年谱·民国十二年》;1924年1月4日胡适致韦莲司小姐函)

12月6日　陈独秀致函胡适云:

> 商务三百元蔡君已收到,嘱为道谢。余款彼仍急于使用,书稿请兄早日结束,使商务将款付清,款仍交雁冰转蔡可也。(《胡适遗稿及秘藏书信》第35册,582页)

12月8日　顾颉刚致函胡适,谈及《读书杂志》已约好请胡适担任文字,2月号由自己独力担任等。(《胡适遗稿及秘藏书信》第42册,242～244页)

12月9日　王云五复函胡适,云:感谢胡适慰问其家中不幸事并劝王稍稍休息,但自己对于工作已经习惯成性,绝无所苦。但能抽暇北来,和故人畅叙也是快心事。大约明年春天,如果没有什么意外事,自己必定出外旅行一回,旅行地点当然是北方。又云:词选、戴东原两书写成,甚慰。如一时不能有便人来沪,则交邮局挂号寄下,恐亦无妨。极盼这两书能早日出版,因为高中国文一科,简直无书可读。又谈道:听说胡适拟重办《努力》周刊,甚喜。但都不愿胡适身当其冲,还是请张奚若出名为是。自己和高梦旦都很盼望胡适能为白话文多做些提倡的功夫,这件事对于中国前途的贡献更大。(此函粘贴于胡适日记中)

同日　杨鸿烈致函胡适,转奉依灼彝谈调查方玉润给杨之书信。又请胡适指正其《史地新论》。(《胡适遗稿及秘藏书信》第38册,211～213页)

12月10日　支伟成致函胡适,谈自己正从事标点校释《尚书去伪》,梁启超、章太炎均有所指示,亦希得到胡适的指教。又谈此书内容,并希望胡适赐序一篇等。(《胡适遗稿及秘藏书信》第24册,555～557页)

> 按,此前,支氏亦不止一次致函胡适请教学问,一函详谈自己拟编《民国政变记》《近三十年学术史》两书的内容,请胡适指正。一函

谈及前几年作有《诸子研究》20种，近拟作《尚书去伪》一书，请胡适赐一"引论"等。（均收入《胡适遗稿及秘藏书信》第24册）

同日 素不相识的北大学生李秉中致函胡适，希望跟胡适见面，并请胡适帮忙。（中国社科院近代史所藏"胡适档案"，卷号1166，分号11）

12月12日 陶行知致函王伯秋，谈在北京鼓动名流在家中开办读书处情形，有涉及胡适者：

> 到京后对于平民读书处已由同志小规模的办了十几个。任公、适之、梦麟都做了平民读书处的处长。昨晚熊秉老回京，也担任了一处处长。松坡平民读书处设在北海松坡图书馆第一馆内，任公先生自己训练助教。祖望平民读书处的处长是适之兄，他昨天告诉我"已经教了三课了"。（《陶行知年谱长编》，118页）

12月14日 章希吕致函胡适，告已将《征四寇》十三回的清样寄出，请胡适指出其中的错误。又谈到亚东图书馆无此书的好版本。又谈到《科学与人生观》将不等吴稚晖的序，先行出版等。（《胡适遗稿及秘藏书信》第33册，193～195页）

同日 钱玄同日记有记：

> 午后四时半至林玉堂家，他今天请适之夫妇吃饭，约我们作陪也。同席者为适之、冬秀、杨袁昌英、陈渊泉、顾孟馀、张鑫海、孙公、陈西滢、主人夫妇（林玉堂、廖翠凤），我也。（《钱玄同日记》中册，563页）

同日 顾颉刚来访不遇。（《顾颉刚日记》第一卷，429页）

12月16日 胡适访王国维，日记有记：

> 他说戴东原之哲学，他的弟子都不懂得，几乎及身而绝。此言是也。戴氏弟子如段玉裁可谓佼佼者了，然而他在《年谱》里恭维戴氏的古文和八股，而不及他的哲学，何其陋也！

>静庵先生问我，小说《薛家将》写薛丁山弑父，樊梨花也弑父，有没有特别意义？我竟不曾想过这个问题。希腊古代悲剧中常有这一类的事。

>他又说，西洋人太提倡欲望，过了一定限期，必至破坏毁灭。我对此事却不悲观。即使悲观，我们在今日势不能不跟西洋人向这条路上走去。他也以为然。我以为西洋今日之大患不在欲望的发展，而在理智的进步不曾赶上物质文明的进步。

>他举美国一家公司制一影片，费钱六百万元，用地千余亩，说这种办法是不能持久的。我说，制一影片而费如许资本工夫，正如我们考据一个字而费几许精力，寻无数版本，同是一种作事必求完备尽善的精神，正未可厚非也。

访马幼渔，借得万载辛启泰辑刻的《辛稼轩集钞存》一部、焦循《雕菰楼集》一部。陶行知发起募款，为安徽第四女师建一东原图书馆，已托梁启超作缘起，要胡适作一短文，述东原在思想史上的位置。今晚始作此文。访客有刘光一、陈彬龢。(据《日记》)

同日　胡适致函章希吕，索《水浒后传》《〈科学与人生观〉序》的清样，不赞成未得吴稚晖文的情况下出版此书。又云，陈独秀的答书，"近于强辩，末段竟是诬人，使我失望"。(《胡适家书手迹》，122页)

同日　郭一岑致函胡适云：

>……看见报上得知《努力》周报已经停刊了，为什么不肯继续努力下去呢？难道无须乎"努"吗？抑是无"力"可"努"呢？在中国这种人心垂死之下，想求速效是很难的。其实现在谈政治既不是为要握政权而谈政治，亦不是因为学了一些政治，非来谈谈政治不可，乃纯是出于一种不得已的动机。我觉得虽不见明效，而潜在中引起同情者也一定不少。我希望先生不要性急，还得要重张旗鼓来干一下。我能力虽微，很愿意尽力来帮助。(《胡适来往书信选》上册，222页)

12月17日　访客有顾颉刚、潘介泉、张慰慈夫妇、陆侃如、游国恩、王国维。在汤尔和家吃饭，有刘崇佑、罗文干、黄英伯等。（据《日记》）

同日　为建校25周年，北京大学印行《北京大学廿五周年纪念刊》，收有胡适撰《祝我们的双生日》。

12月18日　胡适读戴震书后，"偶读焦循《雕菰楼集》，始知戴氏的哲学只有焦里堂真能懂得"。到研究所国学门照相，并参观展览各室。《歌谣》已出了一年，档案整理与类书辑佚两事皆有成绩。访钢和泰，谈甚久。为购买藏文《全藏》事，作书给单不庵。（据《日记》）

同日　钱玄同将校对过的《实验四声变化之一例》《守温三十六字母排列法之研究》两文函寄胡适，又云："林、徐两公所译《珂罗倔伦》两文及林玉堂跋汪一文……务请送我校对，因此三篇中的怪字我最熟悉，而且稿经我改，亦惟我能看得明白也。罗、马两公考石经之文，可送马叔平校对。"（《胡适遗稿及秘藏书信》第40册，332页）

同日　刘文典致函胡适，云：

……弟听见有人说，你很怪我的，说者也是间接又间接的听来，也说不清是为什么事，只晓得是为"书"的事。弟自己细想，书的事只有《论衡》和《诸子文粹》。关于《论衡》，书贾叫弟和你接洽，那时候你初到西山，何日回京不得而知，弟因为阴历年关就在目前，所以教他们赶快把他办结。这件事弟确乎有些不对，但是诸事没有不听你的话的（致书贾函屡次如此说的）。至于《诸子文粹》的事，弟因上海有个朋友死了，遗族极苦，他们虽然没有来向弟开口，但是年底必然不了。北京又有一个人更是奇窘。弟所得稿费，舍弟在沪已经用了一小部分，所余仅敷过年，不能分润，又万不能坐视，所以和他们商量，垫一百元，托张菊生先生转交于君右任，转给亡友家族（余下的给了北京的这个人）。这件事也有不是，但是你调查弟这笔钱的用途，必然就不以为非了。总之，你是弟所最敬爱的朋友，弟的学业上深深受你的益处，近年薄有虚名，也全是出于你的"说项"，拙作的出版，更是你极力帮忙、极力奖进的结果。所以弟之对于你，只有敬爱和感谢，决不会有别的。听见说你怪我了，弟心里十分的难过，因为你如果怪我而绝我，是我学业上、精神上最大的损失。或者弟此外有开罪的地方，也是弟诸事不留神的结果。你的性情素来是不存芥蒂的，总都可以原宥的罢？弟本想到你家里当面说开，又恐怕你或者不见我，所以才写这封信。你如果认为弟是不成东西，那就无法了。如果可以释然，务乞覆弟一信，免得弟心里十分的难受啊。（《胡适遗稿及秘藏书信》第39册，702～705页）

12月19日 胡适日记有记：

此次北大二十五周年纪念的纪念刊，有黄日葵的《在中国近代思想史演进中的北大》一篇，中有一段，说"五四"的前年，学生方面有两大倾向：一是哲学文学方面，以《新潮》为代表；一是政治社会的方面，以《国民杂志》为代表。前者渐趋向国故的整理，从事于根本的改造运动；后者渐趋向于实际的社会革命运动。前者隐然以胡适之为首领，后者隐然以陈独秀为首领。……最近又有"足以支配一时代的大分化在北大孕育出来了"。一派是梁漱溟，一派是胡适之；前者是彻头彻尾的国粹的人生观，后者是欧化的人生观；前者是唯心论者，后者是唯物论者；前者是眷恋玄学的，后者是崇拜科学的。

这种旁观的观察——也可说是身历其境、身受其影响的人的观察——是很有趣的。我在这两个大分化里，可惜都只有从容慢步，一方面不能有独秀那样狠干，一方面又没有漱溟那样蛮干！所以我是很惭愧的。

同日 胡适作成《戴东原在中国哲学史上的位置》，大意谓：

这八百年来，中国思想史上出了三个极重要的人物，每人画出了一个新纪元。一个是朱子（1130—1200），一个是王阳明（1470—1528），一个是戴东原（1724—1777）。

朱子的学说笼罩了这七百多年的学术界，中间只有王阳明与戴东原两个人可算是做了两番很有力的反朱大革命。

············

戴东原……的学说最反对王学，而又不是朱学的复辟；颇近于朱子格物穷理的精神，而又有根本上和朱子大不同的地方。

············

……戴东原指斥程朱陆王的学说，只因为他们排斥情欲，不近人情。他自己的政治哲学只是"遂民之欲，达民之欲"八个字。

············

"剖析至微"便是戴学的治学方法。……戴氏做学问的方法所以能有大成绩，正靠他凡事"必就事物剖析至微"。……

············

……戴东原在破坏方面是攻击宋明儒者的理欲二元论和主观的天理论；在建设方面是提出理欲一元论，点出理义有客观的存在并且必须客观的证实，他批评程朱的学派虽然同时并列致知与主敬两方面，实际上却是"详于论敬而略于论学"。他自己的哲学便是老实地倾向致知的方面，敬只成了求知的一个附属条件。……他很明白地宣言，只有智慧的扩充可以解决一切情欲问题和道德问题。……

……他是朱子以后第一个大思想家、大哲学家。……他在哲学的方面，二百年来，只有一个焦循了解得一部分；但论思想的透辟，气魄的伟大，二百年来，戴东原真成独霸了！（《努力》附刊《读书杂志》第17期，1924年1月6日）

同日 胡适致函梁启超，云：

东原先生的生日，现经高叔钦先生复查，系在一月十九日……
《是仲明年谱》已检出，今奉上。……
……仲明必曾闻习斋学说的大致，或曾见其著作之一部分。……他是不深以颜学为然的……

>……先生欲于是仲明身上寻出颜学与戴学的渊源线索，我以为不如向程绵庄、程鱼门的方面去寻，似更有效。二程皆徽州人，绵庄尝从李恕谷问学，他的《论语说》多有与《孟子字义疏证》相同之处。……

（《读书杂志》第 17 期，1924 年 1 月 6 日）

同日　胡适在宋人石介撰《新雕徂徕石先生全集》二十卷（光绪九年刻本，1 函 4 册）题记："此为明钞南宋绍兴间刻本，中多外间通行本所未收之作，较之正谊堂本，多诗四卷，文二十六篇。诗多感事之作，可作传记的材料。文中如《祥符诏书记》，其重要胜于《怪说》中；又如《怪说》上，正谊本亦不收，皆可宝贵。十二，十二，十九。"（《胡适藏书目录》第 3 册，1634 页）

12 月 20 日　胡适访朱经农，长谈。作《〈水浒续集两种〉序》。（据《日记》）

同日　顾颉刚致函胡适，谈自己愿意担任《国学季刊》校对事，以及俞平伯近况。主要谈戏剧选的编纂办法：

>先生所开单上"戏剧选"一名似太广泛，我的意思，以为可以分成"元杂剧选""明清杂剧选""明传奇选""清传奇选"四种，如诗之分"唐前""唐后"之类。如先生以为然，我当于半年内将"元杂剧选"一册交出。（《胡适遗稿及秘藏书信》第 42 册，246～247 页）

同日　高梦旦致函胡适，云：刘文典来信说《论衡》的稿费可以比《淮南子》少一二百元，且允任校对时不取酬。"如在八百元以内，即请尊处代为决定"。再，想必胡适已经见过原稿，如果完全，"即可定藏否"，否则稍缓为荷。又特别关照：此信勿示刘文典。（《胡适遗稿及秘藏书信》第 31 册，299 页）

12 月 21 日　胡适续作《〈水浒续集两种〉序》。（据《日记》）

12 月 22 日　胡适整理《读书杂志》的稿件。到西山秘魔崖刘厚生的别墅养病（丁文江帮助借得）。王徵、张慰慈送胡适上山。日记又记：

阳历新年快到了。我昨夜忽得一念：每年新年里作前一年的年谱，将来即是自传的材料。以前各年的年谱，将来慢慢地补完。

自定年谱略例：

（1）记每年的重要事业，包括著作。

（2）记每年思想上的重要变迁。

（3）记每年的生活状况，包括感情上的生活。

（4）记每年对于时事（政局与社会）的观察。

（5）以写实为主。遇必须为他人讳时，可讳去人名。

是夜，有《秘魔崖月夜》一诗：

依旧是月圆时，

依旧是空山，静夜；

我独自踏月沉思，——

这凄凉如何能解！

翠微山上的一阵松涛，

惊破了空山的寂静。

山风吹乱了窗纸上的松痕，

吹不散我心头的人影。（据《日记》）

同日　吴虞来访不遇。（《吴虞日记》下册，149 页）

12 月 23 日　胡适补译杜威《哲学的改造》。（据《日记》）

同日　胡适复函刘文典，云：

你说的我怪你的事，当是传闻的瞎说，或者是你神经过敏，有所误会。我确有点怪你，但从不曾对一个人说过。我怪你的是你有一次信片上说，你有许多材料，非有重价，不肯拿出来。我后来曾婉辞劝你过，但我心里实在有点不好过：我觉得你以"书贾"待人，而以市侩自待，未免教我难堪。校一书而酬千金，在今日不为低价；在历史上则为创举；而你犹要玩一个把戏，留一部分为奇货。我在这种介绍上，只图救人之急，成人之名，丝毫不想及自身，并且还赔工夫写信作序，究竟所为何来？为的是要替国学家开一条生路，如是而已。(《胡适遗稿及秘藏书信》第20册，248页）

12月24日 胡适补译《哲学的改造》。记下昨夜所作《暂时的安慰》：

自从南高峰上那夜以后，
五个月不曾经验这样神秘的境界了。
月光浸没着孤寂的我，
转温润了我的孤寂的心；
凉透了的肌骨都震动了；
翠微山上无数森严的黑影，
方才还像狰狞的鬼兵，
此时都好像和善可亲了。
山前，直望到长辛店的一线电灯光，
天边，直望到那微茫的小星，——
一切都受了那静穆的光明的洗礼，
一切都是和平的美，
一切都是慈祥的爱。

山寺的晚钟，
秘魔崖的狗叫，
惊醒了我暂时的迷梦。
是的，暂时的！
亭子面前，花房的草门掀动了，
一个花匠的头伸出来，
四面一望，又缩进去了。——
静穆的月光，究竟比不上草门里的炉火！

暂时的安慰，也究竟解不了明日的烦闷呵！（《胡适手稿》第10集卷4，361～363页）

当日日记又记：

英国诗人 Browning 影响我不少。但他的盲目的乐观主义——如他的 Pippa Passe——毫不能影响到我。此诗前半几乎近似他了，然而只是一瞥的心境，不能长久存在。我不是悲观者，但我的乐观主义和他不相同。

12月25日　胡适译完《哲学的改造》第一章。偕胡祖望游三山庵、灵光寺。（据《日记》）

12月26日　友华银行前总理 Emery 来谈。清华学生胡敦元等3人来谈。开始作《戴东原的哲学》。（据《日记》）

同日　李济民致函胡适，请胡适介绍国文教员2人，历史、地理教员各1人。（中国社科院近代史所藏"胡适档案"，卷号1167，分号2）

12月27日　胡适复函钱玄同，谈及："你愿意整理的四类书，我都赞成。已选定的三部，即请早日动工。近年多读颜习斋、李恕谷的著作，觉得他们确是了不得的思想家，恕谷尤可爱。你说我'不甚爱颜习斋'，那是'去年的我'了！"（《鲁迅博物馆藏近现代名家手札》〔二〕，158页）

同日　顾颉刚复函胡适，询胡适近来体力如何，又云自己将于明日出发，《国学季刊》事已托容庚代管。又云：

剧选当如先生所云："将删去的部分作为提要，附在选本的前后。"如此，杂剧与传奇也不必分了。

若以明清人所作附于"元曲"之后，我想可依故事类次。（《胡适遗稿及秘藏书信》第42册，248～251页）

12月28日　鲁迅复函胡适，云：

《小说史略》……竟承通读一遍，惭愧之至。论断太少，诚如所言；

玄同说亦如此。我自省太易流于感情之论，所以力避此事，其实正是一个缺点；但于明清小说，则论断似较上卷稍多，此稿已成，极想于阳历二月末印成之。

百二十回本《水浒传》曾于同察齐君家借翻一过，据云于保定书坊得之，似清翻明本，有图，而于评语似多所刊落，印亦尚佳，恐不易再得。齐君买得时，云价只四元。此书之田虎王庆诸事，实不好，窃意百回本当稍胜耳。

百十五回本《水浒传》上半，实亦有再印之价值，亚东局只印下半，殊可惜。至于陈忱后书，其实倒是可印可不印。我于《小说史》印成后，又于《明诗综》见忱名，注云"忱，字遐心，乌程人"，止此而已。诗亦止一首，其事迹费考可知。《四库书目》小说类存目有《读史随笔》六卷，提要云，"陈忱撰，忱字遐心，秀水人。……"即查《嘉兴府志·秀水文苑传》，果有陈忱，然字用亶，顺治时副榜，又尝学诗于朱竹垞，则与雁宕山樵非一人可知。《四库提要》殊误。

我以为可重印者尚有数书，一是《三侠五义》，须用原本，而以俞曲园所改首回作附；一是董说《西游补》，但不能雅俗共赏；一是《海上花列传》，惜内用苏白，北人不解，但其书则如实描写，凡述妓家情形者，无一能及他。（此函被胡适粘贴在12月31日日记中）

同日 王云五将商务承办《努力》的契约函寄胡适，并作说明：

兹寄上《努力》正副契约各二份，请你签字后即将正副各一份寄还我们存案。此次我们还简要声明的一件事，就系副约上垫款按期交付的"期"字，底稿上原系"月"字，但我们初意，《努力》系每月出版的，所谓"按月"便是"按期"。现在订立正式契约时，大家以为不如改用"期"字较为显明些。但筹备期内有预先收买文稿之必要，当然可以不待出版，按月预支几个月；等到出版以后，就按着交稿的期数陆续付款。这层我想你们必定赞成的，如有何意见，也望你明白见告。至于交款机关，将来拟即委托京华印书局，因为印刷、编辑都在北京，

就地办理是较为便当的。一俟接到你寄回的契约，我们就根据契约通知京华照办。至你想从那一月开始付款，也请示知。日前回你的一函，关于高中国文用书报酬事不知你有何意见？倘使我们的办法和解释还有不甚妥善之处，务望你明白告诉我们，以便另商办法……（《胡适遗稿及秘藏书信》第 24 册，308～310 页）

12 月 29 日　胡觉致函胡适，希望胡适继续安心静养。请胡适据实函告胡思聪的近状。（《胡适遗稿及秘藏书信》第 22 册，734～736 页）

同日　曹细娟致函胡适云，希望把胡思猷过继给胡洪驺，专为此事商之于胡适。（中国社科院近代史所藏"胡适档案"，卷号 1766，分号 1）

12 月 30 日　胡适与蒋梦麟、汤尔和、张慰慈等一同回城。在蒋梦麟家吃晚饭，长谈。（据《日记》）

同日　胡适复函章希吕，解答章氏 26 日来函中关于《水浒续集》之序言的几处疑问。（《胡适家书手迹》，124 页；《胡适遗稿及秘藏书信》第 33 册，196～197 页）

同日　陈大齐复函胡适，感谢胡适夫妇对其母惨痛经历的同情，既然胡适想发表记述其母受虐之《顺德记》，请将文章的专名用□代替，以免其父见到后难堪。（《胡适遗稿及秘藏书信》第 35 册，249～250 页）

同日　中途辍学的北大英文门学生陈颐庭致函胡适，请求胡适准其复学。（中国社科院近代史所藏"胡适档案"，卷号 1291，分号 4）

是年　胡适为同乡程本海的祖父程德松九十寿辰撰写祝寿联：五百里内人尊大老；九十岁了心犹少年。又赠程本海本人小联：但用我法；无恤人言。（王光静：《联赠乡人情谊浓——胡适为故乡撰写的对联拾零》，《胡适研究通讯》2012 年第 2 期，2012 年 5 月 25 日）

是年　胡适撰有"The Chinese Renaissance"。大要是：

I

Many a theory has been advanced to characterize that epoch in European history known as the Renaissance. Some hold that the greatest achievements of the European Renaissance were the discovery of the world and the rediscovery of man. Others maintain that the Renaissance may be best described as an age of rebellion against authority and of the rise of a critical spirit. Each of these descriptions may be readily applied to what we now call the age of Chinese Renaissance and the application will still be found remarkably accurate.

...

But the age of Chinese Renaissance which roughly covers the last three hundred years, was above all an age of emancipation and criticism. Politically, the spirit of rebellion manifested itself in two great movements for political reform. The first of these was the Tung Lin(东林)Movement...

In the two decades following the death of the Tung Lin leaders, there arose another formidable political movement known as the Fu She(复社)Movement...

...

It was in the field of thought and scholarship that the spirit of the age found its best expression...

In justice to the thinkers of the Sung period(1000—1200), we must say that that period was in itself a Renaissance...

Unfortunately, those great thinkers who sought and found light through doubt and criticism, were soon so elevated by official recognition and public worship that their own doctrines gradually came to be accepted as beyond any doubt!... And the age of criticism finally ended in a period of slavish adherence to the Sung tradition.

Consequently, when the second period of Chinese Renaissance began, it was mainly anti-Sung in character. The first move was to attack the cosmological and philosophical assumptions of the Sung thinkers...

In the eighteenth century, a second drive against the Sung learning was begun with still greater force and vitality...

...

In the latter half of the eighteenth century, and in the nineteenth, there arose a new school of critics known as the "Modern Script" (今文) School...

...

... I wish to point out the two factors which best characterize the Chinese Renaissance in its essentials. First of all, it must be pointed out that the whole period, from 1640 down, has been generally known as the Era of Han Hsüeh (汉学) or Han Learning...

The second and still more valuable factor in the Chinese Renaissance is its scientific spirit...

II

...

By this time, a new period of national life had set in: China was no longer the isolated empire of old. The Opium War took place in 1840...

But it was a degenerate China that was thus forced to face the modern imperialistic powers of the West...

...

Under the pressure of a keen sense of national humiliation, the fashion of the intellectual world was undergoing a sudden change. Writers began to condemn the work of the Han Hsüeh scholars as of no practical value to the country. Examination papers in the academies were no longer confined to such subjects as the ancient pronunciation of certain words or the exact meaning of certain passages in the Classics...

...

The reform movement of 1898, short-lived as it was, had its far-reaching effects. During the whole period of three hundred years since the Tung Lin and Fu She of the last years of Ming, no political movement had ever produced such a nationwide stir among the intellectual class of China...

...

The cry for reforms was no longer to be resisted. In 1902, the government had decreed that "all shu yuan in the provincial capitals be changed into colleges; those in the prefects, into middle schools; and those in the countries, into primary schools"...

...

Thus was modernization of China blindly accepted and most superficially effected. The reformers rightly attacked the uselessness of the shu yuan but they failed to appreciate the importance of the spirit and method of self-study that was the chief characteristic of the best academies...

Again, the reformers rightly attacked the abuses of the system of literary examinations, but they failed to see the permanent value of the idea that public offices must be held by men whose general fitness has been tested in examinations. In their blindness, they overthrew the system of examination for civil service, at the very time when the whole civilized world was trying hard to extend it as far as possible!

...

In short, the separation of the old from the new was complete. Superficial differences were seized upon, while all basic unity, all common ground was blindly ignored. All blind imitation, and no rational appreciation or critical judgment! Modernization had come to the externals and nonessentials, but the finer phases of modern civilization remained a closed book to the Chinese public, and the thoughts and beliefs of the nation were still fundamentally unchanged after fifty years of national catastrophe and twenty years of intellectual unrest and agitation.

III

Three things conspired to make possible a new period of Chinese Renaissance. The first was the Chinese Revolution of 1911, the second was the return of the American portion of the Boxer Indemnity and its exclusive use for educating Chinese students in the United States, and the third was the Great War of 1914—1918. The success of the Revolution gave the Chinese people a sense of self-confidence, while its failures in the political aspects forced a number of leaders to turn attention to social and intellectual problems. The return of the American indemnity made it possible to bring a large number of young Chinese into direct contact with the scientific, social, and historical background of modern civilization. The Great War furnished China with a period of breathing space during which native industries were gradually developed, relative prosperity was restored in spite of political disturbances, and many social and intellectual problems hitherto untouched were one by one brought to the front.

…

About the time when the above-quoted letter was written, a few Chinese students in the American universities were carrying on a serious controversy on the problem of the Chinese language…

So the controversy went on for some time in America and on the first day of the year 1917 was published the first declaration of what is now known as the Chinese Literary Revolution. It consisted of one article by myself on "Some Suggestions for the Reform of Chinese Literature", which was followed by an article on "A Revolution in Literature" by Mr. Chen Tu-shiu, editor of *The Youth*, a monthly magazine in which my article was published…

Thus was begun the Chinese Literary Revolution. As it was the most characteristic as well as the most successful phase of the Chinese Renaissance, we shall consider this movement in greater detail before we take up the other aspects of the Renaissance.

In order to appreciate the full significance of the literary revolution in China, the reader will do well by recalling the history of the rise of the national languages of modern Europe...

...

From the above account, it is clear that spoken Chinese as represented by the Mandarin dialects is well qualified to become the national language of China. In the first place, it is the most widely spoken language in the country. In the second place, it has produced a vast amount of literature, a literature more extensive and varied than any modern European language ever possessed at the time of its establishment as a national language...

...

What the recent literary revolution did was to supply this very factor which was lacking in the long history of the living tongue, and to openly declare that the classical language has been long dead and that the *pei hua*, which has been the literary medium for many centuries, is and will be the only proper and effective means of literary expression in verse as well as in prose...

...

IV

The monthly magazine, *The New Youth*（新青年）, started in September, 1915, was first edited by Mr. Chen Tu-shiu, who later became the dean of the College of Letters at the National University of Peking. Meanwhile the magazine had ceased publication during the political troubles of 1917. In 1918, *The New Youth* reappeared under the joint editorship of six of the professors of the University. For two years（1917—1918）this periodical was the sole fighter on the battlefield of literary and intellectual revolution. In

December, 1918, Mr. Chen started *The Weekly Review* (每周评论) which took up political questions and soon became the center of liberal opinion on politics. At the same time, Mr. Fu Ssu-nien (傅斯年) and other students of the National University started a monthly magazine under the Chinese title *Hsin Chao* (新潮), which literally means the New Tide. The founders, however, after a serious consideration, decided to adopt "The Renaissance" as its English title. *The Renaissance*, though a student magazine, surprised the reading public by its maturity in thinking and fresh vigor in style. These three organs, *The New Youth*, *The Weekly Review*, and *The Renaissance*, all published in the spoken language, worked together for a common cause, which may be phrased as a critical evaluation of the old civilization of China and a critical introduction of new ideas and ideals from the West.

In 1919, the new movement began to receive sympathetic responses as well as strong opposition from all quarters... There were also attempts to impeach the Chancellor of the University and expel some of the professors connected with the new movement, but none of these attempts succeeded when the University suddenly rose to the position of national leadership through the so-called "May Fourth" Movement.

When the news of the complete success of the Japanese delegation at the Peace Conference in Paris reached China, the whole country was inflamed to indignation. On May fourth, the students of Peking, after a mass meeting, paraded the streets and ended in a demonstration at the residence of the pro-Japanese Minister, Tsao Ju-lin....

This struggle, which lasted several months, made the National University exceedingly popular throughout the country, and the few new publications conducted by its professors and students were widely read and discussed. Realizing the importance of the literary and intellectual revolution already begun by the National University, the two great political parties — the Kuomin Tang and the Chingpu Tang — now cast their lot with the new movements and rivaled each other in converting their party organs into propaganda for what they understood as the "New Culture Movement"（新文化运动）...

The movement is no longer confined to the literary reforms. Once the momentum is started, its scope gradually extends till it now includes all shades of radicalism, all forms of faddism, and all kinds of "experiments in the new life"...

Multifarious as these movements may seem, we may discern certain general characteristics which permeate and unite them into one great national movement. This general movement has been variously named: it is sometimes called "The New Culture Movement" after a recent fashion among Japanese intellectuals in speculating about *Kultur* and its philosophy; by others, it is termed "The New Thought Movement" because of the different types of philosophical influence that enter into its formation. To me, the whole movement seems to be best characterized in the words of Nietzsche as a movement for "a transvaluation of all values". All traditional values are now being judged from a new standpoint and with new standards...

...

At the present moment the whole movement is still in the stage of largely destructive criticism. The cry of revolt is heard everywhere. Tradition is often thrown overboard, authority is cast aside, old beliefs are being undermined...

...

Of the constructive phase of the movement, very little can be said at the present time. The time has been too short and the outbreak too sudden for any tangible results to be safely estimated. All we can say is that there is a Chinese Renaissance and that a new China is being born. There is no longer mere modernization of externals and nonessentials, but a great change is coming over the whole fabric of national life. The attitude of criticism has undermined all old beliefs and ideals, and new ideas and ideals are flooding in for comparison and selection. (《胡适全集》第 35 卷，632～680 页)